普通高等教育应用型本科教材

公路施工技术与组织

张 杰 主 编
庄传仪 王春生 叶亚丽 晋菊兰 副主编

人民交通出版社股份有限公司

北 京

内 容 提 要

本书全面介绍了公路工程施工的基本步骤和施工组织管理的具体方法。全书分为施工技术、施工组织设计、施工管理三部分，内容包括路基工程、路面工程和桥梁工程的施工技术；流水作业、施工组织设计文件的编制、网络计划技术；公路施工中的进度管理、质量管理和成本管理等。此外，本书也介绍了与公路施工密切相关的公路建设基本建设程序等内容。

本书按现行公路施工的标准规范编写，系统性强，理论联系实际，可作为土木工程专业、工程管理专业的本科生教材，也可供相关专业工程技术人员参考。

图书在版编目(CIP)数据

公路施工技术与组织/张杰主编. —北京：人民交通出版社股份有限公司，2022.8
ISBN 978-7-114-18136-8

Ⅰ.①公… Ⅱ.①张… Ⅲ.①道路施工—工程技术 ②道路施工—施工组织 Ⅳ.①U415

中国版本图书馆 CIP 数据核字（2022）第 140513 号

普通高等教育应用型本科教材

书　　名：	公路施工技术与组织
著 作 者：	张　杰
责任编辑：	崔　建
责任校对：	席少楠
责任印制：	刘高彤
出版发行：	人民交通出版社股份有限公司
地　　址：	(100011)北京市朝阳区安定门外外馆斜街 3 号
网　　址：	http://www.ccpcl.com.cn
销售电话：	(010)59757973
总 经 销：	人民交通出版社股份有限公司发行部
经　　销：	各地新华书店
印　　刷：	北京虎彩文化传播有限公司
开　　本：	787×1092　1/16
印　　张：	26.5
字　　数：	678 千
版　　次：	2022 年 8 月　第 1 版
印　　次：	2022 年 8 月　第 1 次印刷
书　　号：	ISBN 978-7-114-18136-8
定　　价：	58.00 元

（有印刷、装订质量问题的图书，由本公司负责调换）

前言

　　工程施工及其组织管理,是确保工程建设质量、降低工程建设费用、加快工程建设进度的一项十分重要的工作,是培养土木建筑类专业人才的必修课程内容。《公路施工技术与组织》是根据《高等学校土木工程本科指导性专业规范》的要求进行编写的。根据该规范的要求,本教材强调满足应用型人才培养的需求,以行业企业需求为导向,以工程实际为背景,以工程技术为主线;注重"一个素养三个能力"的培养,即着力提升学生的工程素养,着力培养学生的工程实践能力、工程设计能力和工程创新能力;体现推动三个"基于"的学习,即基于问题的学习、基于项目的学习、基于案例的学习。上述的"强调""注重"和"体现",是本教材的特色所在。

　　全书分为施工技术、施工组织设计、施工管理三部分。第1~4章按最新的公路基本建设程序和施工技术规范进行编写,为使用者提供最新的行业信息,紧跟行业建设步伐。第5章对于比较困难的工程项目分解知识点补充了公路工程综合施工过程划分的案例,使项目分解的思路清晰明了。流水施工组织原理部分配有大量的计算案例,方便使用者依据本书完成相应知识点的学习。第6章通过案例分析对施工组织设计的完整编制过程进行演示,对使用者有更强的指导性。第7章对网络图的构成及时间参数的计算进行了非常详细透彻的论述。第8~10章从实用的角度详述了公路工程进度、质量和成本控制的方法和措施,通过认真学习,使用者完全可以熟练地完成施工组织计划的监测与调整。

　　本书的宗旨是着力培养学生的实际动手能力,而不是仅停留在一些程序化的知识上。通过学习本书,学生可以具有的实际技能是掌握公路施工组织设计的完整编制过程,即项目划分、工程量的计算、施工组织设计文件编制、施工组织设计文件实施过程中进度、质量和成本的监测与调整;对于施工组织设计部分不只停留在设计阶段,并可以将施工进度、质量和成本的监测与调整付诸实施。

参加本书编写的人员均是从事本课程教学多年的专职教师及一线工程技术人员。本书第1、5、9、10章由山东交通学院张杰编写;第2章由信永和中工程管理有限公司济南分公司晋菊兰编写;第3章由山东交通学院庄传仪编写;第4章由山东交通学院庄传仪、周菊芳编写;第6、8章由山东交通学院王春生编写;第7章由山东交通学院叶亚丽编写。

由于编者时间和水平有限,书中难免存在一些错漏及不当之处,敬请读者批评指正。

编　者
2022年7月

目录

第1章 公路建设内容及施工程序 — 1
1.1 公路建设的内容和特点 — 1
1.2 公路基本建设 — 3
1.3 公路施工程序 — 9
1.4 公路施工现场的组织管理 — 13

第2章 路基工程施工 — 17
2.1 路基施工概述 — 17
2.2 路基施工主要机械简介 — 19
2.3 填方路基施工 — 28
2.4 挖方路基施工 — 38
2.5 特殊路基施工 — 43
2.6 路基排水设施施工 — 57
2.7 路基防护与支挡工程施工 — 62

第3章 路面工程施工 — 83
3.1 路面施工主要机械设备简介 — 83
3.2 路面的分类和路面结构 — 87
3.3 无机结合料稳定类基层混合料组成设计 — 89
3.4 路面基层(底基层)施工 — 100
3.5 沥青面层施工 — 115
3.6 水泥混凝土路面施工 — 132

第4章 桥梁工程施工 — 143
4.1 桥梁工程概述 — 143
4.2 桥梁施工方法的选择 — 144
4.3 桥梁墩(台)施工 — 149
4.4 梁式桥的施工 — 154
4.5 拱桥的施工 — 167

4.6 斜拉桥和悬索桥施工简介 …………………………………………………… 181
第 5 章 施工过程组织原理 ………………………………………………………… 190
5.1 施工过程的组织原则 ……………………………………………………… 190
5.2 施工的时间组织 …………………………………………………………… 192
5.3 流水施工组织原理 ………………………………………………………… 197
第 6 章 公路工程施工组织设计 …………………………………………………… 207
6.1 施工组织设计概述 ………………………………………………………… 207
6.2 施工方案 …………………………………………………………………… 213
6.3 工程进度图 ………………………………………………………………… 216
6.4 临时设施组织 ……………………………………………………………… 229
6.5 工地运输组织 ……………………………………………………………… 241
6.6 施工平面图设计 …………………………………………………………… 244
6.7 公路施工组织设计示例 …………………………………………………… 252
第 7 章 施工网络计划技术 ………………………………………………………… 306
7.1 网络计划概述 ……………………………………………………………… 306
7.2 双代号网络计划 …………………………………………………………… 309
7.3 时标网络图的绘制 ………………………………………………………… 329
7.4 单代号网络图的绘制与计算 ……………………………………………… 334
7.5 网络计划的优化 …………………………………………………………… 338
第 8 章 进度计划控制 ……………………………………………………………… 352
8.1 进度计划控制的概述 ……………………………………………………… 352
8.2 进度计划监测与调整 ……………………………………………………… 360
8.3 实际进度与计划进度的比较方法 ………………………………………… 362
8.4 调整公路工程建设进度计划方法 ………………………………………… 374
第 9 章 施工项目质量控制 ………………………………………………………… 379
9.1 施工项目质量计划 ………………………………………………………… 379
9.2 质量保证体系 ……………………………………………………………… 380
9.3 施工工序质量控制 ………………………………………………………… 382
9.4 工程质量问题的分析与处理 ……………………………………………… 388
第 10 章 施工项目成本控制 ……………………………………………………… 391
10.1 成本控制概述 …………………………………………………………… 391
10.2 成本控制的组织与实施 ………………………………………………… 396
10.3 成本控制方法 …………………………………………………………… 405
10.4 降低成本的途径和措施 ………………………………………………… 410
参考文献 ……………………………………………………………………………… 415

第1章 公路建设内容及施工程序

现代交通运输由铁路、公路、水路、航空以及管道运输等组成,它们是使用各种工具设备,通过各种方式,使货物或旅客在区域之间实现位置移动的特殊的物质生产部门。交通运输对发展国民经济、加强国防和改善人民物质文化生活具有重要意义。

公路运输是随着现代汽车的诞生而产生的,初期主要承担短途运输任务。第二次世界大战后,公路进入长途运输的领域,公路运输发展迅速。欧美等发达国家已经建成了比较发达的公路网。在1949年以前近半个世纪,我国勉强能通车的公路仅7.5万km,新中国成立以后,特别是改革开放以来,我国的公路建设发展得很快,截至2020年底,全国公路总里程达519.81万km,其中全国高速公路里程16.10万km。我国的高速公路建设虽然起步晚,但是发展迅速,通车里程已居世界第一。《国家公路网规划(2013—2030年)》提出,国家公路网总规模约40万km,其中国家高速公路共36条,计11.8万km;普通国道共200条,计26.5万km。到2030年,我国将建成布局合理、功能完善、覆盖广泛、安全可靠的国家干线公路网络。

1.1 公路建设的内容和特点

1.1.1 公路建设的内容

公路建设的内容,按其任务与分工不同可以分为以下三个方面。

1. 公路工程的小修、保养

公路工程在长期使用过程中,受到行车和自然因素的作用而不断损坏,如局部坑槽、裂缝等。只有通过定期和不定期的维修、保养,才能保证固定资产的正常使用,保持运输生产不间断地进行,使原有生产能力得到维持。所以,公路工程的小修、保养是实现固定资产简单再生产的重要手段之一。

2. 公路工程大中修与技术改造

受材料、结构、设备等功能方面的制约,公路各组成部分具有不同的寿命。因此,固定资产尽管经过维修,也不可能无限期地使用下去,到一定年限某些组成部分就会丧失功能,这时就需要进行固定资产的更新工作。

另外,对随坡就弯而产生的不良线形改造、加宽路基、提高路面等级等都属于技术改造。

3. 公路工程基本建设

为了适应生产和流通发展的需要,必须通过新建、扩建、改建和重建公路四种基本建设形式来实现固定资产扩大再生产,达到不断扩大公路运输能力的目的。

公路建设通过固定资产维修、固定资产更新和技术改造、基本建设三条途径来实现固定资产的简单再生产和扩大再生产。它们之间既有相同之处,又有区别之处。

相同之处体现在:首先,它们都是我国固定资产再生产不可缺少的组成部分,都是发展社会主义现代化建设事业的必要手段;其次,都需要消耗一定数量的人力、财力和物力。

区别之处主要表现在以下两个方面:

(1)资金来源不同。维修、更新和技改的资金由养路费支付,自2009年1月1日起被燃油税取代。新建项目由基本建设投资支出。

(2)管理方式不同。①小修保养,由养护部门自行安排和管理;②大中修与技术改造,养护部门提出计划,报上级批准,然后自行安排;③新建、扩建、改建和重建,由省(自治区、直辖市)主管部门下达任务,列入基建计划的依国家规定执行。

1.1.2 公路建设的特点

公路建设的特点是由公路建筑产品的特点决定的。公路工程是呈线形分布的一种带状构筑物,是通过勘察设计和施工,消耗大量资源(人力、物力、财力)而完成的公路建筑产品。和工业生产相比较,公路建设同样是一系列资源投入、产出的过程,其施工生产的阶段性和连续性,以及组织上的专门化和协作化是一致的。但是公路建筑产品具有产品形体庞大、复杂多样、整体难分、不能移动等特点,公路建设具有流动性、生产周期长、易受气候影响和外界干扰等特点。这些特点,对公路施工组织与管理影响很大。

1. 公路建筑产品的特点

(1)产品的固定性。公路工程的构造物固定于某一地带不能移动,只能在建造的地方直接生产,完工后供长期使用。

(2)产品的多样性。由于具体使用目的、技术等级、技术标准、自然条件以及功能不同,公路的组成、结构千差万别,复杂多样。

(3)产品形体庞大性。公路工程是线形构造物,其组成部分的几何形体庞大,不仅占用较多土地,而且占据较大空间,使整个工程雄伟壮观。

(4)产品的部分易损性。公路工程构造物受行车作用及自然因素的影响,其暴露于大自然的部分以及直接受行车作用的部分会产生物理、化学变化,在疲劳、耐久、老化等方面受损表现突出。

2. 公路建设的技术经济特点

(1)施工流动性大。公路建设线长、点多,工程数量分布不均匀,其构造物在建造过程中和建成后都无法移动。由于其产品的固定性,加之施工顺序严格,因而要组织各类工作人员和各种机械围绕这一固定产品,在同一工作面的不同时间,或同一时间的不同工作面上进行施工活动,因此,需要科学地解决这种空间上的布置和时间上的安排这两者之间的矛盾。此外,当某一公路工程竣工后,还要解决施工队伍向新施工现场的转移问题。

公路建设的流动性,给施工企业的生产管理和生活安排带来很大影响,例如施工基地的建立、施工现场管理、施工人员召集与遣散、施工组织形式、施工运输的经济合理等问题。

(2)施工协作性高。公路工程类型多,施工环节多,工序复杂,每项工程又具有不同功能和不同的施工条件,使每项工程不仅要进行个别设计,而且要个别组织施工。每项工程都需建设、设计、施工与监理等单位的密切配合,需要材料、动力、运输等各个部门的通力协作,因此,施工过程中的综合协调和调度、严密的计划和科学管理就显得特别重要。

(3)施工周期长。公路工程主要包括路基、路面、桥梁、涵洞、隧道等工程,产品形体特别庞大,产品固定而又具有不可分割性,施工周期长,在较长时间内大量占用和耗费人力、物力和财力,直到整个施工周期完结,才能出产品。

在施工过程中,要求我们统筹安排,遵守施工程序,科学合理地组织施工。各阶段、各环节必须有条不紊地组织起来,在时间上不间断,空间上不脱节。如果施工的连续性受到破坏或中断,必然会拖延工期,大量占用资金,造成人力、物力、财力的浪费。

(4)受外界干扰及自然因素影响大。公路施工穿越乡村与城镇,与当地政府及居民利益紧密相关,现场的一切行动直接影响当地生活与生产,因此,协调地方关系成为现场管理的不可或缺的工作。另外,公路工程施工大部分是露天作业,受自然条件(如气候冷暖、地势高低、洪水、雨雪等)的影响较大。设计变更、地质情况、物资供应条件、环境因素等对工程进度、工程质量、成本等都有很大影响,且由于公路部分结构的易损性,需不断进行维修和养护,才能维持正常的使用性能。

公路建设的上述特点,决定了公路施工活动的特有规律。研究和遵循这些规律。对科学地组织与管理公路工程施工,提高公路建设的经济效益具有重要意义。

1.2 公路基本建设

1.2.1 公路基本建设的定义

基本建设是国民经济各部门为了扩大再生产而进行的增加固定资产的建设工作。为了适应国民经济发展和生产、流通领域的需要,对公路进行新建、改建、扩建与重建,以不断扩大公路运输能力,这是在公路运输业中公路固定资产扩大再生产的主要形式,称之为公路基本建设。

1.2.2 公路基本建设的内容

1. 建筑安装工程

建筑安装工程包括建筑工程、设备安装工程。其中,建筑工程包括路基、路面、桥涵等的建设;设备安装工程包括高速公路、大型桥梁所需各机械、设备、仪器的安装及测试等工作。

2. 设备、工具、器具的购置

设备、工具、器具的购置是指为满足公路的运营、管理、养护需要购置设备、工具、器具,包括渡口设备、隧道照明、通风的动力设备、高级公路的监控设备,养护用机械、设备和工具、器具等。

3. 其他基本建设工作

其他基本建设工作如勘察、设计及与之有关的调查和技术研究工作,包括征用土地、青苗补偿和安置补助等。

1.2.3 公路基本建设的项目组成

每项基本建设工程,就其实物形态来说,都由许多部分组成。为了便于编制各种基本建设的施工组织设计和概、预算文件,必须对每项基本建设工程进行项目划分。基本建设工程可划分为基本建设项目、单项工程、单位工程、分部工程和分项工程。

1. 基本建设项目

每项基本建设工程就是一个建设项目。建设项目一般是指有计划任务书和总体设计,经济上实行独立核算,行政上具有独立组织形式的建设单位。在我国基本建设中,通常以一个企业、事业单位,或一个独立工程作为一个建设项目。如运输建设方面的一条公路、一条铁路、一个港口;工业建筑方面的一个矿井等。

2. 单项工程

单项工程又称工程项目,是建设项目的组成部分。一个建设项目可以是一个单项工程,也可以包括许多单项工程。所谓单项工程是指具有独立设计文件,竣工后可以独立发挥生产能力或效益的工程。如某公路建设项目中的独立大、中型桥梁工程,某隧道工程等。

3. 单位工程

单位工程是单项工程的组成部分,一般指不能独立发挥生产能力或效益,但具有独立施工条件的工程。如隧道单项工程可分为土建工程、照明和通风工程等单位工程。

4. 分部工程

分部工程是单位工程的组成部分,一般是按照单位工程的各个部位划分的。例如基础工程、桥梁上部工程、桥梁下部工程、路面工程、路基工程等。

5. 分项工程

分项工程是分部工程的组成部分,是按照工程的不同结构、不同材料和不同施工方法等因素划分的。如基础工程可划分为围堰、挖基、砌筑基础、回填等分项工程。分项工程的独立存在是没有意义的,它只是建筑或安装工程的一种基本的构成因素,是为了组织施工以及为确定建筑安装工程造价而设定的一个中间过程。

1.2.4 公路基本建设程序

基本建设项目从策划、选择、评估、决策、设计、施工、竣工验收到投入生产或交付使用的整个建设过程中,各项工作必须遵循的先后工作顺序称为基本建设程序。基本建设程序是基本建设过程中各环节、各步骤之间客观存在的、不可颠倒的先后顺序,是由基本建设项目本身的特点和客观规律决定的。进行基本建设时,坚持按科学的基本建设程序办事,是关系基本建设工作全局的一个重要问题,也是按照自然规律和经济规律管理基本建设的一项根本原则。

基本建设涉及面广,既受地质、气候、水文等自然条件的严格制约,又受资源供应、技术水平等物质技术条件的影响,同时还需要各个部门、各个环节的协作配合,并且要求按照既定的需要和科学的总体设计进行建设。因此,完成一项基本建设工程,必须按照规定的程序开展各个方面的工作,才能达到预期的效果,否则就会造成不必要的经济损失,甚至给工程带来严重的后果。

公路基本建设程序是:根据国民经济长远规划及公路网建设规划,提出项目建议书;通过调查,进行可行性研究,编制可行性研究报告;可行性研究报告经批准后,进行初步设计;初步设计经批准后进行施工图设计;设计文件经审批后组织施工;施工完成后,进行竣工验收,最后交付使用,并进行后评价。这些程序必须依次进行,逐步实施。不完成上一环节,就不能进行下一阶段的工作。

现将公路基本建设程序中各环节的具体内容分述如下。

1. 提出项目建议书

项目建议书是建设单位根据国民经济和社会发展的长远规划、公路网建设规划、地区规划,结合项目的资源条件、生产力布局状况和市场预测等,经过调查研究、分析提出的项目建设轮廓设想和建议的书面文件。

项目建议书的主要内容包括:项目提出的依据和必要性、建设规模、建设初步地点、主要技术标准、建设条件、投资估算和资金筹措方案、建设预计工期、经济效益和社会效益初步评价。

项目建议书一般由建设单位提出或委托专业机构编制,上报主管部门后由主管部门转报有权审批的部门审批。项目建议书经有权审批的部门审批后,可以进行详细的可行性研究工作。

2. 可行性研究

项目建议书一经批准,即可进行可行性研究。可行性研究是指在项目决策前,通过对有关的工程、技术、经济等各方面进行调查、研究、分析,对各种可能的建设方案和技术进行比较和论证,由此考察项目技术上的先进性和适用性、经济上的盈利性和合理性,以及建设的可能性和可行性的一种科学分析方法。可行性研究是项目前期工作最重要的环节,它从项目建设和生产经营的全过程考察、分析项目的可行性,其目的是回答项目是否有必要建,是否可以建设和如何进行建设的问题,其结论为投资者的最终决策提供直接的依据。而且,凡大中型工程、高等级公路及重点工程建设项目(含国防、边防公路),均应对其进行可行性研究,对于小型项目可适当简化。凡未经可行性研究的项目,一律不予审查报批。

可行性研究按工作深度不同,划分为预可行性研究和工程可行性研究两个阶段。预可行性研究应重点阐明建设项目的必要性,通过踏勘和调查研究,提出建设项目的规模和技术标准,并进行简要的经济效益分析。工程可行性研究应通过必要的测量(高速公路、一级公路)、地质勘探(大桥、隧道及不良地质地段等),在认真调查研究、拥有必要资料的基础上,对建设方案从经济、技术上进行综合论证,提出推荐建设方案。工程可行性研究报告经审查作为初步测量及编制初步设计文件的依据。工程可行性研究的投资估算与初步设计概算差,应控制在

10%以内。

公路建设项目可行性研究报告的主要内容有：
(1)建设项目依据、历史背景；
(2)建设地区的交通运输现状,建设项目在交通运输网中的地位及作用；
(3)原有公路的技术状况及通行程度；
(4)建设项目所在地区的经济状况介绍,建设项目与经济发展的内在联系研究,交通量、运输量的发展水平预测；
(5)建设项目的地理位置、地形、地质、地震、气候、水文等自然特征；
(6)筑路材料来源及运输条件；
(7)不同建设方案的路线起讫点和主要控制点、建设规模、标准,以及推荐意见；
(8)建设项目环境影响评价；
(9)主要工程数量、征地拆迁数量测算,投资估算,资金筹措方式；
(10)勘测设计、施工计划安排；
(11)运输成本及有关经济参数,经济评价、敏感性分析结果；对收费公路、桥梁、隧道还需作财务分析；
(12)推荐方案评价,并提出存在的问题和有关建议。

3. 初步设计

公路工程基本建设项目一般采用两阶段设计,即初步设计和施工图设计。对于技术简单、方案明确的小型建设项目,可采用一阶段设计,即一阶段施工图设计。对于技术复杂而又缺乏基础资料和经验的建设项目,或建设项目中的特大桥、互通式立体交叉、隧道、高速公路和一级公路的交通工程及沿线设施中的机电设备工程等,必要时可采用三阶段设计,即初步设计、技术设计和施工图设计。

初步设计应根据批复的可行性研究报告、测设合同及勘测资料进行编制。初步设计的内容依据项目的类型不同而有所变化,一般包括:拟定修建原则、选定设计方案、计算主要工程数量、提出施工方案的意见、编制设计概算、提供文字说明及图表资料。初步设计文件应当满足编制施工招标文件、主要设备材料订货和编制施工图设计文件的需要,它是下一阶段施工图设计的基础。

初步设计文件经审查批准后,可为订购和调拨主要材料、机具、设备,安排有关重大科研试验项目,联系征用土地、拆迁等提供筹划资料。同时,初步设计文件也是国家控制建设项目投资及编制施工图设计文件或技术设计文件(采用三阶段设计时)的依据。

4. 施工图设计

通过招标、比选等方式择优选择设计单位进行施工图设计。施工图设计的主要内容是根据批准的初步设计,绘制出正确、完整和尽可能详尽的建筑安装图纸。其设计深度应满足设备材料的安排和非标设备的制作;建筑工程施工要求等。施工图设计文件的审查备案是应将施工图报有资质的设计审查机构审查,并报行业主管部门备案,聘请有预算资质的单位编制施工图预算。

5. 施工建设准备阶段

首先,施工建设准备阶段编制项目投资计划书,并按现行的建设项目审批权限进行报批。

其次,建设工程项目报建备案,省(自治区、直辖市)重点建设项目、省(自治区、直辖市)批准立项的涉外建设项目及跨市(地、州、盟)的大中型建设项目,由建设单位向省级人民政府建设行政主管部门报建;其他建设项目按隶属关系由建设单位向县级以上人民政府建设行政主管部门报建。最后建设工程项目招标,业主自行招标或通过比选等竞争性方式择优选择招标代理机构;通过招标或比选等方式择优选定设计单位、勘察单位、施工单位、监理单位和设备供货单位,签订设计合同、勘察合同、施工合同、监理合同和设备供货合同。

为了保证工程的顺利进行,在施工准备阶段,建设单位、勘测设计单位、施工单位、工程监理单位和建设银行应分别做好下列准备工作:

(1)建设单位:组建专门的管理机构;准备必要的施工图纸;组织招标投标(包括监理、施工、设备采购、设备安装等方面的招标投标)并择优选择施工单位,签订施工合同;办理登记及征地拆迁;做好施工沿线有关单位和各部门的协调工作。

(2)勘测设计单位:应按照技术资料供应协议,按时提供各种图纸资料,做好施工图纸的会审及移交、交底工作。

(3)施工单位:首先要组织人员力量核对设计文件,进行补充调查和施工测量;编好实施性施工组织设计和施工预算;要安排好施工所需的劳动力、材料、机械、工具和生活供应等工作;组织材料及物资采购、加工、运输、供应、储备等工作;提出开工报告,报请监理和业主批准。施工中涉及与其他部门有关的问题,应事先联系,签订协议。

(4)工程监理单位:组织满足协议规定和工作需要的监理人员进驻工地,配备足够数量的试验设备,并建立监理试验室;熟悉合同文件,进行现场复查和施工环境调查;制订监理办法、计划、监理程序和监理实施细则以及监理用表;审批承包人的施工组织计划、质量保证体系、人员、设备投入,检查进场材料和工程现场占地,验收施工放线等施工准备工作。

6. 施工阶段

施工准备工作完成后,施工单位应严格按照上级下达的开工日期或承包合同规定的开工日期进行施工。在施工过程中,施工单位应严格按照设计要求和施工规范,遵照施工程序合理组织施工,确保工程质量和施工安全,并大力推广应用新工艺、新技术,努力缩短工期,降低工程造价,同时应注意做好施工记录,建立技术档案。

工程完成后,由业主组织进行交工验收,主要是检查施工合同的执行情况,评价该工程质量,对各参建单位进行初步评价,确定缺陷责任期整改计划。

7. 竣工验收阶段

竣工验收是公路工程建设过程重要的一个环节,是全面考核工程建设成本、检验设计和施工质量的重要步骤,也是项目由建设转入使用的标志。竣工验收的范围和标准,根据国家现行规定,凡新建、扩建、改建的基本建设项目和技术改造项目,按批准的设计文件所规定的内容建成,符合验收标准的,必须及时组织验收,办理固定资产移交手续。通过竣工验收,一是检验设计和工程质量,保证项目按设计要求的技术经济指标使用;二是有关部门和单位可以总结经验教训;三是建设单位对经验收合格的项目可以及时移交固定资产,使其由建设系统转入投入使用。按照中国人民建设银行《关于基本建设项目竣工验收暂行规定》和交通运输部颁发的《公路工程竣(交)工验收办法》的要求,认真负责地对全部基本建设工程进行总验收。

竣工验收包括对工程质量、数量、期限、生产能力、建设规模、使用条件的审查,以及对建设单位和施工企业编报的固定资产移交清单、隐蔽工程说明和竣工决算等进行细致的检查。竣工验收依据包括批准的可行性研究报告、初步设计、施工图和设备技术说明书、现场施工技术验收规范以及主管部门有关审批、修改、调整文件等。

当全部基本建设工程经过验收合格，完全符合设计要求后，应立即移交给生产部门正式使用，迅速办理固定资产交付使用的转账手续，加强对固定资产的管理。

8. 公路建设项目后评价

公路建设项目后评价是指在公路通车运营 2~3 年后，用系统工程的方法，对建设项目决策、设计、施工直至通车运营的各阶段工作及其变化的成因，进行全面的跟踪、调查、分析和评价的工作。通过建设项目后评价以达到肯定成绩、总结经验、研究问题、吸取教训、提出建议、改进工作、不断提高项目决策水平和投资效果的目的。交通运输部于 2011 年 11 月 28 日修订了 1996 年首次颁布的《公路建设项目后评价报告编制办法》，对后评价工作的内容进行了规范性阐述。

公路建设项目后评价报告的主要内容包括建设项目的过程评价、建设项目的效益评价、建设项目的影响评价和建设项目目标持续性评价。

1.2.5　公路基本建设投资

公路工程基本建设投资是指基本建设项目从筹建到竣工验收、交付使用的全部建设费用。公路工程基本建设投资的来源有如下几种。

1. 国家投资

国家投资是由政府直接安排预算进行投资，国家的财政部门通过财政拨款的方式把资金分期拨给建设单位。国家投资建设的公路工程是不收费的。

2. 地方投资

除国家投资以外，各地区根据自己的情况自筹资金进行公路工程建设。

3. 银行贷款

改革开放以后，公路工程建设开始利用银行贷款，有国际银行贷款，也有国内银行贷款，政府对于贷款的额度和期限有相关的规定。利用银行贷款进行修建的公路工程要按一定的期限进行收费，来偿还银行的贷款本息。

4. 国外资金

国外的银行贷款实际上也属于国外资金。除此以外还有国外政府的贷款，以及中外合资经营、发放国外债券等。

5. 其他资金来源

公路工程建设需要的资金量很大，为了弥补国家建设资金的不足，国家制定了一些相关的政策，作为建设资金的补充，如发行股票、发行债券、允许集资修建公路工程等。

1.3 公路施工程序

公路施工规模大、技术复杂、质量要求高、工期紧,耗费的资源比较多。因此,在施工生产过程中合理组织生产诸要素,严格按施工程序进行施工,科学地做好施工组织工作,对完成公路工程建设任务具有十分重大的意义。公路施工程序是指施工单位从接受施工任务到工程竣工阶段必须进行的工作顺序。在现在的建筑市场中,施工企业大部分是通过投标获得施工任务的,经过建设单位的招标、评标工作,决定由中标企业来承担工程项目的施工。

公路施工程序一般包括签订工程承包合同、施工准备、组织施工及竣工验收等阶段。

1.3.1 签订工程承包合同

施工单位获得施工任务通常有三种方式:一是上级主管单位统一布置施工任务,按计划安排进行;二是经主管部门同意后,对外接受施工任务;三是参加投标,中标后获得施工任务。随着我国社会主义市场经济体制的发展和招投标制度的不断完善,施工单位接受施工任务将主要通过参加市场投标的方式获得。接受施工任务时,施工单位首先应该查证核实工程项目是否有批准的可行性研究报告、初步设计(或施工图设计)及概(预)算文件等。接受施工任务,是以签订工程承包合同为准。因此,施工单位承担工程项目时,都必须同建设单位签订工程承包合同,明确双方的经济、技术责任。合同一经签订,即具有法律效力,双方要严格按合同执行。

施工单位只有通过和建设单位签订工程承包合同,才能最终从法律的角度上确定承担工程的建设任务。建设单位和施工单位必须都要重视合同的签订,明确彼此的责任和义务,共同保证工程的质量、进度、成本和安全等目标。

施工承包合同内容一般包括工程概况、承包依据、承包方式、工程质量、施工工期、开(竣)工日期、工程造价、技术物资供应、工程拨款与结算方式、违约责任、奖罚条款和各自应做的准备工作及配合协作关系等。

1.3.2 施工准备

施工准备的意义在于:施工准备工作是为拟建工程的施工建立必要的技术和物质条件,统筹安排施工力量和现场;施工准备工作是施工企业搞好目标管理、推行技术经济承包的依据;编制施工组织设计以保证工程建设的顺利进行;发挥企业优势、合理资源供应,加快施工速度、提高工程质量、降低工程成本。

1. 技术准备

技术准备是施工准备工作的核心。由于任何技术上的差错或隐患都可能造成生命、财产和经济的巨大损失,因此,必须认真地做好技术准备工作。技术准备的具体内容如下。

1)熟悉、审查施工图纸和有关设计资料

(1)审查施工图设计是否完整、齐全,以及施工图纸和设计资料是否符合国家有关法律、法规和规范要求。

(2)审查施工图纸与说明书在内容上是否一致,以及施工图纸与其各组成部分之间有无矛盾和错误。

(3)审查设计文件所依据的水文、地质、气象、岩土等资料是否准确、可靠、齐全。

(4)审查路基平纵横断面、构造物总体布置和桥涵结构物形式等是否合理,相互之间是否有矛盾和错误之处。

(5)核对路线中线、主要控制点、转角点、水准点、三角点、基线等是否准确无误;重要构造物的尺寸、孔径大小等是否恰当,能否采用新技术或使用新材料。

(6)审查施工方法、运输方式、道路条件等是否符合实际情况。

(7)审查施工平面图中临时房屋、便道、便桥、电力、电信设施、料场分布、临时供水、供电等场地布置是否恰当。

(8)审查路线或构造物与农田、水利、铁路、公路、电信、管道、航道及其他建筑物的互相干扰情况和解决办法是否恰当,干扰能否避免,特别应注意与历史文物纪念地、民族特殊习惯区域的干扰问题。

(9)审查施工图纸中技术复杂、施工难度大的分部分项工程或新结构、新材料、新工艺,检查现有施工技术水平和管理水平能否满足工期和质量要求,并采取可行的技术措施加以保证。

(10)审查对工程地质不良地段采取的处理措施,以及对水土流失、环境影响的处理措施。

(11)明确建设期限、分期分批施工或交付使用的顺序和时间,以及施工项目所需主要材料、设备的数量、规格、来源和供货日期。

(12)明确建设、设计、监理和施工等单位之间的协作、配合关系,以及建设单位可以提供的施工条件。进行现场核对时,对发现的设计不合理或错误之处,应提出修改意见并报上级机关审批,根据批复的修改设计意见进行施工测量、修改设计、补充图纸等工作。

2)原始资料的调查分析

为了做好施工准备工作,除了要掌握有关施工项目的书面资料外,还应该对施工项目进行实地勘测和调查,获得有关数据的第一手资料,这对于拟定一个先进合理、切合实际的施工组织是非常必要的。调查工作主要包括自然条件调查和技术经济条件调查两个方面。本部分内容将在第6章公路工程施工组织设计中详细阐述,此处不再赘述。

3)编制施工预算

施工预算是施工阶段,在施工图预算的控制下,施工单位根据中标后的合同价、施工组织或施工方案、施工图纸、施工定额等文件进行编制的,它直接受中标后合同价的控制。施工预算是施工单位进行成本控制与成本核算的依据,也是施工单位进行劳动组织与安排,以及进行材料和机械管理的依据,对施工组织和施工生产有着极为重要的作用。

4)编制中标后的施工组织设计

中标后的施工组织设计是施工准备工作的重要组成部分,也是指导施工现场全部生产活动的技术经济文件。公路工程施工生产活动是非常复杂的创造物质财富的过程,为了正确处理主体与辅助、工艺与设备、专业与协作、供应与消耗、使用与维修以及它们在空间布置、时间安排之间的关系,必须根据拟建工程的规模、结构特点和建设单位的要求,在对原始资料进行调查分析的基础上,编制出一份科学的、能切实指导该工程全部施工活动的方案。

2. 施工现场准备

施工现场准备是根据设计文件和已编制的实施性施工组织进行施工现场的准备工作,主要是为施工项目创造有利的施工条件和提供物资保证。其具体内容如下:

(1)清除各种障碍物及做好"三通一平"(水通、电通、道路通和场地平整)工作。

(2)搭建各种临时设施。

(3)进行施工测量,做好施工放样;建立工地试验室,进行各种建筑材料试验和土质试验,为施工提供可靠数据。

3. 物资准备

物资准备工作主要包括建筑材料的准备、构(配)件和制品的加工准备、施工机械及机具设备的准备。

(1)建筑材料的准备。建筑材料的准备主要是按照施工进度计划要求,按材料名称、规格、使用时间进行汇总,编制出材料需要量计划,为组织备料、确定仓库、所需场地堆放的面积和组织运输等提供依据。

(2)构(配)件、制品的加工准备。确定构(配)件、制品的加工方案、供应渠道及进场后的储存地点和方式,编制出其需要量计划,为组织运输、确定堆场面积等提供依据。

(3)施工机械及机具设备的准备。根据采用的施工方案,确定施工机械的类型、数量和进退场时间;确定施工机具的供应办法和进场后的存放地点和方式,为组织运输和确定堆场面积等提供依据。

4. 劳动组织准备

劳动组织准备工作主要包括设立施工项目领导机构及施工队组、集结施工力量及组织劳动力进场、建立健全各项管理制度。

(1)设立施工项目领导机构及施工队组。根据施工项目的规模、结构特点和复杂程度,确定施工项目的领导机构人选;根据专业、工种确定合理的施工队组;技工、普工的比例要满足流水施工组织方式的要求。

(2)集结施工力量及组织劳动力进场。确定工地的领导机构之后,按照开工日期和劳动力需要量计划,组织劳动力进场。同时要对职工进行安全、防火和文明施工等方面的教育,并安排好其生活。

(3)建立健全各项管理制度。工地的各项管理制度是否建立健全,直接影响其各项施工活动能否顺利进行。为此,必须建立有效、长期、全面的工地各项管理制度。

以上各项准备工作完成后,即可向建设单位或监理工程师提交开工报告。开工报告批准后,方可正式施工。

1.3.3 组织施工

施工中要对施工质量、成本、进度和安全等进行全方位的控制。组织施工应具备的文件包括设计文件、施工规范和技术操作规程、各种定额、施工图预算、施工组织设计、公路工程质量检验评定标准和施工验收规范。

(1)施工准备就绪后,向监理工程师提交开工报告,经同意即可开工。

开工报告主要包括以下内容:

①施工组织设计(监理审批);

②施工放样合格(监理审批);

③材料报验合格(监理审批);

④机械设备报验合格;

⑤必需的流动资金已落实；
⑥自检质量保证体系已建立。
（2）按施工顺序和施工方法进行施工,控制工期、投资和质量。
（3）组织施工时应具备如下文件：
①设计文件；
②施工规范和技术操作规程；
③各种定额；
④施工图预算；
⑤施工组织设计；
⑥公路工程质量检验评定标准和施工验收规范。

1.3.4 竣 工 验 收

工程完成后,应及时完成竣工图纸的绘制和竣工资料的汇编工作,按照业主的要求提交竣工验收申请,由业主组织实施交工验收工作。

1. 竣工验收的依据

按国家现行规定,竣工验收的依据是经过上级审批机关批准的可行性研究报告、初步设计或技术设计、施工图纸和说明、设备技术说明书、招标投标文件和工程承包合同、施工过程中的设计变更签证、现行的施工技术验收标准及规范,以及上级主管部门有关审批、修改、调整的文件等。

2. 竣工验收的准备

竣工验收的准备主要有三方面的工作：一是整理技术资料。施工单位应将技术资料进行系统整理,由建设单位分类立卷,交由生产单位或使用单位统一保管。技术资料主要包括土建方面、安装方面及各种有关的文件、合同和试生产的情况报告等。二是绘制竣工图表。竣工图表必须准确、完整、符合归档要求。三是编制竣工决算。建设单位必须及时清理所有财产、物资和应收回的资金,编制工程竣工决算,分析概(预)算执行情况,考核投资效益,按规定报财政部门审查。

竣工验收必须提供的资料文件主要有项目的审批文件、竣工验收申请报告、工程决算报告、工程质量检查报告、工程质量评估报告、工程质量监督报告、工程竣工财务决算批复、工程竣工审计报告以及其他需要提供的资料。

3. 竣工验收的程序和内容

竣工验收是检查施工合同的执行情况,评价工程质量是否符合技术标准及设计要求,是否可以移交下一阶段施工或者是否满足通车要求,对各参建单位工作进行初步评价。竣工验收是综合评价工程建设成果,对工程质量、参建单位和建设项目进行综合评价。按国家现行规定,根据项目的规模大小和复杂程度,建设项目的竣工验收可分为初步验收和竣工验收两个阶段。规模较大、较复杂的建设项目应先进行初步验收,然后进行全部建设项目的竣工验收。规模较小、较简单的项目,可以一次进行全部项目的竣工验收。

建设项目全部完成,经过各分项工程的验收,符合设计要求,并具备竣工图表、竣工决算、工程总结等必要文件资料后,由项目主管部门或建设单位向负责验收的单位提出竣工验收申请报告。

竣工验收要根据工程规模的大小和复杂程度成立验收委员会或验收组。验收委员会或验收组负责审查工程建设的各个环节，听取各有关单位的工作总结汇报，审阅工程档案并实地查验建筑工程和设备安装工程，并对工程设计、施工和监理等方面作出全面评价。对初验时有争议的工程及确定返工或补做的大桥、隧道工程和大型构造物，应全面检查和复测。对高填、深挖、急弯、陡坡路段，应重点抽查。对小桥涵及一般构造物，一般路段路基、路面及排水和安全设施等，可采取随机抽查的方式进行检查。检查过程中，必要时可采用挖探、取样试验等手段，对不合格的工程不予验收。对遗留问题应提出具体解决意见，限期落实完成。最后经验收委员会或验收组一致通过，形成验收鉴定意见书。验收鉴定意见书由验收会议的组织单位印发给各有关单位执行。

竣工验收的内容包括：
(1) 成立竣工验收委员会；
(2) 听取项目法人、设计单位、施工单位、监理单位的工作报告；
(3) 听取质量监督机构的工作报告及工程质量鉴定报告；
(4) 检查工程实体质量、审查有关资料；
(5) 按交通运输部规定的办法对工程质量进行评分，并确定工程质量等级；
(6) 按交通运输部规定的办法对参建单位进行综合评价；
(7) 形成并通过竣工验收鉴定书。

1.4 公路施工现场的组织管理

施工组织管理在我国经历了几个发展阶段：20 世纪 70 年代，是完成上级下达的行政任务；20 世纪 80 年代，所有活动都在政府部门的管理下进行，其特点造价低、矛盾小，便于指挥，质量可靠，但工程技术等级低、进度慢、工程规模小、工期长；20 世纪 90 年代，引进大量的国外管理理论，理论与技术活跃，标准日趋完善、建筑市场管理趋于规范，但项目管理的实际运用跟不上理论；进入 21 世纪，理论被充分运用，效益提高，政企分开，但市场有待于进一步规范。

1.4.1 施工组织管理现代化

1. 组织管理思想现代化

施工组织管理现代化是一个完整的体系，其中管理思想现代化是前提，处于主导地位。主要内容包括：要树立社会主义市场经济的思想；要树立按照客观经济规律办事的思想。

2. 组织管理机制现代化

现场的运行机制是：在一个有效的约束与诱导的环境条件下，在管理系统内部各因素的相互作用下，项目经理作为行为主体，为实现自己的目标而顺应客观经济规律，充分发挥其功能，推动各项工作有序、协调地运转的系统。

一个完善、科学的企业现代化管理机制，应能充分发挥企业的管理职能，通过计划、组织、指挥、控制、协调等管理职能使人们明确努力的目标，调动积极性去实现其目标。施工现场管理机制的现代化在现代化管理中处于中心位置,是重点,同时也是难点。

3. 现场管理现代化

现场管理现代化就是建立适应生产力发展水平的、科学的项目管理体制,建立科学、完善的组织机构来合理划分管理部门和管理层次,以及各级管理组织的权责,能有效地协调运作,优化组织生产劳动并提高功效。

4. 组织方法的现代化

根据项目特点,选择和采用现代化组织方法,提高经营管理水平。实现组织方法现代化,就是运用系统论、信息论、控制论及优化理论,分析法律方法、经济方法、行政方法、数学方法,建立完善的管理方法体系。

随着组织管理水平的不断提高,现代管理技术层出不穷,施工企业应根据实际条件和经营管理的实际需要灵活选用。

5. 组织手段现代化

组织手段现代化,要求装备和运用先进的管理手段对项目进行管理。如以计算机为基本手段的现代化管理系统、现代信息交流手段、现代检测手段等。

6. 组织管理人员现代化

管理人员的知识与技能是现代化组织管理的基本条件,项目管理需要各方面知识丰富以及专业技能熟练的项目管理专家,这是现场组织管理的特殊性决定的。

1.4.2 施工组织的现场管理者

一个公路工程项目的实施,涉及政府、地方以及专业技术等各方面的管理力量。就施工现场的组织管理来说,业主、监理、承包人和政府主管部门四方面对现场管理形成全方位管理。

1. 业主对现场的施工组织管理

业主是指执行某建设项目投资计划的单位,或其指定的负责管理本建设项目的代表机构,以及取得该当事人(单位)资格的合法执行者(单位)。公路工程项目的建设单位,就是现在流行的"业主"一词,但内涵与功能发生了很大变化。公路工程建设单位是计划经济时期由交通厅或公路局作为政府职能部门,在项目的立项、设计、招投标、施工管理、后期养护等活动中,起到筹划、组织和决定作用的临时组建领导集体。

目前充当公路建设项目业主角色的有主管交通运输的职能部门,如交通运输厅、高速公路管理局、公路管理局等;也有国有企业独资的单一企业或合资的多家企业,甚至有私有企业独资的单一企业或合资的多家企业,如BOT(Build-Operate-Transfer,建设-经营-转让)项目。对于地方公路建设,业主还可以是地方政府或其指定管理单位。

业主主要对公路沿线的地方政府、红线内及其附近居民进行协调管理;保证各标段承包人有正常的施工环境;保证各承包人按时支付工程款项;协调处理监理工程师各种地方矛盾,保证监理费用及时到位;始终关注整个项目的进度、质量、费用按计划运行;确保项目按期竣工,尽早进入投资回收期。

2. 工程监理对现场的施工组织管理

监理工程师是指业主为实施该项目所委托的承担该项目监理工作的独立法人。根据 FIDIC 条款(《土木工程施工合同条件》)规定,监理工程师具有特定的权利和义务,是业主在项目实施过程中的具有独立工作权利的第三方。我国公路工程项目在实施过程中的现场管理,采用的是政府监督与社会监理相结合的模式。

监理工程师在现场管理方面的工作范围主要包括:协调业主与承包人之间的矛盾;解决承包人施工中的技术困难;监控承包人施工的进度、质量、费用等三大目标;协助业主完成计量支付;为业主及承包人提供咨询服务。

3. 施工企业对现场的施工组织管理

项目经理领导现场管理人员,围绕着该项目,利用有限资源,调动工人、技术人员积极性,变不利的地形、地貌、水文气象等为有利因素,克服各种地域、生活、环境困难,利用现代管理手段,降低工程造价,提高经济效益,创造优良工程。

现场管理包括:进度、质量、费用、安全等目标控制,人工、材料、机械等资源的合理均衡使用,施工季节、工序衔接等时间的优化,施工现场平面的合理布置,临时设施规模、位置的合理确定,各种施工方案、施工方法的技术、经济比较,经理部、施工队、工作班组的机构设置和人员调整等。

4. 国家主管部门对施工现场的组织管理

在项目实施前期,对项目进行论证立项时,最直接的管理部门是交通运输部或省级交通运输主管部门,除此之外还有国家或省级发展和改革委员会。

项目招投标后进入现场施工管理阶段,政府对现场施工的管理主要由相关事业单位执行,如各级交通工程质量监督站、交通工程造价站,以及对公路工程施工现场技术指导的相关设计单位。

质量监督站代表政府部门对工程质量进行直接干预,督促各承包人甚至业主按照有关技术规范、标准执行。

1.4.3 施工现场组织管理的任务与内容

1. 现场施工管理的基本任务

现场施工管理的基本任务是根据生产管理的普遍规律和施工的特殊规律,以每一个具体工程(建筑物或构筑物)和相应的施工现场为对象,正确地处理好施工过程中的劳动力、劳动对象和劳动手段的相互关系及其在空间布置上和时间安排上的各种矛盾,做到人尽其才、物尽其用,多快好省、安全地完成施工任务,为国家提供更多、更好的建筑产品。

2. 现场施工管理的基本内容

(1)编制施工作业计划并组织实施,全面完成计划指标;
(2)做好施工现场的平面组织,合理利用空间,创造良好的施工条件;
(3)做好施工中的调度工作,及时协调土建工种和专业工种、总包与分包之间的关系,组织交叉施工；

(4)做好施工过程中的作业准备工作,为连续施工创造条件；

(5)保护施工环境,节约社会资源,建设优良工程；

(6)科学合理设置管理机构,保证现场管理全面协调运作；

(7)认真填写施工日志和施工记录,为交工验收和技术档案积累资料。

3. 公路施工组织管理的任务

(1)确定开工前的各项准备工作；

(2)计算工程量及各种资源需要量；

(3)确定施工方案,选择施工机具；

(4)安排施工顺序,编制施工进度计划；

(5)进行施工场地的平面布置；

(6)制订确保工程质量及安全生产的有效技术措施。

本章习题

问答题

1. 公路工程建设的内容包括哪些?
2. 简述公路工程的内容之间有哪些相同点,哪些不同点。
3. 公路工程建设的特点是什么?
4. 公路基本建设的内容是什么?
5. 公路基本建设程序包括哪些阶段?
6. 公路工程基本建设投资的来源有哪些?
7. 施工承包合同一般包括哪些内容?
8. 施工准备的意义是什么?
9. 竣工验收的依据是什么?
10. 竣工验收包括哪些内容?

第 2 章 路基工程施工

2.1 路基施工概述

路基作为公路的重要组成部分,既是公路线形的主体,又是路面的基础,如图 2-1 所示。实践证明,没有坚实的路基,就没有稳定的路面。而路基的强度和稳定性是通过施工才得以实现的,因此,路基的施工质量直接关系到路面和整条公路的使用品质和使用寿命。

图 2-1 路基

2.1.1 公路路基施工的程序和基本原则

1. 公路路基施工的程序

公路路基施工一般按以下程序进行:

(1)施工前的准备工作。准备工作是保证路基工程施工顺利进行的基本前提,工作内容主要包括组织准备、物资准备、技术准备和现场准备等。

(2)修建小型构造物。小型构造物主要指小桥、涵洞、挡土墙、盲沟等,这些构造物通常与路基工程同时施工,并先于路基完工,以减少与其他工程之间的施工干扰。

(3)路基土石方工程施工。路基土石方工程施工包括路堤填筑、路堑开挖、路基压实、路基表面整平(达到一定的横坡度要求)、修整边坡、构筑排水设施及防护与加固工程等。

(4)路基工程的竣工检查与验收。路基工程的竣工检查与验收主要包括路基及其附属工程的位置、高程、断面尺寸、压实度或砌筑质量,以及原始记录、图纸及其他资料等项目的检查与验收。

2. 公路路基施工的基本原则

(1)路基应具有一定的稳定性和耐久性,应能承受行车荷载的反复作用和抗御各种自然因素的长期影响。

(2)路基工程应推行机械化施工,只有在条件极其困难的三、四级公路中方可采用人工施工。

(3)路基应按照设计要求进行施工,在确保工程质量的前提下,因地制宜,合理利用当地的材料和工业废料。

(4)路基施工应在符合工艺要求和质量标准的条件下,积极采用经过鉴定的新材料、新技术、新机具和新的试验检测方法。

(5)路基施工必须遵守国家相关的土地管理法规,节约用地,保护耕地和农田水利设施。

(6)路基施工应保护生态环境,尽量不破坏或少破坏原有的植被地貌。清除的杂物必须分类妥善处理,不得随意倾弃于河流水域之中。

(7)路基施工必须贯彻安全生产的方针,制订技术安全措施。加强安全教育,严格执行安全操作规程,确保工程施工安全。

(8)公路路基施工必须按批准的设计文件进行。当需要变更设计、改变原定的施工方案或采用特殊施工方法时,应按施工管理程序,报请业主或监理工程师审批。

2.1.2 场地清理与路基基底处理

为了保证施工质量和施工的顺利进行,应根据横断面设计要求和实际地形情况确定施工用地范围,并及时做好场地清理工作。同时,为使路堤土体与基底结合紧密,避免路堤沿基底产生滑动和防止因草皮、树根腐烂而引起路堤沉陷,必须对基底进行认真处理,达到设计要求的密实度。在进行场地清理与基底处理时应注意以下事项:

(1)对路基用地范围内既有的房屋、道路、河沟、通信、电力设施、上下水管道、坟墓及其他建筑物等,均应协助有关部门事先进行拆迁或改造;对路基附近的危险建筑物应予以加固;对文物古迹应妥善保护。

(2)路基用地范围内既有的树木、灌木丛等均应在施工前砍伐或移植。二级及二级以上的公路路堤和填方高度小于1m的公路路堤,应将路基基底范围内的树根全部挖除,并将坑穴填平夯实;填方高度大于1m的二级以下的公路路堤,可保留树根,但树根不能露出地面。

(3)对路幅范围内原地面表层的腐殖土、表土、草皮等应进行清理,清除深度一般不小于15cm。

(4)原地面上的坑、洞、穴等,应在清除沉积物后,用符合要求的填料分层回填、逐层压实,压实度达到规范的要求。

(5)处于深耕地段的路基,在必要时应先将土翻松、打碎,再整平、压实;公路经过水田、池塘和洼地时,应根据具体情况,采取排水疏干、换填水稳性较好的土或者抛石挤淤等处理措施,以确保路堤的基底具有足够的稳定性。

(6)对路基范围内的泉眼或露头地下水,应按设计要求,在采取有效的导排措施后方可填筑路基。当地下水位较高时,应按设计要求认真进行处理。

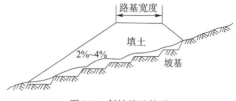

图 2-2 斜坡基地处理

(7)当地面横坡坡度为 1∶5~1∶2.5 时,应将原地面挖成台阶,台阶宽度不小于 1m,如图 2-2 所示;当地面横坡坡度大于 1∶2.5 时,还需要做进一步的特殊处理,以防路堤沿基底滑动,通常采用加大坡脚附近的台阶宽度、在坡脚处设置砌石护堤等措施。

(8)填方地段的基底应按设计要求整平与压实。一般情况下,二级及二级以上的土质路堤基底的压实度不小于 90%;三、四级公路应不小于 85%。当路基填土高度小于路面与路床的总厚度时,基底应按设计要求进行处理。

(9)对于土石混合地基、填挖界面、高填方地基等,都应按设计要求进行处理。在非岩石地基上修建填石路堤时,应按设计要求设置过渡层。

(10)在陡、斜坡地段,路堤靠山一侧应按设计要求做好排水和防渗处理。

2.2 路基施工主要机械简介

用于路基施工的机械可分为土方工程机械和石方工程机械。

2.2.1 土方工程机械

路基土方工程中,常用的机械有推土机、铲运机、挖掘机、装载机、平地机和压实机械等。下面重点介绍以上各种机械的特征、分类、适用范围和基本作业方法。

1. 推土机

推土机是路基土方施工中最常用的机械之一,如图 2-3 所示。它适用于土壤、风化岩层、爆破石渣的铲挖与推运,以及松散粒料的移运等工作。

图 2-3 推土机

1)推土机的分类

推土机按行走装置的形式不同,可分为履带式和轮胎式两种;按发动机功率大小不同,可分为小型(37kW 以下)、中型(37~250kW)和大型(250kW 以上)三种。

2)推土机的基本作业方法

推土机的基本作业循环由铲土、运土、卸土三个工作行程(图 2-4)和一个空载回驶过程组成。

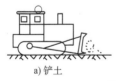
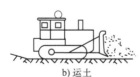

a)铲土　　　　　b)运土　　　　　c)卸土

图 2-4 推土机基本作业(工作行程)

(1)铲土作业。在此作业行程内,使铲刀切入土内一定深度,以最短的时间和最短的距离使铲刀前堆满土壤,并用铲刀推动土壤前行。推土机铲土主要有波浪式铲土、跨铲铲土和平铲等方法。

①波浪式铲土法。采用这种方法铲土时,应将铲刀最大限度地切入土中,当发动机稍有超负荷现象时,将铲刀缓缓提起,直到发动机恢复正常运转,再将铲刀降下切土,起刀时铲刀不应离开地面,经过多次起伏,直至铲刀前堆满土为止,如图2-5所示。这种方法的优点是可以最大限度发挥发动机的功率,而且缩短了铲土的时间和距离;缺点是在推土机空回过程中会因铲土通道地面不平整而产生颠簸。

②跨铲铲土法。该方法是第一个循环中,在铲土地段沿横向每间隔铲刀宽度的2/3处铲土一次,在第二个循环时,再将所间隔的土垄铲除,如图2-6所示。

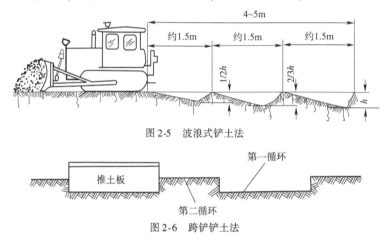

图2-5 波浪式铲土法

图2-6 跨铲铲土法

③平铲法。该方法是在铲土时,将铲刀持于自由状态,使铲刀保持一定的切入深度向前平推。平铲法能较好地保持铲土通道的平整,有利于推土机空回时的快速行驶。

(2)运土作业。推土机运土作业主要有深槽式、并进式、分段式等几种方法。

①深槽式运土作业(图2-7)是利用土埂挡住推土板两侧的土,减少遗漏,增加运土量。其方法是连续多次在同一条线上推土,在地面上拉出一条运土的槽沟。一般情况下,槽深不超过1m,槽宽比推土板宽0.3~0.4m。

②并进式运土作业(图2-8)是组织两台以上的同类型推土机并成一排,同时向前推土,互为依靠,减少土的散失。并排作业的铲刀间隔一般为0.3~0.5m。

图2-7 深槽式运土作业　　　　图2-8 并进式运土作业

③分段式运土作业就是把推土距离分成数段,逐次分段铲挖和堆聚土壤,在运土线路上聚集几堆后,一次推向卸土地点。这种方式可以减小推土板底部的阻力,同时也减少了土的流失。

(3)卸土作业。该作业行程是通过提升铲刀来实现的。卸土的方法因施工条件的不同而异,有分层填土、沟堑填土等多种方法。

3) 推土机的适用范围

推土机一般适用于季节性较强、工程量集中、施工条件较差的施工环境,特别适于50～100m的短距离作业。在公路工程施工中,推土机主要用于填筑路基、开挖路堑、平整场地、管道和沟渠回填以及其他辅助作业。此外,推土机在公路施工准备阶段可以用以推移乱石和清除树根,在辅助作业中还可以为铲运机和挖装机械进行松土、助铲、牵引等,如图2-9所示。履带式推土机在路基工程中应用广泛,它适合Ⅳ级以下土壤的推运。需要推运Ⅳ级及Ⅳ级以上的土壤时,应预先进行翻松。如果土壤中有少量孤石,应先破碎再推运;如果孤石过多,则不宜使用推土机进行作业。

图2-9 推土机助铲作业

2. 铲运机

铲运机也是一种循环作业式的土方机械,它能综合完成铲、装、运、卸、铺、压等一系列工序。

1) 铲运机的分类

铲运机按照斗容量大小不同,可分为小容量(3m³以下)、中等容量(4～14m³)、大容量(15～30m³)和特大容量(30m³以上)四种;按卸土方法不同,可分为强制式、半强制式和自由式三种;按操作系统的形式不同,可分为钢索滑轮式和液压式两种;按行走方式不同,可分为拖式、半拖式和自行式三种。图2-10所示为自行式铲运机。

图2-10 自行式铲运机

2) 铲运机的基本作业方法

铲运机的作业循环由铲装、运输、卸土三个工作行程(图2-11)和一个空载回驶过程组成。下面以钢索式操纵法为例简单介绍铲运机的基本作业过程和方法。

a) 铲装 b) 运输 c) 卸土

图2-11 铲运机基本作业(工作行程)

(1) 铲装作业。升起铲斗门、放下铲斗,随着铲运机前行,在铲斗自重的作用下,铲刀逐渐切入土壤,被切下的土则被挤入斗中。随着斗内土壤的增加,逐渐减小铲土的深度,直到斗内装满土壤为止。

根据施工现场的地形和土壤条件,铲运机铲土除了使用常见的一般铲土法之外,还可采用波浪式铲土法、跨铲铲土法、硬土预松法、下坡铲土法、助铲法等,使用这些方法可以充分发挥发动机的功率、改善装土条件、缩短铲土时间、提高作业效率。但利用地形下坡铲装时,下坡角应不大于7°。

(2) 运输作业。当斗内装满土壤后,升起铲斗,关闭斗门,按照一定的运行路线到达卸土地点。在规划铲运机的施工运行路线时,要综合考虑施工效率、现场的地形条件及机械磨损等因素,以满足运距短、坡道平缓和修筑运输通道的工作量小等要求。常见的运行路线有椭圆形(图2-12)、"8"字形(图2-13)、螺旋形(图2-14)等形式。在布设运行路线时,应遵循"挖远填近,挖近填远"的原则,争取创造下坡取土的条件,并尽量保持一段较平坦的运土路线。

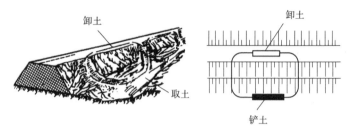

图 2-12 椭圆形运行路线

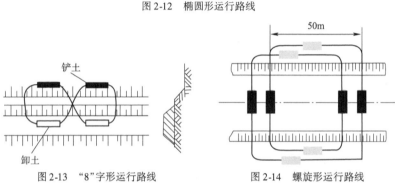

图 2-13 "8"字形运行路线　　图 2-14 螺旋形运行路线

(3)卸土作业。首先放低铲斗,当斗距离地面一定高度(即铺土厚度)时,开启斗门,用卸土板向外逐渐推卸斗内的土,随着铲运机的行进即可在卸土地段铺筑一层土壤。

(4)回驶。卸完土后,关闭斗门,升起铲斗,将铲运机空驶回铲土区,准备下一循环作业。

3)铲运机的适用范围

铲运机一般用于开挖Ⅰ、Ⅱ级土,在Ⅲ、Ⅳ级土施工时,需要用松土器预先翻松。铲运机适用于在湿度较小(含水率在25%以下)的松散砂土和黏性土中施工,但是不适宜在干燥的粉砂土或潮湿的黏土中作业,更不宜在地下水位较高的潮湿地区或沼泽地带作业。铲运机作业的内容主要是平整场地、填筑路堤、开挖路堑等。

3. 挖掘机

挖掘机是路基土方开挖作业的一种主要机械,其特点是效率高、产量大,但是机动性较差。按照挖掘机的作业形式不同,可以分为单斗挖掘机和多斗挖掘机。在公路工程施工中普遍采用的是单斗挖掘机(图 2-15),下面以单斗挖掘机为例进行介绍。

图 2-15 单斗挖掘机

1)单斗挖掘机的分类

单斗挖掘机按照行走方式不同,可分为履带式挖掘机、轮胎式挖掘机、汽车式挖掘机和悬挂式挖掘机;按传动方式不同,可分为机械传动挖掘机和液压传动挖掘机;按工作装置不同,可分为正铲挖掘机、反铲挖掘机、拉铲挖掘机和抓斗挖掘机。

2)单斗挖掘机的基本作业方法

单斗挖掘机是循环作业式机械,每个循环包括挖掘、回转、卸料和返回四个过程。在路基施工中,应用最广泛的是反铲挖掘机,如图 2-16 所示。下面就以反铲挖掘机为例,简单说明单斗挖掘机的循环作业过程。

(1)挖掘作业。先将铲斗向前伸出,并让动臂带动铲斗落在工作面(Ⅰ)上,然后将铲斗向内拉转(Ⅱ),于是在动臂和铲斗的重力及牵引钢索的拉力作用下,在工作面上挖出一条弧状的挖掘带,土就装进了铲斗。反铲挖掘机主要有沟端开挖和沟侧开挖两种作业方式。

(2)回转作业。待土装满铲斗后,就将铲斗保持在装满的状态下,与动臂一起升起(Ⅲ),再回转到卸料处的上空。

(3)卸料作业。对于打开式斗底,将料斗底打开卸料(Ⅳ);对于不能打开式斗底,将斗口朝下卸料(Ⅴ)。

(4)返回作业。回转转台,动臂带动空斗返回挖掘面,同时放下铲斗。

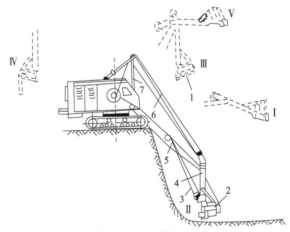

图 2-16 反铲挖掘机(机械传动式)作业示意图
1-斗底;2-铲斗;3-牵引钢索;4-斗杆;5-动臂;6-提升钢索;7-前支架;Ⅰ~Ⅴ-工作过程

3)挖掘机的适用范围

正铲和反铲挖掘机的主要挖装对象是Ⅰ~Ⅳ级土壤和软石;拉铲和抓斗挖掘机主要适用于Ⅰ、Ⅱ级土壤和预松后的Ⅲ、Ⅳ级土壤作业。在公路工程中,当遇到开挖量较大的路堑和填筑较高的路堤时,选用挖掘机与运输车辆相配合(图2-17)是比较合理的组织方案。此外,挖掘机还常用来开挖排水沟渠和构造物的基础,以及用来清挖爆破后块径较小的坚石。

4. 装载机

装载机(图2-18)是一种应用范围广泛的机械,它兼具推土机和挖掘机两者的功能,可以完成铲掘、推运、整平、装载和牵引等多种作业。其优点是适应性强、作业效率高、操作简便。

图 2-17 挖掘机与运输车辆配合作业

图 2-18 装载机

1)装载机的分类

装载机按发动机的功率不同,分为小型(<74kW)、中型(74~147kW)、大型(147~515kW)

和特大型（>515kW）；按行走装置不同，分为轮胎式和履带式；按卸载方式不同，分为前卸式、回转式、后卸式和侧卸式；按传动方式不同，分为机械式、液力机械式、液压式和电动式。

2）装载机的基本作业方法

装载机的作业由铲装、转运、卸料和返回四个过程组成一个工作循环。

（1）铲装作业。如图2-19a）所示，将铲斗的斗口朝前，平放到地面上，随着机械的前进，铲斗插入料堆，等斗口装满土石后，将斗收起，使斗口朝上[图2-19b)]，完成铲装作业。

（2）转运作业。如图2-19c）所示，用动臂将斗升起，机械倒退，转向驶至卸料处，实现转运作业。

（3）卸料作业。如图2-19d）所示，先使铲斗对准停止在运料车厢的上空，然后将斗向前倾翻，土石即可卸下。

（4）返回。将铲斗翻转至水平位置，机械行至装料处，放下铲斗，准备再次铲装作业。

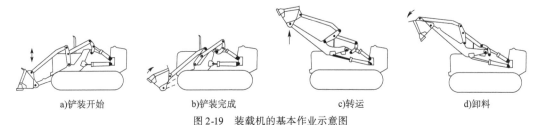

a）铲装开始　　　b）铲装完成　　　c）转运　　　d）卸料

图2-19　装载机的基本作业示意图

3）装载机的适用范围

装载机不仅能对松散的土石材料进行装、运、卸作业，对岩石、硬土进行轻度的铲掘，还能用来清理、刮平场地以及进行牵引作业。装载机的适用范围取决于使用场所、土石料的特性和工作环境，需要根据使用场所正确选择机型，根据装载机的容量及其质量选用经济合理的运距。一般情况下，装载机整个作业循环（装、运、卸、回）的时间不宜超过3min；挖掘机与自卸式汽车相配合时，应注意使装载机的斗容量与自卸式汽车的车厢容积相匹配。

5. 平地机

平地机是一种装有以带转盘的铲土刮刀为主，并配备其他多种可换作业装置进行土地平整和路基整形的连续作业的土方施工机械，如图2-20所示。

图2-20　平地机

1）平地机的分类

平地机按照行走方式不同，分为自行式和拖式；按行走轮数不同，分为四轮式和六轮式；按转向方式不同，分为前轮转向式、全轮转向式等。

2）平地机的基本作业方法

平地机的主要工作装置是刮刀，它可以做出四种不同的动作，即刮刀的平面回转、左右端升降、左右引伸和机外倾斜。通过这些动作，可以使刮刀在各种不同的位置来实现多种土方作业方式，主要归纳为刮刀刀角铲土侧移、刮土侧移、刮土直移和机外刮土等，如图2-21所示。

3）平地机的适用范围

平地机是一种可以将铲土、运土、卸土等工序同时进行的连续作业式机械，能够从事多种土方工程作业。平地机主要用于开挖路槽，修整路拱，从路线两侧取土填筑矮路堤（高度不超过1m），旁刷边坡，开挖边沟、排水沟、路缘石沟，以及大面积场地平整等。此外，可以在路基上拌和与摊铺路面的底基层或基层材料，用于清除路肩上的杂草及冬季道路除雪等。

a)刮刀刀角铲土侧移　　b)刮土侧移　　c)刮土直移　　d)机外刮土

图 2-21　平地机作业方式示意图

6. 压实机械

压实是在外部压力的作用下,克服土粒间的黏聚力和摩擦力,破坏原有的结构,使固体颗粒重新排列,彼此挤紧,达到一种较为密实的新的平衡的过程。压实的目的在于提高土壤的密实度(干密度),从而增强路基的强度和稳定性。压实效果的好坏与压实机械的质量密不可分,在路基施工中,需要采用专用的压实机械。

1) 压实机械的分类

压实机械按压实作用的原理不同,分为静作用碾压机械、振动碾压机械、振荡碾压机械和夯实机械四类;按行走方式不同,分为拖式和自行式两类;按碾轮的形状不同,分为光轮(图2-22)、羊脚(图2-23)、轮胎(图2-24)等;按滚轮的数目不同,分为单轮式、双轮式、三轮式等;按机重大小不同,可分为轻型(5~8t)、中型(8~10t)和重型(10~15t)三种。

a)单轮式　　　　　　　　b)双轮式　　　　　　　　c)三轮式

图 2-22　光轮压路机

图 2-23　羊脚压路机　　　　图 2-24　轮胎压路机

2) 压实机械的特点及适用范围

(1) 光轮压路机。光轮压路机是一种静作用的压路机,即以压路机的自重来实施压实作用。由于这种压路机的单位线压力小、压实深度较浅,故仅适用于一般的公路工程或作为辅助压实之用。

(2) 羊脚压路机。羊脚压路机具有较大的单位压力(包括羊脚的挤压力),压实深度大而且均匀,并能挤碎土块,有着很好的压实效果和较高的作业效率,广泛用于黏性土的分层压实,但不适用于非黏性土和含水率很高的土质压实。

(3)轮胎压路机。轮胎压路机机动性好、便于运输,压实作业时土壤与轮胎同时变形,接触面大,并有很好的揉合作用,压实效果较好,适用于各种土的压实。

(4)振动压路机。振动压路机单位线压力大,振动力影响深,大大增加了压实深度,而且压实次数也可以相应地减少。振动压路机种类繁多,在公路施工中应用广泛。

(5)夯实机械。夯实机械分为振动夯实、冲击夯实和液压夯实三大类,通常情况下它们的体积小、质量轻、生产率低,主要应用于狭窄工作面的铺筑层的压实工作中。振动夯实机械适用于非黏性土、砾石、碎石的压实;冲击夯实机械则适用于黏土、砂质黏土和灰土的压实作业;液压夯实机械适用于桥涵两侧等压路机械难以碾压区域的压实。

2.2.2 石方工程机械

在公路工程施工中,除了土方填挖作业,还需要进行石方的开采与料石、碎石的加工。对石方进行开采和加工的机械设备称为石方工程机械。与路基石方紧密相关的工程机械主要有空气压缩机、凿岩机、破碎机等。

1. 空气压缩机

空气压缩机是气源装置中的主体,它是将原动机(通常是电动机)的机械能转换成气体压力能的装置,是压缩空气的气压发生装置,如图2-25所示。

图2-25 空气压缩机

空气压缩机的种类很多,按工作原理不同,可分为往复式和旋转式两种类型;按空气在一个循环内被压缩次数的不同,可分为单级式、双级式和多级式三种类型;按活塞工作面的不同,可分为单作用式和双作用式两种类型;按压缩机安装方式的不同,可分为移动式、半固定式和固定式三种类型。

往复式空气压缩机的工作原理是压缩气体的体积,使单位体积内气体分子的密度增加以提高压缩空气的压力;旋转式压缩机的工作原理是提高气体分子的运动速度,使气体分子具有的动能转化为气体的压力能,从而提高压缩空气的压力。

2. 凿岩机

凿岩机是用来开采石料的专用工具。利用它在岩层上钻凿出炮眼,以便放入炸药炸开岩石,完成开采石料或其他石方工程的任务。此外,凿岩机还可以用来破碎混凝土之类的坚硬物质。

1)凿岩机的分类

凿岩机按其动力来源不同,可分为风动凿岩机、内燃凿岩机、电动凿岩机和液压凿岩机四种类型。目前,在公路工程中最常用的是风动凿岩机,如图2-26所示。

2)凿岩机的工作特点

(1)风动凿岩机:以压缩空气驱使活塞在气缸中向前冲击。

(2)内燃凿岩机:利用内燃机原理,通过柴油的燃爆力驱使

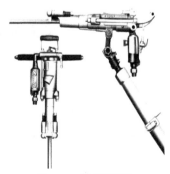

图2-26 风动凿岩机

活塞冲击钢钎,凿击岩石。适用于无电源、无气源的施工场所。

(3)电动凿岩机:由电动机通过曲柄连杆机构带动锤头冲击钢钎,凿击岩石。

(4)液压凿岩机:依靠液压通过惰性气体和冲击体冲击钢钎,凿击岩石。

这些凿岩机的冲击机构在回程时,由转钎机构强迫钢钎转动角度,使钎头改变位置继续凿击岩石;通过柴油的燃爆力驱使活塞冲击钢钎,如此不断地冲击和旋转,并利用排粉机构排出石屑,即可凿成炮孔。

3. 破碎机

破碎机是一种用来破碎石块的机械,它可以将较大的石块破碎成各种规格的碎石。石块的破碎方法有压碎、劈碎、碾碎、击碎和折碎,而在实际工作中,通常是几种方法综合使用。

破碎机按结构不同,可分为颚式破碎机、锥式破碎机、锤式破碎机、辊式破碎机、反击式破碎机五类,下面简单介绍各类破碎机的工作特点。

(1)颚式破碎机。颚式破碎机利用活动颚板相对固定颚板的往复摆动对石块进行破碎,可用于粗碎和中碎。它的优点是结构简单、外部尺寸小、破碎比较大、操作方便,目前在筑路工程中使用非常广泛。颚式破碎机根据其活动颚板摆动形式的不同,可分为单摆式和复摆式两种类型,一般用于头破。

(2)锥式破碎机。锥式破碎机利用一个置于固定锥孔体内的偏心旋转锥体的转动,使石块受挤压、研磨和弯折等作用而被破碎,这种破碎机主要用于中碎和细碎。由于它没有空回行程,故生产率较高、动力消耗小,但因其结构较复杂、体积大、移动不方便,所以只适用于固定的大型采石场。

(3)锤式破碎机。锤式破碎机利用锤头的高速冲击作用,对石料进行中碎和细碎作业。锤头铰接于高速旋转的转子上,机体下部设有箅条以控制排料粒度。送入破碎机的石料首先受到高速运动的锤头的冲击而初次破碎,并同时获得动能,高速飞向机壳内壁上的破碎板而再次被破碎,直至碎石粒径小于箅条缝隙而排出机外。锤式破碎机具有破碎比大、排料粒度均匀、过粉碎物少、能耗低等优点,但由于其生产率不高,且石料成品的规格大小不一,含有很多的击屑和石粉等废品,故仅适用于养路工作的备料。

(4)辊式破碎机。辊式破碎机是利用辊面的摩擦力将石料咬入破碎区,使之承受挤压或劈裂而实现石料破碎的机械。当用于粗碎或需要增大破碎比时,常在辊面上做出牙齿或沟槽以增大劈裂作用。辊式破碎机适于粗碎、中碎或细碎石灰石、水泥熟料和长石等中硬以下的物料。

(5)反击式破碎机。反击式破碎机是一种利用冲击能来破碎物料的破碎机械。机器工作时,在电动机的带动下,转子高速旋转,物料进入板锤作用区时,与转子上的板锤撞击破碎,后又被抛向反击装置上再次破碎,然后又从反击衬板上弹回到板锤作用区重新破碎,此过程重复进行,物料由大到小进入一、二、三反击腔重复进行破碎,直到物料被破碎至所需粒度,由出料口排出。在石料生产线中,反击式破碎机主要用于细碎作业(二破),以及与颚式破碎机进行合作破碎。反击式破碎机在破碎的过程中有以下五个方面的优势性能:

①反击式破碎机处理含水率大的物料更有效,可有效防止物料堵塞。处理含水率过大的物料时,反击式破碎机的进料溜槽和反击板可配备加热装置,防止物料的黏结。反击式破碎机不须配备底部筛板,可有效防止堵塞现象。

②反击式破碎机适用的物料硬度更加广泛。反击式破碎机的板锤采用机械夹紧结构牢固定于转子上,当随转子转动时具有很大的转动惯量。相对于锤式破碎机(锤头呈悬垂状态),

反击式破碎机的转子具有更大的动量,可用于破碎更坚硬的物料,且同时能耗较低。

③可以方便、灵活地调节出料粒度,调节范围广。反击式破碎机可通过多种方式调节出料粒度,如调节转子速度、调节反击板和研磨腔的间隙等。间隙调节可通过机械式或液压式进行调节,采用液压调节系统可方便地通过就地操作按钮或远程控制系统完成间隙的调整。

④易损件的磨损小、金属利用率高。反击式破碎机板锤的磨损仅出现在迎向物料的一面。当转子速度正常时,进料会落至板锤表面(打击面),板锤的背面和侧面均不被磨损。即使是迎向物料这一面的磨损也很少,而且底部研磨棒也很容易更换。反击式破碎机板锤的金属利用率可高达45%~48%。

⑤反击式破碎机备件更换简便,维护费用相应减少。反击式破碎机转子上仅安装6只板锤,用设计的专用工具可方便地进行板锤的更换,更换一套板锤只需一个班次的时间。

2.3 填方路基施工

2.3.1 路基填筑施工工艺流程

一般路基填筑施工工艺流程,如图2-27所示。

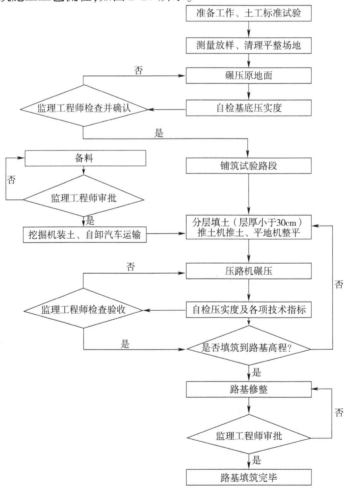

图2-27 路基填筑施工工艺流程图

2.3.2 路基填料

各类常见的路基填土工程性质如下。

1. 砂土

砂土无塑性,有良好的透水性,毛细管水上升高度很小,具有较大的摩擦系数。但是砂土黏结性差、易松散,抗水流冲刷和抵御风蚀的能力很弱,而且压实困难。用砂土填筑路堤,经过充分的压实后,压缩变形小、稳定性较好。

2. 砂性土

砂性土既含有一定数量的粗颗粒,使之具有一定的强度和水稳定性,又含有一定数量的细颗粒,使之具有一定的黏结性,不致过于松散,而且级配良好。砂性土雨天不泥泞、晴天不扬尘,易于施工,能构成平整坚实的路基表面,是理想的路基填筑材料。

3. 黏性土

黏性土细颗粒含量多,摩擦系数小,黏聚力大,透水性差而吸水能力强,毛细现象严重,具有较大的可塑性。干燥时坚硬不易挖掘,浸水后强度急剧下降,而且干湿循环所引起的体积变化较大,过干或过湿时都不便于施工。若给予充分压实和良好排水,黏性土尚可作为路堤填料。

4. 粉性土

粉性土含有较多的粉粒,毛细现象严重,干燥时易风蚀,浸水后很快被湿透。在季节性冰冻地区常引起冻胀和翻浆,遇水饱和时可产生振动液化,因此粉性土属于不良的路基用土。在必须使用时,宜掺配其他材料进行必要的改良,同时要采取严格的隔水与排水措施。

5. 碎(砾)石质土

碎(砾)石质土颗粒较粗、摩擦系数大、透水性大,它具有足够的抗变形能力和良好的水稳定性,施工压实方便,是一种良好的筑路填料。但是,随着细粒的增多,其透水性和水稳性将随之下降。

6. 砾石、不易风化的石块

砾石、不易风化的石块透水性大、强度高、水稳定性好,使用场合和施工季节均不受限制,是一种较好的路基下部填料。但是,石块之间需要嵌锁密实,以避免在路基自重和行车荷载的作用下,因石块松动而产生局部沉陷。

7. 膨胀性重黏土

膨胀性重黏土几乎不透水,黏聚力极大,干时难挖掘,湿时膨胀性和塑性都很大,其工程性质受黏土矿物成分影响较大。膨胀性重黏土不宜用来填筑路堤。

8. 易风化的软质岩石

易风化的软质岩石如泥灰岩、硅藻岩等,浸水后易崩解,强度显著下降,而且变形量大,一般不宜用作路基填料。

除上述路基用土外,还有一些特殊的土类,如含有特殊结构的土(湿陷性黄土)、含有机质的土(腐殖土)、含易溶盐的土(盐渍土)等。

在路基填筑施工时,宜选用级配好的砾类土、砂类土等粗粒土作为填料;含草皮、生活垃圾、树根、腐殖质的土严禁作为填料;泥炭土、淤泥、冻土、强膨胀土、有机质土及易溶盐超过允许含量的土等,不得直接用于填筑路基(确需使用时,应采取技术措施进行处理,经检验满足要求后方可使用);粉质土不宜直接用于填筑二级及二级以上公路的路床,不得直接用于填筑冰冻地区的路床及浸水部分的路堤。

2.3.3 土质路堤施工

1. 路堤的横断面形式

路堤的横断面应根据公路等级、技术标准,结合当地地形、地质、水文、填挖条件等情况确定。常用的横断面形式,按其填土高度不同,可划分为低路堤、高路堤和一般路堤。填土高度小于路基工作区深度的路堤,属于低路堤;填土边坡高度大于20m的路堤,属于高路堤;介于两者之间的路堤,属于一般路堤。随路堤所处条件和加固类型的不同,还有浸水路堤、护脚路堤、护肩路堤、挡土墙路堤和挖沟填筑路堤等。

2. 土质路堤填筑的规定与要求

(1)性质不同的填料,应水平分层、分段填筑,并分层进行压实。路基上部宜采用水稳定性好或冻胀敏感性小的填料,同一层路基应采用同一种填料,同一水平层路基的全宽应采用同一种填料,不得混合填筑,如图2-28所示。有地下水的路段或浸水路堤,应填筑水稳性好的填料。每种填料的填筑层压实后的连续厚度不宜小于500mm。

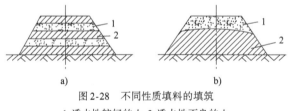

图2-28 不同性质填料的填筑
1-透水性较好的土;2-透水性不良的土

(2)在透水性差的压实层上填筑透水性好的填料前,应在其表面设2%~4%的双向横坡,并采取相应的防水措施。不得在透水性好的填料所填筑的路堤边坡上覆盖透水性差的填料。

(3)每种填料的松铺厚度应通过试验确定。

(4)每一填筑层压实后的宽度不得小于设计宽度。

(5)路堤填筑时,应从最低处起分层填筑,逐层压实。

(6)填方分几个作业段施工时,接头部位如不能交替填筑,先填路段应按1:1~1:2坡度分层留台阶;如能交替填筑,应分层相互交替搭接,搭接长度应不小于2m。

3. 湿黏土路堤填筑的规定与要求

(1)应按设计要求对基底湿黏土层进行处理。

(2)湿黏土填料宜采用石灰进行改良,石灰宜采用消石灰或磨细生石灰粉。石灰粒径不应大于20mm,质量宜符合三级及三级以上标准。

(3)施工前应取现场有代表性的土做石灰掺配试验,以确定石灰用量。

(4)灰土拌和可采用路拌法,翻拌后填料的块状粒径超过15mm的含量宜小于15%,填筑层厚度不宜超过200mm。

(5)改良后的湿黏土路堤质量应采用灰剂量与压实度两个指标控制,灰剂量不应低于设计掺量,压实度应符合表2-1的规定,应采用设计灰剂量的击实试验确定最大干密度。表2-1为与图2-29相对应的路基填筑部位划分。

土质路基压实度标准 表2-1

填筑部位(路面底面以下深度)(m)				压实度(%)		
				高速公路、一级公路	二级公路	三级、四级公路
填方路基	上路床		0~0.30	≥96	≥95	≥94
	下路床	轻、中及重交通	0.30~0.80	≥96	≥95	≥94
		特重、极重交通	0.30~1.20			—
	上路堤	轻、中及重交通	0.80~1.50	≥94	≥94	≥93
		特重、极重交通	1.20~1.90			—
	下路堤	轻、中及重交通	>1.50	≥93	≥92	≥90
		特重、极重交通	>1.90			
零填及挖方路基	上路床		0~0.30	≥96	≥95	≥94
	下路床	轻、中及重交通	0.30~0.80	≥96	≥95	—
		特重、极重交通	0.30~1.20			

注:1.表列压实度以现行《公路土工试验规程》(JTG 3430)重型击实试验法为准。
2.三级、四级公路铺筑水泥混凝土路面或沥青混凝土路面时,其压实度应采用二级公路的规定值。
3.路堤采用特殊填料或处于特殊气候地区时,压实标准在保证路基强度要求的前提下根据试验段和当地工程经验确定。
4.特殊干旱地区的压实度标准可降低2~3个百分点。

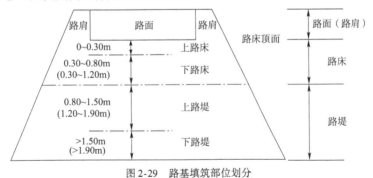

图2-29 路基填筑部位划分

4. 土质路堤填筑方法

(1)分层填筑。这种作业方式又可分为水平分层填筑和纵坡分层填筑两种情况。

①水平分层填筑。水平分层填筑是按照横断面全宽分成水平层次、逐层向上填筑的方法。对原地面进行必要的处治后,从最低处分层填起,每填一层经过压实达到标准后,再填筑其上一层,依此循环施工,直至达到设计高程。该方法施工操作方便、安全,压实质量易于保证,如图2-30所示。

②纵坡分层填筑。纵坡分层填筑是用推土机、铲运机等机械从挖方地带取土填筑运距较短的路堤,就近填筑路堤,依纵坡方向分层填筑和压实,直至达到设计高程的施工方法。这种施工方法适用于原地面坡度小于20°的地段,如图2-31所示。

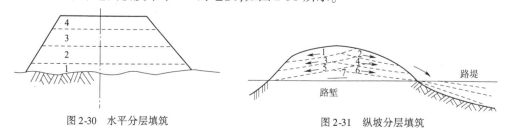

图2-30 水平分层填筑　　　　　图2-31 纵坡分层填筑

(2)竖向填筑。竖向填筑又称竖向全高填筑。在深谷陡坡地段,对于难以自下而上分层填筑的路堤,可以从路堤的一端或两端按横断面全高逐步推进的方式填筑。这种方法适用于无法自下而上填土的陡坡、断岩或泥沼地区,如图2-32所示。

(3)混合填筑。在深谷、陡坡、断岩地段,下层采用竖向填筑的方法,上层采用水平分层填筑的方法,这种填筑方法称为混合填筑(图2-32)。该方法可以使上部的填土获得足够的密实度。

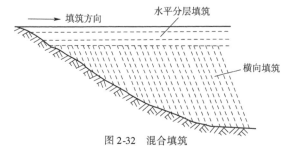

图2-32 混合填筑

5. 路基填方取土

路基填方取土应根据设计规划,结合路基排水和当地的土地规划、环境保护等要求进行,不得任意挖取。施工取土应不占或少占良田,尽量利用荒坡、荒地。取土深度取决于地下水等因素,要利于复耕。对原地面耕植土,应先集中存放,以利再用。自行选定取土方案时应符合下列技术要求:

(1)地面横坡陡于1:10时,取土坑应设在路堤上侧。

(2)桥头两侧不宜设置取土坑。

(3)取土坑与路基之间的距离,应满足路基边坡稳定的要求。取土坑与路基坡脚之间的护坡道应平整密实,表面设1%~2%向外倾斜的横坡。

(4)取土坑兼作排水沟时,其底面宜高出附近水域的常水位或与永久排水系统及桥涵出水口的高程相适应,纵坡不宜小于0.2%,平坦地段不宜小于0.1%。

(5)红线外的取土坑等与排水沟、池塘、水库等蓄水(或排洪)设施相连接时,应采取防冲刷、防污染等措施。

(6)对由于取土造成的裸露面,应加以整治或防护处理。

6. 土质路基压实作业及压实影响因素

1)土质路基压实作业(图2-33)

土质路基在碾压前,应先对作业面整形,形成满足要求的横坡。进行土质路基压实作业

时,应遵循以下规则:

(1)在直线路段和大半径曲线路段上,应先压边缘、后压中间,以便形成双向路拱;在半径较小的曲线路段上,应由低的一侧(内侧)向高的一侧(外侧)碾压,以便形成单向超高横坡。

(2)先轻后重。刚开始压实时,土质疏松,强度较低,故宜先轻压。随着土体密实度的增加,逐步提高压实力度,以适应逐渐增长的土基强度。

图 2-33　土质路基压实作业

(3)先慢后快。初步压实时,速度应慢些,以免松土被机械推动。随着土层越来越密实,速度也应逐渐加大,以提高作业效率。

(4)路基压实过程中,在横向接头处和纵向前后作业相邻两区域的碾压轮迹均需要有一定的重叠量。整个压实过程中要特别注意控制碾压的均匀性。

经充分压实后的土体,具备了一定的密实度,路基的塑性变形显著减小,渗透性、毛细水作用及隔温性能也都得以改善,从而明显提高了路基的承载能力和水稳性。因此,压实是填方路基填筑中最重要的工序,对路基的施工质量起着决定性的作用。

2)土质路基压实影响因素

影响路基压实的因素有内因和外因两个方面。内因是指土体本身的土质和含水率,外因是指压实功能(如力学性能、压实时间、压实遍数、压实速度和松铺厚度等)及压实时自身功能、铺土厚度、地基或下承层强度、碾压机具和方法等。

(1)含水率。土中的含水率对压实效果的影响比较显著。当土的含水率较小时,由于粒间引力使土保持着比较疏松的状态或凝聚结构,水少而气多,在一定的外部压实功能的作用下,虽然孔隙中的气体容易被排出,但由于水膜的润滑作用还不够明显,以及外部功也不足以克服粒间引力,土粒间的相对移动不容易实现,因而压实效果比较差;随着土的含水率逐渐增大,水膜变厚,引力减小,水膜又起到较好的润滑作用,在这种情况下,外部压实功比较容易使土粒产生移动,压实效果渐佳;如果土的含水率过大,孔隙中出现了自由水,压实功不能使气体排出,压实功的一部分将被自由水抵消,减小了有效压力,压实效果反而会下降。

由击实曲线图(图 2-34)可以看出:曲线上有一峰值,该处的干密度最大,称为最大干密度(ρ_d);与之相对应的含水率,则被称为最佳含水率(w_0)。这两个指标对路基的设计与施工极其重要。

只有在最佳含水率的情况下,路基土才最容易被压实;也只有在最佳含水率的情况下,经过充分压实的路基土的水稳定性最好。

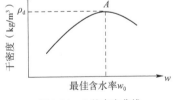

图 2-34　土的击实曲线

(2)土质。由试验结果(图 2-35)可知,土的性质不同,其最大干密度和最佳含水率也明显不同。因此,施工时应根据不同的土壤类别确定其最大干密度和最佳含水率。

土中的粉粒、黏粒含量越大,土的塑性指数将随之提高越多,土的最佳含水率也越大,而最大干密度却越小。所以一般情况下,砂性土的最佳含水率小于黏性土的最佳含水率,而砂性土的最大干密度大于黏性土的最大干密度。各种土的最大干密度和最佳含水率虽然不同,但是击实曲线的形状却相类似。亚砂土和亚黏土的压实性能均较好,都是理想的筑路用土。

（3）压实功能。同一类土，其最佳含水率随着压实功的加大而减小，而最大干密度则随压实功的加大而增大，如图 2-36 所示。当土偏干时，增加压实功对提高土的密度影响较大，但当压实功加大到一定程度后，对于最佳含水率的减少和最大干密度的提高将变得越来越不明显；当土偏湿时，增加压实功对提高土的密度则收效甚微，而且还有可能引发路基"弹簧现象"。

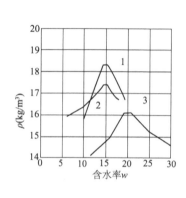

图 2-35　不同土质的击实曲线
1-亚砂土；2-亚黏土；3-黏土

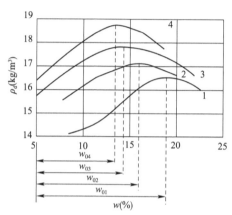

图 2-36　不同压实功的压实曲线

（4）碾压的温度。在路基的碾压过程中，当温度适宜时，容易达到良好的压实效果。如果温度过高，将由于水分蒸发太快而难以压实；如果温度低于 0℃，又将因部分水分结冰，润滑作用变差，碾压阻力增大，难以达到理想的压实状态。

（5）压实土层的厚度。在相同的压实条件下，实测土层不同深度的密实度可知：该值随深度的增加而递减，表层 5cm 的实测值最高。这说明土所受外力的作用随深度的增加而减弱，当超出一定深度范围后，土的密实度将不再提高，而且有效压实深度的大小与土质、含水率、压实机具等因素有关。因此，路堤填土施工必须分层铺筑与碾压，并合理控制每层的铺筑厚度。

（6）压实的机具与方法。不同类型的压实机具，其质量大小、适应的土质类型和压力传布的深度都有所差异。另外，碾压的速度不同，压实效果也会有一定的变化。

2.3.4　填石路堤

填石路堤是指用粒径大于 40mm 且含量超过总质量 70% 的石料填筑的路堤。

1. 填料

（1）硬质岩石、中硬岩石可用于路堤和路床填筑；软质岩石可用于路堤填筑，不得用于路床填筑；膨胀岩石、易溶性岩石和盐化岩石不得用于路基填筑。

（2）路基的浸水部位，应采用稳定性好、不易膨胀崩解的石料填筑。

（3）路堤填料粒径应不大于 500mm，并宜不超过层厚的 2/3。路床底面以下 400mm 范围内，填料最大粒径不得大于 150mm，其中小于 5mm 的细料含量应不小于 30%。

（4）填石料可根据石料的饱和抗压强度指标，参照表 2-2 进行分类。

岩石分类表　　　　　　　　　　表 2-2

岩石类型	单轴饱和抗压强度(MPa)	代表性岩石
硬质岩石	≥60	花岗岩、闪长岩、玄武岩等岩浆岩类
中硬岩石	30～60	硅质、铁质胶结的砾岩及砂岩、石灰岩、白云岩等沉积岩类； 片麻岩、石英岩、大理岩、板岩、片岩等变质岩类
软质岩石	5～30	凝灰岩等喷出岩类； 泥砾岩、泥质砂岩、泥质页岩、泥岩等沉积岩类； 云母片岩或千枚岩等变质岩类

2. 填石路堤填筑

（1）填石路堤的填筑要求：

①填石路堤应分层填筑压实。在陡峻山坡地段施工特别困难时，三级及三级以下砂石路面公路的下路堤可采用倾填方式填筑。

②岩性相差大的填料应分层或分段填筑，软质石料与硬质石料不得混合使用。

③填石路堤顶面与细粒土填土层之间应填筑过渡层或铺设无纺土工布隔离层。

④压实机械宜选用自重不小于 18t 的振动压路机。

⑤填石路堤采用强夯、冲击压路机进行补压时，应避免对附近构造物造成影响。

（2）中硬、硬质石料填筑路堤时，应进行边坡码砌。码砌防护的石料强度、尺寸应满足设计要求。边坡码砌与路基填筑应基本同步进行。

（3）采用易风化岩石或软质岩石石料填筑时，应按设计要求采取边坡封闭和底部设置排水垫层、顶部设置防渗层等措施。

（4）填石路堤压实质量标准应符合表 2-3 的规定。

填石路堤压实质量标准　　　　　　　　　　表 2-3

分区	路床顶面以下深度(m)	硬质石料孔隙(%)	中硬石料孔隙率(%)	软质石料孔隙率(%)
上路堤	0.80～1.50	≤23	≤22	≤20
下路堤	>1.50	≤25	≤24	≤22

（5）填石路堤压实过程中，每一压实层应采用试验路段确定的工艺流料、工艺参数控制，压实质量可采用沉降差指标进行检测。

（6）压实成形后的外观质量标准应符合如下要求：

①路堤表面应无明显孔洞。

②大粒径石料应不松动。

③边坡码砌紧贴、密实无松动，砌块间承接面向内倾斜，坡面平顺。

④路基边线与边坡不应出现单向累计长度超过 50m 的弯折。

⑤上边坡不得有危石。

2.3.5 土石路堤

土石路堤是指用石料含量占总质量 30%～70% 的土石混合材料填筑的路堤。

1. 填料

填料应符合下列规定：

①膨胀岩石、易溶性岩石等不宜直接用于路基填筑。崩解性岩石和盐化岩石等不得用于填筑路基。

②天然土石混合填料中，中硬、硬质石料的最大粒径不得大于压实层厚的2/3；石料为强风化石料或软质石料时，其CBR值应符合表2-4的规定，石料最大粒径不得大于压实层厚。

路基填料最小承载比的要求　　　　表2-4

填筑部位(路面底面以下深度)(m)				填料最小承载比CBR(%)		
				高速公路、一级公路	二级公路	三级、四级公路
填方路基	上路床		0～0.30	8	6	5
	下路床	轻、中及重交通	0.30～0.80	5	4	3
		特重、极重交通	0.30～1.20			
	上路堤	轻、中及重交通	0.80～1.50	4	3	3
		特重、极重交通	1.20～1.90			
	下路堤	轻、中及重交通	>1.50	3	2	2
		特重、极重交通	>1.90			
零填及挖方路基	上路床		0～0.30	8	6	5
	下路床	轻、中及重交通	0.30～0.80	5	4	3
		特重、极重交通	0.30～1.20			

注：1.表列承载比是根据路基不同填筑部位压实标准的要求，按现行《公路土工试验规程》(JTG 3430)试验方法规定浸水96h确定的CBR。

2.三级、四级公路铺筑沥青混凝土路面水和泥混凝土路面时，应采用二级公路的规定。

2. 土石路堤填筑

(1)土石路堤填筑的要求：

①压实机械宜选用自重不小于18t的振动压路机。

②应分层填筑压实，不得倾填。

③应使大粒径石料均匀分散在填料中，石料间孔隙应填充小粒径的石料和土。

④土石混合料来自不同料场，其岩性或土石比例相差大时，宜分层或分段填筑。

⑤填料由土石混合材料变化为其他填料时，土石混合材料最后一层的压实厚度应小于300mm，该层填料最大粒径宜小于150mm，压实后表面应无孔洞。

⑥中硬、硬质石料填筑土石路堤时，宜进行边坡码砌，码砌与路堤填筑宜同步进行，软质石料土石路堤的边坡按土质路堤边坡处理。

⑦采用强夯、冲击压路机进行补压时，应避免对附近建筑物造成影响。

(2)中硬及硬质岩石的土石路堤填筑施工过程中每一压实层，应采用试验路段确定的工艺流程、工艺参数，压实质量可采用沉降差指标进行检测。

(3)软质石料的土石路堤填筑质量标准应符合相关规定。
(4)施工过程中,每填筑3m高宜检测路线中线和宽度。
(5)压实成形后的外观质量标准应符合如下要求:

路基表面无明显孔洞,大粒径填石应不松动。中硬、硬质石料土石路基边坡应码砌紧贴、密实无松动,砌块间承接面应向内倾斜,坡面平顺。

2.3.6 高路堤与陡坡路堤

路基填土边坡高度大于20m的路堤,称为高路堤。高路堤是由于地基承载力较差或填筑高度过大,填筑时难以达到施工质量的要求或竣工后沉降超过相关规范要求形成的。地面斜坡陡于1:2.5的路堤,称为陡坡路堤。在坡度较大的山坡上填筑的路基,填方部分与山坡结合不够稳定,若处理不当,路基会在填挖交界面处出现纵向裂缝,甚至发生填方沿山坡下滑的病害。因此,应合理安排施工季节,认真选择路堤填料,严格按规程进行施工,以确保高路堤与陡坡路堤工程的施工质量。

高路堤与陡坡路堤填筑施工中应注意做好以下事项:
(1)高路堤段应优先安排施工,宜预留1个雨季或6个月以上的沉降期。
(2)高路堤宜采用强度高、水稳定性好的材料。路堤浸水部分应采用水稳定性和透水性好的材料。
(3)高路堤施工中应按设计要求预留高度与宽度,并进行动态监控。
(4)高路堤宜每填筑2m冲击补压一次,或每填筑4~6m强夯补压一次。
(5)高路堤填筑过程中应进行沉降和稳定性观测。
(6)在不良地质路段的高路堤与陡坡路堤填筑,应控制填筑速率,并进行地表水平位移监测,必要时应进行地下土体分层水平位移监测。

2.3.7 台背与墙背填筑

桥台台背、涵洞两侧及涵顶、挡土墙墙背的回填,是指用符合要求的材料分层填筑结构物与路基之间遗留的路基部分。这项工作往往是在构造物砌筑基本完成之后才开始的,由于场地狭窄,同时还要保护构造物,回填过程中的压实工作比较困难,并且容易形成积水。如果填筑不良,竣工之后,填土与构造物的连接部分出现沉降差,就会引起"桥头跳车"现象,从而影响行车速度、舒适性与安全性,甚至会导致构造物失稳。因此,必须要对填料选择和回填施工等环节给予足够的重视。

1. 填料选择

填料应采用透水性材料、轻质材料、无机结合料稳定材料等,崩解性岩石、膨胀土不得用于台背与墙背填筑。

2. 台背与墙背填筑的规定与要求

(1)二级及二级以上公路应按设计做好过渡段,过渡段路堤压实度应不小于96%;二级以下公路的路堤与回填的连接部,应预留台阶。
(2)台背和锥坡的回填宜同步进行。
(3)台背与墙背1.0m范围内回填宜采用小型夯实机具压实。

(4)分层压实厚度宜不大于150mm,填料粒径宜小于100mm,涵洞两侧回填填料粒径宜小于50mm,压实度应不小于96%。

(5)部位狭窄时,可采用低强度等级混凝土、浆砌片石等材料回填。

(6)涵洞两侧应对称分层回填压实。

(7)回填部分的路床宜与路堤路床同步填筑。

(8)台背与墙背回填,应在结构物强度达到设计强度的75%以上时进行。

(9)桥、涵及其他构造物回填过程中,要严禁雨水流入;对已有的积水应挖沟或用水泵迅速排除;对于地下渗水,应设置盲沟等将其引出。

2.4 挖方路基施工

1. 土方开挖的规定与要求

(1)应自上而下逐级进行,严禁掏底开挖。

(2)开挖至边坡线前,应预留一定宽度,预留的宽度应保证刷坡过程中设计边坡线外的土层不受到扰动。

(3)拟用作路基填料的土方,应分类开挖、分类使用。非适用材料作为弃方时,应按以下规定处理:

①施工前应对设计提供的弃土方案进行现场核对,如有问题应及时反馈处理。

②弃土宜集中堆放,并与周边环境相协调。

③严禁在贴近桥梁墩台、涵洞口处弃土。

④不得向水库、湖泊、岩溶漏斗及暗河口处弃土。

⑤弃土宜分层填筑,分层压实,弃土场的边坡不得陡于1:1.5,顶面宜设置不小于2%的排水坡。

⑥弃土作为路基反压护道时,宜与路基同步填筑。

⑦在地面横坡陡于1:5的路段,路堑顶部高侧不得设置弃土场。

⑧弃土场应及时施作防护和排水工程,坡脚应按设计要求进行加固。

(4)开挖至零填、路堑路床部分后,应及时进行路床施工;如不能及时进行,宜在设计路床顶高程以上预留至少300mm厚的保护层。

(5)应采取临时排水措施,施工作业面不得积水。

2.4.1 土质路堑开挖

1. 土质路堑开挖方案

土质路堑开挖,可以根据路堑深度、纵向长度及现场施工条件,采用以下几种方法。

(1)横挖法。横挖法是在路堑的一端或两端,沿路线的纵向按路基横断面全宽开挖。横挖法可分为单层横向全宽挖掘法和多层横向全宽挖掘法,如图2-37所示。

单层横向全宽挖掘法是指一次性挖掘高度达到路堑设计深度,掘进时逐段成型向前推进,由相反方向将土外运送出,适用于深度小、长度较短的路堑开挖。而对于深而短的路堑,可采用双层横向全宽挖掘法,使上层在前、下层随后,在下层施工面上需要留有上层开挖操作的出土和排水通道。双层开挖增加了工作面,加快了施工进度,层高应视施工的方便与安全而定,一般为 1.5~2.0m。必要时,还可组织多层横向全宽挖掘。

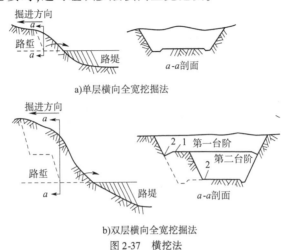

a)单层横向全宽挖掘法

b)双层横向全宽挖掘法

图 2-37 横挖法
1-第一台阶运土道;2-临时排水沟

(2)纵挖法。纵挖法是先沿路堑的纵向挖出通道,如图 2-38 中的通道 1,然后将通道 1 向两侧拓宽,依次开挖通道 2、通道 5、通道 3、通道 6 和通道 4,并利用纵向通道作为运土路线和场地排水的出路。将该层通道拓宽至路堑边坡后,再开挖下层通道 7、通道 8、通道 10、通道 9 和通道 11,直至纵深开挖到路基设计高程。这种开挖方法工作面大,既可人工施工,也可机械施工,适于较长、较深的路堑开挖。

(3)混合式掘进开挖法。混合式掘进开挖是横挖法与纵挖法两种方法的混合运用,即先顺路堑方向开挖通道,然后沿横向坡面挖掘,以增加开挖坡面,每一开挖坡面应能容纳一个施工组或一台开挖机械作业。在较大的挖方地段,还可沿横向再挖沟,配以传动设备或布置运土车辆,如图 2-39 所示。当路线纵向长度和深度都很大时,宜采用混合式开挖法。

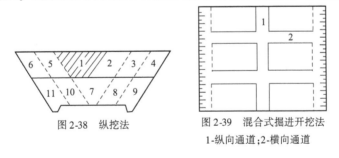

图 2-38 纵挖法

图 2-39 混合式掘进开挖法
1-纵向通道;2-横向通道

2. 土质路堑开挖施工

对于能够作为路基填料使用的土方,应分类开挖和使用;对于非适用材料可作为弃方处理。开挖过程中,应采取适当的措施保证边坡稳定。开挖至边坡线前,应预留一定宽度,预留的宽度应保证刷坡过程中设计边坡线外的土层不受扰动。

挖方路基路床顶面的终止高程,应适当考虑因压实而产生的下沉量。

3. 土质路堑开挖的施工要点

(1)边沟与截水沟应从下游向上游开挖。截水沟通过地面坑凹处时,应将凹处填平夯实。

边沟及截水沟开挖后,应及时进行防渗处理,不得形成渗漏、积水和边坡冲刷。

(2)土方开挖遇到地下水时,应按下列规定处理:

①应采取排导措施,将水引入路基排水系统,不得随意堵塞泉眼。

②路床土含水率高或为含水层时,应采取设置渗沟、换填、改良土质等处理措施。路床填料除应符合表2-4的规定外,还应具有好的透水性和水稳定性。

(3)土质路堑开挖应根据地面坡度、开挖断面的纵向长度及出土方向等因素,结合土方调配,选用安全、经济的开挖方案。

(4)土质路堑开挖形成的弃土不得占用耕地,沿河弃土不得影响排洪、通航和加剧河岸冲刷。不能向水库、湖泊、岩溶漏斗及暗河口处弃土。

(5)弃土堆的几何尺寸、压实程度和位置,应能保证路基边坡和弃土堆自身的稳定。一般情况下,弃土堆的边坡坡度不大于1:1.5,顶面向外设不小于2%的横坡,其内侧高度不宜大于3m。

2.4.2 石质路堑开挖

石质路堑开挖应根据岩石的类别、风化程度、岩层产状、岩体断裂构造、施工环境等因素综合确定开挖方案。石质路堑开挖的方法主要有爆破法、松土法和破碎法等,通常情况下采用爆破法开挖,有条件时宜采用松土法开挖,局部情况也可采用破碎法开挖。

1. 爆破法

爆破是石质路基施工中最有效的施工方法。山区公路路基石方工程量大,而且较为集中,采用爆破法施工,不但能够大大地提高工效、缩短工期、节约劳动力,而且可以有效地改善线形,提高公路的使用质量。

爆破作用的原理是:药包点燃后,炸药在瞬间通过化学反应转化为气体状态的爆炸产物。由于膨胀作用,气态爆炸物体积增加百倍乃至数千倍而形成静压力,同时产生很高的温度和速度高达每秒上千米的冲击波,自药包的中心按球面等量向外扩散,以动压力的形式传递给周围介质,使周围介质产生各种不同程度的破坏和震动。爆破冲击波由药包中心向外扩散过程中,按其破坏程度可大致分成四个作用圈,分别称为压缩圈、抛掷圈、松动圈和震动圈,如图2-40所示。

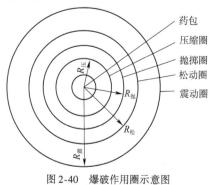

图2-40 爆破作用圈示意图

开挖岩石路基常用的爆破方法主要有以下几种:

(1)裸露药包法。裸露药包法是将药包置于被炸物体表面或经过清理的岩缝中,在药包的表面用草皮或稀泥加以覆盖后进行的爆破。这种爆破方法主要用于破坏较大的孤石或进行大块岩石的二次爆破。

(2)浅孔爆破。浅孔爆破也称为炮眼法或钢钎炮,是指炮眼的直径小于75cm,深度小于5m,将炮眼中的炸药装成长条形,并用泥土堵塞的爆破方法。这种爆破方法工具简单,技术容易掌握,施工灵活性大,而且由于药量少,爆破的震动轻,不易造成塌方与滑坡。浅孔爆破广泛用于露天、石方数量较少的爆破工程,如整修边坡、水沟开挖、炸孤石、改造地形、打井洞等工程项目。

(3)深孔爆破。深孔爆破是指炮孔的直径大于75cm,深度在5m以上,采用延长药包的一种爆破方法。这种方法一次性爆破的石方量大,施工进度快、效率高。但是由于需要使用大型机械,因而转移工地、开辟新场地等工作变得较为复杂,而且爆破后仍有10%~25%的大石块需经二次爆破改小。深孔爆破适用于石方集中、地势平缓垭口的深路堑开挖。

(4)药壶法(葫芦炮)。药壶法是指在孔深3.0~6.0m的炮眼底部,用少量炸药,经过一次或多次扩膛,把炮眼底部扩大成葫芦形,再集中装入炸药,以提高爆破效果的一种方法(图2-41)。这种爆破方法炸药利用率高、消耗少,爆破效果好,而且施工安全程度较高,适用于结构均匀密实的硬土、次坚石和坚石等的爆破。

(5)猫洞炮。猫洞炮是将药包直接集中放于直径为20~40cm、深度为2~5m的呈水平或略向下倾斜的洞穴的底部,然后用细粒土或砂类土将洞穴堵满、塞紧而进行的爆破(图2-42)。这种爆破方法充分利用了岩石本身的崩塌作用,能用较浅的洞穴爆破较高的岩体;爆破量大、用工少、进度快,而且操作简便,适用于硬土、胶结良好的古河床、冰渍层和节理比较发育的次坚石与坚石的爆破,对独岩和特大孤石的爆破效果也较好。

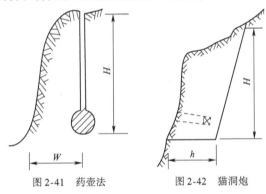

图2-41　药壶法　　　图2-42　猫洞炮

(6)综合大爆破(洞室爆破)。综合大爆破是利用导洞和药室装药,用药量在1000kg以上的大型爆破。导洞和药室的开挖,应合理组织人力,充分发挥机械效率,加快开挖进度。为使药包集中,药室多做成近似立方体,导洞和药室之间用横洞连接,二者保持垂直,药室中心与导洞中心间距一般不小于2.5m。

(7)光面爆破与预裂爆破。
①光面爆破是在开挖限界的周边,适当排列一定间隔的炮孔,在有侧向临空面的情况下,使之形成一个光滑、平整的边坡。
②预裂爆破是在开挖限界处,按适当间隔排列炮孔,在没有侧向临空面和最小抵抗线的情况下,用控制炸药量的方法。它预先炸出一条裂缝,使爆破体分开,作为隔震、减震带,以减弱对开挖界限以外山体或建筑物的地震破坏作用。

光面爆破和预裂爆破的外表特征是均在边坡壁上留下半个炮孔的痕迹。预裂爆破的起爆时间在主炮之前,光面爆破的起爆时间在主炮之后。

(8)定向爆破。定向爆破是利用爆破的作用,将大量的岩石和土体按照指定的方向搬移到指定的地点,并堆积成一定形状的填方。爆破的基本原理是炸药在岩石或土体内部爆炸时,岩石和土将沿着最小抵抗线,即沿着从药包到临空面最短距离的方向抛出去。因此,合理选择临空面布置炮孔是定向爆破的一个重要问题。临空面大多利用自然地形,也可以在爆破地点用人工方法制造临空面。采用这种爆破方法,一次爆破即可实现土石方调配,形成路基雏形,因而在很大程度上减少了用工、缩短了工期,也节约了投资。

(9)微差爆破。微差爆破又称毫秒爆破,是指前后或相邻炮孔内的药包以毫秒的时间间隔依次起爆。这种爆破的特点是在装药量相等的条件下,可减震1/3~2/3;前发药包为后发药包开创了临空面,增强了岩块间的碰撞挤压和破碎效果;可降低一次爆破的堆积高度,有利于下一步挖掘和装运作业;同时由于爆破是逐发或逐排依次进行的,减少了岩石的挟制力,可节省炸药用量。

2. 松土法

松土法充分利用岩体自身存在的各种裂隙和结构面,用推土机牵引的松土器将岩体翻碎,再以推土机或装载机与自卸汽车相配合,将翻松了的岩块搬运出去。松土法避免了爆破法所带有的危险性,而且有利于开挖边坡的稳定及附近建筑物的安全。原则上讲,只要能够使用松土法施工的场合,就应尽量不要用爆破法施工。

施工时应注意松土作业方向尽可能顺着岩层的下坡方向。遇到较坚硬的岩石,当松土器难以贯入或引起机械后部上翘、履带打滑时,可用另一台推土机在后面顶推。若岩石较为完整和坚硬,也可以先进行适当的浅孔松动爆破,然后再进行松土作业。

3. 破碎法

破碎法是利用破碎机凿碎岩块,通常将凿子装在推土机或挖掘机上,利用活塞的冲击作用,使凿子产生冲击力来破碎岩石。破碎法宜用于岩体裂缝较多、岩块体积较小、抗压强度低于100MPa的岩石,但是存在作业效率低的缺点。

4. 石方路基开挖的规定与要求

(1)应根据岩石的类别、风化程度、岩层产状、岩体断裂构造、施工环境等因素确定开挖方案。

(2)应逐级开挖,逐级按设计要求进行防护。

(3)施工过程中,每挖深3~5m应进行边坡边线和坡率的复测。

(4)爆破作业应符合现行《爆破安全规程》(GB 6722)的有关规定。

(5)靠近边坡部位的硬质岩严禁采用峒室爆破,应采用光面爆破或预裂爆破。

(6)爆破法开挖石方,应先查明空中缆线、地下管线的位置、开挖边界线外可能受爆破影响的建筑物结构类型、居民居住情况等,对不能满足安全距离的石方宜采用化学静态爆破或机械开挖。

(7)边坡应逐级进行整修,同时清除危石及松动石块。

5. 石质路床清理的规定与要求

(1)欠挖部分应予凿除,超挖部分应采用强度高的砂砾、碎石进行找平处理,不得采用细粒土找平。

(2)路床底面有地下水时,可设置渗沟进行排导,渗沟应采用硬质碎石回填。

(3)路床的边沟应与路床同步施工。

2.4.3 深挖路堑施工

边坡高度超过20m的土质路堑或边坡高度超过30m的岩石路堑称为深挖路基。深挖路堑因为边坡高度大、易坍塌,而且工程量非常大,往往是影响全线按期完工的重点工程。因此,在施工准备阶段就要详细了解沿线的工程地质情况、工程量和工期,合理编制施工组织设计,确定所应配备的机械设备的类型、数量,以确保工程质量和施工期限。

影响深挖路堑边坡稳定性的因素有很多,最主要的是边坡坡度的大小,较缓的坡度有利于边坡的稳定。同时,边坡稳定性还与气候等因素有关,在多雨地区必须严格按照所设计的坡度进行施工,并进行必要的边坡防护和设置完善的防排水系统。深挖路堑通常需要在路堑边坡一定高度处设置护坡道,以延缓边坡坡度,这样既可起到稳定边坡的作用,还兼具碎落台的功能。故在高路堑边坡施工中,一般按规定每隔 6～10m 高度设置一层护坡道,其宽度不小于 2m,表面横向坡度应向外侧倾斜,坡度为 2%～4%,护坡道的纵向坡度宜与路线平行。

应根据地形特征设置边坡观测点,施工过程中应对深挖路堑的稳定性进行监测。施工过程中,应检查地质情况,如与设计不符应及时反馈处理。每挖深 3～5m 应复测一次边坡。

2.5 特殊路基施工

特殊路基施工主要包括软土、多年冻土、盐渍土、黄土和泥石流等地区(或地段)的路基施工。

2.5.1 软土地区路基施工

1. 软土的分类

(1)以孔隙比、有机质含量为主,结合其他指标,可将软土划分为软黏性土、淤泥质土、淤泥、泥炭质土和泥炭五种类型。习惯上把软黏性土和淤泥质土总称为软土,而把有机质含量很高的泥炭质土和泥炭总称为泥沼。

(2)按其成因不同,可将软土划分为海洋沿岸沉积和内陆湖沉积两大类。

(3)按其沉积环境和特征不同,可将软土划分为湖相沉积、溺谷相沉积、滨海相沉积、三角洲相沉积、湖相沉积、河漫滩相沉积、丘陵谷地相沉积七种。

2. 软土的特点

(1)天然含水率高,最小值为 30%～40%;孔隙比大,最小值为 0.8～1.2。
(2)透水性差,渗透系数一般小于 $1×10^{-6}$ cm/s。
(3)压缩性高,压缩系数一般大于 0.5 MPa^{-1}。
(4)黏聚力小。
(5)具有触变性,一经扰动,软土的强度就降低很多。
(6)抗剪强度低,快剪内摩擦角最大为 7°～11°,最小可接近 0°。

在软土地基上修建路基,若不进行基底处理,将因为变形过大或强度不足,引发路基出现失稳或过量沉陷,从而导致公路产生病害或不能正常使用。因此,需要采取正确的加固措施,以保证路堤的稳定与正常施工。

3. 软土地基的加固施工

当路堤经过稳定性验算或沉降计算不能满足设计要求时,必须对软土地基进行加固。常用的加固方法主要有以下几种。

1）塑料排水板法

如图 2-43 所示,塑料排水板是带有孔道的板状物体,插入土中形成竖向排水通道,从而改善地基排水条件、缩短排水途径。在地基承受附加荷载后,排水固结的速度加快,进而使地基的强度得以提高。塑料排水板法的特点是施工简单、快捷。

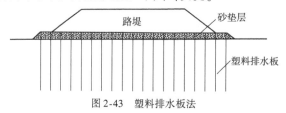

图 2-43　塑料排水板法

(1) 塑料排水板具有重量轻、强度高和耐久性好等特点。常见的塑料排水板由芯板和滤膜组成,如图 2-44 所示。其中,芯板由聚丙烯和聚乙烯塑料加工而成,滤膜一般采用耐腐蚀的涤纶衬布。

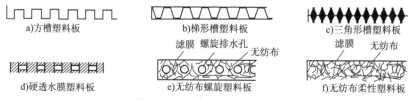

图 2-44　几种常见的塑料排水板

(2) 施工时,塑料排水板一般要用插板机插入土中,插板机分为套管式插板机和无套管式插板机两种。塑料排水板超过孔口的长度应能伸入砂垫层不小于 500mm,预留段应及时弯折埋设于砂垫层中,与砂垫层贯通,并采取必要的保护措施。施工中应防止泥土等杂物进入套管内,一旦发现应及时清除。打设后形成的孔洞应用砂回填,不得用土块堵塞。

(3) 施工要点:

①塑料排水板技术指标应满足设计要求,露天堆放时应有遮盖。

②施工中应防止泥土等杂物进入套管内。

③塑料排水板不得搭接,预留长度应不小于 500mm,并及时弯折埋设砂垫层中。

④塑料排水板施工质量应符合表 2-5 的规定。

塑料排水板施工质量标准　　　　表 2-5

项　次	检查项目	规定值或允许偏差	检查方法和频率
1	板距(mm)	±150	抽查 2% 且不少于 5 点
2	板长(mm)	≥设计值	抽查 2% 且不少于 5 点

2）砂井法

砂井是利用打桩机具击入钢管,或利用高压射水、爆破等方法,在地基中获得按一定规律排列的孔眼,再向孔中灌入中、粗砂,形成砂柱的加固形式。

(1) 砂井的特点是在软弱地基层中,设置砂井作为竖向排水体,在堆土加载的情况下,使土体中的水沿竖向排水体排出,从而加速土壤固结和地基沉降,提高地基的强度。

砂井适用于软土层厚度大于 5m 的情况。砂井在饱和软黏土中起排水通道的作用,在砂井的顶面应铺设砂垫层,以构成完整的地基排水系统。公路工程中,砂井的直径通常为 20~

50cm;砂井的间距一般为井径的 6～10 倍;砂井的深度与土层分布、地基附加应力的大小、施工期限等因素有关。

(2) 砂井施工的方法主要有套管法、射水法和螺旋成孔法三种,使用较为广泛的是套管法。

套管法是将带有活瓣管尖或套有混凝土端靴的套管,在振动(打入)机的作用下,沉到预定的深度,然后在套管内灌砂、灌水,拔出套管,管尖或混凝土端靴随同所灌入的砂一起留在孔中,形成砂井,过程如图 2-45 所示。根据沉管工艺的不同,有振动、静压、锤击与静压相结合等方式。射水法是以压力水,通过专用喷头冲成孔,不使用套管,而直接从地面将砂投入孔中,形成砂井。螺旋成孔法是以动力螺旋钻钻孔,提出钻头后,在孔内灌砂成井。

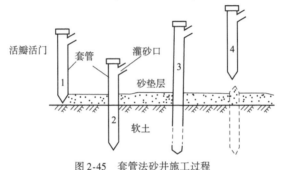

图 2-45　套管法砂井施工过程
1-套管就位;2-套管沉至设计高程;3-灌砂、灌水;4-提升套管、成型砂井

3) 袋装砂井法

袋装砂井法是普通砂井法的发展与提高,为了既缩小砂井的直径,又能保证施工的顺利实施,利用透水性良好的网状织物制作袋子(其直径一般为 7～12cm),并向袋中装满沙,沉入井内的软土地基加固方法。该种方法用料省、价格低,而且施工质量容易得到保证。

沙袋的制作要求不鼓包、不漏沙。为了防止沙袋入井过程中产生缩颈现象,要求向袋中装入干沙,并要求均匀连续、松紧适度。为了使沙袋顺利进入砂井,导管的内径要稍大于设计桩径。

袋装砂井的施工方法有两种:一种是装有空袋(底部装有 20～30cm 的砂)的导管,按设计的井位就位,调整桩尖使之与导管紧密结合。将导管沉到设计高程(一般比设计高程深 10～20cm)。通过振动,将干沙装入袋中,待沙袋装满之后,卸下沙袋,拧紧套管上盖,然后把压缩空气送进套管,并提升套管。此时管底受到压力,活门打开,将管取出,沙袋则留至孔中,其施工工艺流程如图 2-46 所示。另一种是将灌好干沙的沙袋,在沉管前全部装入管中,如图 2-47 所示。为避免破坏沙袋,在管口安装导轮,将沙袋导入管中。如采用脱离式桩靴,则沙袋与桩靴相连,并使之与导管密合。待导管沉到要求的深度之后,缓缓提起导管,并加以振动。此时管底盖张开(或桩靴与管离开),将沙袋落于井中。

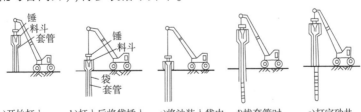

a)开始打入　b)打入后将袋插入　c)将沙装入袋内　d)拔套管时　e)打完砂井

图 2-46　袋装砂井(后装砂法)施工工艺流程图

图 2-47 袋装砂井施工现场

袋装砂井法的施工要点如下：

(1) 宜采用中、粗砂,粒径大于 0.5mm 颗粒的含量宜大于 50%,含泥量应小于 3%,渗透系数应大于 5×10^{-2} mm/s。沙袋的渗透系数应不小于砂的渗透系数。

(2) 套管起拔时应垂直起吊,防止带出或损坏沙袋。发生沙袋带出或损坏时,应在原孔位边缘重打。

(3) 沙袋在孔口外的长度应不小于 300mm,并顺直伸入沙砾垫层。

(4) 袋装砂井施工质量应符合表 2-6 的规定。

袋装砂井施工质量标准   表 2-6

项 次	检 查 项 目	规定值或允许偏差	检查方法和频率
1	井距(mm)	±150	抽查 2% 且不少于 5 点
2	井长(mm)	≥设计值	查施工记录
3	井径(mm)	+10,0	挖验 2% 不少于 5 点
4	灌砂率(%)	−5	查施工记录

4) 排水砂垫层法

排水砂垫层法只是在路堤底部的地面上铺设一层较薄的砂层。其作用是在软土顶面增加一个横向排水面,在填土过程中,荷载逐渐增加,促使软土地基排水固结,渗出的水就可以从砂垫层中排走。

(1) 排水砂垫层适用于施工期限不紧、路堤高度为极限高度的 2 倍以内,而且砂源丰富、软土地基表面无隔水层的情况。砂垫层的厚度一般为 0.6~1.0m。

(2) 排水砂垫层施工要点有：①为确保砂垫层能排水通畅,宜采用透水性良好的中砂、粗砂等,含泥量应小于 5%;也可采用天然级配砂砾,其最大粒径应小于 50mm,砾石强度不低于四级;②垫层宜分层摊铺压实,达到规定的压实度;③垫层宽度应超出路基坡脚 500~1000mm,两侧宜用片石护砌或采用其他方式加以防护;④为了保证砂垫层在其使用期间的整体连续性,在砂垫层的上、下两侧均宜设置反滤层;⑤确定砂垫层的厚度时,要注意做到一是不致因地基沉降而使砂垫层发生错断,二是不致因排入砂垫层中的孔隙水,由于水头过高而渗入路堤填土。

5) 土工织物法

土工织物大多是由丙纶(聚丙烯)、涤纶(聚酯)、玻璃纤维为主要材料加工而成的,具有重量轻、强度高、弹性好、耐磨、耐酸碱、不易腐烂或虫蚀、吸湿性小等优点。但其缺点是在日光照射下易老化。

土工织物种类繁多,从制作工艺上可以大致分为编型土工纤维、织型土工纤维、无纺型土工纤维、组合型土工纤维和其他形式土工纤维。

土工织物具有反滤、排水、隔离及加固补强等功能。在软土地基表层铺设一层或多层的土工织物,能与其接触部分的土壤形成一个有机的整体,减小路堤填筑后的地基不均匀沉降,在提高地基承载力的同时还不影响排水。另外,对于高含水率的超软弱地基,在采用砂井及其他深层加固法之前,可提前铺设土工织物,以提高施工的可能性;若在砂垫层上加铺土工织物,可以防止填土对砂垫层的污染。

土工织物施工要点有：下承层应平整，摊铺时应拉直、平顺，使土工织物紧贴下承层，不得出现扭曲、折皱等现象；在斜坡上摊铺时，应保持松紧适度；施工中应防止土工织物受损，清除软土层上的铁刺、木桩以及容易划破土工织物的碎石等，以防发生撕裂、顶破等现象，如果出现破损应及时进行修补或更换；铺设土工织物时，应在路堤每边各留一定长度，回折覆裹在已压实的填筑层面上，折回的外露部分用土加以覆盖；土工织物连接时，若采用搭接形式，则搭接长度宜为300~900mm；若采用缝接形式，则缝接宽度应不小于50mm，缝接强度应不低于土工合成材料的抗拉强度；若采用黏结形式，则黏合宽度应不小于50mm，黏合强度应不低于土工合成材料的抗拉强度；双层土工合成材料上、下层的接缝应错开，错开长度应大于500mm。

铺设土工合成材料应符合下列规定：

(1) 土工合成材料技术指标应满足设计要求。土工合成材料在存放及铺设过程中不得在阳光下长时间暴露。与土工合成材料直接接触的填料中不得含强酸性、强碱性物质。

(2) 施工中应采取措施防止土工合成材料受损，出现破损时应及时修补或更换。

6）预压法

预压法也是软土排水固结的非常重要的方法和步骤，采取正确的预压措施是达到预期固结效果的重要保障。预压法简单易行，但是需要较长的固结时间，并且常常需要配合采用砂垫层、砂井等排水措施，方能达到较好的使用效果和满足工期的要求。

预压一般分为利用建筑物自身重量预压和堆载预压两类方法。利用建筑物自身重量预压法是先在软土地基上填筑不超过软土极限高程的路堤填土，待其沉降稳定之后，再进行填筑，如此反复地进行，直至达到设计高度的要求；堆载预压法是当在软土地基上拟建涵洞或桥台等结构物时，可以先在结构物修建位置填土预压，待地基强度提高到一定程度以后，挖除填土，再建造结构物。预压法施工时应严格控制加荷速率，该速率应保证地基只产生沉降而不致丧失稳定，加荷速率可根据理论计算或观测法确定。

7）挤密砂桩法

挤密砂桩法是以冲击或振动的方法，强力将砂、石等材料挤入软土地基中，形成直径较大的密实柱体，提高软土地基的整体抗剪强度、减少沉降的软土加固方法。

砂桩的直径一般为0.3~0.7m，对于软弱黏性土地基宜采用直径较大的砂桩。与排水砂井的作用不同，挤密砂桩的主要目的是增大土体的密实度。砂桩一般采用中、粗砂，也可采用砂砾混合料。

挤密砂桩施工方法有振动成桩和锤击成桩两类。振动成桩又分为一次拔管法、逐步拔管法和重复压拔管法；锤击成桩也可分为单管成桩法和双管成桩法。

以一次拔管法为例，挤密砂桩的施工工艺为：桩管就位→将桩管振动下沉至设计深度→将砂灌入桩管中→边振动、边拔管→形成密实的砂柱。

挤密砂桩法的施工要点如下：

(1) 砂桩宜采用中、粗砂，粒径大于0.5mm颗粒含量宜占总质量的50%以上，含泥量应小于3%，渗透系数应大于5×10^{-2}mm/s；也可使用砂砾混合料，含泥量应小于5%。

(2) 碎石桩宜采用级配好、不易风化的碎石或砾石，最大粒径宜不大于50mm，含泥量应小于5%。

(3) 施工前应进行成桩工艺和成桩挤密试验。

(4) 粒料桩可采用振冲置换法或振动沉管法，宜从中间向外围或间隔跳打。邻近结构物施工时，应沿背离结构物的方向施工。

(5)粒料桩施工质量应符合表2-7的规定。

粒料桩施工质量标准　　　　　　　　表2-7

项　次	检查项目	规定值或允许偏差	检查方法和频率
1	桩距(mm)	±150	抽查桩数的2%且不少于5点
2	桩长(m)	≥设计值	查施工记录
3	桩径(mm)	≥设计值	抽查2%
4	粒料灌入率	≥设计值	查施工记录
5	地基承载力	满足设计要求	抽查桩数的0.1%且不少于3处

(6)碎石桩密实度抽查频率应为2%,用重Ⅱ型动力触探测试,贯入量100mm时,击数应大于5次。

8)生石灰桩法

生石灰桩法是在软弱的黏性土壤中掺入生石灰,形成石灰桩;利用生石灰吸收软土中的水分,在生成消石灰时,体积急剧膨胀,并散发出大量的热量,促使软土中的水分蒸发,同时还能发生火山灰反应,生成的硅酸钙和铝酸钙等水合物在水及空气中逐渐硬化,与土颗粒黏结在一起,构成网状结构,改善土的物理力学性质,使得处治后的软土强度提高,地基沉降减小,从而增强路基的稳定性。

生石灰桩的孔径多为20～40cm,桩长多在12m以内,用打入或钻进的方法成孔,再填入粒径为2～5cm的生石灰块。生石灰桩成孔主要采用振动沉桩法,施工工艺与砂桩基本相同,与砂井施工不同的是在桩孔之中充填的不是砂,而是生石灰。在灌生石灰块或生石灰粉时,应使用导管将填充物振实,一直到达软土的原地面高程;然后,再用砂土将桩顶封实,以防止雨水与生石灰桩发生直接接触,并控制生石灰向上膨胀。

9)加固土桩法

利用工程钻机,将旋喷注浆管置入预定的地基加固深度,通过钻杆旋转,徐徐上升,并将预先配制好的浆液以一定的压力从喷嘴喷出,冲击土体,使土和浆液搅拌成混合体,形成具有一定强度的人工复合地基。

加固土桩可以根据不同的施工对象、用途,调整灌入材料的用量、浓度,使加固土体满足工程需要的强度。所使用的固化材料主要有水泥、生石灰、粉煤灰等。

(1)施工方法与施工工艺。加固土桩的施工可分为粉喷法(干法)和深层搅拌法(湿法)两种。

①粉喷法(干法)施工工艺:钻机就位、检查→钻进至预定深度→旋喷、提升钻杆→重复搅拌,图2-48所示为水泥搅拌加固桩施工。

②深层搅拌法(湿法)施工工艺:定位→预搅下沉→制备水泥浆→提升喷浆搅拌→重复搅拌,如图2-49所示。

(2)施工要点。

①加固土桩的固化剂宜采用生石灰或水泥。生有灰应采用磨细Ⅰ级生石灰,应无杂质,最大粒径应小于2mm。水泥宜采用强度等级不低于32.5级的普通硅酸盐水泥。

②加固土桩施工前应进行成桩试验,桩数宜不少于5根,且应满足下列要求:

a.应取得满足设计喷入量的各种技术参数,如钻进速度、提升速度、搅拌速度、喷气压力、单位时间喷入量等。

b. 应确定能保证胶结料与加固软土拌和均匀性的工艺。

c. 掌握下钻和提升的阻力情况,选择合理的技术措施。

d. 根据地层、地质情况确定复喷范围。

图2-48 水泥搅拌加固桩施工

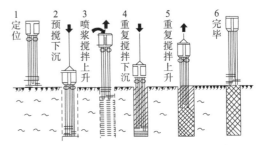

图2-49 深层搅拌(湿法)施工工艺流程图

③施工中发现喷粉量或喷浆量不足,应整桩复打,复打的量应不小于设计用量。中断施工时,应及时记录深度,并在12h内进行复打,复打重叠长度应大于1m;超过12h,应采取补桩措施。

④加固土桩施工质量应符合表2-8的规定。

加固土桩施工质量标准　　　　　　　　　　　　　　　表2-8

项次	检查项目	规定值或允许偏差	检查方法和频率
1	桩距(mm)	±100	尺量:抽查桩数的2%且不少于5点
2	桩径(mm)	≥设计值	尺量:抽查桩数的2%且不少于5点
3	桩长(m)	≥设计值	查施工记录
4	单桩每延米喷粉(浆)量	≥设计值	查施工记录
5	强度(MPa)	≥设计值	取芯法:抽查桩数的0.5%且不少于3根
6	地基承载力	满足设计要求	抽查桩数的0.1%且不少于3处

10)换土法

换土法是采用人工或机械挖除路堤下的全部软土,换填强度较高的黏性土或砂、砾、卵石、片石等渗水性材料。该法工作量大,却从根本上改善了地基,处理效果较好。换土法常用的方法有如下几种:

(1)人工或机械开挖法。人工或机械开挖法适用于软土层较薄、易于排水施工的情况,换土深度一般不宜超过2m。在开挖过程中,需要注意边坡的稳定;回填时,应注意分层填筑与压实。

(2)抛石挤淤法。抛石挤淤法是强迫换土的一种方式,如图2-50所示。该方法不必抽水、挖淤,使施工变得简便。抛石挤淤法主要用于池塘或河流等积水洼地,常年积水、不易抽干,而且表层无硬壳、软土液性指数大、厚度薄、片石能沉至下卧硬层的情况,适宜处理的软土厚度为3~4m。

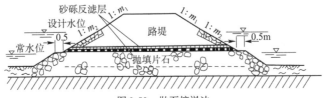

图2-50 抛石挤淤法

抛石挤淤时,应选用不易风化的片石,要求片石的厚度或直径不宜小于 300mm。当软土地层平坦时,填筑应沿路基中线向前呈三角形投放片石,再渐次向两侧全宽范围扩展。当软土地层横坡度大于 1:10 时,应自高侧向低侧填筑,并在低侧坡脚外一定宽度范围内同时抛填,以形成片石平台。片石抛填露出软土面后,应用较小石块填塞垫平,用重型压路机碾压,在其上铺设反滤层后,再进行填土作业。

(3)爆破挤淤法是利用炸药爆炸时的张力作用,使软土扬弃或压缩,然后填以强度较高的渗水性土壤或一般黏性土,达到换土的目的。这种方法的换填深度大、工效高,适用于软土层较厚、稠度大、路堤高及工期紧的情况。

11)反压护道法

反压护道是运用力学平衡来保持路基的稳定,在路堤的两侧填筑一定宽度和高度的护道,使得路堤下软土层所承受的压力作用因反压压力而适当减弱,从而提高地基的稳定性。反压护道一般采用单级形式,其高度宜为所护路堤高度的 $1/3 \sim 1/2$。

该法简单易行,但占地面积大、填料多,而且反压护道只解决了软土地基的稳定性问题,却对沉降无益。反压护道宜与路堤同时施工,也可以在路堤施工完成并经过一定的预压之后再施工。

2.5.2 多年冻土地区路基施工

凡温度为负温或零温,并且含有冰的各种土被称为冻土,冻结状态持续三年以上的冻土层则称为多年冻土。在多年冻土地区,地表以下的一定深度范围内,每年夏季溶化,冬季冻结,该层称为季节冻融层,同时这一深度被称作季节冻融层底板或多年冻土上限。在该深度以下一定厚度的土则终年处于冻结状态,即所谓的多年冻土层。多年冻土层的底部称作多年冻土的下限,其上限和下限之间的距离称为多年冻土的厚度。多年冻土的厚度反映着冻土的发育程度,是多年冻土的重要标志之一。多年冻土薄的在 10m 以下,厚的可达 100m 以上。

1. 多年冻土的分类

按含冰量的不同,多年冻土可分为少冰冻土、多冰冻土、富冰冻土、饱冰冻土和含土冰层五种类型。

2. 多年冻土地区公路路基的主要病害

多年冻土地区的不良地质现象主要有冰丘、冰锥、地下冰和冻土沼泽等,会对公路工程建设产生极为不良的影响。多年冻土地区公路路基的病害主要有以下几种:

(1)融沉。融沉一般发生在含冰量大的黏土地段,当路基基底多年冻土的上部或在路堑边坡上分布有较厚的地下冰层时,由于地下冰层埋藏较浅,在施工及使用过程中,因为原来的自然环境条件发生变化,使多年冻土局部融化,上覆土层在土体自重力及外力作用下产生沉陷,造成路基变形。融沉主要表现为路堤向阳侧路肩及边坡的开裂、下滑,路堑边坡溜坍等。

(2)冻胀。冻胀多发生在季节性冻结深度较大的地区及多年冻土地区,主要是由于地基土或填土中的水在冻结时体积急剧膨胀所致,冻胀的程度与土质及土中的含水率有很大关系。

(3)冰害。冰害主要是指路堤上方出露的地表泉水或开挖路堑后地下水自边坡流出,在隆冬季节随流随冻,构成积冰掩埋路基、边坡挂冰或堑内积冰等病害。在路基工程中,路堑地段较路堤地段的冰害要多,尤其发生在浅层地下水发育的低填浅挖及零填挖地段。

3. 多年冻土地区公路路基施工要点

(1) 应结合高原缺氧、高寒、多年冻土和环境保护的特点,编制施工组织设计。

(2) 高含冰量冻土地段开挖宜在寒季进行,基底和边坡换填及保温层等施工宜在6月底前完成。寒季进行路堤施工时,填料应采取有效的保温措施。

(3) 路基施工前应形成有效的临时排水系统,路基两侧100m范围内不得有常蓄性地表水。

(4) 隧道弃渣和路堑挖方为少冰冻土、多冰冻土时,融化后符合填料要求的,可用于路基或保温护道的填筑。

(5) 泥炭土、草皮、黏质土、有机质土和冻土块不得用于路堤填筑。

(6) 清表产生的草皮与腐殖土宜选址堆放,并进行覆盖与洒水养护,应及时将草皮用于路基边坡防护与取土坑的回填覆盖绿化。

2.5.3 盐渍土地区路基施工

盐渍土是指包括盐土和碱土在内,以及不同程度盐化和碱化土壤的统称。在公路工程中,地表全层1m以内容易溶于水中的无机盐类(或称易溶盐类)含量平均达0.5%以上的土壤,称为盐渍土。气候干旱、排水不畅,以及地下水位过高,是引起土壤盐渍化的主要原因。

盐渍土类型众多,一般多分布在较低洼的地区,而且常常与沼泽相伴而生。

1. 盐渍土的分类

(1) 按含盐化学成分不同,可分为氯化物盐渍土、硫酸盐-氯化物盐渍土、氯化物-硫酸盐盐渍土、硫酸盐盐渍土和碳酸盐盐渍土等。

(2) 按盐渍化程度不同,可分为弱盐渍土、中盐渍土、强盐渍土和过盐渍土等。

2. 盐渍土对路基的主要危害

(1) 氯化物盐渍土容易使土壤过分湿化而影响路基的稳定性,造成湿陷、坍塌等病害。路基处于潮湿状态时,密度较小,翻浆现象比一般地区严重。

(2) 硫酸盐盐渍土的盐胀作用主要发生在路基上部0~80cm范围内,越接近表层,盐胀值越大。在昼夜温差大的地区,反复循环的盐胀作用容易造成边坡约0.3m厚度范围的土体疏松与剥落。由于硫酸盐遇水时容易溶解,当含盐量较大时,路基会出现湿陷、坍塌等病害。

(3) 碳酸盐盐渍土遇水崩解的速度很快,当土中的碳酸盐含量大于0.5%时,遇水后碳酸盐即与土中的胶体颗粒分解,使路基土体产生膨胀,土体强度急剧降低。

3. 盐渍土路基施工要点

1) 原地面和基底处理

(1) 路基填筑前应对照设计资料,复测基底表土的含盐量和含水率,明确地下水位,与设计资料不符时应反馈处理。

(2) 应将浅层地表盐壳清除干净,并碾压密实。

(3)过湿或积水的洼地、软弱地基,应做好排水,进行清淤换填、强夯置换、碎石桩等地基处理。

(4)干涸盐湖地段填筑路堤可利用岩盐作为填料。发育有溶洞、溶塘、溶沟的地段应换填砂砾、风积沙、片卵石或盐盖等材料。

2)路堤填料

(1)盐渍土应根据含盐性质和盐渍化程度,按表2-9、表2-10进行分类。

盐渍土按含盐性质分类　　　　　　　　　　　表2-9

盐渍土名称	离子含量比值	
	Cl^-/SO_4^{2-}	$(CO_3^{2-}+HCO_3^-)/(Cl^-+SO_4^{2-})$
氯盐渍土	>2.0	—
亚氯盐渍土	1.0~2.0	—
亚硫酸盐渍土	0.3~1.0	—
硫酸盐渍土	<0.3	—
碳酸盐渍土	—	>0.3

注:离子含量以1kg土中离子的毫摩尔数计(mmol/kg)。

盐渍土按盐渍化程度分类　　　　　　　　　　　表2-10

盐渍土类型	细粒土土层的平均含盐量(以质量百分数计)		粗粒土通过1mm筛孔土的平均含盐量(以质量百分数计)	
	氯盐渍土及亚氯盐渍土	硫酸盐渍土及亚硫酸盐渍土	氯盐渍土及亚氯盐渍土	硫酸盐渍土及亚硫酸盐渍土
弱盐渍土	0.3~1.0	0.3~0.5	2.0~5.0	0.5~1.5
中盐渍土	1.0~5.0	0.5~2.0	5.0~8.0	1.5~3.0
强盐渍土	5.0~8.0	2.0~5.0	8.0~10.0	3.0~6.0
过盐渍土	>8.0	>5.0	>10.0	>6.0

注:离子含量以100g干土内的含盐总量计。

(2)盐渍土路堤填料应符合表2-11的规定。

盐渍土用作路基填料的可用性　　　　　　　　　　　表2-11

土类	盐类	盐渍化	高速公路、一级公路			二级公路			三级、四级公路	
			路床	上路堤	下路堤	路床	上路堤	下路堤	路床	上路堤
细粒土	氯盐渍土	弱盐渍土	×	○	○	○	○	○	○	○
		中盐渍土	×	×	○	×	Δ2	○	×	×
		强盐渍土	×	×	×	×	×	Δ3	×	×
		过盐渍土	×	×	×	×	×	Δ3	×	Δ3
	盐酸盐渍土	弱盐渍土	×	×	○	○	○	○	Δ2	×
		中盐渍土	×	×	○	○	○	○	Δ1	○
		强盐渍土	×	×	×	×	×	Δ1	×	Δ3
		过盐渍土	×	×	×	×	×	×	×	×

续上表

土类	盐类	盐渍化	高速公路、一级公路			二 级 公 路			三级、四级公路	
			路床	上路堤	下路堤	路床	上路堤	下路堤	路床	上路堤
粗料土	氯盐渍土	弱盐渍土	△1	○	○	○	○	○	○	○
		中盐渍土	×	△1△2	○	△1	○	○	○	○
		强盐渍土	×	×	○	×	△3	○	×	○
		过盐渍土	×	×	×	×	×	△3	×	△3
	盐酸盐渍土	弱盐渍土	△1△2	○	○	△1	○	○	○	○
		中盐渍土	×	×	○	○	○	○	△1	○
		强盐渍土	×	×	×	×	×	△1	×	△3
		过盐渍土	×	×	×	×	×	×	×	×

注：表中"○"为可用，"×"为不可用。
△1：除细粒土质砂(砾)以外的粗粒土可用。
△2：地表无长期集水、地下水位在3m以下的路段可用。
△3：过干旱地区经论证可用。

(3) 应清除料场地表不满足设计要求的土。料场土的含水率过高时，应结合地形及实际情况开挖临时排水沟或拦水坝，排除及拦截地表水，降低地下水位；或采用挖槽、翻摊晾晒的方法降低含水率。

(4) 填料不得夹有草根、盐块及其他杂物，有机质含量宜不大于1%。

(5) 同一料源时，路床填料每5000 m³、路堤填料每10000 m³应做一组含盐量测试，不同料源应分别测试。

(6) 利用石膏土作填料时，应先破坏其蜂窝状结构，石膏含量一般不予限制，但应确保压实度。

3) 路堤填筑

(1) 沿线路侧取土坑应按设计要求做好排水，并符合环保要求。

(2) 盐渍土路堤应分层填筑压实，松铺厚度宜不超过300mm，碾压时宜按最佳含水率的±2%控制。粗粒土的压实层厚宜不超过300mm，风积沙的压实层厚宜不超过400mm。雨天不宜施工。

(3) 桥、涵两侧台背不宜采用盐渍土填筑。

(4) 盐渍土的压实标准应符合相关规定。

(5) 盐渍土路堤的施工，应从基底处理开始连续施工。在设置隔断层的地段，宜连续填筑到隔断层的顶部。

(6) 地下水位高的黏性盐渍土地区，宜在夏季施工；砂性盐渍土地区，宜在春季和夏初施工；强盐渍土地区，宜在表层含盐量低的春季施工。

(7) 设有护坡道的路段，护坡道也宜分层填筑，压实度应不小于90%。

4) 土工合成材料隔断层应符合的规定

(1) 土工合成材料应符合设计与现行《公路土工合成材料应用技术规范》(JTG/T D32)的有关规定。

(2) 路基表面平整度与横坡应符合要求。路基表面不得有坚硬、有棱角的碎、砾石块凸出,以免扎破土工膜。

(3)土工合成材料应按路基横断面的宽度全断面铺设,铺设平展紧贴下承层,不得有褶皱。铺筑后应检查破损状况,对破损处应在上面加铺大小能防止破损处漏水的土工合成材料进行补强。

(4)土工合成材料铺设完成后,严禁行人、牲畜和各种车辆通行,并应及时填筑上层路基,避免阳光暴晒。

(5)在土工膜上填筑粗粒土的路段,应设上保护层,上保护层厚度宜不小于200mm。保护层摊平后先碾压2~3遍,再铺一层粗粒土,与上保护层一起碾压,两者的厚度之和应不超过400mm。

5)砂砾、碎石隔断层应符合的规定
(1)反滤层宜采用具有渗透功能的土工织物。
(2)砂砾、碎石隔断层应先铺设包边砂砾土,再全层一次铺填,路拱横坡应为2%~5%。
(3)砂砾、碎石隔断层压实应由路基两侧向中间碾压。

6)风积沙隔断层应符合的规定
(1)厚度宜不小于400mm,粉黏粒含量应在5%以下。
(2)填筑与压实可采用干压实工艺,压实度应符合表2-1的规定。
(3)设计厚度大于600mm时,应采用分层填筑,每层松铺厚度宜为300~400mm;设计厚度不大于600mm时,可一次全厚度填筑。

2.5.4 黄土地区路基施工

黄土颜色以淡黄色为主,有黄、褐等色,颗粒组成以粉土颗粒为主,富含硫酸盐,具有较大孔隙。

1. 黄土的工程特性

(1)黄土的颗粒组成以粉土为主,含量可达50%以上;黄土的孔隙率较大,一般为35%~60%。

(2)黄土的节理明显,以垂直节理为主,在干燥而固结的黄土层中比较发育,土层的上部较下部发达。

(3)黄土垂直方向渗水性强,由于黄土孔隙率大和垂直节理发育,所以垂直方向的渗水性要比水平方向大很多。

(4)黄土具有收缩、膨胀和崩解等性质。黄土遇水后膨胀、干燥后收缩,经过多次胀缩后,容易形成裂缝及剥落。新黄土浸水后崩解较快,而老黄土要滞后一些。

(5)黄土的湿陷性。黄土可分为湿陷性黄土和非湿陷性黄土两大类,其湿陷性一般通过相对湿陷系数来区别。相对湿陷系数大于或等于0.02的黄土是湿陷性黄土,湿陷性黄土浸水后有较大的沉降量。

2. 黄土地区路基施工要点

(1)施工前应核对湿陷性黄土的分类区段、基底处理种类并进行确认与标识,编制专项施工方案。

(2)路基边坡坡率应符合要求,坡面应顺适平整,防护及支挡工程施工应与路堤填筑和路堑开挖施工合理衔接。排水沟渠铺砌加固时,应对基底采用夯实或掺石灰夯实的方法进行处理,压实度应达到90%以上。

（3）湿陷性黄土地基处理应符合下列规定：

①基底为非自重湿陷性黄土地基时,地表处理同普通的路基地表处理。

②湿陷性黄土地基处理前,应完成截水及临时排水设施,并应完成路堤基底的坑洞和陷穴回填。低洼积水地段或灌溉区的路堤两侧坡脚外5~10m范围内,应采用素土或石灰土填平并压实,并应高出原地表200mm以上,路基两侧不得积水。

③地基处理方法均应进行试验段施工。基底处理场地附近有结构物时,场地边缘与结构物的最小水平安全距离应满足规定要求。冲击碾压或强夯处理段,地基土的压实度、压缩系数和湿陷系数应在施工结束7d后进行检测,强度检验应在15d后进行。

④地基处理所用原材料应满足设计要求。石灰宜采用Ⅲ级及以上等级的消石灰；水泥宜选用32.5级以上的普通硅酸盐水泥；土料宜采用塑性指数为7~15的不含有机质的黏质土,土块粒径宜不大于15mm。

⑤采用换填法处理湿陷性黄土地基时,宜采用石灰土垫层或水泥土垫层,也可采用素土垫层。石灰土垫层宜采用磨细生石灰粉,石灰剂量或水泥剂量应满足要求。垫层应分层摊铺碾压,每层厚度宜不大于300mm,压实度应符合所在部位的标准要求。

⑥采用冲击碾压法处理湿陷性黄土地基时,冲压处理的施工长度应不小于100m；与结构物的安全距离不满足要求时宜开挖隔震沟；地基土的含水率应控制在最佳含水率±3%的范围内；应采用排压法进行冲压；过程中应对地基的沉降值、压实度进行检测。

⑦采用强夯法处理湿陷性黄土地基时,同一强夯能级宜采用重锤、低落距的方式进行；地基土的含水率宜控制在8%~24%之间；宜分为主夯、副夯、满夯三遍实施,两遍夯击之间宜有一定的时间间歇；夯点的夯击次数应按试夯得到的夯击次数和夯沉量关系曲线确定；与结构物安全距离不满足要求时应开挖隔震沟。

在最后一击的夯沉量小于上一击的夯沉量的前提下,强夯的停夯标准见表2-12。

强夯停夯标准　　　　　　　表2-12

单击夯击能(kN·m)	最后两击的平均夯沉量(mm)
<2000	≤50
2000~4000	≤100
>4000	≤200

⑧采用挤密桩法处理湿陷性黄土地基,深度在12m之内时,宜采用沉管法成孔,超过12m时,可采用预钻孔法进行成孔；石灰土挤密桩不得采用生石灰；干拌水泥碎石挤密桩所用石屑粒径宜为0~5mm,碎石粒径宜为5~20mm,含泥量应不大于5%；填料前应夯实孔底；成桩回填应分层投料分层夯击,填料的压实度宜不小于93%；挤密桩完成后,应及时进行桩顶石灰土垫层的施工。

⑨采用桩基础法进行湿陷性黄土地基处理时,桩顶的桩帽应采用水泥混凝土现场浇筑,桩顶进入桩帽的长度宜不小于50mm；桩帽顶的加筋石灰土垫层应及时施工,土工格栅应采用绑扎连接,铺设时应拉紧并锚固,铺设后应及时用石灰土覆盖；过程中应对桩位偏差、桩体质量、桩帽质量、土工格栅的原材料及铺设质量、垫层的质量进行检验；有要求时应进行单桩承载力试验,预制桩应在成桩15d后进行,灌注桩应在成桩28d后进行。

（4）黄土陷穴处理的规定与要求：

①路堤坡脚线或路堑坡顶线之外，原地表高侧80m范围内、低侧50m范围内存在的黄土陷穴宜进行处理，对串珠状陷穴与路堑边坡出露陷穴应进行处理，对规定距离以外倾向路基的陷穴宜进行处理。

②陷穴处理前，应对流向陷穴的地表水和地下水采取拦截引排措施。

③采用灌砂法处理的陷穴，地表下0.5m范围内应采用6%～8%的石灰土进行封填并压实。

④对危及路基安全的黄土陷穴，应根据其埋藏深度和大小选用适当的方法进行处理。常用的处理方法可参考表2-13选用。

陷穴处理方法　　　　　　　　　　　　　　表2-13

处理方法	回填夯实	明挖回填夯实	开挖导洞或竖井回填夯实	注浆或爆破回填	灌砂
适用条件	明陷穴	陷穴埋藏深度≤3m	3m＜陷穴埋藏深度≤6m	陷穴埋藏深度6m	陷穴埋藏深度≤3m，直径≤2m，洞身较直

⑤处理后仍暴露在外的陷穴口，应采用石灰土等不透水材料进行防渗处理，防渗层厚度应不小于500mm，穴口表面应高于周围地面。

（5）黄土路堤填筑的规定与要求：

①黄土填料应符合相关规定。当其CBR值不满足要求时，可掺石灰进行改良。

②黄土不得用于路基的浸水部位，老黄土不宜用作路床填料。

③填挖结合处应清除表层土和松散土层，顶部宜开挖成高度不大于2m、宽度不小于2m的多层台阶，并应对台阶进行压实处理。

④黄土碾压时的含水率宜控制在最佳含水率±2%的范围内。

⑤雨水导致的边坡冲沟应挖台阶夯实处理。

⑥高路堤应采用冲击碾压或强夯方式进行补充压实。

2.5.5　泥石流地区路基施工

泥石流是在山区沟谷中，由暴雨或冰雪融水等水源激发的，含有大量的泥沙和石块的特殊洪流。

泥石流是一种灾害性地质现象，其特征是通常爆发突然，来势凶猛，可携带巨大的石块，并以高速前进，具有极强的破坏性。

1. 泥石流的分类

泥石流按其物质成分不同可分为泥石流、泥流和水石流三大类。由大量黏性土和粒径不等的砂粒、石块组成的称作泥石流；以黏性土为主，含少量砂粒与石块，黏度较大，呈稠泥状的称作泥流；由水和大小不等的砂粒、石块组成的称作水石流。

2. 泥石流对公路的危害

泥石流可直接埋没公路设施和路上车辆及行人，摧毁路基、桥涵等构造物，还能通过汇入河道，引起河道变迁，从而间接毁坏公路及其他构筑物，甚至迫使道路改线等，给公路工程建设和运输造成巨大的损失。

3. 泥石流地区路基施工要点

(1) 施工前应结合设计,详细调查泥石流的成因、规模、特征、活动规律、危害程度等相关情况,核实泥石流形成区、流动区和堆积区,编制专项施工方案。

(2) 对泥石流地区的路基施工应采取措施加强监测,遇有异常情况及时处理,确保施工安全。

(3) 采用桥梁形式跨越泥石流地段时,应按设计要求及时完成防护加固设施。

(4) 采用排泄道、排导沟、明洞、涵洞、渡槽等排导功能为主的构造物进行泥石流处置时,排导构造物应符合下列规定:

①构造物基础应牢固,强度、断面与高度应满足设计要求。

②构造物平面线形应圆滑、渐变,上下游应有足够长的衔接段,行进段沟槽不宜过分压缩,出口不宜突然放宽。流向改变处的转折角不宜超过15°,避免因急弯突然收缩和扩大而造成淤塞。

③构造物通流段和出口段的纵坡应满足设计要求或大于沟槽的淤积平衡坡度。

(5) 永久性调治构造物采用浆砌片石时,应采用质地坚硬、不易风化的片石,基础应置于设计要求的深度,强度应满足设计要求。

(6) 利用植被治理泥石流时,植物物种应选择生长期短、见效快、根须发达、适宜本地区生长的品种。

2.6 路基排水设施施工

公路竣工之后,路基范围内的地面积水会降低土基的承载力;地下水软化路基,不仅会降低土基的强度,还会引起边坡滑坍,进而造成整个路基的塌陷。因此,水会严重地影响公路的使用安全与质量。

危害路基的水可分为地表水和地下水。其中,地表水主要包括大气降水和高于路基一侧、流经路基或流向路基的溪(河)水;地下水主要包括上层滞水、潜水、层间水等。为了保证路基能经常处于干燥、坚固和稳定的状态,必须设置必要的排水设施,与沿线的桥梁、涵洞形成一个完善的排水系统。

2.6.1 地表排水设施

1. 边沟

在挖方地段和填土高度小于边沟深度的填方地段均应设置边沟,边沟用以汇集和排除路基范围内或流向路基的少量地面水。

1) 边沟的断面形式与尺寸

边沟流水断面的大小及深度取决于汇水面积。土质边沟的断面形式一般为梯形或三角形,石质边沟的断面形式一般为梯形或矩形,如图2-51所示。梯形边沟的内侧边坡坡度一般为1:1~1:1.5,外侧边坡坡度与路堑边坡相同。边沟的深度一般为0.4m;高速公路和一级公路的边沟断面尺寸应适当加大,深度和底宽通常为0.8~1.0m。

2) 边沟的沟底纵坡与长度

边沟沟底纵坡通常与路线纵坡一致。当路线纵坡小于0.2%时,为防止产生淤积,应对边沟沟底纵坡加以调整;当纵坡超过3%时,为避免冲刷,应予以加固。

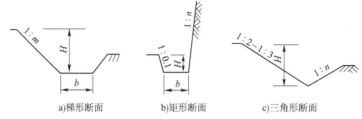

图 2-51 边沟断面常见形式
a)梯形断面　　b)矩形断面　　c)三角形断面

梯形边沟的长度通常要根据路线桥涵的设置而定。为了防止边沟里的水漫溢或冲刷,平原区和山岭重丘区的边沟应分段设置出水口。一般情况下,多雨地区梯形边沟每段的长度不宜超过300m,三角形边沟不宜超过200m。

3)边沟的施工要点

(1)边沟沟底纵坡应衔接平顺,石质路堑边沟一般应采用浆砌。

(2)边沟水引出路基时,应注意防止路基边坡冲刷和冲毁农田,必要时挖顺水沟将边坡水引到桥涵或沟底。

(3)在边沟与填方的毗邻处应设置跌水或急流槽,将水流直接引到填方坡脚以外,以免冲刷边坡。

2. 截水沟

截水沟设于路堑坡顶以外或山坡路堤的上方,用以截拦上方流来的地面水,如图 2-52、图 2-53 所示。

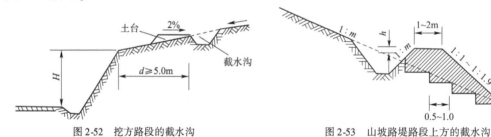

图 2-52 挖方路段的截水沟　　图 2-53 山坡路堤路段上方的截水沟

1)截水沟的断面形式、尺寸与沟底纵坡

截水沟的断面形式一般为梯形,在地面横坡较陡时,也可以做成石砌矩形。截水沟的底宽一般不小于0.5m,深度由流量而定。截水沟沟底的纵坡通常不得小于0.5%,特殊困难地区不得小于0.2%。

2)截水沟的位置

对于路堑坡顶外的截水沟,当有弃土堆时,应设于弃土堆以外;无弃土堆时,距路堑顶边缘应至少5m。对于山坡路堤上方的截水沟,距离路堤坡脚应至少2m。

3)截水沟施工要点

(1)截水沟应先行施工,与其他排水设施衔接时应平顺,纵坡宜不小于0.3%。

(2)不良地质路段、土质松软路段、透水性大或岩石裂隙多地段的截水沟沟底、沟壁、出水口应进行防渗及加固处理。

3. 排水沟

排水沟的作用是将边沟、截水沟、取土坑及路基附近的积水引到附近的桥涵或沟谷中去。

排水沟的施工要点如下：
(1)排水沟线形应平顺,转弯处宜为弧线形。
(2)排水沟的出水口应设置跌水或急流槽,水流应引出路基或引入排水系统。

4. 急流槽与跌水

当截水沟、排水沟通过陡坡地段时,可利用急流槽或跌水等设施加以连接。其断面形式一般为矩形,常用浆砌片石或混凝土修筑。

1)急流槽

急流槽是用于陡坡地段上的水槽,但是水流并不脱离槽底,可在较短的距离内安全而迅速地排除落差很大的地表水。急流槽多用于涵洞的进、出水口,也常用于高路堤路段的边坡排水,如图 2-54 所示。

急流槽的施工要点如下：
(1)基础应嵌入稳固的基面内,底面应按设计要求砌筑抗滑平台或凸榫。对超挖、局部坑洞,应采用相同材料与急流槽同时施工。
(2)浆砌片石砌体应砂浆饱满,砌缝应不大于 40mm,槽底表面应粗糙。
(3)急流槽应分节砌筑,分节长度宜为 5~10m,接头处应采用防水材料填缝。混凝土预制块急流槽,分节长度宜为 2.5~5.0m,接头应采用榫接。
(4)急流槽进水口的喇叭形水簸箕应与排水设施衔接平顺,汇集路面水流的水簸箕底口不得高于接口的路肩表面。

图 2-54 急流槽

2)跌水

跌水是阶梯形的建筑物,水流以瀑布形式通过,有单级和多级之分。其作用是降低流速、消减水的能量,图 2-55 为单级跌水构造示意图。

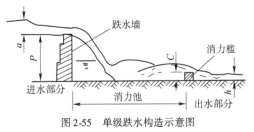

图 2-55 单级跌水构造示意图

跌水的施工要点如下：
(1)跌水施工应符合急流槽施工的有关规定。
(2)无消力池的跌水,其台阶高度应小于 600mm,每个台阶高度与长度之比应与原地面坡度相协调。
(3)消力池的基底应采取防渗措施。

5. 蒸发池

在年降雨量不大、晴天日数较多、空气相对湿度小、多风易蒸发的空旷荒野地段,当路线平坦、难以排除地表水时,可以在距离路基适当的位置设置蒸发池,引水入池,任其蒸发或下渗。

蒸发池的施工要点如下：
(1)蒸发池与路基之间的距离应满足路基稳定要求。
(2)底面与侧面应采取防渗措施。
(3)池底宜设 0.5% 的横坡,入口处应与排水沟平顺连接。

(4)蒸发池应远离村镇等人口密集区,四周应采用隔离栅进行围护,高度应不低于1.8m,并设警示牌。

2.6.2 地下排水设施

地下水对路基的危害很大,应查清水源和水量,采取适当的排水措施。排除地下水时,一般以导流为主,不宜采用堵塞的方式。常采用的地下水排除结构物有暗沟、渗沟、渗井等。

1. 暗沟

暗沟又称盲沟,设于地面以下,用来隔断或截住流向路基的层间水或少量泉水,然后向外疏导,起到降低地下水位、防止路基边坡滑坍和毛细水上升的作用,如图2-56所示。

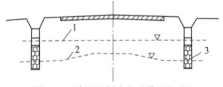

图2-56 路基两侧边沟下设置的暗沟
1-原地下水位;2-降低后地下水位;3-暗沟

暗沟构造简单,一般采用透水性大的粗砾石筑成,填筑时石料应大、中、小自下而上排列,两侧采用石屑、粗砂等与土质沟壁隔离。因其排水量有限,暗沟不宜过长。暗沟的宽度一般为0.5~0.8m,高度应根据地下水的情况而定,一般为宽度的2.5倍。

暗沟的施工要点如下:

(1)沟底应埋入不透水层内,沟壁最低一排渗水孔应高出路底200mm以上。进口应采取截水措施。

(2)暗沟设在路基侧面时,宜沿路线方向布置。

(3)暗沟设在低洼地带或天然沟谷时,宜沿沟谷走向布置。

(4)寒冷地区的暗沟应做好防冻保温处理,出水口坡度宜不小于5%。

(5)暗沟采用混凝土或浆砌片石砌筑时,在沟壁与含水层接触面应设置一排或多排向沟中倾斜的渗水孔,沟壁外侧应填筑粗粒透水性材料或土工合成材料形成反滤层。沿沟槽底每隔10~15m或在软、硬岩层分界处应设置沉降缝和伸缩缝。

(6)暗沟顶面应设置混凝土盖板或石料盖板,板顶上填土厚度应不小于500mm。

(7)暗沟、检查井应采用透水性材料分层回填,层厚宜不大于150mm,材料粒径宜不大于50mm。

2. 渗沟

路线所经地段遇有潜水、层间水、路堑顶部出现地下水,以及地下水位较高而影响路基或路堑边坡稳定时,可采用渗透的方式将地下水汇集于沟内,并通过沟底通道将水排放到指定地点,这种地下水排除设施称为渗沟。渗沟具有疏干表层土体、增加边坡稳定、截断及引排地下水、降低地下水位、防止土壤中的细颗粒被冲蚀等作用。

在路基工程中,浅埋的渗沟在2~3m以内,深埋时可达6m以上。渗沟一般有填石渗沟、管式渗沟和洞式渗沟等形式,如图2-57所示。

渗沟的施工要点如下:

(1)渗沟应设置排水层、反滤层和封闭层。

(2)渗水材料应采用洁净的砂砾、粗砂、碎石、片石,其中粒径小于2mm的颗粒含量不得大于5%。渗沟沟壁反滤层应采用透水土工织物或中粗砂,渗水管可选用带孔的HPPE管、PVC管、PE管、软式透水管、无砂混凝土管等。

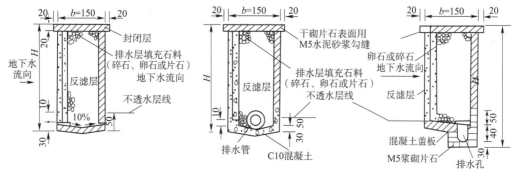

图 2-57 渗沟的结构形式(尺寸单位:cm)

(3)渗沟宜从下游向上游分段开挖,开挖作业面应根据土质选用合理的支撑形式,并应边挖边支撑,渗水材料应及时回填。

(4)渗水材料的顶面不得低于原地下水位。当用于排除层间水时,渗沟底部应埋置在最下面的不透水层。在冰冻地区,渗沟埋置深度不得小于当地最小冻结深度,渗沟出口应进行防冻处理。

(5)渗沟基底应埋入不透水层内不小于 0.5m,沟壁的一侧应设反滤层汇集水流,另一侧用黏土夯实或用浆砌片石拦截水流。渗沟沟底不能埋入不透水层时,两侧沟壁均应设置反滤层。

(6)粒料反滤层应分层填筑。坑壁土质为黏质土、粉砂、细砂,采用无砂混凝土板作反滤层时,在无砂混凝土板的外侧,应加设 100~150mm 厚的中粗砂或渗水土工织物。

(7)渗沟顶部封闭层宜采用干砌片石水泥砂浆勾缝或浆砌片石等,寒冷地区应设保温层,并加大出水口附近纵坡。保温层可采用炉渣、砂砾、碎石或草皮等。

(8)路基基底的填石渗沟,应采用水稳性好的石料,其饱水抗压强度应不小于30MPa,粒径应为 100~300mm。

(9)管式渗沟宜间隔一定距离设置疏通井和横向泄水管,分段排除地下水。渗水孔应在管壁上交错布置,间距宜不大于 200mm。

(10)洞式渗沟顶部应设置封闭层,厚度应不小于 500mm。

(11)边坡渗沟的基底应设置在潮湿土层以下的干燥地层内,阶梯式泄水坡坡度宜为 2%~4%,基底应铺砌防渗层,沟壁应设反滤层,其余部分用透水性材料填充。

(12)支撑渗沟的基底埋入滑动面以下宜不小于 500mm,排水坡度宜为 2%~4%。当滑动面缓时,可做成台阶式支撑渗沟,台阶宽度宜不小于 2m。渗沟侧壁及顶面宜设反滤层。出水口宜设置端墙。端墙内的出水口底高程,应高于地表排水沟常水位 200mm 以上,寒冷地区宜不小于 500mm。承接渗沟排水的排水沟应进行加固。

3. 渗井

当地下存在多层含水层,其中影响路基的上部含水层较薄,排水量不大,且渗沟难以布置时,可以设置渗井进行立式(竖向)排水,即将路基范围内的上层地下水汇集起来,穿过不透水层,引入更深的含水层中,以降低上层的地下水位或全部予以排除,如图 2-58 所示。

渗井的施工要点如下:

(1)渗井应边开挖边支撑,并应采取照明、通风、排水措施。

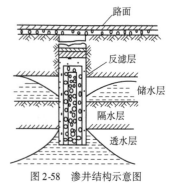

图 2-58 渗井结构示意图

(2)填充料应在开挖完成后及时回填。不同区域的填充料应采用单一粒径分层填筑,小于2mm的颗粒含量不得大于5%。透水层范围宜填碎石或卵石,不透水范围宜填粗砂或砾石。井壁与填充料之间应设反滤层,填充料与反滤层应分层同步施工。

(3)渗井顶部四周应采用黏土填筑围护,并应加盖封闭。

2.7 路基防护与支挡工程施工

由岩土填挖而成的路基,改变了地层原有的天然平衡。在各种自然因素、自重和行车荷载的综合作用下,路基可能产生各种变形和破坏。为保证路基的强度和稳定,除做好路基有效的截、排水工作外,还必须根据当地的水文、地质及材料供应等情况,采取有效的措施对路基进行必要的防护与加固,以防止可能产生的路基破坏和过量变形,起到稳定路基和美化路容的作用。

2.7.1 路基防护工程施工

路基防护的重点是路基边坡防护,特别是地质不良与水文地质不良地段的路堑、容易受水冲刷的边坡、不稳定的山坡更值得重视。路基防护工程一般可分为边坡坡面防护和沿河河堤河岸冲刷防护两大类。

1. 边坡坡面防护施工

易于冲蚀的土质路基边坡和易于风化的岩石路堑边坡,在风化应力和雨水冲刷的作用下,将会发生冲沟、溜坍、剥落和坍塌等坡面变形,故必须及早采取相应的防护措施。坡面防护常用的有植物防护、工程防护和工程防护与植物相结合防护三大类型。

1)植物防护施工

植物防护又称为"绿色防护"和"生命防护",防护对象以土质边坡为主。植物防护的作用主要是能覆盖表土,防止雨水冲刷;调节土的湿度,防止产生裂缝;固结土壤,避免坡面风化剥落;同时还能起到保护环境和美化路容的作用。目前,常见的植物防护形式主要有种草、铺草皮、植树、三维植物网防护等。

图2-59 路基边坡种草防护

(1)种草防护。种草是一种简单、经济而有效的坡面防护方法,用于适合草类生长的土质路堑或路堤边坡,要求边坡的坡度较缓,而且高度不大。对于不利于草类生长的土质,应在坡面上先铺一层10~15cm的种植土。图2-59为路基边坡防护种草防护效果图。

(2)铺草皮防护。铺草皮适用于各种土质边坡,也可用于风化极其严重的岩石和风化严重的软质岩石边坡上。草皮铺设主要有平铺、竖铺和网格式铺筑等方法,如图2-60所示。

(3)植树防护。植树适宜于各种土质边坡和风化极其严重的岩石边坡,但边坡坡度应不陡于1:1.5。在路基边坡和漫水河滩上种植植物,对于加固路基与防护河岸可收到良好的效果。

(4)三维植物网防护。三维植物网护坡是指利用活性植物并结合土工合成材料等工程材料,在坡面构建一个具有自身生长能力的防护系统,通过植物的生长对边坡进行加固的一门新技术。根据边坡地形地貌、土质和区域气候的特点,在边坡表面覆盖一层土工合成材料并按一定的组合与间距种植多种植物。一方面三维网固定在坡面上,直接对坡面起固筋作用;另一方面植物生长达到根系加筋、茎叶防冲蚀的目的,经过生态护坡技术处理,可在坡面形成茂密的植被覆盖,在表土层形成盘根错节的根系,形成一个绿色复合防护整体,有效抑制暴雨径流对边坡的侵蚀,增加土体的抗剪强度,减小孔隙水压力和土体自重力,从而大幅提高边坡的稳定性和抗冲刷能力。图2-61为三维植物网防护施工中和竣工后的效果图。

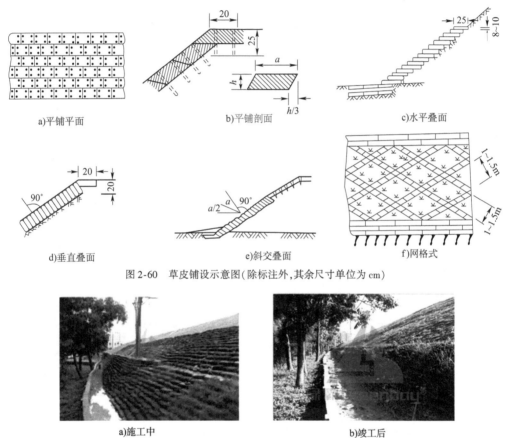

图2-60 草皮铺设示意图(除标注外,其余尺寸单位为cm)

图2-61 三维植被网防护

(5)植物边坡防护的施工要点如下:

①路基植物防护工程施工前,应对边坡进行整修,清除边坡上的危石及松土。修整后的坡面应大面平整、排水顺畅,与周围自然地形协调。

②植物防护工程应与路基挖填方工程紧密、合理衔接,应开挖一级、防护一级。根据开挖坡面地质水文情况,应逐段核实路基防护设计方案。

③施工中应加强安全防护,每处坡面防护应设置检修通道及必要的护栏。

④施工中应采取有效措施截排地表水和导排地下水。

⑤在坡面成形后,应及时进行坡面植物防护。

⑥植物防护前应清理坡面。

⑦回填土宜采用土、肥料及腐殖质土的混合物。种植土层厚度应符合表2-14的规定。

植物种植土层厚度 表2-14

植被类型	草本花卉	草坪地被	小灌木	大灌木	浅根乔木	深根乔木
土层厚度(mm)	≥30	≥30	≥45	≥60	≥90	≥150

⑧种草施工时,草籽应撒布均匀,同时做好保护措施。草皮宜选用带状或块状,草皮厚度宜为100mm。铺设时,应由坡脚自下向上铺设。

⑨铺、种植物后应适时进行洒水、施肥等养护管理,直到植物成活。

⑩养护用水不得含油、酸、碱、盐等有碍草木生长的成分。

⑪坡面植物防护施工质量应符合表2-15的规定。

坡面植物防护施工质量标准 表2-15

项次	检查项目	规定值或允许偏差	检查方法和频率
1	苗木规格与数量	满足设计要求	尺量:每1km测50m
2	种植穴规格(mm)	±50	尺量:每1km测50m
3	苗木成活率(%)	≥85	目测:每1km测200m
4	草坪覆盖率(%)	≥95	目测:每1km测200m
5	其他地被植物发芽率(%)	≥85	目测:每1km测200m

⑫三维植物网防护施工前应先清除杂草、石块、树根等杂物,坡面土质疏松的应进行夯实。铺设三维网应自上而下平铺到坡脚,并向坡顶、坡脚各延伸500mm。三维网应用木桩、锚钉锚固于坡面,四周以U形螺栓固定。网间搭接长度应满足设计要求且应不小于100mm。三维网应紧贴坡面,无皱褶和悬空现象。施工时应避开阴雨天气。

2)工程边坡防护施工

对于不适宜草木生长的较陡岩石边坡,可以采用圬工防护的方法。圬工防护又称为"无机"防护,以石质路堑边坡为主,结构形式主要包括勾缝防护、喷浆防护、喷射混凝土防护、锚杆挂网喷射混凝土防护、干砌片石防护、浆砌片块石护坡、水泥混凝土预制块护坡和浆砌片石护面墙等。当圬工防护用于路堑边坡时,应注意与边坡渗沟或排水孔配合使用,防止边坡产生变形破坏。

(1)勾缝防护。勾缝防护适用于较硬、不易风化、节理裂缝多而细的岩石路堑边坡。勾缝的作用是借灰浆的黏结力把裂开的岩石黏结成为一个整体,以免其坠落或坍塌;同时防止雨水及有害杂质侵入裂缝而促使岩石风化和裂缝继续扩大,进而影响边坡的稳定性。勾缝防护如图2-62所示。

勾缝边坡防护的施工要点如下:

①浆砌施工应在砂浆凝固前将外露缝勾好,勾缝深度应不小于20mm。

②片石施工时,相邻竖缝应错开。平缝与竖缝宽度,用水泥砂浆砌筑时应不大于40mm,用小石子混凝土砌筑时应为30~70mm。可用厚度比缝宽小的石片填塞宽的竖缝,且石片应被砂浆包裹。

③块石施工时,砂浆砌筑缝宽应不大于30mm,勾缝应均匀饱满、美观,坡面应平顺。

④勾好缝或灌好浆的砌体在完工后,视水泥种类及气候情况,在7~14d内应加强养护。

(2)喷浆防护。喷浆防护是指采用专用机械,将配制好的砂浆喷射于坡面之上。喷浆防护常用于边坡易风化、裂隙和节理发育,而且表面平整度较差的岩石路堑边坡,坡面较干燥。

它是为了防止岩石边坡进一步风化、剥落及零星掉块而采取的一种防护措施,如图 2-63 所示。

图 2-62　勾缝防护　　　　　图 2-63　喷浆边坡防护

喷浆边坡防护的施工要点如下:
①喷射应自下而上进行。
②砂浆初凝后,应立即开始养护。养护期宜不少于 5d。
③施工结束后,应及时对喷浆层顶部进行封闭处理。

(3)喷射混凝土防护。喷射混凝土防护适用于岩性较差、强度较低、易风化或坚硬岩层风化破碎、节理发育、其表层风化剥落、坡面干燥的岩质边坡。

喷射混凝土边坡防护的施工要点如下:
①混凝土强度应满足设计要求。
②作业前应进行试喷,选择合适的水灰比和喷射压力。
③混凝土喷射厚度应符合设计规定,且临时支护厚度宜不小于 60mm,永久支护厚度宜不小于 80mm。永久支护面钢筋的喷射混凝土保护层厚度应不小于 50mm。
④混凝土喷射每一层应自下而上进行。当混凝土厚度大于 100mm 时,宜分两次喷射。在第二次喷射混凝土作业前,应清除结合面上的浮浆和松散碎屑。
⑤面层表面应抹平、压实修整。
⑥喷射混凝土面层应在长度方向上每 30m 设伸缩缝,缝宽 10~20mm。
⑦喷射混凝土初凝后,应立即开始养护。养护期宜不少于 7d。
⑧喷射混凝土表面应密实、平整,无裂缝、脱落、漏喷、漏筋、空鼓和渗漏水等。喷射混凝土施工质量应符合表 2-16 的规定。

喷射混凝土施工质量标准　　　　表 2-16

项次	检查项目	规定值或允许偏差	检查方法和频率
1	混凝土强度 (MPa)	在合格标准内	按《公路工程质量检验评定标准　第一册　土建工程》(JTG F80/1—2017)附录 E 检查
2	喷层厚度 (mm)	平均厚度≥设计厚度;80%测点的厚度≥设计厚度;最小厚度≥设计规定最小值	凿孔法或工程雷达法:每 50m 测 1 处,总数不少于 5 处

(4)锚杆挂网喷射混凝土防护。对于风化破碎严重、节理裂隙发育、坡面不完整、破碎明显、坡面干燥的石质路堑边坡,为了加强防护的稳定性,可以采用锚杆挂网喷射混凝土的方式进行防护,如图 2-64 所示。

锚杆挂网喷射混凝土边坡防护的施工要点如下:
①锚杆应嵌入稳固基岩内,锚固深度根据设计要求结合岩体性质确定。锚杆孔深应大于

锚杆长度200mm。

②钢筋网应与锚杆连接牢固。钢筋网与岩面的间隙宜为30~50mm。

③喷射混凝土宜分层施工,铺设钢筋网前喷射一层混凝土,铺设后再喷射混凝土至设计厚度。

④喷射混凝土厚度应均匀,钢筋网及锚杆不得外露。钢筋保护层厚度宜不小于20mm。

⑤喷射混凝土施工质量应符合表2-16的相关规定。

(5)干砌片石护坡。干砌片石护坡选用较大片石,砌筑时错缝挤紧,靠石块与石块之间的嵌挤力稳定于边坡上。干砌片石护坡适用于坡度小于1:1.25的土质路堑边坡或边坡易受地表水冲刷以及有少量地下水渗出的地段,如图2-65所示。

图2-64 锚杆挂网喷射混凝土边坡防护

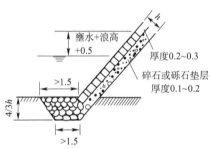
图2-65 单层铺砌片石护坡(尺寸单位:m)

干砌片石护坡的施工要点如下:

①干砌片石护坡垫层应密实,厚度应满足设计要求。边坡为粉质土、松散的砂或粉砂土等易被冲蚀的土时,碎石或沙砾垫层厚度宜不小于100mm。

②石料选择应符合要求。片石的厚度应不小于150mm,卵形和薄片不得使用。镶面石料应选择尺寸大并具有平整表面的石料,且应稍加粗凿。在角隅处应使用大石料,大致粗凿方正。

③石料按层砌筑。分段砌筑时相邻段高差应不大于1.2m,段与段间应设伸缩缝或沉降缝,各段水平砌缝应一致。

④砌筑应彼此镶紧,接缝要错开,缝隙间应用小石块填满塞紧。护坡基础宜选用大石块砌筑。

⑤基础与排水相连时,基础应设在排水沟底以下。

⑥干砌片石施工质量应符合表2-17的规定。

干砌片石施工质量标准　　　　　　　　　　表2-17

项次	检查项目	规定值或允许偏差	检查方法和频率
1	厚度(mm)	±50	尺量:每100m²抽查8点
2	顶面高程(mm)	±30	水准仪:每20m抽查5点
3	外形尺寸(mm)	±100	尺量:每20m或自然段,长宽各测5点
4	表面平整度(mm)	50	2m直尺:每20m测5点
5	泄水孔间距(mm)	≥设计值	尺量:每20m测4点

(6)浆砌片石护坡。浆砌片石护坡是采用砂浆与毛石料砌筑的砌体结构,石料属不规则

形状,短边厚度15cm左右的片石或块石。浆砌片石护坡适用于坡度缓于1:1的易风化的岩石边坡,以及坡面防护不适宜采用干砌片石的边坡。而对于严重潮湿或严重冻害的土质边坡,在未采取排水措施的前提下,则不宜采用浆砌片石护坡。浆砌片石护坡如图2-66所示。

浆砌片石护坡的施工要点如下:

①宜在路堤沉降稳定后施工,砌筑前应整平坡面,按设计完成垫层施工。受冻胀影响的土质边坡,护坡底面的碎石或沙砾垫层厚度应不小于100mm。

②片石砌体应分层砌筑,2~3层组成的工作面宜找平。

③所有石块均应坐于新拌砂浆之上。

④每10~15m应设置一道伸缩缝,缝宽宜为20~30mm。基底地质有变化处,应设沉降缝。伸缩缝与沉降缝可合并设置。

图2-66 浆砌片石护坡

⑤砂浆初凝后,应立即进行养护。砂浆终凝前、砌体应覆盖。

⑥泄水孔的位置和反滤层的设置应满足设计要求。如设计无要求,应符合下列规定:

a. 泄水孔宜为50mm×100mm、100mm×100mm、150mm×200mm的矩形或直径为50~100mm的圆形。

b. 泄水孔间距宜为2~3m,干旱地区可适当加大,渗水量大时应适当加密。上下排泄水孔应交错布置,左右排泄水孔应避开伸缩缝与沉降缝,与相邻伸缩缝间距宜不小于500mm。

c. 泄水孔应向外倾斜,最下一排泄水孔出口应高出地面或边沟、排水沟及积水地区的常水位0.30m。

d. 最下面一排泄水孔进水口周围500mm×500mm范围内应设置具有反滤作用的粗粒料,反滤层底部应设置厚度不小于300mm的黏土隔水层。

⑦浆砌片石施工质量应符合表2-18的规定。

浆砌片石施工质量标准 表2-18

项次	检查项目	规定值或允许偏差		检查方法和频率
1	砂浆强度(MPa)	在合格标准内		按《公路工程质量检验评定标准 第一册 土建工程》(JTG F80/1—2017)附录F检查
2	顶面高程(mm)	料石、块石	±30	水准仪:长度不大于30m时测5点,每增加10m增加1点
		片石	±50	
3	表面平整度(mm)	料石、块石	≤25	2m直尺:每20m测5处
		片石	≤35	
4	坡度(%)	≤设计值		坡度尺:长度不大于30m时测5处,每增加10m增加1处
5	厚度或断面尺寸(mm)	≥设计值		尺量:长度不大于50m时测10个断面,每增加10m增加1个断面
6	墙面距路基中线(mm)	±50		尺量:每20m测5点
7	泄水孔间距(mm)	≤设计值		尺量:每20m测5点

(7)水泥混凝土预制块护坡。水泥混凝土预制块护坡适用于缺乏石料的地区或城市近

郊、互通式立体交叉等环境美化要求较高的路段。

水泥混凝土预制块护坡的施工要点如下：

①宜在路堤沉降稳定后施工，铺设前应整平坡面，按设计铺设碎石或沙砾垫层，垫层厚度应不小于100mm。

②预制块应错缝砌筑，砌筑坡面应平顺，并与相邻坡面顺接。受冰冻影响的地区，预制块混凝土强度宜不低于C25。

③护坡每10～15m应设置一道伸缩缝，缝宽宜为20～30m。在基底地质有变化处，应设沉降缝。伸缩缝与沉降缝可合并设置。

④泄水孔的位置应满足设计要求，并保证畅通。如设计无要求，应按表2-18设置。

（8）浆砌片石护面墙。浆砌片石护面墙是一种浆砌片石覆盖物，多用在易风化的泥岩、页岩等岩石及其他风化严重的软弱岩层和较破碎的岩石地段，以防止路堑岩壁继续风化，如图2-67所示。需要说明的是，浆砌片石护面墙仅能承受自重，不能承受侧压力，因此，要求被防护的边坡自身必须能够稳定。

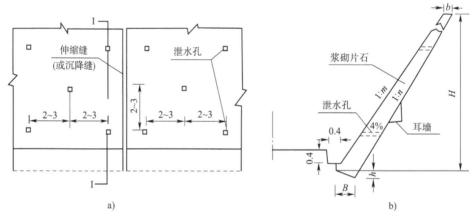

图2-67 浆砌片石护面墙（尺寸单位：m）

浆砌片石护面墙的施工要点如下：

①修筑护面墙前，应清除边坡风化层至新鲜岩面。对风化迅速的岩层，清挖到新鲜岩面后应立即修筑护面墙。

②基础施工前应核实地基承载能力和埋深。地基承载能力不足时，应采取加固措施。冰冻地区应埋置在冰冻深度以下至少250mm。

③护面墙背面应与路基坡面密贴，边坡局部凹陷处应挖成台阶后用与墙身相同的污工砌补，不得回填土石或干砌片石。坡顶护面墙与坡面之间应按设计要求做好防渗处理。

④应按设计要求做好伸缩缝。当护面墙基础修筑在不同岩层上时，应在变化处设置沉降缝。

⑤泄水孔的位置和反滤层的设置应满足设计要求。如设计无要求，应按浆砌片石护坡的要求设置。

⑥护面墙防滑坎应与墙身同步施工。

3）工程防护与植物相结合防护施工

工程防护与植物相结合防护施工是将工程防护与植物防护相结合的一种复合式边坡防护形式，常见的有骨架植物防护和空心预制块骨架植物防护。

（1）骨架植物防护。为了防止边坡受水冲蚀，在土质边坡上形成沟槽，同时出于美化环境的要求,高填土的路堤边坡应优先选择骨架排水与植草防护相结合的防护形式,即将骨架嵌入压实坡面一定深度,并与坡面排水设施综合布置,在骨架之间的框格内种植草皮。骨架可采用浆砌片石或混凝土预制块砌筑,以及水泥混凝土浇筑而成的方格形、菱形、拱形、人字形及多边形。图 2-68 所示为一拱形骨架植物防护。

水泥混凝土骨架植物防护的施工要点如下:
①骨架施工前应修整坡面,填补超挖形成或原生的坑洞和空腔。
②混凝土浇筑应从护脚开始,由下而上进行浇筑。浇筑过程中采用插入式振捣器振捣。
③骨架宜完全嵌入坡面内,保证骨架紧贴坡面,防止产生变形或破坏。
④混凝土浇筑完成后应及时养护。养护时间宜不少于 14d。
⑤植物应选取适应性好、根系发达、耐干旱贫瘠、耐破坏、再生能力强的植物。应以乡土植物为主、外来植物为辅,不同植物应具互补性且与周围环境、自然植被相适合。骨架内植草,草皮下宜铺设 50~100mm 厚的种植土,草皮应与坡面和骨架密贴。铺设草皮后,应及时进行养护。

(2)空心预制块骨架植物防护。空心预制块骨架植物防护是先在土质路堤边坡上安装砌筑空心预制块,以此作为边坡护坡的骨架,再在预制块的空心处植草固土,构成复合边坡防护。如图 2-69 所示。

图 2-68 拱形骨架植物防护

图 2-69 空心预制块骨架植物防护

水泥混凝土空心预制块骨架的施工要点如下:
①预制块经验收合格后方可使用。
②铺设前应将坡面整平、压实,铺设宜在路堤沉降稳定后进行。
③应与坡面紧贴,不得有空隙,并与相邻坡面平顺。
④铺设后应及时施作植物防护。
⑤混凝土空心预制块骨架对植物要求同骨架植物防护施工要求。

2. 沿河路基冲刷防护

沿河路基由于经常或周期性地受到水流的冲刷作用,为了保证路基稳固与安全,必须采取有效的冲刷防护措施。冲刷防护措施一般分为两类:一类是直接防护,主要包括植物防护、砌石或混凝土防护、抛石防护、石笼防护、浸水挡土墙等;另一类是改变水流性质的间接防护,主要包括丁坝、顺坝等导治构造物及改移道等工程。各种防护措施均应结合具体工程,根据河流情况、水流性质及岸坡受冲刷现状,选用适当的工程防护措施,可以单独使用其中的某一种工程防护措施,或同时使用两种或两种以上的防护形式进行综合治理。

1)沿河路基直接防护工程施工

(1)沿河路基植物防护。沿河路基植物防护是指在公路沿线的河岸及其岸坡上采用种草、铺草皮、植树等形式进行的防护,这种防护适用于流速不大、冲刷较轻的土质河岸地段。

植物防护的施工要点如下:

①经常浸水或长期浸水的路堤边坡,不宜采用植物防护。

②沿河路堤边坡铺草皮防护,应按设计采用平铺、叠铺草皮等铺砌方法。基础部分铺置层的表面应与地面齐平。

③植树防护宜采用带状或条形布设。防护河岸路基或防御风浪侵蚀,宜采用横行带状;防护桥头引道路堤,宜采用纵行带状。

④应选用喜水性树种,林带应由多行树木组成,乔灌木应密植。

⑤种植后,应采取有效措施加以保护。

(2)沿河砌石或混凝土防护。沿河砌石或混凝土防护包括干砌片石、浆砌片(卵)石及混凝土板等形式。其中,干砌片石适用于易受水流侵蚀的土质边坡、严重剥落的软质岩石边坡、周期性浸水及受冲刷轻(流速为 2~4m/s)的河岸路基及边坡;浆砌片(卵)石适用于经常浸水受水流冲刷(流速为 3~6m/s)或受较强烈的波浪作用,以及可能有流水、漂浮物等冲击作用的河岸路基;混凝土板防护常用于路堤及河岸的边坡,以抵抗渗透水及波浪的破坏,其允许流速可在 4~8m/s 以上。

沿河砌石或混凝土防护的施工要点如下:

①石料应选用未风化的坚硬岩石。

②开挖基坑时,应认真核对地质情况,当地基条件与设计要求不符时,要认真处理。基础完成后应及时采用符合设计要求的材料进行回填。

③砌石与边坡土之间应设置 1~2 层的砂、砾垫层,垫层厚度一般为 10~15cm。

④坡面密实、平整、稳定后方可进行铺砌。砌块应交错嵌紧,严禁浮塞。砂浆应饱满、密实,不得有悬浆。

⑤每 10~15m 设置一条伸缩缝,基底土质变化处应加设沉降缝,按要求设置泄水孔。

⑥采用干砌、浆砌片石时,不得大面积平铺。干砌护坡砌块应交错嵌紧,严禁浮塞。

⑦采用干砌、浆砌河卵石时,应以长方向垂直坡面,横向裁砌牢固。

⑧就地浇筑混凝土板时,混凝土表面应平整、光滑。可采取措施提高早期强度。

(3)抛石防护。抛石防护应用广泛,在经常浸水的深水地段的路基边坡防护及洪水季节防护抢险中的使用更加普遍。在缺少大块石料地区,也可以把混凝土预制块作为抛投材料,如图 2-70 所示。

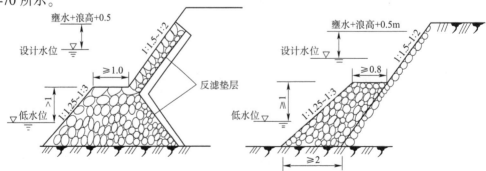

图 2-70 抛石防护(尺寸单位:m)

抛石防护的施工要点如下：

①抛石石料应选用质地坚硬、耐冻且不易风化崩解的石块。石料粒径应大于300mm,宜用大小不同的石块掺杂抛投。

②抛石体边坡坡率和石料粒径应根据水深、流速和波浪情况确定,坡度应不大于抛石石料浸水后的天然休止角。抛石体边坡坡率和抛石粒径应符合表2-19、表2-20的规定。

抛石体边坡坡率与水文条件关系　　　　　　　　　　　　　　　　表2-19

水 文 条 件	采 用 边 坡
水深不大于2m,流速小	1:1.2～1:2.5
水深2～6m,流速大,波浪汹涌	1:2～1:3
水深大于6m,在急流中施工	缓于1:2

抛石粒径与水深、流速关系　　　　　　　　　　　　　　　　　　表2-20

抛石粒径(mm)	水深(m)				
	0.4	1.0	2.0	3.0	5.0
	容许流速(m/s)				
150	2.70	3.00	3.40	3.70	4.00
200	3.15	3.45	3.90	4.20	4.50
300	3.50	3.95	4.25	4.45	5.00
400	—	4.30	4.45	4.80	5.05
500	—	—	4.85	5.00	5.40

③抛石厚度宜为粒径的3～4倍;用大粒径时,不得小于2倍。

④除特殊情况外,宜在枯水季节施工。

(4)石笼防护。石笼是河床加固和路堤防止冲刷效果较好的柔性体防护,石笼的外形多为箱形和圆柱形,石笼网一般用镀锌铁丝和普通铁丝编制,在网内填充石料,如图2-71所示。铁丝石笼能经受高流速的水流冲刷,一般可抵抗4～5m/s的流速,当其体积较大时,可抵抗5～6m/s的流速、允许波浪高为1.50～1.80m的水流。当水流中含有大量泥沙时,石笼中的空隙很快淤满,形成一个整体防护层,因此,石笼防护适用于水流中含有丰富泥沙的河流冲刷防护;但是使用中应注意铁丝网易锈蚀,而且当水流中带有较多的滚石时,铁丝容易被冲破。

图2-71　石笼示意图

石笼防护的施工要点如下:

①应根据设计要求或不同情况和用途,合理选用石笼的形状。

②石笼网箱的制作应符合下列规定:

a.石笼可采用重镀锌钢丝、镀锌铁丝、普通铁丝编织。永久工程应采用重镀锌钢丝。使用年限为8～12年时,可采用镀锌铁丝;使用年限3～5年时,可采用普通铁丝石笼。

b.组装网箱时,绑扎用的组合丝、螺旋固定丝应与网丝同材质。

c.网箱的间隔网片与网身应呈90°,方可进入绑扎工序,组装绑扎成网箱。

d. 组装网箱时,组合丝绑扎应为双股线并绞紧。螺旋组合丝绑扎应绞绕收紧。

e. 组装完成的网箱位置应依次安放到位。

③石笼填充物应采用质地坚硬、不易崩解和水解的片石或块石,石料粒径宜为100～300mm,粒径小于100mm的石料应不超过15%,且不得用于网格的外露面,孔隙率不得超过30%。应采用人工或机械填料,填料应均匀分批投料,保证填料均匀充满箱体。同一层网箱未能一次性工完毕的,应在箱体接头处进行处理,相邻网箱石料高差不得超过350mm,保证网箱不发生侧向变形。外露面填充料整平,填充料间应相互搭接。石料填充高度达到要求后应将网箱封盖。

④网箱安装应在每层网箱高度符合要求后,施工上层网箱。层与层间的网箱应纵横交错或丁字形叠砌,上下连接,不得出现通缝。

⑤石笼笼体施工质量应符合表2-21的规定。

石笼网箱挡土墙笼体施工质量标准 表2-21

项 次	检 查 项	规定值或允许偏差	检查方法和频率
1	笼体长(mm)	±30	尺量:每50m量4个断面
2	笼体宽(mm)	±30	尺量:每50m量4个断面
3	笼体高(mm)	+30	尺量:每50m量4个断面
4	孔眼(mm)	20	尺量:每50m量4个断面

⑥石笼防护施工质量应符合表2-22的规定。

石笼防护施工质量标准 表2-22

项 次	检 查 项	规定值或允许偏差	检查方法和频率
1	平面位置偏位(mm)	≤300	全站仪:按设计控制坐标检查
2	长度(mm)	≥设计长度-300	尺量:每个(段)量5处
3	宽度(mm)	≥设计宽度-200	尺量:每个(段)量5处
4	高度(mm)	≥设计值	水准仪或尺量:每个(段)量5处
5	底面高程(mm)	≤设计值	水准仪:每个(段)测5点

(5)浸水挡土墙。长期或季节性浸于水中的挡土墙,除了经受正常的土压力作用外,还受到水的浮力、墙身与墙背的静水压力差、动水压力,以及浸泡之后墙背填料的工程性质可能发生变化等的影响。

浸水挡土墙的施工要点如下:

①浸水挡土墙用石料应选用坚硬、未风化且浸水不崩解的石块。

②施工过程中应处理好浸水挡土墙与岸坡的衔接部位。

③砌筑时应保证砂浆饱满、勾缝密实,避免水流冲刷墙身。

2)沿河路基间接防护工程施工

(1)丁坝与顺坝防护工程施工。丁坝和顺坝均为导流构造物,是以改变水流方向为主的水工建筑物。丁坝又称挑水坝,其作用是迫使水流改变方向,离开被防护的河岸。由于丁坝压缩水流断面,扰乱原来的水流性质,坝头附近出现强烈的局部冲刷,故不仅坝头的基础必须埋深,而且还需要做平面防护。顺坝根部是受水流冲击作用较重的部位,应特别重视坝根部分与相连地层或其他防护设施的嵌接,确保施工质量。

丁坝与顺坝的施工要点如下:

①丁坝与顺坝施工应合理安排工期。

②坝头应按设计进行平面防护。

③应处理好坝根与相连接的地层或其他防护设施的衔接。

④完工后应检查丁坝间的河岸或路基边坡处的水流流速。若所能承受的容许流速小于水流靠岸回流流速,应及时反馈处理。

⑤顺坝与上下游河岸的衔接处应水流顺畅。

⑥坝根嵌入稳定河岸内的距离应满足设计要求,坝根附近河岸应按设计防护加固至上游不受水流冲击处。

⑦施工质量应符合表 2-23 的规定。

丁坝、顺坝施工质量标准　　　　　　　表 2-23

项　次	检 查 项 目	规定值或允许偏差		检查方法和频率
1	砂浆强度(MPa)	在合格标准内		按《公路工程质量检验评定标准 第一册　土建工程》(JTG F80/1—2017)附录 F 检查
2	平面位置偏位(mm)	30		全站仪;按设计控制坐标测
3	长度(mm)	≥设计长度 - 100		尺量:每个测
4	断面尺寸(mm)	≥设计值		尺量:测 5 个断面
5	坡度(%)	≤设计值		坡度尺:测 5 处
6	高程(mm)	基底	≤设计值	水准仪:测 5 点
		顶面	±30	

(2)改移河道工程施工。在沿河的公路工程中,出于保护路基而将直接冲刷路基的水流引向别处或由于路基占用了河槽的有效宽度,需要拓宽河道或将河道裁弯取直,以利于路线或桥涵的布置等原因,而会改移河道中心线的位置。改移河道是一个系统工程,影响因素众多。

改移河道时应注意以下事项:

①宜在枯水期施工。一个旱季不能完成时,应采取防洪措施。

②河道开挖应先挖好中段,然后再开挖两端。应确认新河床工程符合要求后再挖通其上游河段。

③利用开挖新河道的土石填平旧河道时,在新河道通流前,旧河道应保持适当的流水断面。

④通流时,改河上游进口河段的河床纵坡宜稍大于设计坡度。

⑤河床加固设施及导流构造物的施工应合理安排,及时配套完成。

2.7.2　路基支挡工程施工

支挡工程起到较深层次的边坡稳定与加固作用,其主要形式有挡土墙、抗滑桩、抗滑片石垛等。用抗滑支挡结构来稳定边坡时,都是将支挡构造物的基础置于滑动面以下满足要求的深度处,获得足够的抗拔锚固力,起到平衡下滑力的作用。在此以挡土墙和抗滑桩为代表,介绍路基支挡结构的施工要点。

1. 挡土墙

挡土墙是为防止路基填土或山坡坍塌而修筑的承受土体侧压力的墙式构造物。在公路工程中,挡土墙作为主要的路基抗滑支挡构造物而广泛应用于支撑路堤填土或路堑边坡,以及桥台、隧道洞口和河流堤岸等处。挡土墙的分类方式有很多,其中按结构形式的不同可分为重力式、悬臂式、扶壁式、锚杆式、锚定板式、加筋土式挡土墙。不同形式的挡土墙不仅组成有所差异,而且具有不同的特点和施工要求。

1) 重力式挡土墙

重力式挡土墙主要依靠墙身的自重支挡土压力,维持土(岩)体的稳定。重力式挡土墙多用片(块)石砌筑,在缺乏石料的地区也可用混凝土修建。重力式挡土墙是公路工程中常用的一种挡土墙形式,基本组成包括墙身、基础、排水设施和伸缩缝等。这种挡土墙的圬工量较大,但其断面形式简单、施工难度小、可以就地取材,而且适应性较强。

重力式挡土墙根据其所处位置的不同,可以构成路肩挡土墙、路堤挡土墙、路堑挡土墙、山坡挡土墙,也可以作为河流、水库、池塘岸边的浸水挡土墙。根据需要,重力式挡土墙的墙身断面可以做成仰斜、垂直、俯斜、凸形折线和衡重式等形式,如图 2-72 所示。

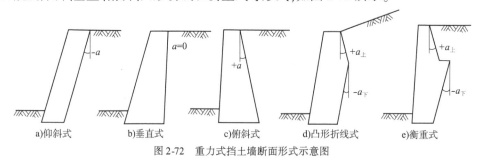

图 2-72 重力式挡土墙断面形式示意图

重力式挡土墙的施工要点如下:

(1)基坑开挖时挖宜分段跳槽进行,分段位置宜结合伸缩缝、沉降缝等设置而定。当挡土墙的基底设计成倾斜面时,应严格控制基底高程,不得超挖填补。土质或易风化软质岩石雨季开挖基坑时,应在基坑挖好后及时封闭坑底。

(2)开挖完成后应及时检验基坑,合格后应及时实施下道工序。

(3)在挡土墙基础施工前应检查基础底面情况,清除基底表面风化、松软的土石和杂物。硬质岩石上的浆砌片石基础宜满坑砌筑。浆砌片石底面应卧浆铺砌,立缝要填浆补实,不得有空隙和立缝贯通现象。台阶式基础宜与墙体连续砌筑,基底及墙趾台阶转折处不得砌成垂直通缝,砌体与台阶壁间的缝隙砂浆应饱满。在基础砂浆强度达到设计强度的75%后及时分层回填夯填基坑。回填完成后应在表面留3%的向外斜坡。

(4)墙身施工应符合下列规定:

①砌石墙身应分层错缝砌筑,咬缝应不小于砌块长度的1/4,且不得出现贯通竖缝。

②片石、砌块应大面朝下砌筑,砌块不应直接接触,间距宜不小于20mm。

③混凝土墙身应水平分层浇筑,分层振捣。分层厚度应不超过300mm。

④混凝土浇筑应连续进行。如间断,间断时间应小于前层混凝土的初凝时间,否则按施工缝处理。

⑤浇筑过程中应有专人检查模板及支撑工作情况,发现问题及时处理。

⑥挡土墙端部伸入路堤或嵌入挖方部分应与墙体同时砌筑。挡土墙顶应找平抹面或勾缝处理,其与边坡间的空隙应采用黏土或其他材料夯填封闭。

⑦墙身施工完毕后应及时养护。

(5)伸缩缝与沉降缝内两侧壁应竖直、平齐,无搭叠。缝中防水材料应按设计要求施工。

(6)挡土墙与桥台、隧道洞门连接处应协调施工,必要时可设置临时支撑,确保与墙相接的填方或山体的稳定。

(7)挡土墙混凝土或砂浆强度达到设计强度的75%时,应及时进行墙背回填。距墙背0.5~1.0m内,不得使用重型振动压路机碾压。

(8)墙背填料宜采用砂性土、卵石上、砾石土或块石土等透水性好、抗剪强度高的材料。当采用黏质土作为填料时,应在墙背设置厚度不小于300mm的沙砾或其他透水性材料排水层。排水层顶部应采用黏质土层封闭,土层厚度不宜小于500mm。

2)悬臂式和扶壁式挡土墙

悬臂式和扶壁式挡土墙都属于薄壁式挡土墙,其特点是结构的稳定性不是依靠墙体自身质量,而是主要借助于踵板上的填土质量来保证的。这种挡土墙的断面尺寸小、自重轻,可适用于地基承载力较低的地段或石料比较缺乏的地区。悬臂式和扶壁式挡土墙的缺点是需要耗用较多的水泥和钢材,施工工艺也较为复杂。

(1)悬臂式和扶壁式挡土墙的结构组成。悬臂式挡土墙由立壁、墙趾板和墙踵板三部分组成,如图2-73所示。当挡土墙较高时,可沿墙身每隔一定距离加设扶壁(肋板),连接墙面和踵板,构成扶壁式挡土墙。扶壁式挡土墙由墙面板、墙趾板、墙踵板和扶壁(肋板)组成,如图2-74所示。

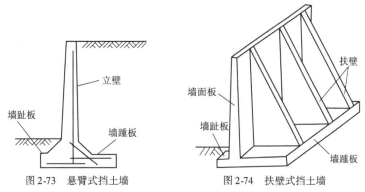

图2-73 悬臂式挡土墙　　图2-74 扶壁式挡土墙

(2)悬臂式和扶壁式挡土墙的施工要点如下:

①基坑开挖应从上至下分层分段依次进行。开挖过程中应做好临时排水设施,并随时排水,保证工作面干燥及基底不被水浸。基坑开挖后应及时施工挡土墙,不得长期放置。

②凸榫部分应与基坑同时开挖,并与墙底板一起浇筑。

③采用装配法施工时,基础部分应整体一次性浇筑,并设置好预埋钢筋。在基础混凝土达到设计强度的75%前,不得安设预制墙板。

④混凝土浇筑后应及时进行养护,养护时间不宜少于7d。

⑤墙背回填应在墙体混凝土达到设计强度的75%后进行。回填应分层填筑并压实。扶壁式挡土墙回填时应按先墙趾、后墙踵的顺序进行。

⑥悬臂式和扶壁式挡土墙现浇施工质量,装配法施工质量应分别符合表2-24、表2-25的规定。

现浇悬臂式和扶壁式挡土墙施工质量标准 表 2-24

项 次	检 查 项 目	规定值或允许偏差	检查方法和频率
1	混凝土强度(MPa)	在合格标准内	按《公路工程质量检验评定标准 第一册 土建工程》(JTG F80/1—2017)附录 D 检查
2	砂浆强度(MPa)	在合格标准内	按《公路工程质量检验评定标准 第一册 土建工程》(JTG F80/1—2017)附录 F 检查
3	平面位置(mm)	≤30	全站仪:长度不大于 30m 时测 5 点,每增加 10m 增加 1 点
4	垂直度或坡度(%)	≤0.3	铅锤法:长度不大于 30m 时测 5 处,每增加 10m 增加 1 处
5	断面尺寸(mm)	≥设计值	尺量:长度不大于 50m 时测 10 个断面及 10 个扶壁,每增加 10m 增加 1 个断面及 1 个扶壁
6	顶面高程(mm)	±20	水准仪:长度不大于 30m 时测 5 点,每增加 10m 增加 1 点
7	底面高程(mm)	±30	全站仪:测墙顶外边线,长度不大于 30m 时测 5 点,每增加 10m 增加 1 点
8	表面平整度(mm)	≤8	铅锤法:每 20m 测 3 处,每处测竖直和墙长两个方向
9	泄水孔间距(mm)	≥设计值	尺量:每 20m 测 4 点

悬臂式和扶壁式挡土墙装配法施工质量标准 表 2-25

项 次	检 查 项 目	规定值或允许偏差	检查方法和频率
1	混凝土强度(MPa)	在合格标准内	按《公路工程质量检验评定标准 第一册 土建工程》(JTG F80/1—2017)附录 D 检查
2	垂直度或坡度(%)	≤0.3	铅锤法:长度不大于 30m 时测 5 处,每增加 10m 增加 1 处
3	顶面高程(mm)	±20	水准仪:长度不大于 30m 时测 5 点,每增加 10m 增加 1 点
4	相邻面板高差(mm)	8	尺量:长度不大于 30m 时测 5 点,每增加 10m 增加 1 点
5	断面尺寸(mm)	≥设计值	尺量:长度不大于 50m 时测 10 个断面及 10 个扶壁,每增加 10m 增加 1 个断面及 1 个扶壁

3)锚杆式挡土墙

锚杆式挡土墙是一种轻型挡土墙,主要由预制的钢筋混凝土立柱、挡土板构成墙面,与水平或倾斜的钢锚杆联合组成。锚杆的一端与立柱连接,另一端被锚固在山坡深处的稳定岩层或土层中。来自墙后的压力由挡土板传给立柱,由锚杆与岩体之间的锚固力(即锚杆的抗拔力)使挡土墙获得稳定性,如图 2-75 所示。这种挡土墙适用于岩石路堑地段或墙高较大、具有适当的锚固条件、石料缺乏或挖基困难的地区。

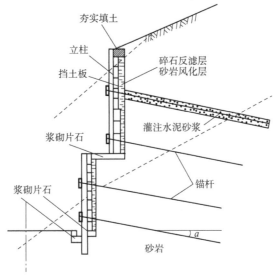

图 2-75 锚杆式挡土墙

锚杆式挡土墙的施工要点如下:

(1)施工时应针对地层和岩石的特点,采用与其相适配、能斜孔钻进的钻机,并根据岩质选择钻头。

(2)锚孔直径应满足设计要求,钻孔时宜保持孔壁粗糙。

(3)挡土板和锚杆的施工应逐层由下向上同步进行,挡土板之间的安装缝应均匀,缝宽宜小于10mm。同一肋柱上两相邻跨的挡土板搭接处净间距宜不小于30mm,并应按施工缝处理。

(4)挡土板安装时应防止与肋柱相撞,避免损坏角隅或开裂。

(5)挡土板后的防排水设施及反滤层应与挡土板安装同步进行。

(6)锚杆挡土墙施工质量应符合表 2-26 的规定。

锚杆、锚定板、加筋土挡土墙总体施工质量标准　　　　表 2-26

项次	检查项目	规定值或允许偏差		检查方法和频率
1	墙顶和肋柱平面位置(mm)	路堤式	+50, -100	全站仪:长度不大于30m时测5点,每增加5m增加1点
		路肩式	±50	
2	墙顶和柱顶高程(mm)	路堤式	±50	水准仪:长度不大于30m时测5点,每增加5m增加1点
		路肩式	±30	
3	肋柱间距(mm)	±15		尺量:每柱间
4	墙面倾斜度(mm)	+0.5%H 且不大于 +50, -1%H 且不小于 -100		铅锤法或坡度板:长度不大于30m时测5点,每增加5m增加1点
5	面板缝宽(mm)	≤10		尺量:每20m至少测5条
6	墙面平整度(mm)	≤15		2m直尺:每20m测3处,每处测竖直和墙长两个方向

续上表

项次	检查项目	规定值或允许偏差	检查方法和频率
7	距面板1m范围内墙背填土的压实度(%)	≥90	每50mn每压实层测1处,且不得少于1处
8	反滤层厚度(mm)	≥设计厚度	尺量:长度不大于50m时测5处,每增加10m增加1处

注:1. 平面位置和倾斜度"+"指向外,"-"指向内。

2. H 为墙高。

4) 锚定板式挡土墙

锚定板式挡土墙由钢筋混凝土肋柱、墙面板、钢拉杆、锚定板等组成,如图 2-76 所示。锚定板式挡土墙借助于埋在填土内锚定板的抗拔力抵抗土的侧压力,维持着墙体稳定性。其主要特点是构件断面尺寸小、工程量省,不受地基承载力的限制;构件可预制,有利于实现结构轻型化和施工机械化。锚定板挡土墙适用于在缺乏石料的地区修建墙高不大于 10m 的路肩墙、路堤墙及桥台端墙。图 2-77 所示为一锚定板式挡土墙实景图。

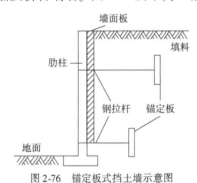

图 2-76 锚定板式挡土墙示意图

图 2-77 锚定板式挡土墙实景图

锚定板式挡土墙的施工要点如下:

(1)螺丝杆、锚头等应进行防锈处理和防水封闭。

(2)锚定板应采用钢筋混凝土板。肋柱式锚定板面积应不小于 $0.5m^2$,无肋柱式锚定板面积应不小于 $0.2m^2$。

(3)肋柱安装应符合设计的位置和倾角。安装锚定板时板面应竖直,且在同一高程。

(4)锚定板应采用反开槽法施工,先填土,后挖槽就位。挖槽时,锚定板宜比设计位置高 30~50mm。

(5)施工槽口与上层填土应同步碾压,不得直接碾压拉杆和锚定板。

(6)分级平台应按设计要求进行封闭,并设 2% 的外倾排水坡。

(7)锚定板挡土墙施工质量应符合表 2-26 的规定。

5) 加筋土式挡土墙

加筋土式挡土墙由墙面板、拉筋、填料(填土)、基础等组成,如图 2-78 所示。在垂直于墙面的方向上,按一定间隔和高度水平放置拉筋材料,然后填土压实,通过填土与拉筋之间的摩擦作用,把土的侧压力传给拉筋,从而使得填土与拉筋结合为一个稳定的整体。加筋土挡土墙具有造价低、施工简便、工期短等特点,适用于一般地区的公路工程填方地段。

(1)加筋土式挡土墙施工工艺:基底处理→基础浇筑→预制墙板→安装墙板→调整墙板→铺设钢筋→填土碾压。

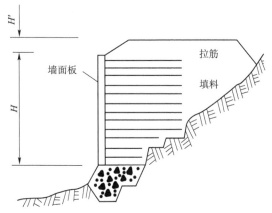

图 2-78 加筋土式挡土墙

(2)加筋土式挡土墙的施工要点如下：

①加筋土挡土墙施工前，应按设计要求进行基底处理。有地下水影响基底稳固时，应拦截或排除地下水到墙身之外。

②加筋土挡土墙的拉筋应按设计采用抗拉强度高、延伸率和蠕变小、抗老化、耐腐蚀和化学稳定性好的材料，表面应有足够的粗糙度。钢拉筋应按设计进行防腐处理。筋带施工质量应符合表 2-27 的规定。

筋带施工质量标准　　　　　　　　　　　　　　表 2-27

项次	检查项目	规定值或允许偏差	检查方法和频率
1	筋带长度(mm)	≥设计值	尺量：每20m测5根
2	筋带与面板连接	满足设计要求	目测：每20m测5处
3	筋带与筋带连接	满足设计要求	目测：每20m测5处
4	筋带铺设	满足设计要求	目测：每20m测5处

③加筋挡土墙墙身施工应符合下列规定：

a.墙背拉筋锚固段填料宜采用具有一定级配、透水性好的砂类土或碎砾石土，土中的粗颗粒不应含有在压实过程中可能破坏拉筋的带尖锐棱角的颗粒。

b.拉筋应按设计位置水平铺设在已经整平、压实的土层上，单根拉筋应垂直于面板，多根拉筋应按设计扇形铺设。聚丙烯土工带拉筋安装应平顺，不得打折、扭曲，不得与硬质、棱角填料直接接触，其他要求应符合现行《公路土工合成材料应用技术规范》(JTG/T D32)的相关规定。

c.墙面板安设应根据高度和填料情况设置适当的仰斜，斜度宜为 1:0.02~1:0.05。安设好的面板不得外倾。

d.拉筋与面板之间的连接应牢固，连接部位强度应不低于拉筋强度。拉筋贯通整个路基时，宜采用单根拉筋拉住两侧面板。

e.填料摊铺、碾压应从拉筋中部开始平行于墙面进行，不得平行于拉筋方向碾压。应先向拉筋尾部逐步摊铺、压实，然后再向墙面方向进行。

f.路基施工分层厚度及每层碾压遍数，应根据拉筋间距、碾压机具和密实度要求，通过试验确定，不得使用羊足碾碾压。靠近墙面板 1m 范围内，应使用小型机具夯实或人工夯实，不得使用重型压实机械压实。严禁车辆在未经压实的填料上行驶。

g. 施工过程中应加强对墙身变形的观测,发现异常变化应及时处理。

④加筋土挡土墙施工质量应符合表 2-26 的规定。

2. 抗滑桩

抗滑桩是一种用于处理滑坡或防止边坡下滑的钢筋混凝土结构。抗滑桩的抗滑能力强,是一种较为理想的抗滑设施。抗滑桩的缺点是造价高、投资大。图 2-79 为抗滑桩的示意图。

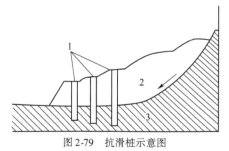

图 2-79 抗滑桩示意图
1-抗滑桩;2-滑动土体;3-稳定土体

抗滑桩的施工要点如下:

(1)进行抗滑桩施工前,应详细了解工程地质资料,并做好下列工作:

①施工前,应采取卸载、反压、排水等措施使滑坡体保持基本稳定,严禁在滑坡急剧变形阶段进行抗滑桩施工。

②施工期间,应根据实际地质情况考虑开挖时的预加固措施。

③应整平孔口地面,并设置地表截、排水及防渗设施。

④应设置滑坡变形、移动监测点,并进行连续观测。

⑤雨季施工时,应在孔口搭设雨棚,做好锁口,孔口地面上应加筑适当高度的围梗。

(2)开挖及支护应符合下列规定:

①相邻桩不得同时开挖。开挖桩群应从两端沿滑坡主轴间隔开挖,桩身强度达到设计强度的 75% 后方可开挖邻桩。

②开挖应分节进行。分节不宜过长,每节宜为 0.5～1.0m。不得在土石层变化处和滑动面处分节。

③应开挖一节、支护一节。灌注前应清除孔壁上的松动石块、浮土。围岩松软、破碎、有水时,护壁宜设泄水孔。

④开挖应在上一节护壁混凝土终凝后进行,护壁混凝土模板支撑应在混凝土强度达到能保持护壁结构不变形后方可拆除。

⑤在围岩松软、破碎和有滑动面的节段,应在护壁内顺滑动方向设置临时横撑加强支护,并观察其受力情况,及时进行加固。

⑥开挖时应采取照明、排水等措施,保证施工安全。

⑦挖除的渣土弃渣不得堆放在滑坡范围内。

(3)桩基开挖过程中,应随时核对滑动面的情况,及时进行岩性资料编录。当实际情况与设计不符时,应及时反馈处理。

(4)桩身混凝土灌注前,应检查断面净空,清洗混凝土护壁。钢筋笼搭接接头不得设在土石分界和滑动面处。钢筋保护层厚度应满足设计要求。灌注应连续进行,不得中断。

(5)桩间支挡结构及与桩相邻的挡土、排水设施等应与抗滑桩正确连接,配套完成。

(6)桩板式抗滑挡土墙施工应符合下列规定：

①挡土板应在桩身混凝土达到设计强度后安装。挡土板安装时，应边安装边回填，并做好挡土板后排水设施。

②桩间采用土钉墙或喷锚支护时，桩间土体应分层开挖、分层加固。

③应严格控制墙背填土的压实度，压实时应保护好锚索。

(7)施工过程中应对地下水位、滑坡体位移和变形进行监测。

(8)抗滑桩施工质量应符合表2-28的规定。

抗滑桩施工质量标准　　　　　　　表2-28

项次	检查项目		规定值或允许偏差	检查方法和频率
1	混凝土强度(MPa)		在合格标准内	按《公路工程质量检验评定标准 第一册　土建工程》(JTG F80/1—2017)附录D检查
2	桩长(m)		≥设计值	测绳；每桩检测
3	孔径或断面尺寸(mm)		≥设计值	探孔器或尺量；每桩检测
4	桩位(mm)		+100	全站仪；每桩检测
5	竖直度(mm)	钻孔桩	1%桩长，且≤500	测壁仪或铅锤法；每桩检测
		挖孔桩	0.5%桩长，且≤200	铅锤法；每桩检测
6	钢筋骨架底面高程(mm)		±50	水准仪；每桩测骨架顶面高程后反算

(9)应加强坡体排水，定期疏导排水管，防止地下水赋存于坡体内部。

(10)锚固桩上部设有多排锚索时，应在上一排锚索施工完成后再开挖下一层的桩前土体。

(11)抗滑桩设置声测管应采用焊接或绑扎固定在钢筋笼内侧上，管之间保持平行。声测管应随钢筋笼分段安装，接头牢固，套接管的两端用胶布缠绕密封。钢筋笼放入桩孔时，应保证管体竖直，管壁平顺无变形，管内畅通无异物。

本章习题

一、问答题

1. 在场地清理时，对路基用地范围内既有的树木、灌木丛应如何进行处理？
2. 简要说明路基填筑对土的使用要求。
3. 土质路基的压实度标准是怎样规定的？
4. 土质路基压实的影响因素有哪些？
5. 填石路堤和土石路堤分别是怎样定义的？它们压实成形后的外观质量标准是怎样要求的？
6. 台背与墙背填筑施工应符合的要求有哪些？
7. 岩石路基开挖常用的爆破方法有哪些？
8. 软土地基的加固方法主要有哪些？
9. 简述加固土桩法的施工工艺。
10. 泥石流地区路基施工要点主要有哪些？

11. 截水沟的作用是什么？试分别绘制一处路堤与路堑的截水沟。
12. 锚杆挡土墙的施工要点有哪些？

二、计算题

1. 某条公路有 10km 为填方路段，平均填土高度为 4m，路床顶面宽度为 26m，边坡为 1∶1.5，取土场土质为普通黏性土，土场的取土深度为 3.5m，取土场边坡为直立形式。经试验段试验得知，每 $1.3m^3$ 原状土可得 $1m^3$ 压实土。采用 5 台反铲挖掘机挖土，挖掘机斗容量为 $1.1m^3$，每小时挖土次数为 120 次，铲斗充满系数为 0.85，土的松散系数为 1.2，每天工作按 8h 计，时间利用系数为 0.85，自卸车及压实整形等配套设备均能满足施工要求。请完成以下工作：

(1) 完成这个项目至少需要征用多少面积的土地？

(2) 完成这个任务需要多长时间？

2. 某工地需要开挖一个长 520m，宽 60m，深 4m 的基坑，土质为普通土。计划工期 100d，每天按 8h 工作，挖掘机斗容量为 $1.2m^3$，每小时挖土次数为 136 次，铲斗充满系数为 0.8，土的松散系数为 1.3，时间利用系数为 0.80。请问完成这项任务需要配备几台挖掘机？

第 3 章 路面工程施工

3.1 路面施工主要机械设备简介

近年来,随着公路事业的蓬勃发展和建设标准的不断提高,大批性能优良的机械设备不断地被投入路面工程施工中,这对保证工程质量和加快工程进度,有着十分重要的意义。目前,用于公路路面施工的主要有拌和、摊铺和碾压机械。

3.1.1 拌和机械设备

在路面无机结合料稳定材料、沥青混合料、水泥混凝土等的施工中,都使用到各种形式的拌和机械设备。

1. 路面基层(底基层、垫层)混合料的拌和设备

一般公路的基层混合料拌和施工,常采用小型机具与人工配合。但是,随着工程质量要求的进一步提高,基层施工已越来越多地使用路拌机械设备和厂拌机械设备。

1) 路拌机械设备

路拌机械设备主要是指稳定土拌和机,它是把土、无机结合料(石灰、粉煤灰、水泥等)、砂、集料(碎砾石、炉渣)等材料按施工配合比,在路上直接进行拌和。

稳定土拌和机可分为履带式和轮胎式两种。履带式稳定土拌和机的特点是附着性与整机稳定性好,但机动性差、不便于运输,且对现有路面有一定的破坏作用。因此,目前在施工中较多地使用的是轮胎式稳定土拌和机,如图 3-1 所示。

稳定土拌和机按工作装置在机上位置的不同,可分为前置式、中置式和后置式三种。目前工程中,由于后置式稳定土拌和机具有不产生轮迹、转子及拌和刀更换方便、易于维修与保养、转弯半径小等的特点而被广泛地使用。前置式拌和机容易产生轮迹,中置式拌和机也不便于更换与维修、保养等,两者目前均较少使用。

图 3-1 轮胎式稳定土拌和机(路拌)

稳定土拌和机按转子的旋转方向不同,可分为正转式和反转式两种。正转式稳定土拌和机的转子由上向下切削(顺切),拌和阻力较小,在相同功率下,可实现更大的宽度和深度的拌和,适于拌和松散的稳定材料。反转式稳定土拌和机的切削方向正好相反,混合料大都在转子的前方进行拌和,这样可使混合料反复拌和破碎,拌和效果较好,由于拌和阻力大,所需要的拌和机功率也较大。

2)厂拌机械设备

厂拌机械设备是将水泥(或石灰和粉煤灰)、碎(砾)石、炉渣和水等材料按施工配合比在固定地点拌和均匀的专用设备,其组成如图3-2所示。

图3-2 无机结合料稳定类混合料拌和站(厂拌)

厂拌时,将所用的集料通过装载机等输送到料仓中,再通过料门将料由电机带动的小传输带输送到大皮带传输带上,运送到拌和缸内,同时水泥通过标定后的减量秤输送至拌和缸进口处,与大皮带上的集料一同进入拌和缸,水箱内的水通过涡轮流量计等计量装置输送至拌和缸内。拌和缸中的螺旋搅拌器将各种料搅拌均匀后,再经过第二个拌和缸进行二次搅拌,将拌好后的成品料通过传输带送至卸料口,经过卸料口落入运输车,利用由运输车将拌和后的混合料送至施工现场。

2. 沥青混合料拌和设备

沥青混合料拌和设备可将碎石、机制砂、矿粉和沥青按一定配合比拌和成均匀的混合料。

根据生产能力不同,沥青混合料拌和设备可分为小型(<50t/h)、中型(50~100t/h)、大型(150~350t/h)和超大型(>400t/h)。一般大型和超大型属于固定式,中型多为半固定式,小型一般采用移动式。目前一般采用超大型沥青混合料拌和站。

沥青混合料拌和设备根据工艺流程不同,可分为间歇强制式和连续滚筒式。其中,间歇强制式沥青混合料拌和机由于集料配合比较精确,而且燃料的消耗率较低,目前应用广泛。下面简单介绍间歇强制式和连续滚筒式沥青混合料的拌和设备。

1)间歇强制式拌和设备

间歇强制式拌和机的工艺流程如下:

(1)矿粉(填料)→储存输送→计量→搅拌→成品料储存。

(2)碎石、机制砂(集料)→配料→冷料输送→烘干加热→热料提升→筛分储存→计量→搅拌→成品料储存。

(3)沥青(胶结料)→(熔化脱水)→加热保温→计量→搅拌→成品料储存。

间歇强制式拌和设备的总体结构如图3-3所示。

2)连续滚筒式拌和设备

连续滚筒式拌和机的工艺流程如下:

(1)矿粉(填料)→储存输送→计量→加热搅拌→成品料提升→成品料储存。

(2)碎石、砂(集料)→配料→冷料输送→计量→加热搅拌→成品料提升→成品料储存。

(3)沥青(胶结料)→熔化脱水→计量→加热搅拌→成品料提升→成品料储存。

连续滚筒式拌和设备的总体结构如图3-4所示。

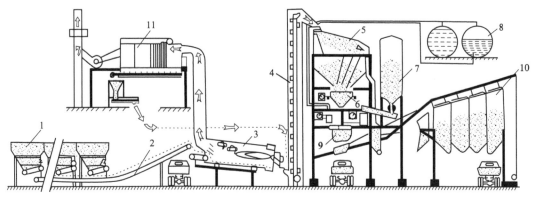

图 3-3 间歇强制式拌和设备的总体结构

1-冷集料储存及配料装置；2-冷集料带式输送机；3-冷集料烘干、加热筒；4-热集料提升机；5-热集料筛分及储存装置；6-热集料计量装置；7-石粉供给及计量装置；8-沥青供给系统；9-搅拌器；10-成品料储存仓；11-除尘装置

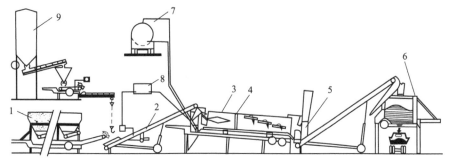

图 3-4 连续滚筒式拌和设备的总体结构

1-冷集料储存及配料装置；2-冷集料带式输送机；3-干燥滚筒；4-料帘；5-除尘装置；6-混合料成品储仓；7-沥青供给系统；8-自动控制中心；9-矿粉供给系统

3. 水泥混凝土拌和设备

水泥混凝土拌和设备可分为水泥混凝土搅拌机和水泥混凝土搅拌站(楼)两类。

目前，工程中使用的水泥混凝土搅拌机主要有自落式和强制式两种，分别如图 3-5、图 3-6 所示。水泥混凝土搅拌站(楼)一般由扇形集料堆场、集料称量系统、水和外加剂的供给计量系统、水泥及粉煤灰的供给系统及水泥储仓、电-液或电-气操纵系统、手控及自控系统等组成。

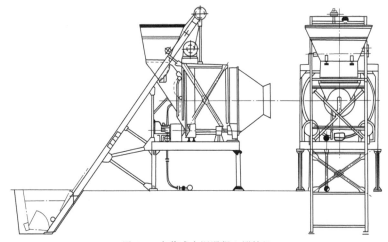

图 3-5 自落式水泥混凝土搅拌机

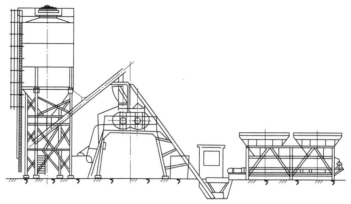

图 3-6　强制式水泥混凝土搅拌机

3.1.2　摊铺机械与设备

1. 沥青混合料摊铺机

沥青混合料摊铺机是摊铺沥青混合料路面的专用机械，它是将已搅拌好的沥青混合料按一定的技术要求摊铺在已整平好的路面基层上，并给予初步的捣实和整平。

(1) 种类。沥青混合料摊铺机按其行走方式不同，可分为轮胎式摊铺机和履带式摊铺机；按摊铺的宽度不同，可分为小型(3.6m 左右)、中型(4~6m)、大型(6~10m)和超大型(>10m)；按行走的动力传递方式不同，可分为机械传动和液压传动两种。

(2) 组成结构。一般沥青混合料摊铺机主要由发动机、传动系统、料斗、刮板、输送器、螺旋布料器、熨平装置以及自动找平机构等组成。履带式沥青混合料摊铺机如图 3-7 所示。

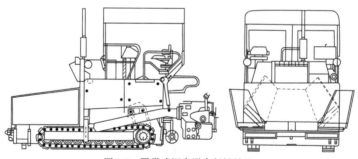

图 3-7　履带式沥青混合料摊铺机

2. 水泥混凝土摊铺机

水泥混凝土摊铺机按施工方法可分为轨道式摊铺机和滑模式摊铺机。

(1) 轨道式摊铺机。轨道式水泥混凝土摊铺机支撑在平底型轨道上，可以固定在 3m 长的宽基钢板架上，也可安放在预制的混凝土板上或补强处理后的路面基层上，摊铺机的水平调整由轨道的平整度控制。

轨道式水泥混凝土摊铺机的组成包括进料器(根据所采用的运输方式决定)、水泥混凝土摊铺机(即匀料机，分料箱式、移动回转刮板式和固定刮板式)、压实机和修整机、横向缩缝和纵向缩缝处传力杆、拉杆放置机、接缝槽成型机和接缝槽修整机(用湿法成型时采用这两种机型)、最后修整机、路面纹理加工机、水泥混凝土养生剂喷洒机、防护帐篷等。轨道式水泥混凝土摊铺机结构如图3-8所示。作为摊铺机发动机动力的高速柴油机应稳定、散热性好,与传动系统的功率配合应最佳。

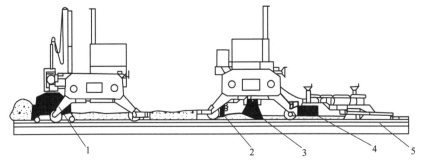

图3-8 轨道式水泥混凝土摊铺机
1-摊铺器(回转铲式);2-预平整刮板;3-振捣装置;4-修光器;5-轨模

(2)滑模式摊铺机。滑模式水泥混凝土摊铺机将摊铺设备安装在履带底盘上,行走装置在模板外侧移动,支撑侧边的滑动模板沿机器长度方向安装,作业时不需要另外加设轨道和模板,即可把路面板按照要求挤压成型。

滑模式水泥混凝土摊铺机的组成包括摊铺机(刮板、螺旋布料器、振动器、振动梁、修光梁、侧压模板、自动调平控制系统)、横向缩缝和纵向缩缝处传力杆、拉杆放置机、路面纹理加工机、水泥混凝土养生剂喷洒机和切缝机等。滑模式水泥混凝土摊铺机如图3-9所示。

图3-9 滑模式水泥混凝土摊铺机

3.1.3 压实机械设备

路面的强度和稳定性是非常重要的技术指标,而它们和路面压实度有着极其密切的关系。因此,压实也是路面施工中非常重要的一个环节。在路面压实作业中,常用的压实机械主要有单光轮压路机、双光轮压路机、轮胎压路机和振荡压路机等。

本书第2章中,已对各种压实机械进行了较为详细的阐述,而且在本章各种结构层及不同路面材料的施工中也将有说明,在此不再赘述。

3.2 路面的分类和路面结构

3.2.1 路面分类

1. 按面层施工方法和材料分类

按面层施工方法和材料的不同,路面可分为铺装路面、简易铺装路面和砂石路面。铺装路面包括沥青混凝土路面和水泥混凝土路面;表面处治、沥青碎石、贯入式路面等称为简易铺装路面;砂石路面是以砂、石等为集料,以土、水、灰为结合料,通过一定的配合比铺筑而成的路面的统称,包括级配碎(砾)石路面、泥结碎(砾)石路面、水结碎石路面、填隙碎石路面及其他粒料路面。路面面层类型及适用范围应符合表3-1的规定。

路面面层类型及适用范围　　　　　　　　表3-1

面层类型	适用范围
沥青混凝土	高速公路、一级公路、二级公路、三级公路、四级公路
水泥混凝土	高速公路、一级公路、二级公路、三级公路、四级公路
沥青贯入、沥青碎石、沥青表面处治	三级公路、四级公路
砂石路面	四级公路

2. 按路面力学特性分类

按力学特性不同,路面可分为柔性、刚性及无机结合料稳定类基层沥青路面。

(1)柔性路面。柔性路面的力学特点是在行车荷载作用下的弯沉变形较大,路面结构本身抗弯拉强度小,在重复荷载作用下产生累积残余变形。路面的破坏取决于荷载作用下所产生的极限垂直变形和弯拉应力。目前在我国的公路路面中,以级配碎石基层或沥青碎石基层沥青混凝土路面为典型代表。

(2)刚性路面。刚性路面的特点是在行车荷载作用下产生板体效应,其抗弯拉强度和弹性模量较其他各种路面材料要大得多,故呈现出较大的刚性。刚性路面在荷载作用下的弯沉变形极小,路面的破坏取决于荷载作用下所产生的疲劳弯拉应力。刚性路面主要指水泥混凝土路面。

(3)无机结合料稳定类基层沥青路面。无机结合料稳定类基层沥青路面是指使用水泥、石灰、粉煤灰等无机结合料稳定类材料(常称半刚性材料)作为基层、底基层的沥青路面结构。这种半刚性基层材料使用前期的力学特性呈柔性,而后期趋近于刚性,如石灰稳定土、石灰粉煤灰稳定碎石、水泥稳定碎石等。

3.2.2 路面结构

路面一般由路面面层、路面基层、湿度调节层或防冻层组成。

1. 路面面层

路面面层是直接承受车轮荷载反复作用和自然因素影响的结构层,一般由一至四层组成。沥青路面的表面层应根据使用要求设置抗滑耐磨、密实稳定的沥青层;中面层、下面层和大粒径沥青稳定碎石层应根据公路等级、沥青层厚度、气候条件等选择适当的沥青结构层。

2. 路面基层

路面基层是设置在路面面层之下,并与面层一起将车轮荷载的反复作用传递到底基层(垫层)和路基,起主要承重作用的层次。基层可分为无机结合料稳定类(整体型)和粒料类(嵌锁型、级配型)。对高速公路、一级公路,应采用水泥稳定粒料、石灰粉煤灰(二灰)稳定粒料、沥青混合料以及碾压贫混凝土等混合料铺筑。除上述基层材料外,也可选用低剂量水泥稳定风化砂、水泥稳定土、石灰稳定(改善)土、石灰粉煤灰稳定土、水泥粉煤灰稳定土、石灰工业废渣稳定类、级配碎石等作为各级公路路面的底基层和二级以下公路的基层。

3. 湿度调节层或防冻层

湿度调节层或防冻层主要是在路面结构中按路基湿度状况要求或防冻要求所设置的功能层。一般设置在路基和路面基层(或底基层)之间,起排水、隔水、防冻、防污等作用,用于改善路基湿度状况或季节性冰冻地区的不均匀冻胀。一般可选用粒料类材料、不易冻胀稳定土对部分路基土进行置换,被置换层作为路基的一个层次。

3.3 无机结合料稳定类基层混合料组成设计

3.3.1 设计原则与要求

混合料组成设计应按设计要求、选择技术经济合理的混合料类型和配合比。根据公路等级、交通荷载等级、结构形式、材料类型等因素确定材料技术要求。

无机结合料稳定材料组成设计应包括原材料检验、混合料的目标配合比设计、混合料的生产配合比设计和施工参数确定四部分。无机结合料稳定材料组成设计流程如图3-10所示。

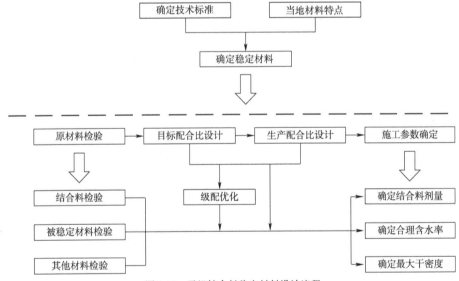

图3-10 无机结合料稳定材料设计流程

原材料检验,应包括结合料、被稳定材料及其他相关材料的试验。所有检测指标均应满足相关设计标准或技术文件的要求。

目标配合比设计应包括选择级配范围、确定结合料类型及掺配比例、验证混合料相关的设计及施工技术指标。应根据当地材料的特点和混合料设计要求,通过配合比设计选择最优的工程级配。

生产配合比设计应包括确定料仓供料比例、确定水泥稳定材料的容许延迟时间、确定结合料剂量的标定曲线和确定混合料的最佳含水率、最大干密度。

施工参数确定应包括确定施工中结合料的剂量、确定施工合理含水率及最大干密度、验证混合料强度技术指标。

在施工过程中,材料品质或规格发生变化或结合料品种发生变化时,应重新进行混合料组成设计。

3.3.2 无机结合料稳定类混合料组成设计

1. 无机结合料稳定材料的强度要求

《公路路面基层施工技术细则》(JTG/T F20—2015)规定了无机结合料稳定材料的无侧限抗压强度要求,其强度应满足表3-2~表3-5的规定。

水泥稳定类混合料的 7d 龄期无侧限抗压强度标准(单位:MPa)　　表3-2

结构层	公路等级	极重、特重交通	重交通	中、轻交通
基层	高速公路和一级公路	5.0~7.0	4.0~6.0	3.0~5.0
基层	二级及二级以下公路	4.0~6.0	3.0~5.0	2.0~4.0
底基层	高速公路和一级公路	3.0~5.0	2.5~4.5	2.0~4.0
底基层	二级及二级以下公路	2.5~4.5	2.0~4.0	1.0~3.0

注:1. 公路等级高或交通荷载等级高或结构安全性要求高时,推荐取上限强度标准。
　　2. 表中强度标准指的是7d龄期无侧限抗压强度的代表值。

石灰粉煤灰稳定材料的 7d 龄期无侧限抗压强度标准(单位:MPa)　　表3-3

结构层	公路等级	极重、特重交通	重交通	中、轻交通
基层	高速公路和一级公路	≥1.1	≥1.0	≥0.9
基层	二级及二级以下公路	≥0.9	≥0.8	≥0.7
底基层	高速公路和一级公路	≥0.8	≥0.7	≥0.6
底基层	二级及二级以下公路	≥0.7	≥0.6	≥0.5

注:石灰粉煤灰稳定材料强度不满足表中强度要求时,可外掺占混合料质量1%~2%的水泥。

水泥粉煤灰稳定材料的 7d 龄期无侧限抗压强度标准(单位:MPa)　　表3-4

结构层	公路等级	极重、特重交通	重交通	中、轻交通
基层	高速公路和一级公路	4.0~5.0	3.5~4.5	3.0~4.0
基层	二级及二级以下公路	3.5~4.5	3.0~4.0	2.5~3.5
底基层	高速公路和一级公路	2.5~3.5	2.0~3.0	1.5~2.5
底基层	二级及二级以下公路	2.0~3.0	1.5~2.5	1.0~2.0

石灰稳定材料的 7d 龄期无侧限抗压强度标准(单位:MPa)　　表3-5

结构层	高速公路和一级公路	二级及二级以下公路
基层	—	≥0.8[a]
底基层	≥0.8	0.5~0.7[b]

注:1. 石灰土强度达不到表中要求时,可添加部分水泥,或改用另一种土。塑性指数过小的土,不宜用石灰稳定。
　　2. [a]在低塑性材料(塑性指数小于7)地区,石灰稳定砾石土和碎石土的7d龄期无侧限抗压强度应大于0.5MPa(100g平衡锥测液限)。[b]低限用于塑性指数小于7的黏性土,且低限值宜仅用于二级以下公路;高限用于塑性指数大于7的黏性土。

2. 无机结合料稳定类混合料组成设计

无机结合料稳定类混合料组成设计应按照以下步骤进行:

(1)从沿线料场或计划使用的远运料场选取有代表性的试样,并进行原材料的试验,以判定材料可否使用于该工程。试验项目包括:颗粒分析;液限和塑性指数;相对密度;击实试验;碎石或砾石的压碎值;石灰的有效氧化钙和氧化镁含量;水泥的标号和初、终凝时间;粉煤灰的化学成分、细度和烧失量;必要时要对土样的有机质含量和硫酸盐含量进行检测。

(2)各种无机结合料稳定类混合料推荐级配及技术要求。《公路路面基层施工技术细则》(JTG/T F20—2015)对各种无机结合料稳定类材料的颗粒组成范围和技术要求有细致的规定,在进行混合料组成设计和施工中应遵守这一规定。

①无机结合料稳定材料的推荐比例

石灰粉煤灰稳定材料和石灰煤渣稳定材料比例可采用表3-6中的推荐值。

石灰粉煤灰稳定材料和石灰煤渣稳定材料推荐比例 表3-6

材料类型	材料名称	使用层位	结合料间比例	结合料与被稳定材料间比例
石灰粉煤灰	硅铝粉煤灰的石灰粉煤灰类[a]	基层或底基层	石灰:粉煤灰=1:2~1:9	—
	石灰粉煤灰土	基层或底基层	石灰:粉煤灰=1:2~1:4[b]	石灰粉煤灰:细粒材料=30:70[c]~10:90
	石灰粉煤灰稳定级配碎石或砾石	基层	石灰:粉煤灰=1:2~1:4	石灰粉煤灰:被稳定材料=20:80~15:85[d]
石灰煤渣	石灰煤渣稳定材料	基层或底基层	石灰:煤渣=20:80~15:85	—
	石灰煤渣土	基层或底基层	石灰:煤渣=1:1~1:4	石灰煤渣:细粒材料=1:1~1:4[e]
	石灰煤渣稳定材料	基层或底基层	石灰:煤渣:被稳定材料=(7~9):(26~33):(67~58)	

注:[a] CaO含量为2%~6%的硅铝粉煤灰。
  [b] 粉土以1:2为宜。
  [c] 采用此比例时,石灰与粉煤灰之比宜为1:2~1:3。
  [d] 石灰粉煤灰与粒料之比为15:85~20:80时,在混合料中,粒料形成骨架,石灰粉煤灰起填充孔隙和胶结作用。这种混合料称骨架密实式石灰粉煤灰粒料。
  [e] 混合料中石灰应不少于10%,可通过试验选取强度较高的配合比。

水泥粉煤灰稳定材料应采用质量配合比计算,以水泥:粉煤灰:被稳定材料的质量比表示。水泥粉煤灰稳定材料和水泥煤渣稳定材料比例可采用表3-7中的推荐值。

水泥粉煤灰稳定材料和水泥煤渣稳定材料推荐比例 表3-7

材料类型	材料名称	使用层位	结合料间比例	结合料与被稳定材料间比例
石灰粉煤灰	硅铝粉煤灰的水泥粉煤灰类[a]	基层或底基层	水泥:粉煤灰=1:3~1:9	—
	水泥粉煤灰土	基层或底基层	水泥:粉煤灰=1:3~1:5	水泥粉煤灰:细粒材料=30:70[b]~10:90
	水泥粉煤灰稳定级配碎石或砾石	基层	水泥:粉煤灰=1:3~1:5	水泥粉煤灰:被稳定材料=20:80~15:85[c]

续上表

材料类型	材料名称	使用层位	结合料间比例	结合料与被稳定材料间比例
水泥煤渣	水泥煤渣稳定材料	基层或底基层	水泥:煤渣 = 5:95~15:85	—
	水泥煤渣土	基层或底基层	水泥:煤渣 = 1:2~1:5	水泥煤渣:细粒材料 = 1:2~1:5[d]
	水泥煤渣稳定材料	基层或底基层	水泥:煤渣:被稳定材料 = (3~5):(26~33):(71~62)	

注:[a] CaO 含量为 2%~6% 的硅铝粉煤灰。
　　[b] 采用此比例时,水泥与粉煤灰之比宜为 1:2~1:3。
　　[c] 水泥粉煤灰与粒料之比为 15:85~20:80 时,在混合料中,粒料形成骨架,水泥粉煤灰起填充孔隙和胶结作用。
　　[d] 混合料中水泥应不少于 4%,可通过试验选取强度较高的配合比。

水泥、石灰综合稳定时,如果水泥用量占结合料总量不小于 30%,应按水泥稳定材料的技术要求进行组成设计,水泥和石灰的比例宜取 60:40、50:50 或 40:60;如果水泥用量占结合料总量小于 30%,应按石灰稳定材料设计。

②水泥稳定类

采用水泥稳定时,被稳定材料的液限应不大于 40%,塑性指数应不大于 17。塑性指数大于 17 时,宜采用石灰稳定或用水泥和石灰综合稳定。

采用水泥稳定,被稳定材料中含有一定量的碎石或砾石,且小于 0.6mm 的颗粒含量在 30% 以下时,塑性指数可大于 17,且土的均匀系数应大于 5。其级配可采用表 3-8 中推荐的级配范围,并应符合下列规定:

a. 用于高速公路和一级公路的底基层时,被稳定材料的公称最大粒径应不大于 31.5mm,级配宜符合表 3-8 中 C-A-1 或 C-A-2 的规定,被稳定材料中不宜含有黏性土或粉性土。

b. 用于二级公路的基层时,级配宜符合表 3-8 中 C-A-1 的规定,被稳定材料中不宜含有黏性土或粉性土。

c. 用于二级以下公路的基层时,级配宜符合表 3-8 中 C-A-3 的规定,被稳定材料的公称最大粒径应不大于 37.5mm。

d. 用于二级及二级以下公路的底基层时,级配宜符合表 3-8 中 C-A-4 的规定,被稳定材料的公称最大粒径应不大于 37.5mm。

水泥稳定材料的推荐级配范围(单位:%)　　表 3-8

筛孔尺寸 (mm)	高速公路和一级公路的底基层或二级公路的基层	高速公路和一级公路的底基层	二级以下公路的基层	二级及二级以下公路的底基层
	C-A-1	C-A-2	C-A-3	C-A-4
53	—	—	100	100
37.5	100	100	90~100	—
31.5	90~100	—	—	—
26.5	—	—	66~100	—
19	67~90	—	54~100	—
9.5	45~68	—	39~100	—
4.75	29~50	50~100	28~84	50~100

续上表

筛孔尺寸(mm)	高速公路和一级公路的底基层或二级公路的基层	高速公路和一级公路的底基层	二级以下公路的基层	二级及二级以下公路的底基层
	C-A-1	C-A-2	C-A-3	C-A-4
2.36	18~38	—	20~70	—
1.18	—	—	14~57	—
0.6	8~22	17~100	8~47	17~100
0.075	0~7	0~30	0~30	0~50

注:表中水泥稳定材料不包括水泥稳定级配碎石或砾石。

采用水泥稳定,被稳定材料为粒径较均匀的砂时,宜在砂中添加适量塑性指数小于10的黏性土、石灰土或粉煤灰,加入比例应通过击实试验确定,添加粉煤灰的比例宜为20%~40%。

水泥稳定级配碎石或砾石的级配可采用表3-9中推荐的级配范围,并宜符合下列规定:

a. 用于高速公路和一级公路时,级配宜符合表3-9中C-B-1、C-B-2的规定。混合料密实时也可采用C-B-3级配。C-B-1级配宜用于基层和底基层,C-B-2级配宜用于基层。

b. 用于二级及二级以下公路时,级配宜符合表3-9中C-C-1、C-C-2、C-C-3的规定。C-C-1级配宜用于基层和底基层,C-C-2和C-C-3级配宜用于基层,C-B-3级配宜用于极重、特重交通荷载等级下的基层。

c. 被稳定材料的液限宜不大于28%。

d. 用于高速公路和一级公路时,被稳定材料的塑性指数宜不大于5;用于二级及二级以下公路时,宜不大于7。

水泥稳定级配碎石或砾石的推荐级配范围(单位:%)　　表3-9

筛孔尺寸(mm)	高速公路和一级公路			二级及二级以下公路		
	C-B-1	C-B-2	C-B-3	C-C-1	C-C-2	C-C-3
37.5	—	—	—	100	—	—
31.5	—	—	100	100~90	100	—
26.5	100	—	—	94~81	100~90	100
19	86~82	100	68~86	83~67	87~73	100~90
16	79~73	93~88	—	78~61	82~65	92~79
13.2	72~65	86~76	—	73~54	75~58	83~67
9.5	62~53	72~59	38~58	64~45	66~47	71~52
4.75	45~35	45~35	22~32	50~30	50~30	50~30
2.36	31~22	31~22	16~28	36~19	36~19	36~19
1.18	22~13	22~13	—	26~12	26~12	26~12
0.6	15~8	15~8	8~15	19~8	19~8	19~8
0.3	10~5	10~5	—	14~5	14~5	14~5
0.15	7~3	7~3	—	10~3	10~3	10~3
0.075	5~2	5~2	0~3	7~2	7~2	7~2

③石灰粉煤灰稳定类

石灰粉煤灰稳定材料可采用表3-10中推荐的级配范围,并应符合下列规定:

a.用于高速公路和一级公路基层时,石灰粉煤灰总质量宜占15%,应不大于20%,被稳定材料公称最大粒径应不大于26.5mm,级配宜符合表3-10中LF-A-2L和LF-A-2S的规定。

b.用于高速公路和一级公路底基层时,各档被稳定材料总质量宜不小于80%,级配宜符合表3-10中LF-A-1L和LF-A-1S的规定。对极重、特重交通荷载等级,级配宜符合表3-10中LF-A-2L和LF-A-2S的规定。

c.用于二级及二级以下公路基层时,被稳定材料的公称最大粒径应不大于31.5mm,其总质量宜不小于80%,并符合表3-10中LF-B-2L和LF-B-2S的规定。

d.用于二级及二级以下公路底基层时,各档被稳定材料总质量宜不小于70%,并符合表3-10中LF-B-1L和LF-B-1S的规定。对极重、特重交通荷载等级,可选择符合表3-10中LF-B-2L和LF-B-2S的规定。

石灰粉煤灰稳定级配碎石或砾石的推荐级配范围(单位:%)　　　表3-10

筛孔尺寸(mm)	高速公路和一级公路				二级及二级以下公路			
	稳定碎石		稳定砾石		稳定碎石		稳定砾石	
	LF-A-1S	LF-A-2S	LF-A-1L	LF-A-2L	LF-B-1S	LF-B-2S	LF-B-1L	LF-B-2L
37.5	—	—	—	—	100	—	100	—
31.5	100	—	100	—	100~90	100	100~90	100
26.5	95~91	100	96~93	100	94~81	100~90	95~84	100~90
19	85~76	89~82	88~81	91~86	83~67	87~73	87~72	91~77
16	80~69	84~73	84~75	87~79	78~61	82~65	83~67	86~71
13.2	75~62	78~65	79~69	82~72	73~54	75~58	79~62	81~65
9.5	65~51	67~53	71~60	73~62	64~45	66~47	72~54	74~55
4.75	45~35	45~35	55~45	55~45	50~30	50~30	60~40	60~40
2.36	31~22	31~22	39~27	39~27	36~19	36~19	44~24	44~24
1.18	22~13	22~13	28~16	28~16	26~12	26~12	33~15	33~15
0.6	15~8	15~8	20~10	20~10	19~8	19~8	25~9	25~9
0.3	10~5	10~5	14~6	14~6	—	—	—	—
0.15	7~3	7~3	10~3	10~3	—	—	—	—
0.075	5~2	5~2	7~2	7~2	7~2	7~2	10~2	10~2

④水泥粉煤灰稳定类

a.用于高速公路和一级公路基层时,水泥粉煤灰总质量宜为12%,应不大于18%,各档被稳定材料总质量宜不小于85%,其公称最大粒径应不大于26.5mm,级配宜符合表3-11中CF-A-2L和CF-A-2S的规定。

b.用于高速公路和一级公路底基层时,各档被稳定材料总质量宜不小于80%,级配宜符合表3-11中CF-A-1L和CF-A-1S的规定。对极重、特重交通荷载等级,级配宜符合表3-11中CF-A-2L和CF-A-2S的规定。

c.用于二级及二级以下公路基层时,被稳定材料的公称最大粒径应不大于31.5mm,其总质量宜不小于80%,级配宜符合表3-11中CF-B-2L和CF-B-2S的规定。

d.用于二级及二级以下公路底基层时,各档被稳定材料总质量宜不小于75%,级配宜符合表3-11中CF-B-1L和CF-B-1S的规定。对极重、特重交通荷载等级,级配宜符合表3-11中

CF-B-2L 和 CF-B-2S 的规定。

水泥粉煤灰稳定级配碎石或砾石的推荐级配范围(单位%) 表3-11

筛孔尺寸 (mm)	高速公路和一级公路				二级及二级以下公路			
	稳定碎石		稳定砾石		稳定碎石		稳定砾石	
	CF-A-1S	CF-A-2S	CF-A-1L	CF-A-2L	CF-B-1S	CF-B-2S	CF-B-1L	CF-B-2L
37.5	—	—	—	—	100	—	100	—
31.5	100	—	100	—	100~90	100	100~90	100
26.5	95~90	100	95~91	100	93~80	100~90	94~81	100~90
19	84~72	88~79	85~76	89~82	81~64	86~70	83~67	87~73
16	79~65	82~70	80~69	84~73	75~57	79~62.	78~61	82~65
13.2	72~57	76~61	75~62	78~65	69~50	7254	73~54	75~58
9.5	62~47	64~49	65~51	67~53	60~40	62~42	64~-45	66~47
4.75	40~30	40~30	45~35	45~35	45~25	45~25	50~30	50~30
2.36	28~19	28~19	33~22	33~22	31~16	31~16	36~19	36~19
1.18	20~12	20~12	24~13	24~13	22~11	22~11	26~12	26~12
0.6	14~8	14~8	18~8	18~8	15~7	15~7	19~8	19~8
0.3	10~5	10~5	13~5	13~5	—	—	—	—
0.15	7~3	7~3	10~3	10~3	—	—	—	—
0.075	5~2	5~2	7~2	7~2	5~2	5~2	7~2	7~2

(3)确定无机结合料稳定材料最大干密度指标时宜采用重型击实方法,也可采用振动压实方法。振动压实试验方法是指按现行《公路工程无机结合料稳定材料试验规程》(JTG E51)中规定,遵循压实功等效原则的试验方法。

(4)按最佳含水率和规定的压实度对应的干密度(最大干密度与要求压实度之积)制备试件,按规定养生6d,浸水24h后进行无侧限抗压强度试验。制备试件和进行强度试验时,平行试验的试件数量应符合《公路工程无机结合料稳定材料试验规程》(JTG E51—2009)规定。如果试验结果的偏差系数大于表3-12中规定的值,应找出原因并重做试验,如不能降低偏差系数,应增加试件数量。

最少的试件数量 表3-12

材 料	变异系数		
	<10%	10%~15%	15%~20%
细粒材料[a]	6	9	—
中粒材料[b]	6	9	13
粗粒材料[c]	—	9	13

注:a. 公称最大粒径小于16mm 的材料。
   b. 公称最大粒径不小于16mm,且小于26.5mm 的材料。
   c. 公称最大粒径不小于26.5mm 的材料。

(5)计算试验结果的平均值和偏差系数。
(6)根据试验结果,按式(3-1)计算强度代表值 R_d^0:

$$R_d^0 = \overline{R}(1 - Z_\alpha C_v) \tag{3-1}$$

式中:$\bar{R}$——一组试验的强度平均值;

C_v——一组试验的强度变异系数;

Z_α——标准正态分布表中随保证率(或置信度 α)而变的系数。高速公路和一级公路应取保证率95%,即 $Z_\alpha = 1.645$;其他等级公路应取保证率90%,即 $Z_\alpha = 1.282$。

强度数据处理时,宜按3倍标准差的标准剔除异常数值,且同一组试验样本异常值剔除应不多于2个。

(7)强度代表值 R_d^0 应不小于强度标准值 R_d。当 $R_d^0 < R_d$ 时,应重新进行配合比试验。

(8)值得注意的是,由于水泥是速凝材料,过大的水泥剂量会掩盖集料颗粒组成中的缺陷,且易造成基层的干缩和温缩裂缝,故不应采用过大的水泥剂量。

3. 无机结合料稳定材料目标配合比设计技术要求

(1)应根据当地材料的特点,通过原材料性能的试验评定,选择适宜的结合料类型,确定混合料配合比设计的技术标准。

(2)在目标配合比设计中,应选择不少于5个结合料剂量,分别确定各剂量条件下混合料的最佳含水率和最大干密度。

(3)应根据试验确定的最佳含水率、最大干密度及压实度要求成型标准试件,验证不同结合料剂量条件下混合料的技术性能(主要指90d或180d龄期弯拉强度和抗压回弹模量、7d龄期无侧限抗压强度),确定满足设计要求的最佳剂量。

(4)水泥稳定材料配合比试验推荐水泥试验剂量可采用表3-13中的推荐值。

水泥稳定材料配合比试验推荐水泥试验剂量表 表3-13

被稳定材料	条件		推荐试验剂量(%)
有级配的碎石或砾石	基层	$R_d \geq 5.0$MPa	5、6、7、8、9
		$R_d < 5.0$MPa	3、4、5、6、7
土、砂、石屑等		塑性指数<12	5、7、9、11、13
		塑性指数≥12	8、10、12、14、16
有级配的碎石或砾石	底基层	—	3、4、5、6、7
土、砂、石屑等		塑性指数<12	4、5、6、7、8
		塑性指数≥12	6、8、10、12、14
碾压贫混凝土	基层	—	7、8.5、10、11.5、13

注:R_d 代表强度标准值。

(5)对水泥稳定材料,水泥的最小剂量应符合表3-14的规定。材料组成设计所得水泥剂量少于表3-14中的最小剂量时,应按表3-14采用最小剂量。

水泥的最小剂量(单位:%) 表3-14

被稳定材料类型	拌和方法	
	路拌法	集中厂拌法
中、粗粒材料	4	3
细粒材料	5	4

(6)对石灰粉煤灰稳定材料和水泥粉煤灰稳定材料,宜分别按表3-6和表3-7的推荐比例

进行试验,必要时可采用正交设计或均匀设计方法。

(7) 对无机结合料稳定级配碎石或砾石材料,应根据当地材料特点和技术要求,优化设计混合料级配,确定目标级配曲线和合理的变化范围。

(8) 在目标级配曲线优化选择过程中,应选择不少于 4 条级配曲线,试验级配曲线可按《公路路面基层施工技术细则》(JTG/T F20—2015)推荐的级配范围和以往工程经验或按《公路路面基层施工技术细则》(JTG/T F20—2015)附录 A 的方法构造。

(9) 在配合比设计试验中,应将各档石料筛分成单一粒径的规格逐档配料,并按相关的试验规程操作,保证每组试验的样本量。

(10) 选定目标级配曲线后,需要从拌和场料堆的不同位置和每一批次进料中分别取料、筛分,确定其平均筛分曲线及相应的变异系数,并按 2 倍标准差计算出各档材料筛分级配的波动范围。

(11) 应按下列步骤合成目标级配曲线并进行性能验证:

①按确定的目标级配,根据各档材料的平均筛分曲线,确定其使用比例,得到混合料的合成级配。

②根据合成级配进行混合料重型击实试验和 7d 龄期无侧限抗压强度试验,验证混合料性能。

(12) 应根据已确定的各档材料使用比例和各档材料级配的波动范围,计算实际生产中混合料的级配波动范围;并应针对这个波动范围的上、下限验证性能。

4. 无机结合料稳定材料生产配合比设计技术要求

(1) 根据目标配合比确定的各档材料比例,应对拌和设备进行调试和标定,确定合理的生产参数。

(2) 拌和设备的调试和标定应包括料斗称量精度的标定结合料剂量的标定和拌和设备加水量的控制等内容,并应符合下列规定:

①绘制不少于 5 个点的结合料剂量标定曲线。如对水泥稳定材料,根据工程使用的级配、水泥品种,按标准水泥剂量以及标准水泥剂量 ±1%、±2% 共 5 个点绘制 EDTA 标准曲线。

②按各档材料的比例关系,设定相应的称量装置,调整拌和设备各个料仓的进料速度。

③按设定好的施工参数进行第一阶段试生产,验证生产级配。不满足要求时,应进一步调整施工参数。

(3) 对水泥稳定、水泥粉煤灰稳定材料,应分别进行不同成型时间条件下的混合料强度试验,绘制相应的延迟时间曲线,并根据设计要求确定容许延迟时间。

混合料在选定的级配、水泥剂量和最佳含水率的条件下拌和好以后,分别按立刻压实、闷料 1h 再压实、闷料 2h 再压实、闷料 3h 再压实等条件,成型标准试件,且每组的样本数量不少于规定的要求。

经过标准养生后,测量混合料的 7d 无侧限抗压强度,从而得到不同延迟时间条件下,混合料强度代表值的变化曲线。根据这条曲线,得到混合料满足设计强度要求的容许延迟时间。

(4) 应在第一阶段试生产试验的基础上进行第二阶段试验。分别按不同结合料剂量和含水率进行混合料试拌,并取样、试验。试验应符合下列规定:

①通过混合料中实际含水率的测定,确定施工过程中水流量计的设定范围。

②通过混合料中实际结合料剂量的测定,确定施工过程中结合料掺加的相关技术参数。

③通过击实试验,确定结合料剂量变化、含水率变化对混合料最大干密度的影响。

④通过抗压强度试验,确定材料的实际强度水平和拌和工艺的变异水平。

配合比验证工作分为两个阶段:第一阶段是各个料仓生产剂量的标定和调整,使得最终的混合料级配能够与室内试验确定的级配曲线尽量吻合一致;第二阶段是对生产过程中水泥剂量和水量的控制手段与标准的确认。

水泥剂量和水量的控制是当前水泥稳定材料生产过程中质量控制的盲点,特别是加水量。因此,在正式生产前,需要通过试验,确定水泥剂量和含水率的变化影响曲线,为生产过程中的质量控制提供参照。

③、④规定的击实试验和7d龄期无侧限抗压强度试验结果将为施工过程中的工程检验、质量控制与评价提供参考。

(5)混合料生产参数的确定应包括结合料剂量、含水率和最大干密度等指标,并应符合下列规定:

①对水泥稳定材料,工地实际采用的水泥剂量宜比室内试验确定的剂量多0.5%~1.0%。采用集中厂拌法施工时宜增加0.5%;采用路拌法施工时宜增加1%。

②以配合比设计的结果为依据,综合考虑施工过程的气候条件,对水泥稳定材料,含水率可增加0.5%~1.5%;对其他稳定材料,含水率可增加1%~2%。

③最大干密度应以最终合成级配击实试验的结果为标准。

(6)用于基层的无机结合料稳定材料,强度满足要求时,尚宜检验其抗冲刷和抗裂性能。虽然强度是无机结合料稳定材料重要的技术指标,但并不意味着强度满足要求就可以用于基层。无机结合料稳定细粒材料,如水泥稳定土、水泥稳定石屑等,强度可以满足技术要求,但是抗冲刷性和抗裂性不足,实际并不适用于基层。

3.3.3 级配碎石或砾石混合料组成设计

1. 级配范围

(1)用于高速公路和一级公路基层时,级配宜符合表3-15中级配G-A-4或G-A-5的规定。

(2)用于高速公路和一级公路底基层时,级配宜符合表3-15中级配G-A-3或G-A-4的规定。

(3)用于二级及二级以下公路的基层、底基层时,级配可符合表3-15中级配G-A-1或G-A-2的规定。

级配碎石或砾石的推荐级配范围　　　　表3-15

筛孔尺寸(mm)	级配				
	G-A-1	G-A-2	G-A-3	G-A-4	G-A-5
37.5	100	—	—	—	—
31.5	100~90	100	100	—	—
26.5	93~80	100~90	95~90	100	100
19	81~64	86~70	84~72	88~79	100~95
16	75~57	79~62	79~65	82~70	89~82
13.2	69~50	72~54	72~57	76~61	79~70

续上表

筛孔尺寸 (mm)	级配				
	G-A-1	G-A-2	G-A-3	G-A-4	G-A-5
9.5	60~40	62~42	62~47	64~49	63~53
4.75	45~25	45~25	40~30	40~30	40~30
2.36	31~16	31~16	28~19	28~19	28~19
1.18	22~11	22~11	20~12	20~12	20~12
0.6	15~7	15~7	14~8	14~8	14~8
0.3	—	—	10~5	10~5	10~5
0.15	—	—	7~3	7~3	7~3
0.075	5~2	5~2	5~2	5~2	5~2

注：对无塑性的混合料，小于0.075mm的颗粒含量宜接近高限。

（4）二级及二级以下公路底基层采用未筛分碎石、砾石时，宜采用表3-16中推荐的级配范围。

未筛分碎石、砾石的推荐级配范围（单位：%） 表3-16

筛孔尺寸 (mm)	级配		筛孔尺寸 (mm)	级配	
	G-B-1	G-B-2		G-B-1	G-B-2
53	100	—	4.75	10~30	17~45
37.5	85~100	100	2.36	8~25	11~35
31.5	69~88	83~100	0.6	6~18	6~21
19	40~65	54~84	0.075	0~10	0~10
9.5	19~43	29~59			

（5）用于底基层的天然砾石、砾石土，宜采用表3-17中推荐的级配范围。

天然砾石、砾石土的推荐级配范围（单位：%） 表3-17

筛孔尺寸(mm)	53	37.5	9.5	4.75	0.6	0.075
通过质量百分率(%)	100	80~100	40~100	25~85	8~45	0~15

（6）级配碎石或砾石、未筛分碎石、天然砾石和砾石土等材料应符合下列规定：
① 液限宜不大于28%。
② 在潮湿多雨地区塑性指数宜小于6，其他地区宜小于9。

2. 级配碎石配合比设计技术要求

（1）用于不同公路等级、交通荷载等级和结构层位的级配碎石，CBR强度标准应满足表3-18的要求。

级配碎石材料的CBR强度标准 表3-18

结构层	公路等级	极重、特重交通	重交通	中、轻交通
基层	高速公路和一级公路	≥200	≥180	≥160
	二级及二级以下公路	≥160	≥140	≥120

续上表

结构层	公路等级	极重、特重交通	重交通	中、轻交通
底基层	高速公路和一级公路	≥120	≥100	≥80
	二级及二级以下公路	≥100	≥80	≥60

(2)应以实际工程使用的材料为对象,根据《公路路面基层施工技术细则》(JTG/T F20—2015)推荐的级配范围和以往工程经验或按《公路路面基层施工技术细则》(JTG/T F20—2015)附录 A 的方法,构造 3~4 条试验级配曲线,通过配合比试验,优化级配。

(3)混合料配合比应采用重型击实或振动成型试验方法,确定最佳含水率和最大干密度。

(4)应按试验确定的级配和最佳含水率以及现场施工的压实标准成型标准试件,进行 CBR 强度试验和模量试验。

(5)应选择 CBR 强度最高的级配作为工程使用的目标级配,并确定相应的最佳含水率。

(6)选定目标级配曲线后,应针对各档材料进行筛分,确定各档材料的平均筛分曲线以及相应的变异系数,并按 2 倍标准差计算各档材料筛分级配的波动范围。

(7)应按下列步骤合成目标级配曲线并验证性能:

①按确定的目标级配,根据各档材料的平均筛分曲线,确定其使用比例,得到混合料的合成级配。

②根据合成级配进行混合料的 CBR 或模量试验,验证混合料性能。

(8)应根据已确定的各档材料使用比例和各档材料级配的波动范围,计算实际生产中混合料的级配波动范围;并应针对这个波动范围的上、下限验证性能。

(9)应根据目标配合比确定的各档材料比例,调试和标定拌和设备,确保生产出的混合料满足目标级配的要求。

(10)拌和设备的调试和标定应包括料斗称量精度的标定、设备加水量的控制等内容,并应符合下列规定:

①按各档材料的比例关系,设定相应的称量装置,调整拌和设备各个料仓的进料速度。

②按设定好的施工参数进行第一阶段试生产,验证生产级配。不满足要求时,应进一步调整施工参数。

(11)应在第一阶段试生产试验的基础上进行第二阶段试验。按不同含水率试拌混合料,并取样、试验。试验应符合下列规定:

①通过混合料中实际含水率的测定,确定施工过程中水流量计的设定范围。

②通过击实试验,确定含水率变化对混合料最大干密度的影响。

③通过 CBR 试验,确定材料的实际强度水平和拌和工艺的变异水平。

(12)混合料生产含水率应依据配合比设计结果确定,可根据施工因素和气象条件增加 0.5%~1.5%。

3.4 路面基层(底基层)施工

3.4.1 一般要求

路面基层、底基层应具有足够的强度和稳定性,在冰冻地区还应具有一定抗冻性。高级路面下的无机结合料稳定类基层应具有较小的收缩(温缩及干缩)变形和较强的抗冲刷能力。

路面基层(底基层)可选用无机结合料稳定集料类或沥青混合料、粒料、贫混凝土等材料,底基层应充分利用沿线地方材料,可采用无机结合料稳定细粒土类或料粒类等。

基层、底基层厚度应根据交通量大小、材料性能,充分发挥压实机具的功能,以及考虑有利于施工等因素选择各结构层的厚度。为便于施工组织、管理,各结构层的材料不宜频繁变化。各种结构层压实最小厚度与适宜厚度见表3-19。与此同时,不得设计厚度小于150mm的无机结合料稳定材料薄层。

各种结构层压实最小厚度与适宜厚度　　表3-19

结构层类型	压实最小厚度(mm)	适宜厚度(mm)
级配碎石	80	100～200
水泥稳定类	150	180～200
石灰稳定类	150	180～200
石灰粉煤灰稳定类	150	180～200
贫混凝土	150	180～240
级配砾石/碎石	80	100～200
泥结碎石	80	100～150
填隙碎石	100	100～120

一般公路每侧的基层宽度宜比面层宽出25cm,底基层每侧宜比基层宽15cm。在多雨地区,透水性好的粒料基层宜铺至路基全宽,以利排水。高速公路、一级公路的基层的施工宽度和边坡形状应符合图3-11所示的相关规定。

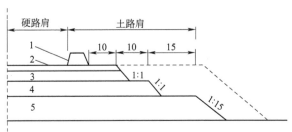

图3-11　高速公路、一级公路的基层宽度(尺寸单位:cm)
1-挡水缘石;2-上面层;3-下面层;4-基层;5-底基层

3.4.2　湿度调节层或防冻层施工

1. 设置原则

处于下列状况的路基应设置湿度调节层或防冻层,以排除路面、路基中所滞留的自由水,确保路床处于干燥或中湿状态:

(1)地下水位高、排水不良,路基经常处于潮湿或过湿状态的路段。
(2)排水不良的土质路堑,有裂隙水、泉眼等水文不良的岩石挖方路段。
(3)季节性冰冻地区的中湿、潮湿路段,可能产生冻胀需设置防冻层的路段。
(4)基层或底基层可能受污染以及路基软弱的路段。

2. 湿度调节层或防冻层材料

湿度调节层或防冻层材料可选用粗砂、砂砾、碎石、煤渣、矿渣等粒料以及水泥或石灰煤渣稳定粗粒材料,石灰、粉煤灰稳定粗粒材料等。采用粗砂或砂砾料时,通过0.074mm筛孔的颗粒含量应不大于5%;采用煤渣时,小于2mm的颗粒含量不宜大于20%。

为防止软弱路基污染粒料底基层、基层,或为减弱间断地下水的影响,可在路基顶面设土工合成材料隔离层。

3. 湿度调节层或防冻层设置宽度

高速公路、一级公路、二级公路的湿度调节层或防冻层应铺至路基同宽,以利路面结构排水,保持路基稳定。三级公路、四级公路的湿度调节层或防冻层宽度比底基层每侧至少宽25cm。

4. 铺筑碎石、砂砾、煤渣或矿渣施工要求

(1)承包人应在监理工程师验收合格的路基上铺筑碎石、砂砾、煤渣或矿渣等材料。
(2)在铺筑垫层前,应将路基面上的浮土、杂物全部清除,并洒水湿润。
(3)承包人应采用经监理工程师批准的机械进行碎石、砂砾、煤渣或矿渣的摊铺。
(4)摊铺后的碎石、砂砾应无明显离析现象或采用细集料做嵌缝处理。
(5)经过整平和整型,承包人应按试验路段所确认的压实工艺,在全宽范围内均匀地压实至重型击实最大密度的96%以上,如图3-12所示。

图3-12 湿度调节层或防冻层施工

(6)一个路段碾压完成以后,应按批准的方法做密实度试验。若被检验的材料没有达到所需的密实度、稳定性,则应重新碾压、整形及整修。
(7)在压路机不能作业的地方,应采用机夯进行压实,直到达到规定的压实度为止。
(8)严禁压路机在已完成的或正在碾压的路段上掉头和紧急制动。
(9)在相邻两作业段的衔接处,第一段应预留5~8m不做碾压,等到第二段施工时,将前段留下未压部分与第二段一起碾压。

水泥或石灰煤渣稳定粗粒材料,石灰、粉煤灰稳定粗粒材料湿度调节层或防冻层的施工,要求与同类材料的底基层一致。

3.4.3 无机结合料稳定类基层(底基层)施工

无机结合料稳定类主要包括水泥稳定类、石灰稳定类和工业废渣稳定类。无机结合料稳定材料已广泛用于修建高等级公路路面基层或底基层。

水泥稳定类、石灰粉煤灰稳定类材料广泛应用于各等级公路的基层和底基层,但是水泥稳定细粒土不得作为高速公路或一级公路路面的基层,只能作为底基层使用。在高等级公路的水泥混凝土路面板下,水泥稳定土也不应做基层。

石灰稳定类材料适用于各级公路路面的底基层和二级公路以下公路的基层,石灰稳定细粒土不得用作二级公路的基层和二级以上公路高级路面的基层。在冰冻地区的潮湿路段和其他地区的过湿路段,也不宜采用石灰土作为基层或底基层。

1. 对原材料的要求

1)无机结合料

目前最常用的无机结合料有水泥、石灰、粉煤灰及工业废渣等。

(1)水泥。普通硅酸盐水泥、矿渣硅酸盐水泥和火山灰质硅酸盐水泥均可用作结合料,宜选用初凝时间大于4h、终凝时间大于6h的水泥。不得使用快硬水泥、早强水泥以及已受潮变质的水泥。水泥稳定材料的水泥量应以水泥质量占全部干燥稳定材料质量的百分率表示。

(2)石灰。石灰质量应符合表3-20规定的Ⅲ级以上的生石灰或消石灰的技术指标。实际使用时,要尽量缩短石灰的存放时间。石灰在野外堆放时间较长时,应妥善覆盖保管,不应遭日晒雨淋。块灰须充分消解才能使用,未消解的生石灰必须剔除。对于高速和一级公路路面基层结合料,宜采用磨细的生石灰粉。

石灰的技术指标　　　　　　　　　　表3-20

项目		类别与指标										
		钙质生石灰			镁质生石灰			钙质消石灰			镁质消石灰		
		等级										
		Ⅰ	Ⅱ	Ⅲ	Ⅰ	Ⅱ	Ⅲ	Ⅰ	Ⅱ	Ⅲ	Ⅰ	Ⅱ	Ⅲ
有效钙加氧化镁含量不小于(%)		85	80	70	80	75	65	65	60	55	60	55	50
未消化残渣含量不大于(5mm圆孔筛筛余,%)		7	11	17	10	14	20						
含水率不大于(%)								4	4	4	4	4	4
细度	0.71mm方孔筛筛余不大于(%)							0	1	1	0	1	1
	0.125mm方孔筛筛余不大于(%)							30	20	—	13	20	—
钙镁石灰的分类界限,氧化镁含量(%)		≤5			>5			≤4			>4		

注:硅、铝、铁氧化物含量之和大于5%的生石灰,其有效钙加氧化镁含量指标应满足:Ⅰ等≥75%、Ⅱ等≥70%、Ⅲ等≥60%;未消化残渣含量指标与镁质生石灰指标相同。

石灰剂量应通过配合比设计试验确定,但工地实际采用的剂量应比室内试验确定的剂量多0.5%~1%;采用集中厂拌法施工时,可只增加0.5%;采用路拌法施工时,宜增加1%。

石灰稳定材料的石灰剂量应以石灰质量占全部干燥被稳定材料质量的百分率表示。

(3)粉煤灰。粉煤灰是火力发电厂燃烧煤粉产生的粉状灰渣,其主要成分SiO_2(二氧化硅)、Al_2O_3(三氧化二铝)和Fe_2O_3(三氧化二铁)的总含量应大于70%,烧失量不应超过20%,比表面积宜大于2500cm^2/g。

干粉煤灰和湿粉煤灰都可应用。干粉煤灰如堆在空地上应洒水以防止飞扬造成污染。湿粉煤灰的含水率不宜超过35%。使用时,凝固的粉煤灰应打碎或过筛,同时清除有害杂质。石灰稳定材料的石灰剂量应以石灰质量占全部干燥被稳定材料质量的百分率表示。

(4)煤渣。煤渣是煤经锅炉燃烧后的残渣,其主要成分是SiO_2和Al_2O_3,它的松干密度为700~1100kg/m^3。煤渣的最大粒径不应大于30mm,颗粒组成宜有一定级配,且不含杂质。煤渣的含煤量宜少,最好低于20%。

2）集料

适宜做水泥或二灰等稳定基层的集料有级配碎石、未筛分碎石、砂砾、煤矸石和各种粒状矿渣等。碎石包括岩石碎石和矿渣碎石。有机质含量超过2%的土,不应单独用水泥稳定,如需采用,必须先用石灰进行处理,之后方可用水泥稳定。硫酸盐含量超过0.25%的土,不应采用水泥稳定。塑性指数为15~20的黏性土以及含有一定数量黏性土的中粒土和粗粒土均适宜于用石灰稳定。塑性指数为15以上的黏性土更适宜于用石灰和水泥综合稳定。

用作基层时,集料颗粒的最大粒径不宜超过31.5mm;用作底基层时,集料颗粒的最大粒径不应超过40mm。同时,土的均匀系数(通过量为60%的筛孔尺寸与通过量为10%的筛孔尺寸的比值)应大于5。

水泥稳定粒径较均匀的砂,宜在砂中添加少部分塑性指数小于10的黏性土或石灰土,也可添加部分粉煤灰。加入比例可按使混合料的标准干密度接近最大值确定,一般为20%~40%。

无机结合料稳定类基层材料所用碎、砾石应具有一定的抗压碎能力,均应符合现行规范的要求,如高速公路和一级公路的集料压碎值不大于30%,二级和二级以下公路的集料压碎值不大于35%(底基层可放宽至40%)。

3）水

凡人或牲畜饮用的水源,均可使用。

2. 混合料配合比的确定

混合料组成设计所要达到的目标是:所设计的混合料组成在强度上满足设计要求,抗裂性达到最优且便于施工。设计的基本原则是:结合料剂量合理,尽可能采用综合稳定以及集料应有一定的级配。

在混合料中,若结合料的剂量太小则不能成为半刚性材料,剂量太大则刚度太大,容易脆裂。实际上,限制低剂量是为了保证整体性材料具有基本的强度,以满足荷载作用的强度要求;限制高剂量可使模量不致过大,避免结构产生太大的拉应力,同时降低收缩系数,使结构层不会因温度或水分变化而引起拉伸破坏。

采用水泥、石灰综合稳定时,混合料中有一定量的水泥可提高早期强度,有一定量的石灰可使刚度不至于太大,掺入一定数量的粉煤灰可以降低收缩系数,必要时可根据施工季节及材料性质加入适量的早强剂或其他外掺剂。

集料应有一定的级配。集料数量以达到靠拢而不紧密为原则,其空隙让无机结合料填充,形成各自发挥优势的稳定结构。半刚性基层材料中结合料和集料种类繁多,应以就地取材为前提,通过试验求得合理组成,充分发挥其各自优势。

配合比设计可参考3.3.2节的相关内容。

3. 路拌法施工

路拌法施工仅适用于二级以下公路的基层和底基层,以及高速公路、一级公路直接铺筑在土基上的底基层。下面以水泥石灰综合稳定类为例,叙述其施工工艺流程。

水泥石灰综合稳定类路拌法施工工艺流程如图3-13所示。

准备下承层→施工放样→备素土、集料→洒水闷料→整形与稳压→消解石灰→运输和摊铺石灰→拌和
↓
养生←接缝和掉头处的处理←碾压←整形←拌和←运铺水泥←稳压、洒水、整形

图3-13 水泥石灰综合稳定类路拌法施工工艺流程图

1)准备下承层

下承层的表面应平整、坚实,具有规定的路拱,下承层的平整度、压实度、高程、横坡、弯沉(如为路基顶面)等应符合《公路工程质量检验评定标准 第一册 土建工程》(JTG F80/1—2017)和招标文件相应条款的规定。

下承层如出现表层过干现象,应适当洒水;如土过湿,应采取挖开晾晒、换土、掺石灰或水泥等措施进行处理。下承层出现的表层松散和局部松散,如下承层为土基,可直接洒水压实;如下承层为底基层,应开挖掺拌新结合料后夯实或压实。

下承层出现的低洼和坑洞,应仔细填压并压实,下承层出现的搓板和辙槽应刮除。槽式断面的路段应在两侧路肩上每隔一定距离(5~10m)交错开挖泄水沟,以便及时排除雨季降水。

2)施工放样

在下承层上恢复中线、直线段每20m设一桩,曲线段每10m设一桩,并在两侧路肩边缘外设指示桩。在中桩和两侧指示桩标记出运输摊铺路用材料的松铺高程。

3)备素土、集料

(1)采用老路面或土基上部材料做铺筑材料时,应首先清出垃圾、石块等杂物,翻松老路面或土基上部,至路基顶面高程,并使土块破碎到要求粒径,初步按设计路拱和预计的松铺厚度整形。

(2)采用料场的土(含细粒土和中、粗粒土)时,应首先将料场的草皮、树木和杂土清理干净,筛除超粒径的颗粒,使之满足最大颗粒要求。塑性指数大于15的黏性土,可视土质和机械性能确定是否需要过筛。在料场预定的深度挖土的,不应分层开挖,尽可能一次开挖土层全厚,如果夹有不合格材料,应弃用不合格材料。

(3)计算土或集料用量,根据稳定土的设计厚度、宽度及预定的干密度计算干燥土或集料用量,根据料场的含水率和运料车辆的吨位,计算每车料对应的卸料距离或卸料面积。在同一料场供料的路段内,由远到近将料按上述计算距离或面积卸置于下承层表面的中间或两侧。

(4)当集料采用多种不同的规格的碎石需按比例掺配时,上述备料方法不易控制级配。可计算出不同规格的碎石在每延米的体积,备料时,各规格碎石分别运铺,运到后首先码成一个三角形断面或梯形断面的料带,断面尺寸根据该规格的材料用量、松方干重及材料料堆自然休止角(决定三角形断面的坡度)计算求得,然后机械或人工摊铺在道路的全断面上。铺完一种规格,用小型压路机或链轨车稳1~2次,再运另一种规格的碎石,直至全部材料运铺完成。上述方式称为层铺法。二灰稳定类路拌法施工时,除集料外还有粉煤灰和石灰,也采取这种方法运铺各种路用材料。

摊铺土或集料的注意事项如下:

(1)应事先通过试验确定土和集料的松铺系数,可用人工或摊土机配合平地机进行摊铺。不论采用人工或是机械摊铺,都应将土或集料均匀地摊铺在预定的宽度上,表面力求平整,并有规定的路拱。

(2)摊铺过程中,应将大的土块、石块和超尺寸颗粒的杂物拣除,检验松铺层的厚度,应符合预计要求。除洒水车辆外应禁止其他车辆在土层上通行,洒水车亦尽可能在便道上通行,使用侧喷法洒水。

4)洒水闷料

如已整平的土含水率过小,应在土层上洒水闷料,洒水应均匀,防止出现局部水分过多的现象。细粒土应经一夜闷料,中、粗粒土视其中细料含量缩短闷料时间,石灰稳定土和二灰稳定土也可在拌和后再行闷料,水泥稳定土应预先闷料。

5)整形与稳压

土层经整形后,使用轻型压路机或链轨车稳压1~2次,使其表面平整,并有一定的压实度。

6)消解石灰

石灰应在临时料场集中堆放,临时料场应选择在公路两侧临近水源且地势较高的地方。生石灰应在使用前7~10d充分消解,对于氧化镁含量比较高的镁质石灰,应在使用前10~15d内消解。每吨石灰消解用水一般在500~800kg,消解后的石灰应保持一定湿度,以免过湿成团,更应避免过干飞扬,消解时应注意加水的均匀性。消解石灰应注意以下两个问题:

(1)料堆不宜太高,宜为0.8~1.2m,太高的料堆底部进水困难,消解不完全,消解湿胀后,料堆太高会影响使用安全。

(2)为消解充分,在加水的同时使用机械翻倒,消解后的石灰应过9.5mm的筛,并尽快使用,减少消石灰的有效钙镁含量损失。

7)运输和摊铺石灰

根据稳定土的设计厚度和混合料组成设计确定的石灰剂量以及击实试验确定的最大干密度,计算出该每平方米稳定土基层所需的石灰用量,进而计算出每车石灰对应的摊铺面积。使用袋装生石灰粉时,则可计算出每袋石灰的摊铺面积以及每车或每袋石灰对应的纵横间距,并确定卸放位置。在规定卸放位置做卸放石灰的标记,并划出摊铺每车或每袋石灰的边线。按规定位置卸放石灰,用刮板将石灰均匀摊开,并量测石灰的松铺厚度,根据石灰的松方密度,校核石灰用量是否合适。

在具体操作中,将每车石灰的装载质量控制得完全一致十分困难,小型机动农用三轮自卸车在某些地区因方便灵活、价格便宜,在运铺石灰环节得到了大量应用,石灰的用量采取体积法来控制。根据稳定土基层的厚度、宽度、石灰剂量计算每延米石灰质量,并根据试验的松方干密度计算出每延米的石灰体积,根据路面宽度采取三角形断面沿中线或两侧,卸成一条或2~3条不间断的石灰料带,然后以人工方式或使用平地机摊铺。石灰也可使用粉料撒布机直接撒布。

8)拌和

对于二级及以上等级公路,应使用专用的稳定土拌和机进行拌和,并设专人跟机检查拌和深度及拌和质量,并配合拌和操作手调整拌和深度。拌和深度宜开挖检查,每5~10m应挖一检查坑,有些单位使用钢杆插检拌和深度,不能发现素土夹层,是不可取的。拌和深度应达到稳定层底并宜超拌下承层5~10mm,以利于上下层的黏结,严禁在拌和层底部留有素土夹层。通常拌和应在2次以上,对发现素土夹层的部位,可使用多铧犁紧贴下承层表面翻拌一遍,然后使用专用拌和机复拌。直接铺在土基上的拌和层也应避免素土夹层。

对于三级及以下等级公路,也应尽量使用专用拌和机械拌和。在没有专用拌和机械的前提下,可使用农用旋耕机和多铧犁或平地机相配合拌和,但应特别注意拌和质量,包括拌和的均匀程度、土颗粒的最大粒径等。此外,也可使用缺口圆盘耙与多铧犁或平地机配合,进行拌和。

拌和过程中,应及时检查混合料的含水率,含水率应当均匀,并宜控制其略大于最佳含水率,拌和时,还应安排人工配合拣出超尺寸的颗粒,消除粗细颗粒"窝"及局部过分潮湿或过分干燥之处。

拌和完成后,混合料应色泽一致,没有灰条、灰团和花面,没有明显粗细集料离析现象。

9) 稳压、洒水、整形

混合料拌和均匀后,应立即用平地机做初步整形。在直线段和不设超高的平曲线段,平地机由道路两侧向路中心进行刮平;在设有超高的平曲线段,由内侧向外刮平,然后使用链轨拖拉机或轮胎压路机在初平的路段上快速地碾压一遍,以暴露出潜在的不平整。然后,再次用平地机按上述方法进行整形,整形前使用齿耙将轮迹低洼处表层 5cm 以上耙松,整形后再使用前述方法再次碾压。对于局部低洼处,应先耙松表层 5cm 以上,再用新混合料找平,之后再次稳压找平。每次整形都应达到规定的坡度和路拱。

此外,也可采取人工挂线的方法整形,再使用路拱板来回拖拉几趟。整形并稳压后,如含水率低于最佳含水率范围,可再次洒水。

10) 运铺水泥

路拌法施工时,宜使用袋装水泥。首先根据路面基层的设计厚度及通过试验求得的最大干密度和水泥剂量,计算出每平方米需要的水泥剂量,然后计算出每袋水泥对应的摊铺面积,并确定水泥摆放的纵横间距,并用石灰粉划格,每格内摆放一袋水泥,方格应呈矩形,长宽比应接近于 1:1,以利于摊铺。

水泥宜当日直接运送到摊铺路段,当天摆放,摆放完成破袋摊铺。摊铺时应使用刮板将水泥均匀摊开,每袋水泥正好铺满各自对应的方格,做到厚度均匀、没有空白位置,也没有过分集中的部位。

水泥摊铺也可使用粉料撒布机进行撒布摊铺。使用粉料撒布机撒布时应使用散装水泥,并应注意在大风季节采取措施防止污染周边的植被。

11) 拌和

拌和与上述工序 8 中的拌和要求相同,注意与上次拌和基本等厚,以使水泥均匀地掺拌到混合料中。

12) 整形

整形与上述工序 9 中的要求相同,此时含水率应已经两次调整,已基本在最佳含水率范围,故一般不需再次洒水。

13) 碾压

整形后,即可组织碾压机械进行碾压,碾压时混合料的含水率应略大于最佳含水率的 1% ~ 2%。碾压应按照先轻后重、先慢后快、先两边后中间(直线段和不设超高的曲线段,设超高的曲线段,从曲线内侧向曲线外侧)、先静压后振压的原则进行。

碾压时,每次重轮应重叠 1/2 轮宽,重轮压完路面全宽即为一次,一般需碾压 6~8 次。压路机的碾压速度,前两次宜采用 1.5~1.7km/h,以后可加快至 2.0~2.5km/h。应禁止压路机在正在碾压或已完成的路段掉头或紧急制动。

碾压过程中,应保持表面湿润,如水分蒸发过快,可及时补洒少量的水,使表面潮湿,但禁止出现水流。碾压过程中,遇有"弹簧""起皮""松散"等现象时,应及时翻松并重新添加适当的稳定材料,重新拌和,然后一起压实。碾压完成前,应迅速地检测高程和横坡,对于高出设计高程的部位,可用平地机刮除并扫出路外;对于局部低洼处,不再进行找补,留待铺筑其上层时处理。

水泥稳定类混合料从掺拌水泥到碾压完成的时间称为延迟时间。虽然在配合比设计和施工时选用了终凝时间较长的水泥,但是水泥是一种速凝性材料,施工时应在试验确定的延迟时间内完成碾压。

碾压完成后,混合料基层应达到要求的压实度,且表面没有明显的轮迹。

14) 接缝和掉头处的处理

(1) 横向接缝。

同日施工未超过水泥终凝时间的两工作段衔接处应采用搭接,即前一段拌和整形后,留 5~8m 不进行碾压,后一段施工时,前段留下的未碾压部分再加部分水泥重新拌和,并与后一段一起碾压。

在每天最后一段工作完成时,接缝和掉头处可按下面方法处理:

在已碾压完成的稳定土层末端,沿稳定土层末端挖一条横贯铺筑层全宽的宽约 30cm 的槽,槽深贯穿该结构至下承层顶面,槽体与道路中心线垂直,靠近稳定土的一面切成垂直立面,并放两根与压实厚度等厚、长为全宽一半的方木紧贴垂直面,如图 3-14 所示。

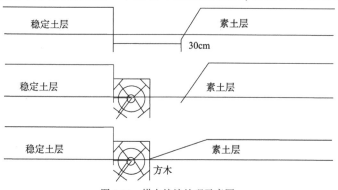

图 3-14 横向接缝处理示意图

用原挖出的素土回填槽内其余部分,并使之达到原素土的密度程度,如第二天拌和机械或其他机械必须到已碾压成形的稳定土混合料上掉头。应采取措施保护掉头作业段,一般在准备用于掉头的长为 8~10m 的稳定土层上先覆盖一张厚塑料布或油毡纸,然后铺上约 10cm 厚的土、砂或沙砾。

第二天摊铺并完成拌和作业之后,移去方木,用人工补充拌和靠近方木未能拌和的一小段,并用混合料回填不足的部分,和正常施工段一起整形,新整形的接缝处应高出已完成断面 3~5cm,以利于形成一个平顺的接缝,碾压时应将接缝修整平顺。

(2) 纵向接缝。

无机结合料稳定类基层施工时,应坚决避免在横断面方向分幅施工,如确因无法封闭交通等特殊原因,必须分两幅施工时,纵缝必须垂直相接,禁止斜接,纵向接缝可按下面方法处理:

根据摊铺厚度,将既有基层做台阶处理,在断面上涂刷水泥浆后再摊铺新的混合料。在摊铺前一幅时,用方木或钢模板做支撑,方木或钢模板与摊铺层压实厚度相同。养生结束后,拆除支撑木或模板,然后进行另一幅摊铺施工。

纵缝部位应注意接缝的平整。对新混合料进行碾压时,压路机的大部分行驶在老混合料上或既有基层上,逐渐错轮到新混合料。压路机行驶在成形的老混合料上时,不宜开振动,以保证纵缝接合部位的压实度。为了防止后期纵向裂缝发生,在纵向施工接缝顶部铺设土工格栅、玻纤格栅或钢塑格栅。

15) 养生

无机结合料稳定类材料养生应保持一定的湿度,不得忽干忽湿,养生时间应符合规范的要求,养生期间宜采取覆盖措施。可使用草帘、麦草、透水性土工布或湿砂进行覆盖,并经常性洒水,使之保持湿润。不得采用湿黏土覆盖,避免形成素土夹层。上、下两层采用相同的稳定材料时,也可在下层碾压完成后立即进行其上层次的摊铺和碾压,利用上层对下层养生,但应注意上层摊铺压实结束时,下层不超过水泥的初凝时间。

养生结束后,必须将覆盖物清除干净。虽然养生时间达到规定的要求,但如果不能及时进行其上层次的施工,仍应保持基层的湿润状态,以减少干裂,并进一步促进基层强度的增长。

以上在介绍路拌法施工时,以水泥石灰结合稳定类为例,实际上这一工序流程也是对水泥稳定类、石灰稳定类和石灰工业废渣稳定类路拌法施工的复合。在水泥石灰综合稳定类路拌法施工工艺流程(图3-13)中,如果去掉工序6、7、8、9,就是水泥稳定类的路拌法施工工艺流程;如果去掉工序10、11、12,就是石灰稳定类的路拌法施工工艺流程。石灰工业废渣稳定类由于早期强度低,习惯上经常外加一部分水泥,将图3-13中的工序3略加扩展,添加工业废渣的运输和摊铺工序,就是石灰工业废渣稳定类的路拌法施工工艺流程。

一般情况下,路拌法每一流水作业段以200m为宜,但每天的第一个作业段宜稍短些,可为150m(宽度为7~8m的稳定层)。如稳定层较宽,则作业段应再缩短。

4. 厂拌法施工

混合料在中心站集中拌和一般采用无机结合料稳定碎石拌和站,如图3-15所示。

厂拌法施工前,应先调试拌和设备,目的在于找出各料斗闸门的开启度(简称开度),以确保按设计配合比拌和。拌和生产中,含水率应略大于最佳含水率,使混合料运到现场摊铺碾压时的含水率不小于最佳含水率。运输过程中,车上混合料应覆盖苫布,以防水分损失过多,避免紧急制动,导致混合料离析。

混合料摊铺应采用摊铺机进行,如图3-16所示。拌和机与摊铺机的生产能力应互相协调,严禁出现摊铺机停机待料情况,以保证施工的连续性。

图3-15 无机结合料稳定碎石拌和站

图3-16 半刚性基层混合料摊铺施工

下面以石灰工业废渣稳定碎石(二灰稳定碎石)为例,介绍厂拌法工艺流程。二灰稳定碎石厂拌法的施工工艺流程如图3-17所示。

准备下承层 → 施工放样 → 厂拌混合料 → 运输混合料 → 摊铺混合料 → 整形 → 碾压 → 接缝及掉头处理 → 养生

图3-17 二灰稳定碎石厂拌法施工工艺流程图

1) 准备下承层

下承层的准备与路拌法相同。

2) 施工放样

厂拌法施工放样与路拌法放样方法不同。同是厂拌法,采用推土机、平地机联合摊铺和采用摊铺机摊铺也略有区别,下面作简要介绍。

(1) 采用推土机、平地机联合摊铺时,施工放样与路拌法基本相同,直线段每20m设一中桩,曲线段每10m设一中桩,并在两侧路肩边缘设指示桩,在中桩和边桩上标出材料松铺高程和压实后的高程,作为施工控制的依据。

(2)采用摊铺机摊铺时,由于多数摊铺机装有自动找平装置,故可在摊铺机的一侧或两侧的钢杆上安设高程引导钢丝。钢杆的距离以不使钢丝下垂为宜,一般为5~10m。

为防止混合料在摊铺和碾压过程中向外侧滑挤,采用厂拌机铺法施工时,还应在拟施工路段两侧用素土培出宽度不小于0.5m、宽度与基层设计宽度相等、夯实后高程与设计相等的路肩,路肩内侧应保持竖直;或者采用钢模板固定支护。

3)厂拌混合料

厂拌混合料应采用专用的连续式无机结合料稳定碎石拌和站。厂拌混合料时应注意以下问题:

(1)原材料的存放。料场应进行必要的硬化,防止地表杂土混入原材料之中,各种规格(不同粒径)的碎石、砾石、石屑、砂应当隔离,分别堆放,防止混杂。各料堆之间可砌墙隔离,设遮雨棚等设施。石灰在使用前应过筛,消除消石灰中混杂的石块和未消解残渣。

(2)配比准确,拌和均匀。在正式拌制混合料之前,必须先调试所用的搅拌机,使之配比准确。原材料的配比或颗粒组成发生变化时,应重新调试搅拌机。混合料应有足够的搅拌时间,使搅拌均匀。应当注意的是,搅拌机的拌和仓、搅拌臂的旋转速度并不太快,其主要功能是搅拌,对大颗粒灰块、粉煤灰结块不能粉碎,所以应当防止上述结块的细粒材料进入搅拌仓。最简单的做法是在料仓顶部设置适当孔径的钢筋网。应经常性在大皮带取样进行筛分试验,检验配比的准确性。

(3)含水率准确。二灰稳定类混合料需求量大,且多数采用露天堆放,这样各种材料的含水率受天气影响比较大,尤其是细颗粒的石灰、粉煤灰和细集料。在生产过程中,应经常性地检测原材料的含水率,并据以调整搅拌仓加水量,保证混合料在最佳含水率范围内。在华北和华东季风地区,春季干燥,夏季炎热,蒸发量大,含水率增加的幅度宜大一些(如1.5%~2.5%);秋季潮湿蒸发量小,含水率增加的幅度宜小些(如0.5%~1%)。同样,每天的早晨和下午含水率宜略小,中午宜略大。

施工过程中除了做好遮雨棚等防水设施外,还应注意料场的排水。料场应选在地势较高的地方,防止雨季积水。

(4)拌和场布局合理,防止机械相互干扰。拌和场同时也是储料场,机械种类多、数量多,场地布局对生产、管理和施工安全都十分重要。应选好搅拌站的位置,使各规格的材料喂料方便,运送混合料的车辆进出方便,在行走线路上不与喂料机械产生干扰,不与运送原材料的车辆相互干扰。料场的进出道路应进行硬化,防止扬尘。

(5)料场安全生产。料场机械多、人员多、扬尘较多,应注意安全生产,生活区应尽量远离生产区,注意防火、防盗。施工人员应戴安全帽,设备检修时应关闭电源,注意安全用电。

4)运输混合料

混合料宜使用自卸车运输。自卸车装料时,宜前后移动2~3次,防止混合料离析。运距较远时或在晴朗、干燥的天气施工时,应予覆盖,防止水分损失。

5)摊铺混合料

(1)摊铺机摊铺法。混合料摊铺应与拌和机的生产能力相匹配,自卸车的运力应满足拌和产量的要求。对于高速公路和一级公路,摊铺机宜连续摊铺,拌和机的产量应大于400t/h。如果拌和机的生产能力较小,在使用摊铺机摊铺混合料时,应采用最低速度摊铺,减少摊铺机停机待料的情况。在摊铺机后应由专人消除粗细料离析现象,特别应铲除局部粗集料窝,并用新拌混合料调补。

摊铺过程中,应经常检查松铺厚度,以保证厚度在合格范围内。在摊铺过程中,应让所有施工人员和管理人员注意,不要碰到基准钢丝,基准钢丝掉下或颤动都将会对平整度和高程合格率有影响。

对于较宽的路面基层,应采用两台以上摊铺机,摊铺机间距5~10m,以一前一后联合摊铺的作业方式同时进行压实。摊铺机铺宽不宜太大,接长的熨平系统因刚度降低会影响路拱的精度,同时,由于接长后的摊铺机增加了横向送料的距离,故增大了混合料离析的概率。另外,由于横向送料距离的增加,降低了机械效率,加速了机械损耗,故应尽可能采用较小的摊铺宽度。如12m宽的路面,可采用两台6m的摊铺机摊铺,尽量不使用一台12m摊铺机;15m宽的路面可采用两台7.5m摊铺机,20m宽的路面可采用7m+6m+7m的形式,也可采用两台10m的摊铺机。摊铺机接长时,应注意左右对称,否则,在摊铺过程中会因送料不均匀,导致行走时易偏离中线。

(2)平地机摊铺法。二级以下公路确定没有摊铺机时,也可以使用平地机和推土机配合摊铺混合料。摊铺时应采取以下步骤:

①根据铺筑层的厚度和要求的压实干密度,计算每车混合料对应的摊铺面积。
②将混合料在路中一侧或两侧均匀地卸成一行或两行。
③用推土机或平地机将混合料按松铺厚度摊铺,并粗整平。
④用平地机将混合料按设计松高和松铺厚度,进行细整平。
⑤设一个3~5人的小组,用小推车装新拌混合料,及时清理粗集料窝和粗集料带,并补以新拌和的混合料,或再补撒细混合料,并拌和均匀。

6)整形

采用摊铺机摊铺的路面基层,整形工作量很小,但在机械不能到达的部位,如局部加宽、构造物衔接处等应人工摊铺并整形。人工摊铺整形时,应扣锹摊铺,防止混合料离析。整形时,禁止在已摊铺的表面上薄层贴补;采用平地机摊铺时,整形与路拌法相同。

7)碾压

碾压工序与路拌法相同。

8)接缝及掉头处理

(1)横向接缝处理。用摊铺机摊铺混合料时,不宜中断,水泥稳定类如因故中断时间超过2h或试验确定的延迟时间,应设置横向接缝,横向接缝施工应符合以下要求:

摊铺机驶离混合料末端,人工将末端弄整齐,紧靠混合料放置两根高度与压实厚度相同、长度与施工宽度相同的方木,方木的另一侧用铲除的混合料回填2~3m,高度略高于方木2~3cm,并将混合料压实。

在重新开始摊铺之前,清除方木外侧的混合料和方木,并将下承层清扫干净,断面用水泥砂浆抹面,摊铺机返回重新摊铺。

对于确因特殊情况出现摊铺中断,未按上述方法施工横向接缝,中断时间已超过2h或试验确定的延迟时间的,应将摊铺机附近和其下未经压实的混合料铲除,并将已碾压密实的混合料末端挖成与中心线垂直向下的断面,断面上涂刷水泥浆后再摊铺新的混合料。

横向接缝宜首先横向碾压,到一定长度(3~5m)后再纵向碾压,并注意不宜在已成形的基层上开启振动,以免对基层强度造成影响。

上述中断时间中"2h或试验确定的延迟时间"的限制是对水泥稳定类而言的,石灰稳定类和石灰工业废渣综合稳定类如为提高早期强度而掺加了部分水泥,亦应按上述时间进行控制,未掺加水泥等速凝材料时不受限制,但石灰稳定类和石灰工业废渣综合稳定类施工时,应在每天摊铺结束时,按上述要求设置横向接缝,并注意上层横向接缝的位置要与下层错开 5m 以上。

(2)纵向接缝处理。纵向接缝处易形成一个软弱带,应设法避免纵向接缝。高速公路、一级公路和路面较宽的基层施工时,应分两幅或多幅摊铺,采取两台或三台、四台摊铺机前后相距 5~10m,同步向前摊铺混合料,并一起碾压。在旧路加宽或交通无法封闭等原因确需设置纵向接缝时,纵缝施工与路拌法施工工序相同。

采用平地机摊铺混合料时,纵横向接缝的处理方法参照路拌法进行处理。

9)养生

养生与路拌法要求相同。上文介绍的二灰稳定碎石厂拌法施工工艺,也同样适用于石灰稳定类和水泥稳定类,仅在搅拌混合料时的原材料有所区别。之所以以二灰稳定类为例,是因为二灰稳定类材料组成比较复杂,搅拌混合料时,去掉粉煤灰就是石灰稳定类(当然要重新调整配比),再去掉石灰增加水泥剂量就是水泥稳定类,水泥稳定类有延迟时间的要求。外掺水泥的石灰稳定类或二灰稳定类虽然水泥用量不太大,但也应努力在延迟时间内完成碾压作业。

3.4.4 粒料类基层(底基层)施工

粒料类基层按强度构成原理不同,可分为嵌锁型与级配型。嵌锁型粒料类基层包括泥结碎石、泥灰结碎石、填隙碎石等;级配型粒料类基层包括级配碎石、级配砾石、符合级配的天然沙砾、部分砾石经轧制掺配而成的级配砾石、碎石等。

1. 填隙碎石

用单一尺寸的碎石做主集料,形成嵌锁结构,用石屑填满碎石间孔隙,增加密实度和稳定性,这种结构称填隙碎石。实践证明,使用两种分开的、不同尺寸的集料,可使堆放和运输过程中集料离析现象减至最弱。填隙碎石用干、湿法施工均可。其中,干法施工特别适宜于干旱缺水地区。填隙碎石的密实度压实良好时,通常为固体体积率的 85%~90%,其强度和密实度与良好的级配碎石相同。填隙碎石的主要缺点是潮湿的填料实际上不可能靠振动压路机将孔隙填满,如用过多次数的振动碾压使潮湿填隙料下移,往往可能使主集料浮到填隙料上层,并可能导致丧失稳定性。

1)一般规定

填隙碎石的单层铺筑厚度宜为 10~12cm,碎石最大粒径宜为厚度的 0.5~0.7 倍。缺乏石屑时,填隙料也可用细沙砾或粗砂等细集料替代,但其技术性能不如石屑。填隙碎石施工时,细集料应干燥,应采用振动压路机(振动轮每米宽的质量至少 1.8t)碾压。碾压后,基层表面粗碎石间的孔隙既要填满,又不可形成填隙料自成一层。比较理想的状况是粗碎石棱角外露 3~5mm,这对填隙碎石层上铺薄沥青面层非常重要,它可保证薄沥青面层与基层粘接良好,避免薄沥青面层在基层顶面发生推移破坏。

填隙碎石碾压后,作为基层的固体体积率应不小于 85%,作为底基层应不小于 83%。填隙碎石基层未洒透层沥青或未铺封层时,禁止开放交通。

2)材料

填隙碎石用作基层时,碎石最大粒径不应超过 40mm;用作底基层时,不应超过 50mm。粗碎石可以用具有一定强度的各种岩石或漂石轧制,也可以用稳定的矿渣轧制(渣的干密度和质量应比较均匀,干密度不小于960kg/m³),材料中扁平、长条和软弱颗粒不应超过15%。

粗碎石的集料压碎值,当用作基层时不大于26%;当用作底基层时,不大于30%。轧制碎石得到的5mm以下的细筛余料(即石屑)是最好的填隙料。

3)施工

填隙碎石路拌法施工的工艺流程为:准备下承层→施工放样→备料→摊铺粗集料→初压→撒布石屑→振动压实→第二次撒布石屑→振动压实→局部补撒石屑及扫匀→振动压实填满孔隙。

在此之后,如采用干法施工,则经过洒少量水→终压的过程;如采用湿法施工,则经历洒水饱和→碾压滚浆→终压的过程。

(1)准备下承层及施工放样。下承层的平整度和压实度应符合规定,土基不论路堤或路堑,必须用12~15t三轮压路机或等效的碾压机械进行碾压检验,如发现土质干、表层松散,应适当洒水;如土过湿,发生"弹簧"现象,应采用挖开晾晒、换土、掺石灰或集料等措施进行处理。

在槽式断面的路段,两侧路肩上每隔一定距离(如5~10m)应交错开挖排水沟(即路基盲沟)。

下承层准备好后,恢复中线,直线段每20m设一桩,平曲线段每10m设一桩,并在两侧路肩外设指示桩,标出基层或底基层边缘的设计高程。

(2)备料。根据各路段基层或底基层的宽度、厚度及松铺系数(1.2~1.3,碎石最大粒径与压实厚度之比为0.5左右时,松铺系数为1.3;比值较大时,松铺系数接近1.2),计算各段需要的粗碎石数量,按需要逐段堆放。

填隙料的用量为粗碎石质量的30%~40%。

粗碎石用平地机或其他合适的机具均匀地摊铺在预定的宽度上,表面应力求平整,并有规定的路拱。摊铺过程中,应随时检验松铺材料层的厚度是否符合预计要求,必要时,应进行减料或补料工作。

(3)干法施工。粗碎石摊铺后用8t两轮压路机初压3~4次,使粗碎石稳定就位。随后用石屑撒布机或类似设备将干填隙料均匀地撒铺在已压稳的粗碎石层上,松厚2.5~3.0cm。填隙料撒铺后,用振动压路机慢速碾压,将全部填隙料振入粗碎石间的孔隙中。然后再次撒布松厚2.0~2.5cm的填隙料,再次碾压。碾压过程中,对局部填隙料不足之处,以人工方式进行找补。碾压完成后,将局部多余填隙料用竹帚扫到路外或填隙料不足之处。

振动压路机碾压后,填隙料不应在粗碎石表面局部地自成一层,表面必须能见粗碎石。

设计厚度超过一层铺筑厚度而需要再铺一层时,应将已压成的填隙碎石层表面填隙料扫除一些,使粗碎石外露5~10mm,然后再在上面铺筑第二层。

填隙碎石的终压是用12~15t的三轮压路机碾压1~2次,终压过程中,不应有任何蠕动现象。终压之前,宜在表面少量洒水,洒水量应在3kg/m²以上。

(4)湿法施工。湿法施工与干法施工的区别在于终压前的洒水量应达饱和(但应注意勿使多余水浸泡下承层),用12~15t三轮压路机跟在洒水车后进行碾压。在碾压过程中,将湿填隙料继续扫入所出现的孔隙中。

湿法施工时,洒水和碾压应一直进行到细集料和水形成粉砂浆为止。粉砂浆应有足够的数量以填塞全部孔隙,并在压路机机轮前形成微波纹状。

碾压完成后的路段应保留一段时间使水分蒸发。结构层干燥后,表面多余的细料以及任何自成一薄层的细料覆盖层都应扫除干净。

当设计厚度超过一层铺筑厚度,需要再铺筑一层填隙碎石层时,应待结构层干燥后,将已压成的表面填隙料扫除到使粗碎石外露 5~10mm,然后再在其上面铺筑第二层。

2. 级配碎石

粗、细碎石集料和石屑各占一定比例的混合料,当其颗粒组成符合密实级配要求时,称为级配碎石。级配碎石可用作公路的基层或底基层;级配较好的优质碎石可用作可用作较薄沥青面层与半刚性基层之间的中间层。在二级和二级以下公路上,将级配碎石用作基层时,其最大粒径应控制在 40mm 以内;在高速公路和一级公路上,将级配碎石用作基层以及半刚性路面的中间层时,其最大粒径宜控制在 30mm 以下。

级配碎石用作半刚性路面的中间层时,应采用集中厂拌法拌制混合料,并宜用摊铺机摊铺混合料。

1)材料

轧制碎石的材料可以是各种类型的坚硬岩石、圆石或矿渣。其干密度和质量应比较均匀,其中干密度不小于 $960 kg/m^3$。碎石机轧制出来的碎石经过一个与规定最大粒径相符的筛筛分出来的碎石即为筛分碎石。

单一尺寸碎石是碎石机轧制出来的碎石通过几个不同筛孔的筛,得出不同粒径的碎石,如 40~20mm、20~10mm、10~5mm 碎石等。

石屑或其他细集料可以使用一般碎石场的细筛余料,也可以利用轧制沥青路面用石料的细筛余料,或专门轧制的细碎石集料。利用天然沙砾或粗砂代替石屑,颗粒尺寸应该合适。必要时应筛除其中的超尺寸颗粒。天然沙砾或粗砂应有较好的级配。

级配碎石或级配碎砾石基层的颗粒组成和塑性指数应满足规范规定。同时,级配曲线应接近圆滑,某种尺寸的颗粒不应过多或过少。

级配碎石或级配碎砾石所用石料的压碎值应满足:当用作高速公路和一级公路的基层时,不大于 26%;用作高速公路和一级公路的底基层及二级公路的基层时,应不大于 30%;用作二级公路的底基层和二级以下公路的基层时,应不大于 35%;用作二级以下公路的底基层时,应不大于 40%。

碎石中的扁平、长条颗粒的总含量不应超过 20%。碎石中不应有黏土块、植物等有害物质。当级配碎石中细料塑性指数偏大时,塑性指数与 0.5mm 以下细土含量的乘积应符合:年降雨量小于 600mm 的中干和干旱地区,地下水对土基没有影响时,不大于 120;在潮湿多雨地区,不大于 100。

2)路拌法施工

级配碎石路拌法施工的工艺流程为:准备下承层→施工放样→备料→运输和摊铺未筛分碎石,洒水使碎石湿润→运输和撒布石屑、拌和并补充洒水→整形→碾压。

其中,未筛分碎石和石屑可在碎石场加水湿拌后运到现场摊铺,进行补充洒水与拌和,然后进行整形与碾压。

(1)准备下承层及施工放样的工作内容与填隙碎石基本相同。

(2)备料。根据各路段基层或底基层的宽度、厚度及预定的干压密实度,并按确定的未筛分碎石和石屑配合比或不同粒径碎石和石屑配合比,分别计算出各路段所需碎石及石屑数量,并计算每车料的堆放距离。

未筛分碎石和石屑可按预定比例在料场混合,以减轻施工现场的拌和工作量。运输未筛分碎石或未筛分碎石与石屑的混合料前,应在料场洒水,使其含水率较最佳含水率大 1% 左右,以避免运输过程中的集料离析现象。未筛分碎石的最佳含水率约为4%,级配碎石的最佳含水率约为5%。

(3)摊铺。集料在下承层上的堆置时间不应过长,运送宜在摊铺前数天进行,摊铺前通过试验确定集料的松铺系数。工人摊铺混合料的松铺系数为1.4～1.5;平地机摊铺时,松铺系数为1.25～1.35。

级配碎石的未筛分碎石摊铺平整后,在其较潮湿的情况下,向其上运送石屑,用平地机并辅以工人将石屑均匀摊铺在碎石层上,或用石屑撒布机撒布石屑。采用不同粒级的碎石和石屑时,应依次将大、中、小碎石分层摊铺,洒水使碎石湿润后再摊铺石屑。

(4)拌和及整形、碾压。

拌和工序应采用稳定土拌和机,在无此机具的情况下,也可采用平地机或多铧犁与缺口圆盘耙相配合进行拌和,一般需要拌和5～6次。拌和过程中,要洒足所需水分;拌和结束时,混合料的含水率应均匀,较最佳含水率大1%左右,且不出现粗细颗粒离析现象。

如级配碎石混合料在料场已经过混合,可视摊铺后有无粗细颗粒离析现象,用平地机进行补充拌和。

级配碎石基层的整形用平地机按规定的路拱进行。初步整平后,用拖拉机、平地机或轮胎压路机快速碾压一次,以暴露潜在的不平整。

整形后,当混合料的含水率等于或略大于最佳含水率时,立即用12t以上三轮压路机、振动压路或轮胎式压路机进行碾压。一般需碾压6～8次,以密实度达到要求、表面已无明显轮迹时为止。

3)厂拌法施工

级配碎石混合料可以在中心站用多种机械进行集中拌和,拌和设备同无机结合料稳定粒料类。宜采用不同粒级的单一尺寸碎石和石屑,按预定配合比在拌和机内拌制成级配碎石混合料。当采用未筛分碎石和石屑拌和时,若其颗粒组成发生明显变化,应注意及时调整,以使混合料的颗粒组成和含水率达到规定的要求。

厂拌混合料宜采用沥青混凝土摊铺机、水泥混凝土摊铺面或稳定土摊铺机摊铺,并应设专人跟随机后,注意消除粗细集料离析现象。一般公路施工无摊铺机时,也可以用自动平地机摊铺混合料。摊铺后的整形及碾压与路拌法施工相同。

3.5 沥青面层施工

沥青路面具有行车舒适、噪声低、施工期短、养护维修简便等优点,因此得到了广泛应用。根据沥青路面的技术特性不同,沥青面层可分为沥青混凝土、沥青稳定碎石、沥青玛琋脂碎石混合料(SMA)、排水式沥青磨耗层(OGFC)、沥青贯入式、沥青表面处治等。沥青路面应具有坚实、平整、抗滑、耐久的品质,同时,还应具有高温抗车辙、低温抗开裂,以及抗水损害的功能。

3.5.1 一般规定

1.沥青面层的适用范围

应根据公路的等级、使用要求、交通条件、结构层功能等因素,并结合沥青层的厚度和当地的经验,合理选择各结构层的沥青混合料类型。抗滑面层宜选用沥青玛琋脂碎石混合料、密级配粗型沥青混合料,有条件时可用开级配的排水式沥青磨耗层,但在各沥青层中至少有一层应为密级配的沥青混合料。贯入式沥青碎石和上拌下贯式沥青碎石适用于二级及二级以下公路的沥青面层,也可以用作高等级公路沥青路面的下面层。表面处治适用于三级、四级公路的面层,在旧沥青面层上加铺罩面或抗滑层、磨耗层等;冷拌沥青混合料可用于交通量小的三级、四级公路面层。

2. 沥青层的厚度

各沥青层的厚度应与混合料的公称最大粒径相匹配。沥青混合料的一层压实最小厚度不宜小于混合料公称最大粒径的2.5~3倍,OGFC或SMA的一层压实最小厚度不宜小于混合料公称最大粒径的2~2.5倍。

各结构层的设计厚度应根据级配类型、结构组合及施工条件等确定。沥青混合料的压实最小厚度与适宜厚度见表3-21。贯入式沥青碎石、沥青表面处治的压实最小厚度与适宜厚度见表3-22。

沥青混合料的压实最小厚度与适宜厚度 表3-21

沥青混合料类型		最大粒径（mm）	公称最大粒径（mm）	符号	压实最小厚度（mm）	适宜厚度（mm）
密级配沥青混合料（AC）	砂粒式	9.5	4.75	AC-5	15	15~30
	细粒式	13.2	9.5	AC-10	20	25~40
		16	13.2	AC-13	35	40~60
	中粒式	19	16	AC-16	40	50~80
		26.5	19	AC-20	50	60~100
	粗粒式	31.5	26.5	AC-25	70	80~120
密级配沥青碎石（ATB）	粗粒式	31.5	26.5	ATB-25	70	80~120
		37.5	31.5	ATB-30	90	90~150
	特粗式	53	37.5	ATB-40	120	120~150
大粒径透水性沥青混合料（LSPM）	中粒式	31.5	26.5	LSPM-25	80	80~120
	粗粒式	37.5	31.5	LSPM-30	120	90~150
沥青玛琋脂碎石混合料（SMA）	细粒式	13.2	9.5	SMA-10	25	25~50
		16	13.2	SMA-13	30	35~60
	中粒式	19	16	SMA-16	40	40~70
		26.5	19	SMA-20	50	50~80
开级配沥青磨耗层（OGFC）	细粒式	13.2	9.5	OGFC-10	20	20~30
		16	13.2	OGFC-13	30	30~40

贯入式沥青碎石、沥青表面处治压实最小厚度与适宜厚度 表3-22

结构层类型	压实最小厚度(mm)	适宜厚度(mm)
贯入式沥青碎石	40	40~80
上拌下贯沥青碎石	60	60~80
沥青表面处治	10	10~30

3. 结构组合

设计时,应根据公路所在区域的水文地质、气候特点,公路等级与使用要求,交通量及其交通组成等因素,结合当地实践经验,选择适宜的路面结构组合,拟定沥青层厚度。对半刚性基层沥青路面的结构层组合设计,基层与沥青面层的模量比宜为 1.5~3;基层与底基层的模量比不宜大于 3.0;底基层与土基模量比宜为 2.5~12.5。刚性基层沥青路面应采取措施加强沥青层与刚性基层的结合,并提高沥青混合料的抗剪强度。应选用密级配沥青混合料,防止雨、雪水渗入路面结构层;应采取技术措施,加强路面各结构层之间的结合,提高路面结构的整体性,避免产生层间滑移。例如,在沥青层之间设黏层;在各种基层上设置透层和下封层;新、旧沥青层之间与旧水泥混凝土板之间应洒布热沥青同步碎石封层;拓宽路面时,在新、旧路面相接处,喷涂黏结沥青;双层式半刚性材料基层宜采用连续摊铺、碾压工艺,增强层间结合,以形成整体。

3.5.2　沥青路面对材料的基本要求

1. 沥青

1)沥青的品种

沥青路面使用的沥青材料有石油沥青、改性沥青、乳化沥青、煤沥青、液体石油沥青等。

(1)石油沥青是由石油经蒸馏、吹氧、调和等工艺加工得到,主要为可溶于二硫化碳的碳氢化合物的固体黏稠状物质。

(2)改性沥青是指掺加橡胶、树脂、高分子聚合物、磨细的橡胶粉或其他填料等外掺剂(改性剂),或采取对沥青轻度氧化加工等措施,使沥青或沥青混合料的性能得以改善而制成的沥青结合料。

改性剂是指在沥青或沥青混合料中加入天然的或人工的有机或无机材料,可熔融、分散在沥青中,改善或提高沥青路面性能(与沥青发生反应或裹覆在集料表面上)的材料。

目前常用的改性沥青主要是用高分子聚合物改性剂进行改性的沥青,其常用的改性剂有三类:第一类是热塑性橡胶类(热塑性弹性体),代表性品种有苯乙烯-丁二烯-苯乙烯嵌段共聚物(SBS),具有良好的弹性(变形的自恢复性及裂缝的自愈性),同时兼有高温稳定性和低温抗裂性的优点;第二类是橡胶类,代表品种有丁苯橡胶(SBR)及其乳液,具有低温敏感性小、低温抗裂性能好的优点,主要用于改善低温性能;第三类是热塑性树脂类,代表性品种有乙烯-醋酸乙烯共聚物(EVA)、低密度聚乙烯(LDPE)、聚烯烃等,主要是增加动稳定度和劲度模量,提高抵抗永久变形的能力。

改性沥青可采用现场加工或采购成品。现场制备改性沥青可以采用一次掺配法,运用高速剪切设备或胶体磨进行加工。对于成品改性沥青,应有产品名称、代号、标号、运输与存放条件、使用方法、生产工艺、安全须知等说明。在使用前,应取样融化,检验是否有离析现象和各项技术指标是否正常。

(3)乳化沥青是石油沥青(或煤沥青)与水在乳化剂、稳定剂作用下经乳化加工制得的沥青产品,也称沥青乳液。乳化沥青可利用胶体磨或匀油机等乳化机械在沥青拌和厂现场制备,乳化剂用量(按有效含量计)宜为沥青质量的 0.3%~0.8%。制备现场乳化沥青的温度应通过试验确定,乳化剂水溶液的温度宜为 40~70℃,石油沥青宜加热至 120~160℃。乳化沥青制成后应及时使用,存放期以不离析、不冻结、不破乳为限度。

用阳离子乳化剂制得带正电荷的称阳离子乳化沥青;用阴离子乳化剂制得带负电荷的称阴离子乳化沥青。

(4)煤沥青由煤干馏得到的煤焦油再经蒸馏加工制成。

(5)液体石油沥青系用汽油、煤油、柴油等溶剂将石油沥青稀释而成的沥青产品,也称轻制沥青或稀释沥青。液体石油沥青使用前应由试验确定掺配比例。

2)沥青的选择

根据当前的沥青使用和生产水平,按技术性能不同,可将道路石油沥青分为 A、B、C 三个等级。各个沥青等级的适用范围应符合表 3-23 的规定。道路石油沥青的质量应符合现行《公路沥青路面施工技术规范》(JTG F40)的有关要求。

道路石油沥青的适用范围　　　　　　　　　　　　表 3-23

沥青等级	适用范围
A 级	各个等级的公路,适用于任何场合和层次
B 级	(1)高速公路、一级公路沥青下面层及以下的层次,二级及二级以下公路的各个层次; (2)用作改性沥青、乳化沥青、改性乳化沥青、稀释沥青的基质沥青
C 级	三级及三级以下公路的各个层次

沥青路面采用的沥青标号,宜按照公路等级、气候条件、交通条件、路面类型及在结构层中的层位及受力特点、施工方法等,结合当地的使用经验,经技术论证后确定。对高速公路、一级公路,夏季温度高、高温持续时间长,在重载交通、山区及丘陵区上坡路段,服务区、停车场等行车速度慢的路段,尤其是汽车荷载剪应力大的层次,宜采用稠度大、60℃黏度大的沥青,也可提高高温气候分区的温度水平选用沥青等级;对冬季寒冷地区或交通量小的公路、旅游公路,宜选用稠度小、低温延度大的沥青;对温度日温差、年温差大的地区,宜注意选用针入度指数大的沥青。当高温要求与低温要求发生矛盾时,应优先考虑满足高温性能的要求。当缺乏所需标号的沥青时,可采用不同标号掺配的调和沥青,其掺配比例由试验决定。掺配后的沥青质量应符合现行《公路沥青路面施工技术规范》(JTG F40)的要求。

乳化沥青适用于沥青表面处治路面、沥青贯入式路面、冷拌沥青混合料路面及修补裂缝,喷洒透层、黏层与封层等。乳化沥青类型根据集料品种及使用条件选择。阳离子乳化沥青可适用于各种集料品种,阴离子乳化沥青适用于碱性石料。乳化沥青的破乳速度、黏度宜根据用途与施工方法选择。

液体石油沥青适用于透层、黏层及拌制冷拌沥青混合料。根据使用目的与场所,可选用快凝、中凝、慢凝的液体石油沥青。

2. 粗集料

用于沥青面层的粗集料包括碎石、破碎砾石、筛选砾石、矿渣等。粗集料的粒径规格应符合相关技术规范的规定。

粗集料不仅应洁净、干燥、无风化、无杂质,而且应具有足够的强度和耐磨性以及良好的颗粒形状。用于沥青面层的碎石二破禁止用颚式破碎机加工。沥青面层用粗集料的质量技术要求应符合表 3-24 的规定。

沥青混合料用粗集料质量技术要求　　　　　　　　表3-24

技术指标		条件	单位	高速公路及一级公路		其他等级公路	
				表面层	其他层次	表面层	其他层次
石料压碎值		≤	%	26	28	30	
洛杉矶磨耗损失		≤	%	28	30	35	
表观相对密度		≥	—	2.60	2.50	2.45	
吸水率		≤	%	2.0	3.0	3.0	
坚固性		≤	%	12	12	—	
针片状颗粒含量(混合料)		≤	%	15	18	20	
粒径	大于9.5mm	≤	%	12	15	—	
	小于9.5mm	≤	%	18	20		
水洗法<0.075mm 颗粒含量		≤	%	1	1	1	
软石含量		≤	%	3	5	5	
破碎砾石的破碎面	≥1 个破碎面		%	100	90	80	70
	≤2 个破碎面			90	80	60	50

注:1. 坚固性试验应根据需要进行。

2. 用于高速公路、一级公路时,多孔玄武岩的视密度限度可放宽至2.45t/m³,吸水率可放宽至3%,但必须得到建设单位的批准,且不得用于 SMA 路面。

路面抗滑表层粗集料应选用坚硬、耐磨、抗冲击性好的碎石,不得使用筛选砾石、矿渣及软质集料。用于高速公路、一级公路沥青路面表面层及各级公路抗滑表层的粗集料,应符合规范中关于石料磨光值的要求,但允许掺加粗集料比例总量不超过40%的普通集料作为中等或较小粒径的粗集料。

筛选砾石仅适用于三级及三级以下公路的沥青表面处治或拌和法施工的沥青面层的下面层,不得用于沥青贯入式路面及拌和法施工的沥青面层的中、上面层。可采用热焖成渣工艺生产的钢渣作为集料。钢渣沥青混合料的沥青用量,必须经配合比设计确定。

酸性岩石的粗集料(花岗岩、石英岩)用于高速公路、一级公路时,宜使用针入度较小的沥青。为保证与沥青的黏附性,应采用下列抗剥离措施:

(1)用干燥的磨细消石灰或生石灰粉、水泥作为填料的一部分,替代部分矿粉。

(2)在沥青中掺加抗剥离剂,如胺类、离子类、有机高分子类、天然沥青等。

3. 细集料

沥青面层的细集料可采用天然砂、机制砂和 3～5mm 的碎石,其规格应符合相关规范的要求。细集料应洁净、干燥、无风化、无杂质,并由适当的颗粒组成。其质量技术要求应符合表3-25 的规定。

沥青混合料用细集料质量要求　　　　　　　　表3-25

项　目	条件	单位	高速公路、一级公路	其他等级公路
表观相对密度	≥	—	2.50	2.45
坚固性(>0.3mm 部分)	≤	%	12	—

续上表

项　目	条件	单位	高速公路、一级公路	其他等级公路
含泥量(小于0.07mm的含量)	≤	%	3	5
砂当量	≥	%	60	50
亚甲蓝值	≤	g/kg	25	—
棱角性(流动时间)	≥	s	30	—

注：1. 坚固性试验应根据需要进行。

2. 当进行砂当量试验有困难时，也可用水洗法测定小于0.075mm部分含量(仅适用于天然砂)，对高速公路、一级公路要求不大于3%，其他等级公路要求不大于5%。

热拌沥青混合料的细集料宜采用优质的机制砂。在缺砂地区，也可使用天然砂，但用于高速公路、一级公路沥青混凝土面层及抗滑表层均采用机制砂。细集料应与沥青有良好的黏结能力。黏结能力差的天然砂及用花岗岩、石英岩等酸性石料破碎的机制砂，不宜用于高速公路及一般公路的面层。必须使用时，应采取与粗集料相同的抗剥离措施。

4. 填料

沥青混合料的填料宜采用石灰岩或岩浆岩中的强基性岩石等憎水性石料经磨细得到的矿粉。矿粉要求洁净、干燥，其质量技术要求应符合表3-26的规定。

沥青混合料用矿粉质量要求　　　　表3-26

指　标	条件	单位	高速公路、一级公路	其他等级公路
表观密度	≥	t/m³	2.50	2.45
含水率	≤	%	1	1
粒度范围	<0.075mm	%	100	100
	<0.6mm	%	90~100	90~100
	<0.15mm	%	75~100	70~100
外观	—		无团粒结块	
亲水系数			<1	
塑性指数			<4	
加热稳定性	—		实测记录	

当采用水泥、石灰、粉煤灰作填料时，其用量不宜超过矿料总量的2%。作为填料使用的粉煤灰，烧失量应小于12%，塑性指数应小于4%。粉煤灰的用量不宜超过填料总量的50%，并经试验确认与沥青有良好黏结力，沥青混合料的水稳性能得到满足。高速公路、一级公路的混凝土面层不宜采用粉煤灰作为填料。

拌和站的粉尘不得作为矿粉的一部分回收使用。

3.5.3　沥青混合料分类

沥青混合料是由矿料与沥青结合料拌和而成的混合料的总称。按材料组成及结构不同，可分为连续级配、间断级配混合料；按矿料级配组成及空隙率大小不同，可分为密级配(空隙率3%~6%)、半开级配(空隙率6%~12%)、开级配混合料(排水式、空隙率18%以上)；按公称最大粒径的大小不同,可分为特粗式(公称最大粒径等于或大于37.5mm)、粗粒式(公称最大粒径31.5mm或26.5mm)、中粒式(公称最大粒径16mm或19mm)、细粒式(公称最大粒径9.5mm或13.2mm)、砂粒式(公称最大粒径小于4.75mm)沥青混合料;按制造工艺不同,可分为热拌沥青混合料、冷拌沥青混合料、再生沥青混合料等。

密级配沥青混合料主要有密实式沥青混凝土混合料(AC)和密实式沥青稳定碎石混合料(ATB)两种。密级配沥青混合料按关键性筛孔通过率的不同又可分为细型、粗型密级配沥青混合料等。

沥青稳定碎石混合料简称沥青碎石,按空隙率、集料最大粒径、添加矿粉数量的不同,分为密级配沥青碎石(ATB)、开级配沥青碎石(OGFC表面层、ATPB基层和LSPM)和半开级配沥青碎石(AM)。

沥青玛琋脂碎石混合料是由沥青结合料与少量的纤维稳定剂、细集料以及较多量的填料(矿粉)组成的沥青玛琋脂,填充于间断级配的粗集料骨架的间隙,组成一体形成的沥青混合料。

3.5.4 沥青表面处治路面施工

沥青表面处治是用沥青裹覆矿料铺筑厚度小于3cm的一种薄层路面面层。其主要作用是保护下层路面结构层,使它不直接遭受行车和自然因素的破坏作用,延长路面使用寿命,并改善行车条件。计算路面厚度时,不作为单独受力结构层。

1. 特点及分类

沥青表面处治路面系按嵌挤原则修筑而成,为了保证矿料间有良好的嵌挤作用,同一层的矿料颗粒尺寸应力求均匀。

沥青表面处治路面可采用拌和法或层铺法施工。比较普遍采用的是层铺法,即将沥青材料与矿质材料分层洒布与铺撒,分层碾压成型。拌和法可热拌热铺或冷拌冷铺,热拌热铺的施工工艺按热拌沥青混合料路面的规定执行,冷拌冷铺的施工工艺按乳化沥青碎石混合料路面的有关规定执行。

层铺法施工沥青表面处治路面,按浇洒沥青及撒铺矿料的层次不同,可分为单层式、双层式和三层式,厚度宜为1.0~3.0cm。单层表处的厚度为1.0~1.5cm;双层表处的厚度为1.5~2.5cm;三层表处的厚度为2.5~3.0cm。

拌和法沥青表面处治路面厚度宜为3.0~4.0cm。采用拌和法施工时,基层顶面应洒透层沥青或黏层沥青或做下封层。

2. 材料要求

沥青表面处治采用的集料最大粒径应与处治层的厚度相等,其规格和用量可按规范的规定选用。当采用乳化沥青时,为减少乳液流失,可在主层集料中掺加20%以上的较小粒径集料。沥青表面处治施工后,应另备粒径为5~10mm的碎石或粒径为3~5mm的石屑、粗砂或小砾石[用量为$(2~3)m^3/1000m^2$]作为初期养护用料。

采用道路石油沥青时,沥青用量应按规范中规定的材料用量选定。当采用煤沥青时,可按规范规定的石油沥青用量增加15%~20%。当采用乳化沥青时,乳液用量按其中的沥青含量折算,规范中所列乳液用量适用于沥青含量为60%的乳化沥青。在高寒地区及干旱、风沙大的地区,沥青用量可在超出规范规定的高限基础上,再增加 5% ~10%。

在旧沥青路面、清扫干净的碎(砾)石路面、水泥混凝土路面、块石路面上铺筑沥青表面处治时,可在第一层沥青用量中增加 10% ~20%,不再另外洒布透层沥青。

3. 施工机械

沥青表面处治施工应采用沥青洒布车喷洒沥青。小规模施工沥青表面处治可采用机动或手摇的手工沥青洒布机洒布沥青,乳化沥青也可用齿轮泵或气压或洒布机洒布。手工喷洒必须由熟练工人操作,力求均匀洒布。

沥青表面处治压实机械的吨位以能使集料嵌挤紧密又不致使石料有较多的压碎为度,宜采用 6~8t 或 8~10t 压路机进行碾压。乳化沥青表面处治宜采用较轻的压实机械进行碾压。

4. 层铺法施工

层铺法表面处治施工分为先油后料和先料后油两种。一般多采用先油后料法施工;只有当堆放集料地点受限制或临近低温施工为使路面加速反油成型,才采用先料后油法施工,如图 3-18 所示。

图 3-18 层铺法表面处治施工

三层式沥青表面处治的施工工艺按下述步骤进行:

(1)在透层沥青充分渗透,或在已用作透层或封层并已开放交通的基层清扫后,即可浇洒第一层沥青。沥青的浇洒温度根据施工气温及沥青标号选择:石油沥青 130~170℃、煤沥青 80~120℃。乳化沥青在常温下洒布,当气温偏低,破乳及成型过慢时,可将乳液加温后洒布,乳液加温不超过 60℃。当浇洒出现空白、缺边时,应立即进行人工补洒,有积聚时应予刮除。沥青浇洒的长度应与集料撒布机能力相配合,应避免沥青浇洒后等待时间过长。除阳离子乳化沥青外,不得在潮湿的基层(或旧路)或集料上浇洒沥青。

(2)浇洒沥青后(不必等全段洒完)应立即撒布第一层集料。当使用乳化沥青时,集料撒布必须在乳液破乳之前完成。撒布集料后应及时扫匀,达到全面覆盖一层、厚度一致、集料不重叠、沥青不外露的要求。局部缺料处应适时找补,局部积聚过多处应扫除多余料。

(3)撒布一段集料后(不必等全段铺完)应立即开始用 6~8t 钢筒双轮压路机碾压,碾压时每次轮迹重叠约 30cm,从路边逐渐移至路中心,然后再从另一边开始移向路中心,以此作为一次,宜碾压 3~4 次。碾压速度开始不宜超过 2km/h,以后可适当增加。

(4)第二、三层施工方法和要求与第一层相同,但可采用 8~10t 压路机碾压。当使用乳化沥青时,第二层除撒布 5~10mm 碎石作嵌料后尚应增加一层封层料,其规格为 3~5mm,用量为 (3.5~5.5)m³/1000m²。

双层或单层式沥青表面处治浇洒沥青及撒布集料的次数分别为 2 次及 1 次,其施工程序及要求与三层式相同。

除乳化沥青表面处治应待破乳后水分蒸发并基本成型后方可通车外,沥青表面处治路面在碾压结束后即可开放交通。通车初期应设专人指挥交通,使路面全部宽度内都能够比较均匀地受到车轮的碾压。

沥青表面处治应进行初期养护。当发现泛油时,应在泛油处补撒与最后一层石料规格相同的嵌缝料并扫匀。出现其他破坏现象,也应及时补修。

3.5.5 沥青贯入式路面施工

沥青贯入式路面是在初步压实的碎石层上浇灌沥青,再分层撒铺嵌缝料和浇洒沥青,并通过分层压实而形成的一种较厚的路面结构层,其厚度通常为 4~8cm,但乳化沥青贯入式路面的厚度不宜超过 5cm。贯入式路面的强度和稳定性主要由矿料的相互嵌挤和锁结作用而形成,其属于嵌挤式路面。

1. 特点及分类

沥青贯入式路面具有强度较高、稳定性好、施工简便和不易产生裂缝等优点。由于沥青贯入式路面主要取决于矿料间的嵌挤作用,受温度变化影响小,故温度稳定性较好。其缺点是沥青不易均匀洒布在矿料中,在矿料密实处沥青不易贯入,而在矿料空隙较大处,沥青又容易结成块,因而强度不够均匀。

当需要在贯入式路面结构的上部加铺拌和的沥青混合料面层时,总厚度宜为 6~10cm,其中拌和层厚度宜为 2~4cm。此种结构一般称为沥青上拌下贯式路面。

沥青贯入式路面是一种多孔隙结构,为了防止表面水透入,增强路面的水稳性,使路面面层坚固密实,沥青贯入式面层之下应做下封层。

2. 材料要求

集料应选择有棱角、嵌挤性好的坚硬石料,当使用破碎砾石时,其破碎面应符合规范规定。贯入层主层集料中大于粒径范围中值的数量不得少于 50%。细粒料含量偏多时,嵌缝料用量宜采用低限。贯入层的主层集料最大粒径宜与贯入层厚度相同,当采用乳化沥青时,主层集料最大粒径可采用厚度的 0.80~0.85 倍,数量按压实系数 1.25~1.30 计算。表面不加铺拌和层的贯入式路面,在施工结束后,应另备 $(2~3)m^3/1000m^2$ 与最后一层嵌缝料规格相同的石屑或粗砂等,供初期养护使用。

采用道路石油沥青及乳化沥青的材料用量应按规范规定的材料用量选用。当采用煤沥青时,可按相关规范规定的石油沥青用量增加 15%~20%;当采用乳化沥青时,乳液用量按其中的沥青含量折算,规范中所列乳液用量适用于沥青含量为 60% 的乳化沥青。在高寒地区及干旱、风沙大的地区,沥青用量可在超出规范规定高限的基础上,再增加 5%~10%。

表面加铺拌和层的路面结构,其拌和层部分的材料规格及沥青用量按热拌沥青混合料的有关规定执行。

3. 施工机械

沥青贯入式路面的主层集料可采用碎石摊铺机或人工摊铺。嵌缝料宜采用集料撒布机撒布。应采用沥青洒布车喷洒沥青。

沥青贯入式路面压实机械的吨位以能使集料嵌挤紧密又不致使石料有较多的压碎度为度,宜采用6~8t或8~10t压路机进行碾压,其主层集料宜用钢筒式压路机碾压。

4. 施工

(1)沥青贯入式路面施工前,基层必须清扫干净。当贯入式使用乳化沥青时,必须洒布透层或黏层沥青;当贯入式路面厚度小于或等于5cm时,也应洒布透层或黏层沥青。

(2)撒料。撒主层集料时,应注意撒铺均匀,避免颗粒大小不均,并不断检查松铺厚度和校验路拱。撒布集料后,严禁车辆通行。

(3)碾压。主层集料撒布后,先用6~8t的钢筒式压路机以2km/h的初压速度碾压,使集料基本稳定,至集料无显著推移为止,碾压时每次轮迹重叠约30cm,应自路边缘逐渐移至路中心,然后再从另一边开始移向路中心。最后再用10~12t的压路机进行碾压,每次轮迹重叠1/2左右,宜碾压4~6次,直到主层集料嵌挤稳定、无显著轮迹为止。

(4)洒布第一层沥青。主层集料碾压完毕后,应立即洒布第一层沥青。当采用乳化沥青时,为防止乳液下漏过多,可在主层集料碾压稳定后,先撒布一部分上一层嵌缝料,再洒布主层沥青。

(5)撒布第一层嵌缝料。主层沥青浇洒后应立即均匀撒布第一层嵌缝料。当使用乳化沥青时,嵌缝料的撒布必须在乳液破乳前完成。

(6)再碾压。嵌缝料扫匀后立即用8~12t钢筒式压路机碾压4~6次,每次轮迹重叠1/2左右,直至稳定为止。碾压时随压随扫,使嵌缝料均匀嵌入。

(7)洒布第二层沥青,撒布第二层嵌缝料,碾压,洒布第三层沥青,撒布封层料,最后碾压(宜采用6~8t压路机碾压2~4次)。

沥青贯入式路面为加铺沥青混合料拌和层时,应紧跟贯入层施工,使其上下成为一整体。贯入部分采用乳化沥青时,应待其破乳、水分蒸发且成型稳定后方可铺筑拌和层,当拌和层与贯入层不能同步连续施工,且需开放交通时,贯入层的第二层嵌缝料应增加用量$(2 \sim 3)m^3/1000m^2$。在摊铺拌和层沥青混合料前,应清除贯入层表面的杂物、尘土以及浮动石料,再补充碾压一次,并应浇洒布层沥青。拌和层的施工,与热拌沥青混合料路面相同。

3.5.6 热拌沥青混合料路面施工

沥青混凝土的强度是按照密实度原则构成,掺加一定数量的矿粉是其一个显著特点。矿粉的掺入,使沥青混凝土中的黏稠沥青以沥青胶泥薄膜形式分布,从而产生很大的黏结力,其黏结力比单纯沥青要大数十倍。因此,黏结力是沥青混凝土强度构成的重要因素,骨架的摩阻力和嵌挤也对强度的构成起重要作用。

1. 混合料类型选择

沥青面层可由单层、双层或三层沥青混合料组成,各层混合料的组成设计应根据其层厚和层位、气温和降雨量等气候条件、交通量和交通组成等因素,选用适当的最大粒径及级配类型,并遵循以下原则:

(1)应综合考虑满足耐久性、抗车辙、抗裂、抗水损害能力、抗滑性等多方面的要求,根据施工机械、工程造价等实际情况,按规范规定选用合适的类型。

(2)沥青面层的集料最大粒径宜从上至下逐渐增大,中粒式及细粒式用于上层,粗粒式只能用于中下层,砂粒式仅适用于通行非机动车及行人的路面工程。

(3)表面层沥青混合料的集料最大粒径不宜超过层厚的2/5～1/2,中、下面层的集料最大粒径不宜超过层厚的1/3～2/5。热拌热铺沥青混合料路面应采用机械化连续施工,以确保路面铺筑质量。

2. 配合比设计

沥青混合料组成设计的主要任务是选择合格的材料、确定各种粒径矿料和沥青的配合比。高等级公路沥青混凝土混合料配合比设计,应按照现行《公路沥青路面施工技术规范》(JTG F40)的规定进行马歇尔试验及各项配合比设计检验。对于高速公路和一级公路的公称最大粒径等于或小于19mm的密级配沥青混合料以及SMA、OGFC混合料,需在配合比设计的基础上进行高温稳定性检验、水稳定性检验、低温性能检验、抗渗水性能检验等。

热拌沥青混合料的配合比设计应遵照下列步骤进行:

(1)目标配合比设计阶段。用工程实际使用的材料进行矿料配合比设计,通过马歇尔试验,确定最佳沥青用量,此目标配合比供拌和机确定各冷料仓的供料比例、进料速度及试拌使用。

(2)生产配合比设计阶段。对间歇式拌和机,必须从二次筛分后进入各热料仓的材料取样进行筛分,以确定各热料仓的材料比例,并取目标配合比设计的最佳沥青用量、最佳沥青用量±0.3%共三个沥青用量进行马歇尔试验,确定生产配合比的最佳沥青用量。

(3)生产配合比验证阶段。采用生产配合比进行试拌并铺筑试验段,并用拌和的沥青混合料和路上钻取的芯样进行马歇尔试验检验,确定标准配合比。

经设计确定的标准配合比,在施工过程中不得随意变更。但生产过程中如进场材料发生变化、矿料级配及马歇尔技术指标不符规定时,应及时调整配合比,确保沥青混合料质量,必要时重新进行配合比设计。

3. 混合料拌制

沥青混合料必须在拌和厂(场、站)采用拌和机械拌制,拌和机械设备的选型应根据工程量和工期综合考虑,而且拌和设备的生产能力应与摊铺能力相匹配,高于摊铺能力的5%～10%。

混合料拌制作业的要点如下:

(1)沥青混合料可采用间歇式拌和机或连续式拌和机拌制。高速公路、一级公路和二级公路均应采用间歇式拌和机拌和,间歇式拌和机的总拌和能力应满足施工进度要求,而且要求拌和机的除尘设备完好,冷料仓的数量应满足配合比的需要。

(2)集料进场宜在料堆顶部平台卸料,经推土机推平后,铲运机从底部按顺序竖直装料,减少集料离析。

(3)高速公路和一级公路施工用的间歇式拌和机必须配备计算机设备,拌和过程中逐盘采集,并打印各个传感器测定的材料用量和沥青混合料拌和量、拌和温度等各种参数,每个台班结束时打印出一个台班的统计量,按规定的方法,进行沥青混合料生产质量及铺筑厚度的总量检验。

(4)沥青混合料的生产温度应符合相应的要求。烘干集料的残余含水率不得大于0.5%。每天开始几盘集料应提高加热温度,并干拌几锅集料废弃,然后才正式加沥青拌和混合料。

(5)拌和机的矿粉仓应配备振动装置以防止矿粉起拱。添加消石灰、水泥等外掺剂时,宜增加粉料仓,也可由专用管线和螺旋升送器直接加入拌和锅;若与矿粉混合使用,应注意防止二者因密度不同发生离析。

(6)拌和机必须有二级除尘装置,经一级除尘部分严禁回收使用,二级除尘部分也应废弃。

(7)沥青混合料拌和时间应根据具体情况经试拌确定,以沥青均匀裹覆集料为度。间歇式拌和机每盘的生产周期不宜少于45s(其中干拌时间不少于5~10s)。改性沥青和SMA混合料的拌和时间应适当延长。

(8)间歇式拌和机的振动筛规格应与矿料规格相匹配,最大筛孔宜略大于混合料的最大粒径,其余筛的设置应考虑混合料的级配稳定,并尽量使热料仓大体均衡。不同级配混合料必须配置不同的筛孔组合。

(9)间歇式拌和机宜备有保温性能好的成品储料仓,储存过程中混合料温降不得大于10℃,且不能有沥青滴漏。普通沥青混合料的储存时间不得超过72h,改性沥青混合料的储存时间不宜超过24h,SMA混合料只限当天使用,OGFC混合料宜随拌随用。

(10)生产添加纤维的沥青混合料时,纤维必须在混合料中充分分散、拌和均匀。拌和机应配备同步添加投料装置,松散的絮状纤维可在喷入沥青的同时或稍后采用风送设备喷入拌和锅,拌和时间宜延长5s以上。颗粒纤维可在粗集料投入的同时自动加入,经5~10s的干拌后,再投入矿粉。

4. 混合料运输

拌制好的沥青混合料宜采用较大吨位的运料车运输,在运输中应注意以下事项:

(1)运料车不得超载运输,不得紧急制动、急转弯掉头而使透层、下封层造成损伤。运料车的运力应稍有富余,施工过程中摊铺机前方应有运料车等候。对高速公路、一级公路,摊铺现场待等候的运料车多于5辆后才开始摊铺。

(2)运料车每次使用前后必须清扫干净,在车厢板上涂一薄层防止沥青黏结的隔离剂或防黏剂,但不得有余液积聚在车厢底部。从拌和机向运料车上装料时,应多次挪动汽车位置,平衡装料,以减少混合料离析。运料车运输混合料宜用苫布覆盖保温、防雨、防污染。

(3)运料车进入摊铺现场时,轮胎上不得沾有泥土等可能污染路面的脏物。到达摊铺地点的沥青混合料的料温不符合施工温度的要求,以及已经结成团块或遭雨淋的,均不得铺筑。

(4)摊铺过程中,运料车应在摊铺机前50~100mm处停住,挂空挡等候,由摊铺机推动前进开始缓缓卸料,避免撞击摊铺机。有条件时,运料车可将混合料卸入转运车经二次拌和后向摊铺机连续均匀地供料。运料车每次卸料必须倒净,尤其是对改性沥青或SMA混合料,如有剩余,应及时清除,防止硬结。

5. 混合料摊铺

铺筑沥青混合料前,应检查确认下承层的质量。当下层质量不符合要求或未按规定洒布透层、黏层、铺筑下封层时,不得铺筑沥青混合料。混合料摊铺的施工要点如下:

(1)热拌沥青混合料应采用沥青摊铺机摊铺,在喷洒有黏层油的路面上铺筑改性沥青混合料或SMA时,宜使用履带式摊铺机。摊铺机的受料斗应涂刷薄层隔离剂或防黏结剂。

(2)铺筑高速公路、一级公路沥青混合料时,一台摊铺机的铺筑宽度不宜超过6~7.5m,通常宜采用两台或更多台数的摊铺机前后错开3~5m成梯队方式同步摊铺,两幅之间应有宽30~60mm的搭接,并避开车道轮迹带,上下层的搭接位置宜错开200mm以上。截至2021年,单台摊铺机的最大摊铺宽度可达18.75m,具有优异的抗离析、良好的平整度、横向坡度、均匀密实度,保证了面层均匀无离析、横向一字坡和纵向无接缝。

(3)摊铺机开工前应提前0.5~1h预热熨平板(不低于100℃)。铺筑过程中应使熨平板的振捣或夯锤压实装置具有适宜的振动频率和振幅,以提高路面的初始压实度。熨平板加宽连接应仔细调节至摊铺的混合料没有明显的离析痕迹。

(4)如图3-19所示,摊铺机必须缓慢、均匀、连续不间断地摊铺,不得随意变换速度或中途停顿,以提高平整度,减少混合料的离析。摊铺速度宜控制在(2~6)m/min的范围内。对改性沥青混合料及SMA混合料宜放慢至(1~3)m/min,摊铺的混合料不得出现离析、波浪、裂缝、拖痕。

(5)摊铺机应采用自动找平方式,下面层或柔性基层宜采用钢丝绳引导的高程控制方式,上面层宜采用非接触式平衡梁或雪橇式。对于摊铺厚度控制方式,中面层应根据情况选用找平方式。直接接触式平衡梁的轮子不得黏附沥青。铺筑改性沥青或SMA路面时宜采用非接触式平衡梁。

图3-19 沥青混合料摊铺

(6)沥青路面不得在气温低于10℃(高速公路和一级公路)或5℃(其他等级公路),以及雨天、路面潮湿的情况下施工。寒冷季节遇大风降温,不能保证迅速压实时不得铺筑沥青混合料。热拌沥青混合料的最低摊铺温度根据铺筑层厚度、气温、风速及下卧层表面温度应符合规范的要求,每天施工开始阶段宜采用较高温度的混合料。

(7)沥青混合料的松铺系数应根据混合料类型由试铺试压确定。摊铺过程中应随时检查摊铺层厚度及路拱、横坡,并由使用的混合料总量与面积校验平均厚度。一般参照表3-27及成型后的平均厚度校验,根据铺筑情况进行调整。

沥青混合料松铺系数　　　　　　　　　　　　　　　表3-27

类　　型	机械摊铺	人工摊铺
沥青混凝土	1.15~1.35	1.25~1.50
沥青碎石	1.15~1.30	1.20~1.45

摊铺压实成型后的平均厚度T的计算公式为:

$$T = \frac{100M}{D \cdot L \cdot W} \tag{3-2}$$

式中:T——平均厚度,cm;

D——压实成型后沥青混合料的密度,t/m³;

L——摊铺长度,m;

M——摊铺的沥青混合料总质量,t;

W——摊铺宽度,m。

(8)摊铺机的螺旋布料器应相应于摊铺速度调整到保持一个稳定的速度均衡地转动,两侧应保持有不少于送料器 2/3 高度的混合料,以减少在摊铺过程中混合料的离析。

(9)用机械摊铺的混合料,不宜用人工反复修整,对于特别严重的缺陷应整层铲除。

(10)摊铺作业不得中途停顿,并应紧跟碾压。因故不能及时碾压时,应立即停止摊铺,并对已卸下的沥青混合料覆盖苫布保温。

(11)在雨季铺筑沥青路面时,应加强与气象台(站)的联系,已摊铺的沥青层因遇雨未行压实的应予铲除。

6. 沥青路面的压实

压实是最后一道工序,良好的路面质量最终要通过碾压来实现。碾压中出现质量缺陷,会导致前功尽弃,因此,必须十分重视压实工作。作业中应注意以下要点:

(1)AC 类密级配沥青混凝土的压实层的最大厚度不宜大于 100mm,沥青稳定碎石混合料的压实层厚度不宜大于 160mm,但当采用大功率压路机且经试验证明能达到压实度时,允许增大到 160mm。

(2)沥青路面施工应配备足够数量的压路机,选择合理的压路机组合方式及初压、复压、终压(包括成型)的碾压步骤,以达到最佳碾压效果。施工气温低、风大、碾压层薄时,压路机数量应适当增加。

(3)压路机应以慢而均匀的速度碾压,压路机的碾压速度应符合表 3-28 的规定。压路机的碾压路线及碾压方向不应突然改变,以防引起混合料推移。碾压区的长度应大体稳定,两端的折返位置应随摊铺机前进而推进,横向不得在相同的断面上。

压路机碾压速度(单位:km/h) 表 3-28

压路机类型	初 压		复 压		终 压	
	适宜	最大	适宜	最大	适宜	最大
轮胎压路机	2~3	4	3~5	6	4~6	8
双钢轮压路机	2~3 (静压或振动)	3 (静压或振动)	3~4.5 (振动)	5 (振动)	3~6 (静压)	6 (静压)

注:静压是指关闭振动装置的无振动碾压。

(4)压路机的碾压温度应符合相应的要求,并根据混合料种类、压路机、气温、层厚等情况经试压确定。在不产生严重推移和裂缝的前提下,初压、复压、终压都应在尽可能高的温度下进行。同时,不得在低温状况下做反复碾压,使石料棱角磨损、压碎,破坏集料的嵌挤。

①初压应在紧跟摊铺机后碾压,并保持较短的初压区长度,以尽快使表面压实,减少热量散失。通常宜用双钢轮压路机静压 1 次,再用双钢轮压路机振动碾压 1 次。碾压时,应将压路机的驱动轮面向摊铺机,从外侧向中心碾压,在超高路段则由低向高碾压,在坡道上应让驱动轮从低处向高处碾压。

②复压应紧跟在初压后进行,且不得随意停顿。压路机碾压段的总长度应尽量缩短,通常为 30~50m。采用不同型号的压路机组合碾压时宜安排每一台压路机做全幅碾压,以防止不同部位的压实度不均匀。

密级配沥青混凝土的复压宜优先采用重型的轮胎压路机进行搓揉碾压,以增加泌水性,其总质量不宜小于 26t。吨位不足时宜附加重物,且各个轮胎的气压大体相同,相邻碾压带应重叠 1/3～1/2 的碾压轮宽度,碾压至要求的压实度为止。对以粗集料为主的较大粒径的混合料,尤其是大粒径沥青稳定碎石基层,宜优先采用振动压路机复压;厚度小于 30mm 的薄沥青层不宜采用振动压路机碾压。

③终压应紧接在复压后进行,如经复压后已无明显轮迹时可免去终压。终压可选用轻吨位的双轮钢筒式压路机或轮胎压路机碾压 1～2 次,至无明显轮迹为止。

SMA 路面的压实除沥青用量较低、经试验证明采用轮胎压路机碾压有良好效果外,不宜采用轮胎压路机碾压,以防将沥青结合料搓揉挤压上浮。SMA 路面宜采用振动压路机碾压。振动压路机应遵循"紧跟、慢压、高频、低幅"的原则,即紧跟在摊铺机后面,采取高频率、低振幅的方式慢速碾压,一般振碾 6 遍。如发现 SMA 混合料高温碾压有推移现象,应复查其级配是否合适。

(5)在碾压过程中应保持碾压轮清洁,有混合料沾轮应立即清除。对钢轮可涂刷隔离剂或防黏结剂,但严禁刷柴油。当采用向碾压轮喷水(可添加少量表面活性剂)的方式时,必须严格控制喷水量且成雾状,不得漫流,以防混合料降温过快。轮胎压路机开始碾压阶段,可适当烘烤、涂刷少量隔离剂或防黏结剂,也可少量喷水,并先到高温区碾压使轮胎尽快升温,之后停止洒水。轮胎压路机的轮胎外围宜加设围裙保温。

(6)压路机不得在未碾压成型路段上转向、掉头、加水或停留。在当天成型的路面上,不得停放各种机械设备或车辆,不得散落矿料、油料等杂物。

7. 开放交通

热拌沥青混合料路面应待摊铺层完全自然冷却,混合料表面温度低于 50℃后,方可开放交通。严禁洒水冷却降低混合料温度。铺筑好的沥青层应严格控制交通,做好保护,保持整洁,不得造成污染。严禁在沥青层上堆放施工产生的土或杂物,严禁在已铺沥青层上制作水泥砂浆。

3.5.7 乳化沥青碎石混合料路面施工

乳化沥青碎石混合料路面的面层宜采用双层式:下层采用粗粒式沥青碎石混合料,上层采用中粒式或细粒式沥青碎石混合料。单层式只宜在少雨干燥地区或半刚性基层上使用。在多雨潮湿地区必须做上封层或下封层。

1. 乳化沥青碎石混合料的配合比

乳化沥青碎石混合料的配合比,目前还难于由配合比设计的方法决定,实际施工时,应根据已建道路的成功经验决定。其矿料级配可采用热拌沥青碎石的级配;其乳液用量应根据交通量、气候、石料情况,参照当地经验确定,也可按热拌沥青碎石混合料的沥青用量折算。实际的沥青用量宜较同规格热拌沥青混合料的沥青用量减少 15%～20%。

2. 施工要求

乳化沥青碎石混合料宜采用拌和厂机械拌和,受条件限制时也可以现场用人工拌制。其施工顺序类同热拌沥青混合料的施工,但因乳化沥青中含有较多水分,黏度较低,破乳过程要经历一定时间,因而又有某些不同之处,主要表现在以下几个方面:

(1)对拌和法施工,应选择慢裂或中裂乳化沥青,并应使用表面干净石料。当采用阳离子乳液时，还应在干燥石料中加入2%左右的水，使石料表面湿润后再加乳液进行拌和，要求拌和迅速，在1~2min内即将混合料拌匀。

(2) 使用乳化沥青施工时，要求暂时中断交通。当不能中断交通时，应在路面混合料摊铺碾压后做一薄层罩面，以保护主层乳液混合料。对于阳离子乳液施工的路面，车速控制不超过15km/h的时间至少2~5h；对于阴离子乳液施工，则需1~2d。在气温高、湿度小的天气环境下，控制车速的时间可短些，反之则要长一些。

(3) 乳化沥青黏度低、渗透快，用于洒铺路面时，浇洒不宜过于集中，以免因一次用量太大，形成流失浪费。

3. 碾压

乳化沥青碎石混合料的碾压可与热拌沥青混合料相同，但应注意以下几点：

(1) 混合料摊铺后，初压应采用6t左右的轻型压路机压1~2次，使混合料初步稳定，再用轮胎式压路机或轻型钢筒式压路机压1~2次。初压应匀速进退，不得在碾压路段紧急制动或快速启动。

(2) 当乳化沥青开始破乳，混合料由褐色转变成黑色时，用12~15t轮胎式压路机或10~12t钢筒式压路机复压，复压2~3次后立即停止，待晾晒一段时间，水分蒸发后再补充复压至密实为止。

(3) 碾压时，发现局部混合料有松散或开裂时，应立即挖除，补换新料，整平后继续碾压密实。

(4) 上封层应在压实成型、路面水分蒸发后方可加铺。

3.5.8 透层、黏层、下封层施工

透层、黏层与下封层油的喷洒统一使用智能沥青洒布车，应根据所洒布材料选择合适的喷嘴，确保喷洒的沥青成均匀雾状。沥青洒布车喷洒时应保持稳定的速度和喷洒量，同时应当调整喷油管的高度，使同一地点接受2~3个喷油嘴喷洒的沥青。喷洒的沥青应当均匀，不得有撒花漏空或成条状，也不得有堆积；喷洒不足的要补洒，过量的应当清除。沥青喷洒过程中严禁一切车辆和行人通过。

应对喷洒区附近的结构物或其他已施工部位加以保护，以免溅上沥青受到污染。洒布车喷洒完一个车道停车后，应当用油槽接住排油管滴下的沥青，以防止局部沥青过多。

1. 透层

沥青路面的级配砂砾、级配碎石基层及水泥、石灰、粉煤灰等无机结合料稳定土或粒料的半刚性基层上必须浇洒透层沥青。

(1) 可根据基层的类型选择渗透性好的液体沥青、乳化沥青、煤沥青等，透层沥青渗透入基层的深度不宜小于5（无机结合料稳定集料基层）~10mm（无结合料基层），并能与基层连成一体。

(2) 用于半刚性基层透层沥青宜紧接在基层碾压成型后表面稍干，但尚未硬化的情况下喷洒；当基层完工后时间较长，表面过分干燥时，在基层表面少量洒水。在无结合料的粒料基层上洒布透层油时，宜在铺筑沥青层前1~2d洒布。

(3) 高速公路、一级公路、二级公路均应采用沥青洒布车喷洒透层沥青，如图3-20所示。

二级以下公路也可采用手摇沥青洒布机喷洒透层沥青。喷嘴应配置适当,以保证沥青喷洒均匀。

（4）喷洒透层沥青前应清扫路面,对路缘石及人工构造物应进行遮挡防护,以防污染。透层沥青洒布后应不致流淌,不得在表面形成油膜,铺筑面层前,应清除多余的透层沥青堆积层。

（5）当采用乳化沥青做透层时,洒布后应待其充分渗透、水分蒸发完成,方可铺筑沥青面层,时间不宜少于24h。透层沥青的规格与用量见表3-29。

图3-20 透层沥青的洒布

沥青路面透层材料的规格与用量　　　　表3-29

用途	乳化沥青		液体沥青		煤沥青	
	规格	用量(L/m²)	规格	用量(L/m²)	规格	用量(L/m²)
无机结合料粒料基层	PC-2 PA-2	1.0～2.0	AL(M)-1、2或3 AL(S)-1、2或3	1.0～2.3	T-1 T-2	1.0～1.5
半刚性基层	PC-2 PA-2	0.7～1.5	AL(M)-1或2 AL(S)-1或2	0.6～1.5	T-1 T-2	0.7～1.0

注：表中用量是指包括稀释剂和水分等在内的液体沥青、乳化沥青的总量。乳化沥青中的残留物含量以50%为基准。

（6）高速公路无机结合料稳定类基层喷洒透层油时,透层的洒布应当在上基层铺筑完成以后表面稍干但尚未硬化的状态下喷洒,在第一次喷洒时应当对喷洒量进行标定以满足要求,同时应当进行挖验以观察其渗透深度。

（7）当气温低于10℃或遇大风天气,即将降雨或正在下雨时都不得喷洒透层油。

2. 黏层

黏层的作用在于使上、下沥青层或沥青层与构造物完全黏结成一整体。因此,符合下列情况时应洒布黏层沥青:

（1）双层或三层式热拌热铺沥青混合料路面,在铺筑上层沥青混合料前。

（2）水泥混凝土路面、沥青稳定碎石基层或旧沥青路面层上加铺沥青层。

（3）与新铺沥青混合料接触的路缘石、雨水口、检查井等构造物与新铺沥青混合料接触的侧面。

黏层沥青宜采用快裂或中裂的乳化沥青、改性乳化沥青,也可采用快、中凝液体石油沥青。黏层沥青所使用的基质沥青标号宜与主层沥青混合料相同。

黏层沥青宜用沥青洒布车喷洒,喷嘴应配置适当,以保证沥青喷洒均匀。在路缘石、雨水进水口、检查井等局部,应用刷子人工涂刷。黏层沥青应均匀洒布或涂刷,浇洒过量时应予刮除。浇洒表面有脏物、尘土时应清除干净,当有沾黏的土块时,应用水刷净,待刷净面干燥后再浇洒黏层沥青。气温低于10℃或路面潮湿时,不应浇洒黏层沥青。严禁行人及其他车辆在浇洒黏层后通行。

黏层沥青浇洒后应紧接铺筑其上层。但乳化沥青应待破乳、水分蒸发完后再铺筑其上层。黏层沥青的规格与用量见表3-30。

沥青路面黏层材料的规格与用量 表3-30

下卧层类型	液体沥青		乳化沥青	
	规格	用量(L/m²)	规格	用量(L/m²)
新建沥青层或旧沥青面层	AL(R)-3～AL(R)-6 AL(M)-3～AL(M)-6	0.3～0.5	PC-3 PA-3	0.3～0.6
水泥混凝土	AL(R)-3～AL(R)-6 AL(S)-3～AL(S)-6	0.2～0.4	PC-3 PA-3	0.3～0.5

3. 下封层

为了更好地防止水分下渗以及与沥青层更好黏结,要求无机结合料稳定碎石基层与沥青层之间设置下封层。下封层应于沥青层铺筑前1d施工,下封层采用同步碎石封层车撒布单层热沥青表处。采用70-A级热沥青或热SBS改性沥青,撒布量为1.1～1.3kg/m²,同步撒布采用0.4%沥青用量进行预拌的5～10mm碎石,撒布量为7～9kg/m²(具体应通过试验确定)。透层油与下封层的沥青总量宜控制为1.6～1.8kg/m²。

下封层应当进行试撒,以确定热沥青与预拌碎石的撒布量。下封层沥青撒布以后,紧接着用碎石撒布车撒布预拌碎石,碎石撒布应当均匀,撒布不匀的地方采用扫帚及时扫匀,达到全面覆盖、厚度一致、集料不重叠,集料的撒布率约80%。预拌碎石撒布后,用6～8t轻型钢轮压路机或胶轮压路机静压1次,压路机应当行驶平稳且不得紧急制动或掉头。

下封层施工完毕以后应当封闭交通,必须行驶的施工车辆最少应在12h后方可上路,并保证行驶过程中不得紧急制动和掉头。

下封层以选择干燥和较热的季节施工,并在最高气温低于15℃时期前半个月完成,即将降雨时也不得施工。下封层施工如图3-21所示。下封层的撒布率如图3-22所示。

图3-21 下封层施工

图3-22 下封层的撒布率

3.6 水泥混凝土路面施工

水泥混凝土路面刚度大、强度高、经久耐用,近年来在我国有了长足的发展。水泥混凝土路面可分为普通混凝土、钢筋混凝土、碾压混凝土、钢纤维混凝土及连续配筋混凝土路面等。

3.6.1 水泥混凝土路面构造

水泥混凝土路面由下而上依次为湿度调节层/防冻层、路面基层和水泥混凝土面板等。

1. 水泥混凝土路面对路基的要求

尽管通过水泥混凝土路面的面层和基层传到土基的压力很小(一般不超过 0.05MPa)。但是,如果土基不够密实、稳定,在行车荷载和水温变化的影响下,容易导致不均匀沉陷,难以形成均匀支承。因此,要求水泥混凝土路面下的路基必须密实、稳定和均质;同时,对影响路基强度和稳定的地面水和地下水,必须采取相应的拦截和疏导措施,使路基应处于干燥或中湿状态。

2. 水泥混凝土路面的基层与湿度调节层/防冻层

为保证水泥混凝土路面的整体强度及耐久性,防止唧泥和错台,基层应具有足够的强度和稳定性。特重和重交通量的公路,基层宜采用水泥稳定砂砾、水硬性工业废渣稳定类或沥青混合料类等;中等和轻交通量的公路,除上述类型外,也可采用石灰土、泥灰结碎石等。

基层宽度应比混凝土面板每侧多 30cm(采用小型机具或轨道式摊铺机施工)或 50cm(采用轨道式摊铺机施工)或 65cm(采用滑模式摊铺机施工)。新建公路的水泥混凝土路面基层的最小厚度一般为 15cm。岩石路基上铺筑水泥混凝土面板时,应根据需要设置整平层,其厚度一般为 6~10cm。填石路基上铺筑水泥混凝土面板时,填石路基必须稳定、密实、表面平整,并满足水泥混凝土面板对基层强度的要求,如图 3-23 所示。

图 3-23 水泥混凝土路面基层施工

在原有公路上铺筑水泥混凝土面板时,原有路面应平整密实,符合路拱要求,其顶面的当量回弹模量与新建公路基层顶面的要求相同。若原有路面当量回弹模量达不到要求时,应设置补强层。补强层的厚度应经过计算确定,但不得小于结构层最小厚度的规定。

3. 水泥混凝土面板

(1)板的平面尺寸。普通混凝土面板一般采用矩形,纵向和横向接缝应垂直相交,其纵缝两侧的横缝不得互相错位。纵向缩缝间距(即板宽)可按路面宽度和每个车道宽度而定,其最大间距不得大于 4.5m。横向缩缝间距(即板长)应根据当地气候条件、板厚和实践经验确定,一般采用 4~6m,最大不得超过 6m,且板宽与板长之比不宜超过 1:1.3,平面尺寸不宜大于 25m^2。

(2)板厚。板的横断面一般等厚,其厚度采用设计文件的规定值。

4. 面板接缝

(1)纵缝。混凝土面板的纵缝必须与路线中线平行,纵缝一般分为纵向缩缝和纵向施工缝。一次铺筑宽度大于 4.5m 时,应增设纵向缩缝。纵向缩缝采用假缝,并应设置拉杆,其构造如图 3-24 所示。一次铺筑宽度小于路面宽度时,应设置纵向施工缝。纵向施工缝采用平缝,并应设置拉杆,其构造如图 3-25 所示。

(2)横缝。横缝一般分为横向缩缝、胀缝和横向施工缝。横向缩缝采用假缝,其构造如图 3-26a)所示。在特重交通的公路上,横向缩缝宜加设传力杆;其他各级交通的公路上,在邻近胀缝或路面自由端部的 3 条缩缝内,均宜加设传力杆,其构造如图 3-26b)所示。

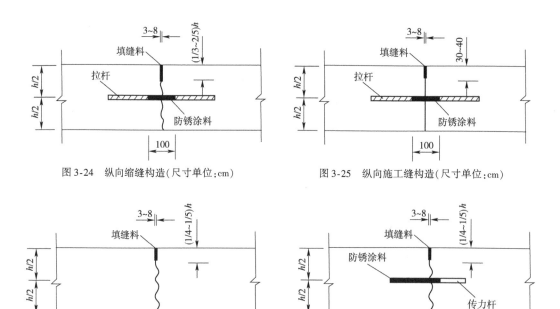

图 3-24 纵向缩缝构造(尺寸单位:cm)　　图 3-25 纵向施工缝构造(尺寸单位:cm)

图 3-26 横向缩缝构造(尺寸单位:cm)

在邻近桥梁或其他固定构筑物处、与柔性路面相接处、板厚改变处、隧道口、小半径平曲线和凹形竖曲线纵坡变换处,均应设置胀缝。在邻近构造物处的胀缝,应根据施工温度至少设置2条。除此之外的胀缝宜尽量不设或少设,其间距可根据施工温度、混凝土集料的膨胀性并结合当地经验确定。

胀缝应采用滑动传力杆,并设置支架或其他方法予以固定,其构造如图 3-27a)所示。与构筑物衔接处或其他公路交叉的胀缝无法设传力杆时,可采用边缘钢筋型或厚边型,其构造分别如图 3-27b)、图 3-27c)所示。

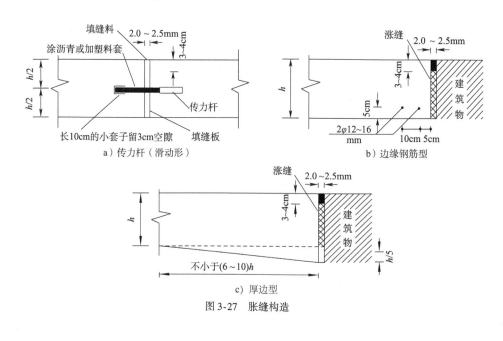

图 3-27 胀缝构造

每日施工完毕后,或浇筑混凝土过程中因故中断浇筑时,必须设置横向施工缝,其位置宜设在胀缝或缩缝处。设在胀缝处的施工缝,其构造与图 3-27a)相同;设在缩缝处的施工缝应采用平缝加传力杆,其构造如图 3-28 所示。

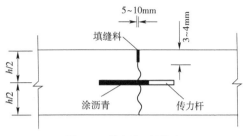

图 3-28 横向施工缝构造

(3)拉杆与传力杆。拉杆应采用螺纹钢筋,设在板厚中央,并应对拉杆中部 10cm 范围内进行防锈处理。拉杆直径、长度和间距可按表 3-31 选用,其最外边的拉杆距接缝或自由边的距离一般为 25~35cm。

拉杆的直径、长度和间距　　　　　表 3-31

面层厚度 (mm)	到自由边或未设拉杆纵缝的距离(m)					
	3.00	3.50	3.75	4.50	6.00	7.50
200~250	φ14×700×900	φ14×700×800	φ14×700×700	φ14×700×600	φ14×700×500	φ14×700×400
260~300	φ16×800×900	φ16×800×800	φ16×800×700	φ16×800×600	φ16×800×500	φ16×800×400

传力杆应采用光面钢筋,其长度的一半再加 5cm,应涂以沥青或加塑料套。胀缝处的传力杆,还应在涂沥青一端加一套子,内留 3cm 的空隙,填以纱头或泡沫塑料。套子端宜在相邻板中交错布置。传力杆尺寸及间距可按表 3-32 选用,其最外边的传力杆距接缝或自由边的距离一般为 15~25cm。

传力杆尺寸及间距　　　　　表 3-32

面层厚度(cm)	传力杆直径(mm)	传力杆最小长度(cm)	传力杆最大间距(cm)
22	28	40	30
24	30	40	30
26	32	45	30
28	35	45	30
30	38	50	30

(4)补强钢筋。当混凝土面板纵、横向自由边边缘下的基础有可能产生较大的塑性变形时,宜在板边缘加设补强钢筋,角隅处加设发针形钢筋或钢筋网。

混凝土面板边缘部分的补强,一般选用 2 根直径为 12~16mm 的螺纹钢筋,布置在板的下部,距底板一般为板厚的 1/4,并应不小于 5cm,间距一般为 10cm,钢筋两端应向上弯起。钢筋保护层最厚度应不小于 5cm。

混凝土板的角隅补强,可选用 2 根直径为 12~16mm 的螺纹钢筋,布置在板的上部,距板顶应不小于 5cm,距板边一般为 10cm。板角小于 90°时,亦可采用双层直径为 6cm 的钢筋网补强,布置在板的上、下部,距板顶和板底 5~10cm 为宜。钢筋保护层厚度应不小于 5cm。

3.6.2 施工材料

1. 混凝土混合料

混凝土混合料由水泥、粗集料、细集料、水与外加剂组成。

水泥一般采用普通硅酸盐水泥和道路硅酸盐水泥。中等及轻交通的路面,也可采用矿渣硅酸盐水泥。各级交通适用的水泥强度等级不宜低于表3-33的规定。水泥的物理性能及化学成分应符合现行国家标准《通用硅酸盐水泥》(GB 175)和《道路硅酸盐水泥》(GB/T 13693)的规定。

各级交通路面适用的水泥强度等级 表3-33

交通等级	水泥强度等级	交通等级	水泥强度等级
特重	525	重、中等、轻	425

粗集料(碎石或砾石)应质地坚硬、耐久、洁净,符合各交通路面适用的水泥强度等级规定级配,最大粒径不应超过37.5mm。细集料(天然砂或石屑)应质地坚硬、耐久、洁净,符合规定级配,细度模数宜在2.5以上。

清洗集料、拌和混凝土及养护所用的水,不应含有影响混凝土质量的油、酸、碱、盐类、有机物等。饮用水一般均可使用。

为了改善混凝土的技术性质,有时在混凝土制备过程中加入一定量的外加剂。常用的外加剂有流变剂、调凝剂和引气剂三类,外加剂的质量应符合现行国家标准《混凝土外加剂》(GB 8076)的技术规定,其用量应通过试验确定。

2. 接缝材料

接缝材料按使用性能不同,分为接缝板和填缝料两类。接缝板应选用能适应混凝土面板膨胀收缩、施工时不变形、耐久性良好的材料。填缝料应选用与混凝土面板缝壁黏结力强、回弹性好,能适应混凝土面板收缩、不溶于水和不渗水,以及高温时不溢出、低温时不脆裂和耐久性好的材料。

接缝板可采用杉木板、纤维板、泡沫橡胶板、泡沫树脂板等。接缝板的技术要求应符合规范的相关规定。

填缝料按施工温度不同,分为加热施工式和常温施工式两种。加热施工式填缝料主要有沥青橡胶类、聚氯乙烯胶泥类和沥青玛琋脂类等;常温施工式填缝料有聚氨酯焦油类、氯丁橡胶类、乳化沥青橡胶类等。填缝料的技术要求应符合规范的规定。

3. 配合比设计

混凝土的配合比应根据设计弯拉强度、耐久性、耐磨性、和易性等要求和经济合理的原则选用原材料,通过计算、试验和必要的调整,确定混凝土单位体积中各种组成材料的用量。混凝土配合比设计强度 f_c 应按式(3-3)确定:

$$f_c = k_i f_{cm} \tag{3-3}$$

式中: f_c ——混凝土配合比设计强度,MPa;

f_{cm} ——混凝土设计弯拉强度,MPa;

k_i ——提高系数,其值为1.10~1.15,可根据施工的技术水平和工程的重要程度确定。

3.6.3 施工准备

1. 材料准备及其性能检验

根据施工进度计划,在施工前分批备好所需要的水泥、砂石料及必要的外加剂,并在实际使用时核对调整。砂料应抽样检测含泥量、级配、有害物质含量、坚固性；对碎石还应抽检其强度、软弱度及针片状颗粒含量和磨耗率等。如含泥量超过允许值，应提前2d冲洗或过筛至符合规定为止；其他技术指标不符合规定时，应另选材料或采取有效的补救措施。

水泥除查验其出厂质量报告单外，还应逐批抽验其细度、凝结时间、安定性及3d、7d、28d的抗压强度等是否符合要求。受潮结块的水泥禁止使用；新出厂水泥至少要存放7d后方可使用。

外加剂应按其性能指标检验，并须通过试验判定其是否适用。

2. 混凝土配合比的检验与调整

施工前必须检验混凝土配合比设计是否合适。

(1)工作性的检验与调整。按设计配合比取样试拌，测定其工作度，必要量还应通过试铺检验。

(2)强度检验。按工作性符合要求的配合比，成型混凝土抗弯拉及抗压试件，养生28d后测定其强度。强度较低时，可采用提高水泥强度等级、降低水灰比或改善集料级配等措施。

(3)其他检验。除上述检验外，还可以选择不同用水量、不同水灰比、不同砂率或不同集料级配等配制混凝土，通过比较，从中选出经济合理的方案。施工现场砂石料的含水率会经常发生变化，必须及时进行测定，并调整其实际用量。

3. 基层检验与整修

(1)基层质量检验。基层强度应以基层顶面的当量回弹模量值或以黄河牌标准汽车测定的计算回弹弯沉值作为检验指标，检查结果不得小于设计要求。

基层完工后，应加强养护，控制行车，不使出现辙槽。如有损坏，应在浇筑混凝土板前采用相同材料修补压实，严禁用松散粒料填补。对原有公路加宽的部分，新旧部分的强度应一致。

(2)测量放样。测量放样是水泥混凝土路面施工前的一项重要工作。应先放出路中心线及路边缘线，将设胀缩缝、曲线起讫点、纵坡变化点等的中心点及一对边桩在实地标明。放样时，基层宽度应比混凝土板每侧宽出25~35cm。主要中心桩应分别固定在路边稳固位置，临时水准点每隔100m左右设置一个，以便施工时就近复核路面高程。

根据放好的中心线及边缘线，在现场核对施工图纸的混凝土分块线，要求分块线距窨井盖及其他公用事业检查井井盖的边线至少1m，否则应适当调整、移动分块线位置。

4. 安装模板及布设钢筋

摊铺混凝土之前，应先将路面边部模板安装完毕。采用半幅路面施工时，还应安装纵缝处模板。边模高度应与路面厚度相同。模板底面与基层若有空隙，应用石子或木片垫衬，以免振捣时模板下沉。垫衬后的剩余空隙，可用砂填满补实，以免漏浆而使混凝土侧面形成蜂窝。模板安装后应检查其高程是否正确，然后在内侧涂刷肥皂水、废机油等润滑剂以利拆模。

浇筑混凝土前，应按设计要求布设钢筋。钢筋应绑扎好，边缘钢筋可在底部垫放预制的混凝土垫块，或用钢钎插入基层固定，混凝土浇筑捣固后钢钎不再取出；角隅钢筋或全面网状钢筋，可先在下面浇一层混凝土后再予安放，然后再浇筑上面的混凝土。

3.6.4 水泥混凝土路面施工

1. 混凝土拌制及运送

拌制混凝土时,要准确掌握配合比,特别要严格掌握用水量。每天开始拌和前,应根据天气变化情况,测定砂石含水率,据以调整实际用水量,每盘拌料均应过磅,保证用料精确度控制在规范规定的范围。

每一工班应检查材料配合比至少两次,每半天检查坍落度两次。拌和机每盘拌和时间为 1.5~2.0min,相当于拌鼓转动 18~24 转。

采用移动式拌和机时,通常用推车或小翻斗车运送混凝土。因振动易使混合料产生离析现象,故运距不宜太长,一般以不超过 100m 为宜。采用拌和站(厂)集中拌和时,通常用自卸车或专用的混凝土搅拌运输车运送混凝土。自卸车车箱应密封,以免漏浆,装载不可过满,天热时需防水分蒸发,通常不宜覆盖。运距则根据运载容许时间确定,通常夏季不宜超过 30~40min,冬季不宜超过 60~90min。

2. 混凝土铺摊及捣实

水泥混凝土路面施工常分为小型机具施工、轨道式摊铺机施工、滑模式摊铺机施工三种方法。

铺摊混凝土混合料之前,应再检查模板、传力杆、接缝板、各种钢筋的安装位置是否正确,尺寸是否符合规定,绑扎是否牢固。

(1)小型机具施工。混凝土混合料运送到达工地后应卸在钢板上,以免扰动下承层(尤其在砂质整平层更应注意)。混合料有离析现象时应用铁铲翻拌均匀。摊铺时不宜扬撒、抛掷,以免混凝土发生离析。在模板附近,必须用方铲以扣铲法撒铺,并予振捣,使浆水捣出,以免发生空洞蜂窝。摊铺后的松散混凝土表面应略高于模板顶面,使捣实后的路面高程及厚度符合设计要求。

混凝土摊铺到一半厚度时应予刮平,用 2.2kW 平板振捣器振捣一遍后再加铺至路面顶面,整平后换用 1.2~1.5kW 平板振捣器再振捣一遍。

平板振捣器振捣后,对低洼处应予找补,然后用振捣梁振实。振捣梁的长度较一块路面板宽度略短,梁上装 2~3 只 1.1~1.7kW 振捣器。振捣梁(夯实)两边各由一人扶着来回振捣,一般来回振捣一次,多余混凝土随振捣梁走动而刮去,低陷处应补足混凝土混合料后振捣密实,如图 3-29 所示。为提高混凝土强度,可采用重复振动来捣实路面混凝土。即在混凝土初凝前先振捣一遍使其密实,3~5h 后再振捣一遍,然后整平收浆。两次振捣均用 2.2kW 平板振捣器。此法可使混凝土强度提高 20%~25%。

(2)轨道式摊铺机施工。轨道式摊铺机施工的整套机械系在轨道上推进,也以轨道为基准控制路面高程。轨道和模板同步安装,统一调整定位,将轨道固定在模板上,既作为路面的侧模,也是每节轨道的固定基座。轨道固定在路基上,其高程是否准确、轨道是否平直、接头是否平顺,将直接影响路面摊铺质量。模板要能承受从轨道传下来的机组质量,横向要保证模板的刚度。设置纵缝时,应按要求的间距,在模板上设置拉杆插入孔,如图 3-30 所示。

将倾卸在基层上或摊铺机箱内的混凝土按摊铺厚度均匀地充满在模板范围之内。刮板式摊铺机本身能在模板上自由地前后移动,在前面的导管上左右移动,并且由于刮板本身也旋转,所以可将卸在基层上的混凝土混合料向任意方向摊铺。这类摊铺机质量轻、容易操作、易于掌握,使用较为普遍,但其摊铺能力较低。

箱式摊铺机通过卸料机(纵向或横向)将混凝土混合料卸在钢制箱内,箱体在机械前进行驶时横向移动,同时箱子的下端按松铺厚度刮平混凝土。此类摊铺机混凝土混合料一次全部卸在箱内,质量较大,但摊铺均匀而准确,摊铺能力强,故障较少。

图 3-29 小型机具水泥混凝土路面施工

图 3-30 轨道式摊铺机施工作业

螺旋式摊铺机由可以正反方向旋转的螺旋杆(直径均为50cm)将混凝土混合料摊开。螺旋杆后面有刮板,可准确调整高度。这种摊铺机的摊铺能力强,其松铺系数一般为1.15~1.30。松铺系数与混凝土的配合比、集料粒径和坍落度有关,施工阶段主要取决于坍落度。

混凝土振捣机是跟在摊铺机后面,对混凝土进行一次整平和捣实的机械。振捣梁前方设置的与铺筑宽度同宽的复平梁,一方面是补充摊铺机初平的缺陷,更重要的是使松铺混凝土混合料在全宽范围内达到正确高度,它与振捣密度和路面平整度直接相关。复平梁后是一道全宽的弧面振捣梁,以表面平板式振动把振动力传至全厚度。弹性振捣梁通过后,混凝土已全部振实,其后部混凝土应控制有2~5mm的回弹高度,并提浆整平。

(3)滑模式摊铺机施工。滑模式摊铺机的施工工艺过程与轨道式摊铺机基本相同。滑模式摊铺机是将各作业装置装在同一机架上,通过位于模板外侧的行走装置随机移动滑动模板,就能按照要求使路面挤压成型,并可实现多种功能的摊铺,如路肩等。滑模式摊铺机的特点是不需轨模,整个摊铺机的机架支承在液压缸上,可以通过控制系统上下移动以调整上下厚度,一次完成摊铺、振捣、整平等多道工序。

3. 表面修整与拆模

混凝土振实后还应进行整平、精光、纹理制作等工序,按施工方法不同可分为人工施工和机械施工两种。

(1)人工施工。整平可用长 45cm、宽 20cm 的木抹板反复抹平,如图 3-31 所示。然后再用相同尺寸的铁抹板至少拖抹三次,再用拖光带沿左右方向轻轻拖拉几次。最后,将表面拉毛,并除去波纹和水迹。为使混凝土路面具有粗糙抗滑的表面,可在整面后用棕刷顺横坡方向轻轻刷毛,也可用金属梳或尼龙梳梳成深 1~2mm 的横槽,如图 3-32 所示。

图 3-31 混凝土整平与精光

图 3-32 混凝土纹理制作

(2)机械施工。表面整修机有斜向移动和纵向移动两种。斜向表面修整机通过一对与机械行走轴线成 10°~13°的整平梁做相对运动来完成修整,其中一根整平梁为振动整平梁。纵向表面修整机为整平梁在混凝土表面沿纵向往返移动,由机体前进将混凝土表面整平。整平过程中,要随时注意清除因修光梁往复运行而摊到边沿的粗集料,确保整平效果和机械正常行驶,如图 3-33 所示。

图 3-33 纵向修平刻槽机

精光工序是对混凝土表面进行最后的精细修整,使混凝土表面更加致密、平整、美观,这是纵向修平刻槽机提升混凝土路面外观质量的关键工序。

纹理制作是提高水泥混凝土路面行车安全的重要措施。施工时用纹理制作机对混凝土路面进行拉槽式压槽,在不影响平整度的前提下,具有一定粗糙度。适宜的纹理制作时间以混凝土表面无波纹、水迹比较合适,过早或过晚都会影响纹理的质量。

混凝土达到一定强度即可拆除模板,拆模时间根据气温而定,一般在浇筑混凝土 60h 以后拆除。

4. 接缝施工

当胀缝与结构物相接,混凝土板无法设置传力杆时,可做成厚边式,即接近结构物一端适当加厚。此时可将木制嵌缝板设在胀缝位置,为便于事后取出嵌缝条,可在临浇筑混凝土一侧贴一层油毛毡。为减少填缝工作,可用沥青玛琋脂与软木屑混合压制成板放在胀缝位置,不再取出。

当胀缝设置传力杆时,可用软木(或油浸甘蔗板)做成整体式嵌缝板,中部预留穿放传力杆圆孔,混凝土浇筑后不再取出。也可用两截式嵌缝板,下截用软木制成,不再取出;上截用钢材或木材制成(也称压缝板),浇筑混凝土捣固初凝后取出,然后填缝。

缩缝有压缝及切缝两种做法。压缝法是在混凝土经振捣后,在缩缝位置先用湿切缝刀切出一条细缝,再将压缝板压入混凝土中。压缝板为铁制,高度较假缝深度略大,宽度与缝隙宽度相等,使用前应先涂废抹机油等润滑剂。如压入困难,可用锤击或振动梁压入。切缝法是在混凝土强度达 50%~70% 时,使用切缝机切割成缝。切缝法便于连续施工,效率高,切缝整齐平直、宽度一致、美观大方。施工中,应尽可能采用切缝机切缝,如图 3-34 所示。

平头式纵缝应在其下部已凝固的混凝土侧壁涂以沥青，上部设置压缝板，再浇筑另一侧混凝土。

5. 养生与填缝

养生的目的是防止混凝土中水分蒸发过快而产生缩裂，保证水泥水化过程的顺利进行。养生工作应在抹面 2h 后、混凝土表面已有相当硬度、用手指轻轻压上没有痕迹时开始进行。养生一般采用麻袋、草席覆盖及铺 2~3mm 厚砂层，每天均匀洒水 2~3 次，时间一般为 14~21d，具体应视气温而定。养生应注意保持接缝内的清洁，以免增加填缝困难。

图 3-34　切缝机切缝

混凝土路面养生期满后即可进行填缝，填缝也可在混凝土初步硬结后进行。填缝时，缝内必须清除干净，必要时应用水冲洗，待其干燥后在侧壁涂一薄层沥青，待沥青干燥后再行填缝。

理想的填缝料应能长期保持弹性与韧性，炎热天气时缝隙缩窄不软化挤出，寒冷天气缩缝增宽时能胀大而不脆裂。此外，还要耐磨、耐疲劳、不易老化。冬季施工填缝应与混凝土路面齐平，夏季施工可稍许高出路面，但不应溢出或污染边缘。

本章习题

一、问答题

1. 对于普通沥青 AC-13 沥青混合料，在沥青拌和站生产沥青混合料时，集料、矿粉、沥青的添加顺序和时间间隔有何要求？对于 SMA-13 沥青混合料，在沥青拌和站生产沥青混合料时，集料、矿粉、木质素纤维和沥青的添加顺序和时间间隔有何要求？木质素纤维如何投放？

2. 水泥稳定碎石基层常见的病害类型有哪些？分析解决对策。

3. 沥青混合料离析类型主要有哪些？针对 ATB-30 等较大粒径的混合料，如何减少混合料的离析？

4. 水稳碎石施工时，什么位置要设置横向接缝？

5. 无机结合料稳定碎石基层试验段铺筑的目的是什么？

6. 简述造成沥青拌和站生产效率低的因素有哪些。

7. 石灰稳定土、水泥稳定土和二灰稳定土对土的类型及塑性指数分别有何要求？

8. 对工地拌和站用粗集料、细集料、机制砂和沥青，应分别重点监测哪些指标？

9. 在工地做水稳碎石的生产配合比时，如何控制级配？

10. 简述水泥混凝土路面夏季高温施工的注意事项。

11. 大体积混凝土浇筑时如何防止混凝土开裂？

二、计算题

1. 某高速公路某合同段底基层为水泥稳定风化砂，设计厚度为 19cm，半幅宽度为 15m，水泥剂量施工时为 4.0%，最大干密度为 2.1g/cm³，最佳含水率为 5.5%，采用路拌法施工，要求压实度达到 98%，风化砂在摊铺整平状态下，其湿密度为 1.79g/cm³，此时风化砂的含水率按 1.5% 计算。请计算：(1) 风化砂在摊铺整平后的厚度。(2) 施工时按 10m 打一个方格，请问每个方格需要布置几袋水泥？（一袋水泥重 50kg）

2. 某双向四车道高速公路，路基宽度为 24m，土路肩宽度为 0.75m，中央分隔带宽 1.5m，沥青路面结构层设计下面层 AC-25 厚 8cm，中面层 AC-20 厚 6cm，上面层 SMA-13 厚 4cm。假设所有类型沥青混合料等压实密度为 2.5t/m³，摊铺机的摊铺速度控制在 3m/min，半幅摊铺。计划每天摊铺作业时间 10h，沥青拌和站持续工作 14h，拌和站的生产效率为 0.86。请分析回答：

(1) 以摊铺下面层 AC-25 的材料用量相匹配的原则，请根据表 3-34 做出沥青拌和站的选型。

拌锅容量与额定产量　　　　　　　　　　　　　表 3-34

拌锅容量(kg/盘)型号	1000	2000	3000	4000
额定产量(t/h)型号	80	160	240	320

(2) 根据下面层 AC-25 的级配组成，请根据表 3-35 做出保证 1d 工作量的各类材料供应计划。

材料类型与级配组成　　　　　　　　　　　　　表 3-35

材料类型	20~30mm 碎石	10~20mm 碎石	5~10mm 碎石	3~5mm 碎石	0~3mm 机制砂	矿粉	油石比
级配组成比例(%)	15	31	24	17	11	2	4.2

3. 某种类型的基层拌和站 WDB500A 有五个料仓，集料计量方式采用调速皮带机，现需要生产水泥稳定碎石，石灰岩集料配比为 1~3:1~2:0.5~1:0~0.5 = 21:37:18:24。1~3 和 1~2 碎石的堆方密度为 1.5t/m³；0.5~1 和 0~0.5 碎石的堆方密度为 1.54t/m³。其中，1~2 碎石使用两个料仓。设备按集料 450t/h 产量调试，各出料仓的出料宽度均为 60cm，出料电机转轴直径均为 350mm，出料仓的门高 10cm。假设集料中不含水，请计算各料仓电机的转速(r/min)。

4. 沥青混合料拌和站进行冷料仓流量与转速标定时，大皮带转速为 1.44m/s，其不同仓号对应的规格及配合比见表 3-36。当 1 号冷料仓表显转速为 25% 时，从大皮带截取 1.75m 集料，称取的集料质量为 22.33kg，其中集料的含水率为 1.2%。问表显转速为 25% 时，1 号冷料仓的计算流量为多少(t/h)？

当 1 号冷料仓表显转速为 50% 时，计算流量为 137.62t/h；当 1 号冷料仓表显转速为 75% 时，计算流量为 199.27t/h。假设拌和站的设定产量为 390t/h，其中沥青用量为 4.5%，问 1 号冷料仓的实际转速该设置为多少(%)？

不同仓号对应规格及配合比　　　　　　　　　　表 3-36

仓号	1	2	3	4	5	6	矿粉
规格(mm)	0~3	3~5	5~10	10~20	20~30	20~30	—
配合比(%)	10	20	10	20	20	10	10

第 4 章 桥梁工程施工

4.1 桥梁工程概述

桥梁由上部结构、下部结构、支座和附属设施四个基本部分组成。图 4-1 为一座公路梁式桥的概貌,涉及一般桥梁工程的几个主要名词解释如下。

(1)上部结构(或称桥跨结构):是在线路中断时跨越障碍的主要承重结构,是桥梁支座以上(无铰拱起拱线或刚架主梁底线以上)桥跨结构的总称。

(2)下部结构(桥台、桥墩和基础的统称):是支承桥跨结构并将其永久荷载作用和车辆荷载作用传至地基的结构物。

桥台和桥墩是支承上部结构并将其传来的永久作用和车辆等荷载作用传至基础的结构物。桥台设在桥梁两端,桥墩则在两桥台之间。桥墩的作用是支承桥跨结构;而桥台除了起支承桥跨结构的作用外,还要与路堤衔接,并防止路堤滑塌。

桥台和桥墩底部的部分称为基础,基础承担了从桥墩和桥台传来的全部荷载,并将荷载传至地基。这些荷载包括竖向荷载以及地震、船舶撞击墩身等引起的水平荷载。基础往往深埋于地下或水下地基中。对于深水基础,其在桥墩施工中是难度较大的一个部分,也是确保桥梁安全的关键之一。

(3)支座:是设在墩(台)顶,用于支承上部结构的传力装置,以确保结构的受力明确。故支座不仅要传递很大的荷载,并且要保证上部结构按设计要求能产生一定的变位。

(4)桥梁的附属设施包括桥面系、伸缩缝、桥梁与路堤衔接处的桥头搭板、锥形护坡和调治构造物等。

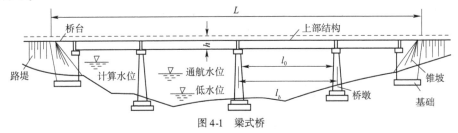

图 4-1 梁式桥

4.2 桥梁施工方法的选择

桥梁施工应包括施工技术和施工组织管理。桥梁施工技术着重研究桥梁施工技术方案和保证技术方案实施所必须采取的技术措施,即选择施工方法,确定各施工阶段所需的机具、设备、材料和劳力等事项。施工组织管理需要制订施工计划表,合理地组织施工,保证各阶段施工所需的机具设备、材料和劳力的合理调配,安排好场地布置,进行施工经济管理、经济分析和全面质量管理,组织好生产与生活等。

4.2.1 桥梁基础工程施工方法

在桥梁工程中,通常采用的基础有扩大基础、桩基础、沉井基础、管柱基础等。浅基础一般采用圬工砌体结构和钢筋混凝土结构,广泛应用于地基和承载力高、持力层埋置深度浅的中小跨径桥梁。

1. 扩大基础

所谓扩大基础,是将墩(台)及上部结构传来的荷载通过其直接传递至较浅的支承地基的一种基础形式,一般采用明挖基坑的方法进行施工,故又称为明挖扩大基础。

扩大基础施工主要包括测量放样、基坑开挖与支护、基底处理与加固、基础浇筑(砌筑)、养护、回填等工序。其中,基坑开挖是施工中的一项主要工序,而在开挖过程中,必须解决挡土与止水排水的问题。

当土质坚硬时,对基坑的坑壁可不进行支护,仅按一定坡度进行开挖。当坑壁土层不稳定且有地下水影响,或放坡开挖工程量大,不符合技术经济要求时,在应对基坑坑壁进行支护,以防止坑壁坍塌。常用的支护方法有挡板支撑、混凝土护壁和锚杆支护等。

扩大基础施工的难易程度与地下水处理的难易程度有关。当地下水位高于基础的设计底面高程时,施工时须采取止水排水措施。可采用集水坑、井点降水等方法降低地下水位或采用帷幕法。

2. 桩基础

桩基础是桥梁常用的基础形式之一,中小跨径桥梁一般采用单桩基础支承柱式墩(台)身,大跨径桥梁采用群桩基础借助承台支承柱式墩(台)身。现按成桩方法分别叙述其施工工艺。

1) 沉入桩

沉入桩是将预制桩用锤击法或振动法沉入地层至设计要求高程。沉入桩所用的基桩主要为预制的混凝土桩和预应力混凝土桩及钢管桩,截面形式有实心方桩和空心管柱。

沉入桩施工方法主要有锤击沉桩、振动沉桩、静力压桩、射水沉桩、沉管灌注法以及锤底沉管法等。

2) 灌注桩

灌注桩是采用机械将地层钻挖成预定孔径和深度的孔后,将制作成一定形状的钢筋骨架放入孔内,然后在孔内灌入流动性的水下混凝土而形成桩基,也称为钻孔灌注桩。水下混凝土多采用垂升导管法灌注。

灌注桩因成孔的机械不同,通常采用旋转锥钻孔法、潜水钻机成孔法、冲击钻机成孔法、正循环回转法、反循环回转法、冲抓锥成孔法、人工挖孔法等。钻孔灌注桩施工工序包括桩位放样、埋设护筒、制备泥浆、钻孔、清孔、钢筋笼制作及吊装、灌注水下混凝土等。

3. 沉井基础

沉井基础是一种断面和刚度均比桩大得多的筒状结构,施工时需在现场重复交替进行构筑和开挖井内土方,使之沉落到预定的地基上。在岸滩或浅水中建造沉井时,可采用"筑岛法"施工;在深水中建造时,则可采用浮式沉井,即先将沉井浮运至预定位置,再进行下沉施工。

沉井基础施工主要包括测量放样、沉井制作、沉井托运与就位、沉井下沉与着床、基底检验与沉井封底、井孔填充与顶板浇筑等工序。

沉井基础施工的难点在于沉井的下沉。沉井下沉主要是要求通过从井孔内除土,在减小刃脚正面阻力及沉井内壁摩阻力后,依靠其自重下沉。沉井下沉的方法可分为排水开挖法下沉和不排水开挖法下沉,但其基本施工方法应为不排水开挖下沉。只有在稳定的土层中,而且渗水量不大时,才采用排水开挖法下沉。另外还有压重、高压射水、炮震(必要时),降低井内水位减小浮力以增加沉井的有效自重,采用泥浆润滑套或空气幕等一些沉井下沉的辅助施工方法。

4. 管柱基础

管柱基础因其施工的方法和工艺相对来说较复杂,所需的机械设备也较多,一般的桥梁极少采用这种形式,仅当桥址处的水文地质条件十分复杂,应用通常的基础施工方法不能奏效时,方可采用这种基础形式。因此,对于大型的深水或海中基础,特别是深水岩面不平、水流流速大的地方,采用管柱基础是比较适宜的。

管柱基础的施工一般包括管柱预制、围笼拼装、浮运和下沉定位、下沉管柱、在管柱底基岩上钻孔、在管柱内安放钢筋笼并灌注水下混凝土等内容。管柱有钢筋混凝土、预应力钢筋混凝土和钢管三种。其下沉与前述的沉入桩类似,大多采用振动并辅以射水、吸泥等措施。管柱的下沉必须要有导向装置,浅水时可用导向架,深水时则用整体围笼。

4.2.2 桥梁下部结构施工方法

1. 承台

承台施工分为旱地施工和水中施工。旱地承台的施工方法与扩大基础的施工方法相类似,可采取明挖基坑、挡板围堰后开挖基坑等方法进行施工。

水中承台,施工需要围堰挡水(土)后进行排水、开挖、基底处理和配套的混凝土施工等相关工作。常用的围堰有土石堰、套箱围堰、板桩围堰、双壁钢围堰等,不论何种围堰,其目的都是止水,以实现承台的干处施工。双壁钢围堰适用于深水施工,通常是将桩基和承台的施工一并考虑,在桩顶设钻孔平台,桩基施工结束后拆除平台,在围堰内进行承台施工;套箱现多采用钢材制作,分为有底和无底两种类型,根据受力情况不同又可设计成单壁或双壁。

2. 墩(台)身

墩(台)身的施工方法根据其结构形式的不同各异。对结构形式较简单、高度不大的中、小桥墩(台)身,通常采取传统的方法,立模(一次或几次)现浇施工。但对高墩及斜拉桥、悬索桥的索塔,则有较多可供选择的方法,其施工方法的多样化主要反映在模板结构形式的不同上。近年来,滑升模板、爬升模板和翻升模板等在高墩及索塔上应用较多,其共同的特点是:将墩身分成若干节段,从下至上逐段进行施工。

采用滑升模板(简称滑模)施工,对结构物外形尺寸的控制较准确,施工进度平衡、安全,机械化程度较高,但因多采用液压装置实现滑升,故成本较高、所需的机具设备亦较多;爬升模板(简称爬模)一般要在模板外侧设置爬架,因此,这种模板相对而言需耗用较多的材料,但不需设专门用于提升模板的起吊设备。

高墩的施工,应根据现场的实际情况,进行综合比较后来选择适宜的施工方案。在中、小桥中,设计单位从就地取材方面考虑有时采用石砌墩(台)身。石砌墩(台)身施工工艺虽较简单,但必须严格控制砌石工程的质量。

4.2.3 桥梁上部结构施工方法

桥梁上部结构的形式虽然多种多样,施工方法的种类也较多,但除一些比较特殊的施工方法之外,大致可分为整体施工法和节段施工法两大类。现对一些常用施工方法的特点及适用性作简要介绍。

1. 整体施工法

整体施工法包括就地浇筑施工法、预制装配施工法和整孔架设施工法。整体施工法的主要特点是可以按照桥梁结构设计的体系,在结构的伸缩缝之间整体施工,当起重能力受到限制时,可在桥的横向按照原结构图式分割为预制梁,架设后装配成整体。因此对于整体施工的桥梁,在施工中无体系转换的问题。

(1) 就地浇筑施工法。就地浇筑施工法是在桥跨间设置支架、安装模板、绑扎钢筋、现场浇筑混凝土的施工方法,适用于中小跨径钢筋混凝土和预应力混凝土梁桥的施工。支架按其构造的不同,可分为满堂支架、柱式支架、梁式支架和梁柱式支架几种类型,所用材料有门式支架、扣件式支架、盘扣式支架、贝雷桁片、万能杆件及各种型钢组合构件等。在这种施工法中,支架虽为临时结构,但施工中需承受梁体重量和临时荷载,因此必须有足够的强度和刚度;同时支架的地基要可靠,必要时需对地基进行加固处理。就地浇筑法施工的特点是:梁的整体性好,施工平稳、可靠,不需大型起吊设备;施工中无体系转换的问题;但需要大量施工支架,并需要有较大的施工场地。

(2) 预制装配施工法。预制构件安装的方法很多,各需不同的架设机具设备,应依据施工实际情况合理选择。不管哪一种安装方法都是在预制场预制梁板,后采用一定的架设方法进行安装,最后横桥向连成整体。预制装配施工法一般用于钢筋混凝土和预应力混凝土简支板、梁桥的施工。预制装配法施工的特点是:构件预制质量;上下部结构平行作业、缩短施工工期;有效利用劳动力,降低工程造价;安装时构件已有存放一段时间的混凝土龄期,可减小混凝土收缩、徐变引起的变形,使得施工中预应力损失较小;不需大量模板及支架,不影响桥下交通;但需要大型起吊运输设备。

(3) 整孔架设施工法。整孔架设施工法是使用超大型的起吊运输设备将一孔预制梁整体架设安装。在可以利用驳船和浮吊在深水的大江、湖泊和海湾上建桥时,一般采用整孔架设法。随着桥梁施工技术的发展和施工设备的更新,整孔架设施工法的应用范围将会不断地扩大。

2. 节段施工法

节段施工法是近 40 年在预应力混凝土梁桥中发展起来的施工方法。其中发展最早、应用较广,也最为人们所熟知的是悬臂施工法。它不需在水中搭设支架,采用对称悬臂节段施工。这种方法适用于跨径预应力混凝土梁式桥。逐孔架设法和移动模架法是使用一套机具设备,简便、迅速地连续施工;也可采用分段预制、分段顶推的顶推法施工。因此,节段施工具有各种不同的方法,在预应力混凝土梁桥施工中得到了广泛应用。

(1)悬臂施工法。悬臂施工是从桥墩上的 0 号块主梁开始,沿墩两侧对称浇筑拼接梁段的方法。施工采用该方法,梁在施工中承受负弯矩,桥墩也承受施工中不对称弯矩,因此,宜在 T 形刚构、连续梁、斜拉桥等运营状态与施工内力状态相接近的桥中采用;对非墩梁固结的预应力混凝土悬臂梁、连续梁桥,施工中应采取墩、梁临时固结措施,相邻悬臂对接后解除固结后,进行施工中的体系转换;可采用的机具、设备种类很多,就挂篮而言有梁式、斜拉式、组合式等多种形式,应根据实际情况选用;悬臂施工法不用或少用支架,施工时不影响通航或桥下陆路交通,宜在高墩、深谷、深水、大跨径桥中采用。悬浇施工简便,结构整体性好,可不断调整主梁线形。悬拼施工进度快,上下部结构平行作业,施工精度要求较高。故悬臂施工是大跨径预应力混凝土梁桥节段施工法首先考虑的方案。

(2)逐孔施工法。逐孔施工法使用一套支架、模板设备从桥的一端逐孔施工,直到对岸。其施工方法可以归结为三类:第一类是预制梁的逐孔安装,它相当于预制装配施工;第二类是用临时支承组拼预制节段逐孔施工,此类施工安全、可靠,施工速度快;第三类是逐孔现浇施工,它仅周转使用一孔梁的支架、模板,施工费用低,但工期较长。

(3)移动模架施工法。移动模架施工法是逐孔施工中的浇筑施工法。其施工的主要特点为:施工时地面不需搭支架,不影响通航或桥下陆路交通,施工安全可靠;施工环境好,质量易保证,模架可重复使用;机械化、自动化程度高,上下部结构平行作业,缩短工期;施工中接头可根据施工条件设在桥梁受力较小的部位;一次性设备投资较大,施工技术操作较复杂;宜在跨径小于 50~60m 的中等跨径的长桥上应用。

(4)顶推施工法。顶推施工是在桥纵向桥台后设预制场,分节段预制梁体,并用纵向预应力筋将预制节段与施工完的梁体连为整体,然后通过水平和竖向千斤顶的交替能力,将梁体向前推出预制场地,然后继续在预制场预制下一节段,循环作业直到施工完成。其主要特点是施工阶段内力与运营阶段相差较大,施工中应相应采取临时措施减小施工内力;顶推作业,必须在等截面的桥梁上使用;顶推施工的常用跨径为 60~80m,且有预制条件的场地为最优的施工方案。

4.2.4 其他施工方案

1. 转体施工法

转体施工法多用于拱桥的施工,亦可用于斜拉桥和刚构桥的施工。这种施工法是在岸边或桥塔两侧设立支架(或利用地形)预制半跨桥梁的上部结构,然后借助上、下转轴和施加适当的扭转力使两岸半跨桥梁上部结构向桥跨转动,同时用风缆控制其转速,最后就位合龙。该法最适用于峡谷、水深流急、通航河道和跨线桥等地形特殊的情况,具有工艺简单、操作安全、所需设备少、成本低、速度快等特点。转体施工法分平转和竖转两种施工方法,施工中又分为有平衡重和无平衡重两种方式。

2. 劲性骨架法

劲性骨架法以钢骨架作为拱圈的劲性拱架,采用现浇混凝土包裹骨架,最后形成钢筋混凝土拱桥。这种埋入式拱架法首先应用于重庆万县长江大桥。国外称为"米兰拱",骨架可采用型钢或钢管等材料制作。

4.2.5 混凝土梁桥施工方法的选择

混凝土梁桥中包括钢筋混凝土梁桥和预应力混凝土梁桥,从结构体系上来讲,又可分为简支梁桥、悬臂梁桥、T形刚构和连续梁桥。各种不同类型的桥梁可选择的施工方法也不同。为了便于选择合理的方法,表4-1 示出不同类型混凝土梁桥一般使用的施工方法,表4-2 则列出了各种施工方法所适用的桥梁跨径。

混凝土梁桥一般选用的施工方法 表4-1

梁桥类型	施工方法						
	整体施工法			节段施工法			
	就地浇筑	预制装配	整孔架设	悬臂施工	逐孔施工	移动模架	顶推法
钢筋混凝土简支板梁桥		√	√				
钢筋混凝土悬臂梁桥	√	√	√				
钢筋混凝土T形刚构桥	√	√					
钢筋混凝土连续梁桥	√						
预应力混凝土简支板梁桥	√	√	√				
预应力混凝土悬臂梁桥		√	√	√			
预应力混凝土T形刚构桥				√			
预应力混凝土连续梁桥	√			√	√	√	√

各种施工方法所适用的桥梁跨径 表4-2

施工方法		跨径(m)	
		常用跨径	可达到的跨径
整体施工法	就地浇筑	20~70	70~170
	预制装配	20~50	50~100
	整孔架设	20~50	50~100
节段施工法	悬臂施工	70~210	210~310
	逐孔施工	20~80	80~150
	移动模架	20~80	80~100
	顶推施工	60~80	80~220

选择混凝土梁桥的施工方法时,可根据下列条件综合考虑。

(1)使用条件:桥梁的类型,使用跨径、墩高,桥下净空的限制,平面施工场地的限制,桥墩(台)的形状等。

(2)施工条件:工期要求,起重和运输能力及机具设备要求,架设时是否封闭交通,架设所需的临时设施,材料供应情况,施工技术与组织管理水平,施工经济性等。

(3)自然环境条件:平原或山区地质和地形条件及软弱层状况,对河道的影响,运输线路的限制等。

(4)社会环境条件:施工现场对环境的影响,如公害、景观、污染、架设孔下的障碍、阻塞交通、公共道路的使用及建筑限界等。

4.3 桥梁墩(台)的施工

4.3.1 混凝土墩(台)、石砌墩(台)施工

1. 混凝土墩(台)施工

就地浇筑的混凝土墩(台)施工有两个主要工序:一是制作与安装墩(台)模板;二是混凝土浇筑。

1)墩(台)模板

墩(台)模板一般由木材、钢材或其他符合设计要求的材料制成。木模质量轻,便于加工成结构物所需要的尺寸和形状,但装拆时易损坏,重复使用次数少。对于大量或定型的混凝土结构物,则多采用钢模板。钢模板造价较高,但可重复多次使用,且拼装拆卸方便。

常用的模板类型有:拼装式模板、整体吊装模板(图4-2)、组合型钢模板、滑动钢模板。各种模板在工程上的应用,可根据墩(台)高度、墩(台)形式、机具设备、施工期限等条件,因地制宜,合理选用。

模板可参照国家标准《钢结构设计标准》(GB 50017—2017)和《木结构设计标准》(GB 50005—2017)的有关规定设计。

安装模板前,应对模板尺寸进行检查;安装时要坚实牢固,以免振捣混凝土时引起跑模漏浆;安装位置要符合结构设计要求。

2)混凝土浇筑施工要点

墩(台)身混凝土施工前,应将基础顶面冲洗干净,凿除表面浮浆,整修连接钢筋。灌筑混凝土时,应经常检查模板、钢筋及预埋件的位置和保护层的尺寸,确保位置正确,不发生变形。混凝土施工中,应切实保证混凝土的配合比、水灰比和坍落度等技术性能指标满足规范要求。

(1)混凝土的运送。墩(台)混凝土的水平与垂直运输相互配合选用,如混凝土数量大,浇筑振捣速度快时,可采用混凝土皮带运输机或混凝土输送泵。运输带速度应不大于1.0~1.2m/s,其最大倾斜角:当混凝土坍落度小于40mm时,向上传送为18°,向下传送为12°;当坍落度为40~80mm时,则向上和向下传送分别为15°与10°。

(2)混凝土的灌注速度。为保证灌注质量,混凝土的配制、输送及灌注的速度应满足下式:

$$v \geqslant \frac{S \cdot h}{t} \tag{4-1}$$

式中：v——混凝土配料、输送及灌注的容许最小速度，m^3；
　　　S——灌注的面积，m^2；
　　　h——灌注层的厚度，m；
　　　t——所用水泥的初凝时间，h。

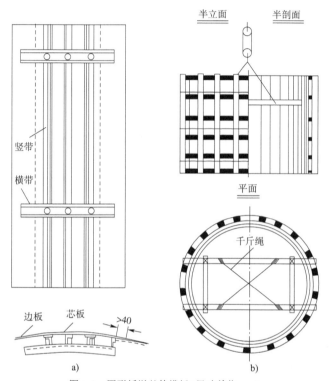

图 4-2　圆形桥墩整体模板（尺寸单位：cm）

如混凝土配制、输送及灌注需时较长，则应采用下式计算：

$$v \geqslant \frac{S \cdot h}{t - t_0} \tag{4-2}$$

式中：t_0——混凝土配制、输送及灌注所消耗的时间，h。

混凝土灌注层的厚度 h，可根据使用捣固方法采用规定数值。

（3）混凝土浇筑。

墩（台）是大体积混凝土，浇筑时为避免水化热过高导致混凝土因内外温差引起裂缝，可采取如下措施：

①用改善集料级配、降低水灰比、掺加混合材料与外加剂、掺入片石等方法减少水泥用量；
②采用 C_3A、C_3S 含量小、水化热低的水泥，如大坝水泥、矿渣水泥、粉煤灰水泥、低强度等级水泥等；
③减小浇筑层厚度，加快混凝土散热速度；
④混凝土用料应避免日光暴晒，以降低初始温度；
⑤在混凝土内埋设冷却管通水冷却。

当浇筑的平面面积过大，不能在前层混凝土初凝或能重塑前浇筑完成次层混凝土时，为保证结构的整体性，宜分块浇筑。分块时应注意：各分块面积不得小于 $50m^2$；每块高度不宜超过 2m；块与块间的竖向接缝面应与墩（台）身或基础平截面短边平行，与平截面长边垂直；上、下邻层间的竖向接缝应错开位置做成企口,并应按施工接缝处理。

为防止墩(台)基础第一层混凝土中的水分被基底吸收或基底水分渗入混凝土,对墩(台)基底处理除应符合天然地基的有关规定外,尚应符合以下规定:

①基底为非黏性土或干土时,应将其润湿;

②如为过湿土时,应在基底设计高程下夯填一层 100～150mm 厚的片石或碎(卵)石层;

③基底面为岩石时,应加以润湿,铺一层厚度为 20～30mm 的水泥砂浆,然后于水泥砂浆凝结前浇筑第一层混凝土。

墩(台)身钢筋的绑扎应和混凝土的浇筑配合进行。在配置第一层垂直钢筋时,应有不同的长度,同一断面的钢筋接头应符合施工规范的规定。水平钢筋的接头,也应内外、上下互相错开。钢筋保护层的净厚度,应符合设计要求。无设计要求时,可取墩(台)身受力钢筋的净保护层不小于 30mm、承台基础受力钢筋的净保护层不小于 35mm。墩(台)身混凝土宜一次连续浇筑,否则应按相关桥涵施工规范的要求,处理好接缝。墩(台)身混凝土未达到终凝前,不得泡水。

2. 石砌墩(台)施工

石砌墩(台)具有就地取材、经久耐用等优点,在石料丰富地区建造墩(台)时,在施工期限许可的条件下,为节约水泥,应优先考虑石砌墩(台)方案。

(1)石料、砂浆与脚手架。石砌墩(台)系用片石、块石及粗料石以水泥砂浆砌筑的,石料与砂浆的规格要符合有关规定。

将石料吊运并安砌到正确位置是砌石工程中比较困难的工序。当重力小或距离地面不高时,可用简单的马凳跳板直接运送;当重力较大或距地面较高时,可采用固定式动臂起重机或桅杆式起重机或井式起重机,将材料运到墩(台)上,然后再分运到安砌地点。脚手架一般常用固定式轻型脚手架(适用于 6m 以上的墩台)、简易活动脚手架(能用在 25m 以下的墩台)以及悬吊式脚手架(用于较高的墩台)。

(2)墩(台)砌筑施工要点。在砌筑前应按设计图放出实样,挂线砌筑。砌筑基础的第一层砌块时,如基底为土质,只在已砌石块的侧面铺上砂浆即可,不需坐浆;如基底为石质,应将其表面清洗、润湿后,先坐浆再砌筑。砌筑斜面墩(台)时,斜面应逐层放坡,以保证规定的坡度。砌块间用砂浆黏结并保持一定的缝厚,所有砌缝要求砂浆饱满。形状比较复杂的工程,应先编制出配料设计图(图 4-3),注明块石尺寸;形状比较简单的,也要根据砌体高度、尺寸、错缝等,先行放样配好石料再砌。砌筑方法为:同一层石料及水平缝的厚度要均匀一致,每层按水平砌筑,丁顺相间,砌石灰缝互相垂直。砌石顺序为先角石、再镶面、后填腹。填腹石的分层厚度应与镶面相同;圆端、尖端及转角形砌体的砌石顺序,应自顶点开始,按丁顺排列接砌镶面石。

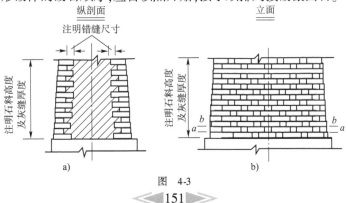

图 4-3

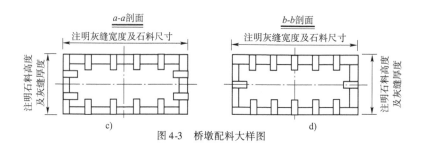

图 4-3　桥墩配料大样图

3. 墩(台)顶帽施工

墩(台)顶帽是用来支承桥跨结构的,其位置、高程及垫石表面平整度等,均应符合设计要求,以避免桥跨结构安装困难,或使顶帽、垫石等出现碎裂或裂缝,影响墩(台)的正常使用功能与耐久性。墩(台)顶帽施工的主要工序如下:

(1)墩(台)帽放样。

(2)墩(台)帽模板。墩(台)帽是支承上部结构的重要部分,其尺寸位置和高程的准确度要求较严,浇筑混凝土应从墩(台)帽下 300～500mm 处至墩(台)帽顶面一次浇筑,以保证墩(台)帽底有足够厚度的紧密混凝土。对于墩(台)帽模板下面的一根拉杆,可利用墩帽下层的分布钢筋,以节省铁件。台帽背墙模板应特别注意纵向支撑或拉条的刚度,防止灌筑混凝土时发生鼓肚,侵占梁端空间。

(3)钢筋和支座垫板的安设。墩(台)帽钢筋绑扎应遵照《公路桥涵施工技术规范》(JTG/T 3650—2020)有关钢筋工程的规定进行。墩(台)帽上支座垫板的安设一般采用预埋支座垫板和预留锚栓孔的方法。

4.3.2　装配式墩(台)施工

装配式墩(台)适用于山谷架桥、跨越平缓无漂流物的河沟、河滩等的桥梁,特别是在工地干扰多、施工场地狭窄、缺水与砂石供应困难地区,其效果更为显著。装配式墩(台)的优点是:结构形式轻便、建桥速度快、圬工省、预制构件质量有保证等。目前经常采用的有砌块式、柱式和管节式或环圈式墩(台)等。

1. 砌块式墩(台)施工

砌块式墩(台)的施工大体上与石砌墩(台)相同,只是预制砌块的形式因墩(台)形状不同而有很多变化。例如 1975 年建成的浙江兰溪大桥,主桥墩身系采用预制的素混凝土砌块分层砌筑而成。砌块按平面形状分为∏形和工形两大类,再按砌筑位置和具体尺寸分为 5 种型号,每种块件等高,均为 350mm,块件单元重力为 900～1200N,每砌 3 层为一段落。该桥采用预制砌块建造桥墩,不仅节约混凝土数量约 26%,节省木材 50m³ 和大量铁件,而且砌缝整齐,外貌美观,更主要的是加快了施工速度,避免了洪水对施工的威胁。图 4-4 为浙江兰溪大桥预制砌块与墩身施工示意图。

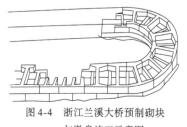

图 4-4　浙江兰溪大桥预制砌块与墩身施工示意图

2. 柱式墩施工

装配式柱式墩系将桥墩分解成若干轻型部件,在工厂或工地集中预制,再运送到现场装配成桥墩。其形式有双柱式、排架式、板凳式和刚架式等。图4-5为双柱式墩构造示意图。施工工序为预制构件、安装连接与混凝土填缝养护等。其中,拼装接头是关键工序,既要牢固、安全,又要结构简单、便于施工。常用的拼装接头有承插式接头、钢筋锚固接头、焊接接头、扣环式接头、法兰盘接头。

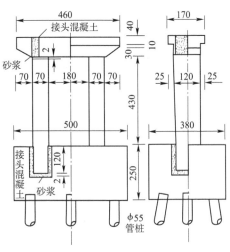

3. 后张法预应力混凝土装配墩施工

后张法预应力钢筋混凝土墩分为基础、实体墩身和装配墩身三大部分。装配墩身由基本构件、隔板、顶板及顶帽四种不同形式的构件组成,用高强钢丝穿入预留的上下贯通的孔道内,张拉锚固而成。实体墩身是装配墩身与基础的连接段,其作用是锚固预应力钢筋,调节装配墩身高度及抵御洪水时漂流物的冲击等。

图4-5 双柱式墩构造示意图(尺寸单位:cm)

4. 无承台大直径钻孔埋入空心桩墩施工

无承台大直径钻孔埋入空心桩墩系由预钻孔、预制大直径钢筋混凝土桩墩节、吊拼桩墩节并用预应力后张连成整体。其工序由桩周填石压浆、桩底高压压浆、吊拼墩节成墩、盖梁施工等工序组成,如图4-6所示。它综合了预制桩质量可靠、钻孔成桩的工艺较简便、成本低、适应性强等优越性,摒弃了管柱桩技术设备复杂、成本高、不易穿透沙砾层、桩易偏位及钻孔灌注桩桩身质量难以保证等缺陷。

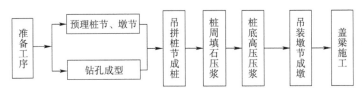

图4-6 钻埋桩墩工序流程示意

钻埋预应力空心桩墩的技术特点是:

①直径大,承载力高。桩径一般大于2.5m,有的桥梁直径已达5.0m,沉挖空心桩的直径已达6.0~8.0m。

②无承台,空心截面,节省了围堰工程,减少了桩身混凝土体积,不仅简化了施工工序,而且可将大桥下部结构费用从占全桥费用50%以上降至30%~40%。

③施工快速,工期缩短,加之采用大直径桩,桩数少,多数情况下可以单桩独柱,加之钻机设备的先进与完善,一个枯水季节即可完成基础工程;预制桩节、墩节与钻孔平行作业,大大加快了工程进度。

④钻埋空心桩墩适用于土质地基,沉挖空心桩适用于松散的砂、砾、漂石和风化岩层,且环保效果好,施工振动少、噪声低,城镇区施工对居民干扰小。

⑤桩节、墩节预制,桩周、桩底压浆,节间用高强预应力筋连成整体,各项作业技术含量高,桩墩质量能完全得到保障。

4.3.3 高墩施工

公路或铁路通过深沟宽谷或大型水库,采用高墩,能使桥梁更为经济合理,不仅可以提高纵断面线形标准、缩短线路、节省造价,而且可以提高运营效益、减少日常维护工作。高桥墩可分为实体墩、空心墩与钢架墩。自 20 世纪 70 年代以后,较高的桥墩一般均采用薄壁空心墩。

高桥墩的施工设备与一般桥墩所用设备大体相同,但其模板却另有特色。一般有滑动模板、爬升模板、翻升模板等几种,这些模板都是依附于已浇筑的混凝土墩壁上,随着墩身的逐步加高而向上升高。目前应用滑动模板建造的桥墩高度已达百米。滑动模板施工的主要优点是:施工进度快,在一般气温下,每昼夜平均进度可达 5 ~ 6m;混凝土质量好,采用干硬性混凝土,机械振捣,连续作业,可提高墩(台)质量;节约木材和劳力,有资料统计表明,可节省劳动力 30%,节约木材 70%;滑动模板可用于直坡墩身,也可用于斜坡墩身,模板本身附带有内外吊篮、平台与拉杆等,以墩身为支架,墩身混凝土的浇筑随模板缓慢滑升连续不断地进行,故而安全、可靠。

4.4 梁式桥的施工

4.4.1 钢筋混凝土简支梁施工

1. 模板

按制作材料不同分类,桥梁施工常用的模板有木模板、钢模板、钢木组合模板。有时为了节省钢木材料,也可因地制宜利用土模或砖模来制梁。按模板的装拆方法不同分类,可分为零拼式模板、分片装拆式模板、整体装拆式模板等。以前我国公路桥梁上用得最多的是木模板,随着国家工业的发展,既能节约木材又可提高预制质量而且经久耐用的钢模板逐步得到使用和推广。

木模板由紧贴于混凝土表面的壳板(又称面板)、支承壳板的肋木和立柱或横档组成。壳板可以竖直拼装或水平拼装。壳板的接缝可做成平缝、搭接缝或企口缝。当采用平缝拼接时,应在拼缝处衬压塑料薄膜或水泥袋纸以防漏浆。为了增加木模板的周转次数并方便脱模,往往在壳板面上加钉一层薄铁皮。壳板的厚度一般为 20 ~ 50mm,宽 150 ~ 180mm,不宜超过 200mm,过薄与过宽的板容易变形。肋木、立柱或横挡的尺寸可根据经验或计算确定。肋木的间距一般为 0.7 ~ 1.5m。

图 4-7 所示为常用 T 形梁的分片装拆式木制模板结构。相邻横隔板之间的模板形成一个柜箱,每一对柜箱用顶部横木和穿通梁肋的螺栓拉杆来固定,并借柱底的木楔进行装、拆调整。

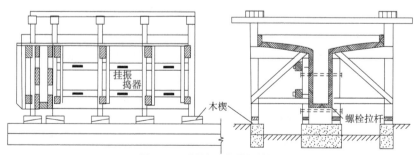

图 4-7 T 形梁的木制模板结构

图 4-8 所示为一种分片装拆式钢模板的结构组成。侧模由厚度一般为 4~8mm 的钢壳板、角钢做成的水平肋和竖向肋,支托竖向肋的直撑,斜撑,固定侧模用的顶横杆和底部拉杆以及安装在壳板上的振捣架等构成。底模通常用 6~12mm 的钢板制成,它通过垫木支承在底部钢横梁上。在拼装钢模板时,所有紧贴混凝土的接缝内都采用止浆垫使接缝密闭不漏浆。止浆垫一般采用较软、耐用和弹性大的 5~8mm 厚橡胶板或厚 10mm 左右的泡沫塑料。

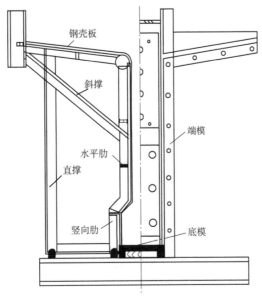

图 4-8 钢模板的结构组成

如果将钢模板中的钢制壳板换成水平拼装的木壳板,用埋头螺栓连接在角钢竖肋上,在木壳板上再钉一层薄铁皮,这样就做成钢木结合模板。这种模板不仅节约木材、成本低,而且具有较大的刚度和紧密稳固性,也是一种较好的模板结构。

图 4-9 所示是目前桥梁工程中常用于空心板梁的木制芯模构造。芯模是形成空心所必需的特殊模板,其结构形式会直接影响制作是否简便经济、装拆是否方便、周转率是否高。为了便于搬运和装拆,每根梁的模板分成两节。木壳板的侧面装置铰链,使壳板可以转动。芯模的骨架和活动撑板,每隔 70cm 一道。撑板下端的半边朝梁端一侧用铰链与壳板连接,安装时借助榫头顶紧壳板纵面的上下斜缝,并在撑板上部设 Φ20mm 的拉杆。撑板将壳板撑实后,在模壳外用铅丝捆扎以防散开或变形。拆模时只需用拉杆将撑板从顶部拉脱,并借铰链先松开左半模板,取出后再脱右半模板。

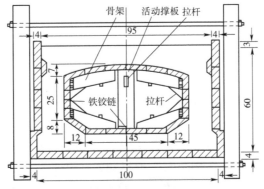

图 4-9 空心板梁芯模构造(尺寸单位:cm)

上述芯模亦可改用特制的充气橡胶管来完成。在国外,还采用混凝土管、纸管等做成不抽拔的芯模。

不管使用何种模板,为了避免壳板与混凝土粘连,均采用模板布。

2. 钢筋加工

钢筋工作的特点是:加工工序多,包括钢筋整直、切断、除锈、弯制、焊接或绑扎成型等,而且钢筋的规格和型号尺寸也比较多。鉴于钢筋的加工质量和布置在浇筑混凝土后再也无法检查,故必须严格控制钢筋工作的施工质量。

(1)钢筋加工的准备工作。首先应对进场的钢筋通过抽样试验进行质量鉴定,检验合格后才能使用。抽样试验主要做抗拉极限强度、屈服点和冷弯试验。

钢筋的整直工作根据钢筋直径的大小采用不同的方法。对于直径在 10mm 以上的钢筋,一般用捶打整直;对于直径不到 10mm 的钢筋,常用手摇或电动绞车通过冷拉整直(伸长率不大于 1%),这样还能在提高钢筋强度的同时清除铁锈。

经整直的钢筋可用钢丝刷或喷砂枪喷砂除锈去污,也可将钢筋在沙堆中来回抽动以除锈去污。

钢筋经整直、除去污锈后,即可按图纸要求进行画线下料工作。为了使成型的钢筋比较精确地符合设计要求,在下料前应计算图纸上所标明的折线尺寸与弯折处实际弧线尺寸之差值(通常可查阅现成的计算表格),同时还应计入钢筋在冷弯中的伸长量。

钢筋弯制前准备工作的最后一道工序为下料,即截断钢筋,通常视钢筋直径的大小,用錾子、手动剪切机和电动剪切机来进行。

(2)钢筋的弯制成型和接头。下料后的钢筋可在工作平台上用手工或电动弯筋器按规定的弯曲半径及角度弯制成型,钢筋的两端亦应按图纸弯成所需的标准弯钩。如钢筋图中对弯曲半径未作规定,则宜按钢筋直径的 15 倍为半径进行弯制。对于需要较长的钢筋,最好在接长以后再弯制,这样较易控制尺寸。

3. 混凝土施工

混凝土施工包括拌制、运输、浇注、振捣、养护及模板拆除等工序。

(1)混凝土的拌制。

混凝土一般应采用机械拌和,上料的顺序一般是先石子,再水泥,最后是砂。人工拌和只许用于少量混凝土工程的塑性混凝土或半干硬性混凝土。不管采用机械搅拌或人工搅拌,都应使石子表面包满砂浆,拌和料混合均匀、颜色一致。人工拌和应在铁板或其他不渗水的平板上进行,先将水泥和细集料拌匀,再加入石子和水,拌至材料均匀、颜色一致为止。

(2)混凝土的运输。

混凝土应以最少的转运次数、最短的距离迅速从搅拌地点运往浇筑位置。运输道路要平整,防止混凝土因颠簸振动而发生离析、泌水和灰浆流失现象,否则,必须在浇筑前进行再次拌和。

混凝土自高处倾落时,为防止离析,其自由倾落高度不宜超过 2m;超过 2m 时,应采用溜管或加压泵送;倾落高度大于 10m 时,串筒内应附设减速叶片。

(3)混凝土的浇筑。

浇筑混凝土前一定要检查施工时的混凝土坍落度,同时仔细检查模板和钢筋的尺寸、预埋件的位置等是否正确,并要查看模板的清洁、润滑和紧密程度。

混凝土的浇筑方法直接影响混凝土的密实度和整体性,这对混凝土的质量有重大影响。

因此,必须根据混凝土的拌制能力、运距与浇筑速度、气温及振捣能力等因素,认真制订混凝土的浇筑工艺。

当构件的高度(或厚度)较大时,为了保证混凝土能振捣密实,就应采用分层浇筑法,即混凝土应按一定厚度、顺序和方向分层浇筑,应在下层混凝土初凝或能重塑前浇筑完成上层混凝土。上下层同时浇筑时,上层与下层前后浇筑距离应保持1.5m以上。

(4)混凝土的振捣。

混凝土的振捣可分人工振捣和机械振捣两种。其中,人工振捣适用于坍落度大、混凝土数量少或钢筋过密部位的场合。大规模的混凝土浇筑必须使用机械振捣。

混凝土振捣设备有平板式振捣器、附着式振捣器、插入式振捣器和振动台等。

要很好地掌握混凝土每次振捣的时间,振捣时间过短或过长均有弊病,一般以振捣至混凝土不再下沉、无显著气泡上升、混凝土表面出现薄层水泥浆、表面达到平整为适度。当使用附着式振捣器时,因振捣效率较差,一般约需2min;当使用插入式振捣器时,效果较好,一般只要15~30s;当使用平板式振捣器时,在每个位置上的振捣时间为25~40s。

(5)混凝土的养护及模板拆除。

目前在桥梁施工中采用最多的是在自然气温条件下(5℃以上)的自然养护方法。此法是在混凝土终凝后,在构件上覆盖草袋、麻袋、稻草、塑料薄膜或砂,经常洒水,以保持构件经常处于湿润状态。

自然养护法比较经济,但混凝土强度增长较慢、模板占用时间也长,特别在低温下(5℃以下)不能采用。为了加速模板周转和施工进度,可采用蒸气法养护混凝土。

混凝土经过养护,当强度达到设计强度的25%~50%时,即可拆除梁的侧模;达到设计吊装强度并不低于设计强度等级的80%,同时弹性模量不低于设计要求80%时,就可起吊主梁。

(6)混凝土的冬期施工要点。冬期施工是指根据当地多年气温资料,室外日平均气温连续5d稳定低于5℃时,混凝土、钢筋混凝土、预应力混凝土及砌体工程的施工。

冬期施工的技术保护措施,主要有以下几方面:

①在保证混凝土必要性和易性的同时,尽量减少用水量,采用较小的水灰比,这样可以大大加快混凝土的凝固速度,有利于抵抗混凝土的早期冻结。

②增加拌和时间,比正常情况下增加50%~100%,使水泥的水化作用加快,并使水泥的发热量增加以加速凝固。

③适当采用活性较大、发热量较高的快硬水泥、高强度等级水泥拌制混凝土。

④将拌和水甚至亦将集料加热,提高混凝土的初始温度,使混凝土在养护措施开始前不致冰冻。

⑤掺用早强剂,加速混凝土强度的发展,并降低混凝土内水溶液的冰点,防止混凝土早期冻结。目前常用的早强剂有含三乙醇胺的硫酸钠复合剂和亚硝酸钠复合剂两种。

⑥用蒸气养护、暖棚法、蓄热法和电热法等提高养护温度。

以上各项措施各有特点和利弊,可根据施工期间的气温和预制场(厂)的具体条件来选定。

4.4.2 预应力混凝土简支梁施工

1. 先张法预制工

先张法生产可采用台座法或机组流水法。采用台座法时,构件施工的各道工序全部在固定台座上进行。采用机组流水法时,构件在移动式的钢模中生产,钢模按流水方式通过张拉、浇筑、养护等各个固定机组完成每道工序。机组流水法可加快生产速度,但需要大量钢模和较高的机械化程度,且需配合蒸汽养护,因此适用于工厂内预制定型构件。

(1)台座法预制。台座是先张法生产中的主要设备之一,要求有足够的强度和稳定性。台座按构造形式不同,可分为墩式和槽式两类。墩式台座是靠自重和土压力来平衡张拉力所产生的倾覆力矩,并靠土壤的反力和摩擦力抵抗水平位移。在地质条件良好、台座张拉线较长的情况下,采用墩式台座可节约大量混凝土。当现场地质条件较差、台座长度又不很长时,可采用槽式台座。槽式台座与墩式台座的不同之处在于预应力筋张拉力是由承力框架承受而得到平衡,此承力框架可以是钢筋混凝土的,或是由横梁和压杆组成的钢结构。

(2)预应力筋的种类。先张法预应力混凝土梁可用钢筋、钢丝及钢绞线作为预应力筋。

(3)预应力筋的张拉和放张。先张法梁的预应力筋,是在底模整理好后在台座上进行张拉的。先张法梁通常采用一端张拉,另一端在张拉前要设置好固定装置或安放好预应力筋的放松装置。但也有采用两端张拉的方法。

先张法张拉钢筋,可以单根分别张拉或多根整批张拉。单根张拉设备比较简单,吨位要求小,但张拉速度慢。张拉的顺序应不致使台座承受过大的偏心力。多根同时张拉一般需有两个大吨位千斤顶,张拉速度快。

数根钢筋同时张拉时,必须使它们的初始长度一致,以便使每根钢筋张拉后的应力均匀。预应力筋张拉的程序依预应力筋的类型而异。

①采用钢筋时,其张拉程序为:$0 \to$ 初应力 $\to 105\% \sigma_{con} \xrightarrow{\text{持荷 5min}} 90\% \sigma_{con} \to \sigma_{con}$(锚固)。

②采用钢丝或钢绞线自锚性能锚具时,其张拉程序为:低松弛预应力筋:$0 \to$ 初应力 $\to \sigma_{con}$(持荷 5min 锚固)。

③采用钢丝或钢绞线其他锚具时,张拉程序为:$0 \to$ 初应力 $\to 105\% \sigma_{con} \xrightarrow{\text{持荷 5min}} \sigma_{con}$(锚固)。

其中,σ_{con} 为张拉时的控制应力值,包括预应力损失值;初应力应采用同一数值,施工时采用油压表应力值与预应力束(筋)的延伸量量测,进行双控。目前广泛采用钢绞线的 OVM 锚具,一旦张拉至 $105\% \sigma_{con}$ 后回油就自行锚固,所以施工中一般采用张拉至 $103\% \sigma_{con}$ 锚固。

钢筋在超张拉时,其张拉值不得大于钢筋的屈服强度。为施工安全,应在超张拉后放松至 $90\% \sigma_{con}$,再进行安装预埋件、模板和钢筋等工作。

当混凝土强度达到设计要求后,可在台座上放松受拉预应力筋(称为"放张"),对预制梁施加预应力。当设计无规定时,一般应在混凝土强度不低于设计强度等级的 80%,弹性模量不低于 28d 弹性模量的 80% 时进行。放松之后,切割梁外钢筋,即可移位准备再生产。放松预应力钢筋的方法有用千斤顶先拉后松、砂箱放松、滑楔放松和螺杆放松等。

2. 后张法预制工艺

后张法工序较先张法复杂,需要预留孔道、穿束、灌浆等工序,以及耗用大量的锚具和埋设件等,增加了用钢量和投资成本。但后张法不需要强大的张拉台座,便于在现场施工,而且又适宜于配置曲线形预应力束(筋)的大型和重型构件制作,因此,目前在铁路、公路桥梁上得到广泛的应用。

后张法预应力混凝土桥梁常用高强碳素钢丝束、钢绞线作为预应力筋。

(1)高强钢丝束的制备。钢丝束的制作包括下料和编束工作。高强碳素钢丝都是圆盘,若盘径小于1.5m,则下料前应先在钢丝调直机上调直。对于在厂内先经矫直回火处理且盘径为1.7m的高强钢丝,则一般不必整直就可下料。如发现局部存在波弯现象,可先在木制台座上用木槌整直后下料。下料前除应抽样试验钢丝的力学性能外,还要测量钢丝的圆度,对于直径为5mm的钢丝,其正负容许偏差为+0.8mm和-0.4mm。

(2)钢绞线的制备。钢绞线从原料到成品生产工艺流程如下:

原料→原料检验→酸洗→涂润滑层→中和→烘干→拉丝打轴→半成品检验→绞线捻制→稳定化处理→重卷→成品检验→包装入库。

钢绞线运到现场后,下料长度由孔道长度和工作长度决定。钢绞线切割宜采用机械切割法。

(3)孔道成型。采用后张法施工的预应力梁,在浇筑梁体混凝土前,需在预应力筋的设计位置预先安放制孔器,以便梁体制成后在梁内形成孔道,将预应力筋穿入孔道,然后进行张拉和锚固。孔道成型包括制孔器的选择、安装和抽拔以及通孔检查等工作。

(4)穿钢丝束。当构件强度、弹性模量符合设计规定后,才可进行穿束张拉。穿束前,可用空气压缩机吹风等方法清理孔道内的污物和积水,以确保孔道畅通。穿束工作一般采用人工直接穿束,工地上也有借助一根φ5mm钢丝作为引线,用卷扬机牵引较长的束筋进行穿束的实践。穿束时钢丝束从一端穿入孔道。钢丝束在孔道两头伸出的长度要大致相等。

目前新的穿钢绞线束的方法是用专门的穿束机,将钢绞线从盘架上拉出后从孔道一端快速地(速度为3~5m/s)推送入孔道,当戴有护头的束前端穿出孔道另一端时按规定伸出长度截断(用电动切线轮),再将新的端头戴上护头穿第二根,直穿到一束规定的根数。

(5)预应力锚具。常用后张法预应力锚具有钢质锥形锚具、螺丝端杆锚具、JM12型锚具、墩头锚具、星形锚具和群锚体系(OVM锚具、YM锚具)。

(6)锚垫板。锚垫板是后张法体系中的一个部件,其作用是将锚具传来的集中力分布到较大的混凝土承压面积上去。为便于加工和安装,锚垫板一般为矩形。通常情况下,一块锚垫板上锚固一根钢丝束。当预应力筋束相距很近时,亦可将多根钢束锚固于同一块锚板上。锚固垫板的厚度应不小于12mm,不宜太薄。太薄则受压后锚板将变形成锅底形,影响应力扩散,使混凝土局部挤压剧增,可能导致混凝土劈裂事故发生。锚固垫板的后方,应进行局部加强。加强的办法是设置螺旋式钢筋或附加横向钢筋网。施工时应严格控制锚垫板与管道中心线垂直,否则,张拉时垫板将对混凝土产生侧向分力,也易使锚下混凝土劈裂。若出现锚垫板与管道中心线不垂直的现象,应衬垫楔形垫校正。

(7)张拉设备。张拉设备包括张拉千斤顶、高压油泵和压力表。

(8)张拉工艺。张拉前需做好千斤顶和压力表的校验,与张拉吨位相应的油压表读数和钢丝伸长量的计算、张拉顺序的确定和清孔、穿束等工作。应对千斤顶和油泵进行仔细检查,以保证各部分不漏油并能正常工作。应画出油压表读数和实际拉力的标定曲线,确定预应力筋(束)中应力值和油表读数间的直接关系。

后张法构件长度等于或大于20m时及曲线预应力束宜用两端张拉,长度小于20m时,可在一端张拉。

张拉程序随预应力筋(束)种类和锚具形式不同而不同。

①采用螺纹钢筋的张拉程序为:$0 \to$初应力$\to \sigma_{con}$(持荷5min)$\to 0 \to \sigma_{con}$(锚固)。

②采用钢绞线或钢丝自锚性能锚具时,其张拉程序如下:低松弛力筋:0→初应力→σ_{con}(持荷5min锚固)。

③采用钢绞线或钢丝其他锚具时,其张拉程序为:

钢绞线:0→(初应力)→105%σ_{con}(持荷5min)→σ_{con}(锚固)。

钢丝:0→(初应力)→105%σ_{con}(持荷5min)→0→σ_{con}(锚固)。

各钢丝束的张拉顺序,应对称于构件截面的竖直轴线,同时考虑不使构件的上、下缘混凝土应力超过容许值。张拉时钢筋或钢丝应力用油压表读数来控制,同时用伸长量做校核。根据应力与伸长的比例关系,实测的伸长量与计算的伸长量相差不应大于5%。为使油压表读数正确反映千斤顶拉力,应规定千斤顶、油压表标定制度。

(9)孔道压浆和封锚。压浆的目的是防护构件内的预应力筋(束)免于锈蚀,并使它们与构件相黏结而形成整体。压浆是用压浆机(拌和机加水泥泵)将水泥浆压入孔道,使孔道从一端到另一端充满水泥浆,并且不使水泥浆在凝结前漏掉,为此需在两端锚头上或锚头附近的构件上设置连接带阀压浆嘴的接口和排气孔。

水泥浆内往往使用塑化剂(或掺铝粉),以增加水泥浆的流动性。使用铝粉能使水泥浆凝固时的膨胀量稍大于体积收缩量,因而使孔道能充分填满。

压浆前先压水冲洗孔道,然后从压浆嘴慢慢压入水泥浆,这时另一端的排气孔有空气排出,直至有水泥浆流出为止,关闭压浆和出浆口的阀门。

施锚后压浆前,需将预应力筋(束)露于锚头外的部分(张拉时的工作长度)截除。压浆后将所有锚头用混凝土封闭,最后完成梁的预制工作。

4.4.3 装配式梁桥的安装

1. 预制梁的出坑和运输

(1)出坑。预制构件从预制场的底座上移出来,称为"出坑"。钢筋混凝土构件在混凝土强度、弹性模量不低于设计规定强度(设计未规定,应不低于设计强度的80%),预应力混凝土构件在预应力张拉以后才可出坑。构件出坑方法,一般采用门式起重机将预制梁起吊出坑后移到存梁处或转运至现场,简易预制场无门式起重机时,可采用起重机起吊出坑,也可横向滚移出坑。

(2)运输。预制梁从预制场至施工现场的运输,常用大型平板车、驳船或火车运至桥位现场。

预制梁在施工现场内运输称为场内运输,常用龙门轨道运输、平车轨道运输、平板汽车运输,也可采用纵向滚移法运输。

2. 预制梁的安装

在岸上或浅水区预制梁的安装可采用门式起重机、汽车式起重机及履带式起重机安装;水中梁跨常采用穿巷起重机安装、浮式起重机安装及架桥机安装等方法。

(1)跨墩门式起重机安装。跨墩门式起重机安装适用于岸上和浅水滩以及不通航浅水区域安装预制梁。两台跨墩门式起重机分别设于待安装孔的前、后墩位置,预制梁由平车顺桥向运至安装孔的一侧,移动跨墩门式起重机上的吊梁平车,对准梁的吊点放下吊架,将梁吊起。当梁底超过桥墩顶面后,停止提升,用卷扬机牵引吊梁平车慢慢横移,使梁对准桥墩上的支座,然后落梁就位。接着准备架设下一片梁。

在水深不超过5m、水流平缓、不通航的中小河流上的小桥孔,也可采用跨墩门式起重机架梁。这时必须在水上桥墩的两侧架设门式起重机轨道便桥,便桥基础可用木桩或钢筋混凝土桩。在水浅缓流而无冲刷的河上,也可用木笼或草袋筑岛作为便桥的基础。便桥的梁可用贝雷组拼。

(2)穿巷起重机安装。穿巷起重机可支承在桥墩和已架设的桥面上,不需要在岸滩或水中另搭脚手架与铺设轨道,因此,它适用于在水深流急的大河上架设水上桥孔。

根据穿巷起重机的导梁主桁架间净距的大小,可分为宽、窄两种。宽穿巷起重机可以进行边梁的吊起并横移就位;窄穿巷起重机的导梁主桁净距小于两边T梁梁肋之间的距离,因此,边梁要先吊放在墩顶托板上,然后再横移就位。

穿巷起重机可以进行梁体的垂直提升、顺桥向移动、横桥向移动和起重机纵向移动4种作业。穿巷起重机构造虽然较复杂,但工效却较高,且横移就位也较安全。

(3)自行式起重机安装。陆地桥梁、城市高架桥预制梁常采用自行式起重机安装。一般先将梁运到桥位处,采用一台或两台自行式起重机或履带式起重机直接将梁片吊起就位,方法便捷。履带式起重机的最大起吊能力达3MN。

(4)浮吊法安装。预制梁由码头或预制厂直接由运梁驳船运到桥位,浮式起重机船宜逆流而上,先远后近安装。浮式起重机船吊装前应先下锚碇,航道要临时封锁。

浮吊法安装预制梁,施工速度快,高空作业较少,是航运河道上架梁常用的办法。广东省在使用浮式起重机安装时,其最大起重能力达5MN。

(5)架桥机安装。架桥机架设桥梁一般在长大河道上采用,公路上采用贝雷梁构件拼装架桥机;铁路上采用800kN、1300kN、1600kN架桥机。20世纪50年代时采用悬臂式架桥机,需设桥头岔线,桥头路基引道要求较高,危险性较大。20世纪60年代开始试制单梁式架桥机及双梁式架桥机,既可使架梁作业比较安全,也可不设桥头岔线,解决了山区桥头地形狭窄、架梁困难的难题。公路斜拉式双导梁架桥机,50/150型可架设跨径50m的T型梁,40/100型可架设40m的T形梁,XMQ型架桥机可架设30mT梁,BX—25型号为贝雷轻型架桥机。目前国内架桥机的最大起吊能力为3MN。

4.4.4 就地浇筑施工法

1. 概述

就地浇筑施工是一种古老的施工方法,它是在桥孔位置搭设支架,并在支架上安装模板,绑扎及安装钢筋骨架,预留孔道,并在现场浇筑混凝土与施加预应力的施工方法。由于施工需用大量的模板支架,一般仅在小跨径桥或交通不便的边远地区采用。随着桥跨结构形式的发展,出现了一些变宽的异形桥、弯桥等复杂的混凝土结构,加之近年来临时钢构件和万能杆件系统的大量应用,在其他施工方法都比较困难时,或经过比较,施工方便、费用较低时,也常在中、大跨径桥梁中采用就地浇筑的施工方法。

就地浇筑施工法具有以下特点:
(1)桥梁的整体性好,施工平稳、可靠,不需大型起重设备。
(2)施工中无体系转换。
(3)预应力混凝土连续梁桥可以采用强大预应力体系,使结构构造简化,方便施工。

(4)需要使用大量施工支架,跨河桥梁搭设支架影响河道的通航与排洪,施工期间支架可能受到洪水和漂浮物的威胁。

(5)施工工期长、费用高,需要有较大的施工场地,施工管理复杂。

2. 施工支架

就地浇筑混凝土梁桥的上部结构,首先应在桥孔位置搭设支架,以支承模板、浇筑的钢筋混凝土及其他施工荷载。支架有满布式木支架、钢管脚手架,钢木混合的梁式支架、梁柱式支架、万能杆件拼装支架与装配式公路钢桥桁节拼装支架等形式。

4.4.5 悬臂施工法

使用悬臂施工法建造预应力混凝土梁桥时,不需要在河中搭设支架,而直接从已建墩(台)顶部逐段向跨径方向延伸施工,每延伸一段就施加预应力使其与已建部分连接成整体(图4-10)。如果将悬伸的梁体与墩柱体做成刚性固结,便构成了能最大限度发挥悬臂施工优越性的预应力混凝土T形刚架桥。鉴于悬臂施工时梁体的受力状态与桥梁建成后使用荷载下的受力状态基本一致,即施工中所施加的预应力,也是使用荷载下所需预应力的一部分,这就既节省了施工中的额外耗费,又简化了工序,使得这类桥型在设计与施工上达到完整的协调和统一。

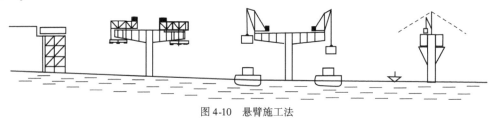

图4-10 悬臂施工法

用悬臂施工法来建造悬臂梁桥,要比建造T形刚架桥复杂一些。因为在施工中需要采取临时措施使梁体与墩柱保持固结,而待梁体自身达到稳定状态时,又要恢复梁体与墩柱的铰接性质,对此还需调整所施加的预应力,以适应这种体系的转换。

鉴于悬臂施工法不受桥高、河深等影响,适应性强,其目前不仅用于悬臂体系桥梁,而且还广泛应用于大跨径预应力混凝土连续梁桥、连续刚架桥、混凝土斜拉桥以及钢筋混凝土拱桥的施工中。

按照梁体的制作方式不同,悬臂施工法又可分为悬臂浇筑和悬臂拼装两类。下面分别介绍这两种方法和施工中的临时固结措施。

1. 悬臂浇筑法

悬臂浇筑施工是利用悬吊式的活动脚手架(或称挂篮)在墩柱两侧对称、平衡地浇筑梁段混凝土(每段长2~5m),每浇筑完一对梁段,待达到规定强度后就张拉预应力筋并锚固,然后向前移动挂篮,进行一下梁段的施工,直到悬臂端为止。

图4-11为挂篮结构简图。它由底模架、悬吊系统、承重结构、行走系统、平衡重及锚固系统、工作平台等部分组成。挂篮的承重结构可用万能杆件或贝雷钢架拼成,或采取专门设计的结构,它除了要能承受梁段自重和施工荷载外,还要求自重轻、刚度大、变形小、稳定性好、行走方便等。

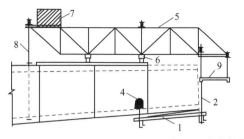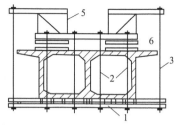

图 4-11 挂篮结构简图

1-底横架;2、3、4-悬吊系统;5-承重结构;6-行走系统;7-平衡重;8-锚固系统;9-工作平台

用挂篮浇筑墩侧第一对梁段时,由于墩顶位置受限,往往需要将两侧挂篮的承重结构连在一起,如图 4-12a)所示,待浇筑到一定长度后再将两侧承重结构分开。如果墩顶位置过小,开始用挂篮浇筑发生困难时,可以设立局部支架来浇筑墩侧的头几对梁段[图 4-12b)],然后再安装挂篮。

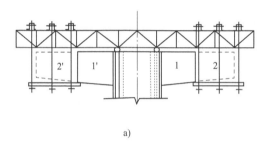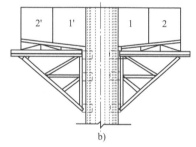

图 4-12 墩侧几对梁段的浇筑

每浇筑一个箱梁段的工艺流程为:移挂篮→装底模、侧模→装底板、肋板钢筋和预留管道→装内模→装顶板钢筋和预留管道→浇筑混凝土→养生→穿预应力筋、张拉和锚固→管道压浆。

悬臂浇筑法施工的主要优点是:不需要占地很大的预制场地;逐段浇筑,易于调整和控制梁段的位置,且整体性好;不需要大型机械设备;主要作业在设有顶棚、养生设备等的挂篮内进行,可以做到施工不受气候条件影响;各施工属严密的重复作业,需要施工人员少,技术熟练快,工作效率高等。其主要缺点是:梁体部分不能与墩柱平行施工,施工周期较长,而且悬臂浇筑的混凝土加载龄期短,混凝土收缩和徐变影响较大。最常采用悬臂浇筑法施工的跨径为 50~120m。

2. 悬臂拼装法

悬臂拼装法施工是在工厂或桥位附近将梁体沿轴线划分成适当长度的块件进行预制,然后用船或平板车从水上或从已建成部分桥上运至架设地点,并用活动起重机等起吊后向墩柱两侧对称、均衡地拼装就位、张拉预应力筋,重复这些工序直至拼装完悬臂全部块件为止。

预制块件的长度取决于运输、吊装设备的能力,实践中已采用的块件长度为 1.4~6.0m,块件重力 140~1700kN。但从桥跨结构和安装设备统一来考虑,块件的最佳尺寸应使重力在 350~600kN 范围内。

预制块件要求尺寸准确,特别是拼装接缝要密贴,预留孔道的对接要顺畅。为此,通常采用间隔浇筑法来预制块件,使得先完成块件的端面成为浇筑相邻块件时的端模,如图 4-13 所示。在浇筑相邻块件之前,应在先浇块件端面上涂刷隔离剂,以便分离出块。在预制好的块件上应精确测量各块件相对高程,在接缝处做出对准标志,以便拼装时易于控制块件位置,保证接缝密贴、外形准确。

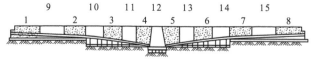

图 4-13　块件预制(间隔法)

预制块件的悬臂拼装可根据现场布置和设备条件,采用不同的方法来实现。当靠岸边的桥跨不高且可在陆地或便桥上施工时,可采用自行式起重机、门式起重机来拼装。对于河中桥孔,也可采用水上浮吊进行安装。当桥墩很高,或水流湍急而不便在陆上、水上施工时,就可利用各种起重机进行高空悬拼施工。

图 4-14a)是用沿轨道移动的伸臂起重机进行悬臂拼装,预制块件用运梁船运至桥下。国外用此法曾拼装了长 6m、重 1700kN 的箱形块件。

图 4-14b)是用拼拆式活动起重机进行悬拼的示意图。起重机的承重结构与悬臂浇筑法中挂篮的相仿,不过在起重机就位固定后起重平车沿承重梁顶面的轨道纵向移动,以便拼装时调整位置。

图 4-14c)是用缆索起重机吊运和拼装块件,此法适用于起重机跨度不太大、块件重力较小的场合。

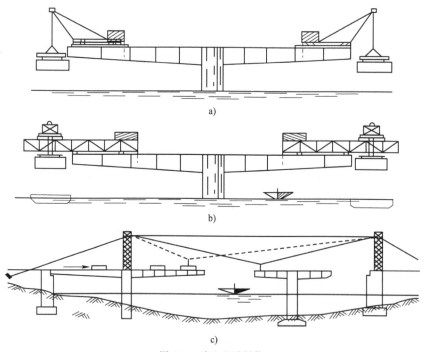

图 4-14　高空悬臂拼装

在无法用浮运设备运送块件至桥下而需要从桥的一岸出发修建多孔大跨径预应力混凝土桥梁时,还可以采用特制的自行式的悬臂-闸门式起重机进行悬臂拼装施工。图 4-15 为这种起重机在施工过程中两种主要位置的结构简图。

悬臂拼装时,预制块件间接缝的处理分为湿接缝、干接缝和半干接缝等几种形式(图 4-16)。

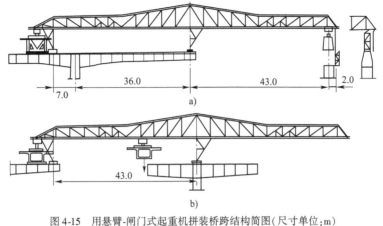

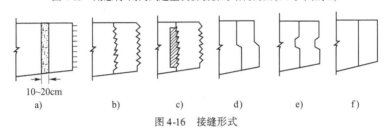

图 4-15 用悬臂-闸门式起重机拼装桥跨结构简图(尺寸单位:m)

图 4-16 接缝形式

需将伸出钢筋焊接后灌湿接缝的混凝土,如图 4-16a)所示,通常仅用于拼装与墩柱连接的第一对块件和在支架上拼装的岸边孔桥跨结构。在满足抗剪强度要求的情况下,也可采用无伸出钢筋而仅填筑水泥砂浆的平面湿接缝。湿接缝的施工费时,但它能有利于调整块件的拼装位置和增强接头的整体性。密贴的平面或齿形干接缝可以简化拼装工作,早期曾有采用,但由于接缝渗水会降低装配结构的运营质量和耐久性,目前已很少应用。在悬臂拼装中采用最为广泛的是应用环氧树脂等胶结材料使相邻块件黏结的胶接缝,分别如图 4-16b) ~图 4-16f) 所示。胶接缝能消除水分对接头的有害作用,因而能提高结构的耐久性,此外,胶接缝比干接缝具有较大的抗剪能力。胶接缝可以做成平面形、多齿形、单阶形和单齿形等多种形式。齿形和单阶形的胶接缝用于块件间摩阻力和黏结力不足以抵抗梁体剪力的情况。单阶形的胶接缝在施工中拼接最为方便。图 4-16c)所示为半干接缝的构造,已拼块件的顶板和底板作为拼接安装块件的支托,而在腹板端面上有形成骨架的伸出钢筋,待浇筑混凝土后使块件结合成整体。这种接缝可用来在拼装过程中调整悬臂的平面和立面位置。悬臂拼装的经验指出,在每一拼装悬臂内设置一个半干接缝来调整悬臂位置是合理的。

悬臂拼装法施工的主要优点是:梁体块件的预制和下部结构的施工可同时进行,拼装成桥的速度较现浇的快,可显著缩短工期;块件在预制场内集中制作,质量较易保证;梁体塑性变形小,可减少预应力损失,施工不受气候影响等。其缺点是:需要占地较大的预制场地;为了移运和安装,需要大型的机械设备;如不用湿接缝,则块件安装的位置不易调整等。

3. 临时固结措施

用悬臂施工法从桥墩两侧逐段延伸建造预应力混凝土悬臂梁桥时,为了承受施工过程中可能出现的不平衡力矩,就需要采取措施使墩顶的零号块件与桥墩临时固结起来。

图 4-17 所示为我国天津狮子林桥(跨度为 24m + 45m + 24m 的三孔悬臂梁桥)在施工中采用的临时固结措施构造。在浇筑 0 号块件之前,在墩顶靠两侧先浇筑 C50 的混凝土楔形垫

块,待0号块达到设计强度70%以上时,在桥墩两侧各用10根 φ32mm 预应力粗钢筋从块件顶部张拉固定。这样就使拼装过程中出现的不平衡力矩完全由临时的混凝土垫块和预应力筋共同承受。张拉力的大小以悬拼时梁墩间不出现拉应力为宜(每根钢筋的张拉力为210kN)。待全部块件拼装完毕后,即可拆卸临时固结措施,使悬臂梁的永久支座发生作用,这样就使施工过程中的T形刚架受力图式转化为悬臂梁的受力图式。这种体系转换是施工中的重要环节,在拟定预应力筋张拉顺序时必须满足各阶段内力变化的需要,应该通过计算事先加以确定。

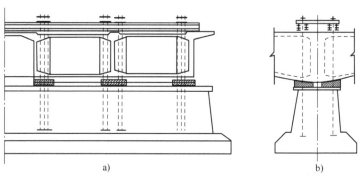

图 4-17 0号块件与桥墩的临时固结构造

图 4-18 所示为另外几种临时固结的做法。图 4-18a) 所示是当桥不高、水又不深而易于搭设临时支架时的支架式固结措施,在此情况下,拼装中的不平衡力矩完全靠梁段的自重来保持稳定。图 4-18b) 所示是利用临时立柱和预应力筋来锚固上下部结构的构造。预应力筋的下端锚固在基础承台内,上端在箱梁底板上张拉并锚固,借以使立柱在施工过程中始终受压,以维持稳定。在桥高水深的情况下,也可采用围建在墩身上部的三角形撑架来敷设梁段的临时支承,并可使用砂筒作为悬臂拼装完毕后转换体系的卸架设备,如图 4-18c) 所示。

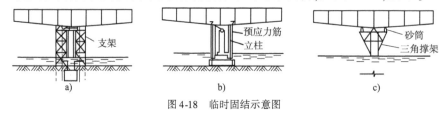

图 4-18 临时固结示意图

4.4.6 顶推施工法

预应力混凝土连续梁顶推法施工的构思,源于钢桥架设中普遍采用的纵向拖拉法。但由于混凝土结构自重大,滑道设备过于庞大,而且配置承受施工中变号内力的预应力筋也比较复杂,因而这种方法未能很早实现。随着预应力混凝土技术的发展和高强低摩阻滑道材料(聚四氟乙烯塑料)的问世,至 20 世纪 60 年代初,联邦德国首创用此法架设预应力混凝土桥梁获得成功。目前,顶推法施工已作为架设连续梁桥的先进工艺,在世界各国得到了广泛的应用。

顶推法施工的基本工序为:在桥台后面的引道上或在刚性好的临时支架上设置制梁场,集中制作(现浇或预制装配),一般为等高度的箱形梁段(10~30m一段),待有 2~3 段后,在上顶和底板内施加能承受施工中变号内力的预应力,然后用水平千斤顶等顶推设备将支承在四氟乙烯塑料板与不锈钢板滑道上的箱梁向前推移,推出一段再接长一段,这样周期性地反复操作直至最终位置,进而调整预应力(通常是卸除支点区段底部和跨中区段顶部的部分预应力筋,并且增加和张拉一部分支点区段顶部和跨中区段底部的预应力筋),使满足后加恒载和活载内力的需要。最后,将滑道支承移置成永久支座,至此施工完毕。

4.5 拱桥的施工

拱桥的施工方法与拱桥的结构形式密切相关,一般可分为有支架施工、少支架施工和无支架施工。其中,无支架施工拱桥包括缆索吊装、转体施工、劲性骨架、悬臂浇筑和悬臂安装以及由以上一种或几种施工方法组合施工的拱桥。

4.5.1 拱桥的有支架就地浇筑、砌筑施工

1. 拱架

拱架的种类很多,按其使用材料不同,可分为木拱架、钢拱架、竹拱架、钢木组合拱架以及土牛胎拱架等;按其结构形式不同,可分为立柱式、撑架式、桁架式、组合式等形式。拱架是拱桥有支架施工必不可少的辅助结构,在整个施工期间,用以支承全部或部分拱圈和拱上建筑的质量,并保证拱圈的形状符合设计要求。因此,要求拱架具有足够的强度、刚度和稳定性。

(1)满布立柱式拱架。满布立柱式拱架一般采用木材制作,这种拱架的一般构造示意图如图4-19所示。它的上部由斜梁、立柱、斜撑和拉杆组成拱形桁架(又称拱盔),下部由立柱和横向联系(斜夹木和水平夹木)组成支架,上下部之间放置卸架设备(木楔或砂筒等)。这种支架的立柱数目很多,只在桥不太高、跨径不大、洪水期漂浮物少且无通航要求的拱桥施工时采用。

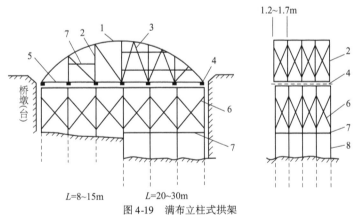

图 4-19 满布立柱式拱架
1-弓形木;2-立柱;3-斜撑;4-卸架设备;5-水平拉杆;6-斜夹木;7-水平夹木;8-桩木

(2)撑架式拱架。这种拱架的上部与满布立柱式拱架相同,其下部是用少数框架式支架加斜撑来代替众多数目的立柱,因此木材用量相对较少,如图4-20所示。这种拱架在构造上并不复杂,而且能在桥孔下留出适当的空间,减小洪水及漂流物的威胁,并在一定程度上满足通航的要求。因此,它是实际中采用较多的一种拱架形式。

(3)三铰桁式木拱架。三铰桁式木拱架是由两片对称弓形桁架在拱顶处拼装而成,其两端直接支承在墩(台)所挑出的牛腿上或者紧贴墩(台)的临时排架上,跨中一般不另设支架,如图4-21所示。这种拱架不受洪水、漂流物的影响,在施工期间能维持通航,适用于墩高、水深、流急或要求通航的河流。与满布立柱式拱架相比,三铰桁式木拱架木材用量少,可重复使

用,损耗率低,但对木材规格和质量要求较高,同时要求有较高的制作水平和架设能力。由于在拱铰处接合较弱,因此,除在结构构造上须加强纵横向联系外,还需设置抗风缆索,以加强拱架的整体稳定性。在施工中应注意对称均匀浇筑混凝土,并加强观测。

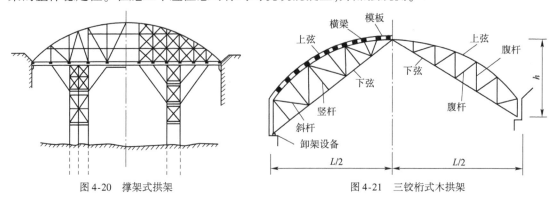

图 4-20 撑架式拱架　　　　图 4-21 三铰桁式木拱架

(4) 钢拱架。钢拱架一般采用桁架式,由单片拱形桁架构成。拱片之间的距离可为 0.4m 或 1.9m。它们可以被拼接成三铰、两铰或无铰拱架。当跨径小于 80m 时多用三铰拱架,跨径小于 100m 时多用两铰拱架,跨径大于 100m 时多用无铰拱架。图 4-22a) 为两铰钢拱架构造示意图。由于钢拱架多用在大跨径拱桥的建造上,它本身具有很大的重力,因此在安装时,还需借助临时墩和起吊设备,将它分为若干节段后再拼装而成。施工时再拆除临时墩与钢拱架的联系,施工完毕后,又借助临时墩逐段将它拆除。图 4-22b) 为这类拱架的安装示意图。

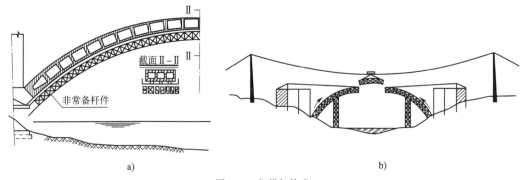

图 4-22 钢拱架构造

2. 主拱圈的施工

1) 拱圈的砌筑施工

在支架上砌筑或就地浇筑施工上承式拱桥一般分三个阶段进行。第一阶段施工拱圈或拱肋混凝土,第二阶段施工拱上建筑,第三阶段施工桥面系。

在拱架上砌筑的拱桥主要有石拱桥和混凝土预制块拱桥。石拱桥按其材料规格不同,分为粗料石拱、块石拱和浆砌片石拱等。

(1) 拱圈放样与备料。粗料石拱圈的拱石要按照拱圈的设计尺寸进行加工。为了能合理划分拱石,保证结构尺寸准确,通常需要在样台上将拱圈按 1∶1 的比例放出大样,然后,用木板或锌铁皮在样台上按分块大小制成样板,进行编号,以利加工。

在划分拱石时需注意:左右两批拱石间的砌缝横贯拱圈全部宽度,并垂直于拱圈中轴,成为贯通的辐射缝。上下两层拱石的砌缝为断续的弧形缝,其前后拱石间的砌缝则为断续的、与拱圈纵轴平行的平面缝。两相邻拱石的砌缝必须错开,其距离应不小于100mm,以利于拱圈传力和具有较好的整体性。

拱石分块的大小依据加工能力和运输条件而定。对拱石加工的尺寸规格与误差要求以及砂浆、小石子混凝土配合比和使用的规定,可按有关设计、施工规范办理。

(2)拱圈的砌筑。①连续砌筑。跨径小于16m的拱桥,当采用满布式拱架施工时,可以从两拱脚同时向拱顶一次按顺序砌筑,在拱顶合龙;跨径小于10m的拱桥,当采用拱式拱架时,应在砌筑拱脚的同时,预压拱顶以及拱跨$l/4$部位(l为拱跨长度)。预加压力砌筑是在砌筑前在拱架上预压一定重力,以防止或减少拱架弹性和非弹性下沉的砌筑方法。它可以有效地预防拱圈产生不正常的变形和开裂。预压物可采用拱石,随撤随砌,也可采用沙袋等其他材料。砌筑拱圈时,常在拱顶须留一龙口,最后在拱顶合龙。为防止拱圈因温度变化而产生过大的附加应力,拱圈合龙应在设计要求的温度范围内进行。设计无规定时,拱圈的合龙温度宜选取气温在5~15℃时进行。②分段砌筑。当跨径大于或等于16m时,应分段砌筑。分段长度应以能使拱架受力对称、均匀和变形小为原则,拱式拱架宜设置在拱架受力反弯点、拱架节点、拱顶及拱脚处;满堂式拱架宜设置在拱顶、$l/4$、拱脚及拱架节点等处。各段的接缝面应与拱轴线垂直,如图4-23所示。分段砌筑时,各段间可留空缝,空缝宽3~4cm。在空缝处砌石要规则,为保证砌筑过程中不改变空缝形状和尺寸,同时也为拱石传力,空缝可用铁条或水泥砂浆预制块作为垫块,待各段拱石砌完后填塞空缝。填塞空缝应在两半跨对称进行,各空缝同时填塞,或从拱脚依次向拱顶填塞。因用力夯填空缝砂浆可使拱圈拱起,故此法宜在小跨径拱中使用。当采用填塞空缝砂浆使拱合龙时,应注意选择最后填塞空缝的合龙温度。为加快施工,并使拱架受力均匀,各段亦可交叉、平行砌筑。砌筑大跨径拱圈时,在拱脚至$l/4$段,当其倾斜角大于拱石与模板间的摩擦角时,拱段下端必须设置端模板并用撑木支撑(称为闭合楔)。闭合楔应设置在拱架挠度转折点处,宽约1.0m。③分环分段砌筑。对于较大跨径的拱桥,当拱圈较厚、由三层以上拱石组成时,可将拱圈分成几环砌筑,砌一环合龙一环。当下环砌筑完并养护数日后,砌缝砂浆达到一定强度时,再砌筑上环。上下环间拱石应犬牙交错,每环可分段砌筑。当跨径大于25m时,每段长度一般不超过8m,段间可设置空缝或闭合楔。在分段较多和分环砌筑的拱圈,为使拱架受力对称、均匀,可在拱跨的$l/4$、$3l/4$处或在几处同时砌筑合龙。④多跨连拱的砌筑。多跨连拱的拱圈砌筑时,应考虑与邻孔施工的对称均匀,以免桥墩承受过大的单向推力。因此,当为拱式拱架时,应适当安排各孔的砌筑程序;当采用满布式支架时,应适当安排各孔拱架的卸落程序。

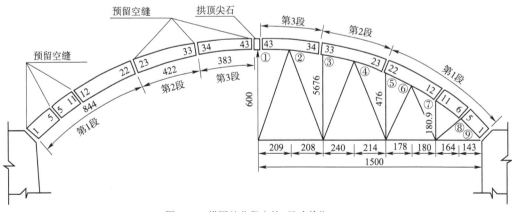

图4-23 拱圈的分段砌筑(尺寸单位:cm)

2）主拱圈的就地浇筑施工

在支架上就地浇筑拱桥的施工同拱桥的砌筑施工基本相同，即浇筑主拱圈或拱肋混凝土，浇筑拱上立柱、联系梁及横梁等，浇筑桥面系。在施工时还需注意的是，后一阶段混凝土浇筑应在前一阶段混凝土强度达到设计要求后进行。拱圈或拱肋的施工拱架，可在拱圈混凝土强度达到设计强度的80%以上且弹性模量达到28d养护值的80%及以上时，在拱上建筑施工前拆除，但应对拆架后的拱圈进行稳定性验算。

在浇筑主拱圈混凝土时，立柱的底座应与拱圈或拱肋同时浇筑，钢筋混凝土拱桥应预留与立柱的联系钢筋。

主拱圈混凝土的浇筑方法同砌筑施工，也分为连续浇筑、分段浇筑和分环、分段浇筑。施工方案的选定主要根据桥梁跨径来选择。

（1）连续浇筑。跨径在16m以下的混凝土拱圈或拱肋，主拱高度比较小，全桥的混凝土数量也较少，因此，主拱可以从两拱脚开始向拱顶方向对称连续浇筑，在拱架混凝土初凝前完成全部浇筑。如预计不能在限定时间内完成，则应在拱脚预留一个隔缝并最后浇筑隔缝混凝土。

（2）分段浇筑。当跨径大于或等于16m时，为避免先浇筑的混凝土因拱架下沉而开裂，并减小混凝土的收缩力，而沿拱跨方向分段浇筑，各段之间留有间隔槽。这样，在拱架下沉时，拱圈各节段有相对活动的余地，从而避免拱圈开裂。

拱段分段长度一般为6～15m，分段点应适当预留间隔槽。如预计时间间隔较小且采取分段间隔浇筑时，也可减少或不设间隔槽。间隔槽的位置应避开横撑、隔板、吊杆及刚架节点等处。间隔槽的宽度一般为50～100mm，以便于施工操作和钢筋连接。为缩短拱圈合龙和拱架拆除的时间，间隔槽内的混凝土可采用比拱圈高一等级的半干硬性混凝土。各段的接缝面应与拱轴线垂直。拱段的浇筑程序应符合设计规定，在拱顶两侧对称进行，以便拱架变形保持均匀和最小。间隔槽混凝土应在拱圈各段混凝土浇筑完成，且强度达到设计强度的75%以上时方可进行浇筑。浇筑可从拱脚向拱顶对称进行，在拱顶浇筑间隔槽使拱合龙。拱的合龙温度应符合设计要求，一般应接近当地的年平均温度或以在5～15℃之间为宜。

（3）分环、分段浇筑。为减轻拱架负荷，对于大跨径钢筋混凝土拱圈，一般采用分环、分段的浇筑方法。分段的方法与上述相同，分环的方法一般有两种：①分成两环浇筑，先分段浇筑底板（第一环），然后分段浇筑腹板、横隔板及顶板混凝土（第二环）；②分成三环浇筑，先分段浇筑底板（第一环），然后分段浇筑腹板和横隔板（第二环），最后分段浇筑顶板（第三环）。

分环、分段浇筑时，拱圈或拱肋的合龙方法有两种：一种是采取分环填充间隔槽合龙；另外一种是全拱圈浇筑完成后最后一次性填充间隔槽合龙。采取分环填间隔槽时，已合龙的环层可与拱架共同作用，承担后浇混凝土的质量。采用最后一次合龙时，拱圈必须一环一环地分段浇筑，待最后一环混凝土浇筑完成后，一次填充各环间隔槽完成拱圈的合龙。采用这种合龙方法的上下环间隔槽位置应该互相对应和贯通，其宽度一般为2m左右，有钢筋接头的间隔槽一般在4m左右。

分环浇筑，由于各环混凝土龄期不同，混凝土的收缩和温差影响在环面间产生剪力和结构的内应力，容易造成环间裂缝。因此，其浇筑程序、养护时间和各环间的结合必须按计算确定。

（4）钢管混凝土的浇筑。钢管混凝土的浇筑一般采用泵送顶升浇筑法。

输送泵设于两岸拱脚，对称泵送混凝土。在钢管上可每隔一定距离开设气孔，以减少管内的空气压力。浇筑前应先用压力水冲洗钢管内壁，灌注混凝土前应先泵入水泥浆，然后连续泵送混凝土。采用泵送顶升浇筑管内混凝土，一般应按先管后腹的浇筑顺序进行，如设计无规定,应以有利于拱肋受力和稳定性为原则进行,并在浇筑过程中严格控制拱肋变位。

(5)拱肋连接系的浇筑。各拱肋同时浇筑时,拱肋间横向连接系与浇筑拱肋同时施工,并同时卸落拱架;各拱肋不是同时浇筑和卸架时,应在各拱肋卸架后再浇筑肋间横向连接系。拱上立柱的底座应与拱圈(或拱肋)同时浇筑,柱脚接头钢筋,肋间横向连接系接头钢筋以及中承、下承式拱桥拉杆的接头钢筋(或钢丝束的穿孔等),应在浇筑拱肋混凝土时设计预留位。

(6)拱圈(或拱肋)钢筋的绑扎。①拱脚接头钢筋预埋。钢筋混凝土无铰拱拱圈(或拱肋)的主钢筋一般需要伸入墩(台)内,因此在浇筑墩(台)混凝土时,应按设计要求的位置和深度将钢筋头埋入混凝土中。为便于埋入,主钢筋端部可断开,但应按有关规定使各钢筋接头错开。②钢筋接头布置。为适应拱圈(或拱肋)在浇筑过程中的变形,拱圈(或拱肋)的主钢筋或钢筋骨架一般不使用通长钢筋,而在适当位置的间隔缝中设置钢筋接头,且最后浇筑的间隔缝处必须设置钢筋接头。③钢筋绑扎顺序。分环浇筑拱圈(或拱肋)时,钢筋可分环绑扎。分环绑扎时,各种预埋筋应予以临时固定,并在混凝土浇筑前进行检查和校正。

3. 拱上建筑施工

当主拱圈达到一定强度后,即可进行拱上建筑的施工。拱上建筑的施工,应对称、均衡地进行,避免使主拱圈产生过大的不均匀变形。

实腹式拱上建筑,应从拱脚向拱顶对称地进行,当侧墙砌完后,再填筑拱腹填料。空腹式拱一般是在腹拱墩或立柱完成后,卸落主拱圈的拱架,然后,对称、均衡地进行腹拱或横梁、联系梁以及桥面的施工。较大跨径拱桥的拱上建筑砌筑程序,应按设计文件规定程序进行。

4.5.2 拱桥的无支架就地浇筑施工

当拱桥位于深水、深谷、通航河道或限于工期必须在汛期进行拱肋施工时,宜采用无支架施工的施工方法。

在拱桥的无支架就地浇筑施工中,常用的方法主要有劲性骨架施工法、塔架斜拉索法和斜吊式悬浇法。

1. 劲性骨架施工法

劲性骨架施工法分为劲性骨架法和钢管混凝土劲性骨架法。

(1)劲性骨架法。采用劲性骨架施工的拱桥,一般选用角钢、槽钢、工字钢和钢管等制作成空间桁架,同时作为拱圈的受力劲性钢骨架,在施工时先将节段骨架按设计尺寸制作、安装就位并合龙,然后在骨架内、外立模板逐段浇筑混凝土。当骨架全部被混凝土包裹后,就形成了钢筋混凝土拱圈(或拱肋)。施工中浇筑混凝土前,应按设计的混凝土重对劲性骨架进行预压,以防止钢筋骨架浇筑混凝土时产生变形,破坏已浇筑的混凝土和钢骨架的结合。

为确保施工的安全、质量及对预拱度、混凝土应力进行控制,事先应进行加载程序设计并准确计算和分析结构的稳定安全度。施工中可采用监控系统,及时进行变形和应力监控,实现现场全过程结构分析,使拱圈(或拱肋)的应力和拱轴线的变形、稳定安全度等都在允许范围内。混凝土浇筑应在拱圈两侧对称进行。

(2)钢管混凝土劲性骨架法。利用钢管混凝土拱桥的施工方法,先分段制作钢骨架,然后经安装形成钢管拱,再浇筑管内混凝土,待钢管内的混凝土达到一定强度后形成钢管混凝土劲性骨架,然后在其上悬挂模板,按一定浇筑程序分环浇筑拱圈混凝土直至形成设计拱圈截面。先浇筑的混凝土凝结后又可作为承重结构的一部分与劲性骨架共同承受后浇筑各部分混凝土的重力,从而降低了钢材的用量,减小了骨架的变形。因此,钢管混凝土劲性骨架法是一种比劲性钢骨架法更优越的方法。

用钢管混凝土劲性骨架浇筑拱圈,施工过程中结构的稳定性是工程安全的关键所在。在施工前应对混凝土浇筑各阶段、钢管混凝土劲性骨架及分环浇筑的拱圈面内、面外稳定性进行详细分析,提出改善和提高结构稳定安全度的措施。

2. 塔架斜拉索法

这是国外采用最早、最多的大跨径钢筋混凝土拱桥无支架施工的方法。在拱脚墩(台)处安装临时的钢或钢筋混凝土塔架,用斜拉索(或斜拉粗钢筋)一端扣住拱圈节段,另一端锚固在台后的锚碇上。用设在已浇筑完的拱段上的悬臂挂篮逐段悬臂浇筑拱圈(或拱肋)混凝土,整个拱圈混凝土的浇筑应从两拱脚开始对称地进行,逐节向跨中悬臂推进,直至拱顶合龙。塔架的高度和受力应由拱的跨径和矢跨比等确定。斜拉索可用预应力钢绞线或钢丝束,其断面和长度由拱段的长度和位置确定。如图 4-24 所示,该施工方案计划对 45m 拱脚段拱圈采用钢支架上现浇,其余 242m 拱圈则用悬臂拼装。

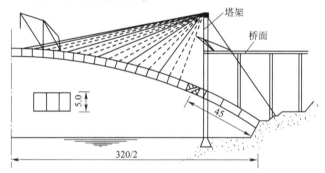

图 4-24 施工方案(尺寸单位:m)

塔架斜拉索法一般多采用悬浇施工,也可采用悬拼法施工。

在拱圈混凝土灌注完毕以后,即在拱顶安装调整应力的液压千斤顶,然后放松拉杆,灌注拱上立柱和桥面系。

3. 斜吊式悬浇法

1974 年,日本首先在跨径 170m 的外津桥上采用了这种方法。该方法使用专用挂篮,结合斜吊钢筋将拱圈、拱上立柱和预应力混凝土桥面板等一起向前同时浇筑,使之边浇筑边形成桁架,并利用已浇筑段的上部作为拱圈的斜吊点将其固定。斜吊杆的力通过布置在桥面上的明索传至岸边地锚上(也可利用岸边桥台作地锚),其施工顺序如图 4-25 所示。

(1)在引孔完成之后,在桥面板上设置临时明索,在吊架上浇筑第一段拱圈,待这段混凝土达到要求强度之后,在其上设置预应力明索,并撤去吊架,直接系吊于斜吊杆上,然后在其前端安装悬臂挂篮。

(2)用挂篮逐段悬臂浇筑拱圈,在挂篮通过拱上立柱位置后立刻浇筑拱上立柱及立柱间的桥面板,然后用挂篮继续向前浇筑,直至通过下一个立柱的位置,再安装前两个立柱之间桥面板上的临时明索及斜吊杆,并浇筑新的桥面板。如此往复,每当挂篮前移一步,都要将桥面临时明索收紧一次。这样一边用斜吊钢筋形成桁架,一边向前悬臂浇筑,直至拱顶附近,撤去挂篮,再用吊架浇筑拱顶合龙混凝土。当拱圈为箱形截面时,每段拱圈施工应按箱形截面拱圈的施工顺序进行浇筑。

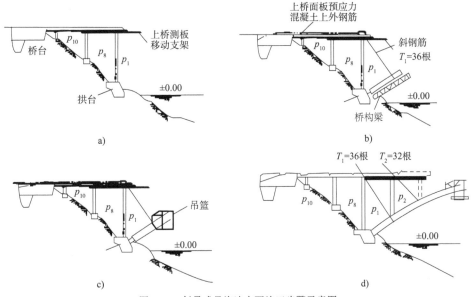

图 4-25　斜吊式悬浇法主要施工步骤示意图

为加快施工进度,拱上桥面板混凝土宜采用活动支架逐孔浇筑。采用斜吊杆式浇筑大跨径拱桥时,个别施工误差对整体工程的影响很大。对施工测量、材料规格和强度及混凝土的浇筑等必须进行严格的检查和控制,尤其应重视斜吊杆预应力钢筋的拉力控制、斜吊杆的锚固和地锚地基力的稳定、预拱度以及混凝土应力的控制等。

拱肋除第一段用斜吊支架现浇混凝土外,其余各段均用挂篮现浇施工。斜吊杆可以用钢丝束或预应力粗钢筋,架设过程中作用于斜吊杆的力是通过布置在桥面板上的临时拉杆传至岸边的地锚上(也可利用岸边桥墩作地锚)。

4.5.3　拱桥的缆索吊装施工

在峡谷、水深流急的河段,或通航的河流上,需要满足船只的顺利通行,缆索吊装由于具有跨越能力大、水平和垂直运输机动灵活、适应性广、施工比较稳妥方便等优点,成为拱桥施工中使用最为广泛的方案之一。

采用缆索吊装施工装配式钢筋混凝土肋拱桥的施工工序为:在预制场预制拱肋(箱)和拱上结构;将预制拱肋和拱上结构通过平车等运输设备移运至缆索吊装位置;将分段预制的拱肋吊运至安装位置,利用扣索对分段拱肋进行临时固定;吊运合龙段拱肋,对各段拱肋进行轴线调整,主拱圈合龙;拱上建筑施工。图 4-26 为缆索吊装布置示意图。

采用缆索吊机吊装拱肋时,为在起重索偏角不超过 15°的限度内使主索减少横向移动次数,可采用两组主索或加高主索塔架高度的方法施工。

在采用缆索吊装的拱桥上,为了充分发挥缆索的作用,拱上建筑也可以采用预制装配施工。缆索吊装对加快桥梁施工速度、降低桥梁造价等方面起到很大作用。

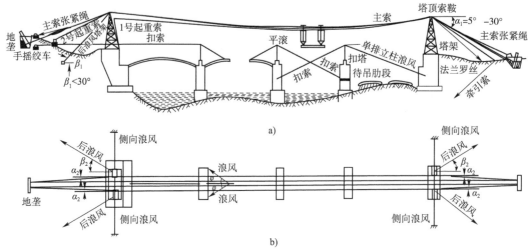

图 4-26 缆索吊装布置示意图

1. 构件的预制

（1）拱肋构件坐标放样。装配式混凝土拱桥，拱肋坐标放样与有支架施工拱肋坐标放样相同。

（2）拱肋立式预制。采用立式浇筑方法预制拱肋，具有起吊方便、节省木材的优点。常用的预制方法有：①土牛拱胎立式预制，如图 4-27 所示；②木架立式预制；③条石台座立式预制，条石台座由数个条石支墩、底模支架和底模组成。

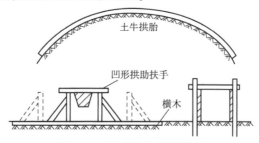

图 4-27 土牛拱胎立式预制拱肋

（3）拱肋卧式预制。拱肋卧式预制可分为木模卧式预制、土模卧式预制和卧式叠浇。

①木模卧式预制。预制拱肋数量较多时，宜采用木模卧式预制，如图 4-28 所示。浇筑截面为 L 形或倒 T 形时（双曲拱拱肋），拱肋的缺口部分可用黏土砖或其他材料垫砌。

②土模卧式预制。如图 4-29 所示，在平整好的土地上，根据放样尺寸，挖出与拱肋尺寸大小相同的土槽，然后将土槽壁仔细抹平、拍实，铺上油毛毡或水泥袋，便可浇筑拱肋。

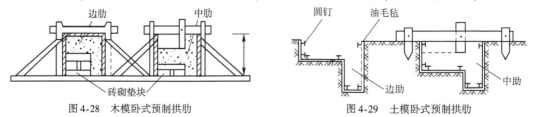

图 4-28 木模卧式预制拱肋　　图 4-29 土模卧式预制拱肋

③卧式叠浇。采用卧式预制的拱肋混凝土强度达到设计强度的 30% 以后，在其上安装侧模，浇筑下一片拱肋，如此连续浇筑称为卧式叠浇。

2. 拱肋分段与接头

（1）拱肋的分段。拱肋跨径在 30m 以内时，可不分段或仅分 2 段；在 30～80m 范围时，可分 3 段；大于 80m 时一般分 5 段。拱肋分段吊装时，理论上接头宜选择在拱肋自重弯矩最小的位置及其附近，但一般为等分，这样各段重力基本相同，较节省吊装设备。

（2）拱肋的接头形式。拱肋的接头形式有对接、搭接、现浇接头等。

①对接。拱肋分 2 段吊装时多采用对接形式。对接接头在连接处为全截面通缝，要求接头的连接材料强度高，一般采用螺栓或电焊钢板等。

②搭接。分 3 段吊装的拱肋，因接头处在自重弯矩较小的部位，一般宜采用搭接形式。分 5 段安装的拱肋，边段与次边段拱肋的接头也可采用搭接形式。

搭接接头受力较好，但构造复杂，预制也较困难，需用样板校对、修凿，以保证拱肋安装质量。

③现浇接头。用简易排架施工的拱肋，可采用主筋焊接或主筋环状套接的现浇接头。

（3）接头连接方法及要求。用于拱肋接头的连接材料，有型钢电焊、钢板（或型钢）螺栓、电焊拱肋钢筋、环氧树脂水泥胶等。

接头处的混凝土强度应比拱肋混凝土强度等级高一级。对连接钢筋、钢板（或型钢）的截面要求，应根据计算确定。钢筋的焊缝长度，应满足现行《公路钢筋混凝土及预应力混凝土桥涵设计规范》（JTG 3362）的有关规定。

3. 拱座

拱肋与墩（台）的连接，称为拱座。拱座主要有插入式、预埋钢板法、方形肋座、钢铰连接几种形式，其中插入式及方形拱座因其构造简单、钢材用量少、嵌固性能好等优点，采用较为普遍。

4. 拱肋起吊、运输及堆放

（1）拱肋脱模、运输、起吊时间的确定。装配式拱桥构件在脱模、移运、堆放、吊装时，混凝土的强度不应低于设计所要求的吊装强度，若无设计要求，一般不得低于设计强度的 85%。为加快施工进度，可掺入适量早强剂。在低温环境下，可用蒸汽养护。

（2）场内起吊。拱肋移运起吊时的吊点位置应按设计图上设计位置进行，如图上无要求，应结合拱肋的形状、拱肋截面内的钢筋布置以及吊运、搁置过程中的受力情况综合考虑确定，以保证移运过程中的稳定安全。当采用两点吊时，吊点位置应设在拱肋弯曲平面重心轴之上，一般可设在离拱肋端头 $(0.22～0.24)L$ 处（L 为拱肋长度）。当拱肋较长或曲率较大时，应采用三点吊或四点吊，以保持拱肋受力均匀和稳定。除跨中设一吊点外，其余两吊点可设在离拱肋端头 $0.2L$ 处。采用四点吊时，外吊点一般设在离拱肋两端头 $0.17L$ 处，内吊点可设在离拱肋两端头 $0.37L$ 处。4 个吊点应左右对称布置。大跨径拱桥拱肋构件的脱模起吊一般采用龙门架，小跨径拱桥拱肋及小型构件可采用三角扒杆、马凳、起重机等机具起吊。

（3）场内运输（包括纵、横向移动）。场内运输可采用龙门架、胶轮平板挂车、汽车平板车、轨道平车或船只等机具进行。

（4）构件堆放。拱肋堆放时应尽可能卧放，特别是矢跨比小的构件（拱肋、拱块），卧放时应垫 3 个点，垫木位置应在拱肋中央及距两端 $0.15L$ 处。3 个垫点应高度应相同。如必须立放，应搁放在符合拱肋曲度的弧形支架上；如无此种支架，则应垫搁 3 个支点，其位置在中央及距两端 0.2L 处,各支点高度应符合拱肋曲度,以免拱肋折断。

堆放构件的场地应平整夯实,不致积水,当因场地有限而采用堆垛时,应设置垫木。堆放高度按构件强度、地面承载力、垫木强度以及堆放的稳定性而定,一般以 2 层为宜,不应超过 3 层。

构件应按吊运及安装顺序堆放,并留适当通道,防止越堆吊运。

5. 吊装程序

根据拱桥的吊装特点,其一般吊装程序为:边段拱肋吊装及悬挂;次边段拱肋吊装及悬挂(对 5 段吊装);中段拱肋吊装及拱肋合龙;拱上构件的吊装或砌筑安装等。

4.5.4 钢管混凝土拱桥施工

1. 钢管混凝土拱桥的基本构造

目前国内修建的钢管混凝土拱桥,主要有如下类型:

(1)按行车位置划分,有上承式、中承式及下承式拱桥。由于拱桥适宜在山区修建,因而采用上承式及中承式较多;近年来,由于拱桥有着彩虹般优美的外观,诸多城市争相采用,故下承式拱桥的数量已占到一定比例。

(2)按受力结构形式(即力学模式)划分,有三铰拱、两铰拱及无铰拱桥。由于钢管混凝土拱桥跨径较大,因此大多采用超静定的无铰拱结构。

(3)按拱脚是否产生推力来划分,有无推力拱和推力拱之分。推力拱一般将拱座建造于山区地带的山体坚硬岩石上,无推力拱则主要为下承式拱,其水平推力由两拱脚间的系杆来承担,故又称系杆拱。系杆拱又有刚架系杆拱与拱梁组合体系之分。

(4)按用途划分,有铁路拱桥、公路拱桥及人行拱桥等。钢管混凝土拱桥大多有两条拱肋,拱肋间采用横撑连成整体,形成拱圈。两条拱肋相互间采用平行、内倾和外倾设置其中。平行设置较多,内倾(即所谓提篮式拱)和外倾(即为展翅拱,又称蝶形拱)较少采用。拱肋轴线多采用悬链线,也有采用抛物线和圆曲线的,但较少见。

钢管混凝土拱桥拱肋截面根据跨径大小、受力要求,主要采用有双管哑铃形及多管桁架形等几种形式,如图 4-30 所示。

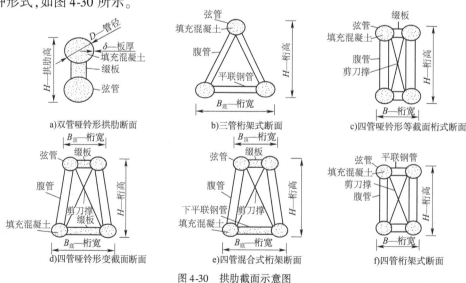

图 4-30 拱肋截面示意图

2. 钢管混凝土拱桥施工方法

钢管混凝土拱桥的施工,其重点与难点在于钢管拱肋节段的制造、吊装及填充混凝土泵送。本处施工方法主要指钢管拱肋节段吊装。目前国内桥梁上,钢管拱肋节段吊装的方法较多,归纳起来有如下几种:

(1)支架法。支架法即在桥位处直接搭设支架,在支架上拼装与焊连拱肋节段,合龙后将支架拆除。该方法施工较为简便,但需要有较空旷的场地,地基地质条件好,承载力较高,适用于矢高不大的拱桥,对于大跨径拱桥则不适用。

(2)缆索起重机斜拉扣挂悬臂拼装法。此法利用缆索起重机吊起拱肋节段,两岸对称,逐节段从拱脚向拱顶方向悬臂拼装或焊连,每拼接或焊连一节段,须挂设一组扣索和锚索,将已拼装好的悬臂拱拉住,最后在拱顶合龙。该方法适用范围广且较为常用,如图4-31所示。

图4-31 缆索起重机斜拉扣挂悬臂拼装现场

(3)转体施工法。转体施工法是在岸边利用支架顺桥向或横桥向预先拼装好两个半拱,并利用斜拉索将半拱拽拉好,按规定要求做一定的转动,使两半拱在跨中合龙。转体有平转和竖转两种,平转又分有平衡重和无平衡重转体两种。转体施工要求两半拱拼装焊连方便,是较为常用的方法之一。

(4)整体大节段吊装法。整体大节段吊装法是在岸边码头上将拱肋拼装好形成整体拱圈,而后用大型船舶浮运到桥位处,利用大型浮式起重机或拼装式起重机整体一次性将拱圈吊起安装就位。该法需具备拼装码头和航运条件及大型起吊设备。

(5)拱上爬行起重机法。拱上爬行起重机法是悬臂拼装法的一种,类似于钢桁梁悬臂拼装。对于跨径较大的拱桥,因悬臂较大,常需借助于吊索塔架或扣、锚索等辅助结构。该方法需通航河流从水上输送钢拱肋,故较少采用。目前国内正在修建的万州长江大桥即采用此方法施工。

3. 施工注意事项

(1)合龙前对拱肋进行全面的线形、位置测量及调整,并尽可能选择温度变化幅度较小的时间段合龙。合龙后对拱肋线形及位置实施精测,调整合格后固定合龙装置,进行各扣段连接缝焊接工作,完成拱肋的正式合龙。

(2)焊接宜采用小电流、多道焊的方法,以提高焊接接头的韧性。

(3)对于过量气孔、夹渣、未熔合、裂纹等缺陷,采用碳弧气刨和砂轮打磨的方法清除不合格焊缝,然后补焊。

(4)顶升混凝土时,每个灌注孔备用1台输送泵,防止泵车中途出现故障,避免管内混凝土凝固。

(5)灌注前用水或蒸汽湿润管壁。

(6) 输送过程中的泵压宜控制在小于 3.5MPa，最大不宜超过 4MPa，以免顶裂管壁。

(7) 在混凝土灌注前、灌注过程中、灌注后对拱肋关键点进行高程测量和横向位移观测。

(8) 混凝土灌注 24h 后，对拱肋浇水降温养护。

4.5.5 转体施工

桥梁转体施工是 20 世纪 40 年代以后发展起来的一种架桥工艺。它是在河流的两岸或适当的位置，利用地形或使用简便的支架先将半桥预制完成之后，以桥梁结构的桥墩(台)本身为转动体，用一些机具设备，分别将两个半桥转体到桥位轴线位置或再浇筑合龙段成桥。转体的方法可分成平面转体、竖向转体或平竖结合转体三种，其中平面转体又可分为有平衡重平面转体和无平衡重平面转体两种。

1. 有平衡重平面转体施工

该方法的特点是转体质量大，转体是施工关键。要把数百吨重的转动体系顺利、稳妥地转到设计位置主要靠正确的转体设计、制作灵活可靠的转体装置、布设牵引驱动系统等几项措施来实现。有平衡重平面转体拱桥的主要施工程序如下：

(1) 制作底盘(以钢球缺铰为例)。底盘设有轴心(磨心)和环形轨道板，轴心起定位和承重作用。磨心顶面上的球缺形钢铰及上盖要加工精细，使接触面达 70% 以上。钢铰与钢管焊接时，焊缝交错间断并辅以降温，防止变形。轴心定位要反复核对，轨道板要求高差为 ±1mm。注意板底与混凝土接触应密实。

(2) 制作上转盘。在轨道板上按设计位置放好承重滚轮，滚轮下面垫有 2~3mm 厚的小薄铁片，上盘一旦转动后此铁片即可取出，这样便可在滚轮与轨道板间形成一个 2~3mm 的间隙。这个间隙是保证转动体系质量压在磨心上而不压在滚轮上的一个重要措施。它还可用来判断滚轮与轨道板接触的松紧程度，以调整重心。

滚轮通过小木盒保护定位后，可用砂模或木模作底模，在滚轮支架顶板面涂以黄油，在钢球铰上涂二硫化钼作为润滑剂，盖好上铰盖并焊上锚筋，绑扎上盘钢筋，预留灌封盘混凝土的孔洞，即可浇筑上盘混凝土。

(3) 试转上转盘到预定轴线位置。布置牵引系统的锚碇及滑轮，试转上盘要求主牵引索基本在一个平面内。上转盘混凝土强度达到设计要求后，在上转盘前方或后方配临时平衡重，把上盘重心调到轴心处，最后牵引上转盘到预制拼装上部构造的轴线位置。试转一方面可以检查、试验整个转动牵引系统，另一方面也是正式开始上部结构施工前的一道工序。为了使牵引系统能够供正式转体时使用，布置转向轮时应使其连线通过轴心且与轴心距离相等，使正式转体时的牵引力也是一对平行力偶。

(4) 浇筑背墙。上转盘试转到上部构造预制轴线位置后即可准备浇筑背墙。背墙往往是一个质量很大的实体，为了使新浇筑的背墙与原来的上转盘形成一个整体，必须有一个坚固的背墙模板支架。为了保证墙上部截面的抗剪强度(主要指台帽处背墙的横截面)，应尽量避免在此处留施工缝；如一定要留，也应使所留斜面往外倾斜。此外，也可另用竖向预应力来确保该截面的抗剪要求。

(5) 浇筑主拱圈上部结构。可利用两岸地形作支架土模，也可采用钢管支架作为满堂支架进行浇筑。为防止混凝土收缩和支架不均匀沉降产生裂缝，浇半跨主拱圈时应按规范留施工缝。主拱圈也可采用简易支架，用预制构件组装的方法形成。

(6)张拉脱架。当主拱圈混凝土达到设计强度后,即可进行安装拉杆钢筋、张拉脱架的工序。为了确保拉杆安全可靠,要求每根拉杆钢筋都应进行超荷载50%的试拉。为了防止横向失稳,要求两台千斤顶的张拉合力应在拱桥轴线位置,不得有偏心。

当拱圈全部脱离支架悬空后,上转盘背墙下的支承钢木楔也陆续松脱,根据楔子与滚轮的松紧程度加片石调整重心,或以千斤顶辅助拆除全部支承楔子,让转动体系悬空静置一天,观测各部位变形有无异常,并检查牵引体系等,均确认无误后,即可开始转体。

(7)转体合龙。把第一次试转时的牵引绳按相反的方向重新穿索、收紧,即可开始正式转体。为使其平稳转体,控制角速度不宜大于 $0.01\sim0.02\ \text{rad/min}$。当快合龙时,为防止转体超过轴线位置,采用简易的反向收紧绳索系统,用手拉葫芦拉紧后慢慢放松,并在滚轮前以微量松动木楔的方法徐徐就位。

轴线对中以后,接着进行拱顶高程调整,在上、下转盘之间用千斤顶能很方便地实现拱顶升降,只是应把前后方向的滚轮先拆除,并在上、下转盘四周用混凝土预制块楔紧、楔稳,以保证轴线位置不再变化。拱顶最后的合龙高程应该考虑桥面荷载以及混凝土收缩、徐变等因素产生的挠度,留够预拱度。

(8)封上下盘、封拱顶、松拉杆。封盘混凝土的坍落度宜选用 $17\sim20\ \text{cm}$,且各边应宽出 $20\ \text{cm}$,要求灌注的混凝土应从四周溢流,上、下盘间密实。封盘后接着浇筑桥台后座,当后座达到设计要求强度后,即可选择夜间气温较低时浇封拱顶接头混凝土,待其达到设计要求后,拆除拉杆,实现桥梁体系的转化,完成主拱圈的施工。主拱圈完成后,即是常规的拱上建筑施工和桥面铺装。

2. 无平衡重的转体施工

无平衡重转体施工是把有平衡重转体施工中的拱圈扣索拉力锚在两岸的岩体中或利用边跨的自重构成平衡体,从而节省了庞大的平衡重。但由于锚碇的要求,此施工方法宜在山区地质条件好或跨越深谷急流处建造大跨径桥梁时选用。无平衡重转体构造图如图 4-32 所示,其施工程序如下。

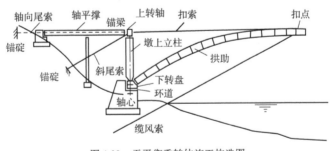

图 4-32 无平衡重转体施工构造图

(1)转动体系施工,主要包含以下工序:
①设置下转轴、转盘及环道。
②设置拱座及预制拱箱(或拱肋),预制前需搭设必要的支架、模板。
③设置立柱。
④安装锚梁、上转轴、轴套、环套。
⑤安装扣索。
这一部分的施工主要保证转轴、转盘、轴套、环套的制作安装精度及环道水平高差的精度,

并要做好安装完毕到转体前的防护工作。

（2）锚碇系统施工，主要包含以下工序：

①制作桥轴线上的开口地锚。

②设置斜向洞锚。

③安装轴向、斜向平撑。

④尾索张拉。

⑤扣索张拉。

其中，锚碇部分的施工应绝对可靠，以确保安全。尾索张拉在锚块端进行，扣索张拉在拱顶段拱箱内进行。张拉时，要按设计张拉力分级、对称、均衡地加力，要密切注意锚碇和拱箱的变形、位移和裂缝，发现异常现象应仔细分析研究，处理后再进行下一工序，直至拱箱张拉脱架。

（3）转体施工。正式转体前应再次对桥体各部分进行系统、全面的检查，检查合格后方可转体。拱箱的转体是靠上、下转轴事先预留偏心值形成的转动力矩来实现的，启动时放松外缆风索，转到距桥轴线约60°时开始收紧内缆风索，索力逐渐增大，但应控制在20kN以下，再转不动则应以千斤顶在桥台上顶推马蹄形下转盘。为了使缆风索受力角度合理，可设置两个转向滑轮。缆风索走速在启动时宜选用0.5~0.6m/min。一般行走时宜选用0.8~1.0m/min。

（4）合龙卸扣施工。转体就位时，拱顶合龙端的高差，通过张紧扣索提升拱顶、放松扣索降低拱顶来调整到设计位置。封拱宜选择低温时进行。先用8对钢楔楔紧拱顶，焊接主筋、顶埋铁件，然后先封桥台拱座混凝土，再浇封拱顶接头混凝土。当混凝土达到80%及以上的设计强度后，即可卸扣索，卸索应对称、分级进行。

3. 拱桥竖向转体施工

当桥位处无水或水很少时，可以将拱肋在桥位进行拼装成半跨，然后用扒杆起吊安装。当桥位处水较深时，可以在桥位附近进行拼装成半跨，浮运至桥轴线位置，再用扒杆起吊安装。如三峡莲沱大桥属基本无水安装，浙江新安江大桥和江西瓷都大桥均采用船舶浮运至拱轴线位置起吊安装。下面简要介绍莲沱大桥竖向转体的施工方法。

莲沱大桥全长341.9m，桥面宽18.5m，主桥跨径为48.3m + 114m + 48.3m的三跨钢管混凝土系杆拱桥。中跨为中承式无铰拱，两边跨为上承式一端固定、另一端铰支拱。拱肋断面为哑铃形，由直径1.2m的上、下钢管和腹板构成，拱肋高为3m。两拱肋之间设有钢管混凝土横斜撑联系。半跨拱肋的拼装就在桥轴线位置立架安装。

（1）钢管拱肋竖转扒杆吊装。钢管拱肋竖转扒杆吊装的工作内容为：将中拱分成两个半拱在地面胎架上焊接完成，待焊接质量、几何尺寸、拱轴线形等验收合格后，由竖在两个主墩顶部的两副扒杆分别将其拉起，在空中对接合龙，如图4-33所示。

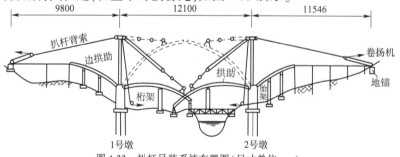

图4-33 扒杆吊装系统布置图（尺寸单位：cm）

由于两边拱处地形较高,故边拱拱肋直接由起重机在胎架上就位拼装。扒杆吊装系统设计的主要工作为:起吊及平衡系统的计算;扒杆的计算;扒杆背索及主地锚的计算;设置拱脚旋转装置等。拱肋在竖转吊装过程中,拱肋需绕拱脚旋转。旋转装置采用厚度为36mm的钢板在工厂进行配对冲压而成,这样使两个弧形钢板较密贴。在两弧形钢板之间涂上黄油,以减小摩擦力。

(2)钢管拱肋竖转吊装。钢管拱肋竖转吊装的主要工作内容包括:

①安装拱肋胎架、拱脚旋转装置、地锚、扒杆及背索,拼装钢管拱肋,安装起吊及平衡系统三斗坪侧半拱、起吊宜昌侧半拱,拱肋合龙,拱肋高程调整,焊接合龙接头,拆除扒杆,封固拱脚。

②扒杆安装。为便于安装,扒杆分段接长,立柱钢管以9m左右为一节,两节之间用法兰连接。安装时先在地面将两根立柱拼装好,用吊车将其底部吊于墩顶扒杆底座上,并用临时轴销锁定,待另一端安装完扒杆顶部横梁后,由吊车抬起扒杆头至一定高度,再改用扒杆背索的卷扬机收紧钢丝绳将扒杆竖起。

③拱肋吊装。起吊采用两台200kN同步慢速卷扬机,待拱肋脱离胎架10cm左右,停机检查各部分运转是否正常,并根据对扒杆的受力与变形、钢丝绳的行走、卷扬机的电流变化等情况的观测结果,判断能否正常起吊。当一切正常时,即进行拱肋竖向转体吊装。拱肋吊装完成后,进行拱肋轴线调整和跨中拱肋接头的焊接,完成主拱肋吊装合龙。

4.6 斜拉桥和悬索桥施工简介

4.6.1 斜拉桥施工简介

斜拉桥亦称斜张桥、斜缆桥或牵索桥等,它是以通过或固定于桥塔(索塔)并锚固于桥面系的斜向拉索作为上部结构主要承重构件的一种新结构。它不仅用高强度缆索代替桥墩,又使桥面处于预应力工作状态,因而是一种理想的适应大跨径桥梁和更有效地利用结构材料的新桥型。斜拉桥由塔、梁、索三部分构成,用高强钢材制成的斜缆索将主梁多点吊起,并将主梁的恒载和车辆荷载传至塔柱,再通过塔柱基础传至地基。斜拉桥是由索塔、拉索、主梁三种基本构件组成的缆索承重结构体系,一般表现为柔性的受力特点。张紧的拉索形成主梁的弹性支承和对主梁产生轴向力可以减小主梁高度,从而跨越更大的跨径。同时由于拉索为直线拉索,与悬索桥相比,在荷载作用下产生的位移较小。下面分别叙述斜拉桥不同部位的施工方法。

1. 索塔及基础施工

索塔有钢索塔和混凝土索塔两种。相对而言,钢索塔具有造价昂贵、施工精度要求高、抗震性好、维护要求高等特点,混凝土索塔则有价格低廉、整体刚度大、施工简便、成桥后一般无须养护和维修的特点。现代斜拉桥中,一般采用混凝土索塔。我国已修建的斜拉桥,均为混凝土索塔。

1)钢主塔施工

钢索塔一般采用预制拼装的施工办法,分为工厂分段预制加工和现场吊装安装两个大的施工阶段。钢索塔施工,应对垂直运输、吊装高度、起吊吨位等施工方法进行充分考虑。钢索塔应在工厂分段焊接加工,事先进行多段立体试拼装合格后方可出厂。主塔在现场安装,常常采用现场焊接头、高强度螺栓连接、焊接和螺栓混合连接的方式。经过工厂加工制造和立体试拼装的钢塔,在正式安装时应予以施工测量控制,并及时用填板或对螺栓孔进行扩孔来调整轴线和方位,防止加工误差、受力误差、安装误差、温度误差和测量误差的积累。

对于钢主塔的防锈蚀,可以采用耐候钢材,也可采用喷锌层。但国内外绝大部分钢塔仍采用油漆涂料,一般可使用保持的年限为 10 年。油漆涂料常采用两层底漆、两层面漆,其中三层由加工厂涂装,最后一道面漆由施工安装单位最终完成。

2) 混凝土主塔施工

混凝土索塔通常由基础、承台、下塔柱、下横梁、中塔柱、上横梁、上塔柱拉索锚固区段及塔顶建筑等几部分组成。

混凝土索塔的塔柱分为下塔柱、中塔柱和上塔柱,一般可采用支架法、滑模法、爬模法分节段施工,常用的施工节段大小划分为 1~6m 不等。在塔柱内,常常设有劲性骨架,劲性骨架在加工厂加工,在现场分段超前拼接,精确定位。劲性骨架安装定位后,可供测量放样、立模、钢筋绑扎、拉索钢套管定位用,也可供施工受力用。劲性骨架在倾斜塔柱中,其功能作用很大,设计者应结合构件受力需要而设置。当塔柱为倾斜的内倾或外倾布置时,应考虑每隔一定的高度设置受压支架(塔柱内倾)或受拉拉杆(塔柱外倾),来保证斜塔柱的受力、变形和稳定性。

混凝土索塔的下横梁、上横梁一般采用支架法现浇,一般为预应力混凝土结构。在高空中进行大跨度、大断面高强度等级预应力混凝土横梁现浇,其难度很大。施工时,要考虑模板支撑系统和防止支撑系统的连接间隙变形、弹性变形、支承不均匀沉降变形,混凝土梁、柱与钢支撑不同的线膨胀系数影响,日照温差对混凝土、钢的不同时间差效应等产生的不均匀变形的影响,以及相应的变形调节措施。

混凝土索塔的浇筑可采用提升法输送混凝土,有条件时应采用商品泵送混凝土工艺,一次泵送混凝土高度可达 200m 以上。

3) 索塔拉索锚固区塔柱施工

拉索在塔顶部的锚固形式主要有交叉锚固、钢梁锚固和箱形锚固等。箱形锚固的施工程序为:架立劲性骨架→绑扎钢筋→安装套筒→套筒定位→安装预应力管道及钢束→模板安装→混凝土浇筑养护→施加预应力→压浆。

4) 索塔施工测量控制

索塔在施工过程中,受施工偏差、混凝土收缩、徐变、基础沉降、风荷载和温度变化等因素影响,其几何尺寸及平面位置可能发生变化,对结构受力产生不利影响。因此,在施工的全过程中,应采取严格的施工测量控制措施对索塔施工进行定位指导和监控。除了应保证各部位的几何尺寸正确之外,还应该进行主塔局部测量系统与全桥总体测量系统接轨。

索塔局部测量常采用全站仪三维坐标法或天顶法进行。测量控制的时间一般应选择夜晚 22:00 至早上 7:00 日照之前的时段内,以减少日照对主塔造成的变形影响。此外,随着主塔高度不断地升高,也应选择在风力较小的时机进行测量,并对日照和风力影响予以修正。

5) 索塔基础施工

斜拉桥索塔基础常采用的形式有:扩大基础、沉井或沉箱基础、管柱基础和桩基础。

2. 主梁的施工方法

斜拉桥主梁施工方法与梁式桥大致相同,一般有以下四种。

1)顶推法

顶推法的特点是施工时需在跨间设置若干临时支墩,顶推过程中主梁要反复承受正、负弯矩。该法较多用于桥下净空较低、修建临时支墩造价不大、支墩不影响桥下交通、抗压与抗拉能力相同、能承受正负弯矩的钢斜拉桥主梁的施工。对混凝土斜拉桥主梁而言,一般在拉索张拉前顶推主梁,临时支墩间距超过主梁负担自重弯矩能力时,为满足施工需要,要设置临时预应力束,在经济上不划算。

2)平转法

平转法是指分别在两岸或一岸顺河流方向的矮支架上现浇主梁,并在岸上完成所有的安装工序(落架、张拉、调索等),然后以墩、塔为圆心,整体旋转到桥位合龙。平转法适用于桥址地形平坦、墩身较矮和结构体系适合整体转动的中小跨径斜拉桥。我国四川马尔康地区的金川桥是一座跨径为 68m+37m,采用塔、梁、墩固结体系的钢筋混凝土独塔斜拉桥,塔高 25m,中跨为空心箱梁,边跨为实心箱梁,该桥是采用平转法施工的。

平转法与拱桥中采用的平转法相似,即将上部结构分为两半,在沿河岸顺河流方向的矮支架上制作,然后以桥墩为圆心旋转到桥位合龙。用此法修建的斜拉桥跨径不大,其施工工序如下:

(1)建造主墩与上下转盘并试转;

(2)在岸上浇筑或拼装全桥的主梁;

(3)浇筑索塔;

(4)安装拉索,张拉并调高程与拉力;

(5)平转就位;

(6)校核高程,必要时再作最后调整;

(7)封填转盘。

3)支架法

支架法分为在支架上现浇、在临时支墩间设托梁或劲性骨架现浇、在临时支墩上架设预制梁段等几种施工方法。其优点是施工最简单方便,能确保结构满足设计线形,但仅适用于桥下净空低、搭设支架不影响桥下交通的情况。我国天津市永和桥是在临时支墩上拼装主梁;昆明市圆通大桥是一座跨径为 70.5m+70.5m、全宽 24m[2×7.5m+3m(拉索区)+2×3m] 的独塔单索面斜拉桥,采用支架法现浇。

4)悬臂法

悬臂法分为在支架上修建边跨、中跨采用悬臂施工的单悬臂法,以及对称平衡施工的双悬臂法,也可以按工序不同,一般分为悬臂拼装法和悬臂浇筑法两种。

悬臂拼装法一般是先在塔柱区现浇一段放置起吊设备的起始梁段,然后用各种起吊设备从塔柱两侧依次对称安装节段,使悬臂不断伸长直至合龙,如图 4-34 所示。

悬臂浇筑法是从塔柱两侧用挂篮对称逐段就地浇筑混凝土。我国大部分混凝土斜拉桥主梁都是采用悬臂浇筑法施工的。

(1)悬臂拼装施工程序。

①浇筑塔墩,同时预制节段;

②将预制节段运来吊装就位;

③安装拉索;

④张拉并设置预拱度;

⑤待前进几段后对拉索进行一次微调;
⑥全桥拼好后再对拉索作最后调整。

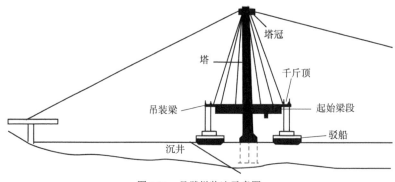

图 4-34 悬臂拼装法示意图

(2) 悬臂浇筑施工程序。
①拼装悬臂托架,浇筑主梁起始梁段;
②拼装悬臂挂篮,对称悬浇梁段,张拉纵向预应力筋并灌注砂浆;
③挂篮前移,并浇下一梁段;
④遇有拉索的梁段,安装拉索并张拉索力;
⑤跨中合龙段的浇筑;
⑥拉索索力的调整。

斜拉桥主梁悬臂施工进度主要受单元长度的影响,单元长度大,能加快施工进度,但将增加挂篮所受荷载。

5) 缆索法

缆索法是用缆索系统架设桥梁的方法。缆索装置又称施工索道或缆索起重机,用此种方法架设斜拉桥,可用索塔代替施工索道中的塔柱,物尽其用。在这种施工方法中,索塔既是桥梁结构的重要组成部分,又是施工设施的主要组成部分。

斜拉桥与其他梁桥相比,主梁高跨比很小,梁体十分纤细,抗弯能力差。当采用悬臂施工时,如果仍采用应用于梁式桥的传统的挂篮施工方法,由于挂篮质量大,梁、塔和拉索将由施工内力控制设计,很不经济,有时还很难过关。所以考虑施工方法,必须充分利用斜拉桥结构本身特点,在施工阶段就充分发挥斜拉索的效用,尽量减轻施工荷载,使结构在施工阶段和运营阶段的受力状态基本一致。

斜拉桥主梁在施工过程中要求采取临时固结措施,以抵抗两侧梁体的荷载不同产生的倾覆力矩,一般临时固结分为加临时支座并锚固主梁和设临时支承两种方式。

3. 拉索施工

1) 拉索的制作和防护

为保证拉索的质量,斜拉索不宜在现场施工制作,要走工厂化和半工厂化的道路,并对拉索进行跟踪检验。斜拉索的防护分为临时防护和永久防护。临时防护为从出厂到开始永久防护的一段时间,永久防护为拉索钢材下料到桥梁建成的长期使用期间,分为内防护和外防护。内防护是直接防止拉索锈蚀,外防护是保护内防护材料不致流出、老化等。

2) 拉索安装

塔上拉索的安装工序如下:

(1)塔外卷扬机起吊直至拉索锚端到达待安装索位钢管的外侧。
(2)塔内卷扬机钢丝绳从钢管内穿出并与拉索锚具相连接。
(3)塔外卷扬机调整拉索进入钢管角度,避免拉索与钢管进口相交。
(4)塔内卷扬机牵引直至拉索锚端露出塔内锚固面并旋上螺母。
(5)安装张拉千斤顶,完成后卸下拉索螺母。
(6)启动千斤顶,将拉索锚端尽可能退入钢管内。
(7)完成以上工作,检查所有设备连接无误后拉索塔上安装完毕。

梁上拉索安装工序如下:

(1)在斜拉索塔端临时固定好后,先将梁端锚头套上索导管,再用主梁前端卷扬机将梁端锚头拉到待浇主梁前端。
(2)通过挂篮前端设置的倒向滑轮,利用待浇梁端的后一节段用简易门架在斜拉索前端约3m处利用索夹将斜拉索前端吊起,使索头自然下垂。
(3)通过限位橡胶滚轮(或上索架)调整方向,以便斜拉索锚头安全跨越已浇混凝土梁端。在操作过程中,当压锚力较小时,可直接用卷扬机滑车组钢丝绳将索头及索导管牵引至挂篮前端带好上下插头插销锚固。
(4)定好挂篮模板高程,再根据测量给出的挂篮前支点滑块位置,采用千斤顶和手拉葫芦调好,并用垂球和钢卷尺校核,校核完后进行压锚。

配装拉锚式锚具的拉索,可以借助卷扬机,直接将锚具拉出索孔后用螺母固定。

当拉索长度超过100m,质量超过5t时,直接用卷扬机将锚具拉出洞口较为困难。这时,可以将张拉用的连接杆,先接装在拉索锚具上,用卷扬机拉至连接杆露出洞口,即可完成挂索。对于更长更重的拉索,由于卷扬机的牵引力有限,连接杆的长度就要相应加大。

对于大跨径和特大跨径的斜拉桥,拉索的制作宜和挂索协调进行。要时刻注意上一阶段挂索的情况,根据反馈的信息,对下一阶段拉索的长度,作出是否需要调整的决定。

3)拉索张拉与索力测定

张拉是用千斤顶对拉索的索力进行调整。索力的大小,由设计根据各个不同的工况,经计算后给定。要在施工中准确控制索力,首先必须掌握测定索力的技术。索力测定方法有压力表测定千斤顶液压、压力传感器直接测定和根据拉索振动频率计算索力。

4. 施工控制

在桥梁施工阶段,随着斜拉桥结构体系和荷载状态的不断变化,结构内力和变形也随之不断发生变化,因此需对斜拉桥的每一施工阶段进行详细的分析和计算,求得斜拉索张拉吨位和主梁挠度、塔柱位移等施工控制参数的理论计算值,对施工的顺序作出明确的规定,并在施工中加以有效地管理和控制。如此方能确保斜拉桥在施工过程中结构的受力状态和变形始终处在安全的范围内,使成桥后主梁的线形符合预先的期望,结构本身又处于最优的受力状态。这就是斜拉桥在建造过程中必须解决的一个重要课题,即斜拉桥的施工控制。斜拉桥的施工控制包括两个方面:

(1)理论计算。求得各施工阶段施工控制参数的理论计算值,形成施工控制文件。理论计算要考虑施工方案、计算图式、结构分析方法、非线性影响、混凝土收缩徐变的影响、地震和风力、温度等问题。计算方法包括倒拆法和正算法两种。

(2)施工过程中的理论计算值与实测值不一致的问题。应采用一定的方法在施工中加以控制、调整。一般来说,在主梁架设阶段,确保线形和顺、正确是第一位的,施工中以高程控制为主。二期恒载施工时,为保证结构的整体内力和变形处于理想状态,拉索张拉时以索力控制为主。

4.6.2 悬索桥施工简介

悬索桥是由主缆、加劲梁、主塔、鞍座、锚碇、吊索等构件构成的柔性悬吊组合体系。成桥时,主要由主缆和主塔承受结构自重,加劲梁受力情况由施工方法决定。成桥后,结构共同承受外荷载作用,受力按刚度分配。悬索桥施工顺序为:锚碇及基础、悬索桥塔及基础、主缆和吊索的架设、加劲梁的工厂制作与工地安装架设、桥面及附属工程等。

1. 锚碇和桥塔的施工

1) 锚碇的施工

锚碇是支承主缆的重要结构部分。大跨径悬索桥的锚碇由索鞍墩、锚块、锚块基础、锚室、主缆的锚碇架及锚盖等组成。锚碇一般分为重力式锚和隧道式锚两大类。

(1) 重力式锚碇。一般为大体积混凝土浇筑施工,必须注意解决混凝土的水化热及分块浇筑的施工问题。水化热引起内外温差和最高温升会导致锚体混凝土开裂。

(2) 隧道式锚碇。在岩体开挖过程中应注意爆破的药量,尽量保护岩石的整体性,使隧道锚坚固、可靠。

(3) 锚碇架的制作和架设安装。锚碇钢构架是主缆的锚固结构,由锚杆、锚梁及锚支架三部分组成。锚支架在施工中起支承锚杆和锚梁质量和定位的作用,主缆索股直接与锚杆连接。锚杆分为单束和双束两种,可采用 A3 或 16Mn 钢板焊接而成。制造时对焊接质量、变形、制造精度都应严格要求和控制。锚碇的安装精度主要应控制锚梁,然后对锚杆安装,调整其轴线顺直和锚固点的高程。

2) 桥塔的施工

悬索桥桥塔的施工与斜拉桥有些类似。悬索桥桥塔分为钢桥塔和混凝土桥塔两种形式。

(1) 悬索桥钢桥塔的施工。依据其规模、类型、施工地点的地形条件并考虑经济适用性,主要有浮式起重机施工法、塔式起重机施工法和爬升式起重机施工法。

(2) 混凝土桥塔的施工。塔身和立柱常采用的施工方法包括翻模法、滑模法、爬模法和提升支架法等。如英国 Humber 悬索桥桥塔为混凝土塔,采用滑模施工;厦门海沧大桥东桥塔采用翻模施工。

3) 锚碇和桥塔基础的施工

悬索桥的桥塔基础和锚碇基础为沉井、沉箱、明挖扩大基础或桩基础。

2. 主缆架设

1) 主缆架设的准备工作

主缆架设前,应先安装索鞍(包括主、副索鞍、展束锚固索鞍等),安装塔顶起重机或起重架以及各种牵引设施和配套设备,然后依次进行导索、拽拉索、猫道的架设,为主缆架设做好准备。

2) 导索及牵引索(拽拉索)架设

(1) 海底拽拉法。较早时期的导索架,是将导索从一岸塔底临时锚固,然后将装有导索索盘的船只驶往彼塔,并随时将导索放入水底。然后封闭航道,用两端塔顶的提升设备将导索提升至塔顶,置入导轮组中,并引至两端锚碇后,再将导索的一端引入卷扬机筒上,另一端与拽拉索(主或副牵引索或无端牵引绳)相连。接着开动卷扬机,通过导索将拽拉索牵引过河。

(2)浮子法。浮子法的具体做法是将导索每隔一定距离装一个浮子,这样将导索拽拉过河时,其不会沉入水底。其他方面与"海底拽拉法"无大差别。

(3)空中渡海法。当水流较急时,一般采用空中渡海法,即在一端锚碇附近连续松放导索,经塔顶后固定于拽拉船上。随着拽拉船前行,导索相应放松,因此一般不会使导索落入水中。导索至另一岸索塔处时,往往从另一端锚碇附近将牵引索引出,并吊上索塔后沿另一侧放下,再与拽拉船上的导索头相连接,即可开动卷扬机,收紧导索,从而带动牵引索过河,如图4-35所示。

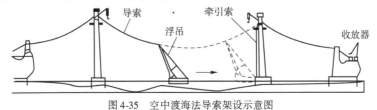

图4-35 空中渡海法导索架设示意图

3)猫道架设

猫道相当于临时轻型索桥,其作用是在主缆架设期间提供一个空中工作平台。猫道由猫道承重索、猫道面板系统及横向天桥和抗风索等组成,一般宽3~5m,每主缆下设一个。为方便工人操作,猫道面层距主缆中心线的高度一般为1.3~1.5m,且一般沿主缆中心线对称布置。

对于猫道索的架设,在初期也使用导索架设相类似的方法,现多用在一端塔顶(或锚碇)起吊猫道索一端,与拽拉器相连后牵引至另一端头,然后将其一端入锚,另一端用卷扬机或手动葫芦等设施牵拉入锚并调整其垂度,最后将其两端的锚头锁定。猫道索适度调整就绪后,即可铺设猫道面板。一般是先将横木和面材分段预制,成卷提升至塔顶,沿猫道索逐节释放,并随之把各段间相连,然后将横木固定在承重索上,并在横木端部安装栏杆立柱以及扶手索等。横向天桥可在猫道架完后铺设,也可随其一起铺设。

此外,若架设主缆的拽拉系统用门架支承和导向时,还必须在猫道上每隔一定距离架设猫道门架。

4)主缆架设

主缆的架设方法一般有两种,即空中编缆法(AS法)和预制丝股法(PS法)。

(1)空中编缆法(AS法)。所谓AS法,就是先在猫道上将单根钢丝编制成主缆丝股,再将多束丝股组成主缆。其施工程序如下:

将待架的钢丝卷入专用卷筒运至悬索桥一端锚碇旁,并将其一头抽出,暂时固定在一梨形蹄铁上,此头称为"死头";然后将钢丝继续外抽,套于送丝轮的槽路中,而送丝轮则连接于牵引索上,当卷扬机开动时,牵引索将带动送丝轮将钢丝引送至对岸,同样套于设在锚碇处的一个梨形蹄铁上,再让送丝轮带动其返回始端,如此循环多次则可按要求数量将一束丝股捆扎成束,如图4-36所示。这里,不断从卷筒中放钢丝的一头称"活头",其中一束丝股牵引完成后,就将钢丝"活头"剪断,并与先前临时固定的"死头"用特制的钢丝连接器相互连接。在环形牵引索上,可同时固定两个送丝轮,每个送丝轮的槽路可是一条,也可是两条或更多,目前已有4条槽路者。对每一束丝股,按每次送丝根数为一组,不足一组的再单独牵引一次。需要指出的是,每次送丝轮上的槽路多,每次送丝数量就大,但牵引索及送丝轮等的受力相应增大,所需牵引动力也就增大。

此外,编缆前,应先放一根基准丝来确定第一批丝股的高程,基准丝在自由悬挂状态,其仅承受自重荷载,所呈线形为悬链线,基准丝应在下半夜温度稳定的情况下测量设定。此后牵引的每根钢线均需调整成与基准线相同的跨度和垂度,如此,其所受拉力、线形及总长度与基准丝一致。成股钢丝束梳理调整后,用手动液压千斤顶将其挤成圆形,并每隔 2~5m 用薄钢带捆扎。

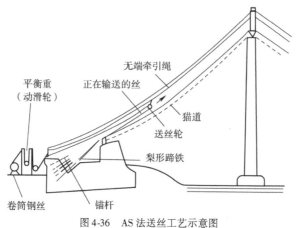

图 4-36 AS 法送丝工艺示意图

为使每束丝股符合设计要求,在调丝后依靠在梨形蹄铁处所设的千斤顶调整整束丝股的垂度,并随即在梨形蹄铁处填塞销片,将丝股整束落于索鞍,使千斤顶回油。调股同样应在温度稳定的夜间进行。

(2)预制丝股法(PS 法)。所谓预制丝股法,就是在工厂或桥址旁的预制场事先将钢丝预制成平行丝股,然后利用拽拉设施将其通过猫道拽拉架设。其主要工序为:丝股牵引架设、测调垂度、锚跨拉力调整。与 AS 法比较,由于每次牵引上猫道的是丝股而不是单根钢丝,故重力要大数倍,所需牵引能力也要大得多,一般采用全液压无级调速卷扬机,牵引方式则有门架支承的拽拉器和轨道小车两种。

(3)锚跨内钢丝束拉力调整。不管是 AS 法还是 PS 法,在主边跨丝股垂度调整后,都必须调整锚跨内丝股的拉力,具体方法为:用液压千斤顶拉紧丝股,并在锚梁与锚具支承面间插入支承垫板,即可通过丝股的伸长导入拉力。实际控制时是采用位移(伸长量)和拉力"双控"。

(4)紧缆挤圆。在各丝股调整好垂度并置入索鞍后,即用紧缆机将大缆挤压成圆形。紧缆机一般是用一可开闭的环形刚性钢架内沿径向设置多台千斤顶和辅助设施构成。为使两侧主缆从两端能对称作业,每桥一般配置 4 台紧缆机同时对称紧缆。紧缆一般是从主跨跨中向两侧进行,边挤边用木槌敲打密实,再用钢带或钢丝捆扎。紧缆和捆扎的距离一般为 1m 左右。

(5)缠丝。紧缆挤圆之后,在索夹、吊索及加劲梁等大部分恒载都已加于主缆之时,即可缠丝。缠丝之前先在主缆表面涂铅丹膏,然后用缠丝机缠丝,并随时刮去挤出表面的铅丹膏。缠丝之后在大缆表面涂漆防护。

3. 加劲梁的架设

在加劲梁架设之前,应进行索夹和吊索的安装。悬索桥加劲梁的架设方法一般分为两种:

一种架设方法为先从主塔附近的节段吊装架设开始而逐渐向跨中及桥台推进,另一种方法为先从跨中节段开始向两侧桥塔方向推进。具体施工中应注意主缆变形对加劲梁线形的影响。

4. 施工控制

主缆和加劲梁的架设是悬索桥施工的关键环节。主缆和加劲梁的架设过程中,桥塔和缆上的荷载不断变化着,主缆的线形也随着变化。为使悬索桥建成后其加劲梁和主缆都能达到设计线形,就需要在整个施工中进行严格的监测和控制。大跨径悬索桥的施工按照理论计算值进行,在施工测量精度范围内,确保实际线形与设计要求的线形相符合。大跨径悬索桥的结构线形主要受主缆线形与吊索长度控制,主缆一旦架设完成,其线形不能进行调整。

施工监控主要有:对主缆的施工控制,要求主缆内各钢丝均匀受力的控制;主缆调股的控制,即股缆在主跨和边跨的矢度调到要求的位置;主缆架设中长度的控制;对塔上主鞍座位置的控制,主缆架设时,要使主鞍座的空间位置具有一个靠岸的偏移量;对加劲梁段架设中的施工控制。

以厦门海沧大桥悬索桥上部结构的线形施工控制为例,大跨径悬索桥施工监控主要考虑以下几个方面:

(1) 初始参数的收集与整理分析,这些参数包括跨径长度、高程、猫道影响等。
(2) 鞍座预偏量与基准丝股线形的计算和架设监测。
(3) 索夹位置的计算与索夹放样的控制。
(4) 吊索长度的修正。
(5) 加劲梁架设过程的计算分析与测量。
(6) 桥面合理线形的形成。

本章习题

问答题

1. 桥梁上部结构施工方法有哪些?
2. 预应力施工方法有哪两种?其施工工艺是什么?
3. 沉入桩施工方法有哪些?
4. 拱桥无支架施工方法有哪些?

第 5 章 施工过程组织原理

5.1 施工过程的组织原则

施工过程就是生产建筑产品的过程,它是由一系列施工活动所组成的。施工过程的基本内容主要是劳动过程,在某些情况下,还包含自然过程,如水泥混凝土的养生、沥青路面的成型等。此时,施工过程就是劳动过程和自然过程的结合,是互相联系的劳动过程与自然过程的全部生产活动的总和。根据各种活动在性质上以及对产品所起的作用的不同,施工过程分类如下。

1. 施工准备过程

施工准备过程指产品在进行生产前所进行的全部技术和现场的准备过程,指产品在投入生产前所进行的全部生产技术准备工作,如可行性研究、勘测设计、施工准备等。

2. 基本施工过程

基本施工过程指直接为完成产品而进行的生产活动,如挖基、砌基等。

3. 辅助施工过程

辅助施工过程指为保证基本施工过程的正常进行所必需的各种辅助生产活动,如动力的生产(发电)、机械设备维修、材料开采、加工等。

4. 施工服务过程

施工服务过程指为基本施工和辅助施工服务的各种服务过程,如原材料、燃料的供应及运输等。

5.1.1 公路施工过程的组成

组织公路工程的施工,必须研究施工过程的组成以适应施工组织、计划、管理等工作的需要。

现行的公路工程概预算编制办法,将公路工程划分为临时工程、路基、路面、桥梁、交叉工程、隧道、其他工程及沿线设施、管理养护服务房屋等分项工程。相应于各个分项工程,又划分为若干子目。例如桥梁分项工程中,按工程性质与结构的不同,分为漫水工程、涵洞、小桥、中桥、大桥五个子目。公路施工过程是由上述之项和目、节所组成。

施工组织与管理工作,按上述项目可以做总体安排,但更多情况下还要进一步划分。从施工组织的需要出发,公路施工过程原则上可依次划分如下。

1. 动作与操作

动作是工人在劳动时一次完成的最基本的活动,如整形、碾压、找补;操作是若干个相互关联的动作组成,如铺料、碾压。

2. 工序

工序指劳动组织上不可分、施工技术相同的施工过程,它由若干个操作组成。施工组织往往以工序为对象,如垫层、基层、面层。

3. 操作过程

操作过程是由几个在技术上相互关联的工序所组成,可以相对独立完成的一种细部工程,如路基、路面、桥涵等。

4. 综合过程

综合过程是若干个在产品结构上密切联系,能获得一种产品的施工过程的总和,如一座独立的桥梁、一条路线工程。

公路工程综合施工过程划分如图 5-1 所示。

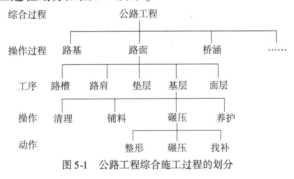

图 5-1 公路工程综合施工过程的划分

5.1.2 施工组织的原则

影响施工过程组织的因素很多,如施工性质、施工生产类型、建筑产品结构、材料及半成品性质、机械设备条件、自然条件等,导致施工过程的组织变化较多、困难较大。因此,科学、合理地组织施工过程显得尤为重要,其组织原则可归纳如下。

1. 连续性

连续性是指产品在施工过程中的各阶段、各工序在时间上是紧密衔接的,不发生各种不合理的停滞现象,表现为劳动对象始终处于被加工状态,或者在进行检验,或者处于自然过程中。

保持和提高施工过程的连续性,可以缩短建设周期,减少在制品数量,节省流动资金,可以避免产品在停放等待时可能引起的损失,对提高劳动生产率及节省造价具有很大意义。

2. 协作性

协调性也称比例性,它是指产品施工各阶段、各工序之间,在施工能力上要保持一定的比例关系,各施工环节的工人数、生产效率、设备数量等都必须互相协调,不发生脱节和比例失调现象。协调性是保证施工顺利进行的前提,可使施工过程中人力和设备得到充分利用,避免产品在各个施工阶段和工序之间的停顿和等待,从而缩短施工周期。施工过程的协调性在很大程度上取决于施工组织设计的正确性。

3. 均衡性

均衡性又称节奏性,是指企业的各个施工环节都按照施工生产计划的要求,工作负荷保持相对稳定,不发生时松时紧、前松后紧等现象。均衡施工能充分利用设备和工时,避免突击赶工造成的各种损失,有利于保证施工质量、降低成本,有利于劳动力和机械的调配。

4. 经济性

施工过程组织除满足技术要求外,必须讲究经济效益。上述施工过程的连续性、协调性和均衡性,最终都要通过经济效果集中反映出来。

上述合理组织施工过程的四个方面是相互制约、互为条件的,在进行施工组织时,必须保证全面符合上述四个方面的要求,不可偏重某一方。

5.2 施工的时间组织

施工过程组织包括时间组织、空间组织和资源组织等。其中,时间组织主要解决工程项目的施工作业方式,以及施工作业单位的排序和衔接问题;空间组织主要研究和解决加工厂内部或施工现场各施工作业单位的设置、分布以及原材料、半成品、构件等的运输路线问题。

公路工程的时间组织问题是工程施工中首先要解决的问题。

5.2.1 施工的排序

施工任务的排序问题属于管理科学中的动态规划问题,本小节将以公路施工生产的时间组织为例作简要介绍。

1. 两道工序、多项任务的施工排序

假设工程有两道工序、多项任务的情况,为达到工期最短的目的,可以用约翰逊-贝尔曼法则。这个法则的基本思想是:在工序持续时间中挑出最小值,先行工序排在最前施工,后续工序排在最后施工。挑出一个任务后,任务数减少一个,但仍可以列出上述关系,只是任务数减少1个。排序方法按此顺序进行,最后可得到最佳施工顺序。

【例 5-1】 有 5 座小桥,它们的基础工程分为两个工序,工序工作时间见表 5-1。试给出这五座小桥的最优施工顺序、最短工期并绘制施工进度图。

5 座小桥的工序持续时间   表 5-1

工序任务	1号	2号	3号	4号	5号
挖基(A)	4	4	8	6	2
砌基(B)	5	1	4	8	3

解：这是两道工序、多项任务的施工排序问题，采用约翰逊-贝尔曼法则进行排序。

(1) 表中 2 号任务 $t_{2B}=1$ 为最小值，是后续工序，2 号任务放在最后施工。

(2) 表中 5 号任务 $t_{5A}=2$ 为最小值，是先行工序，5 号任务放在最前施工。

(3) 表中 1 号任务 $t_{1A}=4$ 为最小值，是先行工序，1 号任务放在第二位施工。

(4) 表中 3 号任务 $t_{3B}=4$ 为最小值，是后续工序，3 号任务放在第四位施工。

(5) 4 号任务放在第三位施工。

因此，5 座小桥的施工顺序为：5 号→1 号→4 号→3 号→2 号。

绘制施工进度图(图 5-2)，确定总工期。

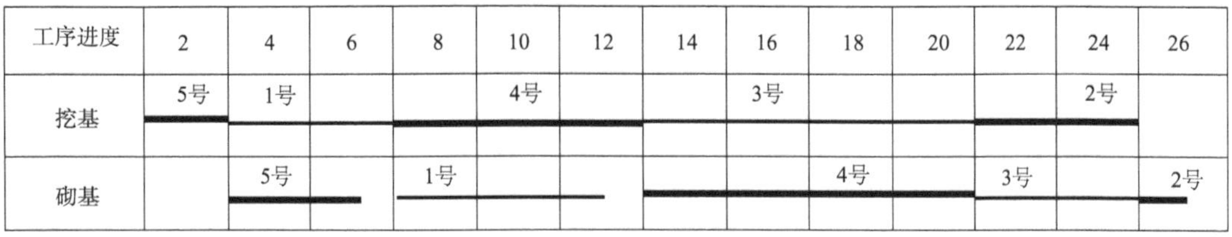

工序进度	2	4	6	8	10	12	14	16	18	20	22	24	26
挖基	5号	1号			4号			3号				2号	
砌基			5号		1号				4号		3号		2号

图 5-2 最优施工顺序进度图

与按照自然排序施工的进度进行对比，自然排序的施工进度图如图 5-3 所示。由此可见，5 号→1 号→4 号→3 号→2 号为最优施工顺序。

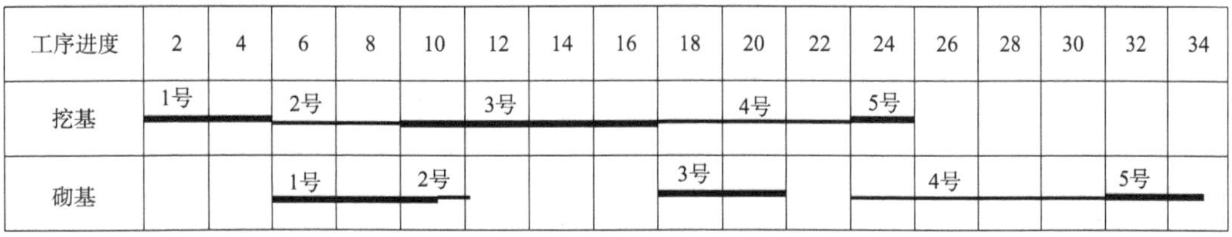

工序进度	2	4	6	8	10	12	14	16	18	20	22	24	26	28	30	32	34
挖基	1号		2号			3号				4号		5号					
砌基			1号		2号				3号			4号			5号		

图 5-3 自然排序的施工进度图

2. 三道工序、多项任务的施工排序

三道工序、多项任务的施工顺序安排仍使用约翰逊-贝尔曼法则，因此，需将三道工序合并为两道工序。为了保证原来作业时间长的工序合并后仍保持长的时间，需要限制工序合并的条件。

工序合并的条件如下。

条件(1)：第一道工序最小的施工周期 $t_{(iA)\min}$ 大于或等于第二道工序的最大施工周期 $t_{(iB)\max}$，即 $t_{(iA)\min} \geq t_{(iB)\max}$。

条件(2)：第三道工序最小的施工周期 $t_{(iC)\min}$ 大于或等于第二道工序的最大施工周期 $t_{(iB)\max}$，即 $t_{(iC)\min} \geq t_{(iB)\max}$。

符合上述条件之一的工程项目，可以把 3 道工序合并成两道工序进行最优排序。下面以一工程项目为例介绍 3 道工序、多项任务的施工顺序排序方法。

【例 5-2】 现有一工程项目，包括 5 个施工任务，每个任务有 3 道工序，每道工序的工作时间见表 5-2。确定项目的最优施工顺序及总工期。

工程项目每道工序的持续工作时间　　　　　　　　　　表 5-2

工序任务	1 号	2 号	3 号	4 号	5 号
A	4	2	8	10	5
B	5	2	3	3	4
C	5	6	9	9	7

解：(1) 首先验证合并条件。

① $t_{iAmin} = t_{2A} = 2$　　$t_{iBmax} = t_{1B} = 5$　　$t_{iAmin} = t_{2A} = 2 \not\geq t_{iBmax} = t_{1B} = 5$，故条件(1)不成立。

② $t_{iCmin} = t_{1C} = 5 = t_{iBmax} = t_{1B} = 5$，故条件(2)成立。

(2) 工序合并。

① 将第一道工序和第二道工序上各项任务的施工周期依次加在一起：

1～5 号施工任务 A + B 值分别为 9、4、11、13、9。

② 将第三道工序和第二道工序上各项任务的施工周期依次加在一起：

1～5 号施工任务 B + C 值分别为 10、8、12、12、11。

③ 将第①、②步得到的周期序列看作两道工序的施工周期：

1～5 号施工任务先行工序 A + B 值分别为 9、4、11、13、9；

1～5 号施工任务后续工序 B + C 值分别为 10、8、12、12、11。

④ 按两道工序、多项任务的计算方法求出最优施工顺序,结果见表 5-3。

工 序 合 并 表　　　　　　　　　　表 5-3

工序任务	1 号	2 号	3 号	4 号	5 号
A + B	9	4	11	13	9
B + C	10	8	12	12	11

(3) 运用约翰逊-贝尔曼法则,进行最优排序。

① 在 $t_{i(A+B)}$ 和 $t_{i(B+C)}$ 中找出故最小值,先行工序排在最前,后续工序排在最后施工。

由于 $t_{2(A+B)} = 4 = t_{i(A+B)min}$,故 2 号任务第一位施工。

② $t_{1(A+B)} = t_{5(A+B)} = 9 = t_{min}$ 都为先行工序,查其后续工序 $t_{1(B+C)} = 10, t_{5(B+C)} = 11, t_{1(B+C)} = 10 < t_{5(B+C)} = 11$,故 1 号任务排在 5 号任务后面,5 号任务第二施工,1 号任务第三位施工。

③ $t_{3(A+B)} = 11 = t_{min}$ 为先行工序,故 3 号任务第四施工,4 号任务第五位施工。

即最优施工顺序为：2 号→5 号→1 号→3 号→4 号

(4) 绘制施工进度图,确定总工期。

注意：第二道工序要在第一道工序完的基础上才能开始；第三道工序要在第二道工序完的基础上才能开始。施工进度图如图 5-4 所示。

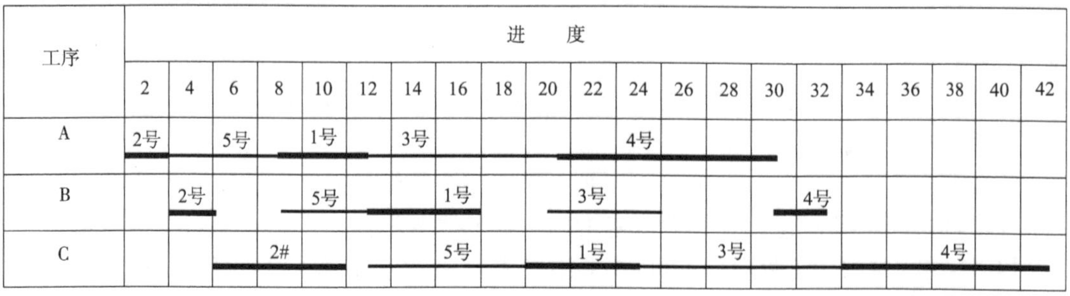

工序	进 度																				
	2	4	6	8	10	12	14	16	18	20	22	24	26	28	30	32	34	36	38	40	42
A	2号		5号		1号		3号					4号									
B			2号			5号			1号			3号				4号					
C					2#			5号				1号			3号					4号	

图 5-4　施工进度图

与按照自然排序施工的进度进行对比,自然排序的施工进度图如图 5-5 所示。由此可见,2 号→5 号→1 号→3 号→4 号为最优施工顺序。

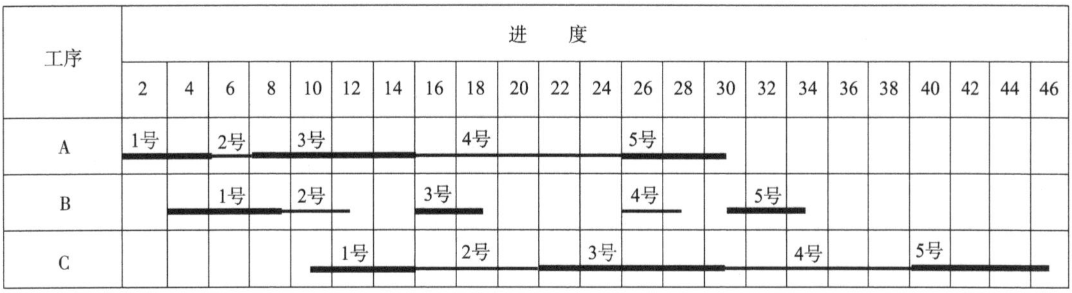

工序	进　度																						
	2	4	6	8	10	12	14	16	18	20	22	24	26	28	30	32	34	36	38	40	42	44	46
A	1号		2号		3号				4号				5号										
B			1号		2号			3号					4号			5号							
C					1号			2号				3号						4号			5号		

图 5-5　自然排序的施工进度图

3. $n(n>3)$ 道工序、多项任务的施工顺序

$n>3$ 时,按施工的客观规律,采用将前后关联工序的施工周期按一定方式合并的方法,分别应用约翰逊-贝尔曼法则,求出"合并工序"相应的周期,最后再按选取最小值的方法求得施工顺序的最优安排。

下面介绍 4 道工序多施工段的最优排序方法。

(1)工序合并条件。

相邻工序的工作时间应满足前后工序中任何一工序的最小工作时间应大于或等于中间工序的最大工作时间。

$t_{A\min} \geq t_{B\max}$,$t_{C\min} \geq t_{B\max}$ 或 $t_{B\min} \geq t_{C\max}$,$t_{D\min} \geq t_{C\max}$。

若出现 $t_{C\min} \geq t_{B\max}$,则合并为 a+b 与 b+c+d 两道工序。

若出现 $t_{D\min} \geq t_{C\max}$,则合并为 a+b+c 与 c+d 两道工序。

(2)合并为两道工序后,运用约翰逊-贝尔曼法则进行最优排序。

约翰逊-贝尔曼法则在使用过程中是有局限性的,它是在施工过程中总结出来的经验,本身存在有一定的误差。在手工计算中,会遇到很多矛盾,但这不是法则的错,读者要灵活运用,而且约翰逊-贝尔曼法则这种思想对我们很有用。

5.2.2　工程的施工作业方式

在公路施工生产中,施工队(班组)对施工对象的施工作业方式一般可分为顺序作业法、平行作业法和流水作业法三种基本施工方式(也称作业方式或组织方式)。

1. 顺序作业

顺序作业指按工艺流程和施工程序确定的先后顺序进行施工操作。如多层结构型的路面工程,其先后操作程序是:路槽、底基层、基层、联结层、面层和路肩。石方爆破工程的程序是:打眼、装药、堵塞、引爆和清方等。顺序选择除了取决于工艺要求外,还与施工组织安排相关。

顺序作业的组织思路是:只组织一个施工队,该队完成了一个施工段上的工作后转移至下一作业面,直到完成所有施工段上的所有工序的操作。

顺序作业的特点是:

(1)顺序作业总工期长。

(2)劳动力需要量少,周期起伏不定。
(3)材料供应、作业班组的作业是间歇的。
(4)在工种和技工的使用上易形成极大的不合理。

2. 平行作业

平行作业即是对于线形工程的作业面很大,根据工程或技术的需要,可划分为几段(或几个点),分别同时按先后程序组织施工的作业方式。

平行作业的组织思路是:划分几个施工段,就组织几个施工队,各施工队需完成相应施工段上的所有工序。施工队伍不需要转移。

平行作业的特点是:
(1)总工期短。
(2)劳动力需要量增加、出现人力高峰,易造成窝工,增加生活福利设施的支出。
(3)设备、机具供应不易实现。
(4)材料供应集中而间歇。

3. 流水作业

流水作业是比较先进的一种作业方法,以施工专业化为基础,将不同工程对象的同施工工序交给专业施工队执行,各专业队在统一计划安排下,依次在各个作业面上完成指定的操作。前一操作结束后转移至另一作业面,执行同样操作,后一操作则由其他专业队继续执行。各专业队按大致相同的时间和速度,协调而紧凑地相继完成全部施工任务。流水作业要求工艺流程组织紧凑,有利于专业化施工,是现代化工业产品生产的基本组织形式,对于建筑工程(包括公路在内)亦具有先进性,其基本原理在下一节中详述。

流水作业的组织思路是:划分几道工序,就组织几个专业施工队,各施工队在施工中只完成相同的操作,一个施工段的任务由多个施工队共同协作完成。施工队伍需要转移。

流水作业的特点是:
(1)工期适中;
(2)劳动力得到合理的利用,避免了短期内的高峰现象;
(3)当各专业队都进入流水作业后,机具和材料的供应与使用都稳定而均衡;
(4)流水作业法是组织专业队施工,工程质量有保证。

三种施工作业方法进度图如图 5-6 所示。

在流水作业中,由正式开工起至所有施工班组全部投入为止的这段时间间隔称为流水作业的开展时间,用 t_0 表示:

$$T = t_0 + t_e \tag{5-1}$$

式中:T——总工期;

t_e——最后一个工序的作业持续时间。

4. 作业方式的综合运用

顺序作业法、平行作业法、流水作业法在生产过程中不仅可以单独运用,而且可以根据具体条件综合运用,从而形成平行流水作业法、平行顺序作业法以及立体交叉平行流水作业法。这类综合形式一般均能取得较明显的经济效果。

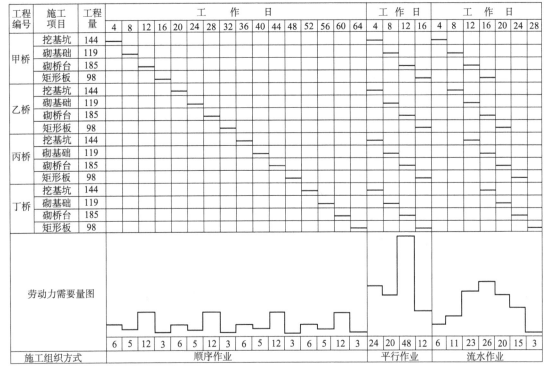

图 5-6 工程进度图

(1)平行流水作业法。在平行作业法的基础上,按照流水作业法的原则组织施工,以达到适当缩短工期,使劳动力、材料、机具需要量保持均衡的目的。

(2)顺序平行作业法。这种方法的实质是用增加施工力量的方法来达到缩短工期的目的。它使顺序作业法和平行作业法的缺点更加突出,故仅适用于突击性施工情况。

(3)立体交叉平行流水作业法。它是在平行流水作业法的原则上,采用上、下、左、右全面施工的方法,可以充分利用工作面来有效地缩短工期,一般适用于工序繁多、工程特别集中的大型构造物的施工,如大桥、立体交叉、隧道等工程量大、工作面狭窄、工期短的情况。

5.3 流水施工组织原理

5.3.1 流水施工的本质

流水施工的本质如下:

(1)把劳动对象的施工过程划分为若干工序或操作过程,每个工序或操作过程分别由按工艺流程建立的专业班组来完成。

(2)把一个劳动对象尽可能地划分为劳动量大致相等的若干施工段。

(3)各个作业班组按照一定的施工顺序,携带必要的机具,依次地、连续地由一个施工段转移到另一个施工段,反复完成同类工作。

(4)不同工种或同种作业班组完成工作的时间尽可能地相互衔接起来。

流水施工法的特点是生产具有连续性和均衡性,使各种物质资源均衡地使用,施工机构及

其附属企业的生产能力充分地发挥,劳动力得到合理地安排和使用,从而带来较好的经济效果,具体表现在以下几个方面:

(1)避免了施工期间劳动力的过分集中,从而减少临时设施工程量,节约基建投资。

(2)由于实行工程队(组)生产专业化,为提高工人的技术水平和进行技术改造与革新创造了有利条件,促进劳动生产率和工程质量的不断提高。

(3)在采用流水施工方法时,单位时间内完成的工程数量,对于机械操作过程是按照主导机械的生产能力来确定;对于手工操作过程是以合理的劳动组织为依据确定的,以此保证施工机械和劳动力得到合理和充分利用。

(4)消除了工作间的不合理中断,缩短了工期,从而降低了工程间接费用;保证了劳动力和资源消耗的均衡,各种资源得到充分的利用,提高了劳动生产率和资源的使用率,减少了各种不必要的损失,从而降低了工程直接费用。

必须指出的是,流水施工法只是一种组织措施,它的使用可以带来很好的经济效果,而不要求增加任何的额外费用。现代化公路的发展除需要科学的组织措施外,还要依赖施工技术现代化,如建筑设计标准化、建筑结构装配化、构件生产工厂化、施工过程机械化、建筑机构专业化和施工管理科学化等。这些方面是密切联系、互为条件的,既是实现公路建筑工业化必不可少的重要措施,也是公路施工企业多、快、好、省地进行公路现代化建设的重要手段。

5.3.2 流水施工的参数

为了说明流水施工在时间和空间上的开展情况,必须引入一些定量的描述,这些量称为流水参数。按参数性质不同,可以分为工艺参数、时间参数、空间参数三类及充分流水条件。

1. 工艺参数

1)施工过程数

把一个综合的施工过程划分为若干具有独自工艺特点的单个施工过程,其数量 n 为施工过程数,即工序数。

施工过程数要根据构造物的复杂程度和施工方法来确定,太多、太细则给计算增添麻烦,在施工进度计划也会带来主次不分的缺点;太少则会使计划过于笼统,而失去指导施工的作用。

2)流水强度

流水强度又称流水能力、生产能力,每一施工过程在单位时间内所完成的工程量(如浇捣混凝土时每工作班浇捣的混凝土的数量)称为流水强度。

(1)机械施工的流水强度按下式计算:

$$V = \sum R_i C_i \tag{5-2}$$

式中:R_i——某种施工机械台数;

C_i——该种施工机械台班产量定额;

i——机械种类。

(2)人工操作的流水强度按下式计算:

$$V = RC \tag{5-3}$$

式中：R——施工人数；
　　　C——人工的产量定额。

【例 5-3】 某铲运机铲运土方工程，推土机 1 台，$C = 1562.5 \text{m}^3/$台班；铲运机 3 台，$C = 223.2 \text{m}^3/$台班。计算该工程机械的流水强度。

解：(1) 机械施工的流水强度：
$V = 1 \times 1562.5 + 3 \times 223.2 = 2232.1 \text{m}^3/$台班
(2) 人工操作的流水强度：
如人工开挖土质台阶工程中人工的产量定额 $C = 22.2 \text{m}^2/$工日，安排 5 个人，即 $R = 5$，则人工操作的流水强度 $V = 5 \times 22.2 = 111 \text{m}^2$。

2. 时间参数

1) 流水节拍 t_i

流水节拍是某个施工过程在某个施工段上的持续时间。

流水节拍通常有两种确定方法，一种是根据工期要求来确定，另一种是根据投入的劳动力、机械台班数来确定。流水节拍的计算公式如下：

$$t_i = \frac{D_i}{C \cdot R \cdot n} = \frac{Q_i}{R \cdot n} \tag{5-4}$$

式中：D_i——施工段的工程量；
　　　C——产量定额；
　　　R——施工人数或机械数量；
　　　Q_i——施工段的劳动量；
　　　n——作业班制。

【例 5-4】 人工挖运土方工程 D 为 24500m^3，人工的产量定额 C 为 $24.5 \text{m}^3/$工日，安排 20 人施工，求：

(1) 这个工程的流水节拍 t；
(2) 若安排 50 人，流水节拍是多少？

解：(1) 劳动量 $D = 24500 \div 24.5 = 1000$ 工日
流水节拍 $t = 1000 \div 20 = 50 \text{d}$
(2) 安排 50 人的流水节拍：
$t = 1000/50 = 20 \text{d}$

2) 流水步距 B_{ij}

流水步距是两个相邻的施工队在保持连续施工的条件下，先后进入第一施工段进行流水施工的时间间隔。其数目取决于参加流水的施工过程数，如施工过程数为 n，则流水步距的总数为 $n - 1$。

确定流水步距的基本要求如下：

(1) 始终保持两施工过程的先后工艺顺序：垫层、基层、面层；
(2) 保持各施工过程的连续作业；
(3) 做到前后两施工过程施工时间的最大搭接；
(4) 流水步距应与流水节拍保持一定关系，满足一定的施工工艺、组织条件及质量要求。例如钻孔灌注桩工程，必须保证钻孔与灌注混凝土两道工序紧密衔接（防止坍孔）。

3. 空间参数

1）作业面 A

工作面又称工作前线 L,它的大小决定了施工对象单位面积上能安置多少工人和布置多少机械。在确定一个施工过程必要的工作面时,不仅要考虑前一施工过程为这个施工过程可能提供的工作面大小,也要遵守安全技术和施工技术规范的规定。

2）施工段 m

在组织流水施工时,通常把施工对象划分为所需劳动量大致相等的若干段,或按工程结构部位划分的分部分项工程段,这些段就称为施工段。每一施工段在某一时间内只供一个施工队完成其承担的施工过程,施工段的数目用 m 表示。

在划分施工段时,应考虑以下几点:

(1) 施工段的分界同施工对象的结构界限(温度缝、沉降缝和单元尺寸等)一致;

(2) 各施工段上所消耗的劳动量大致相等;

(3) 每段要有足够的工作面,使工人操作方便,既有利于提高工效,又能保证施工安全;

(4) 应根据机械使用效能、工人的劳动组合、材料供应情况、施工规模大小等因素划分施工段数。

如青银高速公路在山东境内的 88.388km,划分为 6 个合同段进行招标,实际上是划分为 6 个施工段。

4. 充分流水条件

流水作业具有较高的经济效益,是施工队伍积极采用的办法。但并不是在任何情况下都可以使用流水作业方法的,只有具备如下条件才能保证充分流水:

$$M \geq n \tag{5-5}$$

即施工段数大于或等于工序数。在工程规模较大的情况下,工艺过程又较复杂,则将工程划分为多个段,调入多个专业队伍施工,才是充分流水施工的最好选择。

5.3.3 流水施工的类型

流水施工是一种比较先进的作业方法。流水施工的组织可分为有节拍流水和无节拍流水。其中,有节拍流水的特点是:同一施工过程在不同施工段上的流水节拍是相等的,包括全等节拍流水、成倍节拍流水和分别流水。

1. 全等节拍流水

所谓全等节拍流水,是指各施工过程在所有施工段上的流水节拍均相等,即各施工过程的流水节拍 t_i 与相邻施工过程之间的流水步距 B_{ij} 完全相等的流水施工。

【例 5-5】 某施工项目有 3 个施工段,每个施工段有 5 道工序,每道工序的流水节拍 t_i 为 2d,B_{ij} 为 2d。确定施工组织的方法,绘制施工进度图,并计算总工期。

解:采用全等节拍流水组织施工,施工进度图如图 5-7 所示。

总工期 $T = $ 流水开展期 + 最后专业队作业时间 $= t_0 + t_e = (n-1)B_{ij} + mt_i = (m+n-1)t_i$

$$T = (3+5-1) \times 2 = 14\text{d}$$

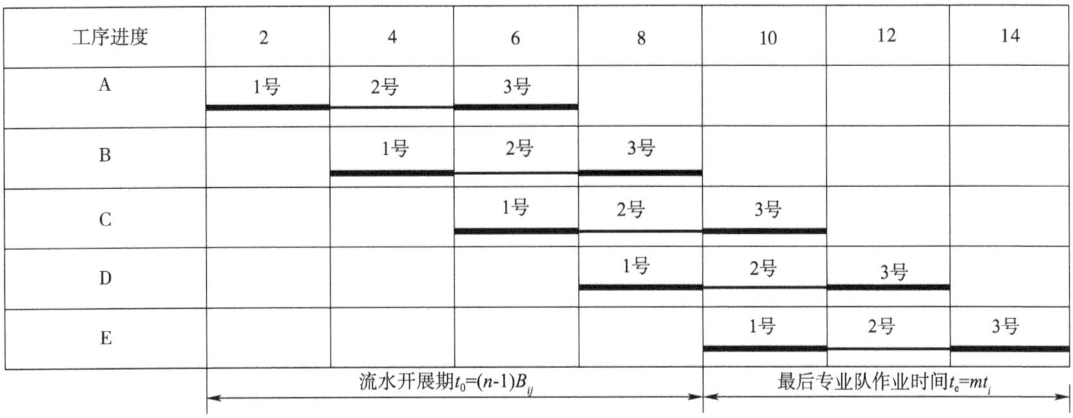

工序进度	2	4	6	8	10	12	14
A	1号	2号	3号				
B		1号	2号	3号			
C			1号	2号	3号		
D				1号	2号	3号	
E					1号	2号	3号

流水开展期 $t_0=(n-1)B_{ij}$ ｜ 最后专业队作业时间 $t_e=mt_i$

图 5-7 施工进度图

2. 成倍节拍流水

当各施工过程的流水节拍彼此不相等,但有互成倍数的常数关系时,如仍按全等节拍流水组织施工,则会造成施工队窝工或作业面间歇,从而导致总工期延长。此时,为了使各施工队仍能连续、均衡地依次在各施工段上施工,应按成倍节拍流水组织施工。其步骤如下:

(1) 求各流水节拍的最大公约数 K,它相当于各施工过程都共同遵守的"公共流水步距",为了使用方便和便于与其他流水作业法比较起见,今后仍称这个 K 为流水步距。

(2) 求各施工过程的专业施工队数 b_i。每个施工过程的流水节拍 t_i 是 K 的几倍,就要相应安排几个施工队,才能保证均衡施工。同一施工项目的各个施工队依次相隔 K 天投入流水施工,因此,施工队数目 b_i 按下式计算:

$$b_i = \frac{t_i}{K} \tag{5-6}$$

(3) 将专业施工队数目的总和 $\sum b_i$ 看成是施工过程数 n,将 K 看成是流水步距后,按全等节拍流水的方法安排施工进度。

(4) 计算总工期 T。由于 $n = \sum b_i$,因此可以按下式来计算总工期:

$$T = t_0 + t_e = (m+n-1)t_i = (m+\sum b_i - 1)K \tag{5-7}$$

【例 5-6】 有 6 座类型相同的涵洞,每座涵洞包括 4 道工序。每个专业队由 4 人组成工作时间为:挖槽 2d,砌基 4d,安管 6d,洞口 2d。求该分项工程的总工期 T,并绘制施工进度图。

解:根据已知条件,采用成倍节拍流水组织施工。

(1) 确定流水公共步距:

由 $t_1=2, t_2=4, t_3=6, t_4=2$,得 $K=2$d。

(2) 确定施工队伍总数:

$\sum b_i = 1+2+3+1 = 7$

(3) 按 7 个专业队、流水步距为 2 组织施工。

(4) 计算总工期 $T = t_0 + t_e = (m+\sum b_i - 1)K = (6+7-1)\times 2 = 24$d。

(5) 绘制施工进度图。水平进度图如图 5-8 所示,垂直进度图如图 5-9 所示。

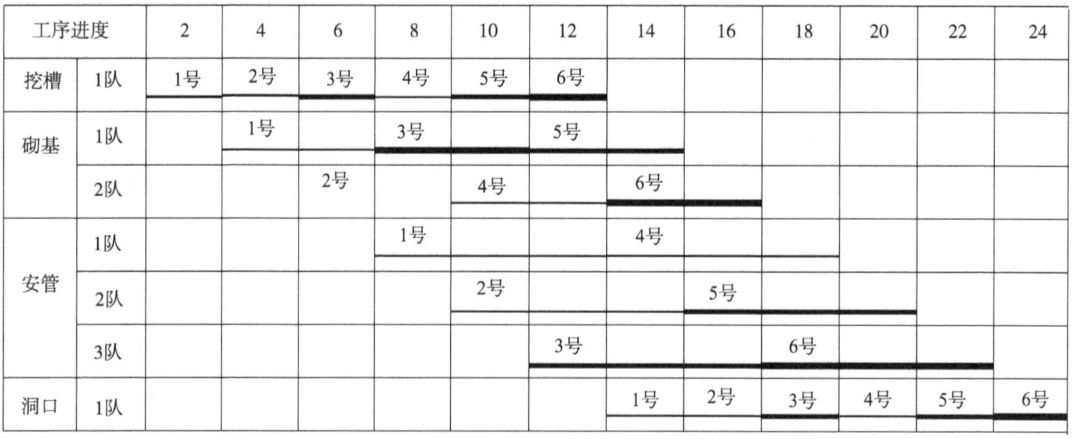

工序进度
2
4
6
8
10
12
14
16
18
20
22
24
挖槽
1队
1号
2号
3号
4号
5号
6号
砌基
1队
1号
3号
5号
2队
2号
4号
6号
安管
1队
1号
4号
2队
2号
5号
3队
3号
6号
洞口
1队
1号
2号
3号
4号
5号
6号

图 5-8　水平进度图

施工段进度
2
4
6
8
10
12
14
16
18
20
22
24
6号
5号
4号
3号
2号
1号
挖
槽
砌
基
安
管
洞
口

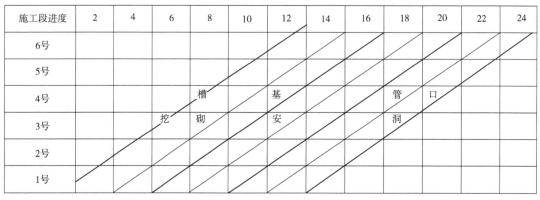

图 5-9　垂直进度图

3. 分别流水

分别流水是指各施工过程的流水节拍各自保持不变(t_i = 常数),但不存在最大公约数,流水步距 B_{ij} 也是一个变数的流水作业。

组织分别流水施工时,首先应保证各施工过程本身均衡而不间断地进行,然后将各施工过程彼此搭接协调。也就是说,既要避免各施工过程之间发生矛盾,也要尽可能减少作业面的间隙时间,使整个施工安排保持最大程度的紧凑,以达到缩短工期的目的。

由于流水步距是个变数,因此必须分别确定,这对各施工过程的相互配合和正确搭接是一个很重要的参数。分别流水中各工序的流水步距的确定方法分为两种情况。

(1)当后一施工过程的流水节拍 t_{i+1} 等于或大于前一施工过程的流水节拍 t_i 时,流水步距根据后一个施工过程所要求的时间间隔决定,不小于1d。

(2)当后一施工过程的流水节拍 t_{i+1} 小于前一施工过程的流水节拍 t_i 时:流水步距的计算公式是:

$$B_{ij} = m(t_i - t_{i+1}) + t_{i+1} \tag{5-8}$$

式中:t_i、t_{i+1}——流水节拍。

分别流水的总工期计算公式为:

$$T = t_o + t_e = \sum B_{ij} + t_e \tag{5-9}$$

式中:T——总工期;

B_{ij}——各相邻工序的流水步距；

t_e——最后一个工序的作业持续时间。

【例 5-7】 有结构尺寸相同的涵洞 5 座，每个涵洞 4 道工序，各涵每道工序的工作时间为 $t_1=3\mathrm{d},t_2=2\mathrm{d},t_3=4\mathrm{d},t_4=5\mathrm{d}$。求总工期并绘制水平进度图。

解：根据已知条件按照分别流水组织施工。

(1) 计算 B_{12}。

第一道工序的流水节拍为 3d，第二道工序的流水节拍为 2d，属于后一施工过程的流水节拍 t_{n+1} 小于前一施工过程的流水节拍 t_n 的情况，即 $t_2=2<t_1=3$，取 $t=2\mathrm{d}$，则 $B_{12}=5\times(3-2)+2=7$。

(2) 计算 B_{23}。

第三道工序的流水节拍为 4d，第二道工序的流水节拍为 2d，属于后一施工过程的流水节拍 t_{n+1} 大于前一施工过程的流水节拍 t_n 的情况，即 $t_3=4>t_2=2$，所以取 $B_{23}=2$。

(3) 计算 B_{34}。

第三道工序流水节拍为 4d，第四道工序的流水节拍为 5d，属于后一施工过程的流水节拍 t_{n+1} 大于前一施工过程的流水节拍 t_n 的情况，即 $t_3=5>t_2=4$，所以 $B_{34}=4$。

(4) 计算流水开展期。

$$t_0=B_{12}+B_{23}+B_{34}=7+2+4=13\mathrm{d}$$

(5) 计算总工期。

$$T=t_0+t_e=13+25=38\mathrm{d}$$

(6) 绘制施工进度图。施工进度图如图 5-10 所示。

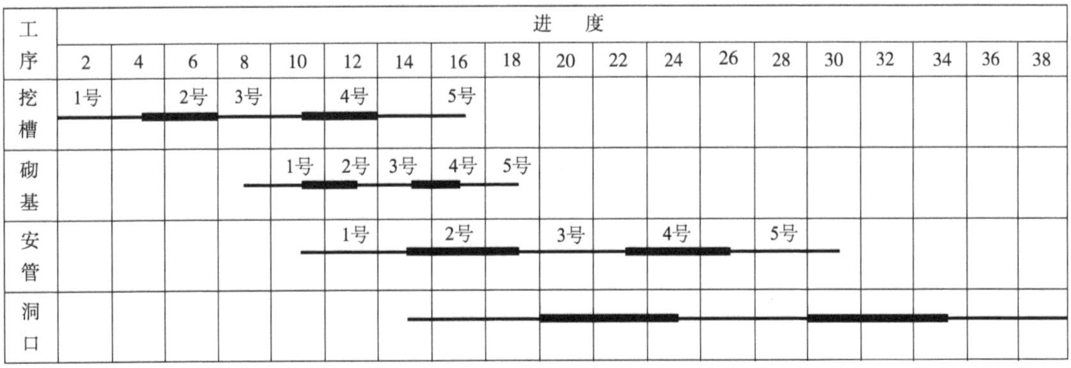

图 5-10 施工进度图

4. 无节拍流水

无节拍流水是指同类工序的流水节拍在各施工段上不相同，不同类工序的流水节拍也不相同的流水作业。因为公路工程比较复杂，沿线工程量分布也不相同，有的甚至差距很大，例如有的地方高填方，有的地方深挖方，所以即使组织相同的人力、机械，施工的流水节拍也很难相同，这种情况下就要按照无节拍流水组织施工。

无节拍流水施工中要首先确定各施工段的最小流水步距。确定最小流水步距的目的是保证各作业组在不同作业面上能连续施工，不出现窝工。

无节拍流水施工中最小流水步距的确定方法是数字错差法。所取大差为最小流水步距。

数字错差法是先做错误的假设，即设各道工序（队组）在第一施工段上同时开工，分别求出各施工队组在各施工段上的完工时间，形成新的数列矩阵；前行数列向前（左）移一位，相对紧邻后一行数列向右移一位;对应两行数列相减,缺位补零,即可求出差值数列,其中最大差值即为流水步距。所谓"相邻工序(队组)每段节拍时间累加数列错位相减取大差"法。

【例 5-8】 现有一钢筋混凝土结构物,分为 4 个施工段,每个施工段又分为立模、扎筋、浇混凝土 3 道工序。各工序工作时间见表 5-4。确定最小流水步距,求总工期,并绘制其施工进度图。

工 序 工 作 时 间　　　　　　　　表 5-4

工序施工段	I	II	III	IV
A	2	3	4	3
B	3	4	2	5
C	2	3	3	2

解: 根据已知条件按照无节拍流水组织施工。

(1) 计算 B_{12}。
① 将第一道工序的工作时间依次累加后分别得 2、5、9、12;
② 将第二道工序的工作时间依次累加后分别得 3、7、9、14;
③ 将上面两步得到的两行错位相减,取大差得 $B_{12} = 3$。

(2) 计算 B_{23}。
① 将第二道工序的工作时间依次累加后分别得 3、7、9、14;
② 将第三道工序的工作时间依次累加后分别得 2、5、8、10;
③ 将上面两步得到的两行错位相减,取大差得 $B_{23} = 6$。

(3) 计算总工期 T。
$T = t_0 + t_e = B_{12} + B_{23} + t_e = 3 + 6 + (2 + 3 + 3 + 2) = 19$

(4) 绘制施工进度图,如图 5-11 所示。

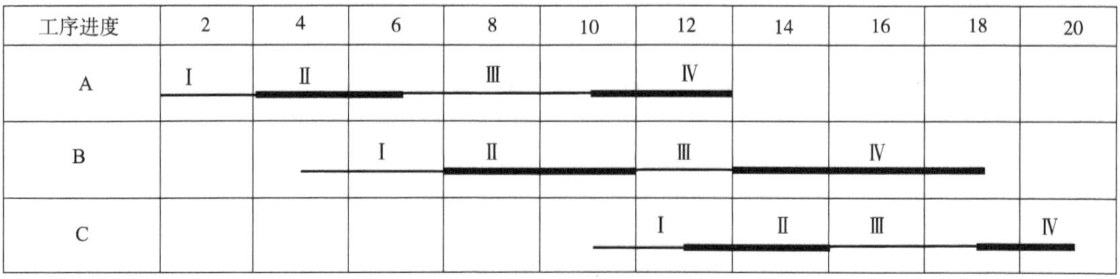

工序进度	2	4	6	8	10	12	14	16	18	20
A	I	II		III		IV				
B			I	II		III		IV		
C						I	II	III		IV

图 5-11 施工进度图

本章习题

一、问答题

1. 叙述施工过程的组织原则。
2. 施工过程的时间组织和空间组织分别要解决什么问题?
3. 叙述约翰逊-贝尔曼法则的内容。
4. 在公路工程的施工过程中,施工作业基本方式有哪些?各自的特点是什么?
5. 流水施工的参数有哪些?
6. 确定流水步距的要求有哪些?
7. 划分施工段的目的是什么?

8. 划分施工段考虑的因素有哪些?
9. 分别流水中各工序的流水步距的确定方法是什么?
10. 什么情况下按无节拍流水组织施工?

二、计算题

1. 某工程的 2 个工序在 5 个施工任务上的持续时间见表 5-5,进行最优排序并绘制施工进度图。

工序持续时间　　　　　　　　　　　表 5-5

工 序	施 工 段				
	1号	2号	3号	4号	5号
A	3	4	7	2	6
B	1	5	8	3	4

2. 某工程有 2 个工序,在 4 个施工段上的持续时间见表 5-6。试进行最优排序,并绘制水平进度图,确定总工期。

工序持续时间　　　　　　　　　　　表 5-6

工 序	施 工 段			
	1号	2号	3号	4号
A	5	6	3	2
B	1	4	4	5

3. 现有一工程项目,包括 4 个施工任务,每个任务有 3 道工序,每道工序的持续时间见表 5-7。试确定项目的最优施工顺序及总工期,绘制施工进度图。

工序持续时间　　　　　　　　　　　表 5-7

工 序	施 工 段			
	1号	2号	3号	4号
A	5	6	4	7
B	2	3	1	4
C	3	4	2	5

4. 现有一工程项目,包括 4 个施工任务,每个任务有 3 道工序,每道工序在施工段上的持续时间见表 5-8。试进行最优排序,并绘制水平进度图,确定总工期。

工序持续时间　　　　　　　　　　　表 5-8

工 序	施 工 段			
	1号	2号	3号	4号
A	3	2	5	5
B	2	2	3	1
C	4	4	6	6

5. 现有一工程项目,包括 4 个施工任务,每个任务有 3 道工序,每道工序的工作时间见

表 5-9。对该工程进行最优排序,确定总工期并绘制水平施工进度图。

工 序 持 续 时 间　　　　　　　　　表 5-9

工 序	施 工 段			
	1号	2号	3号	4号
A	4	1	8	7
B	5	2	3	3
C	6	5	9	10

6. 某施工项目有 4 个施工段,每个施工段有 3 道工序,每道工序的流水节拍 $t_i=3\mathrm{d}$, $B_{ij}=3\mathrm{d}$。确定施工组织的方法,绘制施工进度图,并计算总工期。

7. 有结构尺寸相同的涵洞 3 座,每个涵洞 4 道工序,各涵每道工序的工作时间为 $t_1=4\mathrm{d}$, $t_2=3\mathrm{d}$, $t_3=5\mathrm{d}$, $t_4=6\mathrm{d}$。确定施工方法,绘制水平进度图,并计算总工期。

第 6 章 公路工程施工组织设计

6.1 施工组织设计概述

6.1.1 施工组织设计概念

施工企业承揽到工程项目后,就要按照合同的内容和要求组织施工生产。

施工生产前要对项目如何开展作出系统、全面的筹划和安排,即编制工程项目的施工组织设计。

施工组织设计是从工程的全局出发,按照客观的施工规律和当时、当地的具体条件,统筹考虑施工活动中的人力、资金、材料、机械和施工方法,对整个工程的施工进度和资源消耗等作出的科学而合理的安排。

施工组织设计的目的是使工程建设在一定的时间和空间内实现有组织、有计划、有秩序的施工,以达到工期尽量短、质量优、资金省、施工安全的效果。

公路施工组织设计是规划和指导公路工程从工程投标、签订建筑安装工程承包合同、施工准备工作到竣工验收全过程的综合性技术经济文件,是对拟建工程在人力和物力、时间和空间、技术和组织等方面所作的全面合理的安排,是沟通工程设计和施工之间的桥梁。作为指导拟建工程项目的全局性文件,施工组织既要体现拟建工程的设计和使用要求,又要符合建筑施工的客观规律。

6.1.2 施工组织设计的分类与文件(内容)组成

1. 按编制对象范围的不同分类

公路施工组织设计按编制对象范围的不同可分为施工组织总设计、单位工程施工组织设计和分部(分项)工程施工组织设计。

1)施工组织总设计

施工组织总设计是以整个建设项目为对象编制的,用以指导整个建设项目施工全过程的各项施工活动的全局性、控制性指导文件。在施工组织总设计的指导下,再深入研究总项目下的单位工程(分项工程)施工组织设计。施工组织总设计一般在初步设计或技术设计被批准之后,由总承包企业的总工程师负责,会同建设、设计和分包单位的工程师共同编制。

2)单位工程施工组织设计

单位工程施工组织设计是以一个单位工程(公路工程中的一座隧道、一座桥梁或一个路面施工标段)为对象编制的,用以指导其施工全过程的各项施工活动的局部性、指导性文件。其任务是按照总体设计的要求,根据现场施工的实际条件,具体地安排人力和物力,进行施工组织,是施工单位编制作业计划和制订季、月、旬施工计划的依据。单位工程施工组织设计一般在施工图设计完成后,在拟建工程开工之前,由工程项目的技术负责人负责编制。

3)分部(分项)工程施工组织设计

分部(分项)工程施工组织设计是以分部(分项)工程为编制对象,用以具体实施其分部(分项)工程施工全过程的各项施工活动的技术、经济和组织的实施性文件。一般为对于工程规模大、技术复杂、施工难度大或采用新工艺、新技术施工的建筑物或构筑物,在编制单位工程施工组织设计之后,常需对某些重要的又缺乏经验的分部(分项)工程再深入编制专业工程的具体施工组织设计。例如公路施工中的高填方、深路堑、深基础、大型结构安装、地下防水工程等。

2. 按编制阶段公路施工组织设计分类

公路施工组织设计是一个总体的概念,根据工程项目编制阶段、编制对象范围和工程项目的规模及特点的不同,在编制深度和广度上也有所不同。

在公路工程设计和施工各个阶段,必须编制相应的施工组织设计文件,即深度、内容由粗到细的"施工方案""修正施工方案""施工组织计划"和"实施性施工组织设计"。

施工组织设计按所起作用的不同分为两大类:一类是属于设计文件的组成部分,其中按设计阶段的不同,可分为两阶段设计中初步设计阶段的"施工方案",三阶段设计中技术设计阶段的"修正施工方案"和两阶段设计或三阶段设计中的施工图阶段的"施工组织计划";另一类是属于指导施工的技术经济文件,即"实施性施工组织设计"或称为施工组织设计,其中又可分为"施工组织总设计""单位工程施工组织设计"和"分部分项工程施工组织设计"。

施工组织设计是施工方案、修正施工方案、施工组织计划和实施性施工组织设计等施工组织文件的统称。

施工方案、修正施工方案和施工组织计划由勘测设计单位负责编制,编入相应的设计文件,并按规定上报审批。实施性施工组织设计则完全由施工单位根据批准的初步设计或施工图设计中的施工方案或施工组织计划,综合施工时的自身和客观具体条件进行编制,并报监理和业主、上级领导部门审批或备案。

3. 施工组织设计文件组成

施工组织设计文件按组成不同,分类如下。

1)施工方案

(1)施工方案说明;

(2)人工、主要材料及机具、设备安排表；
(3)工程概略进度图(根据劳动力、施工期限、施工条件以及施工方案进行概略安排)；
(4)临时工程一览表。

施工方案说明列入初步设计的总说明书中，其主要内容包括：
(1)施工组织、施工力量和施工期限的安排；
(2)主要工程、控制工期的工程及特殊工程的施工方案；
(3)主要材料的供应，机具、设备的配备及临时工程的安排；
(4)下一阶段应解决的问题及注意事项。

2)修正施工方案

采用三阶段设计的工程，在技术设计阶段应提出修正的施工方案。修正施工方案应根据初步设计的审批意见和需要进一步解决的问题进行编制。修正施工方案解决问题的深度和提交文件的内容，介于施工方案和施工组织计划之间。

3)施工组织计划

不论采用几阶段设计，在施工图阶段都应编制施工组织计划，其内容如下：
(1)说明。
①初步设计(或技术设计)审批意见的执行情况；
②施工组织、施工期限，主要工程的施工方法、工期、进度及措施；
③劳动力计划及主要施工机具的使用安排；
④主要材料供应、运输方案及临时工程安排；
⑤对缺水、风沙、高原、严寒等地区以及冬季、雨季施工所采取的措施；
⑥施工准备工作的意见(如拆迁、用地、修建便道、便桥、临时房屋、架设临时电力、电信设施等)。
(2)工程进度图(包括劳动力计划安排)。
(3)主要材料计划表(包括型号、规格及数量)。
(4)主要施工机具、设备计划表。
(5)临时工程表(包括通往工地、料场、仓库等的便道、便桥及电力、电信设施等)。
(6)重点工程施工场地布置图。绘出仓库、工棚、便道、便桥、运输路线、构件预制场地、沥青(或水泥)混凝土拌和场地、材料堆放场地等工程和生活设施的位置。
(7)重点工程施工进度图。

4)实施性施工组织设计

在施工阶段，由施工单位编制的施工组织设计称为实施性施工组织设计。此时，施工图设计已获批准，所有施工方案已定，施工条件明确。因此，这一阶段的施工组织设计十分具体，对各分项工程各工序和各施工队都要进行施工进度的日程安排和具体操作的设计。

实施性施工组织设计文件的内容与施工图设计阶段的施工组织计划相似，但它更具体、更详细。它是根据设计阶段施工组织计划和设计资料及确定的工期、施工企业的具体情况，以企业定额或历年统计资料整理的定额为依据而编制的。它不列入设计文件，是确保设计阶段施工组织计划实现的一种措施，是工程实施组织管理的重要内容。

施工阶段施工组织设计的内容目前尚无正式成文规定，由施工单位根据企业的实际情况和习惯编制，一般应包括如下内容：
(1)对设计阶段施工组织计划的内容、要求、表格等按照施工单位的具体情况计算、核实，

根据指导施工的要求将编制对象进一步细化,时间计划一般到月或旬,劳动组织方面可以班组为对象;

(2)实施性的开工前准备工作;

(3)在设计阶段施工组织计划编制的"材料计划表"的基础上,进一步编制材料供应图表;

(4)运输组织计划;

(5)附属企业及自办材料的开采和加工计划;

(6)供水、供电、供热及供气;

(7)实施性施工组织设计的技术组织措施计划;

(8)重点工程施工进度图和施工平面布置;

(9)制订相应的管理机构、管理制度,如项目部机构设置、施工安全、质量管理制度等。

以上内容可以看出,施工组织设计与施工组织计划的内容十分接近,只是偏重具体实施这一方面。

综上所述,从施工方案到实施性施工组织设计,后一阶段比前一阶段的要求更高,内容也更具体,但是各个阶段是独立的也是相互联系的。

6.1.3 施工组织设计资料调查

公路施工产品类型多、投资巨大、生产周期长、受外界及自然因素影响大、需要协调的问题复杂。要编制出切实可行的施工组织设计,施工前必须掌握准确可靠的原始资料,有计划、有步骤地认真做好原始资料的调查、收集和分析工作。在此基础上,才能正确地制订施工方案、合理地安排施工进度,正确地做好各项资源供应和施工现场部署工作。

编制设计阶段的施工组织设计文件所进行的原始资料调查,是在公路勘察设计阶段,由勘察设计单位组成的调查组与公路设计资料调查同时进行。编制施工阶段的施工组织设计文件所进行的原始资料调查,是在投标前和公路施工准备阶段,由施工单位组成的调查组,结合招标文件及所签工程承包合同进行实地勘察或进行复核定线工作,是对设计阶段调查结果的复核和补充。设计阶段和施工阶段的调查方法及内容基本相同,都要深入现场,通过实地勘察、座谈访问、查阅历史资料,并采取必要的测试手段获得所需数据及资料。

调查工作的基本要求是:座谈有纪要、协商有协议、调查有证明、政策规定应索取原件或复印件、影印文本等。特别要注意所有资料均要真实可靠、手续齐全、措辞严谨、依法生效。

1. 自然条件调查

1)地形、地貌调查

地形、地貌调查主要进行公路沿线、桥位、隧道、附属加工厂及大型土石方地段的调查。这些资料可作为选择施工用地、布置施工平面图、进行场地平整及土方量计算、规划临时设施、了解障碍物及其数量等的依据。

2)工程地质调查

工程地质调查的目的是查明建设地区的工程地质条件和特征,包括地层构造、土质的类别及土层厚度、土的性质、承载力及地震级别等。调查资料可作为选择路基土石方施工方法、基础施工方法及确定特殊路基处理措施、选定自采加工材料料场等的依据。

3)水文地质调查

(1)地下水文资料。地下水文资料包括地下水的最高、最低水位;地下水的水质分析及化学成分分析;地下水对基础有无冲刷、侵蚀影响等。调查资料有助于选择基础施工方案、确定降低地下水位措施、复核地下排水设计以及拟订防止侵蚀性介质的措施。

(2)地面水文资料。地面水文资料包括临近江河湖泊距施工现场的距离;洪水、平水、枯水期的水位、流量及航道深度;水质分析等。调查目的在于为确定临时供水方案、制订水下工程施工方案、复核地面排水设计等提供依据。

4)气象资料调查

(1)降雨资料。降雨资料包括全年降雨量、雨季期、日最大降雨量、年雷暴日数等。调查资料有助于确定全年施工作业的有效工作天数及桥涵下部构造的施工季节,制订雨季施工措施、工地排水及防洪方案等。

(2)气温资料。气温资料包括年平均、最高、最低气温。调查资料有助于确定夏季防暑降温及冬季施工措施,预测混凝土、水泥砂浆的强度增长情况,选择水泥混凝土工程、路面工程及砌筑工程的施工季节。

(3)风力及风向资料。风力及风向资料包括最大风力、主导风向、风速、风的频率、大于或等于8级风全年天数等。调查资料有助于安排临时设施,确定高空作业及吊装的方案与安全措施等。

5)其他自然条件调查

其他自然条件包括地震、滑坡、泥石流等,必要时也应进行调查,并注意它们对路基和基础的影响,以便采取专门的施工保障措施。

2. 施工条件调查

1)建设地区的能源及生活物资供应调查

能源一般指水源、电源、燃料资源等,其调查内容主要有:施工及生活用水与当地水源连接的距离、地点、水压、水质及水费等;施工及生活用电的电源位置、路径、容量、电压及电费等;施工及生活用物资、燃料的供应及价格情况等。

2)建设地区的交通条件调查

交通运输方式一般有铁路、公路、水路、航空等,其调查内容包括:工地沿线及邻近地区的公路、铁路、航道的位置;车站、港口、码头到工地的距离和卸货与存储能力;主要材料及构件运输通道的情况。有超长、超高、超宽或超重的大型构件需整体运输时,还要调查沿途架空线路、隧道、立交等净空高度和宽度等资料。

3)建筑材料及地方资源情况调查

调查的内容包括:建筑材料的产地、品种、规格、质量、单价、运输方式、运输距离及运费情况;地方资源的开采、运输、利用的可能性及经济合理性。这些资料可作为确定材料的供应计划、加工方式、储存和堆放场地及建造临时设施的依据。

4)社会劳动力及生活设施调查

调查的内容包括:当地能提供的劳动力来源、人数、技术水平、工资情况;建设地区已有的可供施工期间使用的房屋情况;当地主副食、日用品供应、文化教育、消防治安、医疗单位等各种设施在施工中可能充分利用的情况等。这些资料是制订劳动力安排计划、建立职工生活基地、确定临时设施的依据。

5)建筑基地情况调查

调查的内容包括:建设地区附近有无商品混凝土搅拌站和预制构件厂;有无建筑机械化基

地、机械租赁站及修配厂;有无木材加工厂、采石厂、金属结构及配件加工厂等。这些资料可用作确定构配件、半成品及成品等货源的加工供应方式和运输计划的依据。

6) 占用征用土地调查

调查的内容包括:征用占用土地的范围、位置、数量、所属单位(或个人)、土地上种植的作物以及产量、补偿金额等情况。设计阶段调查时,应按照设计资料和国家有关法律、法规的要求,办理合法手续和批文(或协议合同)。施工阶段调查时,应根据业主(建设单位)的文件规定(或合同规定),了解落实提供给施工单位使用的时间及有关说明事项。

7) 拆迁建筑物、电力、电信及管线设施调查

调查的内容包括:需要拆迁的建筑物、电力、电信及地上地下管线设施的名称、位置、数量、所属权(单位或个人)、补偿金额等。设计阶段调查时,设计单位应会同被拆迁单位和有关部门到现场查实确认,并按国家有关规定办理合法手续或协议(合同);施工阶段调查时,应根据招标文件或合同规定,了解建设单位(业主)拆迁时间和提供现场的时间以及对施工组织生产的影响情况等。

8) 路线交叉调查

路线交叉调查是指当所建公路与铁路、水利设施、原有公路等交叉发生干扰时,对其名称、位置、工程量、交叉情况、处理方法及金额等的调查。设计阶段调查时,设计单位应会同有关单位协商解决,并按国家有关规定办理合法手续或签订协议(或合同);施工阶段调查时,应了解建设单位(业主)按照招标文件规定或合同条款处理完成的时间、有关说明以及对施工的影响情况等。

3. 施工单位能力调查

在公路设计阶段,施工单位尚不明确,应向建设单位调查落实施工单位的情况。对施工单位,主要调查其施工能力,包括施工技术人员数量及类别、施工工人数量及水平、机械设备的装备情况、施工单位的资质等级及近几年的施工业绩等。对实行招、投标的工程,在设计阶段不能明确施工单位,因此编制施工组织设计时,应从工程设计的角度出发,提出优化的、最合理的意见作为依据。在施工阶段,施工单位已确定,施工单位自身的施工能力和按合同规定允许分包的其他施工单位的施工,都是编制施工组织设计的依据。

4. 施工干扰调查

调查行车、行人干扰,用于确定施工方法和考虑安全措施。此外,还应了解当地民风民俗、村规民约等情况,以利组织施工管理和职工教育,从而确保与地方关系和睦协调和文明施工。

6.1.4 编制施工组织设计的程序

编制施工组织设计要遵守一定的程序,要按照施工的客观规律,协调和处理好各个影响因素的关系,用科学的方法进行编制。同时,必须注意对有关信息的反馈。施工组织设计的编制流程如图 6-1 所示。

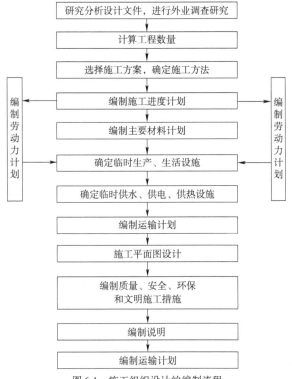

图 6-1 施工组织设计的编制流程

6.2 施 工 方 案

施工方案是指对工、料、机等生产要素所作的总体设想和安排。时间组织、空间组织、资源组织是影响施工方案的三大要素,确定施工方案必须把三者结合起来考虑,在保证合同要求的前提下,达到时间短、空间小、资源均衡的目的。

施工方案是编制施工组织设计首先要确定的问题,也是决定其他内容的基础。施工方案一旦确定,则整个工程施工的进程、人力、材料、机械的需要与布置、工程质量和施工安全、工程成本、现场的组织管理等也就随之确定下来。施工组织的各个方面都与施工方案发生联系而受到重大影响。施工方案的好坏,在很大程度上决定了施工组织设计的编制质量和工程施工的质量、工期及经济效益。因此,确定一个先进合理、切实可行的施工方案是公路施工组织设计重要的内容,也是决定工程全局的关键。

6.2.1 施工方案的选择

1. 制订和选择施工方案的基本要求

(1)切实可行。制订施工方案必须从实际出发,一定要符合当前的实际情况,有实现的可能性。

(2)技术先进。制订施工方案时,能有效地采用新技术、新方法、新工艺、新材料,从而能提高工效、缩短工期、保证施工质量。

(3)满足合同要求的工期。施工方案必须保证在竣工时间上符合国家或合同规定的要求,并争取提前完成。

(4)确保工程质量和施工安全。制订施工方案应充分考虑工程质量和施工安全,并提出保证工程质量和施工安全的技术组织措施,使方案完全符合技术规范与安全规程的要求。

(5)施工费用最低。在制订施工方案时,尽量采用降低施工费用的一切正当的、有效的措施,使工料消耗和施工费用降至最低。

2. 施工方案选择的内容

由于施工产品的多样性,施工方法和施工机械的选择也是多种多样的。施工方法和施工机械的选择应当统一协调,相应的施工方法要求选用相应的施工机械。选择时,要根据工程的结构特征、工程量大小、工期长短、物资供应条件、场地四周环境以及施工企业技术装备水平等因素,拟订可行方案,进行优选后再决策。

施工方案一般包括施工方法的选择、施工机械的选择、施工顺序的安排和流水施工的组织四个方面的内容。前两项属于施工方案的技术方面,后两项属于施工方案的组织方面。施工技术是施工方案的基础,同时又要满足施工组织方面的要求,科学的施工组织又必须保证施工技术的实现,两方面相互联系、相互制约。

3. 公路施工段落划分

公路里程较长,为了方便管理,应根据项目的实际情况,如施工任务的大小、项目的复杂程度及施工工期的要求等,进行施工总体部署及施工队伍的布置。对于大型项目或路线较长的项目,为了方便管理,可以将整个项目划分为若干个施工段落分别管理,同时进行施工,以加快进度和减少管理难度。

施工段落的划分应符合以下原则:

(1)为便于各段落的组织管理及相互协调,段落的划分不能过小,应适合采用现代化的施工方法和施工工艺,即采用目前市场上拥有的效率高、能保证施工质量的施工机械,保证正常的流水作业和必要的工序间隔,从而保证施工质量;同时也不能过大,划分过大无法起到方便管理的作用;段落的大小应根据单位本身的技术能力、管理水平、机械设备状况,结合现场情况综合考虑。

(2)各段落之间工程量基本平衡,投入的劳力、材料、施工设备及技术力量基本一致,都能够在一个合理的(或最短的)工期内完成工程。

(3)避免造成段落之间的施工干扰(施工交通、施工场地、临时用地等)。即各段落之间应有独立的施工道路及临时用地,土石方填、挖数量基本平衡,避免或减少跨段落调配,以避免造成段落之间相互污染或损坏修建的工程及影响工效等。

(4)工程性质相同的地段(如石方、软土段)或施工复杂难度较大而施工技术相同的地段尽可能避免化整为零,以免既影响效率又影响质量。

(5)保持构造物的完整性。除了特大桥之外,尽可能不肢解完整的工程构造物。

例如:某单位在一高速公路项目中接受的公路施工任务,含特大桥一座。该单位根据实际情况组建项目部后,划分为三个标段,安排三个处进行施工,其中一个处负责特大桥,两个处负责桥两侧路段的路基、路面工程。各处单独管理、独立核算,项目部全面负责协调管理。

6.2.2 施工方法的确定

施工方法是施工方案的核心,它对工程的实施具有决定性作用。由于在施工过程中,可采用的施工方法有多种,而每一种施工方法都有其各自的优点和缺点,所以从若干可行的施工方法中选择适合于本工程的最先进、最合理、最经济的施工方法是关键。施工方法在技术上必须满足保证施工质量、提高劳动生产率、加快施工进度及充分利用施工机械的要求,做到技术上先进、经济上合理。因此,选择施工方法应考虑以下几个方面的问题:

(1)选择的施工方法必须具备实现的可能性;
(2)选择的施工方法应满足合同工期的要求;
(3)选择的施工方法应进行多种可能方案的经济比较,力求降低工程成本;
(4)选择的施工方法能够保证施工质量和施工安全;
(5)选择施工方法时,尽量采用机械化施工,提高机械化施工水平、加快施工进度。

在现代化的施工条件下,施工方法的确定一般与施工机械、机具的选择和配备有直接的关系,有时甚至会成为主要问题。例如,桥梁基础工程施工,仅钻孔灌注桩就有多种施工机械可供选择,如潜孔钻机、冲击式钻机、冲抓式钻机或旋转式钻机等。钻机一旦确定,施工方法也就确定了。

6.2.3 施工顺序的安排

施工顺序的安排是编制施工方案的重要内容之一,施工顺序安排得好,可以加快施工进度,减少人工和机械的停歇时间,并能充分利用工作面,避免施工干扰,达到科学、均衡、连续的施工。在安排施工顺序时,要重点考虑决定施工顺序的主要因素,仔细分析各种不同施工顺序对工期、质量、成本等所产生的影响,作出最佳的施工顺序安排。安排施工项目的施工顺序时,应重点遵循和考虑以下几点:

(1)要考虑影响全局的关键工程的合理施工顺序。如路线工程中的某大桥、某隧道、某深路堑,若不在前期完工,将导致其他工程不能如期施工(如无法运输材料、机械或工期太长等)而拖延工期,此时应集中力量首先完成关键工程。

(2)必须符合施工工艺要求。公路工程项目的各施工过程或工序之间,存在着一定的工艺顺序要求。如钻孔灌注桩在钻孔后应尽快灌注水下混凝土,以防坍孔,所以两道工序必须紧密衔接。

(3)统筹考虑各分部分项工程之间的关系。在一个单位工程项目中,各分部分项工程之间的施工总是有先有后。如桥梁施工,总是先基础,后桥台、墩身,最后是架梁。但是,各桥台、桥墩之间,桥墩与桥墩之间,都不存在哪个先施工、哪个后施工的施工顺序。所有这些都是要统筹安排的问题。

(4)必须考虑对施工质量的影响。在安排施工顺序时,要以能确保工程质量作为前提条件之一。例如,桥梁工程的基础是钻孔灌注桩,施工方法采用旋转式钻机钻孔,在安排每个基础每根桩的施工顺序时,不能相邻桩顺序施工,必须要间隔施工,否则会发生坍孔现象。

(5)考虑当地的气候条件和水文、地质的影响。安排工程项目施工顺序时,必须考虑当地水文、地质、气象等因素的影响。在雨季施工时,应根据雨季施工特点来考虑施工顺序。如桥梁的基础工程一定要安排在汛期之前完成或在汛期之后进行。在冬季施工时,则应考虑冬季施工特点来安排施工顺序等。

(6)合理安排施工顺序可使施工工期缩短。工期缩短会带来显著的经济效益,因为工期缩短能减少管理费、人工费、机械台班费且不需要额外的附加资源,从而降低施工直接成本。

(7)安排施工顺序时应考虑经济和节约,降低施工成本。如公路施工中周转性材料的使用,应合理安排施工顺序。这样不但可以增加周转性材料的周转次数,还可以减少周转性材料的配备数量。如桥墩、台,基础施工顺序安排得当,可增加模板的周转次数,在同样完成任务的情况下可配备得少一些,减少材料成本。

(8)必须遵从合理组织施工过程的基本原则。符合施工过程的连续性、协调性、均衡性和经济性的原则。尽量安排流水或部分流水作业,以便充分发挥劳动力和机具的效率;尽量减少工人和机械的停歇等待时间,以便加快施工进度;尽量减少或避免各作业班组之间的相互干扰,以保证施工作业的顺利进行。

6.2.4 施工机械的选择

正确拟订施工方法和选择施工机械是合理组织施工的关键,而且二者具有相互紧密的联系。施工方法一经确定,机械设备的选择就应以满足施工方法的要求为基本依据。而正确地选择施工机械能使施工方法更为先进、合理。因此,施工机械选择的好坏在很大程度上决定了施工方案的优劣。所以,选择施工机械时应注意以下几点:

(1)从全局出发统筹考虑选择施工机械。从全局出发就是不仅考虑本项工程施工的需要,也要考虑所承担的同一现场上的其他项工程施工的需要。例如,同一现场的多个分部分项工程需要的混凝土量比较大而又相距不远,则采用混凝土搅拌站比多台分散的搅拌机要经济,而且还可以保证混凝土的质量。

(2)根据施工条件选择机械的类型。选择的机械类型必须符合施工现场的地质、地形条件及工程量和施工进度的要求等。这也是合理选择施工机械的重要依据。

(3)在现有或可能获得的机械中选择。尽管某种机械在各方面都很合适,但如果不能得到,就不能作为可供选择的一个方案。如采用挖掘机配上翻斗车进行大型土方施工时,如有推土机、铲运机配合施工,效果会更好。但施工企业无资金购置或租赁不到,也只能按现有的设备确定方案。

(4)考虑主机与辅机合理组合的原则。选择施工机械时,一定要在保证主机充分发挥作用的前提下,考虑辅机的台数和生产能力。如在土方工程施工中,用自卸车运输配合单斗挖掘机挖土时,自卸车的数量必须保证挖掘机能连续不断地工作而不致因等车停歇。同时,自卸车的数量也必须要与挖掘机斗容量相匹配,以保证能充分发挥挖掘机的工作效率。

(5)根据机械的损耗费与运行费是否经济进行选择。机械的损耗费与运行费是机械运用中需重点考虑的因素,也是选择施工机械必须考虑的一项原则。为了降低施工运行费,不能"大机小用",一定要以满足施工需要为目的。

(6)购置机械与租赁机械的选择。根据工程量的大小与企业资金情况,通过比较确定施工需要的机械是购置还是租赁。

6.3 工程进度图

6.3.1 施工进度计划的作用

施工进度计划是在确定施工方案的基础上,根据规定的工期和各种资源供应条件,按照施工过程的合理施工顺序及施工组织的原则,对所有工程项目进行时间上的安排。施工进度计划反映了工程从施工准备工作开始,直至工程竣工为止的全部施工过程,反映了各分部分项工程及各工序之间的相互衔接关系。

施工进度计划的作用在于确定各个施工项目及主要工种工程、准备工作和全工地性工程的施工期限及其开工和竣工日期,从而确定公路施工现场上劳动力、材料、成品、半成品、施工机械的需要数量和调配情况,以及现场临时设施的数量、水电供应数量和能源、交通的需要数量等。施工进度计划的编制,有助于领导部门抓住关键,统筹全局,合理布置人力、物力;有利于施工人员明确目标,更好地发挥主动精神;有利于施工企业内部及时配合,协同作战,确保各工程项目的顺利开展。

6.3.2 施工进度计划的编制依据

编制施工进度计划,主要依据下列资料:
(1) 上级或合同规定的开工、竣工日期;
(2) 工程设计图纸、定额资料等;
(3) 工程项目所在地的地形、地质、水文、气象等自然资料;
(4) 主要工程的施工方案(包括施工顺序、施工方法、作业方式及机械的选择等);
(5) 项目部可能投入的施工力量、机械设备等;
(6) 施工区域内影响施工的经济条件和技术条件;
(7) 劳动力、材料、构件及机械的供应条件,分包单位的情况等;
(8) 工程项目所在地资源可利用情况;
(9) 工程项目的外部条件等。

6.3.3 施工进度图的形式

施工进度计划通常以施工进度图表的形式表示,主要形式有横道图、垂直图和网络图三种。

1. 横道图

横道图也称横线图或甘特图,是美国工程师亨利·甘特在第一次世界大战期间创造的一种生产进度的表达方法,目前已在工程实践中得到广泛的应用。横道图以时间为横坐标,以各分部分项工程或施工工序为纵坐标,按一定的先后施工顺序和工艺流程,用带时间比例的水平横线表示对应项目或工序持续时间的施工进度计划图表。

1) 横线图的常用格式

横线图的常用格式如图6-2所示。它由两大部分组成:左面部分是以分部分项工程或工序为主要内容的表格,包括项目名称(工序名称)、施工方法、工程量、定额和劳动量等计算依据;右面部分是用横向线条表示的进度图表,它是由左面表格中的有关数据经计算得到的。在指示图表中用横向线条形象地表示出各工序(项目)的施工进度,其线条的长度表示施工持续时间长短,线条的位置表示施工过程,线上可以用数字表示劳动力或其他资源的需要数量,线的不同符号表示作业队或施工段别。图中线段可表示出各施工阶段的工期和总工期,并能综合反映各分部分项工程相互间的关系。

2) 横道图的特点
(1) 横道图的优点。
① 具有简单、直观、易懂、易编制的特点,可以方便地表达出施工计划的总工期和各分部分

项工程或施工工序的持续时间；

②每项工作何时开始、何时结束一目了然；

③便于计算完成施工计划所需的劳动力、材料、机械设备及资金等各种资源需要量。

编号	工程名称	施工方法	工程量		20××年（月）										起止时间	
			单位	数量	1	2	3	4	5	6	7	8	9	10	开工	结束
1	临时通信线路	人工为主	km	80	6										1月初	4月底
2	沥青混凝土基地	人工安装	处	1		35									2月初	3月底
3	清除路基	机械	m^2	700000			4								1月初	4月底
4	路用房屋	人工	m^2	1300				40							1月初	5月底
5	大桥	半机械化	座	1			56								3月初	9月底
6	中桥	半机械化	座	5					40						2月初	8月底
7	集中性土方	机械	m^2	130000						20					3月初	8月底
8	小型构造物	半机械化	座	23					30						5月初	
9	沿线土方	机械为主	m^2	89000						36					4月初	7月底
10	基层	半机械化	m^2	560000							30				6月初	9月底
11	面层	半机械化	m^2	560000									20		9月15日	10月
12	整修工程	人工为主	km	80										30		10月

劳动力分布图

$K=R_{max}/R_{平均}=1.42$

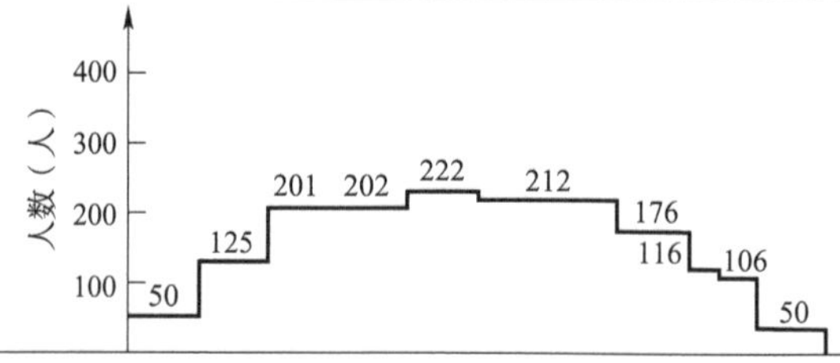

400
300
200
100
人数（人）
50
125
201
202
222
212
176
116
106
50

图 6-2　施工进度横道图

K-劳动力不均衡系数；R_{max}-施工期中人数最高峰值；$R_{平均}$-施工期间加权平均工人人数

(2)横道图的缺点。

①分项工程(或工序)的逻辑关系不明确,仅反映工作之间的前后衔接关系；

②施工期限与地点关系无法表示,只能用文字说明；

③工程数量的实际分布情况不具体；

④仅能反映出平均施工强度；

⑤无法反映工作的机动使用时间,无法反映关键工作及哪些工作决定总工期。

横线图适用于编制集中性及简单的工程进度计划、材料供应计划或作为辅助性的图示附在说明书内用来向施工单位下达任务。

2. 垂直图

垂直图也称斜线图或坐标图,是在流水作业斜线图的基础上扩充和改进形成的。它以纵坐标表示施工日期和工程数量,以横坐标表示公路里程和工程位置,而各分部分项工程(工序)的施工进度则相应地以不同的斜线(或垂直线)表示。

1)垂直图的常用格式

垂直图的常用格式如图 6-3 所示。它一般由三部分组成:图的上部表示了各分部分项工程的工程数量、按里程分布的具体情况和构造物的具体位置、结构形式等;图的中间部分用不同的斜线或垂直线条表示了各分部分项工程的施工进度和作业组织形式,对应进度线的右侧按月以一定的比例绘出劳动力需要量曲线;图的下部按里程绘出施工组织平面示意图。

2)垂直图的特点

(1)垂直图的优点。

①各工程项目工程数量的分布情况和施工日期一目了然;

②各工程项目的相互关系、施工紧凑程度和施工速度都十分清楚;

③从图中可直接找出任何时间各作业队的施工位置和施工情况,可以预测在正常施工条件下的施工进程。

(2)垂直图的缺点。

①不能确定工作的机动时间及关键工作;

②计划的编制及修改的工作量较大;

③不能使用计算机进行定量分析;

④不能进行计划方案的比较及选优。

垂直图适用于编制各种工程进度计划,是编制工程进度计划的一种较好的图形。

3. 网络图

网络图也称流程图,是以加注工作持续时间的箭线和节点来表示施工进度计划的一种网状流程图。与横线图、垂直图相比,网络图不仅能反映施工进度,还能清楚地表达各施工项目、各施工专业队之间错综复杂的联系、制约和协作等关系。不论是集中性工程还是线形工程,都可以用网络图表示工程进度,尤其是时标网络图,更能准确、直观地表达工程进度,它是一种比较先进的工程进度图的表示形式。网络图如图 6-4 所示。

6.3.4 施工进度计划的编制流程

施工进度计划的编制流程如图 6-5 所示。

6.3.5 施工进度计划的编制步骤

1. 划分施工项目,确定施工方法

编制工程施工进度计划时,首先要按照施工图纸和施工顺序将各个施工项目划分为若干个工序、操作,并结合施工方法、施工条件、劳动组织等因素,加以适当调整,使其成为编制施工进度计划所需的施工过程。

划分施工项目时应注意以下原则:

(1)划分施工项目时,要以主导施工项目为主。首先要安排好主导施工项目的施工进度,其他施工项目要密切配合。

(2)施工项目的划分要结合施工条件、施工方法和劳动组织等因素,使施工进度计划能够符合施工实际,起到真正指导施工的作用。

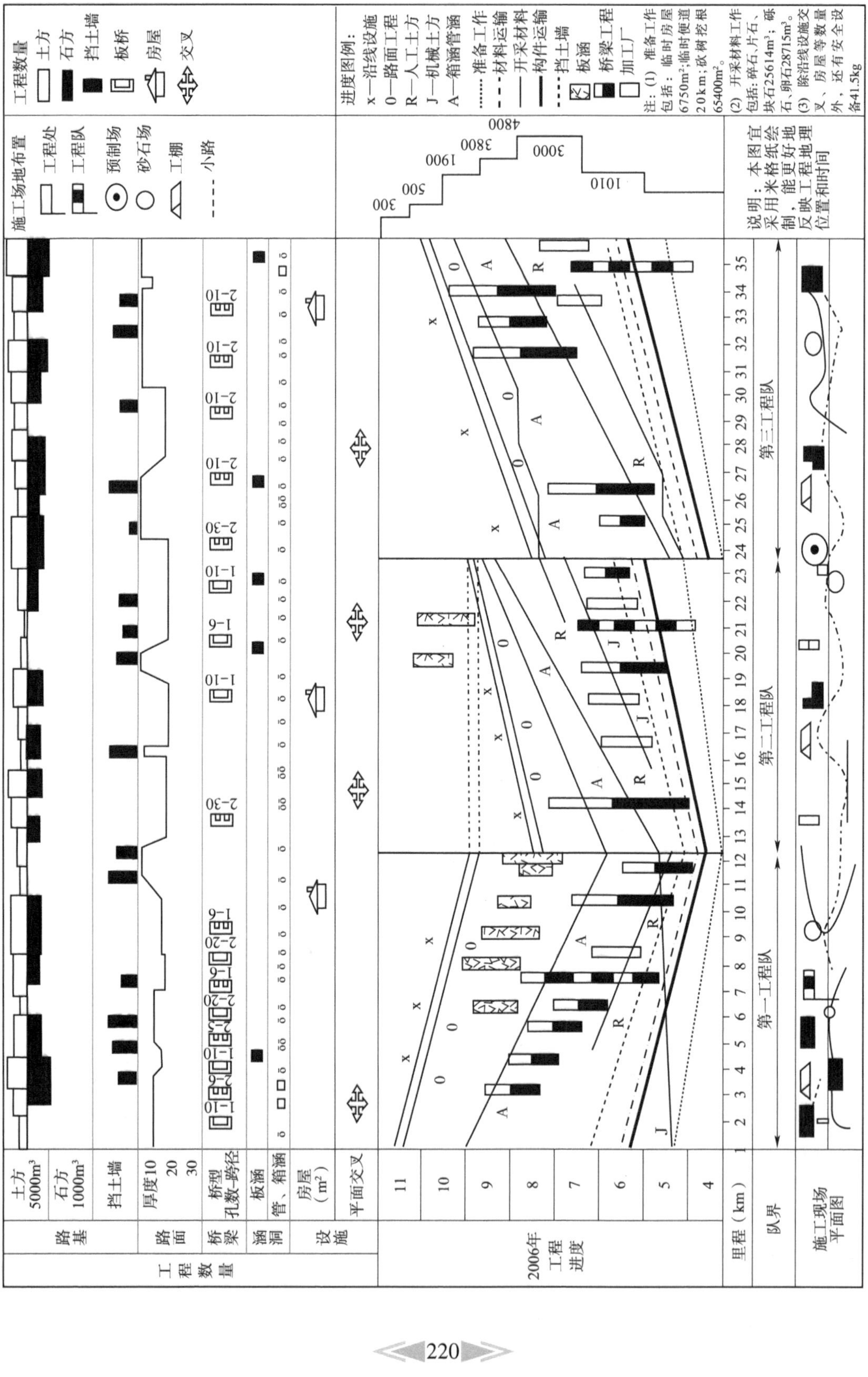

图 6-3 施工进度垂直图

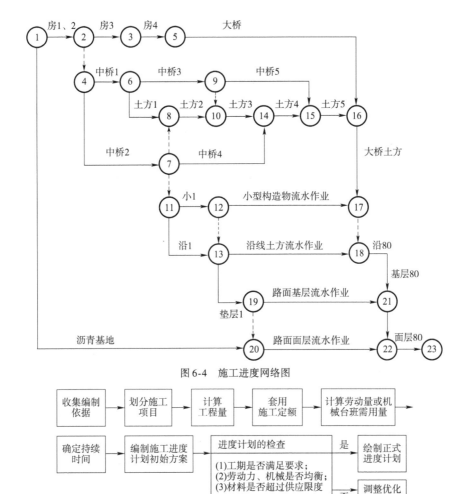

图 6-4 施工进度网络图

图 6-5 施工进度计划编制流程

（3）划分施工项目的粗细程度一般要根据进度计划的需要和施工定额（施工图设计阶段按预算定额）的细目和子目填列，分项后的工程项目必须能够在定额项目表中查到。

（4）施工项目的划分，必须要结合工程结构特点进行分项填列，切不可漏列、错列和重列，以免影响进度计划的准确性。

2. 计算工程量与劳动量

1）工程数量计算

当施工项目划分完成并排好顺序后，即可根据施工图纸和有关工程数量的计算规则，计算各个施工项目的工程数量，并填入相应的表格中。计算时应注意以下问题：

（1）计算工程量的单位应与现行定额手册中规定的计量单位相一致；

（2）应考虑为保证施工质量和安全的附加工程量；

（3）结合施工组织要求，按照施工顺序分区、分段、分层次计算工程量。

2）劳动量计算

劳动量是工程项目的工程数量与相应时间定额的乘积，它等于施工时实际使用的劳动力数量与作业时间的乘积，或机械化施工时实际使用的机械台数与作业时间的乘积。

人工操作时称为劳动量，机械作业时称为作业量，劳动量和作业量统称为劳动量。

劳动量根据计算出的各分部分项工程的工程量和查出的时间定额或产量定额,按下式计算:

$$D = \frac{Q}{C} 或 D = Q \cdot S \tag{6-1}$$

式中:D——完成某施工过程所需的劳动量或机械台班数量;
 Q——完成某施工过程所需的工程数量;
 C——某施工过程所需的产量定额;
 S——某施工过程所需的时间定额。

受施工条件或施工单位人力、设备数量的限制,对作业工期起控制作用的劳动量称为主导劳动量。一般取作业工期较长的劳动量作为主导劳动量。

在人员、机械数量不变时,采用两班制或三班制将会缩短施工过程的生产周期。当主导劳动量生产周期过于突出时,就可以采用两班或三班制作业缩短生产周期。

3. 计算生产周期

由于要求工期不同和施工条件的差异,其具体计算方法有以下两种。

(1)以施工单位现有的人力、机械的实际生产能力以及工作面大小,来确定完成该劳动量所需的持续时间(周期)。一般可按下式计算:

$$t = \frac{D}{R \cdot n} = \frac{Q \cdot S}{R \cdot n} = \frac{Q}{C \cdot R \cdot n} \tag{6-2}$$

式中:t——生产周期(即持续天数);
 D——劳动量;
 R——某分部分项工程所配置的工人人数或机械台数;
 n——每天工作班制数;
 Q——完成某分部分项工程所需的工程数量;
 S——某分部分项工程所需的时间定额;
 C——某分部分项工程所需的产量定额。

在安排每班工人人数和机械台数时,应综合考虑各分项工程所安排的工人或机械都应有足够的工作面(不能少于最小工作面),以提高工作效率并保证施工安全。注意生产工作班制应考虑施工工艺的要求,例如钻孔过程必须连续,计算生产周期时应三班制作业。

(2)根据总工期要求倒排各分部分项工程的作业工期。

首先根据规定总工期和施工经验,确定各分部分项工程的施工时间,然后再按各分部分项工程需要的劳动量或机械台班数量,确定每一分部分项工程每个工作班所需要的工人数或机械台数,此时可将式(6-2)变化为:

$$R = \frac{D}{t \cdot n} = \frac{Q \cdot S}{t \cdot n} = \frac{Q}{C \cdot t \cdot n} \tag{6-3}$$

式中符号意义同前。

通常计算时均先按一班制考虑,如果每天所需机械台数或工人人数已超过施工单位现有人力、物力或工作面限制,则应根据具体情况和条件从技术上和施工组织上采取积极的措施,如可采用两班制或三班制,最大限度地组织立体交叉平行流水作业等。

4. 主导工期与工作班制选择

由式(6-3)可知,当某分部分项工程所配置的人工或机械的劳动量确定之后,可根据该项目所投入的工人人数、机械台数求得工人以及各种机械作业的工期,其中工期最长的那个作业称为主导作业,主导作业的工期称为主导工期。通常一个施工过程的工期主要取决于主导工期。

主导工期的长短,主要取决于各种作业的人工或机械数量的实际投入量。生产过程中各种作业的人工、机械投入数量是可以调节的,故主导作业及其主导工期也是可变的。

在编制施工进度图时,应尽量调节各种作业所需的人工、机械投入数量,使各种作业的工期一致,亦即都成为主导作业。但在施工阶段,由于实际施工条件限制,往往不能使各种作业的工期一致,此时,则应按主导作业的主导工期绘制施工进度图,控制该施工过程的工期。而其他非主导作业所需的人工、机械数量只能供统计之用。

一般情况下,应以人工作业工期为主导工期,其他作业则应调节机械投入量或作业班制。在条件允许的情况下,在24h内组织两班制或三班制作业,将会缩短作业的生产工期。

两班制或三班制作业,主要适用于工艺要求连续生产的作业项目、需要突击或为了缩短总施工期的作业项目,以及需要调节作业工期的作业项目。一般情况下,桥梁工程的水下施工部分(如基础、承台等)为了赶在汛期前完成,可采用两班制或三班制作业,路线工程一般采用一班制作业。

5. 施工进度图的编制

施工进度图规定了各个施工项目的完成期限和整个工程的总工期,也是编制一切资源供应计划的依据。施工进度图编制质量的好坏,直接影响整个施工组织设计的优劣。

下面重点介绍各类施工进度图的编制步骤。

1)横道图的编制步骤

(1)作图的准备工作。

①深入研究本工程的施工方案和施工方法。

②充分研究各种作图的资料和依据,对拟编制的施工进度图作出总体安排和构想。

(2)编制作业工期计算表。

①准备好作业工期计算表(表6-1)。

②根据设计图纸、施工方式、作业方法,参照所用概(预)算定额的子目,按前面介绍的划分施工项目的要求进行列项,并将所列项目(工序)填入表相应栏目内。

③在表中逐项确定施工方法、计算工程数量及劳动量(作业量)。

④逐项选定定额,按照定额的编号要求将其编号填入表中。

⑤在表中逐项确定施工班组、作业班制、实用人数或机械台数,通过计算确定作业工期;或根据限定的主导工期和合同规定的工期,通过计算确定所需人工和机械数量。

⑥在表中逐项确定主导工期。

(3)绘制施工进度线。

①参照图6-2绘制横道图的图框和表格。

②将表6-1中的相关数据、计算成果抄录于横道图的左侧。

③按照合同或施工方案确定的开竣工日期,在图中填列施工进度日历。

④按照表6-1计算的主导工期,结合工程项目(工序)之间的逻辑关系和各方面的因素,在进度图上合理设计各作业项目的施工起止日期。亦即用直线或不同形状、不同颜色的线条在施工进度图的右侧绘制施工进度线。

作业工期计算表

表 6-1

序号	工程部位或桩号	项目名称	施工方法	工程数量		定额编号	主导工期	人工劳动量(工日)		实用人数		人工作业工期	机械作业量(台班)						实用机械台数与作业工期							
				单位	数量			定额	数量	作业班制	每班人数		( )机		( )机		( )机		( )机				( )机		
													定额	数量	定额	数量	定额	数量	班制	台数	工期	班制	台数	工期	班制	台数	工期
1	2	3	4	5	6	7	8	9	10	11	12	13	14	15	16	17	18	19	20	21	22	23	24	25	26	27	28

⑤在工程项目进度安排上,进行反复优化、比较、修改,同时修改作业工期计算表中相关数据,直至合理并取得较优结果为止。

⑥在进度图的下部,绘制劳动力安排曲线。

⑦编写施工进度图的说明,并列于进度图的适当位置。

⑧在进度图的适当位置列出图例。

(4)多方案反复比较、评价,择优定案。

为了使施工组织设计符合施工实际,需要做多个比较方案,绘制多个施工进度草图。经过反复平衡、比较、评价,最后才能确定采用的方案。

2)垂直图的编制步骤

(1)作图的准备工作。

编制垂直图的准备工作与编制横道图的准备工作基本相同。

(2)编制作业工期计算表。

编制垂直图作业工期计算表的内容和方法与编制横道图作业工期计算表的内容和方法基本相同。但列项时,线型工程要按里程顺序,并以公里为单位计量列项;集中型工程要按工程的桩号顺序,并单独计量列项(必要时还要按工程子目计量列项)。

(3)绘制施工进度线。

①根据作业项目的多少,参照图 6-3 绘制斜线图的图表轮廓并标注里程。

②将各分部分项工程的工程数量按里程分布的具体情况和构造物的具体位置、结构形式等用不同图形(符号)展绘于进度图的上部各栏内。

③根据合同或施工方案确定的工程开、竣工日期,将施工进度日历绘于图左侧的纵坐标上。

④将施工平面布置示意图按里程展绘于进度图的下部。

⑤列项计算各施工项目的劳动量、作业持续时间、劳动力及机械台数,一般可在作业工期计算表中算好,这与前面所介绍的计算方法相同。

⑥按各作业项目的主导工期、施工方法、作业方式,依照施工组织原理,分别用铅笔绘出不同形状(符号)的进度线,并按紧凑的原则,使各进度线相对移动到最佳位置。此项设计工作要反复比较、修改,直至符合要求。

具体设计方法如下:

a. 小桥涵工程。首先要明确施工组织作业方法(顺序、平行、流水作业方法等),然后根据每座小桥涵工程的开、竣工日期,在各小桥涵的相应桩号位置,用垂直线绘出施工期进度线,并依次向流水方向移动,在图上反映的垂直方向全长,即为全部小桥涵工程之总工期。

b. 大中桥工程。其绘制方法与小桥涵工程相同,但习惯上将桥梁上、下部工程用两种图线符号表示,有的还将下部工程分为基础和墩、台身表示。

c. 路基工程。当路基工程的作业方式确定之后,可根据工程量、施工力量部署、施工条件,依公里逐个施工段按主导工期,以斜线表示时间和里程之间的关系。由于工程施工复杂等多方面原因,路基施工进度线可能是一条或多条直线,也可能是一条或多条连续(或间断)的折线。

d. 路面工程。路面工程一般组织成一段或多段连续施工,所以进度线一般是一条或多条斜直线。斜线的垂直高度为路面施工的总工期,斜线的水平长度等于路面总里程。由于路基线起伏变化大,为了使路面线与路基线不致相交(避免施工中断),应经过试排后再画。

⑦绘制资源(人工、材料等)消耗数量-时间曲线。

⑧进行反复优化、比较和调整。

在进行调整时,需注意的要点有:
a. 力求各线靠近而不相交。
b. 检查总工期是否符合规定要求。
c. 劳动力需要量力求均衡,避免出现高峰低谷。
⑨绘制图例,以黑线加深线条。
⑩编写施工进度图的说明。
(4)做出多个方案,进行比较、评价,择优定案。
评价要点与横线图编制步骤中第(4)步相同。
3)网络图的编制步骤
采用网络图编制施工进度图,其原理、参数计算及编制步骤按网络计划的编制要求进行。

6. 施工进度计划的检查与调整

施工组织设计是一个科学的有机整体,编制的正确与否直接影响工程的经济效益。施工管理的目的是使施工任务能如期完成,并在企业现有资源条件下均衡地使用人力、物力、财力,力求以最少的消耗取得最大的经济效果。因此,当施工进度计划初步完成后,应按照施工过程的连续性、协调性、均衡性及经济性等基本原则进行检查与调整,这是一个细致的、反复的过程。

1)施工工期检查

施工进度计划的工期应当符合上级或合同规定的工期,并尽可能缩短,以保证工程早日交付使用,从而达到最好的经济效果。

2)劳动力消耗的均衡性检查

每天出勤的工人人数力求不发生大的变动,即求劳动力消耗均衡。劳动力需要量图表明劳动力需要量与施工期限之间的关系。正确的施工组织设计应该使劳动力必须均衡,以减少服务性的各种临时设施和避免因调动频繁而形成的窝工。任何一项工程的施工组织设计,由于施工人数和施工时间不同,均有可能出现资源消耗不均衡的情况。故在编制施工进度图时,应以劳动力需要量均衡为原则,对施工进度进行恰当的安排和必要的调整。

不同的工程进度安排,劳动力需要量图呈现不同的形状,一般可归纳成图6-6所示的三种典型图示。图6-6a)表示出现短暂的劳动力高峰,图6-6b)表示劳动力数量频繁波动,这两种情况都不便于施工管理,并增大了临时生活设施的规模,应尽量避免;而图6-6c)表示在一个较长时间内劳动力保持均衡,符合施工规律,是最理想的状况。

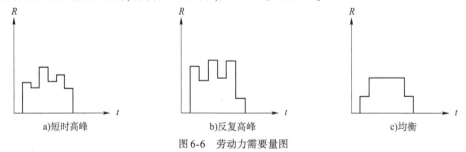

图6-6 劳动力需要量图

劳动力消耗的均衡性,可用劳动力不均衡系数 K 表示,其值按下式计算:

$$K = \frac{R_{max}}{R_{平均}} \tag{6-4}$$

式中:K——劳动力不均衡系数;

R_{max}——施工期中人数最高峰值；

$R_{平均}$——施工期间加权平均工人人数。

劳动力不均衡系数的值大于1，一般不超过1.50。要做到这一点通常都要多次调整工程进度图。

3) 施工工期和劳动力均衡性的调整

(1) 如果要使工期缩短，则可对工期较长的主导劳动量的施工采取措施，如增加班制或工人数(包括机械数量)，来达到缩短总工期的目的。

(2) 若所编计划的工期不允许再延长，而劳动力出现较大的高峰或低谷，则可在允许的范围内，通过调整工序的开工或完工日期，使劳动力需要量较为均衡。

某些工程由于特定的条件，工期没有严格限制，而在投资、主要材料及关键设备等某一方面有时间或数量的限制时，就要将这些特定条件作为控制因素进行调整。复杂的工程要获得符合均衡施工的最合理的优化计划方案，必须进行多次反复调整计算，这个计算过程十分复杂。

总之，通过调整，在工期能满足要求的条件下，可使劳动力、材料、设备需要趋于均衡，主要施工机械利用率比较合理。

6.3.6 资源需要量计划及其他图表

在施工进度计划确定以后，即可编制资源组织计划，资源组织计划必须依照施工进度计划进行编制。只有根据已确定的施工进度计划，计算出各个施工项目每天所需的各种资源种类和数量，将同一时间内所有施工项目的各种资源的数量分别累加，才可计算出每种资源随时间而变化的需要量。施工进度计划的变动必然造成资源组织计划的变化，因此资源组织计划应与施工进度计划相对应。反之，当资源组织不平衡或受到限制满足不了进度计划的要求时，则必须对进度计划进行调整，以满足资源的要求。

1. 资源需求计划编制方法

(1) 根据所需资源数量的种类确定其主要资源，编制资源组织计划。所谓主要资源一般为劳动力，主要材料、成品、半成品和预制构件，主要施工机械和对项目作业时间起控制作用的主导施工机械。

(2) 编制资源组织计划的表格，其内容根据资源种类和重要性及供应情况不同而采用不同的形式，但是一般应包括以下内容：序号、名称、规格、单位、数量、来源、运输方式、计划时间、备注等。

(3) 计算每个施工项目单位时间的资源需要量。其方法是根据设计工程数量和定额消耗量计算某种资源消耗总数量，除以施工进度计划中该项目实际作业天数(或单位时间)，从而得出每个施工项目单位时间的某种资源需要量。

(4) 累计汇总。将同一时间内各施工项目的同一资源数量累加，则得其所需要的资源，然后填写表格。

(5) 根据资源需要量、资金计划、施工进度计划和工期及交通运输能力进行优化，综合平衡。

2. 劳动力需要量计划

根据已确定的施工进度计划，可计算出各个施工项目每天所需的人工数。将同一时间段内有施工项目的人工数进行累加，即可计算出每日人工数随时间变化的劳动力需要量。同时还可编制劳动力需要量计划,附于施工进度图之后,为现场主管部门提供劳动力进退场时间,保证及时调配、协调平衡,以满足施工的需要。如现有劳动力不足或过多,应提出相应的解决措施,或者增开工作面,以按时或提前完成任务。劳动力需要量计划见表6-2。

劳动力需要量计划 表6-2

序号	工种名	需要人数及时间											备注
		年度					年度					
		一季度	二季度	三季度	四季度	合计	一季度	二季度	三季度	四季度	合计	
1	2	3	4	5	6	7	8	9	10	11	12	13

3. 主要材料需要量计划

主要材料包括施工需要的由专业厂家生产的材料、地方供应和特殊的材料,以及有关临时设施和拟采取的各种施工技术措施用料,预制构件及其他半成品亦列入主要材料计划中。

材料的需要量可按照工程量和定额规定进行计算,然后根据施工项目的施工进度编制年、季、月主要材料计划表(表6-3)。主要材料(包括预制构件、半成品)计划应包括材料的规格、名称、数量、材料的来源及运输方式等,材料计划是为物资部门提供采购供应、组织运输和筹建仓库及堆料场的依据。

主要材料计划表 表6-3

序号	材料名称及规格	单位	数量	来源	运输方式	年 度					年 度					备注
						一季度	二季度	三季度	四季度	合计	一季度	二季度	三季度	四季度	合计	
1	2	3	4	5	6	7	8	9	10	11	12	13	14	15	16	17

编制: 复核:

4. 主要机械使用计划编制

在确定施工方法时,已经考虑了各个施工项目应选择何种施工机具或设备。为了做好机具、设备的供应工作,应根据已确定的施工进度计划,将每个项目采用的施工机械种类、规格、需用数量、使用的具体日期等综合起来编制主要机具、设备计划(表6-4),以配合施工,保证施工进度的正常进行。

主要机具、设备计划 表6-4

序号	机具名称及规格	数量		使用期限		年 度								备注
		台班	台辆	开始日期	开始日期	一季度		二季度		三季度		四季度		
						台班	台辆	台班	台辆	台班	台辆	台班	台辆	
1	2	3	4	5	6	7	8	9	10	11	12	13	14	15

编制: 复核:

主要施工机具、设备需要量包括基本施工过程、辅助施工过程所需的主要机具、设备,并应考虑设备进、出厂(场)所需台班以及使用期间的检修、轮换的备用数量。

5. 临时工程计划

在施工组织设计中,还会遇到其他的临时工程设施,如便道、便桥、临时车站、码头、堆场、通信设施等。对于新建道路工程,这些临时工程设施更多。

各种临时工程设施的数量视工地的具体情况而定,因它们的使用期限一般都很短,通常都采用简易结构。全部临时建筑及临时工程设施都应在设计完成之后,再编制临时工程表。临时工程表是施工组织设计规定的文件之一,其内容及格式见表6-5。

临 时 工 程 表 表6-5

序号	设置地点	工程名称	说明	单位	数量	工 程 数 量							备注
1	2	3	4	5	6	7	8	9	10	11	12	13	14

编制:　　　　　　　　　　　　　　复核:

6. 技术组织措施计划

技术组织措施计划应根据企业下达的要求和指标,按表6-6样式编制。

技术组织措施计划　　表6-6

措施名称及内容摘要	经济效果(元)	计划依据	负责人	完成日期
1	2	3	4	5

6.4 临时设施组织

工程项目施工的正常进行,除了安排合理的施工进度外,还需要在工程正式开工前充分做好各项准备工作,建造相应的临时设施,如工棚、仓库、供水、供电、通信设施等。

各种临时设施的数量视工程具体情况以及施工安排、施工计划经过计算而定,因它们的使用期限一般都很短,通常都根据不同的使用要求,采用不同的结构形式。主要的临时设施有以下几种。

1. 工地加工场地

工地临时加工场地的任务是确定建筑面积和结构形式。

加工场(站、厂)的建筑面积通常参照有关资料或根据施工单位的经验确定,也可以按公式计算。

(1)钢筋混凝土构件预制厂、木工房、钢筋加工间等的场地或建筑面积由下式确定:

$$A = \frac{K \cdot Q}{T \cdot S \cdot \alpha} \qquad (6-5)$$

式中:A——所需建筑面积,m^2;

K——生产不均衡系数,取 1.3~1.5;

Q——加工总量,m^3、t 等;

T——加工总工期,月、日、班;

S——每平方米场地的月(日、班)平均产量,场地面积指工、机整个(台)工作面积;

α——场地或建筑面积利用系数,取 0.6~0.7。

(2)水泥混凝土拌和站面积按下式计算:

$$A_T = A \cdot N \qquad (6-6)$$

式中:A_T——拌和站面积,m^2;

A——每台拌和机所需的面积,m^2;

N——拌和机台数,按式(6-7)计算,台。

$$N = \frac{Q \cdot K}{T \cdot R} \qquad (6-7)$$

式中:Q——混凝土总需要量,m^3;

K——不均衡系数,取 1.5;

T——混凝土工程施工总工作日;

R——混凝土拌和机台班产量,m^3/台班。

(3)大型沥青混凝土搅拌设备的场地面积及布置,根据设备说明书的要求确定。

上述建筑场地相关指标也可参照表 6-7 和表 6-8 确定。建筑场地的结构形式应根据当地条件和使用期限而定。使用年限短的采用简易结构,如油毡或草屋面的竹木结构;使用年限较长的则可采用瓦屋面的砖木结构或活动房屋等。

临时加工场(厂)所需面积参考指标　　　　表 6-7

序号	加工厂名称	年产量单位	年产量数量	单位产量所需建筑面积	占地总面积(m^2)	备 注
1	混凝土拌和站	m^3 m^3 m^3	3200 4800 6400	0.022(m^2/m^3) 0.021(m^2/m^3) 0.020(m^2/m^3)	按砂石堆场考虑	400L 拌和机 2 台 400L 拌和机 3 台 400L 拌和机 4 台
2	临时性混凝土预制厂	m^3 m^3 m^3 m^3	1000 2000 3000 5000	0.25(m^2/m^3) 0.20(m^2/m^3) 0.15(m^2/m^3) 0.125(m^2/m^3)	2000 3000 4000 小于 6000	生产中小型预制构件等,配有蒸养设施
3	半永久性混凝土预制厂	m^3 m^3 m^3	3000 5000 10000	0.6(m^2/m^3) 0.4(m^2/m^3) 0.3(m^2/m^3)	9000~12000 12000~15000 15000~20000	

续上表

序号	加工厂名称		年产量		单位产量所需建筑面积	占地总面积(m²)	备注
			单位	数量			
	木材加工厂		m³	15000	0.0244(m²/m³)	1800~3600	进行原木、方木加工
			m³	24000	0.0199(m²/m³)	2200~4800	
			m³	30000	0.0181(m²/m³)	3000~5500	
4	粗木加工厂		m³	5000	0.12(m²/m³)	1350	加工模板
			m³	10000	0.10(m²/m³)	2500	
			m³	15000	0.09(m²/m³)	3750	
			m³	20000	0.08(m²/m³)	4800	
	钢筋加工厂		t	200	0.35(m²/t)	280~560	加工、成型、焊接
			t	500	0.25(m²/t)	380~750	
			t	1000	0.20(m²/t)	400~800	
			t	2000	0.15(m²/t)	450~900	
5	现场钢筋调直、冷拉直场卷扬机棚、冷拉场时效场		所需场地(长×宽)(70~80)m×(3~4)m、(15~20)(m²)、(40~60)m×(3~4)m、(30~40)m×(6~8)m				包括材料和成品堆放
	钢筋对焊		所需场地(长×宽)				包括材料和成品堆放
	对焊场地		(30~40)m×(4~5)m				
	对焊棚		(15~24)(m²)				
	钢筋冷加工 冷拔剪断机冷轧机 弯曲机φ12mm以下 弯曲机φ40mm以下		所需场地(m²/台):40~50 30~40 50~60 60~70				按一批加工数量计算
6	金属结构加工(包括一般铁件)		所需场地(m²/t)年产500t:10; 年产1000t:8; 年产2000t:6; 年产3000t:5				按一批加工数量计算
7	石灰消化	储灰池	5×3=15(m²)				第二个储灰池配一个淋灰池
		淋灰池	4×3=12(m²)				
		淋灰槽	3×2=6(m²)				

现场作业棚所需面积参考指标　　　　　　　　　　表6-8

序号	名称	单位	面积(m²)	备注
1	木工作业棚	m²/人	2	占地面积为作业棚建筑面积的2~3倍
2	电锯房	m²	80	直径86~92cm的圆锯1台
3	电锯房	m²	40	小圆锯1台
4	钢筋作业棚	m²/人	3	占地面积为作业棚建筑面积的3~4倍
5	拌和棚	m²/台	10~18	
6	卷扬机棚	m²/台	6~12	

续上表

序号	名　称	单　位	面积(m²)	备　注
7	烘炉房	m²	30~40	
8	焊工房	m²	20~40	
9	电工房	m²	15	
10	铁工房	m²	20	
11	油漆工房	m²	20	
12	机、钳工修理房	m²	20	
13	立式锅炉房	m²/台	5~10	
14	发电机房	m²/kW	0.2~0.3	
15	水泵房	m²/台	3~8	
16	空压机房(移动式)	m²/台	18~30	
	空压机房(固定式)	m²/台	9~15	

2. 临时仓库

工地临时仓库分为转运仓库、中心仓库和现场仓库等。临时仓库组织的任务是确定材料储备量和仓库面积、选择仓库位置和进行仓库设计等。

1) 确定材料储备量

材料储备量既要保证工程连续施工的需要,也要避免材料积压而增大仓库面积。供应不易保证、运输条件差、受季节影响大的材料可增大储存量。

常用材料的储备量宜通过运输组织确定,也可以按下式计算:

$$P = \frac{T_e \cdot Q_i \cdot K}{T} \tag{6-8}$$

式中:P——材料储备量,m^3、t 等;

T_e——储备期,d,按材料来源、运输方式确定,一般不小于10d,即保证10d 的需用量;

Q_i——材料、半成品等的总需要量;

K——材料使用不均匀系数,取 1.2~1.5;

T——有关项目施工的总工作日。

对于不经常使用和储备期长的材料,可按年度需用量的某一百分比储备。

2) 确定仓库面积

一般的仓库面积可按下式计算:

$$A = \frac{P}{q \cdot K} \tag{6-9}$$

式中:A——仓库总面积,m^2;

P——仓库材料储备量,由式(6-8)确定;

q——每平方米仓库面积能储存的材料数量(表6-9);

K——仓库面积利用系数(考虑人行通道和车行通道所占面积),一般为 0.5~0.8。

每平方米仓库面积能储存的材料数量　　　　表6-9

项次	材料名称	单位	每平方米所能堆放的数量	堆放高度（m）	包装类别	堆放方式	储存方法	备注
1	砾石、砂	m³ t	1.50~2.00 2.60~3.40	1.5~2.0	散	堆	露天	人工堆放
2	砾石、砂	m³ t	3.00~4.00 5.00~7.00	5.0~6.0	散	堆	露天	机械堆放
3	片石、块石	m³ t	1.00 1.60	1.50	散	堆	露天	
4	普通砖	块 t	700 2.40~2.60	1.50		码堆	露天	
5	水泥	t	2.00~2.80	1.50~2.00	散	积堆	仓库	
6	水泥	t	1.50	1.80	袋	码堆	仓库	
7	块石灰	t	2.25	2.50	散	堆放	露天	
8	油毡	卷 t	15~22 1.50~2.00	1.00~1.50	卷	码堆	料棚	
9	工字钢、槽钢	t	0.7~1.0	0.60		码堆	露天	
10	角钢	t	2.00~3.00	1.00		码堆	露天	
11	铁皮、钢板	t	4.00~4.50	1.00		码堆	料棚	
12	钢筋	t	3.70~4.20	1.20		码堆	料棚	
13	盘条	t	1.50~1.90	1.00	捆	堆放	料棚	
14	块状沥青	t	2.20	2.20	桶	码堆	露天	
15	石油沥青	t	0.90	1.75	桶	码堆	料棚	两层皆立放
16	润滑材料	t	0.65~0.80	1.40	桶	码堆	半地下仓库	两层皆立放
17	汽油	t	0.45~0.70	1.20~1.80	桶	码堆	半地下仓库	平放
18	圆木	m³ t	1.30~2.00 0.85~1.30	2.00~3.00		码堆	露天	
19	方木、板材	m³ t	1.20~1.80 0.75~1.20	2.00~3.00		码堆	料棚	

特殊材料,如爆炸品、易燃或易腐蚀品的仓库面积,按有关安全要求确定。除满足总面积要求外,还要正确地确定仓库的平面尺寸,即仓库的长度和宽度。仓库的长度应满足装卸要求,宽度要考虑材料的存放方式、使用方便和仓库的结构形式。

【例6-1】 某水泥混凝土路面工程,路面长度20km,宽度7.5m,水泥混凝土为C30,厚度26cm,计划工期3个月。试确定水泥仓库的面积。

解：(1)计算水泥用量。

根据现场施工配合比或参考有关配合比资料(定额配合比表)确定每立方米混凝土水泥用量。本例参照《公路工程预算定额》附录二(基本定额)中混凝土配合比表计算。查表知：C30普通混凝土,采用最大粒径为40mm的碎石,每立方米混凝土需42.5级水泥365kg,则该路面工程需水泥总量为：

$$P = 20000 \times 7.5 \times 0.26 \times 365 = 14235000 (\text{kg}) = 14235 (\text{t})$$

(2)计算水泥储备量。

按式(6-8)计算:水泥储备期取15d;材料使用不均衡系数取1.3;施工工期为90d。则水泥储备量为:

$$P = \frac{T_e \cdot Q_i \cdot K}{T} = \frac{15 \times 14235 \times 1.3}{90} = 3084 (\text{t})$$

(3)计算水泥仓库面积。

按式(6-9)计算仓库面积及每平方米仓库面积能存放的水泥数量。查表6-9可知,袋装水泥每平方米1.5t;仓库面积利用系数取0.7,则有:

$$A = \frac{P}{q \cdot K} = \frac{3084}{1.5 \times 0.7} = 2937 (\text{m}^2)$$

3. 行政、生活用临时房屋

此类临时房屋的建筑面积取决于工地的人数,包括施工人员和家属人数。建筑面积按下式确定:

$$A = N \cdot P \tag{6-10}$$

式中:A——建筑面积,m^2;

N——工地人数;

P——建筑面积指标,见表6-10。

行政、生活临时建筑面积指标表(单位:m^2/人)　　　表6-10

类别	临时房屋名称	指标使用方法	参考指标
1	办公室	按使用人数	3.0~4.0
2	宿舍		
2.1	单层通铺	按高峰年(季)平均人数	2.5~3.0
2.2	双层床	按在工地住宿实有人数	2.0~2.5
2.3	单层床	按在工地住宿实有人数	3.5~4.0
3	食堂	按高峰年平均人数	0.5~0.8
	食堂兼礼堂	按高峰年平均人数	0.6~0.9
4	其他合计	按高峰年平均人数	0.5~0.6
4.1	医务室	按高峰年平均人数	0.05~0.07
4.2	浴室	按高峰年平均人数	0.07~0.1
4.3	理发室	按高峰年平均人数	0.01~0.03
4.4	俱乐部		0.1
4.5	小卖部	按高峰年平均人数	0.03
4.6	招待所	按高峰年平均人数	0.06
4.7	其他公用设施	按高峰年平均人数	0.05~0.1
4.8	开水房	每间	10~40
4.9	厕所	按工地平均人数	0.02~0.07

编制施工组织设计时,应尽量利用工地附近的现有建筑物,或提前修建能利用的永久房屋,如道班房(公路站)、加油站等,不足部分应修建临时建筑。

临时建筑应按节约、适用、装拆方便的原则设计,其结构形式根据当地气候、材料来源和工期长短确定。临时建筑通常包括帐篷、活动房屋和就地取材的简易工棚等。

4. 工地供水设施

工地临时供水设施布设主要内容有确定用量、选择供应来源、设计管线网络等。如供应来源由工地自行解决,还需要确定相应的设备。

公路道路桥梁施工工地临时供水主要包括生产用水、生活用水和消防用水三种。

1) 确定用水量

施工生产用水主要包括施工机械、运输工具、施工附属企业、建筑安装工程及其他安装施工的用水。

(1) 确定工程施工用水量。

工地施工用水量按下式计算:

$$q_1 = k_1 \sum \frac{Q_1 \cdot N_1}{T_1 \cdot b} \cdot \frac{k_2}{8 \times 3600} \tag{6-11}$$

式中:q_1——工程施工用水量,L/s;

k_1——未预见的施工用水系数,取 1.05~1.15;

Q_1——年(季)度工程量,以实物计量单位表示;

N_1——施工用水定额,见表 6-11;

T_1——年(季)度有效作业日,d;

b——每天工作班数;

k_2——施工机械用水不均衡系数,见表 6-12。

施工用水参考定额   表 6-11

序号	用水对象	单位	耗水量(L)	备注
1	浇筑混凝土全部用水	m³	1700~2400	
2	拌和普通混凝土	m³	250	
3	拌和轻质混凝土	m³	300~350	
4	混凝土养生(自然养生)	m³	200~400	
5	混凝土养生(蒸汽养生)	m³	500~700	
6	湿润模板	m³	10~15	
7	冲洗模板	m³	5	
8	人工洗石子	m³	1000	
9	机械洗石子	m³	600	
10	洗砂	m³	1000	
11	浇砖	千块	500	
12	砌砖工程全部用水	m³	150~250	
13	砌石工程全部用水	m³	50~80	

续上表

序号	用水对象	单位	耗水量(L)	备注
14	抹灰	m³	4~6	不包括调制用水
15	搅拌砂浆	m³	300	
16	消解生石灰	t	3000	
17	素土路面、路基	m²	0.2~0.3	

施工机械用水不均衡系数表 表 6-12

序号	用水名称	系数
k_2	施工工程用水 生产企业用水	1.50 1.25
k_3	施工机械、运输机具 动力设备	2.00 1.05~1.10
k_4	施工现场生活用水	1.30~1.50
k_5	居住区生活用水	2.00~2.50

(2)确定施工机械用水量。

施工机械用水量按下式计算:

$$q_2 = k_1 \sum Q_2 \cdot N_2 \cdot \frac{k_3}{8 \times 3600} \tag{6-12}$$

式中:q_2——施工机械用水量,L/s;

k_1——未预见的施工用水系数,取 1.05~1.15;

Q_2——同种机械台数,台;

N_2——施工机械台班用水定额,见表 6-13;

k_3——施工机械用水不均衡系数,见表 6-12。

施工机械用水量参考定额 表 6-13

序号	机械名称	单位	耗水量	备注
1	内燃挖掘机	L/(台班·m³)	200~300	以斗容量计
2	内燃起重机	L/(台班·t)	15~18	以起重吨数计
3	蒸汽打桩机	L/(台班·t)	1000~1200	以锤重吨数计
4	蒸汽起重机	L/(台班·t)	300~400	以起重吨数计
5	内燃压路机	L/(台班·t)	12~15	以压路机吨数计
6	拖拉机	L/(昼夜·台)	200~300	
7	汽车	L/(昼夜·台)	400~700	
8	空气压缩机	L/[台班·(m³/min)]	40~80	以压缩空气排气量
9	内燃动力装置	L/(台班·马力)	120~300	直流水
10	内燃动力装置	L/(台班·马力)	25~40	循环水
11	锅炉	L/(h·t)	1000	以小时蒸发量计

续上表

序号	机械名称	单位	耗水量	备注
12	锅炉	L/h	15~30	以受热面积计
13	电焊机 25 型	L/h	100	
14	电焊机 50 型	L/h	150~200	
15	电焊机 75 型	L/h	250~350	
16	对焊机	L/h	300	
17	冷拔机	L/h	300	
18	凿岩机 YQ-100	L/min	8~12	

（3）确定施工现场生活用水。

施工现场生活用水按下式计算：

$$q_3 = \frac{P_1 \cdot N_3 \cdot k_4}{8 \times 3600} \tag{6-13}$$

式中：q_3——施工现场生活用水量，L/s；

P_1——施工现场高峰人数；

N_3——施工现场用水定额，视当地气候、工种而定，一般为（20~60）L/(人·班)；

k_4——现场生活用水不均衡系数，见表6-12。

（4）确定生活区生活用水。

生活区生活用水按下式计算：

$$q_4 = \frac{P_2 \cdot N_4 \cdot k_5}{24 \times 3600} \tag{6-14}$$

式中：q_4——生活区生活用水量，L/s；

P_2——生活区居住人数；

N_4——生活区生活用水定额，见表6-14；

k_5——生活用水不均衡系数，见表6-12。

生活用水参考定额　　　　　　　　　　　　　　表6-14

序号	用水名称	单位	耗水量	备注
1	生活用水	L/(人·日)	20~30	洗漱、饮用
2	食堂	L/(人·日)	15~20	
3	淋浴	L/(人·次)	50	入浴人数按出勤人数30%计
4	洗衣	L/人	30~50	
5	理发室	L/(人·次)	15	
6	工地医院	L/(病床·日)	100~150	
7	家属	L/(人·日)	50~60	有卫生设备
8	家属	L/(人·日)	25~30	无卫生设备

（5）确定消防用水量。

消防用水量可参照表6-15确定。

消防用水量参考表　　　　　　　　　　　　　　　　　表 6-15

序号	用水区域	用水情况	火灾同时发生次数	用水量(L/s)
1	居住区	5000人以内	1次	10
		10000人以内	2次	10~15
		25000人以内	2次	15~20
2	施工现场	施工现场在 $25 \times 10^4 \mathrm{m}^2$ 以内	1次	10~15
		施工现场每增加 $25 \times 10^4 \mathrm{m}^2$	1次	5

以上 5 个方面的用水量也可参照有关手册计算确定。

由于生活用水是经常性的,施工用水是间断性的,而消防用水又是偶然性的,因此,工地的总用水量(Q)并不是全部计算结果的总和,实际中可按下列三种情况分别确定:

① 当 $(q_1 + q_2 + q_3 + q_4) < q_5$ 时,则有:
$$Q = q_5 + 0.5(q_1 + q_2 + q_3 + q_4) \tag{6-15}$$

② 当 $(q_1 + q_2 + q_3 + q_4) > q_5$ 时,则有:
$$Q = q_1 + q_2 + q_3 + q_4 \tag{6-16}$$

③ 当工地面积小于 $50000 \mathrm{m}^2$,且 $(q_1 + q_2 + q_3 + q_4) < q_5$ 时,则有:
$$Q = q_5 \tag{6-17}$$

2) 选择供应来源

首先考虑以当地自来水作水源,不可能时可另选天然水源。当工地附近缺乏现成的供水管道或虽有供水管道但难以满足施工的使用要求时,方考虑采用江(河)水、湖水、水库、泉水、井水等天然水源。一般在野外有水的河道上建桥,施工用水大多取自河水。在干涸河道上建桥,如当地的地下水位不深时,可掘坑取水;地下水位较深时,则可开钻取水;如工地附近有山泉或水渠可取水时,可修建明沟或临时管道等将水引至工地。而且应优先考虑利用那些不需复杂的输水构筑物和大型水泵装置以及临时输水管道较短的水源。

确定的供水水源,应满足以下要求:水量充足稳定,能保证最大需水量供应;符合生活饮用和生产用水的水质标准,取水、输水、净水设施安全可靠;施工安装、运转、管理和维护方便。

3) 设计管线网络

供水系统由取水设施、净水设施、储水构造物、输水管网几部分组成。取水设施由取水口、进水管及水泵站组成。取水口距河底(或井底)不得小于 0.25~0.9m,距冰层下部边缘的距离也不得小于 0.25m。水泵要有足够的抽水能力和扬程。

当水泵不能连续工作时,应设置储水构造物,一般有水池、水塔或水箱等,工地可采用木支架或装配式常备钢构件来设置临时水塔,其储水箱用钢箱或钢筒,容量根据每小时消防用水量确定,但一般不小于 10~20m³。

输水管网应合理布局,干管一般为钢管或铸铁管,支管为钢管。输水管的直径必须满足输水量的需要,一般可按下式计算:

$$D = \sqrt{\frac{Q}{250\pi \times v}} \tag{6-18}$$

式中:D——输水管直径,m;
Q——消耗水量,L/s;
v——管网中的水流速度,m/s,见表 6-16。

水管经济流速表　　　　　　　　　　表6-16

序号	输水管直径 $D(m)$	流速(m/s)	
		正常时间	消防时间
1	支管 $D<0.10$	2	—
2	生产消防管道 $D=0.1\sim0.3$	1.3	>3
3	生产消防管道 $D>0.3$	1.5～1.7	2.5
4	生产用水管道 $D>0.3$	1.5～2.5	3

5. 工地临时供电设施

1) 确定工地总用电量

工地用电可分为动力用电和照明用电两类，用电量可按下式计算：

$$P=(1.05\sim1.10)\left(K_1\frac{\sum P_1}{\cos\varphi}+K_2\sum P_2+K_3\sum P_3+K_4\sum P_4\right) \quad (6-19)$$

式中：P——工地总用电量，kV·A；

P_1——电动机额定功率，kW；

P_2——电焊机额定容量，kV·A；

P_3——室外照明容量，kW；

P_4——室内照明容量，kW；

$\cos\varphi$——电动机的平均功率因数，根据用电量和负荷情况而定，最高为0.75～0.78，一般为0.65～0.75；

K_1——需要系数，取0.5～0.7，电动机10台以下取0.7，超过30台取0.5；

K_2——需要系数，取0.5～0.6，电焊机10台以下取0.6；

K_3——需要系数，取0.8；

K_4——需要系数，取0.8。

现场用电也可参照表6-17进行计算。

施工用电参考定额表　　　　　　　　　　表6-17

序号	用电目的	用电量(W/m²)	序号	用电目的	用电量(W/m²)
	(一)露天场地照明			(二)室内照明	
1	人工土方施工	0.6～0.75	10	宿舍及住宅	5
2	机械化施工土方、砌石、打桩	0.8	11	厨房、食堂、普通办公室	10
3	浇筑混凝土、拌制砂浆、轧碎石及过筛	2～2.5	12	厕所	3
			13	浴室、漱洗室	5
4	制造及装配金属结构	2.4～2.5	14	钢筋加工间、金属构件厂、机修间	13
5	露天堆场	0.5			
6	机械停放场	1.5～2.5	15	细木工车间	6
7	主要人行道及车行道	5kW/km	16	锯木厂	3～5
8	次要人行道及车行道	5kW/km	17	车库	6
9	警卫、照明	2			

2) 选择电源及确定变压器

工地临时供电无论由当地电网供电还是在工地设临时电站解决,或者各供给一部分,选择电源都应在考虑以下因素后,根据工程具体情况经过比较确定:当地电源能否满足施工期间最高负荷;电源距离较远时是否经济;设临时电站,供电能力应满足需要,避免造成浪费或供电不足;电源位置应设在设备集中、负荷最大而输电距离又最短的地方。

一般都首先考虑将附近的高压电,通过工地的变压器引入。

变压器的功率按下式计算:

$$P = K \frac{\sum P_{\max}}{\cos\varphi} \tag{6-20}$$

式中:P——变压器的功率,kV·A;

K——考虑功率损失的系数,取 1.05;

$P_{\max}$——各施工区的最大计算负荷,kW;

$\cos\varphi$——变压器的功率因数。

3) 选择导线截面

合理的导线截面应满足三个方面的要求:

(1) 要有足够的机械强度,即在各种不同的敷设方式下,确保导线不致因一般机械损伤而折断;

(2) 应满足通过一定的电流强度,即导线必须能承受负载电流长时间通过所引起的温度升高;

(3) 导线上引起的电压降必须限制在容许限度之内。

这三方面要求均需满足,故取三者中截面最大者。

4) 配电线路的布置要点

线路宜架设在道路的一侧,并尽可能选择平坦路线。线路距建筑物的水平距离应大于 1.5m。在 380/220V 低压线路中,电杆间距为 25~40m。分支线及引入线均应从电杆处接出。

由于架空线工程简单、经济、便于检修,临时布线一般都用架空线。电杆及线路的交叉跨越要符合有关输变电规范。

配电箱要设置在便于操作的地方,并有防雨、防晒设施。各种施工用电机具必须单机单闸,绝不可一闸多用。闸刀的容量按最高负荷选用。

6. 工地临时供热

北方地区,冬季天气寒冷,生产及生活需考虑临时供热。工地临时供热的主要对象是:临时房屋如办公室、宿舍、食堂等内部的冬季采暖;冬季施工供热,如施工用水和材料加热等;预制场供热,如钢筋混凝土构件的蒸汽养生等。建筑物内部采暖耗热量,按有关建筑设计手册计算。

临时供热的热源,一般都设立临时性的锅炉房或个别分散设备(如火炉),如有条件,也利用当地的现有热力管网。

临时供热的蒸汽用量按下式计算:

$$W = \frac{Q}{I \cdot H} \tag{6-21}$$

式中:W——蒸汽用量,kg/h;

Q——所需总热量,按建筑采暖设计手册计算,J/h;

I——在一定压力下蒸汽的含热量,查有关热工手册,J/kg;

H——有效利用系数,一般为 0.4~0.5。

蒸汽压力根据供热距离确定。供热距离在 300m 以内时,蒸汽压力为 30~50kPa 即可;在 1000m 以内时,则需要 200kPa。确定了蒸汽压力后,根据式(6-21)计算得到蒸汽用量,即可查阅锅炉手册,选定锅炉的型号。

6.5 工地运输组织

6.5.1 运输组织计划

运输组织计划的任务是确定运输量、选择运输方式、计算运输工具的需要量等。公路施工需要运输的物资有建筑材料、构件、半成品以及机械设备、施工及生活用品等。场外运输物资一般都由专业运输单位承运,场内运输通常由施工单位承担。不论哪种运输,都应有组织、按计划地进行。

1. 确定运输量

工地需要运输的物资,其运输量按下式计算:

$$q = K\frac{Q_i \cdot L_i}{T} \tag{6-22}$$

式中:q——每日运输量,t·km;

Q_i——各种物资的年度或季度需用量;

L_i——运输距离,km;

T——工程年度或季度计划运输天数;

K——运输工作不均衡系数,公路运输取 1.2,铁路运输取 1.5。

2. 选择运输方式

目前工地运输的方式有铁路运输、公路运输、水路运输和特种运输(索道、管道)等。选择运输方式必须充分考虑各种影响因素,如运输量大小、运距长短和物资性质;现有运输设备条件;利用永久性道路的可能性;地形、地质、水文等自然条件;运杂费用等。

一般情况,当货运量较大、运距远、具有条件时,宜采用铁路运输;运距短、地形复杂、坡度较陡时,宜采用公路运输。当有几种可能的运输方式可供选择时,应通过比较后确定最合适的运输方式。

3. 确定运输工具数量

运输方式确定后,即可计算运输工具的需要量。运输工具数量可用下式计算:

$$m = \frac{Q \cdot K_1}{q \cdot T \cdot n \cdot K_2} \tag{6-23}$$

式中:m——所需的运输工具台数;

Q——年度或季度最大运输量,t;

K_1——运输不均衡系数,场外运输一般采用 1.2,场内运输一般采用 1.1;

q——汽车台班产量,t/台班,根据运距按定额确定;

T——工程年度或季度的工作天数;

n——每日的工作班数;

K_2——运输工具供应系数,一般采用 0.9。

6.5.2 经济车辆数的确定方法

机械化施工中工程运输车辆的需要量很大,费用占比也很大,在路基土石方施工中,需要配套汽车与挖掘机、装载机的工程运输车需要数量。

1. 一般方法

(1)铲斗容积比的选择。挖掘机和汽车的利用率达到最高值时的理论铲斗容积比(汽车容量与挖掘机斗容量之比),是随着运距的增加而提高,随着汽车平均行驶速度增加而降低,即随着汽车循环时间的增加而提高的。当运距为 1~2.5km 时,理论的铲斗容积比为 4~7;运距在 3~5km 时,为 7~10。结合我国当前的情况,自卸车容量较小,可取 3~5,最大不超过 7~8。实践表明,铲斗容积比宜取低值,但车厢不能过小,以免装载不便而延长装卸时间,而且容易损坏车厢。

(2)汽车载质量的利用程度。汽车载质量的利用程度与铲斗容积比、汽车载质量或车厢容积以及土的密度等因素有关。装载自卸车车厢所需铲装次数 n 一般应满足下列条件:

$$\begin{cases} n \leqslant \dfrac{V}{V_1} \\ n \leqslant \dfrac{Q}{W} \end{cases} \tag{6-24}$$

式中:n——自卸车车厢所需铲装次数;

Q——自卸车的载质量,t;

W——铲斗中土的质量,t;

V_1——铲斗中土的松方容积,m³;

V——车箱容积,m³。

与挖掘机、装载机配套适宜的车辆,其铲装次数一般为 3~5,而车辆载质量的利用程度也是考核配套合理性的另一个重要指标。

(3)与一台挖掘机、装载机配套的自卸车车辆数 N 可按下式计算:

$$N = \dfrac{t}{t_1} \tag{6-25}$$

式中:t——自卸车的工作循环时间,可由下式计算:

$$t = t_1 + t_2 + t_3 + t_4 \tag{6-26}$$

式中:t_1——用装载机械装满一车箱所需时间,min;

t_2——重车运输行驶时间和空车返回的行驶时间,min;

t_3——在卸载点倒车转向和卸料的时间(表 6-18),min;

t_4——在装载机械近旁的调车时间(表 6-19),不包括因等候装车耽误的时间。如果计算因等候装车耽误的时间,应按实际发生的时间(或平均时间)计算。

运输车辆的倒车和卸车时间 t_3（单位：min）　　　　　　　　　　　表6-18

作业条件	后 卸 车	底 卸 车	侧 卸 车
顺利	1.0	0.4	0.7
一般	1.3	0.7	1.0
不顺利	1.5~2.0	1.0~1.5	1.5~2.0

运输车辆的调车时间 t_4（单位：min）　　　　　　　　　　　　表6-19

作业条件	后 卸 车	底 卸 车	侧 卸 车
顺利	0.5	0.15	0.15
一般	0.3	0.5	0.5
不顺利	0.8	1.0	1.0

求出的车辆数一般取大于此数的整数，以满足运输车辆的要求。配套汽车的生产率应取挖掘机、装载机的生产率或车队生产率这两者之中的最小值。在生产率计算中，应计入配套机械的时间利用率，使其符合实际情况。

2. 优化方法——排队论法

上述计算车辆数量的公式中，均假定装车时间和行驶时间是固定不变的。但实际上，车辆的工作循环时间难以保证完全相同，因为在装载机械附近有时是排队等候装车，有时会无车可装，因而降低了装载机械的生产率。

排队论法是用统计学来处理装车时间和行驶时间变化的方法。工程实践表明，采用排队论法求出的机械实际生产率和最经济的车辆数比较符合实际情况。运用这一方法时，认为装载时间出现的概率呈现泊松分布或指数分布。

设 N 为车队中汽车的车辆数；a 为汽车的平均到达率，以每小时达到的次数计（按无延误计算，不包括装车时间）；L 为挖掘机每小时平均装车辆数；$\gamma = a/L$ 为每小时到达率与每小时装车辆数的比值。设 P_0 为挖掘机无车可装的概率；P_t 为挖掘机有一辆车或 n 辆车可装的概率，则有：

$$P_0 = 1 - P_t \tag{6-27}$$

为了计算 P_t 和 P_0，可先按下述方法求出 γ 值：

$$a = \frac{1}{t_2} \tag{6-28}$$

$$L = \frac{1}{t_1} = \frac{Q_w}{V} \tag{6-29}$$

$$\gamma = \frac{a}{L} = \frac{t_1}{t_2} = \frac{V}{Q_w \cdot t_2} \tag{6-30}$$

式中：Q_w——挖掘机的生产率；

V——汽车车箱的堆装容积。

挖掘机无车可装的概率 P_0 和有车可装的概率 P_t 取决于汽车的辆数 N 和 γ。P_0 值可用下式精确计算出来：

$$P_0 = \left[\sum_{i=1}^{N} \frac{N!}{(N-i)!}(\gamma)^i \right]^{-1} \tag{6-31}$$

运用排队论法来确定挖、运机群可达到的生产率,可用下式计算:
$$Q = 1.03Q_w \cdot P_t \tag{6-32}$$
式中:Q_w——挖掘机的正常生产率,1.03 指计算值与现场实测值比较的校正系数。

与一台挖掘机配套的最适宜车辆数的近似值 N' 可由下式计算:
$$N' = \frac{1}{\gamma} \tag{6-33}$$

在沥青混凝土、水泥混凝土面层机械化施工中,也可用排队论法求得经济车辆数。

6.6 施工平面图设计

施工平面图是对一个施工项目施工现场的平面规划和空间布置的具体成果。它是根据工程规模、特点和施工现场的条件,按照一定的设计原则,正确地解决施工期间所需设置的各种临时工程和其他设施的合理位置关系。施工平面图是进行施工现场布置的依据和实现有组织、有计划进行文明施工的先决条件,因此,它是施工组织设计的重要组成部分。

6.6.1 施工平面图的类型及主要内容

1. 按施工平面图的作用划分

1)施工总平面图

施工总平面图是拟建项目施工场地的总布置图。它按照施工布置和施工总进度计划的要求,对施工现场的道路交通、材料仓库、附属企业、临时房屋、临时水电管线等作出合理的规划布置,从而正确处理整个工地施工期间所需各项设施和永久性建筑、拟建工程之间的空间关系。施工总平面图的绘图比例一般为 1∶5000 或 1∶2000。某公路工程施工总平面图如图 6-7 所示。

施工总平面图可用两种形式表示。一种是根据公路路线的实际走向按适当的比例绘制,这种图图形直观,图中所绘内容的位置准确。另一种是将公路路线绘成水平直线,将图中各点的平面位置以路中线为基准做相对移动,这种图纵横比例可以不同,一般用于斜条式工程进度图中。

施工总平面图一般应包括以下内容:

(1)公路施工用地范围内及附近已有的和拟建的地上、地下建筑物及其他地面附着物、农田、果园、树林、地下洞穴、坟墓等位置及主要尺寸。

(2)新建公路工程的主要施工项目位置。如路线及里程、大中桥、隧道、渡口、集中土石方、交叉口、特殊路基等重点工程的位置;公路养护、运营管理使用的道班房、加油站、高速公路的收费站、服务区等运输管理服务建筑物位置。

(3)取土和弃土场位置。当取土和弃土场离施工现场很远,在平面布置上无法标注时,可用箭头指向取土或弃土场方向并加以说明。

(4)既有高压线位置、水源位置(既有的水井);既有河流位置及河道改移位置。

(5)既有公路、铁路的路线方向、位置、里程与本施工项目的关系;因施工需要临时改移公路的位置。

(6)公路临时设施的布置。

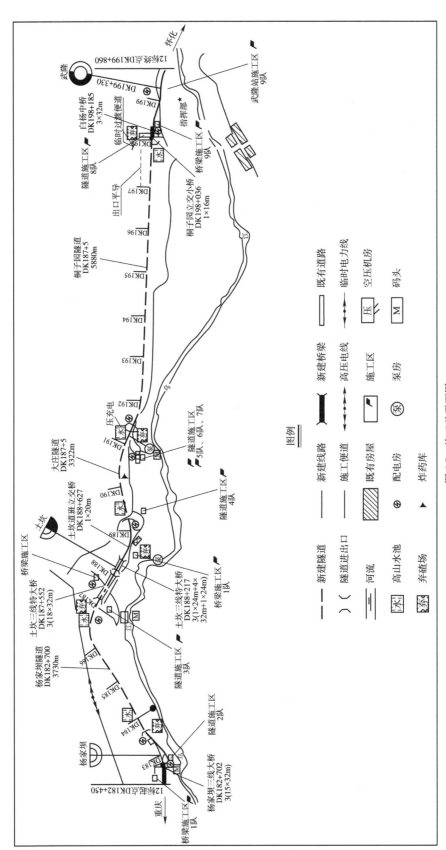

图 6-7 施工总平面图

(7)重要地形地物。如河流、山峰、文物及自然保护区、高压铁塔、重要通信线等。

(8)其他与施工有关的内容。如地质不良路段、国家测量标志、气象台、水文站、变电站、防洪、防火、安全设施等。

(9)现场安全及防火设施等。

(10)施工场地排水系统位置。

2)单位工程或分部、分项工程施工平面图

它是以单位工程或分部、分项工程为对象的空间组织平面设计方案。图上应详细绘出施工现场、辅助生产、生活区域及原有地形、地物等情况。如某工程项目中的大桥施工平面图、隧道施工平面图、立交枢纽施工平面图、附属加工厂施工平面图、基础工程施工平面图、主梁吊装施工平面图等。某桥梁施工场地平面图如图6-8所示。

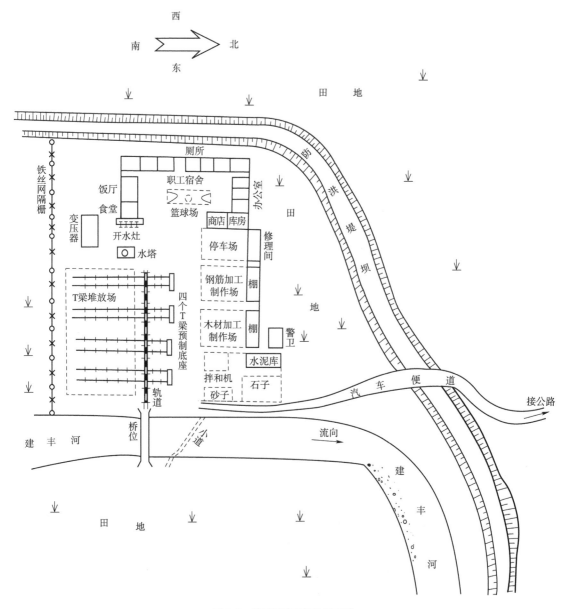

图6-8 某桥梁施工场地平面图

3)其他施工场地平面图

有一些工程项目,虽然不属于复杂工程,但由于施工期限长、施工范围大、管理工作量大,有必要绘制施工平面图。常见的平面图有:

(1)沿线砂石料厂平面图。
(2)大型附属场地平面图。如水泥混凝土构件预制厂、沥青混合料拌和站平面图等。
(3)临时供水、供电、供热基地及管线分布平面图。

施工场地平面图没有固定的模式。因此,必须因地制宜,密切联系实际,充分收集资料,针对工程特点和施工现场的环境条件,综合考虑,才能编制出切实可行的施工场地平面图。

2. 按主体工程形态划分

1)线型工程施工平面图

线型施工平面图是沿路线全长绘制的一类狭长的带状式平面图(参见图6-7)。图中一方面要反映原有河流、公路、铁路、车道、车站、码头、运输点、田地、悬崖、湿地等地形、地物;另一方面要反映施工组织设计成果,如采料场、附属加工厂、仓库、施工管理机构、临时便道、便桥及大型机械设备的停放、维修厂等。公路施工平面图可以按道路中线为假想的直线进行相对的展绘,也可以在平面图的下方展绘出道路纵断面。

2)集中型工程施工平面图

公路立交枢纽、集中土石方工程、大中桥、隧道等集中型工程,由于施工环节多,需用较多的机械、设备和人力。为了做好集中型工程施工场地的布置,需要用较大的比例尺(一般为1:500~1:100)绘制施工平面布置图。这类工程施工平面图,既可以是施工总平面图,也可以是单项工程或分部分项工程施工平面图(参见图6-8)。其特点是工程范围比较集中(包括局部线型工程),反映的内容比较深入和具体。

这类施工平面图所包括的内容,应根据工程内容和施工组织的需要而定,一般应包括:
(1)原有地形地物。
(2)场区的生产、行政、生活等区域的规划及其设施。
(3)施工用地范围。
(4)主要的测量及水文标志。
(5)基本生产、辅助生产、服务生产的空间组织成果。
(6)场区运输设施。
(7)安全消防设施等。

6.6.2 施工平面图设计的原则、依据和步骤

1. 施工平面图设计的原则

施工平面图设计总的原则是:平面紧凑合理、方便施工流程、运输方便通畅、降低临建费用、便于生产生活、保护生态环境、满足消防要求、保证安全可靠。具体内容包括:

(1)在满足现场施工要求的前提下,充分利用原有地形、地物,尽可能减少施工用地,以利于降低工程成本。
(2)在确保施工顺利进行的前提下,尽可能减少临时设施,充分利用施工现场附近的原有

建筑物、构筑物作为施工临时用房,并利用永久性道路供施工使用。

(3)最大限度减少场内运输及场内材料、构件的二次搬运;充分利用场地;各种材料堆放的位置,尽量靠近使用地点,以节约搬运劳动力和减少材料多次转运中的消耗。

(4)临时设施的布置,应便利施工管理及工人生产和生活;办公用房应靠近施工现场;施工管理机构的位置必须有利于全面指挥和管理施工现场。

(5)生产、生活设施应尽量分区,以减少生产与生活的相互干扰,保证现场施工生产安全进行。

(6)施工平面布置必须符合安全防火、劳动保护的要求。

2. 施工平面图设计的依据

(1)工程地形地貌图、区域规划图、项目建设范围内各种地上、地下设施及位置图。
(2)主要施工方案和施工进度计划。
(3)有关施工组织的自然调查资料和施工条件调查资料。
(4)各类临时设施的规模和数量等。
(5)各种材料、半成品的供应计划和运输方式。
(6)设计图纸。
(7)其他有关资料。

3. 道路桥梁工程施工平面图设计的步骤

(1)分析和研究设计图纸、施工方案、施工工艺、自然条件、施工条件及有关调查资料。
(2)绘制路线平面图。
(3)进行现场平面规划分区。
(4)合理确定起重、吊装、运输机械的布设。
(5)确定搅拌站、加工厂、仓库和材料、构件、半成品堆场的位置。
(6)行政管理、文化、生活、福利用临时设施的布置。
(7)进行场内运输线路的布设。
(8)进行水、电线路的布设。
(9)进行多方案分析、比较、修改、定案。

6.6.3 施工组织平面图设计案例(路桥)

某绕城线北段高速公路项目土建工程第×合同段,起止桩号为:主线 K20+046.8—K25+310(含互通);一级公路连接线 LK0+000—LK1+482.508。其中主线 5.2632km 采用四车道高速公路标准建设,设计速度 100km/h,路基宽度 26.0m;连接线 1.4825km 采用一级公路标准建设,设计速度 100km/h,路基宽度 25.5m。本合同段路线全长 6.7457km。

本合同段包含下列工程项目。
路基工程:清理场地、临时工程、土石方工程、排水工程和防护工程。
桥涵工程:中、小桥、互通式和分离式立交桥、通道、涵洞、人行天桥等。
路面工程:主线、互通匝道、一级公路路面底基层及支线路面。
沿线设施:改路、改渠、改沟和接线工程。

1. 施工便道设计及施工

项目开工后,路基范围内拉通一条纵向施工便道,便道宽7m,采用挖掘机、推土机、平地机、压路机和自卸车施工。当有河沟、渠道横穿主线时,安装临时过水圆管涵来保证农田用水和泄洪的需要。

2. 施工驻地的设置

计划将承包人驻地设置在 K23+650 路基左侧。第一批人员进场后,首先做好"四通一平"工作,然后进行临时房屋建设。临时房屋建设包括办公室、宿舍、工地试验室、会议室、食堂、浴室、卫生间、仓库、机修车间和污水处理池。根据初步估算修建临时房屋面积共计 1870m^2。为丰富职工业余生活,还将在驻地内修建篮球场和职工娱乐室。驻地建设以环保为原则,以人为本,在不铺张浪费的前提下,营造一个清洁、舒适的工作环境。施工驻地需临时用地约 2533m^2。

3. 拌和站及预制场的设置

根据招标文件的要求,结合现场实际情况,计划在 K21+228 中桥 0 号台后的路基上设置一个空心板预制场,K23+800 右侧设一个 T 梁预制场和一个混凝土拌和站,在 AK0+691.45 跨线桥右侧再增设一个空心板预制场,小型构件预制场设在 K22+100 右侧,底基层稳定料拌和场设在 K23+500 左侧。

4. 施工用电和施工用水

本合同段沿线电力资源十分丰富,能满足本工程施工用电的需要,生活、施工用电将以外电输送为主。施工中,将准备 3 台发电机作为备用电源。

沿线水系发达,水源丰富,水质洁净,施工用水可直接就近取用,生活用水采取打井取水。如遇旱季或供水困难时,计划用水车运输来保证生活及施工用水。

5. 施工通信

本合同段所在的村镇都开通了程控电话,移动网络也基本上覆盖了全线。施工中,将以对讲机、程控电话和移动电话作为主要的施工通信工具。另外,项目驻地还将配置传真机、开通互联网,以加强与业主和外界的联络。

6. 临时工程总体布置与数量

本合同段临时工程布置详见施工总平面图(图 6-9)、桥梁预制场平面图(图 6-10)。临时工程数量详见表临时工程用地计划表(略)。

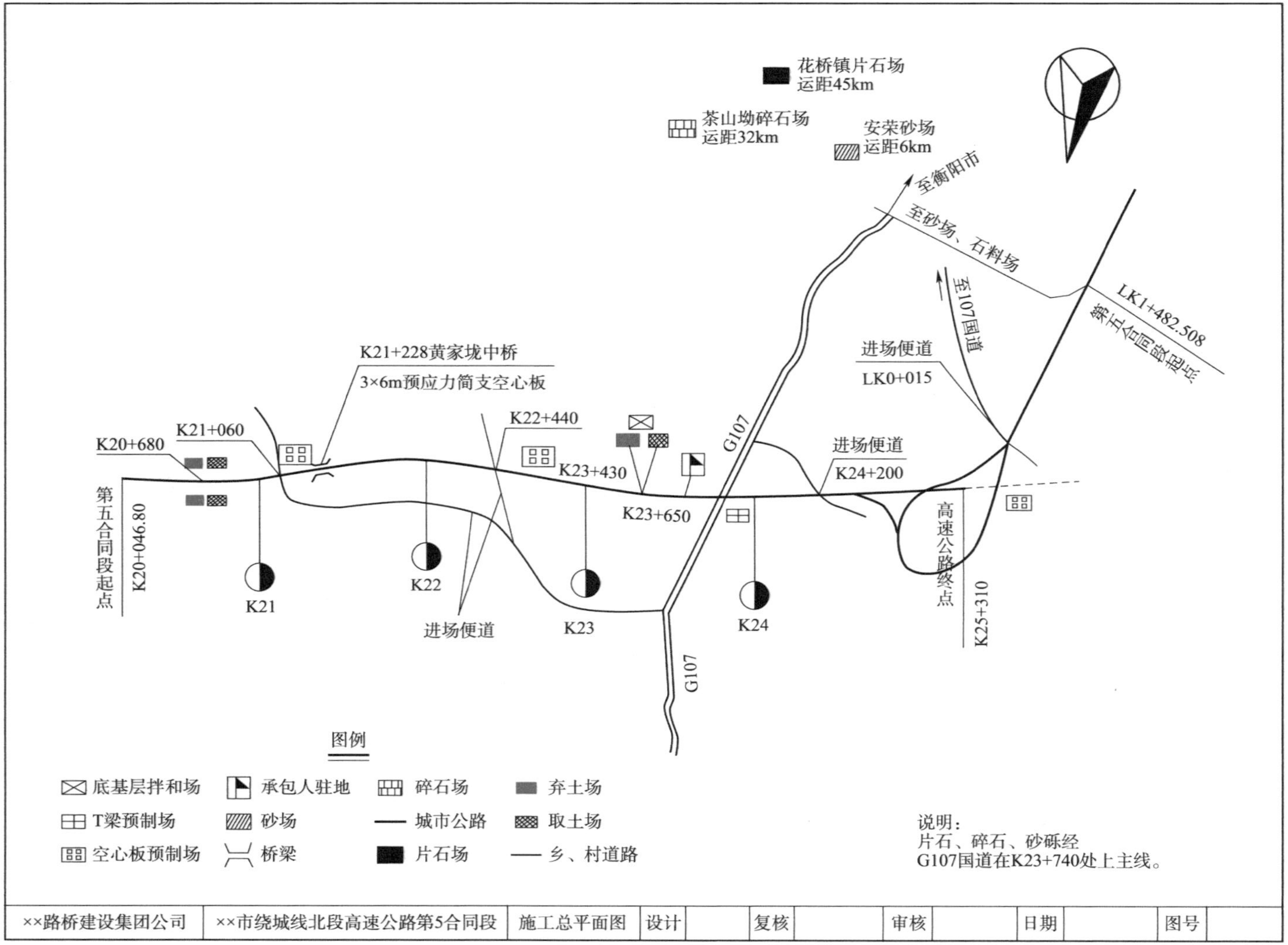
花桥镇片石场
运距45km
茶山坳碎石场
运距32km
安荣砂场
运距6km
至衡阳市
至砂场、石料场
至107国道
LK1+482.508
第五合同段起点
进场便道
LK0+015
K21+228黄家垅中桥
3×6m预应力简支空心板
K22+440
K20+680
K21+060
K23+430
K23+650
G107
进场便道
K24+200
高速公路终点
K25+310
第五合同段起点
K20+046.80
K21
K22
进场便道
K23
K24
G107
图例
底基层拌和场
承包人驻地
碎石场
弃土场
T梁预制场
砂场
城市公路
取土场
空心板预制场
桥梁
片石场
乡、村道路
说明：
片石、碎石、砂砾经
G107国道在K23+740处上主线。
××路桥建设集团公司
××市绕城线北段高速公路第5合同段
施工总平面图
设计
复核
审核
日期
图号

图 6-9　施工总平面图

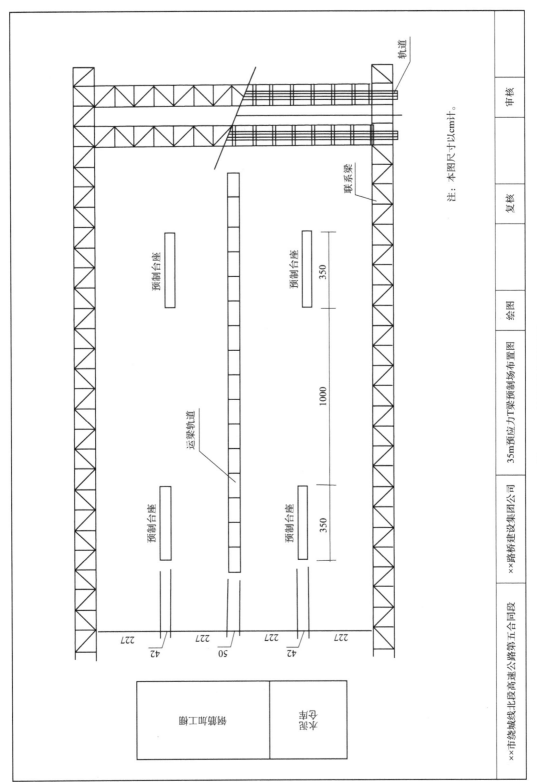

图 6-10 桥梁预制场平面图

6.7 公路施工组织设计示例

瑞赣高速公路路基工程××合同段施工组织设计

一、编制概况

本实施性施工组织设计是在项目经理部前期人员、部分仪器设备进场,项目经理部驻地建设已全部完成并进驻办公后,对设计图纸进行了细致、认真的研究,对沿线地形地貌、交通运输条件及施工环境进行了充分的踏勘和调查,在投标文件技术设计建议书的基础上,以科学、客观、务实的态度,以"优质、高效、廉政、环保、文明、健康"为总体目标,以"以人为本"为总体指导思想来进行编写的,并把我们良好的社会信誉和优秀的中建企业形象在施工中展示给建设单位、监理单位,以一流的质量和一流的速度创瑞赣高速公路一流的业绩。

(一)编制依据

(1)江西省瑞金至赣州高速公路《两阶段施工设计图(××标)》《江西省瑞金至赣州高速公路项目技术规范》《江西省瑞金至赣州高速公路监理实施细则》及我单位投标阶段编制的《江西省瑞赣高速公路××标投标文件》。

(2)中华人民共和国交通部颁布的现行公路规范、技术标准与验收标准,包括:
①《公路路基施工技术规范》(JTG F10—2006);
②《公路桥涵施工技术规范》(JTG/T F50—2011);
③《公路工程施工监理规范》(JTG G10—2006);
④《公路全球定位系统(GPS)测量规范》(JTJ/T 066—1998);
⑤《公路工程技术标准》(JTG B01—2003);
⑥《公路工程质量检测评定标准》(JTG F80/1—2004);
⑦《公路土工试验规程》(JTG E40—2007);
⑧《公路工程岩石试验规程》(JTG E41—2005);
⑨《公路工程无机结合料稳定材料试验规程》(JTJ 057—1999);
⑩《公路工程集料试验规程》(JTG E42—2005);
⑪《公路工程施工安全技术规程》(JTJ 076—1995);
⑫《公路工程水泥及水泥混凝土试验规程》(JTG E30—2005);
⑬《钢筋焊接及验收规程》(JGJ 18—2003)。

(3)有关建筑法规文件:
①《工程建筑法规》;
②《建筑工程质量管理条例》;
③《中华人民共和国环境保护法》;
④《中华人民共和国合同法》。

(4)现场调查掌握的有关资料及对施工现场环境的调查资料。

(5)建设同类及类似工程的施工经验、科技成果及用于本合同段的施工设备和技术力量情况。

(6)有关工程预算定额及本承包人的企业管理定额。

(7)招标文件中的《施工合同协议书格式》。

(8)世界银行、江西省人民政府、地方人民政府及相关部门对施工安全、工地治安、人民健康、环境保护、土地租用、房屋拆迁等方面的具体规定和标准。

(9)当地民众多年来形成的风俗习惯。

(二)编制原则

(1)本施工组织设计的编制以公司现有的技术力量、机械设备和历年来在高速公路建设项目中积累的施工经验为基点,以总工期14个月(计划2007年3月1日正式开工,2008年4月31前全部交工)为控制工期目标,统筹考虑施工现场人员、设备、资金的合理配置。实际开工日期以工程师签发的开工令为准。

(2)严格按照公司执行的标准体系要求,执行 ISO 9002 质量认证体系、ISO 14001 环境保护认证体系、OSHMS 18000 职业健康安全认证体系标准,确保本工程获江西省优质工程,确保文明施工和安全施工。

(三)工程概况

1. 本合同段地理位置及设计标准

××标段位于赣州市境内,起点桩号为 K137+150,位于章贡区水西镇大水垄村附近;终点桩号为 K148+055,与厦蓉线赣州城西段高速公路起点相连,全长 10.905km。路线途经章贡区水西镇、湖边镇以及赣州经济技术开发区蟠龙镇三个乡镇。

本路段设计速度采用 100km/h,路基宽度为整体式路基 26.0m,分离式路基 2×13.0m。路面采用沥青混凝土,设计使用年限 15 年,汽车荷载等级为公路-Ⅰ级。

2. 水文地质情况

地貌类型主要以丘陵岗地和岗间冲洪积盆地为主,路线区内主要有粉砂岩、砂岩、砂砾岩和泥质砂岩等。主要不良地质现象有高边坡失稳和水塘软土两种。

路线区域属亚热带湿润季风气候,四季分明,降水充沛,降水集中在 4—6 月,7 月—次年 3 月为土石方施工黄金季节。年平均气温 19.4℃,7 月平均气温 29.6℃,极端最低气温 -6.0℃,极端最高气温 41.2℃。

3. 主要工程数量

土方:86 万余 m³;石方:98 万余 m³;圆管涵:20 道;盖板涵、通道:35 道;小桥、分离立交:7 座;中桥:7 座;大桥:2 座。

二、现场机构

(一)施工组织机构

1. 组织机构

已按照项目法管理原则组建中国建筑工程总公司瑞赣高速公路××标项目经理部。项目经理部下设项目经理、项目副经理、项目总工程师各1人,下设工程技术部、商务合约部、测试部、物资设备部、财务资金部、安全环保部、中心试验室、综合办公室等部门。

2. 项目经理部机构驻地设置

(1)项目经理部。项目经理部设置在主线 K145+782 右侧,距路线 100m 处,项目经理部办公室租用赣州市章贡区湖边镇叶山村新建的村委会办公楼,该办公楼为独立进出的四合院结构形式。生活用房租用紧靠村委会的一栋独立进出的民房,该民房前有一面积较大的空地,在该空地自建试验室、卫生间和淋浴间。

项目经理部平面位置示意图如图 6-11 所示,试验室及临建设施平面布置图如图 6-12 所示,项目经理部办公区域布置图如图 6-13 所示。

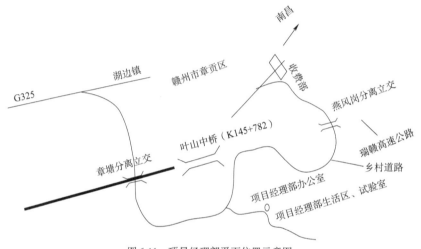

图 6-11 项目经理部平面位置示意图

(2)各工区驻地设置。一工区驻地设置在赣北互通立交 AK0+400 右侧石湖头村;二工区驻地设置在 K140+600 左侧岗边村岗边小学附近;三工区设置在 K142+700 岗上村;一、二、三工区办公及生活用房均租赁民房。

四工区设置在 K145+782 叶山村,与项目经理部合署办公。

各工区驻地平面布置图如图 6-14 所示。梁板预制工区一队、二队搅拌站、预制场平面图分别如图 6-15、图 6-16 所示。三工区搅拌站、盖板预制平面布置如图 6-17 所示。

3. 施工场地设置

(1)梁板一预制场、搅拌站:为减少临时用地面积,并减少对当地环境的破坏,利用 AK0+800~AK1+000 左侧借土区域设置梁板一预制场、搅拌站,负责一、二工区内所有桥梁的预应力梁板预制及一、二工区内桥梁基础、下部构造及桥面系混凝土供给。该预制场、搅拌站靠近 105 国道,材料进出场及混凝土运输方便。预制场与搅拌站占地面积 9610m^2,设置 JS750 型电子计量搅拌站一座,安装 160kVA 变压器一台。

(2)梁板二预制场、搅拌站:负责三、四两个工区的梁板预制与第三工区桥梁基础、下部构造和桥面系的水泥混凝土供给。利用 K142+100~K142+600 挖方段路基设置预制场、搅拌站,该预制场长 500m,宽 25m,占地 12500m^2。配套设置 JS750 搅拌站一座与第三工区内桥梁基础、下部构造及三、四工区桥面系共用。配套安装 160kVA 变压器一台。

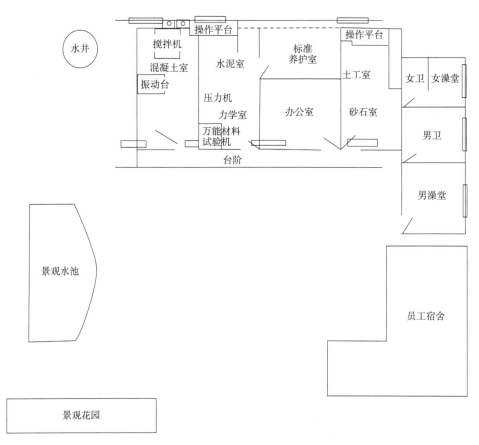

图 6-12 试验室及临建设施平面布置图

注：员工宿舍为一栋双层的砖混结构，租用现有民房。试验室与卫浴房为单层砖木结构，项目经理部自建。

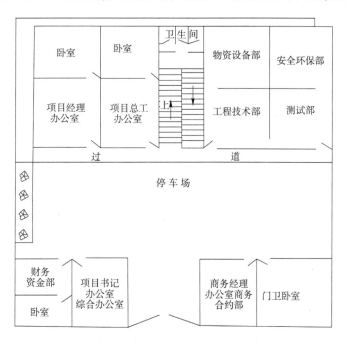

图 6-13 项目经理部办公区域布置图

注：后栋为双层砖混结构，二楼左为项目经理部会议室，右为可容纳80人的项目经理部员工培训中心。

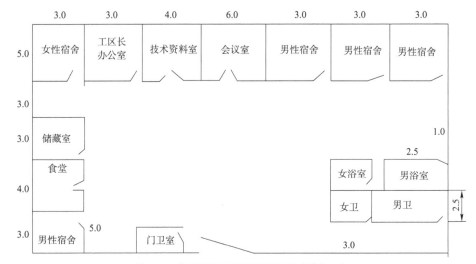

图 6-14　各工区驻地平面布置图(尺寸单位:m)

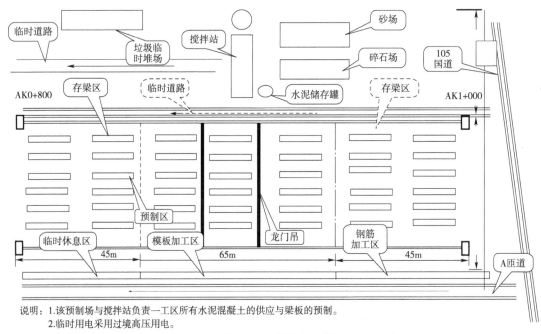

说明：1.该预制场与搅拌站负责一工区所有水泥混凝土的供应与梁板的预制。
　　　2.临时用电采用过境高压用电。

图 6-15　梁板预制工区一队搅拌站、预制场平面布置图

（3）四工区搅拌站：四工区内有 4 座桥梁，分别为章塘分离立交、叶山中桥、燕凤岗分离立交和谢塘中桥。为加快工程进度，更有效地保证工程质量，充分利用有利条件，上述 4 座桥梁基础、下部构造用混凝土采用赣州市商品混凝土。该商品混凝土公司位于赣州市黄金开发区内，至最远处章塘分离立交运距 10km，每个桥位处均有水泥路相通，运输条件较好。

（4）考虑涵洞、通道及小型结构物位置均比较偏僻，结构用混凝土不便于集中搅拌，不便于混凝土搅拌车运送混凝土，故采用移动式搅拌机现场拌制。

4. 施工便道

本标段所处施工地段交通条件便利，主线先后 6 次与地方道路相交，地方道路均为水泥混凝土路面，路面宽度 3~7m，分别与赣州绕城高速公路连接线、325 国道相接。机械设备进场

方便,局部地段为保证大型施工机械设备进场需要以及搅拌站、预制梁场所需材料进场运输方便,对达不到会车条件的现有地方道路原则上每200m(局部地段根据实际情况定)修建会车平台,以避免交通堵塞,方便沿线群众出行。

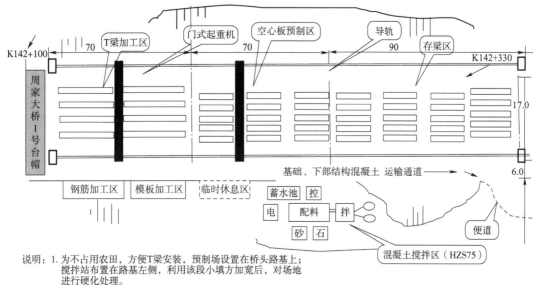

图6-16 梁板预制工区二队搅拌站、预制场平面布置图

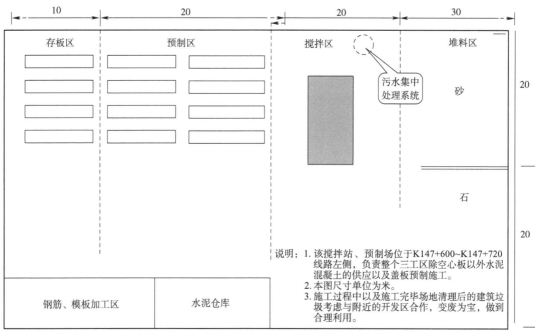

图6-17 三工区搅拌站、盖板预制平面布置图

前期机械设备及材料利用进场后,在一个月内基本拉通场内纵向施工便道。对于地形条件特别复杂、难以在前期拉通场内纵向施工便道的位置,则尽量利用现有地方道路绕行或租用临时用地修建场外临时施工便道。在桥梁、涵洞结构物及取土场等地点,为尽量加快工程进度,在该点位置处就近修建临时施工便道,连接现有地方道路,以便于材料及机械设备的进场。

该种便道主要考虑以下几处：

(1) K139+405水口高架桥施工便道利用左侧现有土路加宽从排上分离立交桥下水泥道路接入，便道长度50m，宽度5m；

(2) K141+800官田高架桥瑞金桥台处右侧利用原有土路加宽改造连接现有水泥路，便道长度40m，宽度5m；

(3) K142+200左侧利用原有土路加宽改造连接现有水泥路，便道长度40m，宽度5m；

(4) K142+500右侧利用林地修建取土场施工便道，便道长度40m，宽度5m；

(5) K145+600右侧利用原有土路加宽改造连接现有水泥路，便道长度80m，宽度5m。

5. 施工便涵

为尽快拉通主线纵向施工便道，在跨溪沟桥梁位置处设置临时排水圆管涵，涵顶覆土压实后即可通行，桥梁工程完工后再反挖重新恢复溪沟原有过水断面。便涵基本情况见表6-20。

便涵基本情况　　　　　　　　　　　表6-20

桩　号	位　置	便涵长度(m)	圆管管径(m)
K138+326	通天岩分离立交桥右侧10m处	6	1.5
K140+140	善边中桥右侧15m处	6	1.5
K140+903	中陂头中桥右侧10m处	6	1.5
K143+050	岗上中桥右侧10m处	8	2~1.5
K147+958	谢塘中桥右侧10m处	6	2~1.5

6. 施工用电

施工用电主要考虑从当地电网接入，在桥梁一、二预制场及搅拌站各设置一台160kV·A变压器。为防停电影响施工的连续性，每个预制场及搅拌站均配备一台250kW的发电机组。在桥涵等结构物位置处，若有当地电源可以利用，则直接从当地电网接驳；若工点附近无电力线经过，则采用发电机组自行发电。

7. 生活与施工用水

利用所租赁民房自打井提供生活用水，施工用水则采用沿线水系的溪沟地表水，无溪沟水流的局部位置建蓄水池，用水车运水。

8. 临时通信

项目经理部考虑安设程控电话机3部、传真机1部，各工区配制程控电话机1台、传真机1台。另根据施工现场情况配置一定数量的无线电话及对讲机，以满足施工需要。

9. 爆破器材库房设置

施工现场原则上不设立大的爆破器材库房，每天所需爆破器材安排专人直接从当地公安机关爆破器材库房领取，做到当天使用当天清点，不留安全隐患。

(二) 质量保证体系

为保证工程质量，按照公司ISO 9001(2000版本)质量管理和质量保证体系要求及瑞金至赣州高速公路项目路基工程××标段工程施工合同文件标准,项目部成立以项目经理为首,项目总工程师、质量控制工程师以及各级管理人员组成的,以思想体系、控制体系、组织体系为核心,以质量信息反馈为主流的全方位质量保证体系,明确项目经理为质量第一责任人。

1. 质量管理制度

(1)计划管理及追查制度。根据工期总体进度计划编制季、月、周生产计划,编制出季、月、周材料计划,制订检验和试验制度,并追查落实情况,找出原因,采取措施,确保计划落实。

(2)技术交底制度。坚持以技术进步保证施工质量的原则。技术部门编制有针对性的施工组织设计,积极采用新工艺、新技术;针对特殊工序编制有针对性的作业指导书。每个工种、每道工序施工前组织进行各级技术交底,包括项目部对工长的技术交底、工长对班组组长交底、班组长对作业班组的技术交底。各级交底以书面形式进行。

(3)材料进场检验制度。本工程的钢筋、水泥、钢绞线、锚具、涵管及其他各类材料需具有出厂合格证,并根据国家规范要求分批量进行抽查,抽查不合格的材料一律不准使用。结构施工时,注意各部位混凝土强度等级的设计要求。

(4)样板引路制度。施工操作注重工序的优化、工艺的改进和工序抽查,抽查不合格的材料一律不准使用。

工程质量保证体系框图如图6-18所示,工程创优管理体系框图如图6-19所示。

(5)施工挂牌制度。主要工种,如钢筋工、混凝土工、模板工、砌体工,施工过程中在现场实行挂牌制,注明管理者、操作者、施工日期,并做好相应的图文记录,作为重要的施工档案保存。

(6)过程三检制度。实行并坚持自检、互检、交接检制度,自检做好文字记录。隐蔽工程由技术负责人组织工长、质量检查员、班组长检查,并做出较详细的文字记录。

(7)质量否决制度。不合格分项、分部和单位工程必须进行返工。对现场不合格品采取必要的纠正和预防措施。

(8)成品保护制度。应当像重视工序的操作一样重视成品的保护。项目管理人员应合理安排施工工序,并做好记录。如下道工序的施工可能对上道工序的成品造成影响,应征得上道工序操作人员及管理人员的同意,并避免破坏和污染。

(9)质量文件记录制度。质量记录是质量责任追溯的依据,应做到真实和详尽,各类现场操作记录及材料试验记录、质量检验记录等要妥善保管,特别是各类工序接口的处理,应详细记录当时的情况,厘清各方责任。

(10)工程质量等级评定、核定制度。工程竣工后,请监理单位及建设单位、交通质监站进行竣工验收。

(11)工程回访与保修制度。工程竣工验收交付使用后,由公司生产副经理牵头,工程部、质监部、物资部及项目经理部参加进行回访。回访一般在竣工后半年内进行。工程回访结束后,由工程部、技术部集中部门回访人员意见,填写《工程回访记录卡》;公司生产经理组织生产、技术、质监部门,对回访中发现的质量缺陷和业主提出的意见进行分析,找出主要原因再与业主商议返修内容,由公司技术部门拟订维修方案,并经生产副经理审批;审批后的维修方案将由公司生产部门的《工程维修任务单》连同《工程维修登记单》一并下发给维修责任人员,并对维修责任人员进行交底;维修责任人按工程维修任务单的内容,组织相关人员和所需材料进行维修;维修任务完工后,经公司鉴定合格后,维修责任人将经业主确认的《工程维修任务单》返回生产部门,并填写《工程维修登记单》送生产部门备案。

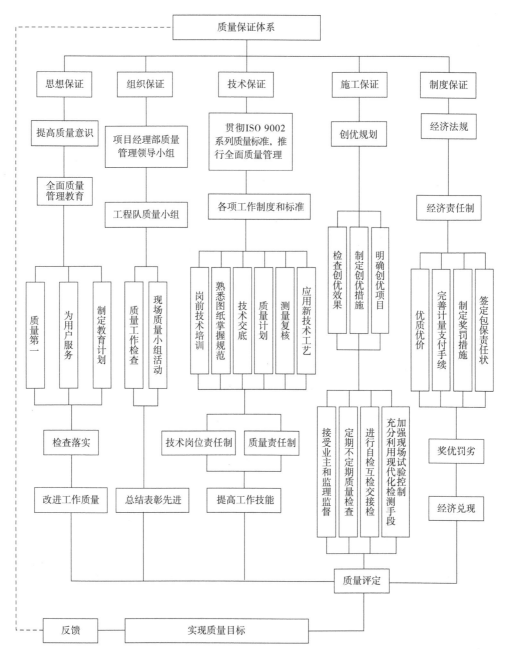

图 6-18 工程质量保证体系框图

(12) 培训上岗制度。项目经理部专门设置了员工培训中心,定期邀请相关专家对项目经理部所有管理人员和操作人员进行质量、进度、成本、安全、环境保护、文明施工、职业健康和卫生知识等培训,培训结束后进行考试,只有考试合格的人员才能上岗。

(13) 工程质量事故报告及调查制度。工程发生质量事故,应向监理单位和建设单位报告,并做好事故抢救及保护工作。

2. 质量管理目标

工程质量管理目标是:最大限度地满足建设单位要求,达到江西省优质工程标准。

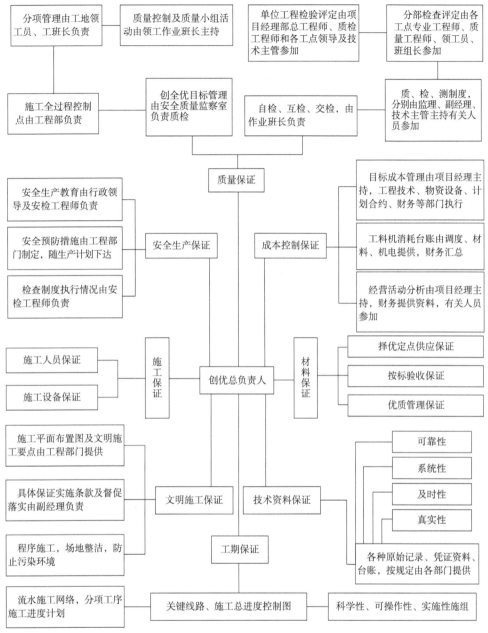

图6-19 工程创优管理体系框图

3. 质量管理机构

工程质量管理机构框图如图6-20所示。

4. 项目质量保证计划

根据质量保证系列标准和本单位质量手册及程序文件要求,项目质量保证计划由项目总工程师组织编制、公司总工程师审批、项目经理签发,主要内容有:编制本工程的质量目标;编制本工程施工组织设计并下达执行;编制各特殊工序的作业指导书并下达执行;编制各主要工序的技术质量标准和质量保证执行计划;建立本工程的质量管理网络。

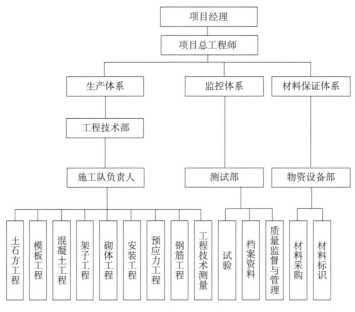

图 6-20　工程质量管理机构框图

5. 施工准备过程中的质量控制

(1) 贯彻执行各项技术岗位责任制,按照单位技术管理程序文件,结合本工程的实际情况,编制项目施工质量计划控制程序图。

(2) 优化施工方案和合理安排施工程序,做好每道工序的质量标准和施工技术交底工作,做好图纸会审、施工组织设计、施工作业设计和作业指导书等基础技术工作。

(3) 严格控制进场原材料的质量,对钢材、水泥、防水材料等物资,除必须有出厂合格证或材质证明外,还应执行现场见证取样规定,经试验复检并出具复检合格证明方能使用并做好成品、半成品的保护工作,同时还应做好产品标识和可追溯性记录。严禁将不合格材料用于工程。

(4) 合理配备施工机械,做好维修、保养工作,使机械处于良好的工作状态。

(5) 对产品质量实现优质优价,使工程质量与员工的经济利益密切相关。

(6) 采用质量预控法,把质量管理的事后检查转变为事前控制工序及因素,达到"预控为主"的目标。

6. 计量管理

(1) 认真执行国家计量法,计量程序和计量器具配备严格按计量管理网络进行,根据工程施工需要配备计量器具,配备率100%。

(2) 国家规定强制鉴定的计量器具必须100%送检,同时做好平时的抽检工作。计量过程中必须使用检定合格的计量器具,严禁使用无检定合格证、超过检定周期或检验不合格的计量器具。

(3) 质检部门应按施工顺序、质量评定标准及时做好计量检测。对于钢筋、模板、混凝土及预埋件,其测定数据不得超过规定的范围。在施工中应严格执行钢筋、模板、混凝土、试验、测量等施工原始记录管理工作。

(4)材料部门应及时对水泥、钢材、砂、石料等进场消耗进行计量检测,做好原始记录,并对检测数据负责。

(5)计量器具必须妥善保管,非计量人员不得任意拆卸、改造、检修计量器具。认真做好器具的采购、入库、检定、降级、报废、保管、封存、发放等管理工作。

(6)配备一定数量的试验检测仪器设备,以满足工程试验检测的需要。试验检测仪器设备由项目部工地试验室专人管理,定期进行标定。

(三)安全保证体系

为全面贯彻落实安全方针和实现安全目标,针对本项目的具体情况,从安全生产管理的思想组织保证、工作保证、制度保证及经济保证等方面建立和完善本工程的安全保证体系,明确项目经理为安全生产第一责任人。

1. 安全方针

工程的安全方针为:"安全第一,预防为主、综合治理"。

2. 安全目标

做到无工程事故和重大设备、人身伤害事故,坚决实现"五杜绝"。即:杜绝施工死亡事故、杜绝多人伤亡事故、杜绝重大机械事故、杜绝重大交通事故、杜绝重大火灾事故。做到职工因工死亡率为0,工伤事故轻伤频率控制在1‰以下;机电设备、电气设备、小型机电设备检查率达100%;特种作业人员持证上岗率达100%。

3. 安全生产制度

(1)安全生产责任制度。从本项目的各级管理人员到生产工人,按照国家安全生产法规和公司有关规定,逐级建立和完善安全生产责任制,做到分工明确、责任到人。

(2)安全生产教育制度。在全体员工中开展经常性安全生产教育。经理部每月、工程队每周召开一次安全生产例会,总结上月(周)安全生产情况,布置下月(周)安全生产措施,并在例会上学习安全生产的规章制度;对新招聘工人进行上岗前的技能和安全基本知识培训教育,取得上岗证后方可上岗;对特殊工种工人,必须经培训考试合格、取得上岗证后方能上岗操作;坚持每周不少于2h的班组周一安全学习活动,学习安全操作规程,总结上周安全生产情况,研究本周生产安全措施。

(3)安全设计制度。针对施工过程中隐患多的工序,在编制施工组织设计或施工方案时,同步进行安全预防方案的设计,并由总工程师组织有关人员进行审查,报监理和建设单位审批后执行。

(4)安全技术交底制度。在编制施工组织设计和下达施工计划时,要有针对性地编制安全技术措施,并在开工或施工前由技术或安全专职干部向有关人员进行安全技术交底。

(5)安全生产检查制度。坚持经常和定期安全检查,及时发现事故隐患,预防安全事故。经理部每月、工程队每周开展一次安全检查,检查的主要内容有:查思想、查制度、查纪律、查领导、查隐患、查落实,重点检查防坍塌、防高空坠落、防物体打击、防交通事故等措施的落实。每次检查有明确的目的和具体要求,对检查中发现的问题要及时采取措施解决。

(6)安全事故报告和处理制度。发生安全事故,应主动向上级报告。事故的调查处理,本着"三不放过"的原则,在深入调查的基础上,撰写事故调查报告,找出原因,总结教训,制订切实的防范措施。事故调查报告要通告全体职工,并上报公司。

(7) 安全生产奖惩制度。根据《安全生产奖惩办法》,对参加本项目施工的单位和个人进行安全生产考核和奖惩。

(8) 每周安全活动制度。专业队及其作业班组每周一开展不少于2h的安全活动,学习安全生产规章制度,总结和布置安全生产各项工作。

(9) 班前安全讲话制度。作业班组进入现场施工作业前由班组长和安全员进行班前讲话,交代有关安全注意事项。

(10) 安全交接班制度。领工员、作业班组向下交班时,必须交接安全生产情况及注意事项。

(11) 安全操作挂牌制度。在施工现场悬挂工序和设备的主要安全操作规程,在危险处设置警示牌,以进一步提醒作业人员。

组建经理部安全管理委员会,由领导和组织实施本项目安全管理,确保安全目标实现。安全环保部是经理部常设职能部门,具体实施各项安全管理工作,以专检和监督方式为主,实行安全生产一票否决制;经理部安全领导小组是由该管段的项目经理和项目副经理、总工程师、安质部负责人和各部室负责人组成,是该管段范围内安全管理的组织机构;班组安全小组、安全专检小组、安全监督员负责施工过程的安全监督。

三、施 工 方 案

(一) 主要工程项目的施工方案

1. 路基部分

1) 路基土石方工程的施工方案

总体施工作业面安排:一工区安排3个作业面,二工区安排2个作业面,三工区安排3个作业面,各个作业面同时展开施工。

进场后首先打通纵向施工便道,为下一步通道和涵洞等工程施工创造有利条件,同时处理好临时排水问题,以避免环境污染。

优先考虑充分利用机械和人工对地势低洼填筑区进行开沟排水、晾晒工作,以利下一步清淤清表及填筑作业;在路基填筑中尽早地安排低洼地带的路基填筑。

首先选择在 K145+500~K145+700 段填筑区进行试验路填筑施工,以取得施工技术参数,为下一步指导全线展开路基土石方的施工提供可靠的经验参数和依据。

土石方开挖高度较大时,先修上山的施工便道,力争从上至下分层开挖,每层挖完后应及时进行边坡坡度的检查和修整,注意严防边坡超挖,当开挖高度较小时,可一次性全断面开挖。

石方的开挖采用潜孔钻分层由上至下打孔爆破,挖掘机清渣装车的方法进行开挖,开挖遵循先上后下、先挖中间后修边坡的纵向开挖原则进行;对石方比较集中、开挖高度较小、开挖路线较短的地段,采用从两头全断面开挖法。对石质边坡的开挖采用光面爆破技术进行爆破。

土方路基的开挖采用挖掘机直接挖土装自卸车运往填方区或用推土机将土推松用装载机装自卸车运往填方区的方法进行开挖。对于运距在50m以内的土方工程,拟采用推土机作业,配合平地机进行开挖和填筑。

2)清理现场和清除表土的方法

先测量放样,放出清表的边线。清表的范围为路基施工边线内的所有用地,深度为30cm。清表用挖掘机、推土机配合人工进行,清表的废土及时运往指定的地点,条件不成熟地段(道路不畅)可先归堆,待条件成熟后再运往弃方区。

3)原地面的处理方法

在测量放出征地边线后,即可对地势低洼地段的填方区进行原地面处理前的开沟排水和晾晒工作,主要采用人工或机械沿征地界挖纵向及横向排水沟。

进行碾压前,应首先对原地面进行初步平整及清理。

在清理过程中如发现承载力较差的地基,在征得监理工程师的同意后进行换填处理,如遇泉水应设置盲沟将其引出路基以外。

清理平整完后进行晾晒,当含水率接近最佳含水率时,方可用压路机进行填筑前的碾压作业。

凡填方区原地面有孤石或石笋外露不能保证原地面平整后的压实作业,须清除并平整,以保证原地表能进行压实作业。碾压检测压实度达到规范要求后,即可进行下道工序的施工。

4)路基填方的填筑方法

填方区的填料为挖掘机或装载机在挖方(或借方)区装自卸车运往填方区的经检测合格的填料。填方须从最低处开始逐层填筑,避免人为的台阶式填筑。对填挖交界处和半填半挖的地段,须开挖台阶进行搭接填筑,对薄弱地方视情况增设土工格栅进行加强处理。填方须注意在压实度为94区的范围内完成纵横坡度的调整,在施工过程中要随时做好填方区的纵横坡度,以利排水。

每层填方厚度须严格控制,此为控制路基压实度的一个较为有效的手段;填土路基的每层松铺厚度宜控制在30cm以内,填石路基的每层松铺厚度宜不大于45cm,填石料粒径须不大于30cm。在施工过程中遇到较大的石块,应在挖方区进行分解,对运到填筑区的遗漏的大粒径石块,应安排人工在填方区进行分解利用。层厚的控制方法可用每层的面积除以每车的摊铺面积,即控制每层填筑车数的方法来控制(方格网法)。土方填方区用推土机进行初平后,再用平地机进行精平。在石方(包括土石混填)填方路基上,用推土机进行平整后再配合人工用细石及石屑进行整平。填方区整平时,须注意每层填方厚薄大致均匀,填筑的边角到位,严禁填缺现象出现,平整度须符合规范要求。

填石路堤的整平:填方区的石方用推土机推平。由于石方坚硬,在装车过程中不可避免会有较大块出现,因此宜使用较大功率的推土机进行填方区的推平作业;在推平过程中,须用人工配合施工机械进行整平工作,人工把直径大于规范要求的块石分解。边坡石方应用人工码砌处理,填方个别不平处,采用人工用细石填补、石屑嵌缝找平。当石料级配差、粒径较大、填层较厚时,可在每层表面的空隙内扫入石渣、石屑,再用压力水将其冲入下部,最后用羊足碾进行碾压处理。

填石路堤的碾压:碾压时,先轻后重,即先用30t轮式振动碾或相近的重型压路机碾压1~2次,再用20t振动压路机碾压,压路机的行驶速度在4.5km/h左右。碾压过程中要注意均匀一致,轮迹搭接宽度符合规定。

填土路堤的碾压:土方填筑应晾晒,当含水率接近最佳含水率时,即可进行碾压作业。碾压采用重型振动压路机进行。每层碾压应先轻后重、先慢后快、先边后中,速度控制在3~5km/h;每压一遍的轮迹重叠不小于50cm。每层压实度经监理检核合格后方可进行下层路基的填筑。

5）填筑注意事项

（1）每侧填方应超宽填 50cm，以利边坡的压实。对于高填方，每填高 3~4m 须进行边坡的放样，然后用反铲挖掘机进行边坡超宽填方的处理和边坡坡度的修整。

（2）94 区施工前应处理完边坡上的余土，为下边坡防护创造条件。

（3）每层的填料须保持均匀一致，以利压实度的检测，当填料性能相差太大时，不同的填料要分层填筑，以减少路基不均匀沉降。

（4）路床顶面以下 0~800mm 范围内的压实度应不小于 96%。因此，当挖方挖至设计高程时，应做 800mm 范围内的压实度检测，若压实度不符合要求，采用 50t 拖式羊足碾进一步压实，直到符合要求为止。若该处挖方开挖后发现属于不良土质地段或非适用材料，经监理工程师鉴定和批准后，可采用改良土质或换填土等措施处理。

（5）利用挖方或借土填筑路堤时，不得采用含有腐殖土、树根、草皮或有害物质的土壤，每层填筑均要用 50t 羊足碾碾压，路堤基底及路堤每层完成后应上报该层宽度、压实厚度、逐桩高程及压实度等资料，经监理工程师审核合格后方可进行下一层填土施工，每层填土横向坡度不宜小于 2%。

6）石方爆破的施工方案、方法及措施

（1）石方施工方案。

本工程的石方施工方案为：对于石质较软或风化较严重、节理发育丰富的岩石，采用大马力推土机松动为主，辅以松动爆破的方式施工；对较坚硬的岩石，采用在挖方（石方）地段用潜孔钻及手风钻钻炮孔爆破，用挖掘机清石渣、自卸车装车的施工方案；爆破采用松动爆破，炮孔深度采用浅炮孔（深度一般小于 5m），边坡地段采用光面爆破，爆破视具体情况采用组合式爆破、单式爆破相结合的方法进行。

路槽石方爆破遵循先在中间开槽做出抛掷面和临空面，再进行边坡地带的松动光面爆破来修整边坡，爆破与开挖同样遵循先上层后下层、一层层开挖的施工开挖顺序。

（2）石方爆破工艺流程。

石方爆破的工艺流程为：施工准备（测量放样、人机就位、修筑便道等）→清除表层覆盖层→布孔钻孔→装药封堵→连接导爆索或导爆管→发出起爆信号并警戒点火起爆→排险→消除警戒→挖掘机清渣装车→下次爆破作业（布孔钻孔）。

（3）石方爆破的施工方法及措施。

①石方爆破与开挖便道修筑：对于开挖深度较高较长的路段，首先须修筑机械施工上山便道，从山上开始爆破开挖作业；如果修筑便道较困难，可按一定的坡度边爆破开挖边修筑上山的便道进行施工作业。

②爆破开挖顺序：开挖须分层进行，遵循先上层后下层作业的原则，每层开挖厚度为 3~5m，这样既利于打眼放炮，也利于边坡的修整防护作业和挖掘机清渣外运的机械作业。

③每层爆破开挖顺序：爆破开挖作业，每层要遵循先开槽（沿路槽方向），再修整边坡的作业原则，边坡的爆破采用光面控制爆破技术。

④爆破作业应注意的事项：石方爆破作业应做好抛掷面和临空面，抛掷面和临空面须面朝路槽方向，以防止爆石乱飞，危及施工安全。

浅炮孔爆破的施工方法如下。

最小抵抗线宽度（m）：$W = (0.5 \sim 0.9)H$

孔径(mm):一般取 $D = 32 \sim 50$

火雷管起爆孔间距(mm): $a = (1.4 \sim 2.0)W$

电雷管起爆孔间距(mm): $a = (0.8 \sim 2.0)W$

$$b = (0.8 \sim 1.2)W$$

其中,H 表示孔深度;a 表示孔距;b 表示排距;g 表示单方岩石耗药量。

单孔装药量:$Q = a \times b \times h \times g$

需要注意的是,g 值是个经验参数,可查阅有关资料并通过实践不断调整确定,须根据药包特性、岩石的强度等实际情况来修整。

实际中的用药量还须根据临界面的情况、最小抵抗线的大小、岩石的节理发育程度来调整。浅孔爆破用药多为延长药包或药卷,仅在少数情况下才采用集中药包进行爆破。炮孔布置及炮孔大样图分别如图 6-21、图 6-22 所示。

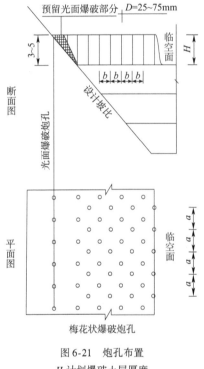

图 6-21 炮孔布置
H-计划爆破土层厚度

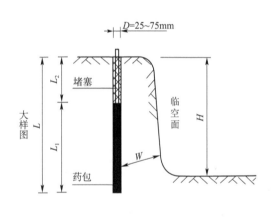

图 6-22 炮孔大样图
H-计划爆破土层厚度;L-孔深

孔深与岩石强度的关系如下。

坚固岩石:$L = (1.1 \sim 1.15)H$

中等坚固岩石:$L = 1.0H$

松软岩石:$L = (0.85 \sim 0.95)H$

当距离边坡较远时,为提高爆破效果,可采用药壶爆破技术进行作业。采用药壶破爆技术进行作业时,应注意以下问题:

①为控制一响药量(组式爆破中)造成对边坡地带的损害或出现较强的地震波,爆破中采用微差雷管进行引爆。

②在爆破中注意爆破顺序和时间问题,做到先外后内(边坡处),先上后下分层次引爆。

③当石质路基开挖至接近路槽顶面时,用密集小炮施工,孔底比设计高程低 30cm 左右,

装药时孔底留 10~15cm 的空眼,用松动爆破方案装药。

④挖方路段边坡应边开挖边修整防护,对于多级的或深挖路段,更要注意边坡防护的方法和安全,应开挖一级就防护一级。

⑤当地质发生变化时,须及时和监理工程师联系,向业主反映,及时采取应对措施,确保边坡稳定。

导爆索的连接方法分串联网路、并簇联网路、分段并联网路、双向分段并联网路等,普通雷管或微差雷管与导爆索(管)构成连接网络,施工时可视具体情况连接。

起爆主要有三种方式:

①导火索引爆。一般用较粗的香火将导火索点燃即可引爆,是一种简易方法,但不易控制,爆破效果较差,适用于分散石方爆破(单式爆破)。

②电力引爆。电力引爆易于控制,爆破效果好,但操作麻烦,有雷电时不能使用。

③导爆管引爆。导爆管引爆是一种非电起爆,效果和电力引爆相同,操作相对简单。

本工程的具体起爆方式将根据具体情况选择使用。

7)光面爆破施工技术

(1)光面爆破的目的和技术范畴:光面爆破是一种保护遗留岩体或围岩表面的特殊施工方法,目的是使爆破后能获得比较平坦的岩壁、光面的边线。光面爆破属于控制爆破技术范畴,是松动爆破的一种。

(2)光面爆破炮孔的方向和间距:为有效控制破裂面的平整性,要求对炮孔的方向、间距作出准确排布。要求炮孔在同一平面内,以保证开掘面的平整。炮孔平面应与设计坡面保持一致。要注意炮孔间距和抵抗线的关系,即密集系数值(M)的大小,当 $M = A/W \leq 0.8$ 时(A 代表周边炮孔间距;W 代表最小抵抗线),光面效果较好。

(3)光面爆破装药量与装药结构:控制适当的装药量和采用合理的装药结构是达到光面目的的基本条件;装药量过多,会出现裂纹面,过少则各炮孔炸缝不相连续,达不到光面效果。具体常用的做法是采用炮孔内间断装药法控制或使炮孔直径为药卷的 1~2 倍来控制。

(4)光面爆破起爆时间的控制:严格控制好起爆时间,特别是主药包的先后起爆,这关系光面效果的好坏。光面爆破是在主药包爆破之后起爆,其间隔时间可取 25~50ms;但同一排炮孔的光面爆破必须同时进行起爆。施工中须注意,光面爆破可与主药包爆破分开进行,在主药包爆破后于边坡上留下一定厚度的预留层,待最后刷坡清方时再行爆破。

光面爆破的几个主要参数如下。

光面爆破孔间孔距:

$$a_1 = 16d \quad (\text{m}) \tag{6-34}$$

式中:a_1——孔距;

d——深孔直径光面爆破最小抵抗线。

$$W = 1.33a_1 = 21.5d \quad (\text{m}) \tag{6-35}$$

光面爆破每米孔深装药量:

$$K = 9d^2 \quad (\text{kg/m}) \tag{6-36}$$

实际装药量应根据岩石类别、风化程度、破碎程度及自然地面坡度等情况作适当的调整。

光面爆破具体实施要点如下:

(1)光面爆破的炮孔的倾斜度须与设计边坡的坡度相一致,炮孔须保持在同一个平面上。

(2)要确保光面爆破的炮孔药包同时起爆。可用导爆索(管)将其连接在一起,同时起爆。

(3)安装药密度可连续或间断绑紧炸药卷于导爆索上形成药串。

(4)孔底使用加强底药,用管装或散装炸药0.3~0.5m,保证能充分炸开底部岩石。需要注意的是,孔口1~1.5m用炮泥堵塞,若与主药包一同起爆,光面爆破必须滞后20~50ms,可用微差雷管控制。

(5)炸药的药串固定在木板或竹片上,注意木板或竹片要放在减弱爆破的一侧(光面侧),如图6-23所示。

(6)光面爆破处理边坡要根据实际情况确定打眼位置,宜采用密集性炮眼、少用药的原则进行。

在组织爆破施工时,须采取完善的爆破安全防护措施。

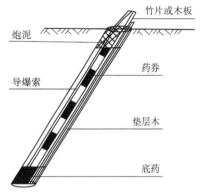

图6-23 光面爆破示意图

①每段石方爆破开工前须编写具体单项工程的施工组织设计方案,明确采用的爆破方式;各种爆破参数的选择,须对飞石距离、地震波、空气冲击波可能造成的危害进行评估,报上级部门批准后实施。

②爆破人员须持证上岗,并经过适当的培训教育。爆破施工作业区严禁无关人员进入现场围观。

③每次爆破施工前,须安排安全警戒人员,划出爆破危险区并设置醒目标志,划出警戒线。在危险区入口或附近道路设置标志并派专人看守,防止人、畜、公路设施等遭到危害和损失。爆破前明示爆破预警信号、起爆信号、解除信号。

爆破器材的采购、运输、仓储、保管、领用、回收,必须按国家及企业有关规定执行,严防其流入社会造成危害。

对于含水的炮孔,可将炮孔水吹干,或对炸药做防水处理使用。石方爆破施工严禁采用大、中型爆破施工;对靠近村庄、高压线、灌溉渠的区域,采用控制爆破。

每一次爆破作业结束后,必须对现场进行认真的清理,防止瞎炮和爆炸物的丢失。

2. 涵洞、通道部分

1)钢筋混凝土圆管涵施工

(1)圆管涵施工方案。

圆管涵的预制:本工程的管涵拟在交通比较便利的地段设立专门的预制场,进行管涵的预制工作。

管涵的吊装:安装现场拟采用吊车或挖掘机进行;基坑开挖采用人工配合机械进行。

混凝土工程:用强制式搅拌机现场拌制混凝土,通过手推车或溜槽运送入模后人工配合小型工具的方式进行浇捣。

电源:视情况采用外接电源或自备发电机的方式解决。

基坑:基坑优先考虑采用先填筑后反开挖的方式进行,既可使现场有利于工程机械的摆放与操控,加快路基土石方和管涵施工的工程进度,又能较好地保证台背回填的工程质量。但是,必须解决好临时排水问题。

(2)圆管涵施工的具体方法。

①调研与测量放样。管涵施工前,须进行调研工作,如发现有不妥之处,应及早向监理工程师提出变更意向。

管涵的放样须放两个端墙线和一个轴线,用以确定管涵的准确位置。放样桩位应设在较安全不易破坏的位置,并做好桩的引出保护工作,放样时应给出沉降缝的准确位置。

②基坑的开挖。基坑开挖时,测量要全过程跟踪,严格控制好断面尺寸,挖掘机配合人工边挖边清,一次到位。挖出的多余土方及时用汽车运走,洞口的土方应与基坑一起开挖接顺,避免二次调用机械。

③基坑检查。基坑挖完后,须进行几何位置和高程检查及承载力的检查,承载力应不小于设计或规范的要求。如承载力达不到设计或规范要求,应根据监理工程师的指示进行加强处理。

④垫层的施工。用于垫层的砂砾级配应符合规范的要求,沙砾垫层应分层进行摊铺和压实,压实度大于95%。

⑤管底混凝土的浇筑。管底混凝土浇筑前应将沉降缝的位置定位并支撑好模板,管底混凝土浇筑的高程应比设计稍低10mm左右,以便砂浆找平,管底混凝土的振捣用平板振动器进行施工,所有管底混凝土浇完后,应尽快恢复中线,用高强度砂浆找平及调整高程和顺水坡度。

⑥管涵的安装。管涵在进场前须进行质量检验,检查合格后方可安装。管涵的吊装用吊车或挖掘机进行,吊装用的夹具要专门定做,以免在吊装过程中出现啃边、掉边现象。

吊装应从下游开始,使接头面向上游,管缝宽度不大于10mm。如管壁厚度不一致,应调整使内壁齐平。

管节安放须注意严格按轴线位置安放,并使管缝和沉降缝重合。

⑦管节接缝。管节安放调整完成经检查合格后,即可进行管缝的填塞。用沥青麻絮做填料进行内外缝的填塞,然后在缝外做宽大于150mm的二毡三油;注意不要污染管的内壁,管内应保持整洁。

⑧管身两侧混凝土浇筑。管缝处理完经检查合格后,便可进行管身混凝土的作业。管身沉降缝处的模板应定制专用模板,支撑要坚固,位置要准确。

管涵两洞口端墙应在浇两头管身混凝土之前砌筑完成,管身混凝土应对称浇筑并采用平板振动器和振动棒对称振实,避免挤压位移。洞口工程的砌筑材料和质量须符合规范要求。

施工中有以下注意事项:当圆管涵顶上填土厚度小于50cm时不允许重型车辆通过;洞口浆砌工程与上下游水系的连接应自然畅通;管节外壁必须注明适用的管顶填土高度,相同的管节应堆置于一处,以便于取用,防止混淆。

2)盖板涵、通道施工

(1)盖板通道、盖板涵施工方案。

本标段通涵的基坑开挖拟采用人工配合挖掘机方式进行。通涵的钢筋工程采用在钢筋棚内集中加工,再运往各个施工现场进行绑扎的方法进行施工。

用强制式搅拌机现场拌制混凝土,采用手推车或溜槽运送入模后人工配合小型工具的方式进行浇捣。

一律采用1.5m×1.2m的钢模板。用于支护的支撑体系为钢管支架配对拉螺杆。

现场布置时,在现场搭设临时简易工棚,自备小型发电机组发电解决施工用电问题。

(2)盖板通道、盖板涵的施工方法。

①施工准备。机具人员进场并在现场搭设临时简易工棚,机具摆放和工棚搭建的位置应选择不影响且便于施工和安全的地方。

②测量放样。用全站仪进行放样,涵洞放样至少要放三条控制线(两端墙线和通涵轴线),放样桩的位置宜选在不易破坏的地方。

③基坑的开挖施工方法。基坑施工尽量采用先填筑,后反挖开槽的方法进行施工。开挖放样的时机宜选在高程在通道涵顶高程 30cm 左右时进行。

开挖前应根据地质情况和开挖深度估算满足基坑稳定的坡度,放出开挖的上下口线,并撒上石灰作为开挖标记。开挖用挖掘机配合人工修整进行,边挖边修整、边测量检查,一次成型。挖出的土须用汽车及时运走,根据工程实际或利用或废弃。

④基坑检查。基坑开挖完成,应立即用动力触探仪进行承载力检查,如承载力达不到规范的要求,应根据监理工程师的指示进行处理。检查几何位置和尺寸高程应符合要求,否则须进行处理。基坑检查合格后,应及时用砂浆或混凝土进行 2~3cm 厚的封底,以免雨水浸泡基坑使承载力下降。

⑤基础垫层。基础垫层所用沙砾或碎石的级配应符合规范要求。沙砾垫层应分层进行铺设,每层的厚度不大于 20cm,每层的压实度须达到 95% 以上。用小型机具进行压实,每层压实度经检测达到规范要求后,才能进行上一层的铺设工作。

⑥浇混凝土基础。垫层铺设完成,应及时进行基础模板的安装工作,模板的位置要准确无误,支撑应坚固可靠。混凝土应连续浇筑,使用两套以上的捣实设备,捣实作业人员必须具备一定的专业知识和振捣经验。为有效控制浇筑混凝土的高程,应在模板和基坑壁上做出标记。

如浇筑混凝土体积较大,混凝土应从一侧往另一侧浇筑,并避免出现水平施工缝。如混凝土的浇筑高度大于 3m,则应用导管采用溜槽方式往下输送混凝土并进行浇筑。

⑦通涵墙身施工方法。墙身施工时,应以沉降缝作为单元划分依据,分别进行施工,每个通涵的施工模板配置宜不小于 $250m^2$,钢管及扣件应与之配套。砌筑施工时可安排两个单元同时施工,以利于安排劳动力,加快施工进度,避免出现窝工。

模板安装前应先在混凝土基础上弹出模板安装的准确位置线,对立模板的位置用砂浆找平,以利安装和防止漏浆。

模板支撑完后,须进行平整度、光洁度、垂直度的检查、校正工作,模内应及时清理干净,专门安排人工用原子灰进行堵缝堵漏工作。

混凝土浇筑前,对模板刷脱模剂,严禁使用代用品;脱模剂涂刷要均匀一致,防止漏刷。混凝土由搅拌车运至现场,用吊车配吊斗或手推翻斗车进行浇筑。倾倒高度大于 2m 时,用料斗配导管输送混凝土。

墙身混凝土须分层浇筑,每层厚度以不大于 50cm 为宜,注意填满一层振捣一层,以避免漏浆现象发生。层与层混凝土的浇筑间隔时间以下层混凝土终凝前为限,宜连续进行。浇筑期间应轮换吃饭休息,以防止出现施工缝;不得已时须进行特殊处理。

振捣中应注意对沉降、鼓泡、泌浆现象的观察控制,操作上做到缓送缓抽、振捣均匀,防止漏振和过振现象,注意振动棒振捣的深度以深入下层混凝土 15cm 为宜,靠模板距离不宜小于 5cm。

拆模时间不宜太早,否则易出现起皮贴模现象,一般宜超过 48h。混凝土的养护要安排专人进行,要时刻保持混凝土的湿润。

⑧通涵预制盖板施工方法。本标段通涵盖板按照四个工区内集中预制,用自卸车运输至通涵位置后,再用挖掘机或汽车式起重机安装就位。

底模制作:在路基红线范围内选择合适场地,平整压实后,用 C15 混凝土在地面上浇筑 10cm 厚的混凝土。浇筑时用水准仪控制其相对高差,要求底模有 1~2cm 的预拱度。

侧模安装:侧模用竹胶板制作,模板表面应光洁,安放要平稳,接缝要封堵严密。

钢筋加工绑扎:在钢筋棚中集中加工,然后运至现场进行绑扎,绑扎应注意保护层的厚度。绑扎位置要准确,避免焊缝集中等现象,特别要注意边板为斜板的钢筋布置。

混凝土浇筑:用手推车运送混凝土入模,插入式振捣棒振捣密实,最后用抹子抹平。

3. 桥梁工程

详见重点(关键)和难点工程施工方案、施工方法。

4. 排水、防护工程

1)排水工程

(1)浆砌片石排水沟、边沟施工方法。

①边沟、排水沟开工的时机。边沟及排水沟的施工应当在路基土石方基本完成、边坡修整后进行。

②测量放样。对排水沟及边沟测设放样应分两次进行,其中第一次放样是先放出基坑开挖线,根据设计尺寸和监理工程师审批的施工图进行放样,每10m放一个中桩,测出应开挖的深度,并撒放灰线,确定施工开挖宽度。

③边沟、排水沟土方开挖。土方的开挖采用机械配合人工的方法进行,先用挖掘机挖出毛坯,再用人工在后面进行拉线修整。挖出的土方应及时运走,并请监理工程师进行现场验收,验收完成后马上砌筑施工。

④浆砌片石砌筑。

片石质量要求:无裂纹、未风化、结构密实、石质色泽均匀的硬质片石,片石的厚度不应小于150mm,各项指标应符合技术规范要求。

砂浆的拌和:砂浆采用机械拌和,按审批后的配合比在现场用磅秤计量。砂浆应具有良好的和易性、适宜的稠度,并随拌随用,做到工完料净。拌和用的原材料运至现场后堆放整齐,并按规范要求进行抽检和送检。

片石的砌筑:要求外露面平整、光滑、美观。对片石石料进行机械切割或人工凿面,浆砌片石应互相错缝,坐浆均匀饱满,砌体拉线施工,保证表面直顺平整。所有外露面勾缝须勾凹缝并要求平顺、密实、美观。施工时底层片石直接坐浆在压实的土质上。片石应保持洁净,并浇水湿润。

边沟的抹面:边沟顶面用砂浆抹面收光,进行洒水养护,不应有裂缝、空鼓现象出现。施工时注意控制沟底纵坡度,保证水流畅通。

清理现场:施工完成后应彻底清理周边场地及沟内垃圾,保证排水畅通,无阻水现象,与涵洞排水系统的连接应畅通。

(2)截水沟的施工。

①截水沟开工的时机。截水沟应当和路基土石方同时开工,先挖出土沟,等时机成熟时再进行砌筑。

②截水沟的测量放样。截水沟的测量放样须特别注意线形的顺畅,放样须注意整体放样,根据地形进行调整,否则不易调顺。

③土方的开挖。截水沟的土方开挖可在路堑土方施工前用挖掘机进行,先用机械将截水沟流水的坡面做顺,然后再放样开挖。

④截水沟砌筑的方法基本同边沟排水沟的施工。

2）防护工程

防护工程的边坡土石方修整，应当随路堑土方的开挖同时进行，每挖 3～4m 进行一次检查和修整，尽量避免少挖或超挖。防护工程在挖方区路基土方基本完成、路槽精加工前开工。

①测量放样。对于边坡防护工程的测量放样，应当进行二次放样，首先进行边坡刷坡工程的施工放样，等边坡修整完成后，即可进行片石砌筑工程的测量放样。

②边坡土方的修整。边坡土方修整在路堑土方开挖时已基本修整完成，在砌筑前再用人工加以平整，刷坡后的清理土方应及时清运。

③片石的砌筑。砌筑时应严格控制坡度和表面平整度。砌筑厚度不得小于设计值。砌筑施工采用坐浆法施工，要求浆砌片石外露面人工凿平勾凹缝，且确保灰缝均匀、砂浆饱满、勾缝一致，并按设计要求布置泄水孔。

④砌体施工注意事项。砌体施工前先进行测量放线，挂线确定砌体的正确位置；基底开挖采用挖掘机开掘、人工修整；尽量避免超挖和欠挖；超挖部分用浆砌片石补实；拱形骨架植草防护施工拱形骨架砌筑前，按设计骨架尺寸放样挂线，再修整边坡、开挖沟槽；要保证骨架嵌入坡面内，表面平整无空洞。

(二) 重点(关键)和难点工程的施工方案、方法及其措施

本合同段桥涵工程中台背回填是路面跳车的主要影响因素，大桥、互通立交桥、分离式立交桥施工工序较多，是控制工程质量、进度的关键。

为保证工程整体施工进度，桥梁工程施工是保证整个工程能否顺利按时完工的重中之重。

从安全施工角度考虑，路基边坡产生塌滑及崩解区段的施工、高墩柱施工、梁板的吊装施工以及钢筋混凝土连续梁支架的搭设与混凝土的浇筑是安全生产中最容易出现隐患的地方。对上述重点、难点关键工程施工要求如下。

1. 桥梁工程的施工

本合同段的桥梁工程中的预制梁板全部采用集中预制，下部结构施工时在桥头一端布设桥梁施工临建设施，尽量少占用地方田地，混凝土全部采用强制式搅拌机集中拌和，混凝土搅拌车运输，以保证混凝土质量并减少分散设置时对当地环境的污染，优先填筑桥头路基的土石方工程。

(1) 电源方案。本工程的电源采用农用电和自备电源相结合的施工方案，优先利用农用电。

(2) 混凝土方案。本标段桥涵混凝土由搅拌站集中拌和供应，由混凝土搅拌车或自卸车运往施工现场，在施工现场视具体情况，由混凝土泵车或人工配合其他机具进行现场浇筑施工和振捣作业。

(3) 吊装方案。本工程 30m 的预制 T 梁采用联合架桥机的吊装方案，其他空心板梁则采用汽车吊装。梁板预制现场，采用贝雷桁架片组拼的龙门吊进行梁的吊装位移。

(4) 模板方案。本工程桥梁工程模板采用钢模板，根据结构尺寸全部定做。对于柱、梁等异型模板，采用专门定制的钢模进行施工。空心板、预制梁的外模板采用定型钢模，钢板厚 4mm，底模采用 15cm 厚的 C15 混凝土 +1.5mm 厚钢板。

2. 桩基础施工

根据本标段地质、水文等具体情况，分别采用钻孔灌注桩或人工挖孔桩进行基桩施工，对

无地下水或有少量地下水,且较密实的土层或岩层采用人工挖孔桩;对地下水位较高或地下水较多,且岩层质地较软,不适宜人工挖孔的,采用钻孔灌注桩。对摩擦桩选用循环钻机钻孔,对嵌岩桩则选用冲击钻机钻孔。

采用全站仪对桩中心位置坐标进行测量和检测,清场后直接移钻就位,跨河桥钻孔先围堰筑岛 1.5m 高(以避免雨期河水上涨而影响施工),再移钻就位。

1) 人工挖孔桩

(1) 支撑及护壁。采用在空位旁预制混凝土护壁支护方案,护壁混凝土强度等级为 C15,壁厚 10cm,预制护壁每节长度为 1m,其内径不小于设计桩径。

(2) 挖孔。挖孔前对孔位进行测量放样,确定孔位中心,并在孔位旁对称固定 4 个控制桩。对孔位原地面进行整平,安放第一节护壁,开挖护壁内土方以减小护壁摩擦阻力,使其下沉。

在孔口设置手动倒链,通过吊钩将孔内土渣提升至孔口后,临时堆放在孔周,堆积到一定数量后,用自卸车运送至指定的弃土场。孔内若为土层时,采用人工直接开挖;孔内若为较软的岩层时,采用风镐进行开挖;若孔内岩层坚硬,则采用浅眼爆破法进行开挖。装药时严格控制炸药用量,防止震塌孔壁。挖孔达到设计深度后,清除孔底松土、杂物,并经监理工程师检测合格后才能灌注混凝土。

(3) 混凝土灌注

采用导管法灌注混凝土,桩顶 2m 以下的混凝土利用其自由坠落捣实,在此线以上的混凝土用插入式振捣棒振捣密实。

2) 冲击钻钻孔灌注桩施工

(1) 施工方法。采用冲击钻钻孔,导管法泵送灌注水下混凝土。

(2) 施工工艺。

①埋设护筒。护筒采用 4mm 的钢板制作,护筒内径比桩径大 300mm,采用人工挖孔埋设。埋设护筒时护筒顶面比地面高出 0.4m 左右,在孔口下 0.2m 左右开 0.2m×0.2m 方形孔,以便孔内排放泥浆。护筒内水位比地下水或施工水位高出 1.5m 左右,护筒底部埋设在较密实的土层中。用水化快、造浆能力强、黏度大的黏土制浆。

②钻孔施工。钻孔过程中,起落钻头速度均匀,不得过猛或骤然变速,以免碰撞孔壁或护筒。孔内出土,不能堆集在钻孔周围。随着护筒内水位缓慢下降,及时补水和投入黏土。泥浆太稠而导致进尺缓慢时,进行抽渣换浆。为控制泥浆密度,钻进过程中用取样罐放到需测深度,取得泥浆进行试验,根据试验结果向孔内灌注泥浆或投放黏土或补水,以保持孔内泥浆浓度满足要求。

钻孔应在中距 5m 内的任何混凝土灌注完成 24h 后才能开始,避免干扰邻桩混凝土的凝固。

钻孔桩钻进施工时,由专人负责及时填写钻孔记录表,交接班时有交接记录。孔桩地质剖面图与设计不符时,及时报请监理现场确认,由设计单位确定是否进行变更设计。

清孔、钻孔达到设计高程,桩底符合设计,经过终孔检查后,即进行清孔。清孔分两次进行,第一次在成孔完成后,第二次在钢筋笼与导管放置后。第一次清孔时,清洗附着于护壁的泥浆,并将孔底钻渣及泥沙等沉淀物清除。之后采用泥浆泵直接往孔底压入泥浆,使孔桩底部泥浆密度较大的部分逐渐上浮,并排出孔外。当孔内泥浆密度大时,可往泥浆池中注入清水进行循环清孔,直到泥浆密度符合规范要求。

第二次采用换浆法清孔，用特制的一端能与导管连接，另一端能与泥浆泵管连接的"清孔器"将泥浆泵与导管连接。之后向孔底压入符合指标的泥浆置换孔内泥浆。冲开因钢筋笼和安装导管时沉淀在孔底的少量沉渣，并随时测量孔底高程。

当孔底沉渣符合规定要求时，立即灌注水下混凝土。

③钢筋笼制作及吊装。钢筋笼制作采用箍筋成型法制作。按设计图纸制作加强箍筋后，在加强箍筋内圈对主筋位置做上记号，依次将主筋与它们焊接，然后再焊其他箍筋和加强筋。

钢筋笼及主筋根据孔深及焊接规范要求配置长度，钢筋笼上端的弯钩在未成型之前弯成。

钢筋笼每间隔2m处于同一截面对称设置4个钢筋"耳环"，耳环钢筋直径为12mm，以此控制孔壁与钢筋笼保护层厚度。

钢筋笼采用汽车式起重机吊装入孔，起吊钢筋笼时，吊点设在加强箍筋处。钢筋笼全部入孔后，在顶端处将接长主筋与钻机平台型钢焊接，使其定位牢固，在灌注水下混凝土时，钢筋笼不会下落或被混凝土顶托上升。

控制钢筋笼入孔定位高程，并使钢筋笼底部处于悬吊状态，然后灌注水下混凝土。

桩基混凝土灌注完毕后，即解除钢筋笼的固定措施，以便使钢筋笼随同混凝土收缩，避免黏结力的损失。

④灌注水下混凝土。灌注混凝土导管内径300mm，壁厚4mm，每节长度2m，另分别配两节长1m和0.5m的上部导管以及一节4m长的底部导管。使用导管前，进行水密性试验，下导管时防止碰撞钢筋笼。

混凝土坍落度以18～22cm为宜，并有良好的流动度，保持坍落度降低至15cm的时间不少于1h。水下混凝土一次灌注完成，灌注时间控制在6h以内，中途不得停顿。导管顶部漏斗容积满足技术规范对首批混凝土的灌注要求。首批混凝土入孔后，导管埋入混凝土的深度不能小于1m。

水下混凝土灌注面高出桩顶设计0.5～1m，待桩基混凝土达到一定强度后将多余混凝土凿除。桩顶预留0.1m，待施工承台接桩时再用人工凿除，确保桩顶混凝土质量。

⑤桩基检测。桩基检测严格按招标文件要求进行。

（3）循环钻机钻孔灌注桩施工。

①埋设护筒。护筒采用钢护筒，内径比桩径大300mm。护筒顶端高程应高出地下水位或孔外水位1.5～2.0m。当护筒处于旱地时，其顶端应高出地下水位1.5～2.0m，还应高出地面0.3m。护筒底端埋置深度，在旱地或浅水处，对于黏土应为1.0～1.5m；对于砂土应将护筒周围0.5～1.0m范围内的土挖除，夯填黏土至护筒底0.5m以下，其埋置深度不得小于1.5m。当软土、淤泥层较厚时，护筒底埋置于不透水层黏土内1.0～1.5m或卵石层内0.5～1.0m。护筒平面位置的偏差不得大于50mm，护筒轴线与桩轴线的偏差不得大于1%。

②泥浆制备。钻孔桩泥浆一般由水、黏土及添加剂组成，具有悬浮钻渣、冷却钻头、润滑钻具、增大静水压力，并在孔壁形成泥皮，隔断孔内外渗流，防止塌孔的作用。

③钻孔。待钻机安装就位钻孔后，保持泥浆顶面高出地下水位1.5m且不低于护筒顶面。泥浆通过高压吸浆泵吸入引浆管及钻杆，流入孔底。上浮时将钻渣带出并通过护筒口流入泥浆循环池，避免泥浆外流对周围环境造成污染。钻孔过程中，检测泥浆各项性能指标，如相对密度、黏度等，记录钻孔进度，保持孔壁稳定，同时钻孔连续进行，不得中断。对于新桩钻孔，应在中距5m以内的灌注桩完成24h后才能开始，以避免干扰相邻桩混凝土的凝固。

④孔径检查与孔底清理。在钻孔达到设计要求深度后，对孔位、孔径、孔深及垂直度进行

检查,确认满足要求后,利用循环钻机将钻孔内泥浆稀释,检测孔底沉渣厚度,直至符合规范要求,以达到清孔的目的。钢筋笼制作、安装、水下混凝土浇筑、混凝土养护均参照前述相应条款进行。

3. 扩大基础施工

基础为明挖扩大基础的桥,由于基坑土方开挖工程量较大,故采用挖掘机开挖、测量全过程跟踪,人工修整的施工方案。当扩大基础处于水中时,先改沟后围堰再行开挖,施工中须安排好抽水设备及时抽水,以免水浸泡基础,当开挖至基底高程以上20cm左右时,改用人工突击挖土。检测基底承载力,经监理工程师验收合格后再立模,安放钢筋后,再进行基础混凝土浇筑。

4. 承台、桥墩施工方案

1)承台施工方案

施工前基础顶面要进行凿毛,并清洗干净,测定恢复墩(台)中点、控制好水平高程,然后放出承台支模的控制线,为承台钢筋绑扎及立模提供依据。

钢筋绑扎严格按规范要求进行,检查钢筋保护层的厚度是否符合要求和墩身预埋钢筋位置是否准确。

桥台模板拟采用组合钢模拼装,支撑采用外侧周边支撑、架管固定。

2)墩身施工方案

承台浇筑完毕,经检验合格后,即可进行墩身的施工。先由测量人员进行放样,放出墩身模板的控制线,然后绑扎墩身钢筋,完成检查合格后,再进行墩身模板的安装施工。模板采用组合钢模板,钢模采用5mm厚的钢板,采用[80槽钢和∠75角钢焊做骨架,以保证钢模具有足够的刚度,不变形;支撑采用钢管支架对拉螺杆体系,以确保各部的尺寸(即模板不走样)。钢模整体拼装好之后进行拼缝检查,注意严格控制高程,减少墩柱接缝,以确保墩柱外表的美观。混凝土用混凝土泵输送入模,人工用插入式振动棒振捣密实。

5. 盖梁施工方案

1)一般盖梁施工

(1)测量放样。墩身完工,经检查合格后,即可进行恢复墩柱控制点的测量放样。从墩柱中心或控制点处放出模板控制线,为下一步的支模提供控制依据。

(2)支架模板。盖梁的支模方式采用钢管支架、外侧周边支撑的方式进行,盖梁模板局部拐角处,用木模板加工拼装处理,接缝处应粘接严密,以防漏浆。

(3)钢筋。钢筋的下料与制作在钢筋棚内进行,运至现场绑扎成形,其要求按施工技术规范有关规定进行,并注意支座、垫石、钢筋的预埋。

(4)垫石。严格控制好盖梁的顶面高程,特别是垫石的高程,以确保桥面高程和足够的铺装厚度。

(5)台帽、盖梁施工完毕后进行测量放样,并用墨线弹出各墩台的中心线、支座十字线安装线位置。

2)高墩盖梁施工

本工程部分墩柱较高,墩台帽施工时支撑较困难,施工时采用锚固式钢箍支架支撑体系,如图6-24所示。

a)接头构造　　　　　　　　　　　　　b)支点构造

图 6-24　锚固式钢箍支架支撑体系

(1)钢箍制作。钢箍由直径为 1m 的两个半圆合拼,材料采用厚度为 10mm 的钢板,高 20cm。钢箍接头处分别采用 4 个 $\phi20mm$ 高强螺栓连接,以保证钢箍紧抱混凝土圆柱,将两个半圆钢箍的中部作为横梁的支撑点;两支点处分别用五块异形钢板与钢圈焊接,上下平行的两块钢板之间的净距为钢圈的高度。

(2)支架的搭设。安装钢箍前先将橡胶皮夹至混凝土与钢箍中间,不仅能使钢箍紧抱混凝土圆柱,而且可大大增加混凝土圆柱与钢箍之间的摩擦阻力,使钢箍作用达到最佳效果;钢箍支点每侧采用一条长 20m、型号为 20 号的工字钢作横梁,上面再铺长 2.5m 截面为 $10cm \times 15cm$ 的方木作分布梁,其间距为 60cm。为确保横梁支撑稳定,在钢箍支撑点下采用截面为 $10cm \times 15cm$ 的方木支撑并紧贴混凝土圆柱,横梁两端及圆柱之间分别采用 $\phi12cm$ 的圆木支撑,其长度应适宜。支撑必须稳定,可将方木下部直接铺垫在硬基层上,方木上部用木楔与钢管架楔牢固定。

(3)支架的拆除。当盖梁混凝土强度达到 70% 后,支架圆木与部分方木可拆除,钢箍、横梁、分布梁及盖梁底模采用倒链整体拆除。拆除前分别在横梁跨中(即两混凝土圆柱中间)靠悬臂梁方向两端上下平行安装工字钢,盖梁顶部的工字钢两端安装倒链与横梁下的工字钢连接共同受力,待钢箍拆除后,人工操作倒链,将横梁、分布梁及钢模徐徐下放到地面。

6. 后张法预应力混凝土 T 梁、预应力空心板预制、安装

(1)梁、板模板的制作及安装。底模采用 10cm 厚的 C15 混凝土浇制,为保证不掉边,边角镶嵌角钢,侧模统一在厂家订制,并保证其强度、刚度、平整度满足施工要求。

(2)预应力张拉设备。测力计、千斤顶等设备在张拉前必须到指定地点进行校准。

(3)钢筋的制作和绑扎。钢筋制作按设计要求在预制场钢筋加工棚进行。焊接钢筋的焊接端应在垂直于钢筋的轴线方向切平,必须清除焊渣。采用双面搭接焊时,焊接长度应不小于 $5d$(d 代表钢筋直径),且在构件任一区段内,焊接头的钢筋面积在受拉区不应超过钢筋总面积的 50%。

(4)波纹管安装。钢束管道采用预埋波纹管成型,施工时要确保波纹管道和锚固点位置准确、牢固,浇筑混凝土时管道不得变形、移位;若钢束管道与普通钢筋相碰,可适当调整普通钢筋位置。

(5)混凝土的浇筑。混凝土浇筑应选择一天中温度较低的时候进行,并一次浇筑成型;振捣时应注意振动棒不要碰撞波纹管,以避免波纹管漏浆造成管道堵塞。

(6)混凝土的养护。在混凝土养护期内,用麻袋覆盖洒水养护。

(7)预应力筋的张拉。空心板、T梁混凝土强度须经试验室确定已达到设计要求的张拉强度后方可进行预应力筋的张拉。

张拉前应将钢绞线表面黏着的泥沙及灰浆用钢丝刷清除,保持清洁。清除锚具、垫板接触处板面上的混凝土;清除锚垫板内漏进的水泥浆,使张拉时钢绞线在锚垫板内呈锥形分散。

安装锚具时,钢绞线应按编号顺序安放在锚具内,以免钢绞线相互绞结。

安装千斤顶时应特别注意其活塞上的工具锚孔位和构件端部工作锚的孔位排列一致。严禁钢绞线在千斤顶的穿心孔内交叉,以免张拉时发生断丝现象。工具锚的夹片,应注意保持清洁和润滑状态良好。新的工具锚上的夹片在第一次使用前,应在夹片背面涂润滑剂,以后每使用 5~10 次,应将工具锚上的挡板连同夹片一同卸下,向锚板的锥孔中重新涂上一层润滑剂,以防夹片在退楔时被卡住,润滑剂可用石墨、石蜡等。

张拉时应做好相应的张拉记录。如遇个别钢绞线滑移,可更换夹片,用小千斤顶单独张拉。千斤顶在工作过程中,加卸荷载应力求平稳,避免冲击。初次使用前,应先将千斤顶空载反复运行 2~3 次,以排除内腔中的空气。

预应力张拉采用整体两端对称张拉,实行应力与延伸量双控,张拉时应实测 $0.1\delta_k$(δ_k 代表钢筋伸长量设计计算值)~ δ_k 两点的钢绞线伸长值并做好相应记录,如实际延伸量与设计延伸量误差大于6%,应查明原因并及时处理。张拉完成后应在钢绞线上做好记号,以便观察是否有滑丝现象。

(8)压浆封锚施工。压浆前,必须对水泥浆泵、压力表进行检验和校核。张拉完的预应力筋应放置一天后检查是否有滑丝现象,检验确认后方可进行压浆。管道压浆从一端压进,另一端流出,直至流出的水泥稠度与压进的水泥稠度相同,此时封闭流出孔再继续压浆,直至达到规定压力。

压浆结束后应将锚具周围的钢丝间隙和孔口洞填封,以防冒浆。养护28d后,方可吊装。

7. 预应力混凝土连续 T 梁施工

根据本段的具体情况,预应力混凝土连续 T 梁将采用预制简支梁逐孔拼装,支点现浇成连续的施工方法施工。

8. 梁板安装施工

梁板安装施工采用联合架桥机或汽车式起重机吊装法:以钢导梁配合龙门架、蝴蝶架,并配备若干滑车、链车、千斤顶、绞车等辅助设备安装预制梁。其安装程序如下:

(1)在桥头路堤钢轨上拼装钢构,在导梁底部放入滚筒,用绞车(卷扬机)纵向牵引导梁进入桥孔就位,用千斤顶顶起导梁,取下导梁下滚筒,将导梁落于木垛或排架上。安装时应使前端第一滚轴伸出端导梁长小于拼装导梁总长的1/3。

(2)拼装蝴蝶架和门式起重机。在路堤上竖立拼装蝴蝶架,将蝴蝶架吊起并固定在立于导梁钢轨的平车上。再在路堤上拼装两个门式起重机,然后用蝴蝶架将两个门式起重机分别移运至架梁孔的桥墩(台)上固定就位。

(3)由平行轨道运送预制梁至架梁孔位,将导梁两侧可以安装的预制梁用两个门式起重机起吊,横移并落梁就位。

(4)将导梁及门式起重机所占位置的预制梁临时安装在已架设的梁上。

(5)用绞车纵向拖拉导梁至下一孔。

(6)在已架设的梁上铺接钢轨后,用蝴蝶架依次将两个门式起重机托起并运至下一孔的桥墩上。如此反复,直至将各孔梁全部架好。

(7)将临时安放在已架设好的梁上的梁,用滚板横移后再落梁就位。

9. 现浇箱梁施工

1)支架设计与搭设

(1)支架基础。在不跨越路口的地段,墩台施工完毕后、支架搭设前要对地基进行平整压实。铺设10cm厚砾石并压实,在两侧设置排水沟。在跨越路口的地段,根据道路宽度设置C20混凝土独立基础。

(2)支架设计。在不跨越路口的地段,箱梁现浇支架全部采用满堂钢管支架,支架立杆钢管为$\phi 48 \times 3.5$mm,间距900mm×1200mm,上下设可调支撑,下垫300mm×300mm×100mm的混凝土预制块,双向横杆间距1200mm,并设剪刀撑加强支架的稳定性。纵向梁用槽钢,间距900mm,楞方用100mm×100mm的方木,间距300mm。在跨越路口的地段,由于施工不能阻断原有道路交通,故在原道路部位采用钢桁架支撑。设4m宽通道4个,立柱用2根[30槽钢焊接,间距4m,柱顶以I55作横梁,上设纵梁I40,间距1500mm,上铺100mm×100mm方木作楞木,楞木上铺底模。立柱与横梁用螺栓连接,横、纵梁交点用U形环连接,桁架两侧安装警示灯。

(3)支架搭设。采用人工法搭设。搭设前,先在地基上画出各立柱支点的网格线,然后依据网点搭设支架立柱,确保立柱位置准确。钢管支架立柱搭接时,扣件必须无损伤,使用前逐个进行检查,扣接牢固。立柱必须确保竖直,严禁倾斜。扫地杆及水平联系杆、斜撑必须按设计要求设置,确保支架稳固。

2)箱梁底模的制作安装

箱梁底模采用大块优质F3级胶合板,板块间尽可能拼严,并用107胶拌腻子粉填补。施工时模板涂隔离剂。在铺设模板之前,先在支架上挂线铺设100mm×100mm的方木,方木的顶面按照设计图纸规定的坡度和预拱度调整其高度,保证底板混凝土的坡度满足设计要求。翼板部分采用定型角钢支架承托。

3)箱梁支架堆载预压

箱梁底模安装完成后用水箱法对支架及地基进行预压。预压的方法是在底模四周用模板进行围护,钢管固定,内铺不透水的彩条布,在箱梁底模上形成不漏水的箱体,其高度视加载质量而定。在箱体注入适量的水,并做好标记。堆载的质量按设计图纸和《工程手册》中的有关规定确定,加载的顺序与混凝土浇筑顺序相同。

在梁底模板上设4~6处沉降观测点;加载完后,开始观测,每天观测两次,并做好记录;通过观测,若连续三天沉降稳定,经监理工程师同意后,方能卸载。

卸载后,按照箱梁底板和翼板的设计高程及预拱度调整底模的高度。

4)钢筋的绑扎

钢筋在钢筋棚集中加工成型,分类挂牌堆放,运到现场后,用门式起重机吊到绑扎工作面进行绑扎。

5)安装内模和侧模

内模使用F2级胶合板,上包塑料薄膜,内模由焊接在底模板钢筋上的支撑钢筋支撑。顶板上施工时预留的供后续施工人员进出的开孔以拆除内模。侧模采用F3级胶合板。

6）混凝土浇筑

箱梁混凝土浇筑分两次进行，第一次浇筑底板和腹板，第二次浇筑顶板。

混凝土由拌和站集中拌和，混凝土运输车运输，浇筑时采用泵送方式进行，以插入式振捣器捣密，碎石最大粒径不大于2cm，砂率宜控制在35%左右，最大水泥用量不超过500kg/m³，混凝土的坍落度宜为120~150mm。

混凝土由每联的一端向桥的另一端连续进行浇筑，斜面分层，分层厚度为300mm。

箱梁顶板混凝土浇筑时，严格控制其顶面高程，保证箱梁顶面的平整度和顶板的厚度。桥面板采用专用设备进行磨平、拉毛。

10. 桥面系施工

(1) 桥面混凝土在浇筑后，其养护工作须用塑料薄膜或湿麻袋进行覆盖，并经常淋水以确保表面潮湿。

(2) 伸缩缝施工。施工前检查预留槽、预埋件等，吊入伸缩缝装置，连接锚固及预埋钢筋，再施工槽口混凝土。要求模板严密无缝，混凝土捣固密实，并保证控制箱及橡胶件清洁。

(3) 防撞护栏。首先对护栏部分梁顶凿毛冲洗，人工绑扎钢筋，立模。模板梁顶缝隙用水泥砂浆抹严，安装铸钢支承架钢件，灌注混凝土并捣固密实。

11. 构造物台背回填

本工程桥涵数量多，台背回填工作量大。台背回填是影响路基平顺的关键，须加强对构造物台背回填工序、质量的控制。

1) 施工程序

台背回填必须进行全过程的质量监控，两侧一定要对称进行。其施工程序如下：

(1) 盖板涵。主体完工（锚栓封灌混凝土强度、支撑梁混凝土强度达到设计要求）→台背清理→整理台阶→拍基底照片→分层回填→质量自检→监理抽检→完工验收。

(2) 桥梁。主体完工（锚栓封灌混凝土强度达到设计要求）→台背、锥坡基底清理→整理台阶→拍基底照片→分层回填（台背和锥坡应尽可能同时进行）→质量自检→监理抽检→完工验收。

2) 回填方法

(1) 结构物处的回填，按照图纸和监理工程师的要求进行。回填时圬工强度的具体要求及回填时间，按照《公路桥涵施工技术规范》(JTG F50—2011)有关规定执行。

(2) 结构物的填土分层填筑，每层松铺厚度不宜超过150mm，结构物处的压实度要求从填方基底或涵洞顶部至路床顶面均为95%。

(3) 在回填压实施工中，保持结构物完好无损。压路机达不到的地方，应使用小型机动夯具或监理工程师同意的其他方法压实。

(4) 台背回填顺路线方向的长度满足压实机械操作运行的施工需要，盖板涵顶部为距翼墙尾端不小于台高加2m，底部距基础内缘不小于2m，圆管涵台背回填长度严格按照规范要求控制。

(5) 做好材料的试验工作。用于台背填筑的渗透性材料按照一定的级配，最大粒径不得大于50mm，小于20mm的粒料中通过0.074mm筛孔细料含量不大于10%，其塑性指数不大于6%。

3）应注意的几个问题

（1）盖板涵及通道锚栓孔应及时进行混凝土封灌、养护。

（2）为防止结构物墙身造成破坏，台背回填必须在盖板、梁板全部安装、锚栓孔封灌后才能进行对称回填。

（3）处理好沉降缝：台背面沉降缝应掏深5cm，用沥青麻絮填塞3cm并用水泥砂浆抹面；台面沉降缝应掏深3cm，用水泥砂浆勾凹缝。台身顶部的沉降缝应用沥青麻絮填塞5cm。

（4）安装预制盖板后，板与板之间的接缝应用水泥砂浆勾缝。

（5）墙身的拉杆孔应用水泥砂浆进行封堵，特别是台背的拉杆孔应封堵严密，防止路基水从孔内渗入通道内。

（6）八字墙后回填与台背同时进行。尚未施工八字墙的，台背回填范围在路线横向上应超长填筑，以保证台背回填的质量。

（7）桥涵及其他构造物的台背回填必须经监理工程师对隐蔽工程检验合格后方可进行，其回填材料除设计文件另有规定外，均应采用砂类土或渗水性土。当采用非渗水性土时，应用石灰土进行回填，填料回填时应分层回填压实。桥涵台背填土的范围应顺路线方向长度顶部为距翼墙尾端不小于台高加2m，底部距基础边缘不小于2m。

（8）回填应分层夯实，每层铺筑厚度不应大于15cm，施工前应在台背上划线，严格控制回填质量。

12. 红砂岩路基施工

1）工程特性

红砂岩多由富含铁质、钙质氧化物的泥质细砂岩、粉砂岩，砾岩、含砾砂岩等沉积岩所组成。红砂岩具有遇水软化、溶蚀和崩解的特性，在空气中风化快，干湿循环下强度变化显著。红砂岩按其浸水崩解性强弱分为三种类型。

一类红砂岩：亲水性黏土矿物含量高，烘干试样浸水24h后呈泥状或渣状崩解，其单轴极限抗压强度小于15MPa。

二类红砂岩：烘干试样浸水24h后块状崩解，一般具有碎屑结构特征，其单轴极限抗压强度小于或稍小于15MPa。

三类红砂岩：烘干试样浸水24h后不崩解，或棱角处少量崩解，且崩解量小于总质量的1%。其强度较高，与普通未风化砂岩的性质接近，单轴极限抗压强度可达60～70MPa。

2）工程特性要求

红砂岩由于工程性质较差，因此除了必须满足规范的有关规定外，还必须满足下列要求：

（1）在施工前应对红砂岩进行烘干岩块浸水崩解性试验，以区分一类、二类和三类岩。

（2）在施工前应对红砂岩进行膨胀试验。红砂岩一般不具有明显膨胀性，或具有轻微膨胀性。若选用的红砂岩填料经试验确定为膨胀岩（或膨胀土），则应尽可能避免使用，或采取经监理工程师认可的处治措施后方可使用。

（3）路床顶面300mm厚度范围内不得用红砂岩填筑，应改用CBR值（加州承载比）不小于8%、密实性较好的材料填筑并严格压实。

（4）一、二类红砂岩不得用于浸水或受洪水长期浸淹的路堤。

（5）构筑物台背后不允许采用红砂岩填筑。

（6）三类红砂岩可用于填石路堤，并应符合有关规范的要求。

(7) 红砂岩在做填料之前,应在料场尽早开挖,使其暴露在空气中,任其自然或人工洒水促其崩解(简称预崩解)。

3) 砖红色含砾砂岩开挖

强度低的红砂岩可直接用挖掘机开挖;强度高的红砂岩采用爆破方式开挖,爆破要求满足"石方开挖"中的有关规定。现场开挖应注意以下事项:

(1) 在进行路堑上路床 0~200mm 范围内填筑时,上路床基底 30~800mm 范围内要保证为新鲜岩层。若此岩层破坏,如崩解、软化等,必须挖松,按填土的要求重新压实,并达到规定压实度。

(2) 为不破坏路堑基底的承载力,当一、二类红砂岩路堑开挖至设计高程时,要准备足够的封面材料,选择晴朗的天气进行上路床 0~300mm 范围内的突击施工,并及时封闭作业面。

(3) 一、二类红砂岩路堑施工要做好现场排水工作,尤其是开挖接近设计高程时,严禁现场积水,以免水下渗导致路堑基底承载力下降。

(4) 三类红砂岩路堑的施工要求与普通岩石相同。

4) 红砂岩路基填筑施工要求

以下规定主要针对一类和二类红砂岩:

(1) 经料场预崩解处理的红砂岩填料运至填方路段后,应采用 162kW 以上的后挂三齿推土机推平、勾松,来回"耙压","耙压"次数应按试验路段的试验结果要求且不得少于 3 次。

(2) 施工中应严格控制填料最大粒径和每层松铺厚度。经"耙压"后的红砂岩填料最大粒径应不大于 200mm,每层最大松铺厚度不大于 300mm。

(3) 红砂岩填方压实应采用 50t 以上的振动压路机或羊足碾等重型碾压机械,碾压次数由现场试验确定且不宜少于 6 次。

(4) 红砂岩填料在碾压前的含水率,应控制在最佳含水量 ±1% 的范围内。

(5) 红砂岩路基施工中填方的路拱横坡宜采用 4%。

(6) 遇雨及雨后,路基施工表面未干时,不宜开放交通。当雨后继续进行路基填筑时,下层填方须重新检测压实度。若不符合规范要求,要重新进行碾压。

(三) 确保工程质量的措施

1. 项目的质量目标

分项工程优良率达到 95% 以上,合格率 100%,单位工程优良率 95% 以上,总体评审工程项目质量等级为优良。

2. 工程外观

工程外观要达到路基实、表面光、路面平、线形顺、排水畅、环境美的要求。

3. 确保工程质量的措施

1) 人员保证措施

(1) 选派组织能力强、施工管理经验丰富的项目经理,以及专业素质高、工作作风严谨的技术负责人、质安部负责人。各职能部门配置相应的管理人员,每个施工作业队设生产负责人、主管工程师各一人,配置足够的技术、测量、试验、质检人员。劳动力组织调配由经理部根据工作内容、施工进度和工程数量而定。

（2）项目经理部安排有协调组织能力和专业技术水平的职员任部门负责人，并安排具有一定工作能力和多年工作实践经验、敢于坚持原则、廉洁奉公、不徇私情、热爱质量管理工作的专职内部监理工程师、试验工程师、质量体系内审员。

（3）所有劳务人员经相关技术培训合格后持证上岗，并签订劳务合同，保持人员的相对稳定。

（4）实行全员质量教育，树立质量第一、争创优质工程的思想。进行选优劣汰，尽量使其从事的施工项目单一化，以提高施工人员的生产技能和稳定施工质量。对一些技术性较强的工序及施工工艺，在进场前集中组织学习。

2）机械设备及检测仪器的质量保证措施

选用先进设备进行施工，并合理组织机械调配；加强维修管理，保证机械设备有良好的出勤率和最优的安全保障；配备一定的修理人员跟班作业，确保工程设备处于最佳运行状态。

（1）配备足量的生产机械设备，配备足够的能满足本项目精度要求的测量和试验检测仪器设备。

（2）每一批施工设备进场前，先向监理工程师报验，征得监理工程师同意后，方可进场。所有机械设备由设备部统筹安排、统一调度，保证其合理使用、安全运行，避免因施工设备而影响施工进度与质量。

（3）制定仪器设备操作规程，严格按规程操作。对操作人员进行培训，实行持证上岗，并保证人机固定，实行机械使用、保养责任制。

（4）建立仪器设备台账及重要仪器设备档案，及时记录仪器设备的运行状况，便于机械使用与维修。

（5）制订仪器设备周期检定计划，按检定周期报计量部门检验校核或实行自检，做好检验登记或自检记录，保持表明其校准状态的合适的标志或经批准的识别记录。

（6）机械设备的保养与修理贯彻"养、修并重，预防为主"的方针。

（7）建立日常设备维护保养制度，对设备进行定期维护和保养，使施工设备保持最佳状态。

（8）为机械施工创造良好条件。施工平面布置适合机械作业要求，交通道路畅通无阻，照明设施良好，落实现场机械管理标准化。

3）材料质量保证措施

保证材料质量和及时供应，是保证生产正常进行的先决条件，也是提高工程质量和进度的重要保障。本工程对碎石、水泥、钢筋、砾石、沙等材料的需求量很大，材料的质量和及时供应是决定本工程施工成败重要的一个环节。供应工程所用主要材料的生产厂家必须经业主认可，并制定严格的材料管理措施。

（1）编制材料采购计划。

①物资部根据工程施工组织计划，计算材料需用量，确定储备量，平衡编制材料的申请采购计划，保证材料供应的适时性和连续性。通过编制计划，发现材料管理工作中的薄弱环节，提出计划期内材料管理工作的主要任务和努力方向，从而更好地保证施工的需要和降低材料费用。

②材料供应准备要充分，按月、旬、周落实施工中材料的实际消耗，及时调整月、旬、周材料采购计划。

（2）材料运输。

选择合理的运输方式，确定装卸方法，提高装卸质量，保证运输过程不对材料质量产生影响并尽可能减少运输损耗量。

(3) 材料验证。

物资部组织人员,按合同规定的品种、数量和质量要求验收材料。

① 物资部根据规定要求的检测频率填写《试验申请单》,经总工程师批准后,通知试验室取样试验。

② 试验室根据试验结果填写《材料质量反馈单》,经技术负责人批准后,将材料试验结果通知物资部。

③ 物资部根据试验结果对材料作出接收或拒收的处理。

4) 材料的储存与保管

(1) 仓库管理。

① 仓库管理员按合同规定的品种和数量、质量要求验收材料,组织入库,并开具验收单,填写入库记录。

② 按材料的种类、规格、厂家、出厂日期分别入库,合理存放,材料标识醒目,并妥善保管,防止和减少材料变质及损耗。

③ 组织材料发放和供料,严格出库手续,促进材料的节约和合理使用。管理人员每月进行一次仓库盘点,并做好记录。

(2) 现场材料管理。

① 根据施工平面图,安排和落实材料的堆放和临时仓库设施。

② 组织材料的分批次进场,并对进场材料做好状态标识。

③ 坚持中间分析和核算,及时发现问题,防止材料超用。

④ 完工后及时清理现场,回收、整理余料,做到工完场清。

⑤ 按 ABC 分类法(帕累托分析法)进行材料管理。工程中使用的各种材料,按其价值占材料总价值的百分比划分为 A、B、C 三类,根据各类材料的特点,采取不同的管理对策,见表 6-21。

材料的 ABC 分类标准及管理对策　　　　　　　　表 6-21

分类	占总价值数	管理要点	订货方式
A	60%~80%	精心管理,慎重订货,经常检查,压低库存	计算每种材料的经济订货量
B	15%~25%	一般管理,库存进行一般检查,保险储备较大	采用定期订货或定量订货
C	5%~15%	简化管理,按最高储备定额适当加大订货批量	采用定量订货

5) 技术管理措施

保证工程质量,不断革新原有技术和采用新技术以提高项目的技术素质和经济效益;强化项目组织管理,制定技术管理制度,落实技术责任制,严格执行有关的施工技术标准和技术规程。

(1) 进行设计文件的学习和图纸会审。了解工程特点、设计意图和关键部位的工程质量要求,检查图纸的有关资料是否齐全。

(2) 进行施工项目技术交底。让参与施工的人员熟悉和了解工程特点、技术要求、施工工艺和应注意的问题。技术交底以书面形式进行,由技术负责人签发。

(3) 编制实施性施工组织设计,报技术负责人审核,经建设单位总监审批后执行。

(4) 为克服生产中的薄弱环节,加快施工进度,提高工程质量,编制《施工质量控制手册》

和《作业文件》,贯彻执行相应的技术措施及有关的规范规程,积极组织技术改造和技术开发。

(5)进行技术经济分析与评价。

(6)加强对质量体系文件和技术资料的控制,以确保质量体系的正常运行和质量管理工作的科学化:

①用数据说话。一切与质量有关的活动(如试验、检验等)都有真实可靠的数据记录,以此来判别质量的优劣。质量记录要清晰,定时由专人收集归档,采用数理统计的方法进行质量分析,依据分析成果采取科学合理的加强质量控制措施。

②做好各类文件和技术资料的分类归档工作。工程竣工后,由资料员按要求对文件和资料进行整理。

③技术文件资料经由技术负责人批准后,方可登记发放。

④确保各个使用文件和资料的场所,都能及时得到相应的有效版本。

6)施工过程控制措施

(1)加强施工工艺管理。对各分项工程的生产、机械操作方法,制定形成程序性文件,并及时督促检查其执行情况。

(2)加强施工过程中的工序控制。现场质检员对每道工序进行控制,并做好质量控制记录,及时发现及排除质量缺陷与隐患,从根本上防止不合格品的产生。

(3)对施工参数(如松铺系数、配比系数等)进行监视和控制,并做好记录。

(4)与质量有关的操作人员均持证上岗。

(5)施工员每天做好施工日记,记录开停工时间、起始桩号、施工中发生的问题及解决方案以及其他有关事项。

(6)对关键工序设立质量管理点严加控制。由经验丰富的技术人员跟班作业进行指导,指定专人记录监控参数,一旦发现问题,及时采取纠正措施。

(7)对隐蔽工程(含下水道管)及时拍照,为追溯某一状态提供原始凭证。

(8)开展质量统计分析,掌握工程质量动态。质检员对每天的质量控制记录进行统计分析,用排列图查找产生不合格点项的主要质量问题,用因果分析图查找原因,及时制订控制措施。

(9)每周对各部门的工程质量和工作质量进行考核评比,采取适当的奖罚措施,充分发挥施工过程中质量控制的预防作用。

7)检验和试验

建立并保持进行检验和试验活动的程序文件,验证产品是否满足规定要求。施工过程中,严格按照程序文件和有关规范进行工程检验和试验。

(1)按操作规程检验和试验原材料及产品。

(2)确保未经检验或未经验证合格的材料不投入使用。

(3)满足试验频率的要求,保证试验结果的真实性,以数据为准,用数据说话。

(4)在程序文件中规定的各项活动已经圆满完成,且有关数据和文件齐备,并得到技术负责人认可后,原材料及产品才能投入使用。

(5)对不合格品,做好标识、记录,及时提出处理意见,向主管领导汇报。

(6)确保影响产品质量的所有检验、测量和试验设备处于校准状态。

(7)发现检验、测量和试验设备偏离校准状态时,评定已检验和试验结果的有效性,并形成文件。

(8)对所有原材料、半成品、成品都要进行状态标识,以保证规定的检验试验项目不漏检、不迟检;保证未经检验合格的原材料不使用;未经检验合格的工序不转入下道工序。

8)不合格品的控制

(1)对不合格的原材料及时进行标识隔离,并及早清除出场。

(2)对不合格的工序成果予以标识,及时组织人员采取纠正措施,直至合格后,方可转入下道工序施工。

9)质量奖惩办法

根据责权利相一致的原则,建立质量责任制,制订切实可行的质量奖罚措施,严格执行奖惩制度,将工程质量与相关责任人经济利益挂钩,提高全体员工的质量意识和质量责任感:

(1)对于施工质量达到优良工程标准的分项工程或者在质量管理方面受到业主和监理工程师口头或书面表扬的相关责任人,除给予一定的经济奖励外,还将该事件记入档案,作为年终评选先进工作者和质量管理先进个人的依据。

(2)对于出现较轻的质量事故或未达到优良工程标准的分项工程,视情节轻重对相关责任人予以一定数量的罚款,进行口头批评并责令其改正。

(3)对于情节较重、影响较大的质量事故,不但扣除相关责任人当月奖金,并且对其实行记过一次、留岗待查的处分,且不能参与当年度的先进评选。

(四)安全保证措施

1. 施工安全措施

(1)在施工中必须贯彻"安全第一,预防为主"的方针,严格贯彻执行各项安全组织措施和技术措施,切实做到管生产的同时管安全,保障职工的安全和施工机械设备不受损害,全面有效地进行安全生产。

(2)参加施工的各工种人员,进入施工现场必须佩戴好安全帽及安全保护用品。施工前进行安全技术教育,强化职工安全意识,熟练掌握本工种的安全技术操作规程。在操作中,人员要坚守岗位,严禁酒后操作。

(3)施工现场设机械交通管理员维护交通安全。

(4)吊装作业派专人统一指挥,起重工要掌握作业操作安全规程,作业中遇有特殊情况时,将重物落至地面,不得停在空中。

(5)电工、焊工、起重工和各种机动车驾驶员,必须经过专门训练,持证上岗。

(6)正确使用个人防护用品和落实安全保护措施,进入现场要戴好安全帽,服装整洁。

(7)施工现场的防护设施、安全标志和警告牌,不得擅自拆动。

(8)夜间施工作业,必须有足够的照明条件,沟槽部位应设防护栏及红色警示灯。

(9)施工现场严禁焚烧垃圾,严禁明火作业,电气焊等作业区域内,不得有易燃易爆物品,电气线路的敷设要符合有关规定。

(10)沟槽开挖前要根据土质情况和槽深、水位及工期要求合理放坡,在放坡有困难时要有牢靠的支撑措施。沟槽上方两侧安装防护栏杆,并做好斜撑,以保证支撑牢固。

(11)按施工平面图要求布置堆放各种材料、设备,材料必须码放整齐,管材堆放高度应符合规定要求。

2. 机电设备安全防护措施

（1）机械和用电设备，工作前必须认真检查，确认完好后，方可使用。

（2）机械施工时回转半径下方严禁站人和施工操作。

（3）电气设备和线路必须绝缘良好，电线不得与金属物绑在一起，各种电动工具必须按规定接地接零，并安装单一行程开关和漏电保护装置，遇有临时停电或停工休息时必须拉闸加锁。

（4）受压容器应有安全阀、压力表，并避免暴晒、碰撞。氧气瓶严防污染油脂，乙炔气瓶必须有防止回火的安全装置。

（5）焊接机械应放置在防雨及通风良好的地方，焊接现场不准堆放易燃易爆物品。交流弧焊机变压器的一次线不应大于5m，进线处设防护罩，二次线不宜大于30m。

（6）搅拌机应搭设防砸、防雨操作棚，并使搅拌机固定，不得用轮胎代替支撑，移动时必须先切断电源。启动装置、离合器、制动器、保险链、防护罩应齐全完好，使用安全可靠。搅拌机停止使用而升起料斗时，必须挂好上料斗的保险链。维修、保养、清理时，必须切断电源，设专人监护。

（7）运输车辆方向机构、制动器、灯光等应灵敏有效，行车中严禁搭乘人员。往槽、坑、沟卸料时，应保持安全距离并在槽边设挡墩。

（8）电气设备在雨后要进行漏电绝缘检验，防止电路故障。

3. 临时用电安全措施

（1）建立对现场临时用电线路、用电设施的定期检查制度，并将检查、检验记录存档备查。

（2）临时配电线路按规范敷设整齐，架空线采用绝缘导线，不得采用塑胶软线，不得成束架空敷设，也不得沿地面明敷设。

（3）配电系统实行分级配电。各类配电箱、开关箱安装时的内部设置必须符合有关规定，开关电器应标明用途。各类配电箱、开关箱外观完整、牢固、防雨、防尘，箱体涂有安全色标，统一编号，箱内无杂物；停止使用时切断电源，箱门上锁。

（4）独立的配电系统。必须严格按标准采用三相五线制的接零保护系统，非独立系统可根据现场的具体情况形成完整的保护系统。

（5）手持电动工具应符合有关规定，电源线、插头和插座应完好，电源线不得任意接长和调换，工具的外绝缘应完好无损，维护和保管由专人负责。

4. 爆破施工安全措施

（1）爆破作业人员必须取得公安机关核发的《爆破工程技术人员安全作业证》，严禁无证上岗。

（2）爆破器材严格管理，必须实销实报，剩余爆破材料应退库存放，不得私自收藏和挪作他用。

（3）作业人员应严格按操作规程办理，严禁穿化纤衣服，不得使用失效及不符合技术条件要求的爆破器材。炸药与雷管不得由一人同时搬运，电雷管不得与带电物品一起携带运送。

（4）爆破器材存放应远离居民区、油库，炸药与雷管应分开存放并设危险标志，非保管及相关作业人员不能进入。

（5）施爆前，安全领导小组应召集有关单位参加安全防护会议，并切实落实安全措施。

(6)设立警戒线和信号。

①爆破前确定危险边界,设置明显标志;

②爆破前同时发出音响和视觉信号,使危险区的人员都能听得到和看得到。第一次信号为预告信号,第二次信号为起爆信号,第三次信号为解除警戒信号。

(7)装药时无关人员应撤离现场,应用木质棍装药并保证堵塞质量。

(8)施爆后组织人员进行安全检查并进行评估。

5. 人工挖孔桩专项安全措施

(1)人工挖孔前应对孔周围的水进行疏导,防止成孔后水流灌入。

(2)孔中作业人员作业前,应检查安全防护用品是否佩戴齐全,吊绳是否牢固、有无损伤。

(3)当挖孔中遇有流沙等情况应及时停止作业,等待进一步调整施工方案。

(4)成孔至一定深度后,应及时送风,以防孔中作业缺氧。

(5)及时观察孔中作业人员情况,一旦发现孔中人员遇有毒气等有害气体损伤,需尽快停止作业进行抢救。

(五)确保工期的措施

1. 从资源供应上保证工期

(1)保证投标书中申报的人员和设备全部及时到位。

(2)建立一个施工经验丰富、组织管理能力强、结构合理的领导班子,配备一批优秀的技术骨干,组成一支高素质、高效率的施工队伍。

(3)施工机械统筹安排、统一调度、合理使用。

(4)仓库储存有足够的关键、易损的机械配件,成立一个机修快速反应队,以保证能在最短时间内修复好发生故障的机械。

(5)关键的材料(碎石、砂、水泥等主材)储备量能满足正常施工一个星期以上,在进入汛期前,河沙的储备量要能够满足一个月正常施工需要,以杜绝停工待料的情况。

2. 从组织管理上保证工期

(1)成立以项目经理为领导、由公路施工经验丰富的各作业组负责人担任调度员的生产指挥调度室,加强施工现场的协调和指导,形成一个从上而下的主管施工进度的组织体系。

(2)建立以项目为核心的责权利体系,建立奖罚严明的经济责任制,每月进行总结,对提前完成任务的相关责任人进行奖励,未完成任务的按拖期天数进行处罚。

(3)加强内部各施工作业组和相关职能部门的协调工作,对资金进行合理分配,以确保施工进度。

3. 从计划安排上保证工期

(1)开工前编制详细的施工进度计划,呈报监理工程师,待批准后再进行施工,并据此计划进行进度控制。

(2)在工程施工总进度计划的控制下,坚持每月、每周制订周密详细的施工计划和工作安排。

(3)抓住关键工序,对影响到总工期的工序给予人力和物力的充分保证,确保总进度计划的顺利实施。

(4)对生产要素进行优化组合,动态管理,随时根据实际情况灵活调动施工人员及机具。

(5)计划统计负责人每周及时、如实地向进度控制班子汇报进度情况,对进度完成情况以具体数据作出说明。当施工进度落后计划进度时,必须采取必要措施追赶延误的工期。工程实施过程中坚持"以日保周、以周保月"的进度保证方针,确保总工期的实现。

4. 从技术上保证工期

(1)由项目部总工程师全面负责该项目的施工技术管理,项目经理部设置工程技术科,负责制订施工方案,编制施工工艺,及时解决施工中出现的问题,以方案指导施工,防止出现返工现象而影响工期。

(2)实行图纸会审制度,在工程开工前由总工程师组织有关技术人员进行设计图纸会审,及时向业主和监理工程师提出施工图纸、技术要求和其他技术文件中的不足,使工程顺利进行。

(3)采用新技术、新工艺,尽量压缩工序时间,安排好工序衔接,统一调度指挥,协调远期和近期发生或将发生的各类矛盾,使工程按部就班地进行。

(4)实行技术交底制度,施工技术人员在施工之前及时向班组做好详尽的技术交底,勤到现场,对各个施工过程做好跟踪技术监控,发现问题就地解决,防止工序检验不合格而造成返工,延误工期。

(5)施工全过程使用计算机进行网络计划管理,确保关键线路的工序按计划进行,当工程进度滞后时,及时查找分析原因并采取措施予以弥补。

(六)降低成本的措施

1. 组织措施

(1)加强工程造价管理的领导和监督。根据施工预算和公司下达的成本目标与工程进度计划,制订项目总造价、成本预控计划和季度、月度成本预控计划,并分解落实,责任到人,使工程造价、成本控制贯穿施工全过程。

(2)周转工具进出场时认真清点。正确核实并减少损耗数量,使用后要及时回收整理,堆放整齐,规范材料清理退场工作。

(3)根据项目施工计划进度,严格按图纸计算材料用量,确保订购材料数量。合理组织材料、设备的供应,保证工程施工的顺利进行,杜绝因停工待料所造成的损失。材料进场后坚持验质、点数、过磅、量方、记账等工作。

(4)施工过程严把工程质量关,加大跟踪检查力度,保证各分项工程的一次成优,减少返工浪费和修补损失。

(5)做好工程变更洽商、设计变更通知单等文件资料的收集,及时做好工程成本及工期的索赔工作,最大限度挽回损失。

(6)结合分项工程施工方法的选择,进行机械设备选型,确定合适的机械设备及使用方案。

(7)严格执行限额领料制度,制订奖罚措施,控制材料消耗,减少材料不必要的损耗和浪费,同时做好余料的回收和利用。

(8)加强安全管理。杜绝死亡和重大机械事故,严格控制轻伤频率、把安全事故发生概率降到最低,减少意外开支。做好现场安全保卫工作,防止材料、机具等的失窃。

(9)制订详细的试验计划,减少试验费用,合理使用办公、通信等费用。

(10)加强水电使用管理。制定水电管理使用制度,施工设备优先选用节能产品,节约能源。

(11)选择科学、先进合理、经济的施工方案,关键及特殊工艺采用多方案比选后确定,奖励合理化建议,充分调动职工的积极性,挖掘生产潜力,提高生产效率。

(12)材料采购采取招标方式,实行"三比",择优选择供应商,购买货优价廉的材料。

2. 技术措施

(1)钢筋连接采用闪光对焊、电渣压力焊、滚轧直螺纹,减少钢筋的搭接长度,节约钢材用量。

(2)对机械设备的投入时间进行严密论证。

(3)利用边角余料,进行"废物利用",可以利用钢筋头和小块钢板制作预埋铁件等。

(4)冬期施工采用混凝土早强技术,使混凝土尽早达到拆模强度,加快拆模时间,加快模板周转,减少周转工具的投入。

(5)利用计算机技术加强对施工过程的有效控制,使材料的下料更为精确,减少材料浪费,降低工程成本。

(6)积极推广运用新材料、新技术、新工艺,推广使用粗钢筋连接技术、计算机管理技术等,在施工中坚持发挥科技创新和科技示范的引领作用。

技术保证措施见表 6-22。

技 术 保 证 措 施　　　　　　　　　　　　　　　表 6-22

序号	保 证 措 施
1	由公司配备精干的项目领导班子,各管理人员争取一专多能,团结协作,在公司领导和项目经理的带领下,形成强有力的作战队伍
2	管理人员在安排后期工作之前,应提前进行内业技术工作和施工准备工作,使劳务人员做到得心应手,不窝工,少返工。严控合同内计时工的发生,并为分包单位的进场提供良好的条件
3	管理人员应吃透设计图纸,与监理、建设单位、设计院等共同提前解决设计图纸中的问题,未雨绸缪,使施工顺利进行
4	对项目提供的零星材料,针对每一分部、分项工程,应提前进行施工预算,并通知材料发料人员按计划发料
5	对于模板因周转次数较多而出现乱边、缺角等现象,应用薄铁皮进行修补,既能保证施工质量,又可增加周转次数
6	对于闲置的周转材料应及时退还
7	对加工钢筋的废料、余料,根据其长短的不同,采取不同的措施加以利用。如能闪光堆焊加长的则加长,不能加长的做过梁钢筋、预留、预埋插筋、拉结筋、马凳筋、钢筋撑或钢筋垫铁等
8	采用先进的技术和设备保证减小损耗、能耗,如采用性能先进的混凝土泵送设备;提高模板周转次数,节约成本;采用计算机放样设计,减轻劳动强度、降低材料消耗等

3. 经济措施

(1)发挥资金的杠杆作用。在大宗材料和机具设备租赁方面,利用公司在江西施工多年的优势条件进行资源配置,通过良好的资金保证计划实现优价采购。

(2)劳务公司选择。优秀的劳务公司通过其现场管理班子和高素质操作队伍以及工种配置,可对工程的顺利实施起到非常关键的作用。本工程将在我公司合作过的优秀劳务公司范围内进行招标,以合理价格争取管理效益的更大化。

4. 管理措施

(1)费用管理措施见表6-23。

费 用 管 理 措 施　　　　　　　　　　表6-23

序号	列 项		管 理 措 施
1	人工费	项目管理人员数量	采用内部竞聘上岗方式,保证人员素质。配备一专多能、能完成多个岗位工作的复合型人才
		劳务费 合约控制	采取招标方式,减少采购中间环节
		劳务费 使用环节	实行清包结算,严控计时工的发生
2	材料费	使用环节 模板	采用新型模板体系,增加模板的周转次数,加强模板的维护和保养
		使用环节 钢材	合理利用短钢筋,严控废材的发生率。采用计算机技术放样和管理,减少损耗,提高利用率
		使用环节 混凝土	严禁出现爆模、洒落等现象,多余的混凝土应回收利用,采用先进的输送泵,减少剩余混凝土量
		使用环节 水泥	严禁人为浪费、丢弃、开包后不用或未用完做垃圾处理,砂浆等集中拌制,合理计划,防止浪费
		采购环节	大型材料招标采购,零星材料实行每月核价制度
3	机械费	使用环节	增强机械设备台班利用率,严格工期的管理和控制,并争取早日退场。加强维护和保养,保持设备完好率
		设备选择	购买、租赁大型机械设备均采用招标方式。采用先进的机械设备,减少能耗,提高效率

(2)材料管理措施见表6-24。

材 料 管 理 措 施　　　　　　　　　　表6-24

序号	保 证 措 施
1	对于所有进场的材料,一定要有2人以上在场,共同签字认可
2	钢材进场,应以过磅称量签收
3	河沙、石子收料,分不同的季节,材料干湿情况,套用不同的换算公式
4	钢管、扣件的进出场,一定要配备2名以上管理人员监督
5	在大型材料采购方面,选择有资质的厂家进行招投标,择优选择。在零星材料购买上,坚持做到"货比三家",既要保证质量,又要控制成本。但是对于有些需要多次周转使用的,可以买质量较好的,对于那些一次性报废的,则可以买价格较低的
6	所有材料均按预算量,分阶段、分批量进场,定期进行阶段性考核,分析节约和浪费的原因,并进一步有针对性地制订相应的材料节约措施

(3)合同管理措施见表6-25。

合同管理措施 表6-25

序号	保证措施	
1		材料采购、供销厂家应由项目部各相关部门共同认可后再报公司审批,签订合同时,在保质保量的前提下,应择优选择低价中标
2		优先选择长期保持合作、有良好信誉的厂商,将风险降低到最低
3		对于甲供材料和分包单位进场的材料,也要严格按照公司自购材料的规程进行验收
4	劳务合同管理方面	(1)把对材料的节约分专项列出,并采取结算后赢利分成,浪费罚款的原则; (2)指定专人进行现场水、电的管理,做到人离灯灭,水龙头不能"滴、跑、漏"等; (3)施工现场的公共设施要爱惜,损坏要照价赔偿; (4)要提高工人的成品保护意识

(七)文明施工与环境保护措施

成立以项目副经理为主的文明施工与环境保护管理组织机构,并配设专职的环保工程师,主抓文明施工、环境保护工作,并实行责任承包制,制定严厉的关于施工中环境保护管理奖惩条例,将文明施工和环境保护与各工点作业组的管理人员工资绩效考核挂钩。

本工程在合同工期施工期间文明施工和环境保护计划达到的目标是:采取所有合理的措施保持施工现场内外整齐、干净;保证施工期间施工安全和行人、车辆安全畅通,并避免施工期间所造成的污染、噪声或其他问题而导致对施工场地附近的人员或公私财物的干扰和损害,争创文明施工样板工地。

1. 水土保持生态环境保护

(1)路基开挖地段,选择对地形、地貌和植被影响最小的施工方法。边坡挖成后,应及时做好防护工程(如铺草皮、做护坡等)防止水土流失,减少植被破坏。

(2)山地切坡时尽量采用机械作业,滑坡路段不准放炮,应筑好挡土墙后切坡,禁止顺坡弃渣毁坏河道、农田和造成水土流失。

(3)路堑和高路堤边坡,筑路开挖形成的裸露土地及集中弃土、渣的区域,应及时种植花草、树木,岩质边坡栽植蔓生植物,深挖高填路基边坡采用浆砌片石和绿化种植相结合的方式护坡。

(4)在沟壑地弃土、渣时,应按规范有关章节要求,修建挡土墙和排水涵管,防止形成新的水土流失源。

(5)除按图纸或监理工程师事先的书面指示外,承包人不得干扰或改变现有河流、水道、灌溉和排水系统的自然流水状态。

(6)承包人禁止在河道中乱掘采沙。河道采砂必须采取防止土、废弃物等淤积、堵塞河流、水道和排灌系统的措施。

(7)在山林地区施工时,不得在林区设置施工生活区、堆料场,严禁在林区吸烟、烧火取暖;严禁在施工用地范围外砍树,施工临时用地范围内应尽量少砍树,施工结束时恢复种树。

2. 弃土、借土区环境保护

(1)取土场应选择土地贫瘠的土源高地、荒地,少占良地。当必须在耕地取土时,浅挖广取,耕作表层土应集中堆存,取土结束及时整平,覆盖耕植土复耕。

(2)施工中堆料场和运输便道等临时用地尽量不占用农田,必须使用农田时,应收集耕作表土集中堆存,施工结束及时清除残留物质,松土后覆盖耕作土复耕。

(3)低洼地、沟壑地作弃土坑时,施工结束后整平,覆盖耕作土,造田还耕,并通过监理工程师验收。

3. 施工期间环境管理

(1)成立环境保护管理部门专门负责此项工作,施工现场安排专人管理。施工道路沿线安排水车进行经常洒水,防止大量扬尘污染空气。

(2)筑路材料及石灰等堆放地应尽量远离居民区及河流、水库等水域,必要时遮盖,防止污染空气和水源。

(3)水泥采取袋装或罐装运输,石灰应尽量袋装运输,做不到时应遮盖。

(4)施工中摊铺、碾压、堆放、拌和或筛分砂砾、石灰等,应适时洒水,减少粉尘污染,特别注意居民区和水源地的防污染工作。

(5)道路排水工程(涵洞、倒虹吸等)施工期间,应为邻近的田地所有者提供临时灌溉与排水管道或渠道。

(6)施工期间,在居民定居点附近时,应避免夜间施工、爆破施工,防止扰民。

(7)加强油罐的管理工作,防止漏油事件的发生,加强废油的收集和处理工作,严禁乱倒乱泼,以免污染农用土地,破坏耕种环境。

(8)施工时不得对周围的环境产生干扰和损坏,不得破坏原有路系,不得干扰社会车辆的正常行驶,要保证原有道路的畅通。

(9)施工时防止对周围的灌溉渠道和水系造成淤塞、污染和破坏,造成破坏的须立即恢复,避免影响当地的生产活动。

(八)冬期和雨期的施工措施

1. 冬期施工

当预计连续10d平均气温低于5℃或最低气温低于－3℃时,须进行冬期施工的保护:

(1)冬期土石方工程的安排。本合同段地区冬期天气较好,雨水较少,可在冬期安排较大的路基土石方施工力量,进行路基土石方的施工。

(2)冬期春节的施工安排。为了加快施工进度,在冬期春节期间,不考虑休假,仍然安排工程的正常施工。对必须回家的人员进行合理调配,使生产能够正常运行。

(3)冬期应注意的事项。冬期要加强对气象预报信息的收集工作,在施工计划安排上尽量避开不利天气进行浇筑混凝土作业。

(4)冬期混凝土施工措施。

①加热法:先对水、砂、石进行加热,然后进行混凝土搅拌,加快浇筑的速度。

②添加早强剂:在混凝土拌制过程中添加早强剂,以确保混凝土的早期强度尽快达到目标强度。

③新浇筑混凝土的养护:用麻袋或塑料薄膜覆盖养护,以防霜冻而影响混凝土的工程质量。

(5)冬期浆砌工程施工。砂浆砌体工程霜冻天施工时,可采用掺加氯盐抗冻剂办法,防止砂浆受冻而影响质量,并做到随拌随用,砌筑后应用麻袋等进行覆盖保护,以防霜冻。

2. 雨期施工

(1)路基土石方施工。做好路基排水工作,填方工作面做成4%左右的路拱,挖方要留有坡度不小于1%的纵坡,以利排水。

(2)填土路基。做到随挖随运、随填随压,不留松土过夜,并随时掌握天气变化,提前做好施工安排。

(3)强化路基两侧的排水工作和原有水系的疏通工作,以防造成水土流失。

(4)可增加安排路基石方工程的施工,同时安排好构筑物的施工。

四、动员方案

1. 设备、人员动员

从广西、湖北和湖南长沙等地抽调的项目管理人员和专业技术人员目前已基本全部进场,已进场部分路基土石方施工机械设备。2007年3月5日前,所有路基土石方施工机械设备全部到位。

其他结构物施工机械设备目前正在陆续进场,预计到2007年3月5日前基本到位。

2. 设备、人员、材料进场

(1)设备进场运输方法为:在广西的机械设备将考虑用火车运至赣州,再用平板拖车经105国道运往施工现场,湖南长沙的机械设备直接用平板拖车走320国道,经赣粤高速公路、105国道至施工现场,湖北的设备亦采用平板拖车经武黄高速公路,经赣粤高速公路、105国道运往施工现场。

(2)人员可直接乘坐客车抵达或乘火车至南昌再到赣州转乘客车抵达。项目部安排现场交通车辆经105国道公路进入施工现场。

(3)主要材料:钢材、水泥由项目办联合招标采购,生产厂家或供应商负责用载货汽车运至现场,混凝土拌和场水泥由供应商用水泥罐车运至现场;砂、片石、碎石、砾石在赣州市或赣县进行采购,由供应商用自卸车负责运至现场。

五、施 工 计 划

(一)各分项工程的施工顺序

1. 路基部分

(1)清表。
测量放样→开沟排水→机械清除表土并归堆→修筑便道、装车运往弃方区→检查验收。
(2)清淤回填。
施工准备→开沟排水并晾晒→挖掘机挖除淤泥并外运→清淤回填并碾压→检查验收。
施工准备包括机械设备人员就位、修筑施工便道、清前原地面测量收方、初探清淤深度等工作;清淤回填有一般回填土和选料回填;检查验收包括测量收方和质量检查。

(3)路基挖土方施工顺序。

施工准备(包含测量放样、人机就位、便道修筑、场地清理等)→清除表土及树根等→土方开挖并运往设计地点→每挖3~4m修整边坡→挖至设计高程→测量放样并精修边坡→路槽修整并精加工→交工验收。

(4)路基挖石方施工顺序。

施工准备(包含测量放样、人机就位、便道修筑、场地清理等)→清除表土及树根等→挖除覆盖层→钻孔打眼爆破→挖掘机清渣装车→运往设计点→每挖3~4m修整边坡(光面控制爆破)→至设计高程→路槽修整并精加工→交工验收。

(5)路基填土方顺序。

施工准备(包含测量放样、人机就位、开沟排水晾晒、表土清除、修筑便道等)→从挖方运土至填方区→推土机粗平、平地机精平→压路碾压并检测压实度→下层填筑(从挖方区运土至填方区)→修整边坡(每3~4m,94区顶前)→96区顶精加工→交工验收。

(6)路基填石方顺序。

施工准备→从挖方区运石方至填方区→推土机初步整平→工解稍大石块并码砌边坡→推土机精平→碾压→填筑下层→修整边坡(每3~4m、94区顶前)→96区精加工→交工验收。

2. 通涵部分

(1)管涵的施工顺序。

施工准备(现场调查、测量放样)→开挖基坑→铺垫层→浇筑混凝土基座→管节安装→接缝处理→浇筑涵身混凝土→洞口工程。

(2)盖板通道(涵)施工顺序。

施工准备→测量放样→基坑开挖→支基础混凝土模板→基础混凝土浇筑→墙身模板安装→墙身混凝土浇筑→盖板施工→铺底→洞口工程→台背回填。

3. 桥梁下部分项工程施工顺序

(1)人工挖孔桩施工顺序。

场地平整→桩位放线→安装垂直运输(空压机等辅助)设备挖第一节土方→安装护壁模板→浇护壁混凝土→挖下一节土→拆上一节模板→安下节模板→浇护壁混凝土→做扩大头→绑扎钢筋笼浇桩基混凝土。

(2)钻孔桩施工顺序。

施工准备(测量放样)→埋设钢护筒→钻机就位→钻孔→清孔及放钢筋笼→灌注水下混凝土→拔钢护筒→凿桩头。

(3)桥墩施工顺序。

基底凿毛→测量放样→模板支设→钢筋安放→浇筑混凝土→进入下一道工序。

(4)桥台扩大基础施工顺序。

施工放样→开挖基坑→清理基坑→架设模板→钢筋安装→混凝土浇筑→养护→进入下一道工序。

(5)扩大基础的施工顺序。

施工放样→开挖基坑→清理基坑→架设模板→钢筋桩混凝土浇筑→养护→进入下一道

工序。

(6)台帽、盖梁施工顺序。

测量放样→安装底模→绑扎钢筋→安装侧模→混凝土浇筑→混凝土养护→交工验收。

4. 桥梁上部分项工程施工顺序

(1)后张法预应力梁的施工顺序。

施工准备→底模制作→安放并绑扎钢筋→安放预埋件及波纹管并穿钢绞线(索)→扣侧模→浇底部混凝土(空心板梁、箱梁)→安装内模(空心板、箱梁)→浇筑混凝土并养护→清孔、湿孔并张拉锚锢→压浆封端并养护→起槽安装。

(2)防撞墙及桥面铺装施工顺序。

测量放样→绑扎防撞墙钢筋→安装防撞墙模板→浇防撞墙混凝土→拆防撞墙模板→绑桥面铺装钢筋网筋→预埋伸缩缝预埋件→浇筑混凝土→养护→安装伸缩缝及泄水孔。

5. 排水防护部分

(1)截水沟、边沟、排水沟施工顺序。

施工准备→测量放样→挖土方→浆砌片石→勾缝→抹面→清理现场→交工验收。

(2)渗沟。

施工准备→测量放样→挖土方→浇混凝土垫层→铺设土工布、安装 PVC(聚氯乙烯)管→回填碎石→夯填黏土→清理现场→交工验收。

(3)护面墙、骨架护坡施工顺序。

边坡土方修整→测量放样→挂线砌筑→抹面勾缝→清理现场→交工验收。

(二)施工进度总体安排

本项目计划工程开工日期为 2007 年 3 月 15 日,竣工日期为 2008 年月 30 日,须确保整个合同段在 12 个半月内完成。各主要工程工期计划如下。

施工准备:2007 年 3 月 1 日—2007 年 3 月 15 日,共 15d。
路基处理:2007 年 3 月 15 日—2007 年 5 月 15 日,共 61d。
路基填筑:2007 年 3 月 15 日—2008 年 1 月 15 日,共 306d。
涵洞工程:2007 年 3 月 20 日—2007 年 5 月 20 日,共 72d。
通道工程:2007 年 3 月 20 日—2007 年 7 月 20 日,共 122d。
防护与排水工程:2007 年 6 月 1 日—2008 年 3 月 1 日,共 274d。
桥梁工程:2007 年 3 月 15 日—2008 年 3 月 15 日,共 365d。
竣工验收:2008 年 3 月 15 日—2008 年 3 月 30 日,共 15d。

六、设　备

(一)施工机械设备配备计划

目前已进场的主要施工设备有 CAT320 挖掘机 1 台,YZ20E 压路机 1 台,Y1803 压路机 1 台,ZL50 装载机 1 台,PY180 平地机 1 台,6000L 水车 1 台。计划在 2007 年 3 月 15 日前再调入 10 台挖掘机(4 台 220 型,6 台 320 型)、12 台推土机(9 台 D85 型,3 台 160 型)、9 台 18t 以上压路机、8 台 50 型装载机、3 台 PY180 型平地机、9 台潜孔钻、60 台自卸车(后 8 轮)。其他桥涵结构物施工机械、设备在 2007 年 3 月 15 日前亦全部进场。

(二)工地试验室配备

中心试验室土建工程目前已全部完成,仪器设备除 1 台压力机为原有仪器加装数显装置外,其余试验仪器设备全部为新购。所有仪器设备目前已全部安装到位,近日内即可调试标定。进场试验仪器见表 6-26。

进场试验仪器 表 6-26

序号	设备名称	规格型号	生产厂家	单位	数量
1	压力机	2000kN	—	台	1
2	多功能电动击实仪	JZ-2D	上海路达	台	1
3	电动脱模器	LD-T150D	上海路达	台	1
4	数显液塑限测定仪	76~100g	浙江科达	台	1
5	灌砂筒	φ150	上虞	套	4
6	承载比试验仪	(CBR)	上海英松	台	1
7	测力环	20~30kW	浙江瑞安	台	1
8	轻型触探仪	STCT-1	上虞	台	1
9	铝土盒	大、中号	上虞	个	30
10	李氏密度瓶	250ML	上海	个	2
11	泥浆黏度计	1006	上海东星	件(套)	1
12	泥浆密度仪	NB-1	上海东星		
13	泥浆含砂量测试仪	NA-1	上海东星		
14	石子压碎仪	2005 新规范	上虞	台	1
15	万能材料试验机	WE-600B	上海路达	台	1
16	冷弯冲头	φ6~125	上海路达	套	1
17	台秤	10kg	上海	台	4
18	磅秤	100kg	上海	台	1
19	电子天平	2000g/0.01g	长沙	台	1
20	电子秤	15kg/1g	广东	台	1
21	水泥电动抗折机	DKZ-5000	上海路达	台	1
22	水泥净浆搅拌机	NJ-160	上海路达	台	1
23	水泥胶砂搅拌机	JJ-5	上海路达	台	1
24	水泥胶砂振实台	ZT-96	上海路达	台	1
25	水泥抗压夹具	40×40	无锡	台	1
26	水泥凝结时间测定仪	新标准	无锡	台	1
27	负压筛析仪	FSY-150	上海路达	台	1
28	水泥胶砂试模	40×40×160	上海路达	条	6

续上表

序号	设备名称	规格型号	生产厂家	单位	数量
29	雷氏法测定仪	LD-5	天津	台	1
30	雷氏夹	—	河北	盒	1
31	水泥沸煮箱	FL-31	上海路达	台	1
32	水泥留样桶	—	上虞	只	3
33	混凝土抗压试模	加厚 150^3	河北	个	60
34	砂浆试模	70.7^3	河北	条	20
35	新标准土壤筛	$\phi300$ 冲框	上虞	套	1
36	顶击式两用震筛机	ZBS-92A	上海路达	台	1
37	石子、沙子筛	方孔	上虞	套	1
38	振动台	$0.8m^2$	上海路达	台	1
39	单卧轴强制式混凝土搅拌机	SJD-60	上海路达	台	1
40	养护室控制仪	BYS-20	上海路达	套	1
41	恒湿恒温养护箱	HBY-40	上海路达	台	1
42	水泥浆稠度仪	STSC-1	上虞	台	1
43	混凝土坍落度仪	—	上虞	套	3
44	砂浆分层度仪		上虞	台	1
45	砂浆稠度仪	SZ-145	天津	台	1
46	混凝土回弹仪	ZC3-A	上冻六陵	台	1
47	针片状规准仪		天津	—	1
48	钢筋连续打点机	STDD-1	上虞	—	1
49	3m 直尺		温州	把	1
50	路面弯沉仪	5.4m	温州	套	2
51	电热鼓风干燥箱	101-2	上海路达	台	1
52	游标卡尺	200mm	上海	把	1
53	干湿温度计	—	—	个	5
54	烧杯	1000mL	上海	套	10
55	混凝土贯入阻力仪	SG0-1200N	—	个	1

3月15日前进场桥涵结构物施工机械见表6-27。

3月15日前进场桥涵结构物施工机械　　　　表6-27

序号	设备名称	数量	单位	设备资料	
				型号	功率或产量
1	水泥混凝土搅拌站	2	台	HZS90	171.6kW
2	强制式混凝土搅拌机	1	台	JS500	$30m^3/h$
3	水泥混凝土搅拌站	1	台	JS500	$30m^3/h$

续上表

序号	设备名称	数量	单位	设备资料 型号	设备资料 功率或产量
4	预应力设备(油泵)	8	套	ZB4/500	—
5	预应力设备(油泵)	4	套	YC300/500	—
6		4	套	YC350/500	
7	汽车式起重机	1	台	QY25A	162kW
8	汽车式起重机	1	台	QY50	194kW
9	汽车式起重机	1	台	QY80	236kW
10	架桥机	1	台	50/150	50m
11	架桥机	1	台	CH-70	50m
12	回旋钻机	2	台	KP2500	95kW
13	回旋钻机	5	台	KP1500	55kW
14	冲击钻机	2	台	YKC-30	40kW

七、人　员

(一)主要管理人员与技术人员配备

项目部主要管理人员与技术人员大部分已经进场,还未进场的人员在2007年3月5日前全部到位。

(二)劳动力组织计划

根据本标段工程特点,按照分工明确、突出专业化施工、确保工程质量的原则,投入具有丰富施工经验的路基、路面、桥涵、软基处理等专业施工队参加本工程施工,配备具有多年公路施工和管理经验的人员进行施工管理。在施工过程中,一方面加强施工配套机械设备投入,提高机械化作业程度,推动劳动生产率的进步;另一方面采取用工弹性制度,根据工程的进展进行合理安排劳力。劳动力投入计划见表6-28。

劳动力投入计划(单位:人)　　　　表6-28

工区	2007年 1季度	2007年 2季度	2007年 3季度	2007年 4季度	2008年 1季度
一工区	80	180	320	280	150
二工区	100	150	240	200	120
三工区	100	120	200	180	150
搅拌、预制场	30	80	110	70	20
合计	310	530	870	730	440

八、其 他

(一)环境保护保证体系及其保证措施

1. 环境保护体系

(1)严格遵守国家有关环境保护方面的法律、法规,落实环境保洁责任制,所有施工现场以外的公用场地禁止堆放材料、工具、垃圾等杂物;施工区内除按计划搭设临时设施和堆放施工材料外,对生活管理区和人员活动区进行必要的场地绿化,美化环境,保持现场周围清洁卫生。

(2)项目经理是环保工作的第一责任人,是施工现场环境保护自我监控体系领导者和责任人。

(3)项目经理部设专人负责环保工作,在环保工作方面直接服从项目经理的领导,主要职责是负责本标段的环保具体管理工作。进场后及时与地方政府环保机构建立联系,了解地方环境保护法规对土建施工的具体要求,签订有关协议,制订报审具体办法及办理有关手续。施工中严格履行合同中对取弃土、排污等施工环境保护方面的承诺。

环境保护体系框图如图 6-25 所示。

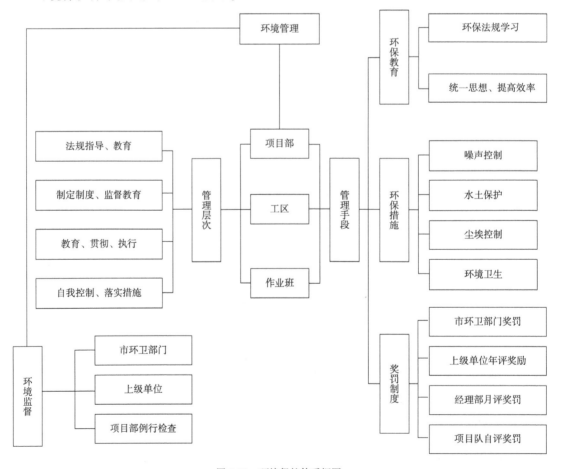

图 6-25 环境保护体系框图

2. 水冲刷及水污染防治

（1）将临时性污水排放与本合同规定的永久性防治工程相结合，以便在施工期内有效、经济、持续地控制水冲刷和水污染。

（2）冲洗集料的水或其他施工废水，在排入河流以前，先经过沉淀或其他有效方法处理，以减少沉淀物对河流的污染。

（3）修筑施工便道时，在便道两侧开挖过水土沟以利于排水；在低洼处设置过水涵管；临时占地不堵塞原有河沟，以保证雨期施工时地面水能够排出。

（4）对废弃的土方，根据设计图纸提供的弃土场统一堆放、整平，堆土高度不得超过3m，边坡控制在1:1.5左右，表面夯实，并做好排水设施，以避免冲刷水土流失。

（5）钻孔过程中废弃及溢出的泥浆，经沉淀池待泥浆完全沉淀后再排入当地水系，沉淀池内沉淀的泥浆，用挖掘机装车运送至弃土场，严禁将泥浆直接排入沟渠。

3. 污水、废油防治

（1）生活区、办公区和施工区设置污水沉淀池，施工及生活污水经过至少三级沉淀，并经过水质检测达标后才能排放。

（2）加强对施工机械的维修和保养，遇到漏油的机械必须及时修复，废油经回收后集中存放，统一处理。

4. 废物和垃圾

（1）施工和生活中的废物集中放置，并及时处理或运至监理工程师和当地环保部门都同意的地点放置，如无法及时处理或运走，则必须加以掩盖以防散失。

（2）如果废弃材料有毒，应运送至经监理工程师和环保部门批准设置的永久性废料弃置区予以封闭，以防污染地表水。

5. 灰尘

（1）加强对筑路材料运输车辆的管理。当运输易飞扬的材料时，应加以覆盖以防尘土飞扬，储存松散和易于飞扬材料的地点应当位于避风处。

（2）在干燥季节进行路堤施工时应伴以洒水，以保证材料潮湿，避免尘土飞扬。

6. 噪声

在沿线人群居住密集区附近，尽量避免夜间施工，除经监理工程师批准外，不得在夜间安排噪声很大的机械施工。尽量避免非施工噪声，通过有效的管理和技术手段将施工噪声降至最低。

7. 施工后期的场地恢复措施

工程竣工后，及时拆除施工临时设施，做到"工完料净场地清"，将工地和四周环境及时清理干净，并及时整治规划场地，恢复临时占用的土地。

(二)廉政建设

1. 廉政建设的意义

认真贯彻落实中共中央、国务院《关于实行党风廉政建设责任制的规定》和党的十六大精神,紧紧围绕瑞赣公路的施工建设,以进一步加强廉政建设为目的,抓住源头治腐工作这个主题,以管理好项目的人、财、物为突破口,把"教育是基础,制度作保障,监督是关键"作为创"阳光工程""廉政工程"的途径,把关口前移,避免"工程上马,干部下马"和"船到江心补漏迟"的现象发生,坚持标本兼治,加强治本力度,不断提高项目广大党员干部和从业人员的自律意识和拒腐防变的能力,为项目施工提供可靠的政治保证,确保党的廉政建设和反腐工作与项目管理工作同步推进,实现项目两个文明建设的同步发展。

2. 廉政建设措施

(1)实行党的廉政建设责任制,坚持"党委统一领导、党政齐抓共管、纪委组织协调、部门各负其责、依靠群众支持参与"的领导体制,和"谁主管谁负责、分管领导责任连坐制、一级抓一级、层层抓落实"的工作机制。局设立了党风廉政建设领导小组,组长由局党委书记担任,副组长由局纪委书记担任,领导小组成员由局政工部、监察部、财务部等部门负责人和各单位负责人组成。党风廉政建设领导小组下设办公室,形成了党风廉政建设责任制领导组织体系和廉政建设目标管理体系。对项目实行党风廉政建设监察员制度。项目党支部与局党风廉政建设领导小组签订廉政建设责任书,负责本项目的党风廉政建设工作,做到制度落实、人员落实,保证项目规范运行。

(2)投标人和从业人员均应认真履行廉政行为规范。投标人和从业人员严格遵守党和国家的有关法律法规及有关廉政规定,严格执行《施工合同》中有关条款和招标有关文件精神,自觉按合同办事。在业务活动中,坚持公平、公正、公开、诚信的原则,不得损害国家和集体利益。不得以任何理由向甲方工作人员馈赠礼金、有价证券、贵重礼品;不得以任何名义为甲方及其工作人员报销应由甲方单位或个人支付的任何费用;不得以任何理由安排甲方人员参加高消费宴请及娱乐活动,不得为甲方单位和个人购置或提供通信工具、交通工具和高档办公用品及其他应属其单位或个人支付的物品等。

(3)工程建设中各阶段廉政建设的具体实施要求。在工程建设中,坚持把用好权、管好财、用好人作为项目源头政治工作的重点,抓住关键环节和关键部位,狠抓落实。在招标投标过程中本着诚实守信的原则,不参与买标卖标和套标。在工程建设中,严格遵守《施工合同》的有关条款,并贯彻落实本单位关于党风廉政建设的有关规定,使廉政建设的规定和要求贯穿工程施工的各个环节。

(4)执行廉政规定的管理制度、监督机制以及进行监察的方法、标准,严格执行党风廉政建设管理规定和制度,进一步落实《国有企业领导干部廉洁自律五项规定》。在监督机制方面,建立副科级以上干部廉政档案,实行项目派驻纪检监察员和项目纪检监察定期报告制度、项目材料采购招标制度、材料"采购、验收、付款"三权分立结账制度、重点岗位定期轮换制度、票据"联审会签"制度和项目账务公开、职工考勤与民工用工结算公开、行政食堂收支公开等"四公开"制度等。在检查考核与标准方面,根据企业《党风廉政建设考核实施细则》《双"文明"考核实施细则》等制度的规定,项目平时自检自查,局每半年进行抽查,年终由局组成检查小组对项目进行检查评分考核考评。

(5)实施廉政建设中的责任追究。企业本部及项目经理部党员领导干部及从业人员,违反上级业主及局廉政建设有关规定的,视其情节轻重,给予批评、上报批评、改组或解散、撤换人员等组织处理;对直接责任人给予警告、严重警告、留职察看、开除党籍处分;情节特别严重或造成较大影响的应提交司法机关处理。

(三)卫生、健康

1. 卫生

项目部建立卫生管理制度,安排专门人员负责办公区、生活区内公共区域的卫生清扫工作,员工宿舍内的卫生由各个宿舍内的人员轮流值日,保证员工宿舍、办公室物品摆放整齐、干净。

在工程施工期间,由综合办公室负责采购基本医疗器械、药品,并聘请有行医资格的叶山村医疗诊所的医师为项目部员工进行日常医疗常识、紧急情况医疗简单现场急救等知识的培训。

员工食堂配备消毒柜,对餐具、炊具每餐均进行消毒处理。食堂内未经冷冻的过夜食品不得食用。施工现场严禁乱扔垃圾,快餐盒、一次性筷子等垃圾必须回收后统一处理。

2. 健康

对项目部所有员工进行健康知识培训,特别是对施工作业人员进行疾病预防知识的培训。定期组织对项目所有人员进行健康检查,发现传染病人及时送至传染病医院进行治疗。为操作人员配备必要的防护用品,由项目部综合办公室负责督促操作人员正确使用。

(四)其他说明事项

(1)因叶山村所处位置无有线网络,项目部在赣州市内租赁一套住房并接入宽带网,建立计算机项目管理信息系统,用于计量支付、项目进度、质量控制管理、项目合同控制和成本控制。

(2)按照公司 ISO 9001(2000 年版)质量保证和质量管理体系,项目设置质量控制工程师一职,对项目进行现场质量管理和内部质量管理监督,由质检工程师兼任。

(3)项目部安排专人进行地方协调工作,主要负责治安管理、征地拆迁协调、与各地方政府对接事项等。

(4)施工现场设置施工标志,注明施工单位、施工时间、施工范围、施工单位主要行政和技术领导的姓名。施工现场周围有学校、居民区时,严格控制噪声的影响。

(5)根据项目的特点和进场职工的情况,积极开展"青年文明号"创建活动,把本合同段工程建设成江西省优质工程。

(6)抓好项目的资金管理,把有限的工程款用在工程的质量和进度上。

附件1　分项工程进度率计划(斜率图)

分项工程进度率计划(斜率图)如图 6-26 所示。

附件2　工程管理曲线

工程管理曲线如图 6-27 所示。

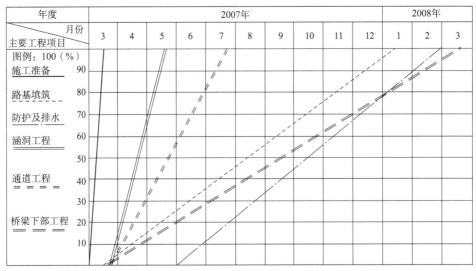

图 6-26 分项工程进度率计划(斜率图)

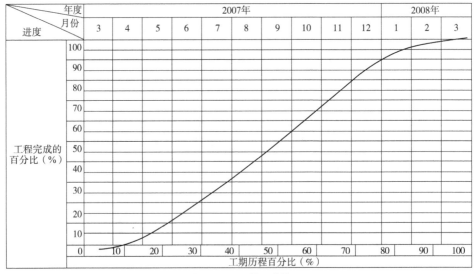

图 6-27 工程管理曲线

本章习题

一、问答题

1. 试述施工组织计划的主要内容。
2. 试述实施性施工组织设计的主要内容。
3. 在编制施工组织设计时,主要调查哪四个方面的资料?
4. 试述施工组织设计的编制程序。
5. 确定施工顺序的原则有哪些?
6. 简述预制预应力 T 梁的工艺流程。
7. 简述施工进度计划的编制步骤。
8. 在选择运输方式时,应考虑哪些影响因素?
9. 试述道路桥梁工程施工平面图设计的步骤。
10. 集中型工程施工平面图一般应包括哪些内容?

二、计算题

1. 某实体式浆砌块石桥台高 8m，工程量 250m³，按预算承包给某砌筑班。该砌筑班 20 人，按一班制施工，预计几天能完成工程？若要求 14d 完成，需增加几人？（浆砌块石施工定额为 23.5 工日/10m³）

2. 某石砌挡土墙墙身 $Q=100m^3$，流水施工组织的单位工作量为 $20m^3$，时间定额为 1.1 工日/m^3，投入 14 人，求流水节拍及全部工作时间。

3. 钢筋混凝土管涵，混凝土工程量 400m³，钢筋 30t，直径 1.5m，有 50 名工人及 250L 混凝土搅拌机 1 台，采用一班制。求劳动量和主导劳动量。若要求 60d 完成，应如何解决？

4. 某道路工程的劳动力用工计划安排见表 6-29。试计算该工程劳动力不均衡系数，并说明是否需调整用工计划。

劳动力用工计划安排　　　　　　　　　　　　　　　　　表 6-29

3月	4月	5月	6月	7月	8月	9月			10月
						上旬	中旬	下旬	
30	32	40	56	78	62	55	46	42	28

5. 表 6-30 是某工程的钢筋需求计划与供应计划安排表。试计算到日历天数为多少时，可完成材料的供应任务？若为了保证工程正常进行，要求材料供应有 5d 的储备量，请问该钢筋供应方案能否满足要求？

钢筋需求计划与供应计划安排　　　　　　　　　　　　表 6-30

日历天数	10	20	30	40	50	60	70	80
日需求量(t)	0	0	35	40	45	55	50	40
日供应量(t)	30	40	35	25	45	45	30	20

6. 某施工项目部共有行政办公人员 36 人，根据施工进度计划安排，高峰期施工人数达 450 人。试确定临时房屋建筑面积。

7. 某路桥施工场地的总面积为 10 万 m²，施工人员总数为 150 人，试计算生活用水量和消防用水量。

8. 某工地进行混凝土承台施工，每日需进行钢筋绑扎、焊接及混凝土浇筑、养生作业（自然养生），电焊机为 25 型（2 台），一班制作业，高峰作业时的每日浇筑混凝土量为 100m³，试计算工程施工用水量和施工机械用水量。

9. 某项目经理部在进行施工工地供水设施设计中计算得到用水量数据为：工地施工工程用水量为 11.46L/s，机械用水量为 0.12L/s，工地生活用水量为 0.72L/s，生活区生活用水量为 0.95L/s，消防用水量为 10L/s。若工地面积为 45000m²，试问采用直径为 φ50mm 的钢管供水能否符合要求？

10. 某桥梁工程的箱梁预制场，需要在 120d 内预制标准路径 30m，计算得出需要跨径 29.5m 的 C50（碎石 40,42.5 级水泥）普通混凝土箱梁 80 片。若箱梁横截面面积为 1.76m²，C50 混凝土消耗定额为水 0.19m³、水泥 487kg、中砂 0.43m³、碎石 0.79m³。假设水泥储备期不小于 10d，材料使用不均衡系数取 1.3，仓库利用系数取 0.7，散装水泥堆放高度为 2.00m，每平方米堆放水泥 2.8t。

(1) 计算水泥总需求量；
(2) 计算水泥储备量；
(3) 计算水泥仓库面积。

第 7 章　施工网络计划技术

7.1　网络计划概述

网络计划在我国也称为统筹方法,是一种有效的系统分析和优化技术。它源于工程技术和管理实践,又广泛地应用于军事、航天和工程管理、科学研究、技术发展、市场分析和投资决策等各个领域,并在诸如保证和缩短时间、降低成本、提高效率、节约资源等方面取得了显著的成效。我国引进和应用网络计划理论,除国防科研领域外,以土木建筑工程建设领域最早,并且在有组织地推广、总结和研究这一理论方面的历史也最长。

网络计划技术的基本原理是:首先绘制工程施工网络图,然后通过计算找出计划中的关键工作及关键线路,继而通过不断改善网络计划,选择最优方案,并付诸实施;最后在执行中进行控制和监督,保证以最小的消耗取得最大的经济效益。

7.1.1　网络计划技术的产生与发展

网络计划,即网络计划技术(Network Planning Technology),是指用于工程项目的计划与控制的一项管理技术。网络计划方法起源于美国,是项目计划管理的重要方法。从 1956 年起,美国就有一些数学家和工程师开始探讨这方面的问题。1957 年,美国杜邦化学公司首次采用了一种新的计划管理方法,即关键路线法(Critical Path Method,简称 CPM),第一年就节约了 100 多万美元,相当于该公司用于研究发展 CPM 所花费用的 5 倍以上。1958 年,美国海军武器局特别规划室在研制北极星导弹潜艇时,应用了被称为计划评审技术(Program Evaluation and Review Technique,简称 PERT)的计划方法,使北极星导弹潜艇比预定计划提前两年完成。统计资料表明,在不增加人力、物力、财力的既定条件下,采用 PERT 就可以使进度提前 15%～20%,节约成本 10%～15%。网络计划方法在我国各类大型工程项目的管理中已经得到普遍应用。

CPM 和 PERT 是独立发展起来的计划方法,在具体做法上有不同之处。CPM 假定每一活动的时间是确定的,而 PERT 的活动时间基于概率估计;CPM 不仅考虑活动时间,也考虑活动费用及费用和时间的权衡,而 PERT 则较少考虑费用问题;CPM 采用节点型网络图,PERT 采用箭线型网络图。但两者所依据的基本原理基本相同,即是通过网络形式表达某个项目计划中各项具体活动的逻辑关系,现在人们将其合称为网络计划技术。

后来,为了适应各种计划管理的需要,以 CPM 方法为基础,又研制出了其他一些网络计划法,如搭接网络技术(DLN)、图形评审技术(GERT)、决策网络计划法(DN)、风险评审技术(VERT)、仿真网络计划法和流水网络计划法等。从此,网络计划技术被许多国家认为是当前最为行之有效的、先进的、科学的管理方法。

我国是从 20 世纪 60 年代开始运用网络计划的。著名数学家华罗庚教授结合我国实际,在吸收国外网络计划技术理论的基础上,将 CPM、PERT 等方法统一定名为统筹法。网络计划技术在我国已广泛应用于国民经济各个领域的计划管理中。

7.1.2 网络计划技术基本内容

网络计划技术包括以下基本内容。

1. 网络图

网络图是指网络计划技术的图解模型,反映整个工程任务的分解和合成。分解,是指对工程任务的划分;合成,是指解决各项工作的协作与配合。分解和合成是解决各项工作之间逻辑关系的有机组成是绘制网络图的基础工作。

2. 时间参数

在实现整个工程任务过程中,包括人、事、物的运动状态,这种运动状态都是通过转化为时间函数来反映的。反映人、事、物运动状态的时间参数包括:各项工作的作业时间、开工与完工的时间、工作之间的衔接时间、完成任务的机动时间及工程范围和总工期等。

3. 关键路线

通过计算网络图中的时间参数,求出工程工期并找出关键路径。在关键路线上的作业称为关键作业,这些作业完成的快慢直接影响着整个计划的工期。在计划执行过程中,关键作业是管理的重点,在时间和费用方面要严格控制。

4. 网络优化

网络优化,是指根据关键路线法,通过利用时差,不断改善网络计划的初始方案,在满足一定的约束条件下,寻求管理目标达到最优化的计划方案。网络优化是网络计划技术的主要内容之一,也是相较其他计划方法更优越的主要方面。

网络计划技术既是一种科学的计划方法,又是一种有效的生产管理方法。

网络计划的最大特点就在于它能够提供施工管理所需要的多种信息,有利于加强工程管理,有助于管理人员合理地组织生产,使管理人员做到心里有数,知道管理的重点应放在何处、怎样缩短工期、在哪里挖掘潜力、如何降低成本。在工程管理中提高应用网络计划技术的水平,必能进一步提高工程管理的水平。

7.1.3 网络计划技术的分类

1. 按表示方法不同分类

(1)双代号网络计划。双代号网络计划是以双代号网络图表示的计划。双代号网络图是以箭线及其两端节点的编号表示工作的网络图。

（2）单代号网络计划。单代号网络计划是以单代号网络图表示的计划。单代号网络图是以节点及其节点编号表示工作，以箭线表示工作之间逻辑关系的网络图。

2. 按性质不同分类

（1）肯定型网络计划。肯定型网络计划是指以各工作数量、各工作之间的逻辑关系及各工作的持续时间都肯定的网络计划。

（2）非肯定型网络计划。非肯定型网络计划是指以各工作数量、各工作之间的逻辑关系及各工作的持续时间三者之中，有一项及以上不肯定的网络计划。

3. 按目标的多少不同分类

（1）单目标网络计划。只有一个最终目标的网络计划称为单目标网络计划，如图7-1所示。

（2）多目标网络计划。由若干个独立的最终目标与其相互有关工作组成的网络计划称为多目标网络计划，如图7-2所示。

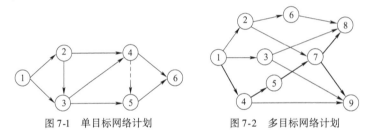

图7-1　单目标网络计划　　　　图7-2　多目标网络计划

4. 按网络计划包括范围不同分类

（1）局部网络计划。局部网络计划是指以一个建筑物或构筑物中的一部分，或以一个分部工程为对象编制的网络计划。

（2）单位工程网络计划。单位工程网络计划是指以一个单位工程或单体工程为对象编制的网络计划。

（3）综合网络计划。综合网络计划是指以一个单项工程或一个建设项目为对象编制的网络计划。

5. 网络计划的其他分类

（1）时标网络计划。工作的持续时间以时间坐标为尺度绘制的网络计划称为时标网络计划，如图7-3所示。工作的持续时间以数字形式标注在箭线下面绘制的网络计划称为非时标网络计划。

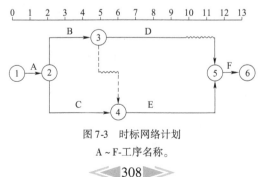

图7-3　时标网络计划

A~F-工序名称。

(2)搭接网络计划。搭接网络计划是指前后工作之间有多种逻辑关系的肯定型网络计划,其主要特点是可以表示各种搭接关系。

7.1.4　网络计划技术的基本原理

网络计划技术的基本原理如下:

(1)把一项工程全部建造过程分解成若干项工作,并按各项工作开展顺序和相互制约关系,绘制成网络图;

(2)通过网络图各项时间参数计算,找出关键工作、关键线路;

(3)利用最优化原理,不断改进网络计划初始方案,并寻求其最优方案;

(4)在网络计划执行过程中,对其进行有效的监督和控制,以最少的资源消耗,获得最大的经济效益。

7.2　双代号网络计划

7.2.1　双代号网络图的组成

组成双代号网络图的三要素是箭线(箭杆)、节点、线路。其有关含义、作用和相关术语见表 7-1。

双代号网络图三要素概述表　　　　表 7-1

构成要素		含　义	作　用	相关术语
箭线（箭杆）	实箭线	网络图中一端带箭头的线段即为箭线。在双代号网络图中,它与其两端的点表示一项工作	(1)表示工作方向; (2)表示一项工作所消耗的时间和资源	(1)紧前、紧后与平行工作:两项工作依次进行,互称紧前、紧后工作;两项或当项工作同步进行,互称平行工作。 (2)先行、后续工作:安排在本工作之前和之后进行的所有工作分别称为本工作的先行和后续工作
	虚箭线	表示"虚工作",即本身无实际工作内容,因而不占用时间、资源的虚拟工作	(1)建立工作间应有逻辑关系; (2)断开工作间错误逻辑关系; (3)避免不同箭线编号重复	(1)联系作用:应用虚箭线正确表达工作之间相互依存的关系; (2)断路作用:用虚箭线断掉多余联系; (3)区分作用:若两项工作的代号相同时,应使用虚工作加以区分
节点		网络图中箭线端部的圆圈或其他形状的封闭图形就是节点,是前后两工作(序)的交点,表示工作的开始、结束和连接关系	用于衔接不同工作	(1)网络图的开始、结束与中间节点:分别指与起始、收尾工作相连的节点和网络图中的其余节点; (2)工作的开始与结束节点:分别指与本工作(箭线)箭尾、箭头相连的节点; (3)节点编号原则:箭尾节点编号小于箭头节点,箭线编号禁止重复,以避免不同工序重名现象

续上表

构成要素	含 义	作 用	相关术语
线路	网络图中从起始节点开始,沿箭线方向连续通过一系列箭线和节点,最后到达终点节点的通路	(1)由关键线路持续时间确定计划工期; (2)比较关键与非关键线路,确定线路或工作时间,作为优化、调整计划的基础	(1)线路、线路段:分别指某条线路的整体中一项以上工作构成的局部; (2)关键线路与非关键线路:前者指总持续时间最长的那条线路,后者指网络图中的其余线路; (3)关键工作与非关键工作:分别指网络图中位于关键线路上的工作和其他工作; (4)关键节点与非关键节点:分别指网络图中位于关键线路上的节点和其他节点

1. 工作

工作也称过程、活动、工序等。用一条箭线和两个圆圈表示一项工作(施工过程、任务);

实工作是指既需消耗时间,又需消耗资源的工作,也称为一般工作,用实箭线[图7-4a)]表示,如砌基础等。

间歇是指只消耗时间而不消耗资源的工作,如混凝土养护。

虚工作是指既不消耗时间,也不需要消耗资源的工作,用于确切表达网络图中工作之间相互制约、相互联系的逻辑关系,用虚箭线[图7-4b)]表示。

2. 节点

节点也称结点、事件,一般用圆圈表示,表示工作开始、结束或连接关系。

节点不消耗时间和资源,只表示工作开始、结束的瞬间。

(1)起点节点:整个网络计划的第一个节点;

(2)终点节点:整个网络计划的最后一个节点;

(3)中间节点:整个网络计划除起点节点和终点节点以外的其他节点;

(4)开始节点、结束节点:相对于一个工作而言的节点。

节点示意图如图7-5所示。

图7-4 箭线示意图　　　　图7-5 节点示意图

3. 编号

(1)节点编号的规则:箭头节点编号始终大于箭尾节点编号。节点含义示意图如图7-6所示。

(2)节点编号的顺序:从起始节点开始,依次向终点节点进行编号。

(3)在一个网络图中,所有节点不能出现重复编号,编号的号码可以按自然顺序进行,也可以非连续编号。

图 7-6 节点含义示意图

4. 线路

线路是指网络图中从起点节点开始,沿箭线方向连续通过一系列箭线与节点,最后到达终点节点的通路。其中,工期最长的线路称为关键线路(或主要矛盾线)。位于关键线路上的工作称为关键工作。关键线路至少有一条,可能有多条。

关键线路适宜用粗箭线、双箭线或彩色箭线标注,以突出其重要位置。

7.2.2 双代号网络图的绘制

1. 双代号网络图的逻辑关系及其正确表示

1) 逻辑关系

逻辑关系是指工作之间开始投入或完成的先后关系,工作之间的逻辑关系用紧前关系或紧后关系(一般用紧前关系)来表示。

工作之间的逻辑关系包括工艺逻辑关系和组织逻辑关系。

(1) 工艺逻辑关系。工艺逻辑关系是指由施工工艺所决定的各个施工过程之间客观上存在的先后顺序关系。对于一个具体的工程项目而言,当确定施工方法之后,各个施工过程的先后顺序一般是固定的,有的是绝对不允许颠倒的。如图 7-7 所示,挖槽(简称"槽")1→垫层基础(简称"垫基")1→回填(简称"填")1 为工艺逻辑关系。

(2) 组织逻辑关系。组织逻辑关系是施工组织安排中,考虑劳动力、机具、材料及工期等方面的影响,在各施工过程之间主观上安排的施工顺序。这种关系不受施工工艺的限制,不是由工程性质本身决定的,而是在保证工作质量、安全和工期等的前提下,可以人为安排的顺序关系。如图 7-7 所示,槽 1→槽 2、垫 1→垫 2 等为组织逻辑关系。

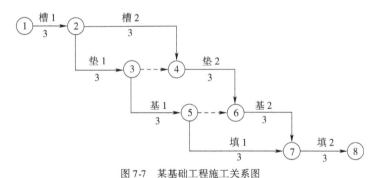

图 7-7 某基础工程施工关系图

绘制双代号网络图,必须正确表达工作的逻辑关系。图 7-8 给出了表达工作逻辑关系的几个例子。图 7-8a)表示工作 A 的紧后工作为 B、C;图 7-8b)表示工作 C 的紧前工作是 A、B;图 7-8c)表示工作 A、B 的紧后工作是 C、D;图 7-8d)表示工作 A 的紧后工作是 C、D,工作 B 的紧后工作是 D。图 7-8d)中,用一虚箭线把工作 A 和工作 D 连了起来,若没有它,工作 A、B、C、D 的这种关系就无法表达了。

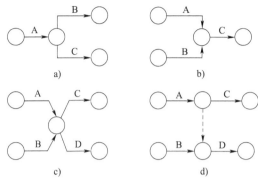

图 7-8 双代号网络计划工作逻辑关系图

2)工作-工作的逻辑关系

(1)本工作:指正在进行的某项工作。

(2)紧前工作:紧排在本工作之前的工作称为本工作的紧前工作。

(3)紧后工作:紧排在本工作之后的工作称为本工作的紧后工作。

(4)平行工作:与本工作同时进行的工作称为平行工作。

(5)起始工作:没有紧前工作的工作。

(6)结束工作:没有紧后工作的工作。

3)内向箭线和外向箭线

(1)内向箭线:指向某个节点的箭线称为该节点的内向箭线,如图 7-9 所示。

(2)外向箭线:从某节点引出的箭线称为该节点的外向箭线,如图 7-10 所示。

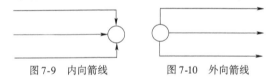

图 7-9 内向箭线　　图 7-10 外向箭线

4)虚工作及其应用

虚工作是指在双代号网络图中,只表示前后相邻工作之间的逻辑关系,既不占用时间,也不耗用资源的虚拟的工作。

虚工作一般起着联系、区分、断路三个作用。

(1)联系作用:如图 7-11a)所示,3→4 虚工作表明绑钢筋 2 在绑钢筋 1、立模 2 都完成后才开始;

(2)断路作用:如图 7-11a)所示,3→4、5→6 虚工作表示正确的逻辑关系;

(3)区分作用:如图 7-11a)所示,3→4 虚工作与 2→4、2→3 工作有所区分。

如果去掉图 7-11a)中虚工作,则成为图 7-11b),该图中便没有了联系、区分、断路的作用。

2. 双代号网络图的绘制规则

(1)双代号网络图必须正确表达逻辑关系。在表示工程进度计划的网络图中,工作之间的逻辑关系是由施工组织、施工技术、工艺流程、资源供应、施工场地等决定的。各项工作之间逻辑关系表达正确与否,是网络计划图能否反映工程项目实际情况的关键。如果工作逻辑关系表示错了,则网络计划图的时间参数计算就会发生错误,关键线路和工程计划总工期也跟着发生错误。

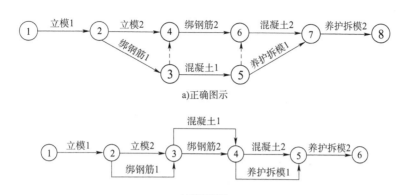

图 7-11 双代号网络图

要绘制一张能正确反映工作逻辑关系的网络计划图,必须明确工作之间的关系。工作之间基本的逻辑关系有四种:

①本项工作必须在哪些工作之前进行?
②本项工作必须在哪些工作之后进行?
③本项工作可以与哪些工作平行进行?
④本项工作的进行与哪些工作无关?

在工程实际的网络图中,各项工作之间的逻辑关系是复杂多变的,表 7-2 中所列的是网络计划图中常见的一些工作关系的表示方法。各工作名称以字母表示,供绘制双代号网络图时参考。

双代号网络图中常见的工作逻辑关系　　　　　表 7-2

序号	工作之间的逻辑关系	网络图中的表示方法	说明
1	A、B 两项工作依次施工		A 制约 B 的开始,B 依赖 A 的结束
2	A、B、C 三项工作同时开始施工		A、B、C 三项工作为平行施工方式
3	A、B、C 三项工作同时结束		A、B、C 三项工作为平行施工方式
4	A、B、C 三项工作,A 结束后,B、C 才能开始		A 制约 B、C 的开始,B、C 依赖 A 的结束,B、C 为平行施工
5	A、B、C 三项工作,A、B 结束后,C 才能开始		A、B 为平行施工,A、B 制约 C 的开始,C 依赖 A、B 的结束

313

续上表

序号	工作之间的逻辑关系	网络图中的表示方法	说明
6	A、B、C、D 四项工作,A、B 结束后,C、D 才能开始		引出节点 j 正确地表达了 A、B、C、D 之间的关系
7	A、B、C、D 四项工作,A 完成后,C 才能开始,A、B 完成后,D 才能开始		引出虚工作 i、j,正确地表达它们之间的逻辑关系
8	A、B、C、D、E 五项工作,A、B、C 完成后,D 才能开始,B、C 完成后,E 才能开始		引出虚工作 i、j,正确地表达它们之间的逻辑关系
9	A、B、C、D、E 五项工作,A、B 完成后,C 才能开始,B、D 完成后,E 才能开始		

(2)网络图中不允许出现循环线路。如图 7-12a)所示的网络图中,出现了(1→2→3→1)的循环回路,这是工作逻辑关系的错误表达。

(3)在网络图中,不允许出现代号相同的箭线。如图 7-12b)中 A、B 两项工作的节点代号均是 1→2,这是错误的,要用虚箭线加以处理,如图 7-12c)所示。

(4)双代号网络图中,只允许有一个起始节点和一个终止节点(多目标网络除外)。在网络图中除起点和终点外,不允许再出现没有外向工作的节点及没有内向工作的节点。如图 7-12d)是错误的画法;图 7-12e)是纠正后的正确画法;图 7-12f)是较好的画法。

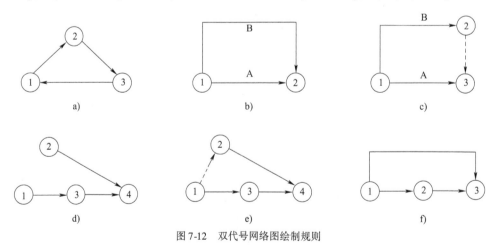

图 7-12 双代号网络图绘制规则

(5)严禁在网络图中出现没有箭尾节点的箭线和没有箭头节点的箭线,如图 7-13 所示。

图 7-13 没有箭尾节点的箭线和没有箭头节点的箭线

（6）网络图中不允许出现双向箭头、无箭头或倒向的线。

（7）当网络图的起点节点有多条外向箭线或终点节点有多条内向箭线时，为使图形简洁，可应用母线法绘图，如图 7-14 所示。

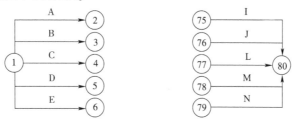

图 7-14 母线法

（8）绘制网络图时，应避免箭线交叉。当交叉不可避免时，可采用图 7-15 所示的几种表示方法。

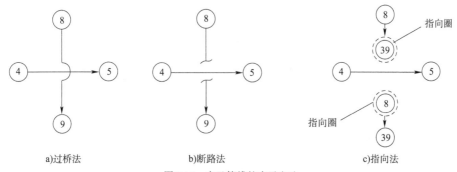

a) 过桥法　　　　b) 断路法　　　　c) 指向法

图 7-15 交叉箭线的表示方法

（9）严禁在箭线上引入或引出箭线。图 7-16 所示为错误的画法。

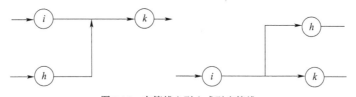

图 7-16 在箭线上引入或引出箭线

（10）箭线应以水平线为主，竖线和斜线为辅，不应画成曲线。箭线宜保持自左向右的方向，不宜出现箭头指向左方的水平箭线或箭头偏向左方的斜向箭线。图 7-17a) 所示为错误画法，图 7-17b) 所示为正确画法。

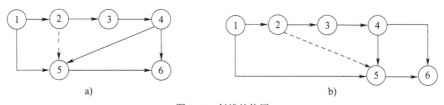

图 7-17 斜线的使用

（11）正确应用虚箭线，力求减少不必要的虚箭线。图7-18a）所示为错误画法，图7-18b）所示为正确画法。

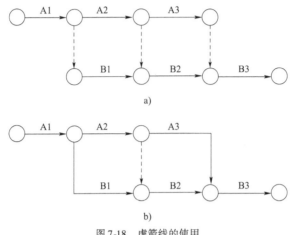

图7-18　虚箭线的使用

3. 双代号网络图的绘制步骤

当已知每一项工作的紧前工作时，可按以下步骤绘制双代号网络图：
（1）首先根据每一项工作的紧前工作找出紧后工作。
（2）绘制与起点节点相连的工作。
（3）根据各项工作的紧后工作从左至右依次绘制其他各项工作，直至终点节点。
（4）合并没有紧后工作的节点，即为终点节点。
（5）确认无误后进行节点编号。
具体操作步骤如下：
（1）工程任务分解。首先应清楚地显示计划的内容，将工程任务分解为若干个单项的工作。
（2）确定各单项工作的相互逻辑关系。逻辑关系包括工艺逻辑关系和组织逻辑关系，即明确指出各工作在开始之前应完成哪些工作（紧前工作），或者工作结束之后有哪些工作（紧后工作）。对于一个熟悉工程任务情况和本单位物质技术条件的计划人员来说，找出工作之间的相互逻辑关系并不困难。
（3）确定各单项工作的持续时间。当考虑资源和费用问题时，还应给出相应的数据。确定工作的持续时间至关重要，工作持续时间的可靠性，直接影响计划的质量。若时间定得太短，会造成人为的紧张局面，甚至工作无法完成；如果时间定得太长，又造成时间上的浪费。
在确定工作的持续时间时，应不受工作重要性、指令工期等条件的约束，也就是应按正常情况下所需时间来确定。
（4）资料列表。以上三项确定之后，应将这些资料填入工作关系表。一般情况下，工作关系表的基本内容包括工作代号、工作名称、紧后工作（或紧前工作）、持续时间等。
（5）绘制双代号网络计划草图。绘制草图时，根据拟定的紧前工作关系，可按后退法绘制。所谓后退法即指采用从最终节点到最初节点的方法来绘制；如果拟定的是紧后工作关系，则可按前进法绘制。所谓前进法，即指从最初节点开始到最终节点的方法。当然紧前工作关系和紧后工作关系也可以相互转换。例如，A的紧后工作是B，则换句话说，B的紧前工作是

A,这两句话意思是一样的,只是表达方式不同。因此,本书在后面内容举例中,以前进法来绘制双代号网络图。

(6)整理成图。由于绘制草图的主要目的是表明各工作关系,所以布局上不是十分合理,同时难免多余虚工作等。因而整理草图的工作主要有:去掉多余的虚箭线、调整位置、尽量去掉箭杆线的交叉、检查工作关系是否正确、检查是否符合绘图规则。

(7)节点的编号。节点的编号代表工序的名称,编号的要求是由小到大、从左至右,箭头的号码大于箭尾的号码,不允许重号,但可不必连续编号,以便增减新的节点。在满足节点编号规则的前提下,可任选水平编号法、垂直编号法和删除箭线法进行节点编号。

①水平编号法。从网络图起点开始,由左到右按箭线顺序编号。

②垂直编号法。从网络图起点开始,自左到右足列由上而下编号,每列编号根据编号规则进行。

③删除箭线法。先给网络图起点编号,再在图上划去该节点引出的全部箭线,并对图中剩下的没有箭线进入的节点依次编号,直到全部节点编完号为止。

4. 虚箭线的应用

在绘制工程进度计划网络图时,根据工作关系需要增设虚箭线。下面介绍虚箭线在表达工作间逻辑关系中的应用。

(1)虚箭线用于解决工作间逻辑关系的连接。

在表7-1序号7中,工作 A 的紧后工作为 C,工作 B 的紧后工作为 D,但工作 D 又是工作 A 的紧后工作,为了把 A、D 两项工作的前后关系连接起来,需引入虚工作。由于虚工作的持续时间为零,所以 A 工作完成后 D 工作才能开始。同理在表7-1序号8和9中,是虚箭线竖向在工作关系连接方面的应用。

(2)虚箭线用于解决工作关系的逻辑断路问题。

绘制双代号网络图时,容易产生的错误是把不该发生的工作逻辑关系连接起来,使网络图发生与实际不相符的逻辑错误。这时必须引入虚箭线隔断原来没有的工作联系,这种处理方法称为"断路法"。绘双代号网络图时应特别注意,下面举例说明。

例如,某施工队进行三块预制板的施工,每块预制板可分解为立模板、绑钢筋、浇混凝土、养护与拆模四道工序,按三个预制板流水施工。如果绘成图7-19a)所示的双代号网络图就错了,因为第三块预制板上的立模板(立模3)与第一块预制板上绑钢筋(绑钢筋1)不存在逻辑关系,同样绑钢筋3与混凝土1也不存在逻辑关系。正确的绘制方法应把不该发生逻辑关系的工序连接引入虚箭线断开,如图7-19b)所示。此法在流水作业施工进度计划双代号网络图中应用广泛。

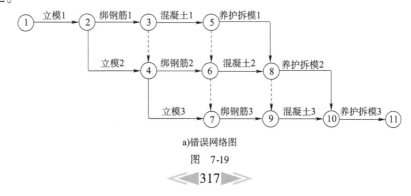

a)错误网络图

图 7-19

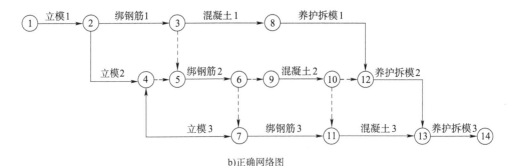

b)正确网络图

图 7-19　虚箭线表示工作关系

(3) 当两项或两项以上的工作同时开始和同时结束时,必须引入虚箭线,以免造成混乱。如图 7-20a) 所示,工作 B、C、D 三条箭线共用 3、5 两个节点,则代号 (3,5) 同时表示工作 B、C、D,这样就产生了混乱。如果引入虚箭线,则符合双代号网络图每项工作均由一根箭线和两个节点代号组成的基本含义,如图 7-20b) 所示。

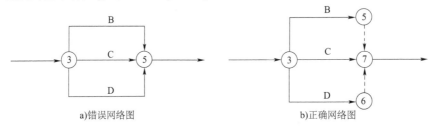

a)错误网络图　　　　　　　　　b)正确网络图

图 7-20　虚箭线在两项或两项以上同时开始同时结束工作中的应用

(4) 虚箭线在不同工程项目之间工作有联系时的应用。

例如,甲、乙两项独立的工程项目施工时,应分别绘制双代号网络图;但如果两工程的某些工序需要共用某台施工机械或某个技术班组时,就应引入虚箭线表示这些联系,如图 7-21 所示。

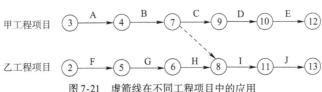

图 7-21　虚箭线在不同工程项目中的应用

从图 7-21 中可以看出,乙工程项目的 I 工序不仅要等紧前工序 H 完成,而且要在甲工程项目的 B 工序也完成后才能开始。

综上所述,在绘制双代号网络图时,引用虚箭线是非常重要的。但是,在什么地方、什么情况下引用虚箭线的判断比较困难,一般是先增设虚箭线,待网络计划图构成以后,再删除不必要的虚箭线。这是因为多余的虚箭线会增加绘图工作量和计算工作量,而且没有必要的虚箭线还会使网络图复杂。删除多余虚箭线的方法如下:

(1) 如果虚箭线是由节点发出的唯一的外向箭线,一般应将这条虚箭线删除;但当这条虚箭线是为了区分两个节点间的两个或两个以上工作同时开始又同时结束时,以及流水网络中的某些虚箭线就不能删除,如图 7-22 所示。

(2) 当一个节点有两条虚箭线进入时,一般可清除其中一条虚箭线。例如,图 7-22 中就删除了一条虚箭线。而图 7-23 所示的节点 2 的两条外向虚箭线和节点 5 的两条内向虚箭线都不能删除。

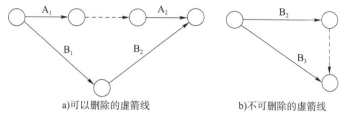

a)可以删除的虚箭线　　　　b)不可删除的虚箭线

图 7-22　虚箭线处理方法之一

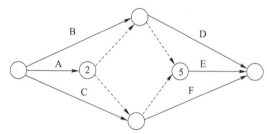

图 7-23　虚箭线处理方法之二

5. 网络图的绘制方法

构成工作关系及工作持续时间后,通常采用前进法、后退法及先粗后细法绘制网络图。

(1)前进法。前进法是从网络图起点开始,顺箭线方向逐节点生长,直到各条线路均达到网络图的终点为止。一般当工作关系表中列出本工作与紧后工作的关系时,可方便地采用前进法绘制网络图。前进法绘图的关键是第一步,要正确而又清楚地确定哪些工作为最先开始的工作。

(2)后退法。后退法是从网络图终点节点开始逆箭线方向逐节点后退,直到各条线路均退回到网络图的起点为止。一般当工作关系表中列出本工作与紧前工作关系时,使用后退法较为方便。后退法绘网络图的关键是后退的第一步,也应正确又清楚地确定哪些工作为最后结束的工作。

(3)先粗后细法。在工程进度计划实际网络图绘制中,可先粗略划分工程项目,然后逐步细分,先绘制分项或分部工程的子网络图,再拼成单位工程或单项工程总网络图。因此,工程实际绘制网络计划图时应广泛采用先粗后细法。

6. 网络图的绘制技巧

(1)绘制没有紧前工作的工作,使它们具有相同的开始节点,即起始节点。

(2)绘制没有紧后工作的工作,使它们具有相同的结束节点,即终点节点。

(3)当所绘制的工作只有一个紧前工作时,将该工作直接画在其紧前工作的结束节点之后。

(4)当所绘制的工作有多个紧前工作时,按以下四种情况分别考虑:

①如果在其紧前工作中存在一项只作为本工作紧前工作的工作,则将本工作直接画在该紧前工作结束节点之后;

②如果在其紧前工作中存在多项只作为本工作紧前工作的工作,先将这些紧前工作的结束节点合并,再从合并后的节点开始,画出本工作;

③如果其所有紧前工作都同时作为其他工作的紧前工作,先将它们的完成节点合并后,再

从合并后的节点开始,画出本工作;

④如果不存在情况①、②、③,则将本工作箭线单独画在其紧前工作箭线之后的中部,然后用虚工作将紧前工作与本工作相连。

(5)绘制双代号网络图应注意的问题如下:

①网络图布局要合理,重点要突出。

②正确应用虚箭线进行网络图的断路。

③力求减少不必要的箭线和节点。

(6)双代号网络图的排列。双代号网络图的主要排列方式有按施工过程排列和按施工段排列。

①按施工过程排列。按施工过程排列,是指根据施工顺序将各施工过程按垂直方向排列,将施工段按水平方向排列。例如,某梁板预制工程,分为立模、绑钢筋、浇混凝土运输三个施工过程,若分为两个施工段组织流水施工,其网络图的排列形式如图 7-24 所示。

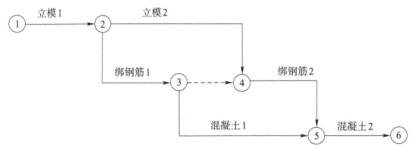

图 7-24　按施工过程排列

②按施工段排列。按施工段进行排列,与按施工过程排列相反。它是将同一施工段上的各个施工过程按水平方向排列,而将施工段按垂直方向排列,其网络图形式如图 7-25 所示。

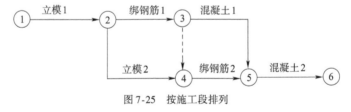

图 7-25　按施工段排列

(7)双代号网络图的合并。为简化网络图,可将较详细的、相对独立的局部网络图合并成为少箭线的网络图。网络图的合并主要适用于编制群体工程或大型建设项目控制网络图。

(8)双代号网络图的分解。当网络图的工作任务较多时,可以把它分成几个小块来绘制。分界点一般选择在箭线和节点较少的位置,或按施工部位分块。

(9)双代号网络图的连接。在编制一个工程规模较大或者群体工程的网络计划时,一般先按不同的分部工程分别编制局部网络图,然后再根据其相互之间的逻辑关系进行连接,形成一个总体网络图。在连接过程中,应主要注意以下几点:

①必须有统一的构图和排列形式。

②整个网络图的节点编号要协调一致。

③施工过程划分的粗细程度应一致。

④各分部工程之间应预留连接节点。

【例 7-1】 根据表 7-3 所列工作逻辑关系,绘制双代号网络图。

工作逻辑关系表　　　　　　　　　　　　　　　　表 7-3

工作	A	B	C	D	E	F	G	F
紧前工作	—	—	A	A	B、C	B、C	D、E	D、E、F

解: 要想快速准确地绘制双代号网络图,应先对工程项目的"工作明细表"分四步认真、仔细地进行分析与研究。

(1) 网络图开头绘制技巧。

先从"工作明细表"中找出开始的工序。寻找的方法是:只要在"紧前工作"一列中没有紧前工作的工序,必定是开始的工序。这时候只需画一个开始的节点,引出若干条开始的工序就可以了。首先找出各项工作的紧后工作,见表 7-4。

变换后的工作逻辑关系表　　　　　　　　　　　　表 7-4

工作	A	B	C	D	E	F	G	F
紧后工作	C、D	E、F	E、F	G、H	G、H	H	—	—

本例中 A、B 是开始的两道工序,如图 7-26 所示。

要在"紧前工作"那一列中去寻找本工序的代号在什么地方出现,它所对应的工序代号就是本工序的紧后工作。如果知道了某道工序的紧后工作,同理可寻找其紧前工作。

(2) 网络图结束绘制技巧。

其次,在"工作明细表"中找出结束的工序,只要在"紧后工作"一列中没有紧后工作的工序就是结束的工序。画一个结束的节点,把所有结束的工序都引向结束的节点。本例中 G、H 是结束的工序,如图 7-27 所示。

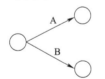　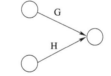

图 7-26　[例 7-1] 开始工序绘制　　图 7-27　[例 7-1] 结束工序绘制

网络图中只能有一个开始和结束的节点,以保证网络图的闭合。初学者应该注意,如果不这样进行分析和绘制就容易出错,不是网络图的开始不闭合就是结束的时候不闭合。

(3) 网络图中间绘制技巧。

如果按顺次的方法画图,那就要仔细分析"紧前工作"列中哪些工序的紧前工作是两个或两个以上。本例中 E、F 的紧前工作都是 B、C,这就要求在画 B、C 两道工序时,应使它们相交到一个结束的节点上,为后边 E、F 工序的绘制做好准备工作。中间工序的绘制如图 7-28 所示。

这也是初学者绘制网络图时比较难的一点。往往初学者画着前面的工序不为后面的工序考虑和做准备,最后就难以继续下去。

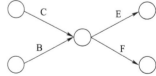

图 7-28　[例 7-1] 中间工序绘制

(4) 虚工序架设技巧。

网络图绘制的过程中,还有一个难点就是在什么情况下需要引入虚工序。其实这并不难,在"紧前工作"一列中有明显的提示。例如在本例中,G 的紧前工作是 D、E,那么在画 D、E 工序时就一定要让它们相交到一个结束的节点上。而 H 的紧前工作是 D、E、F,因此在画 D、E、F

工序时应该让这三道工序交到一个结束的节点上。但如果这样就会影响到 G 工序的逻辑关系，因为无形当中就把 F 工序强加给 G 工序，成为它的一道紧前工作，这样就会很矛盾。在这种情况下，只能先让 D、E 两道工序交到一个结束的节点上，F 工序单独有一个结束的节点，然后通过虚工序的嫁接把 D、E 工序结束的节点引入 F 工序结束的节点上，这样就可以化解矛盾。

虚工序的架设如图 7-29 所示。

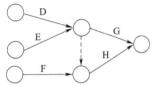

图 7-29　[例 7-1]虚工作架设

初学者不知道在什么地方需要引入虚工序，往往随心所欲地画，或者画着前面的工序不为后面的工序铺路，等到画不下去的时候再嫁接虚工序，这样是错误的。

绘制网络图时不要急于动手，应按上述四步要求把"工作明细表"分析透彻再动手，一定会又快又准确。在本例中先画一个开始的节点引出 A 和 B 两道工序，C 工序必须交到 B 工序结束的节点上，E 和 F 工序便顺理成章画好了。然后在 D、E 结束的节点上引出一道虚工序指向 F 工序结束的节点上，G、H 是两道结束的工序，把它们引向一个结束的节点上，如图 7-30 所示。

(5) 编号技巧。

在绘制网络图的过程中，先不要给节点编号，等绘制检查无误后，再编号。一种简单的编号方法，就是按照节点从左向右、先上后下的原则进行，但一定要满足每一道工序开始的节点编号小于结束节点的编号，如图 7-31 所示。

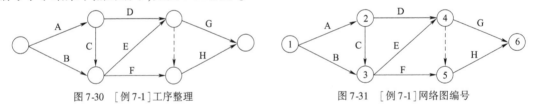

图 7-30　[例 7-1]工序整理　　　　　图 7-31　[例 7-1]网络图编号

【例 7-2】　某一段城市道路扩建工程，其工作项目划分明细表见表 7-5。试绘制施工进度双代号网络图。

工作项目划分明细表　　　　　　　表 7-5

工作代号	A	B	C	D	E	F	G	H
工作名称	测量	土方工程	路基工程	安装排水设施	清理杂物	路面工程	路肩工程	清理现场
紧前工作	—	A	B	B	B	C、D	C、E	F、G
持续时间(d)	1	10	2	5	1	3	2	1

解：根据表 7-5 所列工作关系，如果采用前进法绘制网络图，关键是确定 A 为开始工作，然后从表 7-5 中找出紧前工作与本工作的前后关系，逐节前进绘图直至网络图的终点；若采用后退法绘网络图，关键是确定 H 为结束工作，再从表 7-5 中寻找本工作与紧前工作的前后关系，逐节后退绘图直到网络图的起点。绘制的双代号网络计划图如图 7-32 所示。

【例 7-3】　某合同段立交桥工程施工工期直接影响主线路基和四条匝道路基的填筑，据此确定工程项目的工作组成和工作间的逻辑关系及工作持续时间见表 7-6。绘制双代号网络图。

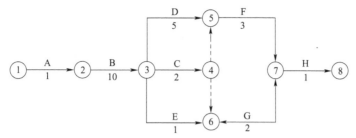

图 7-32　[例 7-2]施工进度双代号网络图

工作关系表　　　　　　　　　　　　　　　　　表 7-6

工作代号	工作内容	紧前工作	持续时间(周)	工作代号	工作内容	紧前工作	持续时间(周)
A	临建工程	—	5	I	修筑预制场	E	1
B	施工组织设计	A	3	J	主梁预制	I	6
C	平整场地	A	1	K	盖梁施工	H	4
D	材料进场	B	3	L	预制场吊装设备安装	F	1
E	主桥施工放样	B	1	M	吊装准备工作	L	1
F	材料配合比试验	C	1	N	主梁安装	J、K、M	3
G	基础工程施工	D	4	P	桥面系统施工	N	2
H	桥墩施工	G	3	—	—	—	—

解：根据表 7-6 绘制的双代号网络图如图 7-33 所示。

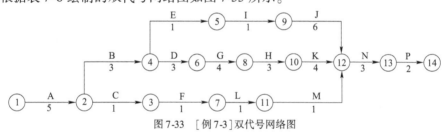

图 7-33　[例 7-3]双代号网络图

【例 7-4】　根据表 7-7 绘制双代号网络图。

工作关系表　　　　　　　　　　　　　　　　　表 7-7

工作代号	A	B	C	D	E	F	G	H	I	J
紧后工作	D	G	E、F	G、H	H、I	—	J	J	—	—

解：(1)根据表 7-7，用前进法绘制草图，关键是确定 A、B、C 工作同时开始，并且在"紧后工作"栏目中找到有约束关系的局部联系，按"越是简单的关系越要先画"的原则，将系列局部联系从左而右连接即可，如图 7-34a)所示。

(2)调整网络图的步距，避免箭杆线交叉，如图 7-34b)所示。

(3)用后退法检查图 7-34b)中工作相互关系是否全部符合表 7-7。检查发现节点⑤处前面有虚工作(4,5)、后面还有虚工作(5,6)使工作 E 和工作 G 产生前后关系，此关系在表 7-6 中不存在，故应引入虚箭线断路以隔断工作 E 和工作 G 的前后关系。网络图的复核也可采用紧前工作或者紧后工作关系的定义,通过比较图中定义的关系与表中给定的关系,检查两者是否吻合来决定是否调整图中的关系,如图7-34c)所示。

(4)对工作关系正确的网络图进行节点编号,如图7-34c)所示。

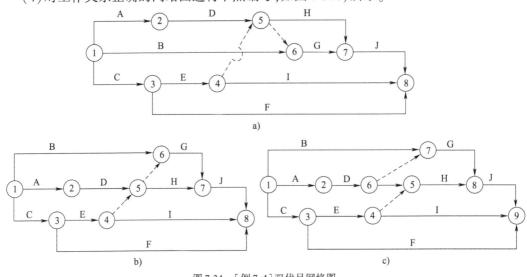

图7-34 [例7-4]双代号网络图

7.2.3 双代号网络图时间参数的计算

双代号网络图中各个工作有6个时间参数,分别是最早开始时间、最早结束时间、最迟开始时间、最迟结束时间、总时差和自由时差。

双代号网络图时间参数有很多种计算方法,一般常用的有分析计算法、图上计算法、表上计算法、矩阵计算法和电算法等。在实际工作中最常用的是图上计算法。

1. 工作最早开始时间的计算

最早开始时间(Earliest Start Time)是在各紧前工作全部完成后,本工作有可能开始的最早时刻。工作 $i\text{-}j$ 的最早开始时间用 $ES_{i\text{-}j}$ 表示。工作最早开始时间应从网络计划的起点节点开始,顺着箭线方向依次计算。计算步骤如下:

(1)以网络计划的起点节点为开始节点的工作的最早开始时间为零,即 $ES_{i\text{-}j}=0$。

(2)其他工作的最早开始时间等于其紧前工作的最早开始时间加该紧前工作的持续时间所得之和的最大值,即"沿线累加,逢圈取大":

$$ES_{i\text{-}j} = \max\{ES_{h\text{-}i} + T_{h\text{-}i}\} \text{ 或 } ES_{i\text{-}j} = \max\{EF_{h\text{-}i}\} \tag{7-1}$$

式中:$ES_{h\text{-}i}$——紧前工作最早可能开始时间;

$T_{h\text{-}i}$——紧前工作的持续时间;

$EF_{h\text{-}i}$——紧前工作的最早完成时间。

2. 工作最早完成时间的计算

最早完成时间(Earliest Finish Time)是在各紧前工作全部完成后,本工作有可能完成的最早时刻。工作 $i\text{-}j$ 的最早完成时间用 $EF_{i\text{-}j}$ 表示。

工作最早完成时间等于工作最早开始时间加本工作持续时间,即:

$$EF_{i\text{-}j} = ES_{i\text{-}j} + T_{i\text{-}j} \tag{7-2}$$

网络计划的计算工期是根据时间参数计算所得到的工期,等于网络计划中以终点节点为结束节点的各工作最早完成时间的最大值,用 T_p 表示,可按下式进行计算:

$$T_p = \max\{EF_{i\text{-}n}\} \tag{7-3}$$

其中,$i\text{-}n$ 表示终点节点。

3. 最迟完成时间的计算

工作最迟完成时间(Latest Finish Time)等于工作最迟开始时间加本工作持续时间。它是在不影响整个任务按期完成的条件下,本工作最迟必须完成的时刻。工序 $i\text{-}j$ 的最迟完成时间用 $LF_{i\text{-}j}$ 表示。

(1)工序 $i\text{-}j$ 的最迟完成时间 $LF_{i\text{-}j}$ 应从网络计划的终点节点开始,逆着箭线方向一次计算。

(2)以终点节点($j=n$)为箭头节点的工序的最迟完成时间应由网络计划的计算工期(计划工期和计算工期不同,学生阶段一般按计算工期算,工程中按计划工期,网络图初步绘制中可初定计算工期等于计划工期)确定,即:

$$LF_{i\text{-}n} = T_p$$

(3)其他工序的最迟完成时间 $LF_{i\text{-}j}$ 为紧后工作的最迟完成时间减去其持续时间的最小值,即"逆线累减,逢圈取小":

$$LF_{i\text{-}j} = \min\{LF_{j\text{-}k} - T_{j\text{-}k}\} \tag{7-4}$$

式中:$LF_{j\text{-}k}$——紧后工作的最迟开始时间;

$T_{j\text{-}k}$——紧后工作的持续时间。

4. 工作最迟开始时间的计算

最迟开始时间(Latest Start Time)是在不影响整个任务按期完成的条件下,本工作最迟必须开始的时刻。工作 $i\text{-}j$ 的最迟开始时间用 $LS_{i\text{-}j}$ 表示,即:

$$LS_{i\text{-}j} = LF_{i\text{-}j} - T_{i\text{-}j} \tag{7-5}$$

5. 总时差的计算

总时差(Total Float)是在不影响总工期的前提下,本工作可以利用的机动时间。工作 $i\text{-}j$ 的总时差用 $TF_{i\text{-}j}$ 表示。根据工作总时差的定义可知,一项工作 $i\text{-}j$ 的工作总时差等于该工作的最迟开始时间与其最早开始时间之差,或等于该工作的最迟完成时间与其最早完成时间之差,即:

$$TF_{i\text{-}j} = LS_{i\text{-}j} - ES_{i\text{-}j} \tag{7-6}$$

或

$$TF_{i\text{-}j} = LF_{i\text{-}j} - EF_{i\text{-}j} \tag{7-7}$$

6. 自由时差的计算

自由时差(Free Float)是在不影响其紧后工作最早开始的前提下,本工作可以利用的机动时间。工作 $i\text{-}j$ 的自由时差用 $FF_{i\text{-}j}$ 表示。工作的自由时差小于或等于其总时差。

当工作 $i\text{-}j$ 后又紧跟工作 $j\text{-}k$ 时,其自由时差应为:

$$FF_{i\text{-}j} = ES_{j\text{-}k} - EF_{i\text{-}j} \tag{7-8}$$

$$FF_{i\text{-}j} = ES_{j\text{-}k} - ES_{i\text{-}j} - T_{i\text{-}j} \tag{7-9}$$

以网络计划的终点节点($i\text{-}n$)为箭头节点的工作，其自由时差 $FF_{i\text{-}n}$ 应按网络计划的计划工期 T_p 确定，即：

$$FF_{i\text{-}n} = T_p - EF_{i\text{-}n} \tag{7-10}$$

7. 关键工作、关键节点和关键线路的确定

总时差最小的工作就是关键工作。在计划工期 T_p 等于计算工期 T_c 时，总时差为 0 的工作就是关键工作。

关键工作两端的节点称为关键节点，关键节点具有如下规律：

(1) 网络计划的起始节点和终点节点必为关键节点。

(2) 以关键节点为完成节点的工作，当 $T_p = T_c$ 时，其总时差和自由时差必然相等。其他非关键工作的自由时差小于或等于总时差。由关键工作组成的线路，且当每相邻的两项关键工作之间的时间间隔为 0 时，该条线路即为关键线路。

按工作计算法计算时间参数应在确定了各项工作的持续时间之后进行。时间参数的计算结果应标注在箭线之上，如图 7-35 所示。

图 7-35 时间参数计算标示

8. 工期的确定

(1) 计算工期。计算工期指根据项目方案具体的工艺、组织和管理等方面情况，拟定网络计划后，根据网络计划所计算出的工期，用 T_c 表示。

(2) 要求工期。要求工期是指任务委托人所要求的工期，用 T_r 表示。

(3) 计划工期。计划工期是指根据要求工期和计算工期所确定的作为实施目标的工期，用 T_p 表示。

网络计划的计划工期 T_p 应按下列情况分别确定：

①当已规定了要求工期 T_r 时，$T_p \leq T_r$。

②当未规定要求工期时，可令计划工期等于计算工期，即 $T_p = T_c$。

【例 7-5】 根据表 7-8 所列内容绘制双代号网络图。若计划工期等于计算工期，试计算各项工作的六个时间参数并确定关键线路，标注在网络图上。

某网络计划工作逻辑关系及持续时间表　　　　表 7-8

工作代号	A	B	C	D	E	F	G	H
紧后工作	C、D	E、F	E、F	G、H	G、H	H	—	—
工作时间	1	5	3	2	6	5	5	3

解：根据表 7-8 中网络计划的有关资料，按照网络图的绘图规则，绘制双代号网络图，绘制结果如图 7-36 所示。

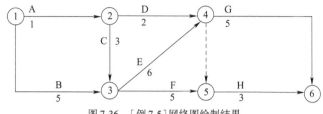

图 7-36 [例 7-5]网络图绘制结果

(1)计算各项工作的最早开始时间和最早完成时间。

从起点节点(节点1)开始顺着箭线方向依次逐项计算到终点节点(节点6)。

①以网络计划始节点为开始节点的各工作的最早开始时间为零。工作 1-2 的最早开始时间 $ES_{1-2}=0$。

②计算各项工作的最早开始和最早完成时间。

工作的最早开始时间 ES_{i-j} 按式(7-1)计算,得:

$ES_{1-2} = 0$

$ES_{1-3} = 0$

$ES_{2-3} = ES_{1-2} + t_{1-2} = 0 + 1 = 1$

$ES_{2-4} = ES_{2-3} = 1$

$ES_{3-4} = \max\{ES_{2-3} + t_{2-3}, ES_{1-3} + t_{1-3}\} = \max\{1+3=4, 0+5=5\} = 5$

$ES_{3-5} = ES_{3-4} = 5$

$ES_{4-6} = \max\{ES_{2-4} + t_{2-4}, ES_{3-4} + t_{3-4}\} = \max\{1+2=3, 6+5=11\} = 11$

$ES_{4-5} = ES_{4-6} = 11$

$ES_{5-6} = \max\{ES_{4-5} + t_{4-5}, ES_{3-5} + t_{3-5}\} = \max\{11+0=11, 5+5=10\} = 11$

工作的最早完成时间就是本工作的最早开始时间 ES_{i-j} 与本工作的持续时间 T_{i-j} 之和,按式(7-2)计算,得:

$EF_{1-2} = 0 + 1 = 1$

$EF_{1-3} = 0 + 5 = 5$

$EF_{2-3} = 1 + 3 = 4$

$EF_{2-4} = 1 + 2 = 3$

$EF_{3-4} = 5 + 6 = 11$

$EF_{3-5} = 5 + 5 = 10$

$EF_{4-6} = 11 + 5 = 16$

$EF_{4-5} = 11 + 0 = 11$

$EF_{5-6} = 11 + 3 = 14$

(2)确定计算网络计划总工期 T_p。

网络计划的总工期 T 取以终点节点(节点6)为箭头节点的工作 4-6 和工作 5-6 的最早完成时间的最大值,按式(7-7)计算,得:

$T_p = \max\{ES_{4-6} + t_{4-6}, ES_{5-6} + t_{5-6}\} = \max\{11+5=16, 11+3=14\} = 16$

(3)计算各项工作的最迟开始时间和最迟完成时间。

从终点节点(节点6)开始逆着箭线方向依次逐项计算到起点节点(节点1)。

①以网络计划终点节点为箭头节点的工作的最迟完成时间等于总工期。

网络计划结束工作 i-j 的最迟完成时间为：
$$LF_{5-6} = T = 16$$

②计算各项工作的最迟开始和最迟完成时间。

根据式(7-4)，以此类推，计算出其他工作的最迟完成时间，得：

$LF_{5-6} = T = 16$

$LF_{4-6} = LF_{5-6} = 16$

$LF_{4-5} = LF_{5-6} - t_{5-6} = 16 - 3 = 13$

$LF_{3-5} = LF_{5-6} = 13$

$LF_{3-4} = \min\{LF_{4-5} - t_{4-5}, LF_{4-6} - t_{4-6}\} = \min\{13 - 0, 16 - 5\} = 11$

$LF_{2-4} = LF_{3-4} = 11$

$LF_{2-3} = \min\{LF_{3-4} - t_{3-4}, LF_{3-5} - t_{3-5}\} = \min\{11 - 6, 13 - 5\} = 5$

$LF_{1-2} = \min\{LF_{2-4} - t_{2-4}, LF_{2-3} - t_{2-3}\} = \min\{11 - 2, 5 - 3\} = 2$

$LF_{1-3} = \min\{LF_{3-4} - t_{3-4}, LF_{3-5} - t_{3-5}\} = \min\{11 - 6, 13 - 5\} = 5$

网络计划所有工作 i-j 的最迟开始时间均按式(7-5)计算，得：

$LS_{5-6} = T - t_{5-6} = 13$

$LS_{4-6} = T - t_{4-6} = 16 - 5 = 11$

$LS_{4-5} = LF_{4-5} - t_{4-5} = 13$

$LS_{3-5} = LF_{3-5} - t_{3-5} = 13 - 5 = 8$

$LS_{3-4} = LF_{3-4} - t_{3-4} = 11 - 6 = 5$

$LS_{2-4} = LF_{2-4} - t_{2-4} = 11 - 2 = 9$

$LS_{2-3} = LF_{2-3} - t_{2-3} = 5 - 3 = 2$

$LS_{1-2} = LF_{1-2} - t_{1-2} = 2 - 1 = 1$

(4)计算各项工作的总时差。

可以用工作的最迟开始时间减去最早开始时间或用工作的最迟完成时间减去最早完成时间计算各项工作的总时差，得：

$TF_{1-2} = 1$

$TF_{1-3} = 0$

$TF_{2-3} = 1$

$TF_{2-4} = 8$

$TF_{3-4} = 0$

$TF_{3-5} = 3$

$TF_{4-6} = 0$

$TF_{5-6} = 2$

(5)计算各项工作的自由时差。

网络计划中工作 i-j 的自由时差等于紧后工作的最早开始时间减去本工作的最早完成时间，可按式(7-8)计算，得：

$FF_{1-2} = 0$

$FF_{1-3} = 0$

$FF_{2-3} = 1$

$FF_{2-4} = 8$

$FF_{3-4} = 0$

$FF_{3-5} = 1$

网络计划中的结束工作 i-j 的自由时差按式(7-10)计算,得:

$$FF_{4-6} = T_p - EF_{5-6} = 16 - 16 = 0$$
$$FF_{5-6} = T_p - EF_{5-6} = 16 - 14 = 2$$

将以上计算结果标注在图 7-37 中的相应位置。

(6)确定关键工作及关键线路。

在图 7-37 中,最小的总时差是 0,所以,凡是总时差为 0 的工作均为关键工作。由此可知,该例中的关键工作是 B、E、G。

如图 7-37 所示,由关键工作组成的关键线路用粗线表示。

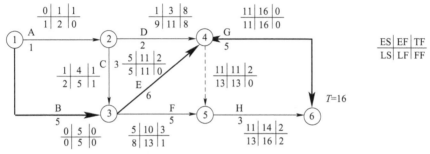

图 7-37 [例 7-5]标注后的双代号网络图

通过以上计算,可以将时间参数的计算归纳如下。

①工作最早时间的计算(包括工作最早开始时间和工作最早完成时间):顺着箭线依次取大(最早开始时间取紧前工作最早完成时间的最大值),起始节点工作最早开始时间为 0。用最早开始时间加持续时间就是该工作的最早完成时间。

②网络计划工期的计算:终点节点的最早完成时间最大值就是该网络计划的计算工期,一般以这个计划工期为要求工期。

③工作最迟时间的计算(包括工作最迟完成时间和最迟开始时间):逆着箭线计算,依次取小(最迟完成时间取紧后工作最迟开始时间的最小值)。与终点节点相连的最后一个工作的最早完成时间(计算工期)就是最后一个工作的最迟完成时间。用最迟完成时间减去工作的持续时间就是该工作的最迟开始时间。

④总时差:"最迟减最早"(最迟开始时间减最早开始时间或者最迟完成时间减最早完成时间)。每个工作都有总时差,最小的总时差是零,常说总时差为零的工作是"没有总时差"。

⑤自由时差:"后早始减本早完"(紧后工作的最早开始时间减本工作的最早完成时间)。自由时差总是小于总时差,最多等于总时差,不会大于总时差。

7.3 时标网络图的绘制

时标网络计划是以时间坐标为尺度绘制而成的网络计划,它是在横道图的基础上引入网络计划中各工作之间逻辑关系的表达方法。双代号时标网络计划更加直观、明了,可以表达出各工作之间的逻辑关系,同时也便于对进度计划进行调整、控制和优化。由于时标网络图兼有横道图的直观性和网络图的逻辑性,同时随着近年来网络计划的推广,采用网络图表达施工进度计划已经在工程实践中得到广泛应用。

7.3.1 时标网络的特点

在时标网络计划中,以实箭线表示工作,实箭线的水平投影长度表示该工作的持续时间;以虚箭线表示虚工作,由于虚工作的持续时间为零,故虚箭线只能垂直画;以波形线表示工作与其紧后工作之间的时间间隔(以终点节点为完成节点的工作除外,当计划工期等于计算工期时,这些工作箭线中波形线的水平投影长度表示其自由时差)。时标网络计划中的箭线宜用水平箭线或由水平段和垂直段组成的箭线,不宜用斜箭线。虚工作亦宜如此,但虚工作的水平段应绘成波形线。

时标网络计划的绘制按各工作的最早时间进行。

(1)工作箭线的长短与时间有关,即工作箭线的水平投影长度等于该工作的持续时间。

(2)时标网络图可直接显示各工作的时间参数(最早开始、最早完成和自由时差)、各工作之间的逻辑关系和关键工作、关键线路,而不需单独计算。

(3)根据时标网络图可绘制出资源(劳动力、材料、机械等)需求量动态曲线,便于分析、平衡调度。

(4)由于箭线的长度和位置受时间坐标的限制,因而不方便对时标网络计划进行修订和调整,所以宜采用计算机对时标网络计划进行辅助编制与管理。

7.3.2 时标网络计划的绘图规则

绘制时标网络计划时,应遵循如下规定:

(1)时间长度是以所有符号在时标表上的水平位置及其水平投影长度表示的,与其所代表的时间值相对应。

(2)时标网络计划中所有符号在时间坐标上的水平投影位置,都必须与其时间参数相对应。节点中心必须对准时标的刻度线。

(3)时标网络计划中虚工作必须以垂直方向的虚箭线表示,有自由时差时加波纹线表示。双代号网络图与时标网络计划的对应关系如图 7-38 所示。

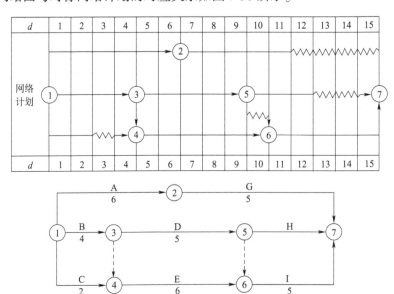

图 7-38 双代号网络图与时标网络计划的对应关系

7.3.3 时标网络计划的编制

时标网络计划的编制方法有两种。

1. 间接法

间接法是先计算网络计划的时间参数,再根据时间参数在时间坐标上进行绘制的方法。

先绘制出网络图或网络计划图,计算各工作的最早时间参数,再根据最早时间参数在时标计划表上确定节点位置后,连线完成。某些工作箭线长度不足以到达该工作的完成节点时,用波形线补足。具体绘制方法如下。

1) 按工序最早可能开始时间绘制带时间坐标的网络图
(1) 确定坐标线所代表的时间,绘于图的上方。
(2) 按工序最早可能开始时间确定各工序始节点位置。
(3) 将各工序的持续时间用实线沿起始节点后的水平方向绘出,其水平投影长度等于该工序的作业持续时间。
(4) 用水平波形线把实线部分与该工序的完工节点连接起来,波线水平投影长度是该工序的时差。
(5) 虚工作不占用时间,因此用虚箭线连接各相关节点以表示逻辑关系。
(6) 把时差为零的箭线从开始节点到结束节点连接起来,得到关键线路。

2) 按工序最迟必须结束时间绘制带时间坐标的网络计划图
(1) 确定坐标线所代表的时间,绘于图的上方。
(2) 按工序最迟必须完成时间确定各工序终节点位置。
(3) 将各工序的持续时间用实线沿终节点向前的水平方向绘出,其水平投影长度等于该工序的作业持续时间。
(4) 用水平波形线把实线部分与该工序的始节点连接起来,波线水平投影长度是该工序的时差。
(5) 虚工作不占用时间,因此用虚箭线连接各相关节点以表示逻辑关系。
(6) 把时差为零的箭线从开始节点到结束节点连接起来,得到关键线路。

2. 直接法

直接法是不计算网络计划时间参数,直接在时间坐标上进行绘制的方法。

根据网络计划中工作之间的逻辑关系及各工作的持续时间,直接在时标计划表上绘制时标网络计划。具体绘制步骤如下:
(1) 将起点节点定位在时标表的起始刻度线上。
(2) 按工作持续时间在时标计划表上绘制起点节点的外向箭线。
(3) 其他工作的开始节点必须在其所有紧前工作都绘出以后,定位在这些紧前工作最早完成时间最大值的时间刻度上。某些工作的箭线长度不足以到达该节点时,用波形线补足。箭头画在波形线与节点连接处。
(4) 用上述方法从左至右依次确定其他节点位置,直至网络计划终点节点定位,绘图完成。

7.3.4 时标网络计划中时间参数的判定

1. 关键线路和计算工期的判定

(1) 关键线路的判定。时标网络计划中的关键线路可从网络计划的终点节点开始,逆着箭线方向进行判定。凡自始至终不出现波形线的线路即为关键线路。因为出现波形线,就说明在这条线路上相邻两项工作之间的时间间隔全部为零,也就是在计算工期等于计划工期的前提下,这些工作的总时差和自由时差全部为零。

(2) 计算工期的判定。工期应等于终点节点对应的时标值与起点节点所对应的时标值之差。

2. 相邻两项工作之间时间间隔的判定

除以终点节点的工作外,工作箭线中波形线的水平投影长度表示工作与其紧后工作之间的时间间隔。

3. 六个工作时间参数的判定

1) 工作最早开始时间和最早完成时间的判定

工作箭线左端节点中心所对应的时标值为该工作的最早开始时间。当工作箭线中不存在波形线时,其右端节点中心所对应的时标值为该工作的最早完成时间;当工作箭线中存在波形线时,工作箭线实线部分右端点所对应的时标值为该工作的最早完成时间。

2) 工作总时差的判定

工作总时差的判定应从网络计划的终点节点开始,逆着箭线方向依次进行:

(1) 以终点节点为完成节点的工作,其总时差应等于计划工期与本工作最早完成时间之差。

(2) 其他工作的总时差等于其紧后工作的总时差加本工作与该紧后工作之间的时间间隔所得之和的最小值。

3) 工作自由时差的判定

(1) 以终点节点为完成节点的工作,其自由时差应等于计划工期与本工作最早完成时间之差。事实上,以终点节点为完成节点的工作,其自由时差与总时差必然相等。

(2) 其他工作的自由时差就是该工作箭线中波形线的水平投影长度。但当工作之后只紧接虚工作时,则该工作箭线上一定不存在波形线,而其紧接的虚箭线中波形线水平投影长度的最短者为该工作的自由时差。

4) 工作最迟开始时间和最迟完成时间的判定

(1) 工作的最迟开始时间等于本工作的最早开始时间与其总时差之和。

(2) 工作的最迟完成时间等于本工作的最早完成时间与其总时差之和。

时标网络计划中时间参数的判定结果应与网络计划时间参数的计算结果完全一致。

【例 7-6】 根据表 7-9 所列资料,用直接法绘制时标网络计划图。

网络计划资料表 表 7-9

工作名称	A	B	C	D	E	F	G	H	J
紧前工作	—	—	—	A	A、B	D	C、E	C	D、G
持续时间(d)	3	4	7	5	2	5	3	5	4

解:(1)将网络计划的起点节点定位在时标表的起始刻度线位置上,起点节点的编号为 1,如图 7-39 所示。

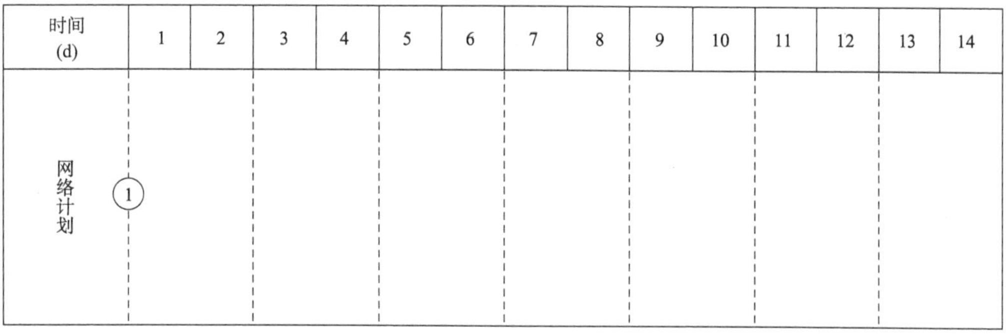

时间
(d)
1
2
3
4
5
6
7
8
9
10
11
12
13
14
网络计划
1

图 7-39　绘制起始节点

(2)画出节点 1 的外向箭线,即按各工作的持续时间,画出无紧前工作的 A、B、C 工作,并确定节点 2、3、4 的位置,如图 7-40 所示。

时间
(d)
1
2
3
4
5
6
7
8
9
10
11
12
13
14
网络计划
A
B
C
1
2
3
4

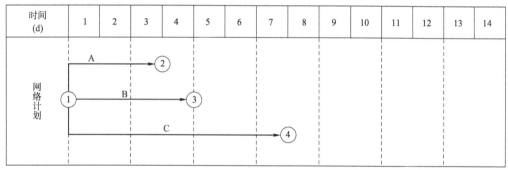

图 7-40　绘制起始工序

(3)依次画出节点 2、3、4 的外向箭线工作 D、E、H,并确定节点 5、6 的位置。节点 6 的位置定位在其两条内向箭线的最早完成时间的最大值处,即定位在时标值 7 的位置,工作 E 的箭线长度达不到 6 节点,则用波形线补足,如图 7-41 所示。

时间
(d)
1
2
3
4
5
6
7
8
9
10
11
12
13
14
网络计划
A
D
B
E
C
H
1
2
3
4
5
6

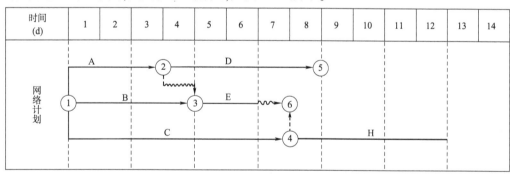

图 7-41　绘制中间工序

(4)按上述步骤,直到画出全部工作,确定出终点节点 8 的位置,时标网络计划绘制完毕,如图 7-42 所示。

(5)关键线路和计算工期的确定。

①时标网络计划关键线路的确定,应自终点节点逆箭线方向朝起点节点逐次进行判定:从终点到起点不出现波形线的线路即为关键线路。如图 7-43 所示,可知关键线路是:1→4→6→7→8(图中粗箭线)。

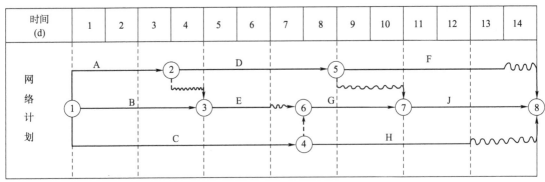

图 7-42 完成时标网络计划图

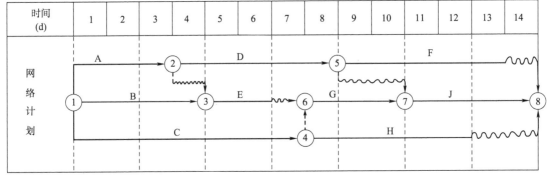

图 7-43 确定关键线路

② 时标网络计划的计算工期,应是终点节点与起点节点所在位置之差。如图 7-43 所示,计算工期 $C_T = 14 - 0 = 14(d)$。

7.4 单代号网络图的绘制与计算

7.4.1 概 述

单代号网络图用圆圈或方框表示工作,并在圆圈或方框内写上工作的名称和持续时间,如图 7-44 所示。工作之间的逻辑关系用箭线表示。单代号绘图法将工作有机地连接,形成一个有方向的图形,该图形被称为单代号网络图,如图 7-45 所示。

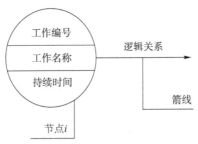

图 7-44 单代号网络图元素含义

7.4.2 绘制规则

单代号网络图的绘制规则基本同双代号网络图,所不同的是单代号网络图中无虚工作。

若开始或结束工作有多个而缺少必要的逻辑关系,须在开始与结束处增加虚拟的起点节点与终点节点。

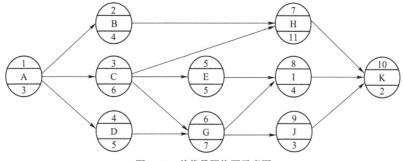

图 7-45　单代号网络图示意图

7.4.3　时间参数计算

1)标注形式

单代号网络图时间参数的标注形式如图 7-46 所示。

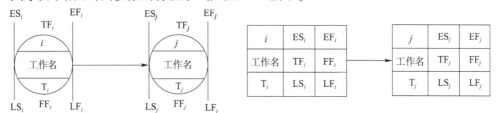

图 7-46　单代号网络图时间参数的标注形式

2)时间参数的计算

单代号网络图时间参数计算的方法和双代号网络图相同,计算最早时间从第一个节点算到最后一个节点,计算最迟时间从最后一个节点算到第一个节点。计算出最早时间和最迟时间后,即可计算时差和分析关键线路。

令整个进度计划的开始时间为第 0 天,则时间参数的计算公式如下:

(1)工作最早开始时间 ES_i 与工作最早完成时间 EF_i。

单代号网络图中各项工作的最早开始时间和最早完成时间的计算应从网络计划的起点节点开始,顺着箭线方向依次逐项计算。

网络计划的起点节点的最早开始时间为零。如起点节点的编号为 1,则有:

$$ES_i = 0 \,(i=1) \tag{7-11}$$

工作最早完成时间等于该工作最早开始时间加上其持续时间,即:

$$EF_i = ES_i + T_i \tag{7-12}$$

其他工作的最早开始时间等于该工作的各个紧前工作的最早完成时间的最大值,如工作 j 的紧前工作的代号为 i,则有:

$$ES_j = \max\{EF_i\} \tag{7-13}$$

或

$$ES_j = \max\{ES_i + T_i\} \tag{7-14}$$

式中:EF_i——工作 j 紧前工作的最早结束时间;

T_i——工作 i 的持续时间。

(2)计算工序的最迟必须完成时间 LF_i。

i 工序的最迟必须完成时间等于其后续工序的最迟必须开始时间的最小值,即:

$$LF_i = \min\{LS_j\} \tag{7-15}$$

终点节点的最迟必须完成时间为计划的总工期 T。

(3)计算工序的最迟必须开始时间 LS_i。

工作 i 的总时差 LS_i 等于该工作的最迟结束时间 LF_i 与工作 i 的持续时间 T_i 之差,即:

$$LS_i = LF_i - T_i \tag{7-16}$$

(4)计算工作总时差 TF_i。

工作 i 的总时差 TF_i 等于该工作的最迟开始时间 LS_i 与最早开始时间 ES_i 之差,即:

$$TF_i = LS_i - ES_i \tag{7-17}$$

(5)计算工作自由时差 FF_i。

若工作 i 无紧后工作,其自由时差 FF_i 等于计划工期 T_p 减该工作的最早完成时间 EF_i,即:

$$FF_i = T_p - EF_i \tag{7-18}$$

当工作 i 有紧后工作 j 时,其自由时差 FF_i 等于紧后工作最早开始时间 ES_j 最小值与本工作最早完成时间 EF_i 之差,即:

$$FF_i = \min\{ES_j\} - EF_i \tag{7-19}$$

(6)关键工作和关键线路的确定。

①关键工作:总时差最小的工作是关键工作。

②关键线路的确定:从起点节点开始到终点节点的所有工作均为关键工作,且所有工作的时间间隔为零的线路为关键线路。

在不计算时间参数的情况下,由开始节点到终点节点形成的路线上各项工作持续时间之和最大值所对应的路线称为关键路线。

3)单代号网络图与双代号网络图的比较

(1)单代号网络图绘制方便,不必增加虚工作。

(2)单代号网络图便于说明,容易被非专业人员所理解且易于修改。

(3)单代号网络图中,当有两个或两个以上工作同时开始或同时结束时,一般要虚拟一个"起点节点"或"终点节点"。

(4)用双代号网络图表示工程进度比用单代号网络图更为形象,特别是时标网络图。

(5)双代号网络图使应用计算机进行计算和优化过程更为简便。

【例 7-7】 根据表 7-8 所列资料绘制单代号网络图并计算工期。计算各项工作的六个时间参数并确定关键线路,标注在网络图上。

解:(1)根据表 7-8 所列资料,开始工序有两个,因此须增加一个开始节点。结束工序也有两个,故同样增加一个结束节点。根据网络图的绘图规则,绘制单代号网络图,如图 7-47 所示。

(2)计算最早开始时间和最早完成时间。

因为未规定其最早开始时间,起点节点的最早开始时间为零,由式(7-11)可得:

$$ES_1 = 0$$

其他工作 i 的最早开始时间和最早完成时间按式(7-12)和式(7-13)依次计算,得:

$$EF_1 = 0 + 0 = 0$$

$$ES_2 = 0$$
$$ES_3 = 0$$
$$EF_2 = 0 + 1 = 1$$
$$EF_3 = 0 + 5 = 5$$
$$ES_6 = \max\{EF_3, EF_5\} = \max\{5_3, 3\} = 5$$
$$EF_6 = ES_6 + T_6 = 5 + 6 = 11$$

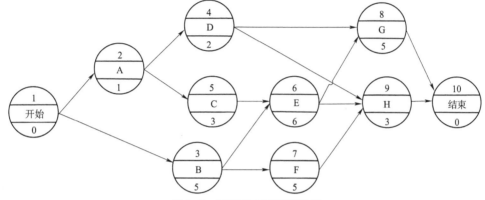

图 7-47 单代号网络图计算实例

已知计划工期等于计算工期,故有 $T_p = T_c = EF_{10} = 16$

计算结果如图 7-48 所示。

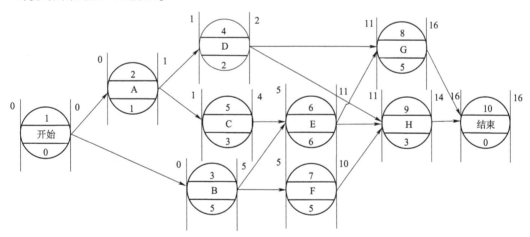

图 7-48 单代号网络图计算实例(标注参数步骤)

(3)按式(7-15)和式(7-16)计算工序的最迟必须完成时间和工序的最迟必须开始时间,可得:

$$LF_{10} = T_p = 16$$
$$LS_{10} = LF_{10} - 0 = 16$$
$$LF_9 = \min\{LS_{10}\} = \min\{16\} = 16, LS_9 = LF_9 - 3 = 16 - 3 = 13$$
$$LF_8 = \min\{LS_{10}\} = \min\{16\} = 16$$
$$LS_8 = LF_8 - 5 = 16 - 5 = 11$$
$$LF_6 = \min\{LS_8, LS_9\} = \min\{11, 13\} = 11$$
$$LS_6 = LF_6 - 6 = 11 - 6 = 5$$

(4)按式(7-17)计算工作总时差,得:
$$TF_{10} = LS_{10} - ES_{10} = 16 - 16 = 0$$
其他工作总时差为:
$$TF_9 = LS_9 - ES_9 = 13 - 11 = 2$$
$$TF_8 = LS_8 - ES_8 = 11 - 11 = 0$$
(5)按式(7-18)或式(7-19)计算工作的自由时差 FF_i,得:
$$FF_{10} = T_P - EF_{10} = 16 - 16 = 0$$
$$FF_9 = \min\{ES_{10}\} - EF_9 = 16 - 14 = 2$$
$$FF_8 = \min\{ES_{10}\} - EF_8 = 16 - 16 = 0$$

对以上计算结果进行标注,如图 7-49 所示。

(6)关键工作和关键路线的确定。

根据计算结果,总时差为零的工作为关键工作。由图 7-49 可知,B、E、G 为关键工作。从起始节点(节点1)开始到终点节点(节点10),且所有工作之间时间间隔为零的路线为关键路线,故 1→3→6→8→10 为关键路线(图 7-49 中粗箭线)。

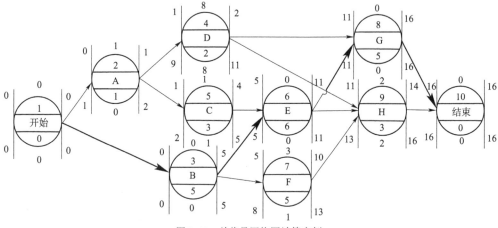

图 7-49 单代号网络图计算实例

7.5 网络计划的优化

网络计划优化是通过利用时差,不断改善网络计划的初始方案,在满足既定条件下按某一衡量指标(如时间、成本、物资等)来寻求最优方案。网络计划的优化主要有工期优化(也称为时间优化)、资源优化、工期与成本(费用)优化。网络计划优化采用双代号网络图进行,它比单代号网络图更直观,如果是双代号时标网络图就更加直观。因此,以下使用双代号网络图为例进行介绍,可以用双代号时标网络图帮助理解。

7.5.1 工期优化

时间在施工管理中是主要要素。当网络计划编制完成后,常遇到计算工期大于要求工期的问题,此时就需要调整进度计划,压缩工期,即对工期进行优化;而对于工期要求紧迫的施工任务,也需要千方百计采取措施,调整网络计划,以达到工期最短的目的。这种以工期为目标,即使工期最短或达到要求工期而进行调整网络计划的过程,称为网络计划的工期优化,也称为时间优化。工期优化的实质就是缩短工程工期到要求工期或使其最短。要缩短工期就必须缩短关键线路。缩短关键线路的方法主要有两种:一种是对网络计划中关键线路进行结构调整(也称调整工作关系),另一种是缩短关键工作持续时间(也称强制法和时差利用)。

1. 缩短关键线路的方法

(1)调整关键线路上的关键工作之间的关系,可采取下述措施:
①将顺序施工的关键工作改为平行施工、交叉或者搭接施工。
②将顺序施工的关键工作调整为流水作业方式。
(2)缩短关键工作的持续时间。可采取以下措施:
①平均法。关键线路上各关键工作平均压缩相同的数值。
②加权平均法。即按关键工作持续时间长短的百分比进行压缩。
③顺序(依次)法。按关键工作开始时间确定,先开始的工作先压缩。
④选择法。即有目的地分析和选择关键工作,例如缩短持续时间对质量影响不大的关键工作、有充足备用资源的工作、赶工费率最低的工作等。选择法是最常用的方法。

可以通过增加资源来缩短关键工作的持续时间;也可通过抽调非关键工作的同类资源来支援关键工作以缩短关键工作持续时间,这种方法也称为时差利用法。这种利用时差的调整虽然增加了相应非关键工作持续时间,但只要未超过其总时差就不会使工期加长。这也就是人们常说的"向关键线路要时间,向非关键工作要资源"。

2. 网络计划工期优化(时间优化)的计算方法和步骤

网络计划工期优化的基本方法就是循环优化法。缩短工期就必须压缩关键线路,因此必须从关键线路入手。循环优化法的基本原理是:计算初始网络计划图的计算工期并确定关键线路,将计算工期与要求工期比较,求出需缩短的时间。采用适当的时间优化措施和途径压缩关键工作持续时间,从而压缩关键线路长度,并重新计算网络计划的工期、确定新的关键线路。此时,如果网络计划的计算工期小于或等于要求工期,时间优化即告完成;否则,重复上述步骤,再次压缩关键线路,直到满足要求工期为止。工期优化的结果是不唯一的,例图 7-50 所示的网络图,计算工期是 52,要求工期 49;优化的方案不同,其结果也就不同。

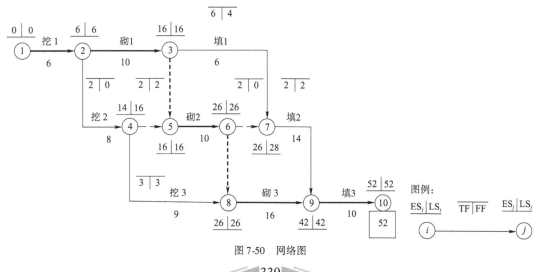

图 7-50 网络图

(1)循环法方案1:先选择"砌3"压缩3d,计算工期为50d;这时"填2"为关键工序,然后再选择"填2"压缩1d,工期才能缩短为49d。

(2)循环法方案2:选择"砌2"压缩3d,计算工期为49d。

(3)循环法方案3:选择"砌3"压缩2d和"填3"压缩1d,计算工期为49d。

3. 压缩关键线路过程中应注意的问题

(1)选择需压缩的关键工作,最好是包含在多条关键线路上的共同部分。

(2)对于要压缩的关键工作,应注意其压缩量取多少时间较为合适,相对值应较小为好。

(3)存在多条关键线路时,所压缩的关键工作必须使多条的关键线路长度一起缩短,此时可能需要同时压缩平行的关键工作。

(4)如果需要得到网络计划最短工期,则采用循环压缩关键线路长度,直到不能再压缩为止(需要给定每个工作的极限持续时间)。

7.5.2 资源优化

资源是指为完成一项计划任务所需投入的人力、材料、机械设备和资金等。完成一项工程任务所需要的资源量基本上是不变的,不可能通过资源优化将其减少。资源优化的目的是通过改变工作的开始时间和完成时间,使资源按照时间的分布符合优化目标。

在通常情况下,网络计划的资源优化分为两种,即"资源有限,工期最短"的优化和"工期固定,资源均衡"的优化。前者是通过调整计划安排,在满足资源限制条件下,使工期延长最少的过程;而后者是通过调整计划安排,在工期保持不变的条件下,使资源需用量尽可能均衡的过程。

这里所讲的资源优化,其前提条件是:①在优化过程中,不改变网络计划中各项工作之间的逻辑关系;②在优化过程中,不改变网络计划中各项工作的持续时间;③网络计划中各项工作的资源强度(单位时间所需资源数量)为常数,而且是合理的;④除规定可中断的工作外,一般不允许中断工作,应保持其连续性。为简化问题,这里假定网络计划中的所有工作需要同一种资源。

1. "资源有限,工期最短"的优化

"资源有限,工期最短"的优化一般可按以下步骤进行:

(1)按照各项工作的最早开始时间安排进度计划,并计算网络计划每个时间单位的资源需求量。

(2)从计划开始日期起,逐个检查每个时段(每个时间单位资源需求量相同的时间段)的资源需求量是否超过所能供应的资源限量。如果在整个工期范围内每个时段的资源需求量均能满足资源限量的要求,则可行优化方案即编制完成;否则,必须转入下一步进行计划的调整。

(3)分析超过资源限量的时段。如果在该时段内有几项平行作业,则采取将一项工作安排在与之平行的另一项工作之后进行的方法,以降低该时段的资源需求量。

(4)对调整后的网络计划,安排重新计算每个时间单位的资源需求量。

(5)重复上述(2)~(4),直至网络计划整个工期范围内每个时间单位的资源需求量均满足资源限量为止。

例如,有A和B两项路基填筑工作平行施工,如图7-51所示,此时只有1台压路机,无法

实现平行施工。解决的方法只有两种:①花钱购买或租赁压路机;②将"平行"施工改为"顺序"施工。那么第二种解决方法就产生了问题,哪项工作先施工使用资源?判断解决方案好的标准是什么?因此,解决资源有限情况下造成资源冲突的方案好的标准就是调整后的进度计划使工程工期的增加最少。将平行施工改顺序施工后,工期值增加最少的顺序施工方案就是资源优化的方案,如图7-52所示。以图7-51所示为例,有两种调整方案。

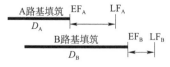

图 7-51　平行施工

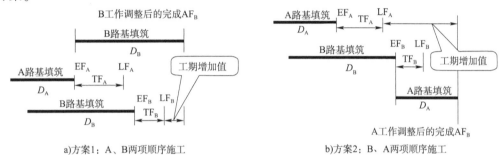

图 7-52　路基填筑工作工期调整方案

方案1:A 先施工 B 后施工,工期增加值 = $EF_A + T_B - LF_B$。

方案2:B 先施工 A 后施工,工期增加值 = $EF_B + T_A - LF_A$。

比较两种方案,其中工期增加值最少的方案就是最优方案。由图7-52可以看出,方案1要优于方案2。

2. "工期固定,资源均衡"的优化

安排建设工程进度计划时,需要使资源需求量尽可能地均衡,使整个工程每单位时间的资源需求量不出现过多的高峰和低谷,这样不仅有利于工程建设的组织与管理,而且可以降低工程费用。

"工期固定,资源均衡"有多种优化方法,如方差值最小法、极差值最小法、削高峰法等。按方差值最小的原理,"工期固定,资源均衡"的优化一般可按以下步骤进行:

(1)按照各项工作的最早开始时间安排进度计划,并计算网络计划每个时间单位的资源需求量。

(2)从网络计划的终点节点开始,按工作完成节点编号值从大到小的顺序依次进行调整。当某一节点同时作为多项工作的完成节点时,应先调整开始时间较迟的工作。

(3)当所有工作均按上述顺序自右向左调整了一次之后,为使资源需求量更加均衡,再按上述顺序自右向左进行多次调整,直至所有工作既不能右移也不能左移为止。

7.5.3　工期-成本优化

1. 工程的时间(工期)和工程的费用(工程成本)关系

一个工程施工项目是由许多工作组成的,这些工作绝大部分都要消耗资源(工、料、机),也就构成了施工费用(成本)。工程的施工费用由工程的直接费用(直接成本)和工程的间接费用(间接成本)组成,工程直接费用随着工期增加而减少,随着工期的减少而增加;工程间接费用随着工期增加而增加,随着工期的减少而减少。因此,施工总费用(总成本)与工期之间

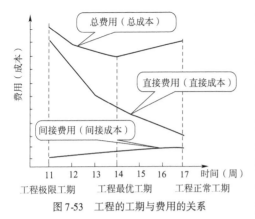

图 7-53 工程的工期与费用的关系

存在最优的平衡点,即最优工期。如图 7-53 所示,当工期小于最优工期时总费用增加,当工期大于最优工期时总费用也增加。最优工期是针对工程而言的,工作(工序)是没有最优工期的。在实际工作中,一般很难找出最优工期,所以通常是以合理工期为目标,即以最优工期为中点,在它附近一定范围内的工期值作为合理工期。工程实践也只需要追求合理工期,这时的工程费用相对最低。工程的费用由各工作的费用所组成,因此必须掌握工作的持续时间与其费用之间的关系。

2. 工作的持续时间与其直接费用(直接成本)的关系

工作(工序)的持续时间与其直接费用(直接成本)的关系分为两种:一种是连续型的,例如某工作(工序)主要采用人工时的直接费用或直接成本;另一种是离散型的,例如某工作(工序)采用不同机械时的直接费用或直接成本。

1)连续型工作持续时间和直接费用的关系

(1)直接费用的计算:

$$直接费用 = 劳动量 \times 每工日(台班)费用 \tag{7-20}$$

(2)直接费用的变化率:

连续型工作持续时间和直接费用的关系一般是非线性的,是曲线关系,因此每个时刻的直接费用变化率不是固定值。考虑到工程实际直接费用的曲线值与直线值相差不大,为了计算简便常将曲线近似为直线,那么直接费用的变化率近似为定值,如图 7-54a)所示。直接费用的变化率在工程界习惯称为赶工费率或直接成本斜率。

$$直接费用的变化率(赶工费率) = \frac{C_a - C_b}{t_a - t_b} \tag{7-21}$$

2)离散型工作持续时间和直接费用的关系

离散型直接费用不存在变化率,只有直接费用的数值(或直接成本),选用不同的时间就有相应的直接费用值,如图 7-54b)所示。

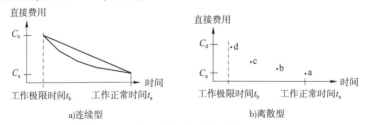

a)连续型　　b)离散型

图 7-54 工作的持续时间与直接费用的关系

3. 工期-成本优化的方法

1)工期-成本优化的目标

工期-成本优化的目标就是要获得如图 7-54 所示的,工程在不同工期情况下直接费用最低的曲线,并将其与间接费用曲线(一般为斜直线)叠加后形成总费用曲线,从而找到总费用最低的最优工期。

2)工期-成本优化的方法和思路

将工程进度网络计划从正常工期开始,压缩关键工作的持续时间,从而压缩工程的工期,一直压缩到工程的极限工期。在此压缩过程中,应保证每次压缩所引起直接费用的增加量最少,这样才能得到该工程直接费用最低曲线,从而获得最优工期。如果压缩过程中工程直接费用曲线某一时点的直接费用不是最低值,图中总费用最低的点就不能保证是工程最优工期。

3)工期-成本优化方法应注意的事项

工期-成本优化过程有两个难点:一是如何选择压缩的关键工作,即压缩方案;二是已经选择的关键工作压缩量应取多少才能既不超压也不欠压(要考虑优化计算效率)。

(1)选择压缩的关键工作。

选择压缩的关键工作应保证直接费用增加最少,即应选择综合赶工费率最低的关键工作。由于关键线路的复杂性,有一条关键线路的简单情况和多条关键线路的复杂情况。

①只有一条关键线路时,选择关键线路中赶工费率最低的关键工作。

②有两条及以上关键线路时,问题较复杂,要根据具体网络计划进行分析和选择。因为有时多条关键线路中共同包含某一关键工作,只需压缩该关键工作工程的工期即可;有时需要平行压缩多个关键工作工程工期才行。因此,需具体情况具体分析,在比较后进行选择。所以原则上,如果此时需要平行压缩多个关键工作才能缩短工期,那么它们的赶工费率之和应最低。

关键线路较少而且简单时,可以直接将各种可能的组合进行比较。关键线路复杂时,可以用网络最大流理论来确定压缩方案,但是要注意多个压缩关键工作的赶工费率之和最低的方案所对应的是网络流所有方案的最小值而不是最大值。运筹学教材中运用该理论是寻找网络流的最大值,而我们需要最小值,这点在使用该理论时正好相反,因此很难保证所选的方案是最小值;不过可以利用割线的思想和方法来计算赶工费率和,这是很好掌握又不易产生错误的一种方法,在下面的算例中将会涉及。

(2)确定关键工作的压缩量。

压缩多少才既不超压也不欠压,对于压缩关键工作的量,应同时满足以下两点要求:

①不超过该关键工作的极限持续时间。

②应保证压缩后的关键工作,仍然是关键工作,即不能超压。这一点难度很大。

最简单但却耗时的方法是线路全枚举法,即将所有线路长度计算出来,逐条比较,来综合决定压缩量。为什么要综合呢?因为不能简单比较就下结论为:"压缩量等于非关键工作的最小总时差,$\Delta = \min\{TF\}$"。例如某网络图有三条线路,一条关键线路为100,另外两条非关键线路分别是98和95;那么为了使关键工作没有超压不一定只能压缩 $100-98=2$ 个单位,有可能可以压缩 $100-95=5$ 个单位,因为当被压缩的关键工作也包含在98的非关键线路中时,关键工作每缩短1个单位,原98长度的线路也随之缩短,不会制约关键工作的压缩而担心超压,此时就可以压缩5个单位。因此要综合分析压缩量,它属于非肯定的问题,不能以特殊代表一般。当然有的方法是每次只压缩1个单位然后重新计算关键线路,循环重复进行压缩优化。这种方法需手工计算,且优化效率过低。

另外一种确定压缩量的方法是通过时差分析,判断"圈"内的自由时差和总时差,避免超压和欠压。这种方法需要操作者对网络计划知识掌握得很扎实,尤其需要进行时差分析。这样通过网络计划优化可以促进网络计划知识的学习和掌握。在进行时差分析时,可借助双代号时标网络图的直观性帮助理解,掌握时差分析方法后,就不需要在优化时绘制成双代号时标网络图了。

4. 工期-成本优化示例

某工程计划网络图如图 7-55 所示。表 7-10 所列是该工程各工作的时间和费用数据。整个工程的间接费率为 10 万元/周,正常工期间接费用为 70 万元。对此工程进行工期-费用优化,确定工期-费用曲线并求最优工期。图 7-55 中圆括号内的数值表示工作极限持续时间;没有圆括号的时间是正常持续时间,在以下计算时未被划去就代表正常值。

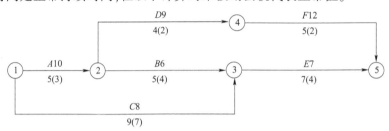

图 7-55 某工程网络计划图

各工作时间与费用时间表 表 7-10

工作代号	正常持续时间	极限持续时间	正常直接费用	极限直接费用	赶工费率
1-2	5	3	80	100	$(100-80)/(5-3)=10$
1-3	9	7	160	176	$(176-160)/(9-7)=8$
2-3	5	4	90	96	$(96-90)/(5-4)=6$
2-4	4	2	50	68	$(68-50)/(4-2)=9$
3-5	7	4	100	121	$(121-100)/(7-4)=7$
4-5	5	2	120	156	$(156-120)/(5-2)=12$
合计	无		600	717	无

(1) 根据式(7-22),在表 7-10 中的最后一列计算每项工作的直接费用变化率(赶工费率),并将计算结果标注在每项工作箭线的上方,便于优化压缩时分析和计算。

(2) 按照各工程正常持续时间计算网络计划的时间参数和关键线路,如图 7-56 所示。

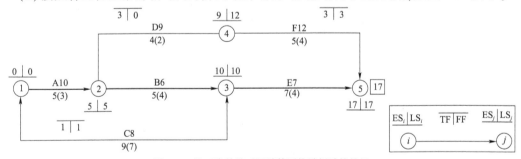

图 7-56 按正常持续时间计算网络计划计算结果

(3) 按照工期-成本优化的方法和注意事项逐步(循环)压缩关键工作,以获得直接费用最低的曲线数据,见表 7-11。

网络计划工期-成本优化循环压缩的过程 表 7-11

循环次数	压缩方案	压缩时间	工期(周)	增加费用	增加总费用	工程直接费用	工程间接费用	工程总费用
0	原始网络图不调	0	17	0	0	600	70	670

续上表

循环次数	压缩方案	压缩时间	工期（周）	增加费用	增加总费用	工程直接费用	工程间接费用	工程总费用
1	压缩 B	1	16	6	0 + 6 = 6	606	60	666
2	压缩 E	2	14	$2 \times 7 = 14$	6 + 14 = 20	620	40	660
3	压缩 A、E 增加 B	各 1	13	10 + 7 − 6 = 11	20 + 11 = 31	631	30	661
4	压缩 A、C	各 1	12	$1 \times (10 + 8) = 18$	31 + 18 = 49	649	20	669
5	压缩 B、C、D	各 1	11	6 + 8 + 9 = 23	49 + 23 = 72	672	10	682

循环压缩优化的具体过程如下。

①循环 1：关键线路中 B 工作的赶工费率最低，选择 B 工作压缩 1 周。此时，网络计划的时间参数发生变化，与 B 工作平行的有两个"圈"，它们的时差会有变化。①③"圈"中的 C 工作变成关键工作，关键线路增加一条；②⑤"圈"中 D 和 F 工作时差都会改变。根据双代号时标网络图的特性和式(7-21)，B 工作缩短 1 周将相应减少 F 工作的自由时差 1 周和总时差 1 周，从而减少 D 工作总时差 1 周。变化后的工期和时差结果如图 7-57 所示，费用计算结果见表 7-11。此时只需关心时差和工期，而不需再计算和关注节点时间参数了。

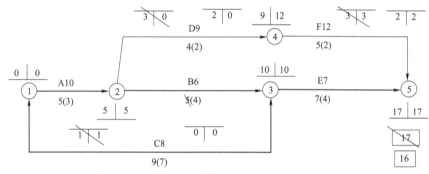

图 7-57　经过第 1 次压缩优化后的工期与时差变化结果

②循环 2：如图 7-57 所示，在两条关键线路中进行比较。E 工作是两条关键线路的共同组成，而且赶工费率最低，故选择压缩 E 工作。E 工作压缩量的极限虽然可以为 7 − 4 = 3 周，但考虑到与之平行的②⑤"圈"中 D 和 F 的总时差只有 2 周，因此 E 工作的压缩量取 2 周。此时，D 和 F 工作变成关键工作，关键线路再增加一条，三条都是关键线路。变化后的工期和时差结果如图 7-58 所示，费用计算结果见表 7-11。

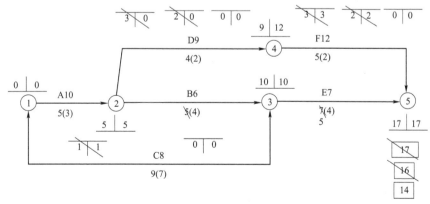

图 7-58　经过第 2 次压缩优化后的工期和时差变化结果

③循环3:根据图7-58中三条关键线路的比较,可从直观判断出有两种组合压缩方案,即A、D各压缩1周的费率(10+8)和D、E各压缩1周的费率(9+7)的比较。选择D、E各压缩1周的费率16最低,工期可以压缩到13周;这个方案实际上是错误的,还有比它更低赶工费率的方案,即下面的方案。

如果压缩A和E工作各1周,将B工作增加1周,则不影响与之平行的两条关键线路且工期又能缩短1周,而赶工费率为$10+7-6=11$,比16还要低,所以D和E工作各压缩1周的方案是错误的。该方案的获得确有困难,因此可以借助网络流最大理论的割线方法去寻找各种可能的割线方案;该方案是分别割到A、B、E三项工作的割线,如图7-59所示。采用割线分割时,应保证网络图的起点节点和终点节点分别位于割线两侧,请读者关注图形下部的节点1和3。如果约定与割线为界,位于起点节点同一侧的节点上,箭尾的赶工费率为正值表示可以缩短;节点上箭头的赶工费率为负值表示对已经压缩的还原增加,则赶工费率的和为$10-6+7=11$。不过在保证赶工费率和为正值前提下,如果作为赶工费率为负值的工作是正常持续时间还未压缩过,则方案不可行。

④循环4:在图7-59所示三条关键线路中,A、C组合共同压缩赶工费率是18,B、C、D组合共同压缩赶工费率是23,所以选择A、C组合共同压缩1周。变化后的工期结果如图7-60所示,费用计算结果见表7-11。

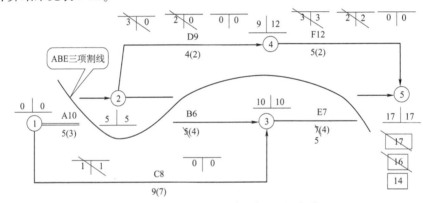

图7-59 将图7-58网络图分割成上、下两部分

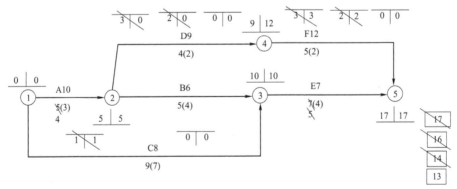

图7-60 经过第3次压缩优化后的工期变化结果

⑤循环5:在图7-61所示三条关键线路中,只有B、C、D组合共同压缩赶工费率是23(最小),所以选择B、C、D组合共同压缩1周。最终变化后的工期结果如图7-62所示,各工作为$A=3,B=4,C=7,D=3,E=4,F=5$(未压缩);费用计算结果见表7-11。此时,最优工期是14周,如图7-62所示。

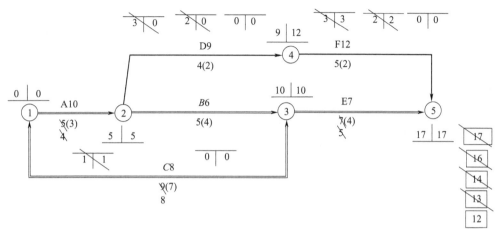

图 7-61 经过第 4 次压缩优化后的工期变化结果

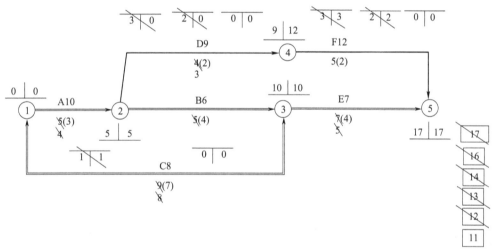

图 7-62 经过第 5 次压缩优化后的最终工期变化结果

在压缩优化过程中,只需画一个一般双代号网络图,将优化过程和时差变化全标注在图上进行比较,同时将计算结果填在表 7-11 中即可。在利用时差分析时,应正确使用式(7-22)以及"圈"的概念,多做多练就能熟能生巧。

(4)最优工期下的工期-费用曲线如图 7-63 所示。

(5)优化过程的分析对比情况如图 7-64 所示。

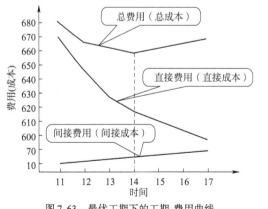

图 7-63 最优工期下的工期-费用曲线

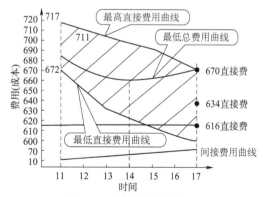

图 7-64 优化过程的分析对比

在直接费用压缩优化过程中,对工程的每个工期值,可以对应地求出其相应的最低值,这是我们所希望的。如果我们在优化过程所选择的方案有错误,不是最低的赶工费率,则所得到的直接费用一定是位于阴影区域内,因为最高直接费用曲线是在每次相应工期值的情况下将非关键工作都按照极限持续时间的直接费计算而得,是对应工期值的最大值。

5. 将工期-成本优化方法应用于计划调整,以确定最经济的工期

某工程网络计划如图 7-65 所示,合同工期为 60 周。工期提前奖励为 2 万元/周,拖延赔偿费为 1.5 万元/周。施工到第 18 周时,检查 A 工序刚完成。施工单位应如何调整进度才能使计划最经济?

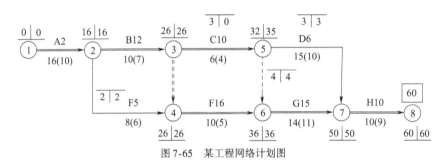

图 7-65 某工程网络计划图

施工计划的调整过程参见表 7-12。

网络计划工期调整循环压缩的过程　　　　　　　　表 7-12

循环次数	压缩方案	压缩时间	工期(周)	增加费用	增加总费用	奖赔值	盈亏值	备注
0	不调	0	62	0	0	2×(−15)=−30	−30−0=−30	
1	压缩 H	1	61	1×10=10	10	1×(−15)=−15	−15−10=−25	压后所有时差不影响
2	压缩 B	2	59	2×12=24	34	1×20=+20	20−34=−14	E 控制 B 压 2,E 关键
3	压缩 G	3	56	3×15=45	79	4×20=+80	80−79=+1	压后 CD 关键,⑤⑥虚工作不影响
4	压缩 BE	各 1	55	1×(12+5)=17	96	5×20=+100	100−96=+4	最经济
5	压缩 DF	各 4	51	4×(6+16)=88	184	9×20=+180	180−184=−4	只能压 4 周

在循环 2 压缩了 B 工作 2 周后,E 工作已经是关键工作了。此时,B 工作可以与 E 关键工作组合一起压缩,赶工费率为 12+5=17,比只压缩 G 工作的赶工费率(15)大,不可取;所以选择压缩 G 工作。

在循环 5 中,D、F 的组合只能压缩 4 周,因为此时 5→6 虚工作是关键工作,若压缩 5 周就超压缩了 1 周。在组合压缩关键工作时要注意,如果是 C、G 关键工作组合压缩,会使 5→6 虚工作的时差增加;而 D、F 关键工作组合压缩,会使 5→6 虚工作的时差减少。

所以在循环 5 中，D、F 的组合只能压缩 4 周。压缩过程图如图 7-66 所示，该图不是最终结果图。

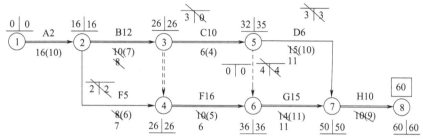

图 7-66　合同工期 60 周施工计划调整图

因此，选择循环 4 的结果施工计划最经济。

本章习题

一、问答题

1. 网络图与横道图比较，具有哪些优点？
2. 在双代号网络图中，虚工作怎样表示？其作用是什么？
3. 什么是时差？时差有哪几种类型？
4. 双代号网络图的绘图规则有哪些？
5. 时标网络图有何特点？其绘制步骤是什么？
6. 单代号网络图的基本组成要素有哪些？它与双代号网络图有哪些本质区别？
7. 时间坐标网络计划的绘制方法有哪几种？试加以比较。
8. 什么是网络计划的优化？有哪几种优化方法？简述各种优化的特点。
9. 什么是网络图的关键线路？确定关键线路的方法是什么？
10. 什么是关键工作、关键节点和关键线路？

二、计算题

1. 根据表 7-13 所列资料绘制双代号网络图。

计算题 1 工作资料　　　　　　　　　　　　　　　表 7-13

工作代号	A	B	C	D	E	F	G	H	I	J
紧前工作	—	A	B	A	B	C、D	C	E、C	H、G、F	I

2. 根据表 7-14 所列资料绘制双代号网络图。

计算题 2 工作资料　　　　　　　　　　　　　　　表 7-14

工作代号	A	B	C	D	E	F	G	H	I	J
紧前工作	—	—	A	A	A、B	B	C	C、D、E	F	G、H

3. 根据表 7-15 所列资料绘制双代号网络图。

计算题 3 工作资料　　　　　　　　　　　　　　　表 7-15

工作代号	A	B	C	D	E	F	G	H	I	J
紧前工作	—	A	A	B	B、C	C	E、F	D、E	G、H	G

4. 某工程由九项工作组成，它们之间的网络逻辑关系见表7-16。试绘制双代号网络图。

工程工作基本资料　　　　　　　　　　　　表7-16

工作名称	紧前工作	紧后工作	持续时间(d)
A	—	B、C	3
B	A	D、E	4
C	A	F、D	6
D	B、C	G、H	8
E	B	G	5
F	C	H	4
G	D、E	I	6
H	D、F	I	4
I	G、H	—	5

5. 根据表7-17所列资料绘制双代号网络图，并计算时间参数、总工期，确定关键线路。

计算题5 工作资料　　　　　　　　　　　　表7-17

工作代号	A	B	C	D	E	F	G	H
紧前工作	—	A	B	B	B	C、D	E、C	F、G
时间	1	3	1	6	2	4	2	4

6. 根据表7-18所列资料绘制双代号网络图，并计算时间参数、总工期，确定关键线路。

计算题6 工作资料　　　　　　　　　　　　表7-18

工作代号	A	B	C	D	E	F	G	H	I	J
紧后工作	B、C、D	E	F	G	H	I、H	I	J	J	—
工作时间	10	10	20	30	20	20	30	30	50	10

7. 某工程包括四条公路，由三个队流水施工，工期见表7-19。试进行最优排序，并按最优排序绘制流水图及计算时间参数。

计算题7 工作资料　　　　　　　　　　　　表7-19

工序	施工段			
	甲	乙	丙	丁
小桥路基	22	15	36	24
路面基层	15	18	18	15
路面面层	30	22	26	35

8. 根据表7-20所列资料绘制双代号网络图，确定$t=40$时的优化措施并绘制工序最早开始时间时标网络图。

计算题8 工作资料　　　　　　　　　　　　表7-20

工序代号	①—②A	①—③B	②—③C	②—④D	③—④E	③—⑤F	④—⑤G
正常时间	20	25	10	12	5	15	10
极限时间	17	25	8	6	4	13	5

9. 某路面工程双代号网络图如图 7-67 所示,把它改绘成时标网络图。

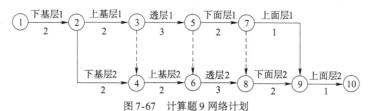

图 7-67　计算题 9 网络计划

10. 根据表 7-21 所列资料绘制单代号网络图,计算时间参数、总工期,确定关键线路。

计算题 10 工作资料　　　　　　　表 7-21

工作代号	A	B	C	D	E	F	G	H
紧前工作	—	A	B	B	B	C、D	C、E	F、G
工作时间	1	3	1	6	2	4	5	5

第8章 进度计划控制

8.1 进度计划控制的概述

8.1.1 进度计划控制的概念

进度计划控制是指在既定的进度目标内,由施工单位(承包人)编制出合理的工程施工进度计划,报经监理工程师审批后,施工单位(承包人)按计划进行施工。在施工过程中,经常检查施工实际进度情况并将其与计划进度相比较。若出现偏差,应分析产生偏差的原因和对工程进度目标(含工期目标)的影响程度,采取一定的措施并要求承包人加强进度管理,调整后续进度计划或考虑给予延长工期。不断地如此循环,直到工程竣工。

8.1.2 进度指标和进度目标

1. 进度指标

进度通常是指工程项目实施结果的进展情况。在工程实施过程中要消耗时间、资源(工、料、机)和资金才能完成工程项目任务,项目实施结果应该以项目任务的完成情况(如工程的数量)来表达。由于工程项目对象具有复杂性,故往往很难用一个恰当又统一的指标来全面反映进度。在工程管理中,人们已赋予进度综合的含义并形成一个综合指标。通常可以用以描述进度的指标有如下三种:

(1)时间指标即持续时间。人们常用某工作已经使用的持续时间与其工程进度计划时间相比较来描述工程的完成程度,但是要注意区分(总)工期与进度在概念上的不一致性。因为工程的效率(速度)不是线性的,因此工程的工期进行一半并不能表示工程进度到了一半。工程进度是以"S曲线"的形式分布,往往工程的中期是施工的高潮期,投入也最大。所以进度控制与工期控制的含义不同。

(2)工程活动的结果状态数量,如工程量、路基工程土石方数量(m^3)、桥梁工程的混凝土数量(m^3)等。但是,不同类型的工程量不具有可累加性和可比性。

(3)共同适用的某种计量单位,如货币形式的工作量。它是最具有统一性和较好可比性的指标,既可以在工程施工的各个环节也可以在整个项目过程中使用该指标。不同类型的工程量不具有可累加性,但是它们的工作量(货币形式产值)具有可累加性。可比性是指"甲公路工程"与"乙公路工程"在工作量上的比较,例如图 8-1 所示美国加州公路分局的进度管理曲线被形象地称为"香蕉曲线",就是采用工作量指标,才可以将该曲线作为动态衡量该地区类似公路工程进度的参考标准。

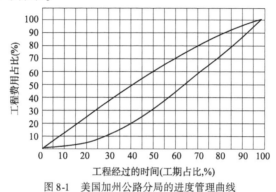

图 8-1　美国加州公路分局的进度管理曲线

2. 进度目标

从进度的指标分析和讨论中可以得出一个结论:即使"工作量或产值"在反映工程进度方面具有统一性,也不能用单一的指标来反映工程进度,而用上述三个指标来综合反映进度状况。进度目标是一个综合指标体系,进度目标包含工期目标,施工过程中应该动态地控制进度的各项指标使其符合预期的进度目标。在后面的内容中,介绍有关进度控制的检查方法时侧重讨论进度控制中的工期控制,而网络计划优化时则会涉及工程量和资源与工期的关系。

如果只考虑施工进度的工期目标且进度计划是用网络计划表示,那么实际进度情况与其计划进度相比较所出现偏差的含义是什么?是表示被检查工作的实际进度与其计划进度的最早时间相比较,还是与其最迟时间相比较的偏差呢?因此,就要对进度检查涉及的相关概念有清晰和全面的了解。

8.1.3　工程进度检查的有关概念

1. 延误(Delay)

延误是指施工中实际进度与计划进度相比较的拖延或耽误,即进度偏差的不利一面。在工程施工过程中谈及延误时,往往是指某些被检查正在施工或者已经完成的工作(分项工程)的延误,在网络计划中一般是与计划的最早时间相比较的拖延。无限定词时的延误一般泛指工作拖延或耽误,是局部的,通常指某一分项、分部、单位工程的拖延,而不是针对整个工程项目或合同段而言。

2. 工期(Project Duration)

工期原来是泛指完成一件事情所需的时间。事情可大可小,小到一个工作(或工序),大到一个工程项目或合同段。因此,人们常将工作所需的时间称为工期。一般情况下为了区分,工程项目所需的时间被称为总工期。但是目前工程界的习惯是将工作所需的时间称为工作持续时间,而将工程项目或合同段施工所需时间称为工期。本教材为避免工期一词带来的混乱,在谈及工期时都表示工程项目或合同段所需的时间,即过去习惯的总工期。

3. 工期拖延(延误工期,Fail to Comply with the Time for Completion)

延误工期(工期拖延)是指工程项目所需的时间超过计划或合同规定的竣工时间,简称为误期或拖期。误期是业主、监理、承包人都不愿意发生的事件,从进度控制目标的角度应尽量避免误期的发生。误期这个词并不涉及造成误期的原因与责任,在 FIDIC 合同条件和《公路工程标准招标文件》中既有承包人原因造成误期的处理条款,也有非承包人原因造成误期的处理条款。如果给误期一词加上"由承包人原因造成",就会使得用词表达很不方便。例如,在进行检测时,我们需分析工期的影响,常常提到"将会延误工期"或"将造成工期拖延"。因此"工程拖延"或"延误工期"只是中性词,无责任的含义。"误期"是整个工程项目或合同段的拖延,应注意它与"逾期"这一词是有所区别的。

8.1.4 影响项目施工进度的因素

工程项目的施工特点是工期较长、影响进度的因素较多,尤其是较大和复杂的施工项目更是如此。编制、执行和控制施工进度计划时,必须充分认识和评估这些因素,才能克服其影响。

影响项目施工进度的主要因素有以下几个方面:

(1)参与单位和部门的影响因素。影响项目施工进度的单位和部门众多,包括建设单位、设计单位、总承包单位,以及施工单位上级主管部门、政府有关部门、银行信贷单位、资源物资供应部门等。只有做好有关单位的组织协调工作,才能有效地控制项目施工进度。

(2)施工技术因素。施工技术因素主要有低估项目施工技术上的难度;采取的技术措施不当;没有考虑某些设计或施工问题的解决方法;对项目设计意图和技术要求没有全部领会;在应用新技术、新材料或新结构方面缺乏经验,没有进行相应的科研和试验,导致盲目施工,以致出现工程质量缺陷等技术事故等。

(3)施工组织管理因素。施工组织管理因素主要有施工平面布置不合理,出现相互干扰和混乱;劳动力和机械设备的选配不当;流水施工组织不合理等。

(4)项目投资因素。项目投资因素主要指因资金不能保证以至于影响项目施工进度。

(5)项目设计变更因素。项目设计变更因素主要有建设单位改变项目设计功能;项目设计图样错误或变更,致使施工速度放慢或停工。

(6)不利条件和不可预见因素。在项目施工中,可能遇到洪水、地下水、地下断层、溶洞或地面深陷等不利的地质条件;也可能出现恶劣的气候条件、自然灾害、工程事故、政治事件、工人罢工或战争等不可预见的事件,这些因素都将影响项目施工进度。

8.1.5 进度控制的过程

进度控制的基本对象是工程施工活动。项目进度状况通常是通过各工程活动完成程度(百分比)逐层统计计算得到的,其控制过程如图 8-2 所示。

进行进度控制的手段主要有如下几种:

(1)采用各种控制手段保证项目及各个工程活动按计划及时开始,在施工过程中记录各工程活动的开始和结束时间及完成程度。

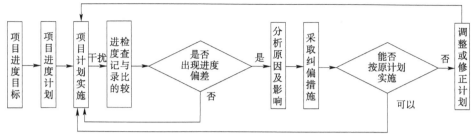

图 8-2 施工项目进度控制循环图

(2) 在各控制期末(如月末、季末、一个工程阶段结束)将各活动的完成程度与计划对比,确定整个项目的完成程度,并结合工期、生产成果、劳动效率、消耗等指标,评价项目进度状况,分析其中的问题。

(3) 对下期工作作出安排,对一些已开始但尚未结束的项目单元的剩余时间作估算,提出调整进度的措施;根据已完成状况作新的安排和计划,调整网络(如变更逻辑关系、延长/缩短持续时间、增加新的活动等),重新进行网络分析,预测新的工期状况。

(4) 对调整措施和新计划作出评审,分析调整措施的效果,分析新的工期是否符合目标要求。

8.1.6 进度控制的作用

通过项目施工进度控制,可以有效地缩短项目建设周期;可以减少不同单位和部门之间的相互干扰;可以落实承建单位各项施工计划,保证施工项目成本、进度和质量目标顺利实现;可以为防止或提出项目施工索赔提供依据。

8.1.7 公路工程进度控制原理

1. 进度控制的动态控制原理

在工程项目管理中,进度控制与质量控制、费用控制是同等重要的内容。工程的动态控制包括主动控制和被动控制。在进行进度控制时,进度计划的不变是相对的,而进度计划的变化是绝对的。实际进度与计划进度完全一致几乎不可能,因此动态控制常常是从主动控制到被动控制的过程,纠偏尤为关键。作为工程施工管理人员,在施工过程中应分清主次,密切关注关键工作,避免造成工作盲目和被动;多观察、多记录,尽早发现影响进度的不利因素,及时采取措施和对策,或由承包人调整后续进度计划,使进度符合目标要求。

1) 进度控制的内容

进度控制是一个动态的管理过程,它包括如下几点:

(1) 进度目标的分析和论证。其目的是论证进度目标是否合理、进度目标是否可能实现;如果经过科学的论证,目标不可能实现,则必须调整目标。

(2) 在收集资料和调查研究的基础上编制进度计划。

(3) 进度计划的跟踪检查与调整。它包括定期跟踪检查所编制进度计划的执行情况,若其执行有偏差,则采取纠偏措施,并视必要调整进度计划。

进度控制的目的是通过控制来实现工程的进度目标。施工进度控制不仅关系施工进度目标能否实现,还直接关系工程的质量和成本。

2）进度控制的措施——主动控制和被动控制

实现进度控制的措施主要有组织措施、管理措施（包括合同措施）、经济措施和技术措施。

(1) 组织措施。在施工项目组织结构中，应有专门的工作部门和符合进度控制岗位资格的专人负责进度控制工作。其工作的任务和相应的管理职能应在任务分工表和管理职能分工表中标示并落实。应编制施工项目进度控制的工作流程，建立和完善各参与方的进度控制体系。

(2) 管理措施(包括合同措施)。为了实现进度目标，应选择合理的合同结构，避免过多的合同交界面而影响工程的进展。工程物资的采购模式对进度也有直接的影响，对此应作比较分析。在分析的基础上采取风险管理措施，以减少进度失控的风险量。常见的影响工程进度的风险包括组织风险、管理风险、合同风险、资源(人力、物力和财力)风险、技术风险等。可用工程网络计划的方法编制进度计划，并将网络计划与信息技术结合应用于进度控制。

(3) 经济措施。分析由于经济的原因而影响施工项目目标实现的问题，并采取相应的措施，如落实加快工程施工进度所需的资金和经济激励措施所需要的费用。

(4) 技术措施。分析由于技术(包括设计和施工的技术)的原因而影响施工项目目标实现的问题，并采取相应的措施，如变更设计、改进施工方法和改变施工机具等。

3）进度控制(被动控制)的纠偏和调整措施

(1) 组织措施有：调整项目经理部的成员；强化制度建设和落实；调整任务分工和优化工作控制流程等。

(2) 管理措施(包括合同措施)有：增加工作面，组织更多的施工队伍；增加每天的施工时间(多班制或加班)；增加关键工作的资源投入(劳力、设备等)，实施强有力的调度；改善劳动条件、外部配套条件以及分包等合同措施等。

(3) 技术措施有：改进施工工艺和技术以缩短工艺技术间歇时间(如添加混凝土早强剂等)；改进施工方法以缩短施工过程的持续时间(如现浇方案改为预制装配，但预制装配的控制难度大于现浇)；采用先进的施工机械等。

(4) 经济措施有：用物质刺激和精神鼓励的方法提高效率；对所采取的技术措施给予相应的经济补偿。

2. 进度控制的系统原理

1）施工项目进度计划系统

为了确保施工项目进度目标实现，施工单位(承包人)要编制一套围绕施工项目进度总目标的进度计划系统。施工项目进度计划系统是由多个相互关联的进度计划组成的系统，它是施工项目进度控制的依据。由于各种进度计划编制所需要的必要资料是在项目进展过程中逐步形成的，因此项目进度计划系统的建立和完善也需要一个过程。

施工项目进度计划系统可以是由多个相互关联的不同计划功能的进度计划组成的计划系统，例如控制性进度计划、指导性进度计划、实施性进度计划等；也可以由多个相互关联的不同计划深度的进度计划组成其计划系统，例如施工项目总体进度计划、单项(位)工程进度计划等；还可以是由多个相互关联的不同计划周期的进度计划组成的计划系统，例如年度计划，季度、月份、旬、周生产计划。

国际上如 FIDIC 条款所说的总进度计划(系统)还包括与这些进度计划相适应的资源供应计划(或需求计划)、资金需求计划以及施工方案等，相当于我国的施工组织设计中的计划。

2) 施工进度计划实施的保证系统

施工进度计划实施的保证从内容上可概括为组织保证、技术保证、合同保证、资源与经济保证。从施工项目的参与方来分,主要有承包人、监理人和发包人(业主),还有设计单位、分包人、供应商;在施工过程中,重点是落实承包人、监理人和发包人(业主)保证系统。

3) 承包人进度计划实施的保证系统

承包人的项目经理部是进度计划顺利实施的重要保证,也是保证系统的组织保证。从项目经理到项目经理部的各职能部门,为确保工程进度目标,要齐心协力,各尽其职,加强内部管理,尤其应注重人、机、料三大要素的优化配置与协调工作。承包人应将整个工程逐项分解,由粗到细,最后形成月生产计划和周工作计划下达,并上报监理工程师,以便实施和接受监督。对工程进度的控制应派专人记录进度的实际情况,收集反映进度的数据,统计整理汇总实际进度的数据(开、完工时间,完成的工程数量等)形成实际进度报表,并将其与计划进度相比较和分析,以利于后续工程施工。不同层次人员有不同的进度控制职责,做到分工协作,共同组成一个纵横连接的承包人进度控制保证系统。

4) 监理方进度计划实施的保证系统

监理人应加强内部管理,提高人员的素质。从项目总监理工程师到合同段驻地监理工程师以及监理机构是整个施工监理的组织保证,也是监理人进度计划实施保证系统的组织保证。这些人员应负责审批项目或合同段工程进度计划。监理人不仅要加强组织保证,还要加强技术保证、合同保证和经济保证。监理人员应提高自身的监理业务水平,在严格监理的同时,又能热情服务,这才符合中国特色的施工监理的要求;尤其在不良地区和不良气候条件下监理人员应具有现场处理应急事件的能力,想承包人所想,急承包人所急,及时和果断处理好现场中发生的问题,使工程的进度不受较大影响。例如,对于基础和结构物下部等部位,如不及时处理,一旦下雨就直接影响工程进度。在合同保证方面,应加强对承包人分包工作的管理,分包工程与总承包人工程的衔接也直接影响工程进度。在经济保证方面,应及时验收计量和签认支付,资金是影响整个工程进度中最重要的因素之一,尤其重要。

5) 发包人(业主)进度计划实施的保证系统

发包人(业主)为保证进度目标的实现,应及时完成征地拆迁工作;筹措工程所必需的资金;在施工过程中及时支付工程进度款;及时向监理人提交设计图纸,以便监理人交与承包人,保证及时照图施工;发包人(业主)要积极努力协调与施工周边环境的关系,以保证施工的顺利进行。

3. 进度控制的信息反馈原理

施工项目的基层控制人员收集实际进度,经加工处理逐级向上反馈,直到主控部门,再经比较分析作出决策和调整,使其符合预定工期目标。信息反馈是项目进度控制的主要环节,项目建设的实际进度通过信息反馈至基层进度控制人员,在分工的职责范围内,经过其加工后,将信息逐级向上反馈,直到主控制室,主控制室整理统计各方面的信息,经比较分析作出决策,调整进度计划,使其符合预定工期目标。项目在建设实施阶段不断进行循环往复直至竣工。

4. 弹性原理

由于公路工程建设项目工期长、影响因素多,其中有的因素是可以预料的,在编制进度计划时,编制者会根据统计资料和经验,可以估算影响进度的程度和出现的可能性,并在确定进度目标、进行实现目标分析时,对编制的进度计划留有余地,使项目进度计划具有一定的弹性。在项目实施阶段,实际进度与计划进度出现偏差时,可以利用这些弹性缩短工期,或者改变它们之间逻辑关系,对计划进行调整,达到预期计划目标的实现。

5. 封闭循环原理

项目建设进度计划控制的全过程是计划、实施、检查、比较分析、确定调整措施、再计划。从编制项目建设进度计划开始,经过在实施阶段进行跟踪检查,收集有关实际进度的信息,比较和分析实际进度与计划进度之间的偏差,找出产生原因和解决的办法,确定调整措施,再修改原进度计划,形成一个封闭的循环系统。

6. 网络计划技术原理

在公路工程项目建设进度控制中,利用网络计划技术原理编制进度计划,在项目实施阶段,根据收集的实际进度信息,比较和分析进度计划,又利用网络计划工期优化、工期与成本优化和资源优化的理论对原网络计划进行调整。网络计划技术原理是对建设项目进度控制进行完整的计划管理和分析计算的理论基础。

8.1.8 工程进度控制的强制时限

工作的开始和完成有 4 个时间参数,分别是最早开始时间 ES、最早完成时间 EF、最迟开始时间 LS、最迟完成时间 LF,但仅有这 4 个时间参数还不能够反映真实的工程进度实际情况。在工程项目中,某些工作必须在某个特定的时间限制条件下才可以开始,或者必须结束,这就是强制时限。例如,桥梁工程预制场地的征地拆迁工作较困难,业主答应在整个工程开始的三个月后才可能提交给施工方,那么施工单位编制的进度计划中第一道工序"预制场的平整和桥梁预制"的开始时间就必须加上强制开始时限"最早不早于"工程开工后的 3 个月。如果公路工程的路基工程工期为两年,整个工程从 2010 年 10 月 1 日开工到 2012 年 9 月 30 日完工,而路基工程的土石方部分要求在 2011 年 5 月 30 日必须完成,因为 6 月以后进入雨季而且业主要准备开始路面工程的招标。在这种情况下,路基土石方工程的完成时间就必须加上强制结束时限"最迟不迟于"2011 年 5 月 30 日完成,这样才能真实地反映工程的进度要求;否则,由于路基土石方此时没有紧后工作,当 2011 年 5 月 30 日按时完成时,其总时差本应为 0,但是按照没有强制时限要求所计算出其工作总时差就有 16 个月(相对于两年工期来说 24 - 8 = 16)。所以在实际应用中,主要有三种强制时限:强制开始时限——最早不早于;强制最迟时限——最迟不迟于;中断时限,主要因考虑实际施工中某些工作可能需要中断施工而设。

强制时限的应用在使用有关项目管理的计算机应用软件时很简单,只需在工作属性中加入所需要的强制时限就可以了。计算机软件中的工作属性可以多达 9 种,包含最早、最迟和上述的最早不早于、最迟不迟于,要注意最迟完成和最迟不迟于之间的区别。以上述路基土石方工程为例,如果路基土石方没有紧后工作,其最迟完成时间根据计算而得为 2012 年 9 月 30 日,在计划中反映出该工作将不是关键工作;而最迟不迟于时间,人为设置为 2011 年 5 月 30 日,则在计划中反映该工作为关键工作。

8.1.9　公路工程进度控制的方法和措施

1. 进度控制的方法

1）行政方法

用行政方法控制进度,是指上级单位及上级领导、本单位的领导,利用其行政地位和权力,通过发布进度指令,进行指导、协调、考核;利用激励手段,监督、督促等方式进行进度控制。

使用行政方法进行进度控制的优点是直接、迅速、有效,缺点是容易出现主观、武断、片面的错误指挥。

2）经济方法

进度控制的经济方法,是指有关部门和单位用经济类手段对进度控制进行影响和制约,主要有以下几种:建设银行通过投资的投放速度控制工程项目的实际进度;在承包合同中载明有关工期和进度的条款;建设单位通过招标的进度优惠条件鼓励施工单位加快进度;建设单位通过工期提前奖励和延期惩罚等实际方法进度控制,通过物资的供应进行控制等。

3）管理技术方法

进度控制的管理技术方法主要是监理工程师运用规划、控制和协调的管理方法对公路工程项目进度进行控制。

2. 进度控制措施

进度控制的措施包括组织措施、技术措施、合同措施、经济措施和信息管理措施等。

1）组织措施

(1)项目管理班子中进度控制部门的人员,具体控制任务和管理责任分工。

(2)进行项目分解,如按项目结构分、按项目进展阶段分、按合同结构分,并建立编码体系。

(3)确定进度协调工作制度,包括协调会议举行的时间,协调会议的参加人员等。

(4)对影响进度目标实现的干扰和风险因素进行分析。风险分析要有依据,主要通过许多统计资料的积累,对各种因素影响进度的概率及进度拖延的损失值进行计算和预测。

2）技术措施

针对工程进度计划编制横道图或网络图,并在实施过程根据实际情况对进度计划进行调整。

3）合同措施

在公路工程建设承包合同中写入工期或进度条款,对承包人进度进行控制。

4）经济措施

建设单位通过招标文件的进度优惠条款鼓励施工单位加快进度;在合同中采用对工期提前奖励和工期延期惩罚对实际进度控制。

5）信息管理措施

通过对计划进度与实际进度的动态比较,分析偏差出现的原因;定期向建设单位提供比较报告。

8.2　进度计划监测与调整

制订一个科学、合理的公路工程建设进度计划是进行进度计划控制的一个首要前提。但是,进度计划的编制者很难事先对项目在实施过程中可能出现的问题估计得准确无误。在项目实施过程中,由于某种影响进度因素的干扰,往往造成实际进度与计划进度产生偏差,如果偏差得不到及时纠正,必将影响总目标的实现。因此,进度计划的不变是相对的,而随着实际情况进行变化是绝对的。为此,在项目进度计划执行过程中,必须采取系统的进度控制措施,即采取有效的监测控制手段不断发现工程进度的问题,运用行之有效的进度调整方法及时解决问题,保证工程建设进度目标的实现。

8.2.1　公路工程进度计划实施中监测与调整的系统

公路工程项目建设进度监测系统主要包括以下工作。

1. 公路工程项目建设进度计划的审核

为使所编制公路工程项目进度计划能够尽可能地反映将来的工程实际情况,对公路工程建设进度发挥指导和控制作用,对编制好的工程进度计划必须进行审核,审核的内容包括:

(1)工程进度安排是否符合工程建设合同的要求,是否符合开工和竣工日期的规定;
(2)工程进度计划中的内容是否有遗漏;
(3)施工顺序的安排是否符合施工程序的要求,各工作逻辑关系是否正确;
(4)资源供应计划是否能保证工程建设进度计划的实现,资源的供应是否均衡;
(5)对实施工程建设进度计划的风险分析是否清楚,是否有相应的对策;
(6)各项保证工程建设进度计划实现的措施设计是否周到、可行、有效。

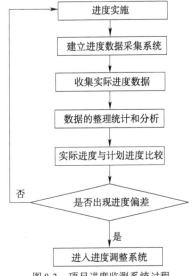

图 8-3　项目进度监测系统过程

2. 公路工程建设进度计划的贯彻

(1)检查各层次的公路工程建设进度计划,形成严密的计划保证系统。公路工程项目建设进度计划、项目总进度计划、单位工程进度计划、分部(项)工程进度计划,都是围绕一个总任务而编制的。高层次计划为低层次计划提供依据,低层次计划是高层次计划的具体化,要保证计划目标层层分解,相互衔接,组成一个计划实现的项目进度监测系统,如图 8-3 所示。

(2)明确责任,层层签订责任书。施工项目经理、作业队和作业班组之间分别签订责任书,按计划目标,明确规定工期、承担的经济责任、权限和利益。用任务书的形式,将作业任务下达到各班组。

(3)进行计划交底,促进计划的全面、彻底实施。公路工程项目进度计划的实施是全体工作人员的共同行动,在计划实施前要根据计划的范围进行计划交底,要使有关人员都明确各项计划的目标、任务、实施方案和措施。

3. 公路工程建设进度计划的实施

(1) 编制月(旬)作业计划。
(2) 签发施工作业任务书。
(3) 做好施工进度记录,填好施工进度统计表。
(4) 做好施工过程中的组织协调工作。

4. 公路工程进度计划执行中的跟踪检查

(1) 经常定期地收集公路工程进度报表资料。
(2) 深入现场、检查公路工程进度计划执行情况。
(3) 定期召开现场会议。

5. 整理、统计和分析收集的数据

(1) 检查期限内实际完成和累计完成工程量。
(2) 实际参加作业的人力、机械数量和生产效率。
(3) 窝工人数、窝工机械台班数及其原因。
(4) 公路工程进度偏差情况。
(5) 公路工程进度管理情况。
(6) 影响公路工程进度的特殊原因及分析。

6. 进行计划进度与实际进度的对比

(1) 对网络计划的关键工作进度进行检查。
(2) 对网络非关键工作进度进行检查。
(3) 对工作之间的逻辑关系进行检查。

8.2.2 公路工程进度计划调整的系统过程

(1) 分析产生公路工程进度偏差的原因。为了调整进度,工程进度控制人员应深入现场,进行调查,分析产生偏差的原因。

(2) 分析偏差对后续工作和总工期的影响。在查明产生偏差原因之后,要分析偏差对后续工作和总工期的影响,确定是否应当调整。

(3) 确定影响后续工作和总工期的限制条件。在分析了对后续工作和总工期的影响以后,需要采取一定的调整措施时,应当首先确定进度可调整的范围,主要指关键节点、后续工作的限制条件以及总工期允许变化的范围。认真研究合同,尽量防止出现关于进度方面的索赔。

(4) 调整工程进度计划。采取进度调整措施,以后续工作和总工期的限制条件为依据,对原进度计划进行调整,保证进度目标的实现,如图8-4所示。

(5) 实施调整后的工程进度计划。按调整后的进度计划,继续实施工程建设,并在实施过程中及时协调有关单位的关系,采取相应措施保证进度计划的实现。

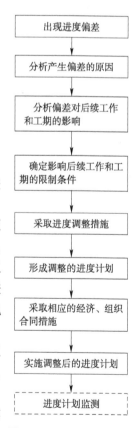

图8-4 项目进度调整系统过程

8.3 实际进度与计划进度的比较方法

进度检查就是将实际进度与计划进度作对比,判断有无偏差。偏差不外乎有三种可能性——实际进度提前完成、按时(正常)完成或拖延(延误)了,这些偏差是指正在接受检查工作(工序或分项工程等)的快慢,同时最好还应分析这些偏差对工程项目或合同段工期有何影响,也就是工程总体进度的发展趋势。检查的方法主要有横道图比较法、工程进度曲线法(S曲线法)和网络图法。

8.3.1 项目进度计划的检查

对进度计划进行检查与调整应依据进度计划的实施记录,跟踪检查,收集实际进度材料,进行统计整理和对比分析,确定实际进度与计划进度之间的关系。进度计划检查应按统计周期的规定进行定期检查,根据需要进行不定期检查。跟踪检查的时间和收集数据的质量会直接影响计划控制工作的质量和效果。现场的计划管理人员应该每天在现场对照月度计划检查完成情况,对于滞后的施工项目需要在每天下午的调度会上指出,并帮助解决存在的问题;对于应该开工而未开工的项目,计划管理人员需要给予提醒。

(1)进度计划的检查应包括下列内容:
①工作量的完成情况;
②工作时间的执行情况;
③资源使用及与进度的匹配情况;
④上次检查提出问题的处理情况。

(2)进度计划检查后应按下列内容编制进度报告,总体进度情况分析完成后,形成计划执行报告,上报主管部门和项目部高层管理人员,便于掌握动态和决策:
①进度执行情况的综合描述;
②实际进度与计划进度的对比资料;
③进度计划的实施问题及原因分析;
④进度执行情况对质量、安全和成本等的影响情况;
⑤采取的措施和对未来计划进度的预测。

(3)检查的形式。一般采用检查表的形式,具体用表可根据检查的内容进行设计,要满足使用且检查内容完整可操作。针对网络计划的工程进度检查表见表 8-1,也可以针对具体的分项工程的工程量编制进度检查表。图 8-5 是用 EXCEL 编制的每周对制作完成状况的进度统计检查表,在项目栏中统计工作量的条目和数量,而工作量百分比是按工作量的条目对完成工序进行统计。

工程进度检查表　　　　表 8-1

工作代号	工作名称	检查计划时还需施工时间 T_{i-j}	到计划最迟完成时间尚余时间 T_{i-j}	原有总时差 TF_{i-j}	尚有总时差	情况判断	
						影响工期天数	影响紧后工作最早开始时间
1-2	A	6-3=3	8-5=3	2	3-3=0	否	影响 F 工作 2 周
...	...	...	...	...	...	...	...
...	...	...	...	...	...	...	...

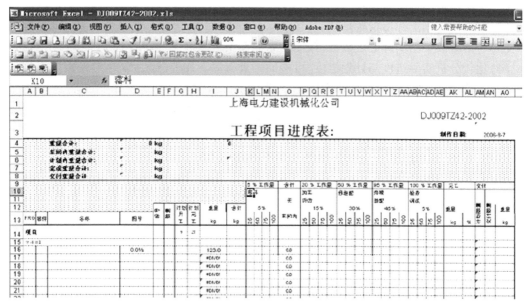

图 8-5 用 EXCEL 编制进度统计检查表图例

8.3.2 横道图比较法

横道图比较法是将施工项目施工中检查的实际进度信息经加工整理后,直接用横线长度或数值反映在横道图上,进行直观的比较。其缺点是不便判断对工程工期的具体影响情况。

1. 匀速横道图比较法

匀速进展是指公路工程项目中,每项工作的进展速度都是均匀的,即在单位时间内完成的任务量都是相等的,累计完成的任务量与时间正相关,如图 8-6 所示。完成的任务量可以用实物工程量、劳动消耗量或费用支出表示。为了便于比较,通常用上述物理量的百分比表示。

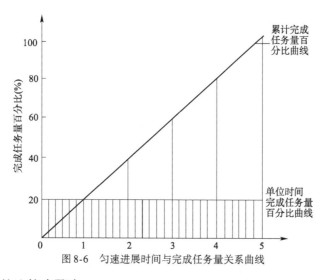

图 8-6 匀速进展时间与完成任务量关系曲线

这种比较方法的比较步骤为:

(1)编制横道图进度计划；
(2)在进度计划上标出检查日期；
(3)将检查收集的实际进度数据,按比例涂黑在横道图进度计划的下方,如图 8-7 所示；
(4)比较分析实际进度与计划进度,可能的结果有以下几种情况：

①涂黑的粗实线右端与检查日期相重合,表明实际进度与计划进度相一致。

②涂黑的粗实线右端在检查日期左侧,表明实际进度比计划进度落后。如图 8-7 所示,实际进度比计划进度落后半个月。

③涂黑的粗实线右端在检查日期右侧,表明实际进度比计划进度超前。

必须指出,该方法只适用于工作从开始到完成的整个过程中,其进展速度是不变的,累计完成的任务量与时间成正比;若进展速度是变化的,就不能使用该方法。

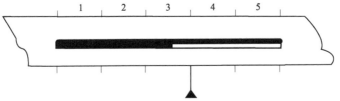

图 8-7 匀速进展时间写完成任务量关系曲线

例如,立模计划工程量为 100m²,持续时间为 6d;当检查日是第 8 日末(即晚上)时,实际工程量完成了 90m²,则 (90÷100)×6=5.4d,用粗实线标注 5.4d 长度在其相应的位置上。此时,未完成工作的实际粗实线的末端位于检查日的左侧,则表示实际进度延误(拖延);若粗实线的末端位于检查日的右侧,则表示实际进度提前;若与检查日重合,则表示实际进度与计划一致。从图 8-8 中看出,立模板拖延 0.6d,绑钢筋提前 1d;而挖土方从图中看只表示已经完成却不能表示按时完成,挖土方工作的实际进度应从第 6 日以前的检查情况中反映。

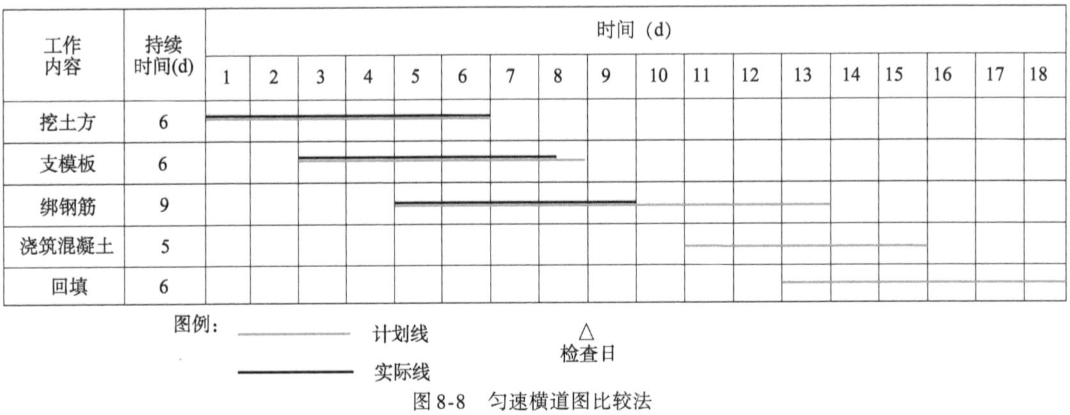

工作内容	持续时间(d)	时间 (d)																
		1	2	3	4	5	6	7	8	9	10	11	12	13	14	15	16	17	18
挖土方	6																		
支模板	6																		
绑钢筋	9																		
浇筑混凝土	5																		
回填	6																		

图例： ———— 计划线   △ 检查日
       ━━━━ 实际线

图 8-8 匀速横道图比较法

2. 非匀速双比例单侧横道图比较法(数值表示比较法)

当工作在不同的单位时间内进展速度不同时,累计完成的任务量与时间的关系就不表现为正相关。如图 8-9 所示,此时可采用双比例单侧横道图比较法。

双比例单侧横道图比较法是工作的进度按变速发展的情况下,将实际进度与计划进度进行比较的一种方法。该方法在将工作实际进度涂黑粗实线的同时,标出其对应时刻完成任务量的累计百分比,将该百分比与同时刻计划完成的累计百分比相比较,判断工作的实际进度与计划进度之间的关系。

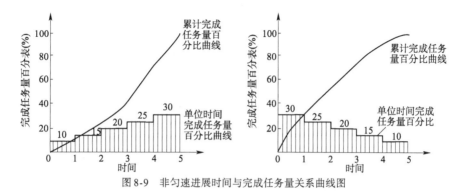

图 8-9 非匀速进展时间与完成任务量关系曲线图

这种比较方法的比较步骤为：

(1) 编制横道图进度计划；

(2) 在横道图上方标出各主要时间的计划完成任务累计百分比；

(3) 在横道图下方标出各相应时间的实际完成任务累计百分比；

(4) 用涂黑粗实线标出实际进度线,由开工日标起,同时反映出项目实施过程中的连续与间断的情况；

(5) 对照横道线上方计划完成任务累计量与同时刻的下方实际完成任务累计量,比较出实际进度与计划进度之间的偏差,可能出现的情况有：

① 同一时刻上下两个累计百分比相等,表示实际进度与计划进度一致。

② 同一时刻上面的累计百分比大于下面的累计百分比,表明该时刻实际进度落后,落后的量为两者之差。

③ 同一时刻上面的累计百分比小于下面的累计百分比,表明该时刻实际进度超前,超前的量为两者之差。

由于工作进展速度是变化的,因此横道图中的进度横线,不管计划进度还是实际进度,都表示工作的开始时间、持续时间和完成时间,并不表示计划完成量和实际完成量。这两个量分别通过标注在横道线上方及下方的累计百分比来表示。实际进度的涂黑粗实线按实际工程的开始日期标起,若工程实际进度间断,可在涂黑粗实线上做相应的空白。

如图 8-10 所示,以立模板为例,原计划第 3 日早晨(第 2 日末)开始立模板工作,并要求完成 10% 的立模板工程量,由于准备工作不充分推迟了 1d 开工,所以实际量为 0。实际工作开始于第 4 日早晨,故粗实线从第 4 日起始画图表示。第 4 日计划要求当日完成 15%,累计完成 15%,实际当日完成 15%,累计完成 15%,进度偏差 = 实际累计值 − 计划累计值 = 15% − 25% = −10%,说明进度延误 10%。第 5 日,计划要求当日完成 20%(45% − 25%),累计完成 45%,实际当日完成 40% − 15% = 25%,累计完成 40%,进度延误 5%。第 6 日,计划要求当日完成 25%,累计完成 70%,实际当日完成 25%,累计完成 75%,进度提前 5%。第 7 日,计划要求当日完成 15%,累计完成 90%,实际当日停工完成 0,累计完成 75%,进度延误 15%。第 8 日,计划要求当日完成 10%,累计完成 100%,实际当日停工完成 13%,累计完成 88%,进度延误 12%。

应注意,非匀速双比例单侧横道图比较法中的粗实线表示的实际线,只表示实际时间而不表示实际工程量,例如挖土方工作实际第 7 日完成粗实线就画到第 7 日,工程量通过计划线上下方的数值表示；而匀速横道图比较法中的粗实线表示的实际线只表示实际工程量。

工作内容	持续时间(d)	时间 (d)																
		1	2	3	4	5	6	7	8	9	10	11	12	13	14	15	16	17	18
挖土方	6	10	25	40	55	80	100												
		5	15	30	50	75	90	100											
支模板	6			10	25	45	70	90	100										
				15	40	75	75	88											
绑钢筋	9					10	15	25	40	50	60	75	90	100					
						5	15	25	55										
浇筑混凝土	5											10	30	50	80	100			
回填	6													15	30	50	70	85	100

图例：———— 计划线 △ 检查日
———— 实际线

图 8-10 非匀速横道图比较法

8.3.3 工程进度曲线法(S 曲线法)

工程进度曲线是以横坐标表示进度时间,纵坐标表示累计完成的工程量或工作量(产值),而绘制出一条按照计划时间累计完成量的曲线。因为所绘制曲线的形状如同英文字母 S,因此也称为 S 曲线。当只分析、比较自己本身工程时,横坐标所表示的进度时间一般采用绝对时间;如果是多个工期不同的同类工程进行比较、分析,则必须采用相对时间。纵坐标反映累计完成的工程量时可以用绝对量(图 8-11)或相对值,该形式较少使用;反映整个工程项目时,就必须用累计工作值的百分数(即相对量),这是 S 曲线最主要、最常用的形式。

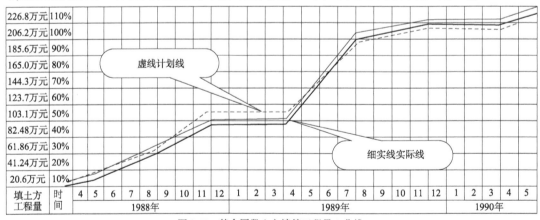

图 8-11 某合同段土方填筑工程量 S 曲线

工程进度曲线检查进度可以从两个方面进行比较和判断。第一,实际线的点在计划线的上方说明实际进度提前,提前值为高差对应的水平时间值,表明工程进度快;否则在下方说明实际进度延误,延误值为高差对应的水平时间值,表明工程进度慢。第二,S 曲线的斜率可以反映进度的快慢,斜率越大工程进度越快,斜率越小工程进度越慢,斜率为零工程停工;斜率是反映工程内部不同阶段的进度速率。

《公路工程标准施工招标文件(2009 版)》中要求的"进度率图(斜率图)"实际上就是公路工程中 9 个主要单位工程或分部工程的 S 曲线的集合。严格地说,各时间段的速率是不同的,应该表现为 S 曲线(折线),只不过在斜率图中人们常常简单地将其画为一条斜直线。

8.3.4 工程进度管理曲线法("香蕉"曲线法)

工程进度管理曲线是由两条 S 曲线组合而成的闭合曲线。利用网络计划的最早时间可以获得一条反映工程工作量按照最早时间完成的 S 曲线(EF 曲线),同时利用网络计划的最迟时间获得另一条反映工程工作量按照最迟时间完成的 S 曲线(LF 曲线),二者构成了工程进度管理曲线。工程进度管理曲线指出了工程进度允许偏差的范围,将实际工程进度 S 曲线与工程进度管理曲线进行比较,看其偏离多大,只要未超出最迟完成(EF)曲线范围,工程的进度目标预计可以如期完成,如图 8-12 所示。此处请注意符号的表示,有的书中将最早完成线的符号表示为 ES 曲线,最迟完成线的符号表示为 LS 曲线,考虑到这样容易与 ES 时间参数和 LS 时间参数混淆,因此本书将其符号改为 EF 和 LF,以便与时间参数符号相对应。工程进度管理曲线呈香蕉状,所以也称为"香蕉曲线"。

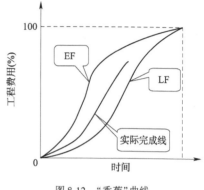

图 8-12 "香蕉"曲线

工程进度管理曲线的另一种表示形式是,来自多个同类型的工程经过分类整理统计其平均值形成最早完成 S 曲线和最迟完成 S 曲线,此时纵横坐标必须使用相对量。因此,《公路工程标准施工招标文件(2009 年版)》要求在公路工程中使用"工程管理曲线"(即工程进度管理曲线),以便判断投标人编制的工程进度计划科学合理与否;在公路工程施工中要求应用"工程管理曲线"检查实际进度,从中判断施工项目的工程进度的偏差范围,做到心中有数,以便对工程进度进行调整与控制。

8.3.5 公路工程进度表法(横道图比较法与 S 曲线法的结合)

公路工程进度表是反映每个月工程实际进度与计划进度的图表。它实际上就是双比例单侧横道图与 S 曲线的结合,只是某些约定有一点不同,并简化掉实际意义不大的画实际粗实线(或称为涂黑)表示。在图表中,用横道图反映每月相应各分项的计划量与实际量以及开、完工时间;用 S 曲线表示本月整个工程的工作量实际值(实线表示)与计划值(虚线表示)的累加值对比。横道图中横线下方数值为计划完成量百分数(或用累加百分数更好),上方为实际完成量百分数(或用累加百分数更好)。如图 8-13 所示,图表中其他数据项的关系为:

$$单项占合同价(\%) = 单个细目合同金额(元)/合同总价 \times 100\% \quad (8-1)$$
$$单项完成(\%) = 单(分)项的累加完成量(元)/合同数量(元) \times 100\%$$
$$= 横道图中各月实际量百分数的累加 \quad (8-2)$$
$$完成占合同价(\%) = 单(分)项的累加完成量(元)/合同总价 \times 100\% \quad (8-3)$$

公路工程进度表实现了横道图法与 S 曲线法的优势互补,取长补短,克服了横道图不便反映工程整体进度的弱点和 S 曲线(工程实践中一般不做分项工程的 S 曲线)无法反映各分项工程进度的弱点。所以,公路工程进度表是公路工程进度控制的重要形式,世界银行贷款项目一般都要求提供此表。

京津塘高速公路第×合同段工程进度表　　截至1990年5月期末

交通部：公路局　　中国公路工程
世界银行贷款档号2811-CHA-国际开发售货档号1792—CHA
由　　至　　全长：34.5km
承包人：　　监理机构：

合同开工日期：1987.12.23　　合同工期：30月
合同完成日期：1990.6.23　　延长工期：25d
修订合同完成日期：1990.7.18

合同总价：148430399元
增加的工程费用：25475300
增加的成本：
估计最终价格：173905698

工程变更：
减少的工程费用：

清单号	名称	合同数量	单项占合同价（%）	单项完成（%）	完成占合同价（%）	按月计划与实际完成（%）																																		
						1988年												1989年												1990年										
						1	2	3	4	5	6	7	8	9	10	11	12	1	2	3	4	5	6	7	8	9	10	11	12	1	2	3	4	5	6	7	8	9	10	
100	总　则	9218805元	6.21																					76/74	75	76	77	78	79	80	81	82	84/83	85/85	88	94	96	98	100	100
200 土方工程	准　备	1409614元	0.95														100																121	122						
	填筑土方	2061764m³	11.45																					89/88	90	93	96	94/98				94	105/100	107						90
	填筑选料	52769m³	1.24													100																	182	186						
	结构挖方	92403m³	0.29																					17/26	39	52	65	78	87	91	95	95/100								
	路基（整修）	991754m²	0.37																					2/24	46	71	96	98					99	100						80
	其　他	594417元	0.4																					17	27	37	47	50	65			73	7/83	7/93	100					
300 排水	涵　洞	134座	2.78																					55/76	90	92	94	95/96				97/97	99	100						70
	排水沟渠等	3027982	2.08																				0.3					10	27			38	54	71	87	100				
400 路面	底基层	903220m²	4.87																					14/25	37	53	66/66	74				72	76/80	80/92	100					
	基层	926814m²	10.06																					9/19	33	48	61/61	74				71	72/73	80/85	96	100				60
	底面层	787521m²	11.76																					9	19	39	39/52	44				48	70/60	76/79	84	98	100			
	中面层	775231m²	5.75																						9	32	15/5	40				38	61/55	76/73	88	94	97			50
	表面层	637985m²	6.48																														5	26	50	59		87	100	
	其他	3190001元	2.15																							4	8						27	46	65	85	88	97	100	
500	钻孔桩	13368m	3.67																					92/96	98	100														40
600~900 桥梁	高速公路桥	535.82m/10座	3.60																					20/33	49	65	85	60/93				95	90/95	98	99	100				
	跨线桥	646.82m/10座	4.14																					14/24	40	56	76	60/89	91			60	80/93	97	99	100				30
	通道	840.78m/26座	3.11																					69/64	71	84	97	100/100												
1000	道路附属物	10366493元	6.98																					14/2	4	6	9	13	14	15	16	17	29	43	53	67	80	92	100	
1100	绿化	1680105元	1.13																						9	22	31					37	60	80	87	92	94	100		20
1200	机电设备	6860918元	4.62																						1	9	18	27	33			51	60	60	78	80	83	91	100	
1300	建筑物	7座	5.18																					17/4	6	13	21	29	34			49	11/57	16/65	73	81	86	94	100	10
1400	计日工	603922元	0.41																					1	2	3	4	5	6	7	8	9	10	11	12	72	73	74	100	
总　计		148430399元	100.00																																					
截止日期	实　际	月　计　%				- - - - - - 虚线计划完成支付量																		1.8	3.3	2.6	4.5	10.5					(4.7)	5.3 (5.1)						0
		累　计　%				———— 粗实线实际完成量																		28.1	31.4	34.0	38.5	49.0				(54.9)	52.4 (60.3)	57.7 (65.4)						
	预　计	月　计　%																						5.1	6.5	9.5	9.0	2.7	1.1	0.7	0.7	1.0	6.6	9.6	8.6	4.6	1.8	4.2	2.2	
		累　计　%				———— 细实线实际完成支付量																		31.2	37.7	47.2	56.2	58.9	60.0	60.7	61.4	62.4	69.0	78.6	87.2	91.8	93.6	97.8	100	

制表：　　高级驻地监理工程师：　　总监理工程师（代表）：　　业主财务负责人：

图8-13　公路工程进度表

8.3.6 网络计划法

1. 时标网络图的进度检查——实际进度前锋线

在网络计划图中进行进度检查能做到一举两得。检查时,将各工作实际进度情况与其计划最早时间相比可了解到各工作本身的进度状况,也可了解到对后续工作可能造成的影响;同时与其计划最迟时间相比可了解其对工程项目工期的影响即各工作的误期值,也等于各工作的延误值与其总时差的差值;各工作误期值的最大值就是工程工期延误。这是网络计划图最显著的优点,可使计划管理人员能从局部的工作预计未来的工程全局。用网络计划图进行进度检查,既全面又简单、快捷,真正做到了局部和全局都一目了然。

最早时间的双代号时标网络图是最直观和常用的进度计划形式。最早时间时标网络图能够很直观地表示工程各工作的最早开工、完工时间和各工作的自由时差,但各工作的总时差必须通过自由时差反向逐个计算,或从该工作往后,通过线路上各工作的自由时差之和的最小值来求得。

实际进度前锋线是网络计划技术中用时标网络图的形式动态反映工程实际进度,是工程施工动态管理的科学方法。实际进度前锋线形象地表示出某个时刻工程实际进度所到达的"前锋",反映出工程实际执行状态以及与其计划的目标差(即偏差)。通过对前锋线形态变化的分析,发现计划执行中的问题,预测未来的进度状况和发展趋势,为计划的管理者提供许多有用信息,揭示解决问题的最佳途径,以指导工程管理者从实际出发,有预见地采取有效措施,争取最佳经济效益。

1)实际进度前锋线的样式

实际进度前锋线是指计划实施过程中某一时刻正在施工的各工作实际进度到达的连线。它在时标网络图上,从检查时的时间线(或日期线)开始,自上而下依次连接正在施工的各工作实际到达点,通常形成一条折线,如图8-14所示。检查日一般约定为当天晚上收工时。

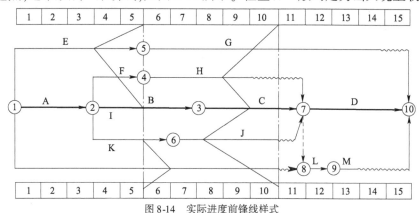

图 8-14 实际进度前锋线样式

2)实际进度前锋线的标定方法

绘制实际进度前锋线的关键是标定某检查时刻正在施工的各工作的实际进度到达点。有以下两种标定方法:

(1)按已完成的实际工程量标定。

当一项工作的工程量确定后,其工作的持续时间与其工程量成正比。以该工作的总工程量在计划持续时间内全部完成为假设前提,用已完成的实际工程量表示实际进度点,则有:

$$\frac{已完成工程量}{总工程量} = \frac{已施工的标定时间}{计划工作持续时间} \tag{8-4}$$

标定时,从该工作的最早开始时间点起(即箭尾),从左向右画在相应位置上。例如,某土方工程(即工作),土方量为1000m³,计划持续时间为10d,检查时已完成了600m³土方,则该工作实际进度前锋点应在该箭线实线部分的3/5处或3/5×10=6d处。

(2)按尚需时间来标定。

一方面,在工程施工中,特别是公路工程施工,有些工作的持续时间难以用工程量来计算,只能根据经验或其他方法估算,所以无法获得已完成的工程量,只能凭经验估计尚需时间。另一方面,第一种标定方法没有考虑依照目前效率对本工作未完成部分进度的预测。此时,用尚需时间表示就能反映出未完成部分的工作依照目前的实际效率施工的进度结果。尚需时间的标定方法是将计算或估算的尚需时间,从该工作最早结束时间点(即箭线中实线的末端)起,反向从右向左画在相应位置上。

当工作实际效率不等于计划效率,实际工程总量也不等于计划总量时,尚需时间按式(8-5)计算:

$$尚需时间 = \frac{预计实际工程总量 - 已完成工程量}{目前实际效率} \tag{8-5}$$

式中的目前实际效率=已完成的工程量÷已施工的有效时间。已施工有效时间是指到检查日为止施工中已经消耗的有效时间,即实际开工时间到检查时间再扣除该工作在施工中的停工时间(例如雨天)。如果后续施工过程中可能由于气候原因而停工时,尚需时间还应再加上可能会出现的停工时间。应注意到,工程施工中的情况是复杂、多变的,这些方法只是相对准确,不可能也无必要绝对精确。

这里对尚需时间的计算是假设该工作的后续施工是连续地、均匀地按目前效率进行。例如,某土方工程,计划持续时间为10d,原计划工程量为1000m³,已施工了4d,完成了600m³工程量,但由于工程变更造成工程量增加了800m³。此时则有:

效率 = 600 ÷ 4 = 150m³/d

尚需日 = (1000 + 800 − 600) ÷ 150 = 8d

当实际与计划的效率和工程量差异不大时,尚需时间也可按式(8-6)计算:

$$尚需时间 = 计划持续时间 - 已施工的时间 \tag{8-6}$$

在工程施工中,管理人员用实际进度前锋线进行进度检查,就必须要求计划的编制人在提交的报告中给出能反映进度的上述数据,而管理人员也应注意这些进度数据的收集和记录这些进度数据,以及影响进度的其他数据。有了上述数据,才能绘制出实际进度前锋线,才能对未来的施工进度作出预测。

3)实际进度前锋线对工程进度描述的预测和评价

实际进度前锋线的功能之一就是对工程进度进行描述。以检查时的日期线作为基线,若实际进度前锋线与工作的交点在日期线之前(右侧),则表示该工作比计划提前;若交点正好在检查日期线上,则表示该工作与计划相比是按时的正常情况;若交点在日期线之后(左侧),则表示该工作与计划相比有延误。偏差值就是交点与日期值的偏差。实际进度前锋线反映了正在施工的各工作实际进度与计划进度的偏差。处于实际进度前锋线波峰的工作,表示比相邻的工作进度快;处于前锋线波谷的工作,表示比相邻的工作进度慢。但是,不能认为波峰的工作一定是提前,波谷的工作一定是延误。波峰和波谷是相对于相邻工作而言,而提前和延误是相对检查日期线而言。

例如,在图8-14中,从第5日晚上检查情况分析,E工作延误2d,F工作延误1d,B工作按时完成,I 工作按时完成,K 工作提前 1d 完成。虽然关键工作 B 是按时完成,进度正常,但 E 工作延误 2d 过大,扣除其 1d 总时差后,E 将造成工期拖延 1d(2 - 1 = 1),即(总)工期拖延 1d。此时,工作总时差按式(8-7)计算:

$$TF_{ij} = FF_{ij} + 后续线路中工作自由时差之和的最小值 \qquad (8-7)$$

$$工作的误期值 = 工作的延误值 - 工作总时差 \qquad (8-8)$$

根据实际进度前锋线提供的信息,就可以对后续的施工作出合理调整,加快那些会造成工期延误的工作或其后续工作,即 E 或 G 工作。而对有较多机动时间的延误工作,如 F 工作,可暂不做处理;甚至还有可能要抽调有较多机动时间工作中的同类型资源支持关键工作。此时,应注意原本是关键工作的 B 工作现在已经不再是关键工作,而 E 工作却变成了关键工作。

当工程继续施工到第 10 日末,其检查结果位于如图 8-14 所示的第 10 日位置处,G 工作延误 1d,H 工作延误 2d,C 工作延误 1d,J 工作延误 3d,K 工作延误 1d。对工期有影响的有 2 个工作,C 工作造成误期 1d,J 工作造成误期 2d,所以 C、J 两个工作的综合影响,造成工程工期将拖延 2d。要加强对 J 工作的管理,分析延误原因采取措施,尽快使工程达到进度目标。上述事例也反映出工程进度控制是一个动态过程,网络计划技术最适合于动态管理。

在计划实施过程中,我们不仅可以通过实际进度前锋线预测工程项目的总进度目标情况,还可以按照一定的时间间隔对计划的执行情况进行检查,通过依次画出不同时刻的实际进度前锋线进行进度预测。例如在图 8-14 中,1→5→10 这条线路的工程内容在加快进度,1→2→6→7→10 这条线路的工程进度过于缓慢。此时,可以用进度比指标来衡量:

$$进度比 = 线路上两前锋线的时间差 \div 日期线差 \qquad (8-9)$$

进度比值大于 1 表示进度快,小于 1 表示进度慢,等于 1 是基准,说明不快也不慢。通过现在时刻和过去时刻两条实际进度前锋线的分析比较,则可反映出过去计划和现在计划的执行情况,在一定范围内对进度计划未来的变化趋势作出预测。

2. 一般网络图(无时标)进度检查的割线法——完工时点计算法

用网络图来进行进度检查是进度控制中计划检查最简单和最有效的方法。在检查时需记载实际进度情况,收集进度的实际信息与实际进度前锋线方法相同。

一般网络图(无时标)的进度检查,可用割线将正施工的各工作进行切割,只需关注被切割到的工作,通过对这些工作实际进度和计划进度进行计算比较和分析,找出进度偏差和工期影响程度,以及对后续工作的影响。

1)各工作延误的比较计算与分析判断

工作发生延误有两种可能性,一种是开工延误,另一种是工作持续时间延长。根据前面对延误含义的理解,有:

$$开工延误 = 工作的实际开工时间 - 工作的计划最早开始时间(ES) \qquad (8-10)$$

$$工作持续时间增长 = 工作实际持续时间 - 计划持续时间 \qquad (8-11)$$

$$\begin{aligned}工作延误值(综合) &= 开工延误 + 工作持续时间增长 \\ &= 工作实际结束时间 - 计划最早结束(EF)\end{aligned} \qquad (8-12)$$

考虑到检查时某些工作正在施工,还未真正完工,式(8-12)中的工作实际结束时间可以改为"预计工作的实际结束时间":

$$工作延误值(综合) = 预计工作的实际结束时间 - 计划最早结束(EF) \qquad (8-13)$$

式(8-13)中预计工作的实际结束时间为：

$$\text{预计工作的实际结束时间} = \text{检查日} + \text{尚需日} \qquad (8\text{-}14)$$

检查日数值一般定为下午收工的日期(即日期末)，如果是早晨检查则减1d。尚需日可按时标网络图检查中的尚需日计算方法来计算或估算，见式(8-5)或式(8-6)。

各工作进度偏差分析评价与判断可按下式进行：

$$\text{工作延误值} \begin{cases} <0 & \text{该工作提前} \\ =0 & \text{该工作按时(正常)} \\ >0 & \text{该工作延误(拖延)} \end{cases} \qquad (8\text{-}15)$$

2) 各工作进度延误(偏差)对后续工作的影响

各工作进度延误(偏差)可按下式进行计算：

$$\max\{\text{工作的误期值}\} \begin{cases} <0 & \text{(总)工期提前} \\ =0 & \text{工程如期竣工} \\ >0 & \text{(总)工期拖延} \end{cases} \qquad (8\text{-}16)$$

这里只考虑延误是否对后续工作开工的影响。对于工作提前是否能使后续工作提前开工的问题则较复杂，可以提前开工的必要条件是双代号网络图中唯一的内向箭线或是唯一自由时差为零的工作并且紧后不是虚工作。

3) 工期的影响计算和分析判断

工期的影响应通过正在施工的各工作误期值的计算来分析。工作的误期值就是各工作单独对(总)工期的影响；工期的影响则是在比较各个工作单独影响工期的误期值中，取其最大值，该值就是工程项目或合同段的工期影响，即：

$$\text{工作的误期值} = \text{工作延误值} - \text{工作总时差} \qquad (8\text{-}17)$$

将式(8-12)和总时差 = LF − EF 代入上式可得：

$$\text{工作的误期值} = \text{预计工作的实际结束时间} - \text{计划最迟结束时间} \qquad (8\text{-}18)$$

此时，可对工期影响作出判断：

$$\max\{\text{工作的误期值}\} \begin{cases} <0 & \text{(总)工期提前} \\ =0 & \text{工程如期竣工} \\ >0 & \text{(总)工期拖延} \end{cases} \qquad (8\text{-}19)$$

4) 完工时点计算法的步骤

(1) 用式(8-5)或式(8-6)先确定出各工作检查时刻的尚需完成日，即尚需日；

(2) 用式(8-14)计算出各工作预计实际完成时间；

(3) 用式(8-13)计算各工作的延误值，并用式(8-15)判断各工作延误情况；

(4) 用式(8-18)计算各工作的误期值；

(5) 用式(8-19)判断对工程工期的影响；

(6) 用式(8-16)对有延误的工作判断其对紧后工作开工的影响。

【例8-1】 某工程网络计划图如图8-15所示。第10日晚上进行进度检查时，发现G工作尚需5d才能完成，H、C、J、K工作的尚需日分别为1d、2d、3d、1d。用割线完工时点计算法进行各工序的进度检查与评价，以及对后续工作影响和工程总体进度的状况评价。

解：(1) 评价各工作(工序)的进度状况(即计算各工序的延误值并评价)。

G 工序的延误 = (10 + 5) − (5 + 9) = 1   G 工序拖延 1d

H 工序的延误 = (10 + 1) − (5 + 4) = 2   H 工序拖延 2d

C 工序的延误 = (10 + 2) - (7 + 4) = 1   C 工序拖延 1d
J 工序的延误 = (10 + 3) - (6 + 4) = 3   J 工序拖延 3d
K 工序的延误 = (10 + 1) - (0 + 10) = 1   K 工序拖延 1d

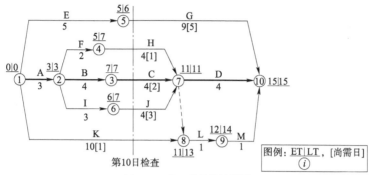

图 8-15 某工程网络计划图

(2) 评价工程的总体进度状况(即工期有无拖延)。

G 工序的误期值 = (10 + 5) - 15 = 0
H 工序的误期值 = (10 + 1) - 11 = 0
C 工序的误期值 = (10 + 2) - 11 = 1
J 工序的误期值 = (10 + 3) - 11 = 2
K 工序的误期值 = (10 + 1) - 13 = -2

工程工期(总工期)拖延的判断:

由于 $\max\{0, 0, 1, 2, -2\} = 2$,所以工程的工期将拖延 2d。

(3) 对各后续工作的影响。

H 工序对后续工作的影响 = 2 - 2 = 0,对后续工作无影响;
C 工序对后续工作的影响 = 1 - 0 = 1,对后续工作有影响,推迟 1d;
J 工序对后续工作的影响 = 3 - 1 = 2,对后续工作有影响,推迟 2d;
K 工序对后续工作的影响 = 1 - 1 = 0,对后续工作没影响。

对于上述计算过程,也可列表计算,见表 8-2。其中第(4)列的计划最早完成(EF_{ij}) = 各工作箭尾节点最早时间(ET_i) + 本工作持续时间 D_{ij}。

工程进度完工时点计算法计算表　　　　表 8-2

工作名称	检查时尚需日	预计实际完成	计划最早完成(EF)	工作延误值(3)-(4)	工作进度判断	计划最迟完成(LF)	工期误期值(3)-(7)	工期影响判断	工作自由时差	紧后工作影响(5)-(10)	紧后开工影响判断
(1)	(2)	(3)	(4)	(5)	(6)	(7)	(8)	(9)	(10)	(11)	(12)
G	5	15	14	1	延误 1d	15	0	max|误期| = +2 所以工期将拖延 2d	1	0	无
H	1	11	9	2	延误 2d	11	0		2	0	无
C	2	12	11	1	延误 1d	11	1		0	1	推迟 1d
J	3	13	10	3	延误 3d	11	2		1	2	推迟 2d
K	1	11	10	1	延误 1d	13	-2		1	0	无

3. 一般网络图(无时标)进度检查的割线法——时差列表分析比较法

该方法是通过各工作原有总时差和尚有总时差之间的比较,判断工作的延误和工期影响。仍以【例 8-1】为例,其结果见表 8-3。

工程进度时差列表分析比较法计算表　　　　表 8-3

工作代号	工作名称	检查时尚需日	计划最迟完成	到计划最迟完成尚需日	原有总时差	工作尚有总时差	本工作反映的进度延误	工期判断
(1)	(2)	(3)	(4)	(5) = (4) - 检查日	(6)	(7) = (5) - (3)	(8) = (6) - (7)比较	(9)
5—10	G	5	15	15 - 10 = 5	1	5 - 5 = 0	工作延误 1d	不影响
4—7	H	1	11	11 - 10 = 1	2	1 - 1 = 0	工作延误 2d	不影响
3—7	C	2	11	11 - 10 = 1	0	1 - 2 = -1	工作延误 1d	推迟 1d
6—7	J	3	11	11 - 10 = 1	1	1 - 3 = -2	工作延误 3d	推迟 2d
1—8	K	1	13	13 - 10 = 3	3	3 - 1 = 2	工作延误 1d	不影响

由于检查时尚需日已知,故计算计划最迟完成时间就是箭头节点最迟时间。原有总时差从网络图的节点时间参数计算可以得到。工作尚有总时差等于到计划最迟完成尚需日减去检查时尚需日。

实际进度与计划进度的偏差有以下两种情况:

(1)若工作尚有总时差小于原有总时差,但仍然为正值,则说明该工作的实际进度比计划进度延后,产生的偏差值就是二者的差值,即工作延误值 = 原有总时差 - 尚有总时差,大于零延误,小于零提前,等于零按时。如果是判断本工作进度而不是工作延误,可按下式计算:

$$\text{工作的进度偏差} = \text{尚有总时差} - \text{原有总时差} \tag{8-20}$$

(2)若尚有总时差为负值,则说明对工程工期有影响,应关注后续的施工或调整计划:

$$\text{工程的进度偏差(工期影响的提前值)} = \min\{\text{尚有总时差}\} \tag{8-21}$$

结果为正值表明工期提前,为负值表明工期拖延,为零表明可以按期完工。

综上所述,时差列表比较法与完工时点计算法实质是一样的,但是不如完工时点计算法直观、简单易记。

8.4　调整公路工程建设进度计划方法

8.4.1　分析产生偏差的原因

进度拖延是工程项目建设过程中经常发生的现象,常见的有以下几方面的问题:

(1)工程项目各相关单位之间的协调配合。公路工程建设项目是一个多专业、多方面协调合作的复杂过程,如果政府部门、建设单位、咨询单位、设计单位、物资供应单位、贷款单位、监理单位、施工单位等各单位之间,以及土建、水电、通信、运输等各专业之间没有形成良好的协作,必然会影响工程建设的顺利实施。例如:建设单位工程进度款不能及时支付,则会对施工单位施工进度产生影响。

（2）工程变更。如设计变更、设计错误、建设单位或政府机构对建设项目提出新的要求或限制等，使得工程建设项目发生变更，必然会影响工程建设进度。例如：当工程项目已施工的部分发现一些设计问题或建设单位提出必须进行工程变更时，都会影响施工进度计划的执行。

（3）风险因素。风险因素包括政治、经济、技术及自然等方面各种预见或不可预见的因素。政治方面有战争、内乱、罢工、拒付债务、制裁等；经济方面有延迟付款、汇率浮动、换汇控制、通货膨胀、分包单位违约等；技术方面有工程事故、试验失败、标准变化等；自然方面有地震、洪水等。

（4）工期及相关计划的失误和管理过程的失误。如计划工期及进度计划超过实际可能，计划进度不合理；管理过程中失误，如计划者与工程实施者之间，总包与分包之间，业主与承包商之间缺少沟通、工作脱节等，都会影响工程建设进度。

8.4.2 分析偏差对后续工作及总工期的影响

当实际进度与进度计划出现偏差时，需要分析该偏差对后续工作及总工期产生的影响。

偏差的大小及其所处位置不同，对后续工作和总工期的影响程度是不同的，分析时主要利用网络计划中的总时差和自由时差的概念进行判断，如图 8-16 所示。

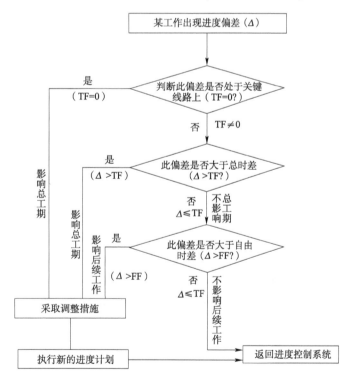

图 8-16　对后续工作和总工期的影响分析图

当某工作进度偏差值小于该工作的自由时差时，该工作的超前或拖后对后续工作及总工期没有影响。

当某工作进度偏差值大于自由时差而小于总时差时，对后续的最早开始时间有影响，但对总工期无影响。

当某工作进度偏差值大于自由时差也大于总时差时,对后续工作和总工期都会影响。

具体分析步骤如下:

(1)分析出现进度偏差的工作是否为关键工作。根据工作所在线路的性质或时间参数的特点,判断该工作是否为关键工作,若出现偏差的工作为关键工作,则无论偏差大小,都对后续工作及总工期产生影响,必须采取相应的调整措施;若出现偏差的工作不是关键工作,需要根据偏差值与总时差和自由时差的大小关系,确定对后续工作和总工期的影响。

(2)分析进度偏差是否大于总时差。若工作进度偏差大于该工作的总时差,说明此偏差影响后续工作和总工期,必须采取相应措施,调整原进度计划。若工作的进度偏差小于或等于该工作的总时差,说明此偏差对总工期无影响,但它会对后续工作有影响,影响程度需要根据偏差值与自由时差的比较情况来确定。

(3)分析进度偏差是否大于该工作的自由时差。若工作的进度偏差大于该工作的自由时差,说明此偏差对后续工作产生影响,应根据后续工作允许影响的程度来确定如何调整原进度计划;若工作的进度偏差小于或等于该工作的自由时差,则说明此偏差对后续工作无影响。因此,原进度计划可以不作调整。

8.4.3　进度计划的调整方法

1. 改变某些工作之间的逻辑关系

若实施中的进度计划产生的偏差影响了总工期,并且有关工作之间的逻辑关系允许改变时,可以改变关键线路和超过计划工期的非关键线路上某些工作之间的逻辑关系,以达到压缩工期的目的。

2. 缩短某些工作的持续时间

这种方法是不改变工作之间的逻辑关系,通过增加资源投入、提高劳动效率等措施缩短某些工作的持续时间,而使施工进度加快,以保证按计划工期完成该项目。这些被压缩持续时间的工作是位于关键线路的关键工作和超过计划工期的非关键线路上的工作,详见第 7 章 7.5 节中工期优化的相应内容。

3. 调整项目进度计划

在实施过程中结合工程实际情况,对原项目进度资料更新,调整项目进度计划。

【例 8-2】　某工程双代号网络计划如图 8-17 所示,该进度计划已经监理工程师审核批准,合同工期为 23 个月。试回答下列问题:(1)该施工网络计划的计算工期为多少个月?该施工网络图各工作的时间参数是什么?确定关键线路。(2)绘制时标网络计划图。(3)如果工作 C 和工作 G 需共用一台施工机械且只能按先后顺序组织施工,该施工网络计划图如何安排较为合理?

解:(1)用标号法确定关键线路和计算工期,如图 8-18 所示。

由图 8-18 可知,该施工网络计划的计算工期为 22 个月。关键线路为 1→2→5→7→8。

(2)绘制时标网络计划图,如图 8-19 所示。

(3)如果工作 C 和工作 G 需共用一台施工机械且只能按先后顺序组织施工该施工网络计划图,当按先 C 工作后 G 工作的顺序组织施工时,双代号网络图如图 8-20 所示。由图 8-20 可知,计算工期为 23 个月,满足合同工期要求。

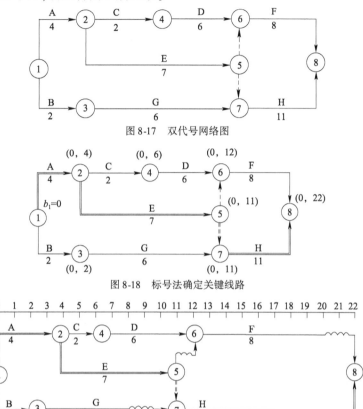

图 8-17 双代号网络图

图 8-18 标号法确定关键线路

图 8-19 时标网络计划图

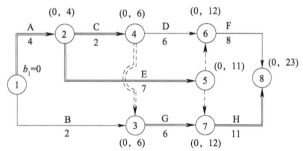

图 8-20 先 C 工作后 G 工作双代号网络图

若按先 G 工作后 C 工作的顺序组织施工,其双代号网络图如图 8-21 所示。

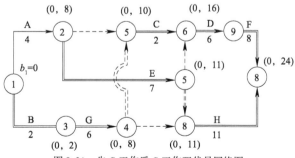

图 8-21 先 G 工作后 C 工作双代号网络图

该顺序下,计算工期为 24 个月,不能满足合同工期要求。

故应按照先 C 工作后 G 工作的顺序组织施工。

4. 延长工期处理原则

(1)合同原则。合同原则是指必须是非承包人原因导致的工期延长,且符合合同条款的规定,同时要符合延长工期的申请程序。

(2)损害事实原则。损害事实原则是指必须造成工程工期的损害,即工期拖延。一般在申请表中要注明是关键线路或关键工作。要注意关键线路是变化的,如果非关键工作的延误量过大,一旦超过总时差,就从非关键工作变成为关键工作,此时应动态地理解关键线路。一般情况下,工期拖延量就是应该延长的工期值,但有时要根据做了补救的实际情况对损失进行折减,这也是损害事实原则的具体体现。

8.4.4 调整原进度计划应考虑的因素

(1)总工期和后续施工工期的要求。后续施工工期紧张程度不同,要采取调整措施和增加的资源量也不同。

(2)调整进度计划给相应施工方带来的损失。调整进度计划,必定打乱原计划而造成某些施工资源的紧张,也会引起施工机械设备的闲置,所以会造成施工费用增加,给相应施工方带来损失。

(3)对材料供应的影响。调整进度计划,应重新分析需要多大的材料供应强度。

(4)劳动力供应。加快施工,一般要使用更多的劳动力。因此,既要考虑工人的数量,又要考虑其素质。

(5)气候条件的影响。调整进度计划,要尽量避开不利施工的气候条件,如雨季等。

(6)施工作业空间的影响。加快施工进度,可能需要多个工作面同时施工,这时应考虑施工作业空间是否允许、原有的施工道路等能否满足。

(7)施工单位对新技术的适应能力。一般来说,采用新技术施工会加快进度,但对新技术,施工单位往往需要一个学习、培训和熟练的过程。如果这一过程太长,也无法补救工期。

本章习题

问答题

1. 简述进度控制(被动控制)的纠偏和调整措施。
2. 简述匀速横道图比较法的步骤。
3. 简述分析偏差对后续工作及总工期的影响具体步骤。
4. 简述偏差产生的原因。
5. 简述进度计划调整方法。
6. 调整原进度计划应考虑哪些因素?

第 9 章　施工项目质量控制

9.1　施工项目质量计划

9.1.1　质量计划的作用

"计划"是管理的主要功能之一,质量管理同样必须首先做好质量计划工作,也就是为达到质量目标在活动之前进行详细的筹划。经编制所形成的质量计划文件,其中应规定:进行质量检查和控制应依据的标准及规范;应达到的质量目标;项目施工各阶段中各部门及其人员的责任和权限的分配;应采用的特定程序、方法和作业指导书;施工阶段的试验、检验和审核的指导大纲;随施工的进展而修改和完善质量计划的方法,为达到质量目标必须采取的其他措施。

9.1.2　质量计划的内容

不同类型的企业、不同类型的工程,其施工质量控制计划的内容不尽相同,主要内容归纳起来有以下几个方面,可根据实际需要来选择采用。

(1)项目编制依据;
(2)项目概况;
(3)项目质量目标;
(4)项目质量组织机构和职责;
(5)项目质量控制及管理组织协调的系统描述;
(6)必要的质量控制手段、施工过程、质检、测量、检验、试验程序等;
(7)确定关键工序、特殊过程及其作业指导书;
(8)描述与施工阶段相适应的检验、试验、测量和验证要求;
(9)适用的质量规范标准清单;
(10)必需的质量记录清单;
(11)更改和完善质量保证计划的程序。

9.1.3　质量计划的编制与实施

1. 项目质量计划的编制依据

（1）招投标文件和总承包合同中的有关要求；
（2）公司批准发放的"项目管理实施规划"；
（3）项目适用的主要质量标准规范；
（4）公司的管理体系文件。

2. 编制质量计划应符合的规定

（1）质量保证计划应体现从工序、分项工程、分部工程到单位工程的全过程控制，且应体现从资源投入到完成工程质量最终验收和评定的全过程质量控制；
（2）质量保证计划应成为对外质量保证和对内质量控制的依据。

3. 质量保证计划的实施应符合的规定

（1）项目质量部应按照分工，控制质量保证计划的实施，并应按规定保存控制记录；
（2）当发生质量缺陷或事故时，必须分析原因、分清责任、进行整改。

9.2　质量保证体系

9.2.1　质量保证体系概念

质量保证是企业向用户保证其承建的工程在规定期限内能正常使用。它体现企业和用户之间的关系，体现企业对工程质量负责到底的精神，将现场施工的质量管理与交工后用户使用质量联系在一起。

质量保证体系，是企业以保证和提高工程质量为目标，运用系统的概念和方法，把企业各部门、各环节的质量管理职能组织起来，形成一个有明确任务、职责、权限，互相协调、互相促进的有机整体，使质量管理制度化、标准化，从而建造出用户满意的工程，给用户以满意的服务。

9.2.2　质量保证体系运转的基本形式

全面质量管理的基本方法可以概括为"一个过程、四个环节、八个步骤"。

一个过程是指一个管理过程。从确定方针、目标，传达布置到贯彻执行，再通过了解将情况反映上来，然后经过分析研究作出奖励和制订下一步的措施。这个过程具体可分为四个环节，这四个环节需要不断循环地进行，才能不断提高质量。运转基本形式按 PDCA 管理循环活动。

四个环节即计划（Plan）、实施（Do）、检查率（Check）、处理（Action），这种循环是由美国数理统计学家戴明（W. E. Deming）提出的，所以也称戴明循环。

第一阶段是计划阶段（也称 P 阶段）。其工作内容是分析现状，找出存在的质量问题与原因，针对主要原因，拟订对策和措施，提出计划，预计效果。

第二阶段是实施阶段（也称 D 阶段）。其工作内容是按计划去实施、执行，使措施得以实现。

第三阶段是检查阶段(也称 C 阶段)。对执行的结果进行必要的检查和测试,将执行的实际结果与预定目标对比,检查执行情况。简言之,考察取得的效果。

第四阶段是处理阶段(也称 A 阶段)。对检查出来的各种问题进行处理,准确地加以肯定,总结成文,编制标准;不能解决的问题则移到下一循环作进一步研究。处理阶段即巩固成绩,使效果明显的问题标准化,并把遗留问题移到下一循环。

质量管理活动的全部过程就是反复地按照 PDCA 管理循环不停地、周而复始地运转。这个管理循环每运转一次,工程质量就提高一步,管理循环不停地运转,质量水平也就随之不断地提高。

这四个环节相互衔接,像车轮一样向前转动。每经过一次循环,就要修订工作标准,改善工作效果,再进入下一个循环。这样质量管理的车轮就不断地向前转动,每转动一圈,质量就提高一步。PDCA 循环关系示意图如图 9-1 所示。

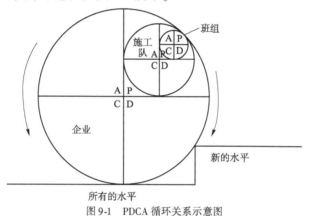

图 9-1　PDCA 循环关系示意图

从企业到施工队再到班组都有一个循环,并且是大环扣小环、一环扣一环,要相互推动,才能不断提高质量。

实现、推动 PDCA 循环的动力是企业的全体人员,但关键是领导。各级领导要搞好生产,必须严格按以下 8 个步骤进行:

(1) P 环节有 3 个步骤:
①根据技术经济调研及需要达到的目标和存在的问题,确定方针;
②分析发展过程,部署发展计划;
③研究关键环节,分析可能发生的问题,制订对策和措施。

在 P 环节中,要认真解决"5W1H"问题:

Why——为什么要有计划?
What——计划要达到什么目的?
Where——在哪个部门进行?
When——什么时候完成?
Who——具体落实到哪个人去办?
How——计划如何去执行?

(2) D 环节有 1 个步骤:
④根据 P 环节的计划和要求,制订实施措施,切实执行。

(3) C 环节有 2 个步骤：
⑤检查执行情况，分析实施效果；
⑥巩固成果，找出问题。
(4) A 环节有 2 个步骤：
⑦通过标准化的办法，巩固成果，对问题提出改进办法；
⑧对下一步的循环提出意见。

在以上 8 个步骤中，P 环节的 3 个步骤，是决定整个循环是否有成效的决定性步骤。此外，A 环节中的第⑦点也十分重要，这是由于它把设计、工艺、检验等有效措施和方法巩固下来，形成标准。

9.3 施工工序质量控制

9.3.1 工序质量控制的内容

工程质量是在施工工序中形成的，而不是靠最后检验出来的。为了使工程质量从事后检查把关转向事前控制，达到"以预防为主"的目的，必须加强施工工序的质量控制。

1. 工序质量控制的概念

工程项目的施工过程，由一系列相互关联、相互制约的工序所构成，工序质量是基础，直接影响工程项目的整体质量。要控制工程项目施工过程的质量，首先必须控制工序的质量。

工序质量包含两方面的内容：一是工序活动条件的质量；二是工序活动效果的质量。从质量控制的角度来看，两者是互为关联的，一方面要控制工序活动条件的质量，即每道工序投入品的质量（即人、机械、材料、方法和环境的质量）是否符合要求；另一方面又要控制工序活动效果的质量，即每道工序施工完成的工程产品是否达到有关质量标准。

工序质量的控制，就是对工序活动条件的质量控制和工序活动效果的质量控制，据此来达到整个施工过程的质量控制。

工序质量控制的原理是采用数理统计方法，通过对工序一部分（子样）检验的数据，进行统计、分析，来判断整道工序的质量是否稳定、正常；若不稳定，产生异常情况，必须及时采取对策和措施予以改善，从而实现对工序质量的控制。其控制步骤如下：

(1) 实测。采用必要的检测工具和手段，对抽出的工序子样进行质量检验。

(2) 分析。对检验所得的数据通过质量控制的统计分析方法，了解这些数据所遵循的规律。

(3) 判断。根据数据分布规律分析的结果，如数据是否符合正态分布曲线；是否在上下控制线之间；是否在公差（质量标准）规定的范围内；是属正常状态或异常状态；是偶然性因素引起的质量变异，还是系统性因素引起的质量变异等，对整个工序的质量予以判断，从而确定该道工序是否达到质量标准。若出现异常情况，即可寻找原因，采取对策和措施加以预防，这样便可达到控制工序质量的目的。

2. 工序质量控制要求

(1) 严格遵守工艺规程。施工工艺和操作规程是进行施工操作的依据和法规，是确保工序质量的前提,任何人都必须严格执行,不得违反。

(2)主动控制工序活动条件的质量。工序活动条件包括的内容较多,主要是指影响质量的五大因素:施工操作者、材料、施工机械设备、施工方法和施工环境。只要将这些因素切实有效地控制起来,使它们处于被控制状态,确保工序施工的质量,避免系统性因素变异发生,就能保证每道工序正常、稳定。

(3)及时检验工序活动效果的质量。工序活动效果是评价工序质量是否符合标准的尺度。为此,必须加强质量检验工作,对质量状况进行综合统计与分析,及时掌握质量动态。一旦发现质量问题,随即研究处理,自始至终使工序活动效果的质量满足规范和标准的要求。

(4)设置工序质量控制点。控制点是指为了保证工序质量而需要进行控制的重点、关键部位或薄弱环节,以便在一定时期内、一定条件下进行强化管理,使工序处于良好的控制状态。

9.3.2 工序质量控制点

1. 质量控制点的设置

质量控制点是根据工程的重要程度,即质量特征值对整个工程质量的影响程度来设置。为此,在设置质量控制点时,首先要对施工的工程对象进行全面分析、比较,以明确质量控制点;然后进一步分析所设置的质量控制点在施工中可能出现的质量问题或造成质量隐患的原因;针对隐患的原因,相应地提出对策措施予以预防。由此可见,设置质量控制点,是对工程质量进行预控的有力措施。

质量控制点的涉及面较广,根据工程特点,视其重要性、复杂性、精确性、质量标准和要求,可能是复杂结构的某一工程项目,也可能是技术要求高、施工难度大的某一结构构件或分项、分部工程,也可能是影响关键质量的某一环节中的某一工序或若干工序。总之,无论是操作、材料、机械设备、施工顺序、技术参数、自然条件、工程环境等,均可作为质量控制点来设置,主要视其对质量特征影响的大小及危害程度而定。

2. 工序质量控制点的活动内容

(1)质量控制。质量控制包括质量目标、质量标准、质量检验、统计方法和工艺流程等的控制。

(2)质量改进。质量改进包括质量波动异常原因的分析、采取的对策、开展全面质量管理小组活动等。

3. 工程质量控制

1)工程项目质量管理的内容

工程项目质量管理是工程项目各项管理工作的重要组成部分。它是工程项目从实施准备到交付使用全过程中,为保证和提高工程质量所进行的各项组织管理工作。

保证和提高工程质量,是工程项目经理、各有关职能部门和全体职工的共同责任。

工程项目质量管理工作,主要包括以下内容:

(1)认真贯彻国家和上级有关质量管理工作的方针政策、质量管理和质量保证标准,贯彻国家和上级颁发的技术标准、规范、规程和各项质量管理制度,并结合本工程项目的具体情况制订质量计划和工艺标准,并认真组织实施。

(2)编制并组织施工工程项目质量计划。

(3)运用全面质量管理的思想和方法,实行工程质量控制。在分部、分项工程施工中,确定质量管理点,组织质量管理小组,进行 PDCA 循环,不断克服质量的薄弱环节,推动工程质量的提高。

(4)认真进行工程质量检查。贯彻群众自检和专职检查相结合的方法,组织班组进行自检活动,做好自检数据的统计和分析工作;专职质量检查员要加强施工过程中的质量检查工作,做好预检和隐蔽工程验收工作。要通过群众自检和专职检查,发现质量问题,及时进行处理,保证不留质量隐患。

(5)组织工程质量的检验评定工作。按照国家施工及验收规范、建筑安装工程质量检验标准和设计图纸,对分项、分部工程和单位工程进行质量检验评定。

(6)做好工程质量的回访,听取用户意见,并检查工程质量的变化情况。及时收集质量信息,对于施工不善而造成的质量问题,要认真进行处理,系统地总结工程质量的薄弱环节,采取相应的纠正措施和预防措施,克服质量通病,不断提高工程质量水平。

2)工程项目质量控制特点

项目前期阶段决定工程项目的质量目标与水平,工程设计将项目目标具体化,施工形成工程项目实体。在施工过程中,由于项目施工涉及面广,是一个极其复杂的综合过程,再加上项目位置固定、生产流动、结构类型不一、质量要求不一、施工方法不一、体型大、整体性强、建设周期长、受自然条件影响大等特点,公路工程项目的质量比一般工业产品的质量更难以控制。因此,其特点主要表现在以下几个方面:

(1)影响质量的因素多。如设计、材料、地形、地质、水文、气象、施工工艺、操作方法、技术措施、管理制度等,均直接影响施工项目质量。

(2)容易产生质量变异。由于公路项目施工不同于工业产品的生产,具有产品的固定性、产品的多样性、产品形体庞大性、产品部分结构的易损性,使得公路项目产品生产易产生质量变异。如材料性能微小的差异、机械设备正常的磨损、操作微小的变化、环境微小的波动等,均会引起偶然性因素的质量变异;使用材料的规格、品种有误,施工方法不妥,操作不按规程,机械故障,仪表失灵,设计计算错误等,均会引起系统性因素的质量变异,造成工程质量事故。因此,在施工中要严防出现系统性因素的质量变异,要把质量变异控制在偶然性因素范围内。

(3)容易产生判断错误。施工中容易产生的判断错误有两类:一类是第二判断错误,即由于工序交接多、中间产品多、隐蔽工程多,若不及时检查实质,事后再看表面,就容易产生判断错误;另一类是第一判断错误,即检查不认真、测量仪表不准确、读数有误。

(4)质量检查不能解体、拆卸。公路工程项目建成后,不能像工业产品那样通过解体或拆卸检查内在质量。

(5)质量问题的暴露性。公路建筑产品一旦出现质量问题,会很快引起媒体和社会的广泛关注,影响业主与承包商的形象。

(6)质量受投资、进度的制约。工程质量、投资和进度三者相互制约,一般情况下,投资大、进度慢,质量就好;反之,质量就差。

3)工程项目质量控制的目标

项目质量控制是指采取有效措施,确保实现合同(设计承包合同、施工承包合同与订货合同等)商定的质量要求和质量标准,避免常见的质量问题,达到预期目标。一般来说,工程项

目质量控制的目标要求是:

(1)工程设计必须符合设计承包合同规定的规范标准的质量要求,投资额、建设规模应控制在批准的设计任务书范围内。

(2)设计文件、图纸要清晰完整,各相关图纸之间无矛盾。

(3)工程项目的设备选型、系统布置要经济合理、安全可靠、管线紧凑、节约能源。

(4)环境保护措施、"三废"处理、能源利用等要符合国家和地方政府规定的指标。

(5)施工过程与技术要求相一致,与计划规范相一致,与设计质量要求相一致,符合合同要求和验收标准。

项目的质量控制在项目管理中占有特别重要的地位。确保工程项目的质量,是工程技术人员和项目管理人员的重要使命。国家已明确规定把公路工程优良品率作为考核公路施工企业的一项重要指标,要求施工企业在施工过程中推行全面质量管理、价值工程等现代管理方法,提高工程质量。

4)工程项目质量控制的关键环节

(1)增强质量意识。要提高所有参加工程项目施工的全体职工(包括分包单位和协作单位)的质量意识,特别是工程项目领导班子成员的质量意识,要有"百年大计,质量第一"的思想,要有对国家、对人民负责的高度责任感和事业心,把工程项目质量的优劣作为考核工程项目的重要内容,以优良的工程质量来提高企业的社会信誉和竞争能力。

(2)落实企业质量体系的各项要求,明确质量责任制。工程项目要认真贯彻落实本企业建立的文件化质量体系的各项要求,贯彻工程项目质量计划。工程项目领导班子成员、各有关职能部门或工作人员都要明确自己在保证工程质量工作中的责任,各尽其职,各负其责,以工作质量来保证工程质量。

(3)提高职工素质,这是提高工程项目质量的基本条件。参加工程项目的职能人员是管理者,工人是操作者,都直接决定着工程项目的质量。必须努力提高参加工程项目职工的素质,加强职业道德教育和业务技术培训,提高施工管理水平和操作水平,努力创出第一流的工程质量。

(4)搞好工程项目质量管理的基础工作,主要包括质量教育、标准化、计量和质量信息工作。

①质量教育工作。要对全体职工进行质量意识的教育,使全体职工明确质量对国家建设的重大意义,质量与人民生活密切相关,质量是企业的生命。进行质量教育工作要持之以恒,有计划、有步骤地实施。

②标准化工作。对工程项目来说,从原材料进场到工程竣工验收,都要有技术标准和管理标准,要建立一套完整的标准化体系。技术标准是根据科学技术水平和实践经验,针对具有普遍性和重复出现的技术问题提出的技术准则。在工程项目施工中,除了要认真贯彻国家和上级颁发的技术标准、规范外,还应结合本工程的情况制定工艺标准,并将其作为指导施工操作和工程质量要求的依据。管理标准是对各项管理工作的规定,如各项工作的操作守则、职责条例、规章制度等。

③计量工作。计量工作是保证工程质量的重要手段和方法。要采用法定计量单位,做好量值传递,保证量值的统一。对本工程项目中采用的各项计量器具,要建立台账,按国家和上级规定的周期,定期进行检计。

④质量信息工作。质量信息反映工程质量和各项管理工作的基本数据和情况。在工程项

目施工中,要及时了解建设单位、设计单位、质量监督部门的信息,及时掌握各施工班组的质量信息,认真做好原始记录,如分项工程的自检记录等,便于项目经理和有关人员及时采取对策。

(5)项目管理和质量保证的标准化、国际化。近年来,随着工程项目的国际化,在工程项目中使用的质量管理和质量保证体系也趋于标准化、国际化,许多工程项目建设企业为加强自身素质,提高竞争能力,都在贯彻国际通用的质量标准体系。

5)施工阶段总承包单位对工程质量的控制

总承包单位对单位工程的全部分项、分部工程质量向建设单位负责。按有关规定进行工程分包的,总承包单位对分包工程进行全面质量控制,分包单位应对其分包工程的施工质量向总承包单位负责。

(1)审查分包单位的资质和施工方案。主要审查施工方案中所确定的施工方法、施工顺序是否科学合理、施工措施是否得当、有无工程质量方面的潜在危害。

(2)做好施工准备、技术交底和工程测量工作。依据设计文件和设计技术交底的工程控制点进行复测,当发现问题时,应与设计方协商处理,并形成记录;在施工前和施工中,各单位工程、分部工程和分项工程开工前,各级项目负责人、技术员应向各级项目执行人员进行书面技术交底;编制"测量控制方案",归档保存测量记录,在施工中妥善保护测量点线。

(3)把好材料、设备的质量验收和保管关。对主要材料、设备的规格、性能、技术参数等质量要求(必要时包括生产厂家),均应事先对分包单位提出明确要求,并规定具体的质量验收和保管办法。凡未经检查确认或经检查不合要求的材料、设备,一律不准在工程中使用。

(4)做好施工过程中操作质量的巡视检查。有些质量问题是由于操作不当所致,也有些质量问题容易被下道工序掩盖不易发现,还有操作不符合规程要求的工程质量虽然表面上似乎影响不大,却隐藏着潜在的危害。所以在施工过程中,必须注意加强巡视检查,及时发现问题,及时纠正。有些问题即使在某一阶段完成后仍然能够发现,但那时再纠正就可能造成较大的损失,也会影响工期,有些甚至很难弥补,造成永久的遗憾。因此,必须坚持"预防为主,防患于未然"的方针。

(5)做好主要分部工程和关键部位的质量监控。对主要的结构部位、关键设备、关键部位的质量一定要有切实有效的监控措施。

6)施工质量控制程序

施工质量控制基本运行程序如图9-2所示。

7)项目材料采购质量控制

材料采购的质量好坏,直接影响工程项目的施工质量。无论工程项目的施工管理各个环节如何天衣无缝,劣质的材料会使工程项目功亏一篑。

做好工程项目材料管理,规范材料管理行为,加强对材料质量的控制,有利于推进建设市场和建材市场体系的建立和运转,有利于提高和确保工程项目质量,有利于合理使用社会资源,对于企业效益和社会发展都具有长远和现实意义。

材料采购质量控制的内容如下。

(1)供方应建立并保持形成文件程序,以确保所采购的产品符合规定要求。

(2)对分包方的评价:

①供方应根据满足分合同要求(包括质量体系和特定的质量保证要求)的能力评价和选择分承包方。

②明确供方对分包方实行控制的方式和程度。这种方式和程度取决于产品的类别以及分

包的产品对成品质量的影响。适当时,还取决于已证实的分包方能力和业绩的质量审核报告及质量记录。

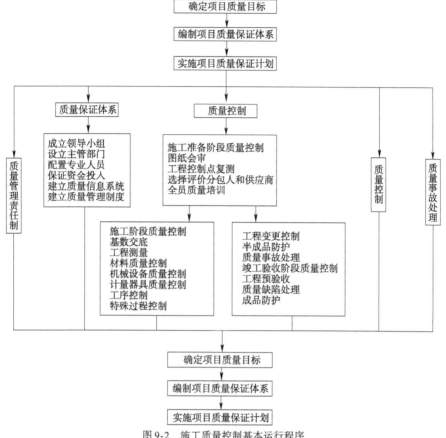

图 9-2 施工质量控制基本运行程序

③建立并保存合格分包方的质量记录。

(3)采购资料。采购文件应清楚地说明订购产品的资料,包括:

①类别、形式、等级或其他准确标识方法。

②规范、图样、过程要求、检验规程及其他有关技术资料(包括产品、程序、过程设备和人员的认可或鉴定要求)的名称或其他明确标识和适用版本。

③适用的质量体系标准的名称、编号和版本。

供方应在采购文件发放前对规定的要求是否适当进行审批。

(4)采购产品的验证:

①供方在分包方货源处的验证。当供方提出在分包方货源处对采购产品进行验证时,供方应在采购文件中规定验证的安排以及产品放行的方式。

②顾客对分包方产品的验证。当合同规定时,供方的顾客或其代表应有权在分包方处和供方处对分包的产品是否符合规定要求进行验证。供方不能把该验证用作分包方对质量进行了有效控制的证据。

(5)顾客提供产品的控制。供方对顾客提供的产品(用于供应品或有关活动)应建立并保持检验、储存和维护形成文件的控制程序。

(6)产品标识和可追溯性。必要时,供方应建立并保持形成文件的程序,在接收和生产、交付及安装的各个阶段以适当的方式标识产品。

在规定有可追溯性要求的场合,供方应建立并保持形成文件的程序,对每个或每批产品都应有唯一性标识,这种标识应加入记录。

9.4 工程质量问题的分析与处理

9.4.1 工程质量问题的类型

施工项目质量问题表现的形式多种多样,如建筑结构的错位、变形、倾斜、倒塌、破坏、开裂、渗水、漏水、刚度差、强度不足、断面尺寸不准等。但究其原因,可归纳如下:
(1)违背建设程序导致的质量问题。
(2)工程地质勘察失误导致的质量问题。
(3)地基未加固处理好而导致的质量问题。
(4)设计计算有误导致的质量问题。
(5)建筑材料及制品不合格导致的质量问题。
(6)施工和管理不当导致的质量问题。
(7)自然条件影响导致的质量问题。
(8)建筑结构使用不当导致的质量问题。

9.4.2 工程质量问题产生的原因

1. 违背建设程序

违背建设程序如不经可行性论证,不作调查分析就拍板定案;没有搞清工程、水文地质情况就仓促开工;无证设计,无图施工;任意修改设计,不按图纸施工;工程竣工不进行试运行、不经验收就交付使用等盲干现象,致使不少工程项目留有严重隐患,倒塌事故时有发生。

2. 工程地质勘察原因

工程地质勘察原因如未认真进行地质勘察;提供地质资料、数据有误;地质勘察时,钻孔间距过大,不能全面反映地基的实际情况,如当基岩地面起伏变化较大时,软土层厚薄相差亦较大,地质勘察钻孔深度不够,没有查清地下软土层、滑坡、墓穴、孔洞等地层构造;地质勘察报告不详细、不准确等,均会导致采用错误的基础方案,造成地基不均匀沉降、失稳,使上部结构及墙体开裂、破坏、倒塌。

3. 未加固处理好地基

对软弱土、冲填土、杂填土、湿陷性黄土、膨胀土、岩层出露、溶岩、土洞等不均匀地基未进行加固处理或处理不当,均是导致重大质量问题的原因。必须根据不同地基的工程特性,按照地基处理应与上部结构相结合,使其共同工作的原则,从地基处理、设计措施、结构措施、防水措施、施工措施等方面综合考虑治理。

4. 设计计算问题

设计考虑不周、结构构造不合理、计算不正确、计算荷载取值过小、内力分析有误、沉降缝及伸缩缝设置不当、悬挑结构未进行抗倾覆验算等,都是诱发质量问题的隐患。

5. 建筑材料及制品不合格

建筑材料及制品不合格如钢筋物理力学性能不符合标准,水泥受潮、过期、结块、安定性不良,砂石级配不合理、有害物含量过多,混凝土配合比不准,外加剂性能、掺量不符合要求等,均会影响混凝土强度、易性、密实性、抗渗性,导致混凝土出现结构强度不足、裂缝、渗漏、蜂窝、露筋等质量问题;预制构件断面尺寸不准,支撑锚固长度不足,未可靠建立预应力值,钢筋漏放、错位,板面开裂等,必然会出现断裂、垮塌。

6. 施工和管理问题

许多工程质量问题,往往是由施工和管理所造成的。典型的有以下几类:

(1) 不熟悉图纸,盲目施工;图纸未经会审,仓促施工;未经监理、设计部门同意,擅自修改设计。

(2) 不按图施工。把铰接作成刚接,把简支梁作成连续梁,抗裂结构用光圆钢筋代替变形钢筋等,致使结构裂缝破坏;挡土墙不按图设滤水层,留排水孔,致使土压力增大,造成挡土墙倾覆。

(3) 不按有关施工验收规范施工。如现浇混凝土结构不按规定的位置和方法任意留设施工缝;不按规定的强度拆除模板;砌体不按要求错缝砌筑等。

(4) 不按有关操作规程施工。如用插入式振捣器捣实混凝土时,不按插点均布、快插慢拔、上下抽动、层层扣搭的操作方法,致使混凝土振捣不实,整体性差。

(5) 缺乏基本结构知识,施工蛮干。如将钢筋混凝土预制梁倒放安装;将悬臂梁的受拉钢筋放在受压区;结构构件吊点选择不合理,不了解结构使用受力和吊装受力的状态。

(6) 施工管理紊乱,施工方案考虑不周,施工顺序错误。技术组织措施不当,技术交底不清,违章作业。不重视质量检查和验收工作等,都是导致质量问题的祸根。

7. 自然条件影响

施工项目周期长、露天作业多,受自然条件影响大,温度、湿度、日照、雷电、供水、大风、暴雨等都可能造成重大的质量事故,施工中应特别重视,采取有效措施予以预防。

8. 建筑结构使用问题

建筑物使用不当,亦易造成质量问题。如不经校核、验算,就在原有建筑物上任意加荷;使用荷载超过原设计的容许荷载;任意开槽、打洞、削弱承重结构的截面等。

9.4.3 工程质量问题处理程序

施工项目质量问题分析、处理的程序,一般如图 9-3 所示。

质量事故发生后,应及时组织调查处理。调查的主要目的是要确定事故的范围、性质、影响和原因等,通过调查为事故的分析与处理提供依据,一定要力求全面、准确、客观。调查结果要整理撰写成事故调查报告,其内容包括:

(1) 工程概况,重点介绍事故有关部分的工程情况;
(2) 事故情况,事故发生时间、性质、现状及发展变化的情况;

(3) 是否需要采取临时应急防护措施；
(4) 事故调查中的数据、资料；
(5) 事故原因的初步判断；
(6) 事故涉及人员与主要责任者的情况等。

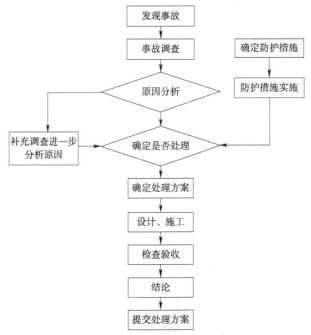

图 9-3　质量问题分析、处理程序

事故原因分析要建立在事故情况调查的基础上，避免情况不明就主观分析推断事故的原因。尤其是有些事故，其原因错综复杂，往往涉及勘察、设计、施工、材质、使用、管理等方面，只有对调查提供的数据、资料进行详细分析后，才能去伪存真，找到造成事故的主要原因。

事故的处理要建立在原因分析的基础上，对有些事故一时认识不清时，只要事故不致产生严重的恶化，可以继续观察一段时间，做进一步调查分析，不要急于求成，以免造成同一事故多次处理的不良后果。事故处理的基本要求是：安全可靠，不留隐患，满足建筑功能和使用要求，技术可行，经济合理，施工方便。在事故处理中，还必须加强质量检查和验收。对每一个质量事故，无论是否需要处理都要经过分析，给出明确的结论。

第 10 章 施工项目成本控制

10.1 成本控制概述

施工项目成本控制是指在项目施工成本的形成过程中,按照事先制订的成本标准对工程施工中所消耗的各种资源和费用开支,进行严格的监督、调节和限制,使生产成本控制在成本计划范围之内。施工项目成本控制是一种动态的控制,在项目的实际进程中需要随着施工的进展及外部环境的变化,不断调整控制方案,在达到预期的工程功能和工期要求的同时优化成本开支,将总成本控制在计划范围内。成本控制是项目成本管理的基础、核心和关键。

10.1.1 成本控制的意义

在市场经济中,施工项目成本控制不仅在整个项目管理中,而且在整个企业管理中都有着重要的地位,人们追求企业和项目的经济效益,通常通过收益的最大化和成本的最小化来实现。因此,全面加强成本控制,可以使企业提高经济效益,同时也可以节约大量的建设资金,这对于我国社会主义经济建设具有重要的意义。

1. 项目成本控制是达到降低成本目标的有力保障

项目成本控制是按照事先确定的项目成本计划以及成本降低目标,通过运用多种方法,对项目实施过程中所消耗的成本费用的使用过程情况进行管理控制。如果没有严格的成本控制工作,再完善的成本计划、再科学合理的成本降低目标,都不能很好贯彻执行和实现。

2. 项目成本控制是监督、管理项目成本变更的有力工具

项目成本控制的主要目的是对造成实际成本与成本计划发生偏差的因素施加影响,对已经发生和正在发生偏差的各项成本进行管理,其实质也就是对成本变更的监督和管理。项目的成本控制主要包括监视成本执行以寻找与计划的偏差,确保所有有关变更被准确地纳入成本预算计划中,防止将恶意、未核准的变更纳入成本预算计划中,以保证项目的顺利进行。

3. 项目成本控制是提高企业经济效益和社会效益的主要途径

质量、成本、进度是施工项目的三大约束性目标。其中,成本管理的好坏,不仅影响一个项目的成功与否,而且对整个企业甚至建筑行业来说也是成败的关键。企业要在竞争激烈的市场中生存,低成本应是一个严格的要求。通过成本控制工作可以实现,以低于同行业平均成本水平生产出符合合同要求、业主满意的产品,同时也为以后的项目竞标奠定基础。对政府还贷公路项目而言,通过成本控制工作,项目以低成本完成。这样一方面可以为国家节省资金、节约能源,另一方面还贷项目比计划的早日还清贷款,减轻了道路使用者的负担,提高了道路的社会效益。

4. 项目成本控制可以增强项目管理人员的责任意识

成本控制工作就是运用各种方法,保证项目的实际运行成本按照计划成本的要求进行。实行项目管理人员的责任制,使项目各级管理人员,围绕着项目的质量、工期、成本,形成以责任为约束、以权力为保障、以利益为引导的理念,增强项目各级管理人员的责任意识。通过对比成本计划与成本降低目标实现的情况,可以定量地检验项目各级管理人员成本控制工作的优劣,无形中对项目管理人员起到督促作用。

5. 项目成本控制可以为企业积累成本管理经验,指导今后的投标报价工作

成本控制工作是成本管理工作的关键与核心。通过对项目成本工作资料的整理、分析,可以了解成本控制工作在降低成本目标中发挥的作用,以及发挥了多大的作用,这样便于指导以后项目的投标报价工作。在施工项目日常运营阶段,可以借鉴历史上成本控制的经验,指导成本管理工作,减少工作的盲目性,大大提高项目运作成功的概率。

10.1.2　成本控制的分类

为了更好地对施工项目成本进行控制,需要从不同的方面对施工项目成本控制进行分类。一般而言,可以从成本控制过程和成本习性两个方面进行分类。

1. 按成本控制过程分类

按照成本发生和形成时间的先后顺序进行控制,分为前馈(事前)控制、防护性(事中)控制和反馈(事后)控制三个阶段。

1)前馈控制

前馈控制又称事前控制,是根据控制对象的期望值来实施的事前控制。前馈控制要预先估计或假设各种因素对控制对象可能施加的影响,以及受控部分的未来行为。这种估计或假设的可靠性、详细程度及其与实际情况的吻合程度,对前馈控制的有效性起着决定性作用。

成本的前馈控制通常是指通过成本预测和决策,编制成本计划,提出降低成本措施以及形成的降低成本目标。

2)防护性控制

防护性控制又称事中控制,是在成本形成过程中建立成本约束机制和从制度上加强管理,预防偏差和浪费的发生来实施的事中控制。其主要任务为:

(1)在企业内部建立以成本中心为主的责任成本制,将成本控制的指标和任务落实到有关部门和个人。

(2)建立和健全成本管理制度,如生产消耗定额、成本开支范围、费用开支标准和摊销办法等,对成本起到有效的约束和控制作用。

(3)加强管理人员职业教育和业务培训,提高管理人员从业素质,发挥遵守各项规章制度和加强成本控制的自觉性和积极性,随时纠正偏差和浪费的发生,起到防微杜渐,有效地控制成本的作用。

(4)着重抓好班组成本中心的核算,结合他们的生产任务,开展"一时一事一分析",及时对各单项成本开支进行有效控制,使成本控制建立在坚实的基础上。

3)反馈控制

反馈控制又称事后分析,是指根据受控对象实际值与期望值进行比较,分析造成偏差的原因,确定采取何种改进措施的事后控制。反馈控制是在工程(产品)形成后的综合分析与考核,目的是对实际成本与标准(计划)成本的偏差进行分析,查明差异形成的原因,确定责任归属和业绩考评,并制订降低成本的改进措施加以反馈。对于综合性成本支出,如有关标准(计划)本身的不先进、不合理,施工(生产)操作过程中某些工料浪费等,在事前和事中两个阶段中,都是难以控制的,都有待于事后分析加以改进。因此,大量的成本控制工作必须通过事后反馈控制来完成。

由于反馈控制事后分析的特点,它还比较适用于工程(产品)在使用过程中的成本控制,如对工程返修费用、工程(产品)寿命周期成本进行反馈控制等。

成本控制三阶段有一定的先后顺序,但又不是截然分开的,它们都具有前后呼应、相互提供成本控制信息的反馈作用。如前馈控制无疑对后两个阶段产生影响;而事中控制则会反馈到前馈决策部门和事后的分析中;事后分析又不断反馈到前馈和事中,影响前馈的决策和事中的防护。它们彼此之间提供的成本控制信息对每一阶段成本控制所产生的积极影响,形成了交叉递进的成本控制势态,使成本控制更为有效。

2. 按成本习性分类

一般情况下,在工程项目成本的实际控制中,按成本习性有以下几种分类方法。

1)直接成本和间接成本控制

这是从成本的主要方面和次要方面进行划分。

(1)直接成本。直接成本是指直接用于建筑安装施工,计入成本计算对象的费用,包括人工费、材料费、机械使用费和其他直接成本费等。影响直接成本的因素包括人工、材料、机械设备的消耗定额和单价两个方面,因此控制工作也需要从这两方面入手。其他直接成本费用包括:冬期、雨期、夜间等施工增加费,生产工具用具使用费,检验试验费,工程定位复测费,工程点交费和场地清理费等,对于不同的工程,其发生的实际费用不同。

(2)间接成本。间接成本是指不能直接列入建筑安装施工成本,一般按一定标准或比例分摊到工程项目中的费用。间接成本主要是项目经理部为组织和管理施工生产活动所发生的费用,包括施工现场搭设的临时设施、现场管理人员的工资、奖金、职工福利费和劳动保护费等。这部分费用和其他工程费用一样,不同工程之间也会有不同。如工程规模不同,施工项目上管理人员人数也不同,其管理人员工资、奖金,以及职工福利费等也都有差别。

2)变动成本和固定成本控制

这是从成本与工程量的变动关系上进行划分。

(1)固定成本。固定成本是指与建筑安装施工工程量大小无关的费用支出,如管理人员的工资、固定资产折旧费及摊销费、生产工人的辅助工资、办公费等。由于固定成本与建筑安装施工工程量大小无关,因此,控制固定成本必须从增产节支着手,比如增加生产,降低相对固定成本,获得因增产而增加的增量收益;采取节支措施,控制一定时期的费用总额,或制定相应的费率来降低绝对固定成本。

（2）变动成本。变动成本恰与固定成本相反,是指成本费用中随着工程数量的变化而按一定比例变动的那部分成本,如材料费、人工费、计件工资及福利费、直接生产用动力、燃料及辅助材料费、现场施工机械维修费等。变动成本最显著的特点是其成本总额与产品的增加或降低成比例地变化。但对单位产品而言,这部分成本则与产量多少无关,是固定的。因此,变动成本控制必须从内因着手,采用直接成本控制的方法,从降低它的消耗定额入手,才能使变动成本得到有效控制。

此外,还有一种半变动成本,它是介于固定成本与变动成本之间的一种生产费用,可按一定比例划归固定成本与变动成本之内。如机械使用费中的燃料动力费,划归变动成本;而机械折旧费、大修理费、操作工的工资等划归固定成本。此外,对机械的场外运输费、机械组装拆卸、替换配件、润滑擦拭、经常修理费等,可按一定比例分摊到固定成本与变动成本之中。

3. 可控成本和不可控成本控制

可控成本与不可控成本是以费用的发生能否为特定管理层所控制来划分的成本。可控成本是指考核对象对成本的发生能予以控制的成本,即在一个既定时期内,某个单位(或个人)能直接加以控制的成本。由于可控成本对各责任中心来说是可控制的,因而必须对其负责。可控成本一般包括材料费、燃料费、动力费、生产人员工资等。

不可控成本是指考核对象对成本的发生不能予以控制的成本,因而也不予负责的成本,一般包括职工福利基金、固定资产折旧费等。

区分可控成本与不可控成本的意义,主要在于确定责任和衡量效率。在区分这两种成本时,时间是一个重要的因素。这是由于在一段足够长的时期里,某些组织层次上的所有成本都是可控的。

一般而言,可控成本与不可控成本都是相对的,而不是绝对的。对于一个部门来说是可控的,对另一部门来说就可能是不可控的。但从整个企业来考察,所发生的一切费用都是可控的,只是这种可控性需要分解落实到确切的部门,这样才能调动各责任中心的积极性。

10.1.3　成本控制的原则

施工项目成本控制是一次性行为,它随着项目建设的完成而结束其历史使命。在施工期间,项目成本能否降低,有无经济效益,得失在此一举,别无回旋余地,存在很大的风险性。为了确保该项目不亏损,成本控制不仅必要,而且是必须要做好的。但企业对施工项目成本的控制,必须遵循一定的原则,才能充分发挥成本控制的作用,否则便会出现乱控乱卡的情况,不仅不能控制成本、获得好的收益,而且会造成工作上的混乱,影响职工的劳动积极性。

1. 开源与节流相结合的原则

降低项目成本,一方面需要增加收入,另一方面需要节约支出。因此,在成本控制中,也应该坚持开源与节流相结合的原则。要求做到每发生一笔金额较大的成本费用,都要查一查有无与其相对应的预算收入,是否支大于收;在经常性的分部分项工程成本核算和月度成本核算中,也要进行实际成本与预算收入的对比分析,以便从中探索成本节超的原因,纠正项目成本的不利偏差,提高项目成本的控制水平,降低项目的成本。

2. 全面性原则

项目成本控制的全面性原则按照所涉及的影响因素不同,可分为全过程成本控制、全员成本控制和全方位成本控制。

1)全过程成本控制

项目成本控制工作贯穿项目每一个阶段,也贯穿每个分部、分项工程的各个阶段。全过程控制要求,从项目的施工准备、工程施工到竣工验收移交的各个阶段,根据成本的习性进行成本控制。同时根据施工阶段的不同,保证成本控制工作在不同施工阶段的衔接、控制方法的转变顺畅以及控制成果总结及时。

2)全员成本控制

成本控制工作涉及参与项目的每一位员工,因此要做好成本控制工作,就要增强每位员工成本意识,调动员工控制成本的积极性,营造员工积极参与成本控制工作的氛围,形成人人参与成本控制活动,个个有成本控制指标的局面,将成本控制工作渗入全体员工日常经营活动。

通过上下结合、专群结合的方式才能有效降低成本,促进成本降低目标的实现。

3)全方位成本控制

项目成本是一项综合性价值体系,它既受到生产经营活动中众多复杂、相互制约技术经济因素的影响,同时也涉及项目管理工作的方方面面。因此,项目成本控制工作,要考虑影响项目成本形成的项目内部因素,如内部资源条件、企业战略、市场定位以及外部环境条件、国家行业政策、经济发展条件等。同时成本控制还要考虑到国家、集体、个人利益的权衡与分配,统筹兼顾眼前利益与长远利益,这就要求成本控制工作要具有全局性、战略性。

3. 及时性原则

项目的成本是在生产经营过程中形成的,这一过程受多方面因素影响,总是处于不断变化中,并且变化的规律难以把握。这也是造成项目实际消耗与计划成本之间差异的主要原因。为了保证成本控制的时效性,及时指导项目各方面的工作,必须运用一定方法及时揭示项目运行过程中的成本差异,及时采取合理措施把成本差异引起的不良后果限制在最小的范围内。

4. 节约原则

节约是提高企业经济效益的核心,是建设社会主义和谐社会的基本要求,是实现我国经济增长方式由粗放型到集约型转变的有效途径。同时,提倡节约也要防止企业陷入偷工减料、粗制滥造的误区。节约不能消极控制,要依据项目的内部条件与外部环境,充分认识到事前控制的重要性,积极创造条件,在技术、管理上寻找突破口,在保证项目正常运转的前提下实现节约的目标。

5. 目标管理原则

目标管理是一种贯彻执行项目成本计划的方法。首先企业制定切合实际的成本控制目标,把它作为项目各种技术经济活动的依据。然后根据统一领导和分级归口管理的原则,将目标层层落实到项目的各层次中去。目标管理的内容有目标的设立和分解、检查目标执行情况、修正和评价目标。项目的目标管理使项目的各项技术经济活动有了指导和准绳,促进项目成本降低目标的实现,提高企业经济效益。

6. 例外管理原则

例外管理是西方国家现代管理的常用方法,它是相对于规范管理而言的。在项目的运行过程中,许多活动是例行的,而不经常出现的则称之为例外问题。例外问题一般会带来打破成本计划、影响项目正常运转等问题。因此在项目成本控制工作中,应首先管理好可控成本、计划成本,在此基础上集中精力处理例外问题带来的影响。同时由于例外问题的多样性、偶然性,又很少有历史资料作参考,这对管理人员发现问题、分析问题、解决问题的能力提出了考验。

7. 责、权、利相结合原则

在项目的生产经营过程中,项目的各级管理人员,拥有一定范围的采取管理措施的权力。如对一定数额资金的审批权,施工机械、人员的调动等。拥有权力的同时,也要承担因管理不力而造成损失的责任。充分认识激励机制在成本控制工作中的作用,定期进行业绩考评,实现考评同个人利益的挂钩。责、权、利相结合能充分调动各层员工的生产积极性,增强工作的责任感,慎重地利用拥有的权力,有利于成本控制工作的健康运行。

10.2 成本控制的组织与实施

10.2.1 成本控制的流程

施工项目成本控制流程是指项目经理部在施工过程中,通过有效的管理活动,对所发生的各种要素消耗、成本信息,有组织、有系统地进行预测、计划、控制、核算和分析等一系列工作,使工程项目施工过程中的各种要素,按照一定的目标运行,最终将施工项目的实际成本控制在预定的目标范围内。根据施工项目成本控制的要求和特点,其控制内容和流程如下。

1. 成本标准的制定

成本控制标准是衡量成本应该控制在事先规定的范围之内的一种尺度。生产消耗定额、限额以及预算、计划等都可以成为成本控制的标准。为了有效地控制成本,应以达到平均先进水平的各种生产消耗定额作为成本标准,如产量定额、工日定额、材料与机具耗用定额等,然后将其纳入成本计划,这样才能随成本的形成过程进行控制。

2. 成本监督

成本监督是通过成本核算和定期考核进行的,可以分别从以下两个方面进行:

(1)按部门或单位总体监督。按各责任单位分别设立核算台账,定期对整个部门或单位的成本目标完成情况进行监督和考核,并予以奖惩。

(2)生产者个人监督。生产现场的操作者是现场成本控制者,他们在生产过程中直接使用各种资源,随时控制费用的发生。因此,每个人都要负起控制成本责任,自我监督。生产者要按规定清点完工数量、剩余数量、投入数量,填写消耗的材料、工时等记录,并与目标成本比较,发现问题,寻找原因,加以纠正。

3. 成本差异分析

将实际成本和标准成本(计划成本)进行比较,分析发生成本差异的因素及其原因的过程称为成本差异分析。成本差异分析有助于揭示差异中的有利因素和不利因素及其发生的原因,肯定节约成绩,确定成本超支的责任归属,及时研究成本超支的原因。可以围绕产品单位成本项目及影响因素进行以下分析:

(1)成本项目构成分析。成本项目构成分析是通过研究各成本项目在单位成本中的比例关系,以便抓住重大的项目或比例变化不当的项目进行分析。分析时要同原定的比例比较,研究它的变化。

(2)材料项目分析。主要是分析某种具体主要原材料成本,它受材料的消耗量和价格的影响。不同差异的责任单位是不同的。数量变化由生产单位负责,价格变化由供应部门负责。

(3)工资项目分析。这是指对直接工资的分析,它受单位工时消耗和小时平均工资两个因素的影响。

(4)间接费用项目分析。间接费用是现场组织施工生产和管理发生的费用,需要从施工现场管理等方面分部门进行分析。

通过差异分析,可进一步找出差异原因,采取措施,加以调控,同时总结行之有效的降低成本经验,开拓降低成本的新渠道。

4. 差异的控制及采取纠偏的措施

对于经过计算并分析的各项成本费用的差异,可以按具体情况采取措施进行控制。通常来讲,要做到没有差异是不可能的,各项成本费用的发生都会产生或多或少的差异。如果仅以标准成本进行点控制往往难以奏效,此时应当采用区域控制的方法,即:根据以往的历史资料和项目的具体情况,确定各类差异的正常控制范围。当实际成本在标准成本的一定范围内上下随机地波动时,这类差异可视作正常的差异,一般不需要采取特别的控制措施。而当实际成本突破了这一控制范围,或虽在范围之内但却呈现出单方向的非随机变动趋势时,就需要查明原因,采取一定的控制措施予以纠正。

这种区域控制的实施,对变动成本来讲,应按单位产品成本进行监控;而对于固定成本来讲,则应按其发生总额进行监控,并分别对不同的成本项目、甚至是明细账项目进行控制,这样才有利于及时地进行干预控制。

10.2.2 标准成本的测算

根据施工项目各项投入要素的定额消耗量和相关单价,以及考虑其他因素后确定的完成本项目预计的各项开支,称为项目标准成本。项目标准成本的测算,就是施工企业在目前的管理模式、采购模式和项目管理模式基础上,确定的完成项目所预计要发生的全部开支。它是以企业成本标准定额为基准计算消耗量,同时按一定方法,分离出报价中企业项目标准成本所预计的支出和项目毛利、税金等确定的成本标准。在进行分离计算中,要特别注意报价中的子目、收费项目的内容和系数调整,同时也要注意计算和核实投标的漏项、漏价问题,以保证项目标准成本的测算准确。

1. 标准成本测算的依据

1）企业标准成本定额

它是对每个工程项目依据各子项的定额标准进行测算和汇总，从而测算出该项目的标准成本。一般分为以下三类：

（1）项目施工费用性定额。它直接应用于管理项目或者是为完成业主合同所发生的费用，包括现场管理费、临时设施、质量成本、安全成本以及其他费用等。一般情况下，企业根据费用的不同、定额包含的内容和方法的不同，以及施工工程、地区、类型的不同，按照单位造价和指标不同来确定一个合理的定额标准。

（2）施工措施定额。施工措施定额主要指机械设备和周转材料等投入的定额，企业首先要将施工组织设计和施工方案标准化，否则编出定额。一般而言，机械设备和周转材料项目比较多，不同的设备、材料考虑的因素不同。

（3）直接成本定额。直接成本定额主要是人工和材料部分。它主要是根据单位工程用量进行分析的。在实际过程中，制订的时候主要困难是工作量大，同时由于新材料、新技术不断出现，使企业的定额编制工作总是滞后，影响企业标准定额的权威和及时性。这里还要重点强调人工、材料单价问题，在标准成本的制定中一般以投标报价中的标准单价为宜。

2）项目报价底稿和工程中标书

项目报价底稿是进行标准成本测算的一个重要依据，主要是单价和工程量部分。因此，工程报价部门要及时将报价相关底稿交给标准成本测算部门，提供报价中的合同工程量、合同单价、措施费、企业成本管理收入、税金和其他收入等计算过程。

3）与业主签订的合同和分包采购合同

总价合同和分包采购合同是测算项目成本单价和工程量的重要组成部分，除此之外，还把合同条款作为标准成本测算的一个依据。

4）标准成本测算办法

它主要包括标准成本定额内容、标准成本测算程序、方法、原则和工作分工等。一般每个企业都有自己的一套办法，它主要用来指导制订标准成本。

5）施工组织设计和施工方案

通过施工组织的设计和施工方案，可以测算出相应的人工、材料、机械等的投入，因此可以将其作为测定标准成本的一个重要依据。

6）项目成本管理办法

它是企业成本管理的法律文件，一般包括成本管理的分工、岗位责任制、组织体系、制度保证、业务流程和考核办法等组成，因此，标准成本测算时经常以它为参照。

2. 标准成本测算的方法

根据工程成本的构成，施工项目标准成本的测算一般包括人工费、材料费、机械费、其他工程费和现场管理费等几部分。

（1）人工费的测定。目前有日工报价法和包含在某部分的单价中两种测定方法，前者按定额工日乘以单价，后者利用投标工作底稿将每项施工的单位用工或单位用工单价结合清单工程量进行计算，经过汇总得出人工费的标准成本支出预计。

（2）材料费的确定。材料费包括工程实体材料费，有助于工程实体形成的水电、焊接、周转工程费。材料费的分析主要是通过对每个项目子项进行分析,然后计算出每项单位耗材量和预算单价。

主要材料费的计算主要考虑标准消耗量和材料单价问题。对于标准消耗量,应以企业消耗定额为标准,同时根据本工程的实际施工方案来确定所需要的各种材料消耗和料具费支出,即:

$$标准用量 = 实际工程量 \times 单位材料消耗量 \tag{10-1}$$

对于材料单价问题,一般分大宗材料(如钢材、水泥、木材和砖、石、砂、灰等)、周转材料(如模板、脚手架等)和其他小型材料来考虑。对于大宗材料和周转材料,一般采用企业集中采购的供应单价进行结算。实际单价与供应单价的差额问题,一般归为本项目的非责任成本开支。

对于小型材料采购中的差价,由于量小品种多,一般作为不可预见费包干给项目控制。在实际计算中,按以下公式进行:

$$大宗材料标准成本 = 材料单价 \times 定额消耗量 \tag{10-2}$$

$$其他及零星材料标准成本 = 市场目前单价 \times 定额消耗量 + 不可预见费用 \tag{10-3}$$

$$周转料具标准成本 = 租用量 \times 内部租用单价 \tag{10-4}$$

$$材料总标准成本 = 大宗材料标准成本 + 其他及零星材料标准成本 + 周转料具标准成本 \tag{10-5}$$

(3)机械费的测定。机械费由定额机械费和大型机械费组成。定额机械费一般是指中小型机械费,如搅拌机、振动器、木工圆锯等。一般施工企业不容易测定机械费而且其数额不大,可根据实际工程量和租赁机械台班计算。

大型机械费主要包括使用费及其安装、拆除、运输、基础制作等费用。该项费用应根据施工组织设计或施工方案中要求配备的数量,结合工程结构特点和工期要求,综合分析后确定。大型机械设备使用费等于机械设备台班单价乘以使用台班数。

另外在进行标准成本测定时,经常会出现一部分不可预见费用,这部分费用主要根据标准成本要求测算的精度而定,精度越高,不可预见费越低。

(4)其他工程费的测定。对于这部分费用的测定,一般是以实际发生为原则,如果测算有困难,也可按预算费用定额中的费率标准计算。

(5)现场管理费的测定。现场管理费一般包括现场管理人员工资及奖金、业务招待费、办公费、交通费等。可以列出费用清单,根据项目实际情况和企业的有关规定分项测算。

(6)专业分包成本测定。专业分包成本一般由两部分组成:一是业主在招标中指定并落实分包价格的部分,一般不能调整;二是企业分包的部分,按与分包商谈判的结果决定专业分包成本。

10.2.3 成本差异分析

1. 成本差异及构成

成本比较的结果总会显示出计划值与实际值之间存在差异,在成本控制中把这种差异称为成本偏差,在特定的情况下可简称为偏差。为了对成本偏差进行全面、客观的分析,涉及一些关于偏差的概念,需要加以明确地定义。

1)成本参数和偏差变量

由于偏差是成本比较的结果,因而某一偏差的出现必然同时与两个成本变量有关。在成

本分析中,一般涉及以下三个与成本有关的参数:

(1)拟完工程计划成本。

(2)已完工程计划成本。

(3)已完工程实际成本。

相应地,就有三种成本偏差变量,即:

成本偏差 1 = 已完工程实际成本 – 拟完工程计划成本

成本偏差 2 = 已完工程实际成本 – 已完工程计划成本

成本偏差 3 = 已完工程计划成本 – 拟完工程计划成本

所谓拟完工程计划成本,是指根据计划安排在某一确定时间内所应完成的工程数量的计划成本,即拟完工程量与计划单价的乘积。故成本偏差 1 包含了实际完成工程数量与计划完成工程数量以及实际单价与计划单价两方面的偏差。已完工程计划成本,是指按照计划单价计算的实际完成工程数量的成本,因而成本偏差 2 只包含实际单价与计划单价的偏差。成本偏差 3 则只包含实际完成工程数量与计划完成工程数量的偏差,反映的是进度的偏差。由于实际的工程进度不可能完全按计划进度实现,因而从成本比较的要求来看,前两类成本偏差是分析的重点。

2)局部偏差和累计偏差

所谓局部偏差,有两层含义:一是相对于总项目的工程成本偏差而言,指单位工程或分部分项工程的偏差;二是相对于项目已经实施的时间而言,指每一控制周期所发生的工程成本偏差。

与局部偏差相对应的偏差称为累计偏差,即在项目已经实施的时间内累计发生的偏差。累计偏差是一个动态的概念,其数值总是与具体的时间联系在一起的,即:第一个累计偏差在数值上等于局部偏差,最终的累计偏差就是整个项目成本的偏差。在大多数情况下,局部偏差和累计偏差的符号相同,但也有可能相反。

在进行成本偏差分析时,对局部偏差和累计偏差都要进行分析。在每一控制周期内,局部偏差发生所在的工程内容及其原因一般都比较明确,分析结果也就比较可靠。而累计偏差所涉及的工程内容较多、范围较大,原因也较复杂,因而累计偏差分析必须以局部偏差分析为基础。否则,累计偏差分析的结果就会流于空泛而缺乏可靠性。从这个意义上讲,局部偏差分析比累计偏差分析更为重要。从另一方面来看,累计偏差分析并不是局部偏差分析的简单汇总,而需要对局部偏差分析的结果进行综合分析,其结果更能显示出代表性、规律性,对成本控制工作在较大范围内具有指导作用。

另外,在某种特殊情况下,有些成本可能只在累计偏差中反映而不在局部偏差中出现。例如索赔成本,一般不是每个控制周期都发生的。索赔成本一旦发生,即使能明确、合理地归入具体的分部分项工程,也往往很难合理地分解到已经过去的各个控制周期中,或者并没有必要一定要分解到各个控制周期。

3)绝对偏差和相对偏差

所谓绝对偏差,是指成本计划值与实际值比较所得到的差额,如成本偏差 1、成本偏差 2 和成本偏差 3 都是绝对偏差,而所谓相对偏差,则是指成本偏差的相对数或比例数,通常用绝对偏差与成本计划值的比值来表示,即:

$$相对偏差 = \frac{绝对偏差}{成本计划值} = \frac{成本实际值及成本计划值}{成本计划值} \tag{10-6}$$

在进行成本偏差分析时,对绝对偏差和相对偏差都要进行计算。绝对偏差的结果比较直观,其作用主要在于了解项目成本偏差的绝对数额,指导资金使用计划的制订或调整。由于项目规模、性质、内容不同,其成本总额会有很大差异,同一数额的绝对偏差在不同的项目上就表现出不同的重要性。同样,在同一项目的不同层次和内容或不同控制周期,也都有类似的问题。因此,绝对偏差就显得有一定的局限性,而相对偏差就能较客观地反映工程成本偏差的严重程度和合理程度。从对成本控制工作的要求来看,相对偏差比绝对偏差更有意义,应当予以更高程度的重视。

绝对偏差和相对偏差是对工程成本偏差的两种具体表达方法,任何工程成本偏差都会同时表现出绝对偏差和相对偏差。在对局部偏差和累计偏差进行分析时,绝对偏差和相对偏差的数值不会影响分析的结果,但其数值的大小可以对分析工作起一定的指导作用,即对偏差数值大者进行较深入细致的分析,反之则分析可以相对简单一些。

4) 偏差程度

所谓偏差程度,是指成本实际值对计划值的偏离程度,通常以成本实际值与计划值的比值来表示,即:

$$成本偏差程度 = \frac{成本实际值}{成本计划值} \tag{10-7}$$

偏差程度与相对偏差既有联系又有区别,其联系表现在两者都是反映偏差相对性的尺度,都与计划值和实际值有关。两者的区别表现在:一是相对偏差是与绝对偏差相对应的,没有绝对偏差,也就无所谓相对偏差。而偏差程度则是一个独立的概念,与绝对偏差无关。二是相对偏差的数值可正可负,而偏差程度的数值总是正值,大于 1 为正偏差,表示工程成本增加;小于 1 为负偏差,表示工程成本节约。

与局部偏差和累计偏差相对应,可分为成本局部偏差程度和成本累计偏差程度。显然,累计偏差程度在数值上不等于局部偏差程度之和,两者要分别计算:

$$局部偏差程度 = \frac{当月实月实际成本}{当月计月计划成本} \tag{10-8}$$

$$累计偏差程度 = \frac{累计实际成本值}{累计计划成本值} \tag{10-9}$$

上述局部偏差和累计偏差、绝对偏差和相对偏差、偏差程度等概念都是偏差分析的基本内容,可以应用于项目的各个层次。偏差分析所达到的项目层次越深,分析结果就越可靠,对成本控制工作就越有指导意义。在成本控制的实践中,应当要求项目各层次成本控制人员所作的偏差分析至少达到该项目层次的下一层次。

2. 成本差异分析方法

成本差异分析可以采用不同的方法,常用的有横道图法、表格法和成本差异法。在成本控制的实际工作中,可以根据具体情况选择其中 1~2 种方法。必要时,也可以把这三种方法综合起来应用。

1) 横道图法

横道图法的基本特点是用不同的横道标识不同的工程费用参数,而各工程费用参数横道的长度与其数额成正比,但整个项目的横道与分部分项工程横道的单位长度所表示的工程费用数额不同。工程费用偏差和进度偏差数额可以用数字或横道表示,如图 10-1 所示。

项目名称	各费用数额（万元）	费用偏差（万元）	进度偏差（万元）
土方开挖	60 / 60 / 60	0	0
土方外运	80 / 75 / 75	5	0
桩制作	100 / 95 / 90	10	5
打桩	70 / 60 / 65	5	-5
基础	110 / 110 / 100	10	10
……	0 20 40 60 80 100 120	—	—
合计	420 / 400 / 390 （0 100 200 300 400 500 600）	30	10

图例：
■ 已完成工程实际费用
□ 拟完成工程计划费用
■ 已完成工程计划费用

图 10-1　项目偏差分析横道图

横道图的优点是较为形象和直观，便于了解项目工程费用的概貌。但是，由于这种方法所反映的信息量较少，主要反映累计偏差和绝对偏差，一般不反映相对偏差和偏差程度，因而其应用有一定的局限性，一般用于项目的较高层次，而且大多是为项目管理负责人服务。

2）表格法

表格法是进行偏差分析最常采用的一种方法，它具有许多突出的优点：

(1)灵活、适用性强，可以根据项目的具体情况、数据来源、成本控制工作的要求等条件来设计表格。但是在同一个项目中，不同项目内容和层次的表格应当保持一致。

(2)信息量大，可以反映各种偏差变量和指标。只要需要，工程费用偏差和进度偏差，局部偏差和累计偏差、绝对偏差和相对偏差、偏差程度和偏差原因等都可以在表格中得到反映。这对全面、深入地了解项目工程费用的实际情况和动态是非常有益的，有利于成本控制人员及时采取针对性措施，加强对项目工程费用的控制。

(3)便于用计算机辅助成本控制，减少成本控制人员在处理费用数据方面所消耗的时间和精力。

项目费用偏差分析表见表 10-1。

项目费用偏差分析表　　　　　　　　　　　　　　　　　表 10-1

项 目 名 称	工序编号	土方开挖	土方外运	桩制作	打桩	基础	地下工程
单位	(2)	m³	t·km	根	根	m³	
计划单价	(3)						
拟完工程量	(4)						
拟完计划费用	(5) = (3)×(4)	0	35	55	45	110	245

续上表

项目名称		工序编号	土方开挖	土方外运	桩制作	打桩	基础	地下工程
已完工程量		(6)						
已完计划费用		(7) = (3)×(6)	0	35	50	50	100	235
实际单价		(8)						
其他款项		(9)	0	5				
已完实际费用		(10)	0	40	60	50	110	260
局部偏差	绝对偏差	(11) = (10)−(7)		5	10	0	10	25
	相对偏差	(12) = (11)÷(7)		14.3%	20%	0	10%	10.6%
	偏差程度	(13)		1.143	1.2	1	1.1	1.106
	原因	(14)						
累计偏差	绝对偏差	(15) = ∑(11)	0	5	10	5	10	30
	相对偏差	(16) = ∑$\frac{(11)}{(7)}$	0	6.7%	11.1%	7.7%	10%	7.7%
	偏差程度	(17) = ∑$\frac{(10)}{(7)}$	1	1.067	1.111	1.077	1.1	1.077

3) 成本差异法

成本差异分析是成本日常控制的重要工作。通过差异分析,揭示成本差异中的有利差异(顺差,或称节约)和不利差异(逆差,或称超支),为进一步对差异产生的原因进行分析研究和改进工作提供依据。成本差异分析是在成本标准的基础上进行的,控制成本的标准一般有两个:一是数量标准;二是价格标准,因而在实际成本与标准成本对比分析中就产生了数量差异和价格差异两个因素。数量差异方面有材料耗用量差异、人工效率差异、机械使用效率差异、费用效率差异等;价格差异方面有材料价格差异、工资率差异、机械使用费率差异以及费用分配率差异等。

成本差异分析的通用模式为:

(1) 标准价格 × 标准数量;

(2) 标准价格 × 实际数量;

(3) 实际数量 × 实际价格。

(1) − (2) = 数量差异 $\begin{cases} 材料耗用量差异 \\ 人工效率差异 \\ 变动费用效率差异 \end{cases}$;

(1) − (3) = 实际成本与标准成本的差异;

$$(2)-(3)=价格差异\begin{cases}材料价格差异\\工资率差异\\变动费用分配率差异\end{cases};$$

以上各成本项目发生差异的名称虽有不同,但可归结为数量差异和价格差异两类不同质的差异,而且其计算方法是基本相同的。

【**例 10-1**】 某工程项目混凝土班组的材料耗用和单价如下:

(1)水泥,标准用量 18t,实际用量 20t,标准单价 350 元,实际单价 380 元。

(2)沙子,标准用量 50m³,实际用量 45m³,标准单价 44 元,实际单价 36 元。

试进行总成本差异分析。

解:(1)数量差异分析。

分析结果见表 10-2。

材料用量差异分析(单位:万元)　　　　　　　　　　　表 10-2

名称	单位	标准单价	标准用量	实际用量	标准用量成本	实际用量成本	用量成本差异	备用
		(1)	(2)	(3)	(4)=(1)×(2)	(5)=(1)×(3)	(6)=(4)-(5)	(7)
水泥	t	350	18	20	6300	7000	-700	不利差异
沙子	m³	44	50	45	2200	1980	220	有利差异

通过用量差异分析,如系有利差异,应及时分析原因,总结经验;如系不利差异,应由责任部门分析检查用料超耗原因,采取纠偏措施。但用量过多,有时也可能是由于材料质量低劣的原因导致的。如水泥因质量达不到要求,经技术部门鉴定可降低标号使用造成的超额损耗应由供应部门负责。

(2)价格差异分析。

分析结果见表 10-3。

材料价格差异分析(单位:万元)　　　　　　　　　　　表 10-3

名称	单位	标准单价	标准用量	实际用量	标准用量成本	实际用量成本	用量成本差异	备用
		(1)	(2)	(3)	(4)=(1)×(3)	(5)=(2)×(3)	(6)=(4)-(5)	(7)
水泥	t	350	18	20	7000	7600	-600	不利差异
沙子	m³	44	50	45	1980	1620	360	有利差异

材料价格差异也是日常控制成本的主要因素之一,但不是生产班组的可控成本,而是作为评价与考核采购部门业务成绩的依据,一般应由材料采购部门负责。但是,影响材料价格变动的因素很多,如采购批量、交货方式、运输条件、材料质量、结算方式、价格变动、购货折扣等;材料价差的难度较大。价差的分析也不是等到使用或事后才进行分析,而是在事前掌握市场价格动态及影响材料价格变动的各种变数,加强计划采购和采取必要的改进措施,出现不利差异的可能性就会降低。

(3) 总成本差异分析。

通过对材料的用量差异及价格差异分析,将总成本差异列于表 10-4 中。

总成本差异(单位:万元)　　　　　　　　　表 10-4

名称	单位	标准成本			实际成本			成本差异	其　中	
		标准单价	标准用量	金额	实际单价	实际用量	金额		价格差异	数量差异
水泥	t	350	18	6300	380	20	7600	-1300	-600	-700
沙子	m³	44	50	2200	36	45	1620	580	360	220

10.3　成本控制方法

施工项目成本控制的方法很多,一般在工程实践中只要在满足质量、工期、安全的前提下,能够实现成本控制目的的方法都认为是可行的。但是,各种控制方法的采用要根据控制的具体内容而定。因此,要根据不同的情况,选择与之相适应的控制手段和控制方法。下面介绍 4 种成本控制的方法。

10.3.1　以目标成本控制成本支出

在施工项目的成本控制中,可根据项目经理部制定的目标成本控制成本支出,这是最有效的方法之一。该控制方法主要是从以下几个具体方面加以控制。

1. 人工费的控制

在项目经理部与施工队等签订劳务合同后,应根据工程特点和施工范围确定施工队伍。人工费单价采用标后预算规定的人工费单价,辅工还可再低一些。同时在施工过程中,必须严格的按合同核定劳务分包费用控制支出,并每月底结一次,发现超支现象应及时分析原因,清退不合格队伍。施工过程中,要注意加强预控管理,防止合同外用工现象的发生。

2. 材料费的控制

由于材料成本是整个项目成本的主要环节,因此,项目经理应对材料成本给予足够的重视。对材料成本控制,要以预算价格来控制地方材料的采购成本,至于材料消耗的数量控制,在工程项目施工过程中,每月应根据施工进度计划,编制材料需用量计划,如超出限额领料,要分析原因,及时采取纠正措施;同时通过实行"限额领料"制度来控制、落实材料领用数量,并控制工序施工质量,争取一次合格,避免因返工而增加材料损耗。施工中,由于材料市场价格变动频繁,往往会发生预算价格与市场价格严重背离而使采购成本失控的情况。因此,除了项目材料管理人员有必要经常关注材料市场价格的变动,利用现代化信息手段,广泛收集材料价格信息,并积累系统翔实的市场信息、优化采购之外,还应采用材料部门承包的方式控制材料总销量及总采购价,同时对材料价格的上升和下降有一定的预计和准备,以平衡成本支出,降低工程项目成本。

3. 周转工具使用费的控制

在项目施工责任成本中,周转工具使用费是根据施工组织总设计中的有关施工方案计算的。目标成本中该项费用是经过对施工组织总设计中的有关施工方案进一步细化确定的。对周转工具使用费,应从以下几个方面进行控制:

(1)在计划阶段通过合理地安排施工进度,采用网络计划技术进行优化,采用先进的施工方案和先进的周转工具,控制周转工具使用费计划数低于目标成本的要求。

(2)在施工阶段控制租赁数量和进退场时间,减少租赁数量和时间,选择质优价廉的租赁单位,降低租赁费用。

(3)使用阶段通过建立规章制度,建立约束和激励机制,控制周转工具的损坏、修理和丢失。

4. 施工机械使用费的控制

施工机械使用费的控制与周转工具使用费的控制相似。在确定目标成本时尽量充分利用现有机械设备、内部合理调度,力求提高主要机械的利用率;在设备选型配套中,注意一机多用,减少设备维修养护人员的数量和设备零星配件的费用。对于单独列出租赁的机械,在控制时也应按使用数量、使用时间、使用单价逐项进行控制。小型机械及电动工具购置及修理费采取由劳务队包干使用的方法进行控制。

5. 现场管理费的控制

现场管理费包括项目经理部管理人员工资、奖金、交通费、业务费等,现场管理费内容多,人为因素多,不易控制,超支现象较为严重。现场管理费的控制宜实行全面预算管理,采用差旅费包干到部室、业务招待费按比例计提控制。对一些不易包干的费用项目,可通过建立严格的审批手续来控制。

10.3.2 以施工方案控制资源消耗

施工项目中资源消耗是成本费用的重要组成因素。因此,减少资源消耗,就等于节约成本费用;控制了资源消耗,也等于控制了成本费用。

采用施工方案控制资源消耗的方法和步骤如下:

(1)在工程项目开工以前,根据施工图纸和工程现场的实际情况,同时制订施工方案,包括人力物资需用计划、机具配置方案等,以此作为指导和管理施工的依据。在施工过程中,如上程变更或需改变施工方法,则应及时调整施工方案,对标后预算作统一调整和补充。

(2)组织实施。施工方案是进行工程施工的指导性文件,对生产班组的任务安排,必须签发施工任务单和限额领料单,并向生产班组进行技术交底。施工任务单和限额领料单的内容,应与标后预算相符,不允许擅自篡改,在施工任务单如限额领料单的执行过程中,要求生产班组根据实际完成的工程量和实际消耗人工、实际消耗材料做好原始记录,作为施工任务单和限额领料单结算的依据。在任务完成后,根据回收的施工任务单和限额领料单进行结算,并按照结算内容支付报酬(包括奖金)。

针对某一个项目而言,施工方案一经确定,则应是强制性的。有步骤、有条理地按施工方案组织施工,可以避免盲目性,合理配置人力和机械,有计划地组织物资进场,从而做到均衡施工,避免资源闲置或积压造成浪费。

(3)采用价值工程,优化施工方案。对同一工程项目的施工,可以有不同的方案,选择最合理的方案是降低工程成本的有效途径。采用价值工程,可以解决施工方案优化的难题。价值工程又称价值分析，是一门技术与经济相合的现代化管理科学，应用价值工程，既要研究技术，又要研究经济，即研究在提高功能的同时不增加成本，或在降低成本的同时不影响功能，把提高功能相降低成本统一在最佳方案中。表现在施工方面，主要是寻找实现设计要求的最佳施工方案，如分析施工方法、流水作业、机械设备等有无不切实际的过高要求。最优化的方案，也是对资源利用最合理的方案。采用这样的方案，必然会降低损耗、降低成本。

10.3.3　用挣值法进行工期成本的同步控制

长期以来，国内的施工企业编制施工进度计划是为安排施工进度和组织流水作业服务的，很少与成本控制结合。实质上，成本控制与施工计划管理，成本与进度之间必然有着同步关系。因为成本是伴随着施工的进行而发生的，施工到什么阶段应该有什么样的费用，应用成本与进度同步跟踪的方法控制部分项目工程成本。如果成本与进度不对应，则必然会出现虚盈或虚亏的不正常现象，那么就要对此进行分析，找出原因，并加以纠正。

挣值法是一种分析目标实施与目标期望之间差异的方法。挣值法是通过测量和计算已完工作量的计划成本与已完工作量的实际成本和计划工作量的计划成本，得到有关计划实施进度和成本偏差情况，从而达到分析工程项目计划成本和进度计划执行情况的目的。

挣值法是因为这种分析方法应用了一个关键数值"挣得值"而命名的。所谓挣得值就是已完成工作量的计划成本，是指项目实施某阶段实际完成工程量按计划价格计算出来的费用。

1. 挣值法的三个基本参数

（1）计划工作的计划成本（BCWS）。BCWS 是指项目实施过程中某阶段计划要求完成的工作量所需的计划工时（或成本）。其计算公式为：

$$BCWS = 计划工作量 \times 定额 \tag{10-10}$$

BCWS 主要是反映进度计划应当完成的工作量，而不是反映应消耗的工时或费用。

（2）已完成工作量的实际成本（ACWP）。ACWP 是指项目实施过程中某阶段实际完成的工作量所消耗的工时（或成本）。ACWP 主要反映项目执行的实际消耗指标。

（3）已完工作量的计划成本（BCWP）。BCWP 是指项目实施过程中某阶段实际完成工作量及按定额计算出来的工时（或成本），即挣得值（Earned Value）。BCWP 的计算公式为：

$$BCWP = 已完工作量 \times 定额 \tag{10-11}$$

2. 挣值法的 4 个评价指标

（1）成本偏差 CV（Cost Variance）。CV 是指检查期间 BCWP 与 ACWP 之间的差异，计算公式为：

$$CV = 已完工作量的计划成本 - 已完工作量的实际成本 \tag{10-12}$$

当 CV 为负值时，表示执行效果不佳，即实际消耗人工（或成本）超过计划值（超支），如图 10-2a）所示。

当 CV 为正值时，表示实际消耗人工（或成本）低于计划值，即有节余或效率高，如图 10-2b）所示。

当 CV 等于零时,表示实际消耗人工(或成本)等于计划值。

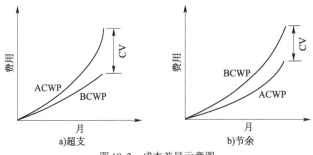

图 10-2　成本差异示意图

(2)进度偏差 SV(Schedule Variance)。SV 是指检查日期 BCWP 与 BCWS 之间的差异。其计算公式为:

$$SV = 已完工作量的计划成本 - 计划工作量的计划成本 \tag{10-13}$$

当 SV 为正值时,表示进度提前,如图 10-3a)所示。

当 SV 为负值时,表示进度延误,如图 10-3b)所示。

当 SV 为零时,表示实际进度与计划进度一致。

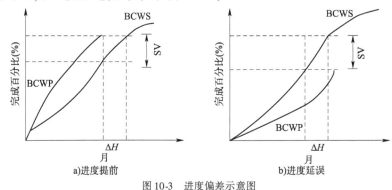

图 10-3　进度偏差示意图

(3)费用执行指标 CPI(Cost Performed Index)。CPI 是指计划成本与实际成本值之比(或工时值之比)。其计算公式为:

$$CPI = 已完工作量的计划成本 / 已完工作量的实际成本 \tag{10-14}$$

当 CPI > 1 时,表示低于计划,即实际成本低于计划成本。

当 CPI < 1 时,表示超出计划,即实际成本高于计划成本。

当 CPI = 1 时,表示实际成本与计划成本吻合。

(4)进度执行指标 SPI(Schedule Performed Index)。SPI 是指项目挣得值与计划之比,即:

$$SPI = 已完工作量的计划成本 / 计划工作量的计划成本 \tag{10-15}$$

当 SPI > 1 时,表示进度提前,即实际进度比计划进度快。

当 SPI < 1 时,表示进度延误,即实际进度比计划进度慢。

当 SPI = 1 时,表示实际进度等于计划进度。

3. 挣值法评价曲线

挣值法评价曲线如图 10-4 所示。图中横坐标表示时间,纵坐标则表示费用(以实物工程量、工时或金额表示)。图中 BCWS 按 S 形曲线路径不断增长,直至项目结束达到它的最大值。ACWP 同样是进度的时间参数,随项目推进而不断增加的,也是 S 形增长。利用挣值法评价曲线可进行费用进度评价。如图 10-4 所示,当 CV < 0 及 SV < 0 时,表示项目执行效果不佳,即费用超支,进度延误,应采取相应的补救措施。

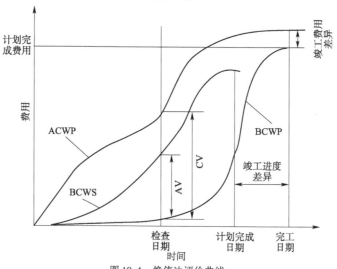

图 10-4 挣值法评价曲线

在实际执行过程中,最理想的状态是 ACWP、BCWS、BCWP 三条曲线靠得很近,平稳上升,表示项目按预定计划目标前进。如果三条曲线离散度不断增加,则预示可能发生了关系项目成败的重大问题。如果经过对比分析,发现某一方面已经出现成本超支,或预计最终将会出现成本超支,则应将它提出,作进一步的原因分析。原因分析是成本责任分析和提出成本控制措施的基础。

10.3.4 运用目标管理控制工程成本

运用目标管理控制工程成本,是通过标后预算确定目标成本,在确定每个单位工程的最低利润额后将项目进行公开招标,用合同方式代替行政命令。

在纵向上实行 4 级承包,项目经理部按核定利润(中标利润)与公司施工部门签订包工期、质量、安全、效益的项目承包合同;项目经理对各工长签订以考核工期、质量、安全、成本为主要指标的分项工程承包合同;各工长将承包指标,以施工任务书形式落实到施工队(班)组;各施工队(班)组以定额工日为依据,对施工小组(人员)逐日下达施工任务。

在横向上,项目经理以公司法人委托代理人的身份与公司内、外部生产、配件加工、材料采购、外包工程等经济合同,用经济和法律手段规范项目经理部与相关单位的责任,紧紧围绕实现项目成本目标开展管理工作。

为了确保成本目标的实现需要加强基础管理,应从组织、技术、经济、合同等多方面采取措施。要有明确的组织结构,有专人负责和明确管理职能分工;从技术上要对多种施工方案进行选择;在经济上要对成本进行动态管理,严格审核各项费用支出,采取对节约成本的奖励措施等;合同措施主要是收集、整理设计变更、工程签证、费用索赔、决算书发文等。具体做法如下:

(1)施工前认真组织图纸会审和设计交底,组织学习操作规程和技术标准,编制质量保证措施、安全保证措施等。

(2)根据设计、施工图等有关技术资料,对拟订的施工方法、顺序、作业形式、机械设备选型、技术组织措施等进行认真的研究分析,制订出具体明确的施工方案。

(3) 台账管理。材料台账应对预算数与实耗数差异进行分析，为成本分析提供尽可能详尽的资料；对内促进管理，对外如有正式设计变更或口头变更应及时签证补充预算，按时收取进度款和价差；劳动定额台账侧重于定额的全面执行和结算的准确性、外来单位和用工的合理性。单位工程进行月度的一般分析，每季度全面详细分析。

(4) 设立工程建设项目的合同管理机构或者配备合同管理专职人员。建立合同台账统计、检查和报告制度，为企业法人和项目经理部作出管理决策、费用索赔、决算书发文等提供依据。

在选用控制方法时，应该充分考虑与各项施工管理工作相结合。例如在机会管理、施工任务单管理、限额领料单管理、合同预算管理等工作中，跟踪原有的业务管理程序，利用业务管理所取得的资料进行成本控制，不仅省时省力，还能帮助各业务管理部门落实责任成本，从而得到它们有力的配合和支持。

因此，综合各种有效的成本控制方法是实现施工项目成本控制的要求，是降低额外消耗实现目标成本、实现项目盈利的关键。

10.4 降低成本的途径和措施

降低施工项目成本是施工企业关心的重要问题之一，也是施工企业增加收益、提高市场占有率的主要途径。降低施工项目成本的途径，应该是既开源又节流，或者说既增收又节支。只开源不节流，或者只节流不开源，都不可能达到降低成本的目的，至少是不会有理想的降低成本效果。控制项目成本的措施从强化现场施工管理归纳起来有事前计划、事中控制与事后分析三大方面。

10.4.1 事前计划准备

在项目开工前，项目经理部应做好前期准备工作，认真会审图纸，研究合同细节，选定先进的施工方案，选好合理的材料商和供应商，制订每期的项目成本计划，做到心中有数。

1. 认真会审图纸，积极提出修改意见

在项目施工过程中，施工单位必须按图施工。但是，图纸是由设计单位按照业主要求和项目所在地的自然地理条件设计的，其中起决定作用的是设计人员的主观意图，很少考虑为施工单位提供方便，有时还可能给施工单位出些难题。因此，施工单位在接到图纸后，首要的、基本的工作就是认真审查图纸。根据图纸要求，在满足业主要求和保证工程质量的前提下，结合企业自身条件，项目所处的自然、经济、技术环境，综合分析评价项目实施的难度，并提出积极的修改意见。在取得业主和设计单位的同意后，修改设计图纸，同时办理增减账。在会审图纸时，对于结构复杂、施工难度高的项目，更要加倍认真，并且要从方便施工、有利于加快工程进度和保证工程质量、降低资源消耗、增加工程收入等方面综合考虑，对设计中的不合理之处，提出有科学根据的合理化建议，争取业主和设计单位的认同。

2. 加强合同管理，控制工程成本和增创工程预算收入

合同管理是施工项目管理的重要内容，也是降低工程成本、提高经济效益的有效途径。项目施工合同管理的时间范围应从合同谈判开始，至保修日结束止。施工过程中的合同管理应

特别注意以下几个方面:

(1)根据工程变更资料,及时办理增减账。

由于设计、施工和业主要求等种种原因,工程变更是项目施工过程中经常发生的事情,是不以人们的意志为转移的。随着工程的变更,必然会带来工程内容的增减和施工工序的改变,从而也必然会影响成本费用的支出。因此,施工单位应就工程变更对既定施工方法、机械设备使用、材料供应、劳动力调配和工期目标等的影响程度,以及为实施变更内容所需要的各种资源进行合理估价。及时办理增减账手续,并通过工程款结算取得补偿。

(2)认真研究合同条款,强化索赔观念,加强索赔管理。

在竞争日趋激烈的市场中,施工企业面临着施工风险,特别是承包国际工程时,更离不开索赔。通过索赔,以弥补承包商不应承受的风险损失,使承包工程的合同风险分担程度趋于合理。因此,寻找一切有力证据进行合理索赔,变不利为有利,争取最佳收益,这就需要加强索赔意识、合同意识、时间和成本观念,培养索赔的管理能力,提高合理管理水平。

(3)用好调价文件,正确计算价差,及时办理结算。

随着市场经济的不断完善,各种价格要素由市场调节,在工程建设活动中,价格变化对成本的影响,在工程结算时必须及时、客观、全面地予以考虑。目前国内工程主要采用调价系数和实际价格差价方法,相对简单一些;国际工程大都采用调值公式法进行调价。实践证明,承包商通过价格调整是获取额外收入的重要途径之一。

3. 制订先进可行的施工方案,拟订技术组织措施

1)施工方案的选择

施工项目施工,是形成最终建筑产品全过程的主要环节。每一个施工企业必须对施工过程进行科学的计划、组织、控制,充分利用人力和物力,以保证全面、均衡地、优质、低消耗地完成施工任务。施工方案不同,工期就会不同,所需机具也不同,因而发生的费用也会不同。因此,正确选择施工方案是降低成本的关键所在。

制订施工方案要以合同工期和施工图设计为依据,结合项目的规模、性质、复杂程度、现场条件、装备情况、人员素质等因素综合考虑。可以同时制订几个施工方案,倾听现场施工人员的意见,以便从中优选最合理、最经济的一个。同时,施工项目的施工方案,应该同时具有先进性和可行性。如果只先进不可行,不能在施工中发挥有效的指导作用,那就不是最佳的施工方案。

2)拟订技术组织措施

为了全面完成施工任务,在施工之前首先要做好施工准备阶段的管理工作,诸如编制施工组织设计、编制工程预算、落实施工任务和组织材料采购工作等。从降低工程成本的角度来说,不仅在施工过程中要大力节约施工费用,而且在施工准备阶段也要十分注意经济效益。具体地,项目应在开工以前根据工程情况制订技术组织措施计划,作为降低成本计划的内容之一列入施工组织设计。在编制月度施工作业计划的同时,也可按照作业计划的内容编制月度技术组织措施计划。

为了保证技术组织措施计划的落实,并取得预期的效果,应在项目经理的领导下明确分工:由工程技术人员制订措施,材料人员提供材料,现场管理人员和生产班组负责执行,财务成本员结算节约效果,最后由项目经理根据措施执行情况和节约效果对有关人员进行奖励,形成落实技术组织措施的"一条龙"。必须强调,在结算技术组织措施执行效果时,除要按定额等进行理论计算外,还要做好节约实物的验收,防止"理论上节约,实际上超用"的情况发生。

4. 做好项目成本计划

成本计划是项目实施之前所做的成本管理准备活动,是项目管理系统运行的基础和先决条件,是根据内部承包合同确定的目标成本。公司应根据施工组织设计和生产要素的配置等情况,按施工进度计划,确定每个项目月、季成本计划和项目总成本计划,计算出保本点和目标利润,作为控制施工过程生产成本的依据,使项目经理部人员及施工人员无论在工程进行到何种进度,都能事前清楚地知道自己的目标成本,以便采取相应手段控制成本。

10.4.2　事中实施控制

在项目施工过程中,按照所选的技术方案,组织均衡施工,加快施工进度,同时加强质量管理,控制质量成本,减少返工损失。在施工过程中时刻按照成本计划进行检查和控制,包括对生产资料费的控制,在管理上坚持现场管理标准化,堵塞浪费漏洞;定期开展"三同步"检查,防止项目成本盈亏异常。

1. 节约材料消耗

材料成本在公路施工项目中占有很大比例,一般为60%～70%,而且有较大的节约潜力。因此,加强材料的采购、运输、储存保管、领发使用等各个环节的管理,可以减少材料损耗,从而降低工程成本。对公路施工项目而言,节约材料消耗应从以下几个方面入手:

(1)建立健全项目材料管理责任制,项目经理全面负责,包干到人,定期组织检查和考核。

(2)加强现场平面管理。根据不同施工阶段供应材料品种和数量的变化,调整存料场地,减少搬运,降低堆放仓储损耗。同时还要考虑资金时间价值,减少资金占用,合理确定进货批量和批次,尽可能降低材料储备。

(3)认真执行现场材料收、发、领、退、回收管理标准,建立健全原始记录及台账,定期组织盘点,抓好业务核算。

(4)严格进行使用中的材料管理,采取承包和限额领料等形式,监督和控制班组合理用料,加强检查,定期考核,努力降低材料消耗。

2. 组织材料合理进出场

一个项目往往有上百种材料,所以合理安排材料进出场的时间特别重要。首先应当根据定额和施工进度编制材料计划,并确定好材料的进出场时间。因为如果进场太早,就会早付款给材料商,增加贷款利息,还可能增加二次搬运费,有些易受潮的材料更可能堆放太久导致不能使用,需重新订货,增加成本;若材料进场太晚,不但影响进度,还可能造成误期罚款或增加赶工费。其次应把好材料领用关和投料关,降低材料损耗率。材料由于品种、数量、使用的位置不同,其损耗也不一样。为了降低损耗,项目经理应组织工程师和造价工程师,根据现场实际情况与分包商确定一个合理损耗率,由其包干使用,节约双方分成,超额扣工程款,这样让每一个分包商或施工人员在材料用量上都与其经济利益挂钩,降低整个工程的材料成本。

3. 节约间接费用

公路施工项目的间接费为现场管理费。对于现场管理费的管理,应抓好如下工作:一是精简项目机构、合理配置项目部成员,减少管理层次,提高设备器具的使用效率,提高工作质量和效率,实行费用定额管理;二是工程程序及工程质量的管理,一项工程在具体实施中往往受时间、条件的限制而不能按期顺利进行,这就要求合理调度、循序渐进;三是建立质量小组,促进管理水平不断提高,减少管理费用支出。

4. 组织均衡施工,加快施工进度

凡是按时间计算的成本费用,如项目管理人员的工资和办公费、现场临时设施费和水电费,以及施工机械和周转设备的租赁费等,在加快施工进度、缩短施工周期的情况下,都会有明显的节约。除此之外,还可能从业主那里得到一笔提前竣工奖。因此,加快施工进度也是降低项目成本的有效途径之一。

为了加快施工进度,将会增加一定的成本支出。例如在组织两班制施工时,需要增加夜间施工的照明费、夜点费和工效损失费;同时,还将增加模板的使用量和租赁费。因此在签订合同时,应根据合同和赶工要求,将赶工费列入工程预算。如果事先未明确,而在施工中临时提出的赶工要求,则应请监理签证,费用按实际结算。

5. 加强质量管理,控制质量成本,减少返工损失

建筑产品因为使用时间长、造价高,又是国民经济中固定资产的重要组成部分,因而其质量的好坏,对社会主义经济的发展和人民生活的改善有着重大的影响。在施工过程中,如果能够高度重视工程质量,控制质量成本,不仅能减少返工损失、降低工程成本,而且工程竣工交付使用后能够延长使用寿命,保障人民的安全。如果在施工过程中经常发生工程质量事故,就会造成人力、物力、财力的浪费,从而加大工程成本,甚至还可能给国家和人民生命财产造成重大的损失。因此,应十分重视提高工程质量水平,降低质量成本,避免返工。

6. 坚持现场管理标准化,堵塞浪费漏洞

现场管理标准化的范围很广,比较突出而又需要特别关注的是现场平面布置管理和现场安全生产管理,稍有不慎,就会造成浪费和损失。

(1)现场平面布置管理。施工现场的平面布置,是根据工程特点和场地条件,以配合施工为前提合理安排的,有一定的科学根据。但是,在施工过程中,往往会出现不执行现场平面布置,造成人力、物力浪费的情况。

(2)现场安全生产管理。现场安全生产管理的目的,在于保护施工现场的人身安全和设备安全,减少和避免不必要的损失。要达到这个目的,就必须强调按规定的标准去管理,不允许有任何细小的疏忽。否则,将会造成难以估量的损失。

7. 定期开展"三同步"检查,防止项目成本盈亏异常

项目经济核算的"三同步",就是统计核算、业务核算、会计核算的"三同步"。统计核算即产值统计,业务核算即人力资源和物质资源的消耗统计,会计核算即成本会计核算。根据项目经济活动的规律,这三者之间有着必然的同步关系。这种规律性的同步关系,具体表现为:完成多少产值,消耗多少资源,发生多少成本,三者应该同步。否则,项目成本就会出现盈亏异常情况。

开展"三同步"检查的目的是查明不同步的原因,纠正项目成本盈亏异常的偏差。"三同

步"的检查方法,可从以下三方面入手:

(1)时间上的同步。时间上的同步即产值统计、资源消耗统计和成本核算的时间应该统一。如果在时间上不统一,就不可能实现核算口径的同步。

(2)分部分项工程直接工程费的同步。分部分项工程直接工程费的同步即产值统计是否与施工任务单的实际工程量和形象进度相符;资源消耗统计是否与施工任务单的实耗人工和限额领料单的实耗材料相符;机械和周转材料的租用费用是否与施工任务单的施工时间相符。如果不符,应查明原因并予以纠正,直到同步为止。

(3)其他费用是否同步。这要通过统计报表与财务付款逐项核对才能查明原因。

10.4.3 事后分析总结

事后分析是下一个循环周期事前科学预测的开始,是成本控制工作的继续。在坚持每月每季度综合分析的基础上,采取"回头看"的方法,及时检查、分析、修正、补充,以达到控制成本和提高效益的目标。

(1)根据项目部制定的考核制度,对成本管理责任部室、相关部室、责任人员、相关人员及施工作业队进行考核,考核的重点是完成工作量、材料、人工费及机械使用费四大指标。根据考核结果决定奖罚和任免,体现奖优罚劣的原则。

(2)及时进行竣工总成本结算。工程完工后,项目经理部将转向新的项目,应组织有关人员及时清理现场的剩余材料和机械,辞退不需要的人员,支付应付的费用,以防止工程竣工后,继续发生包括管理费在内的各种费用。同时由于参加施工人员的调离,各种成本资料容易丢失,因此,应根据施工过程中的成本核算情况,做好竣工总成本的结算,并根据其结果,评价项目的成本管理工作,总结其得与失,及时对项目经理及有关人员进行奖罚。

通过对工程施工过程三阶段成本控制措施的实施,可以最大限度降低工程成本费用,提高项目的盈利能力。

本章习题

问答题

1.成本控制的意义是什么?
2.成本控制的原则是什么?
3.成本控制的内容和流程是什么?
4.成本测算中,材料费是如何确定的?
5.采用施工方案控制资源消耗的方法和步骤是什么?

参考文献

[1] 中交第三公路工程局有限公司.公路路基施工技术规范:JTG/T 3610—2019[S].北京:人民交通出版社股份有限公司,2019.

[2] 交通运输部公路局,中交第一公路勘察设计研究院有限公司.公路工程技术标准:JTG B01—2014[S].北京:人民交通出版社股份有限公司,2014.

[3] 中交第二公路勘察设计院有限公司.公路路基设计规范:JTG D30—2015[S].北京:人民交通出版社股份有限公司,2014.

[4] 交通运输部公路科学研究院.公路土工试验规程:JTG 3430—2020[S].北京:人民交通出版社股份有限公司,2020.

[5] 中交公路勘察设计院有限公司.公路路线设计规范:JTG D20—2017[S].北京:人民交通出版社股份有限公司,2017.

[6] 中交路桥技术有限公司.公路沥青路面设计规范:JTG D50—2017[S].北京:人民交通出版社股份有限公司,2017.

[7] 中交公路规划设计院有限公司.公路水泥混凝土路面技术规范:JTG D40—2011[S].北京:人民交通出版社,2011.

[8] 交通运输部公路科学研究院.公路水泥混凝土路面施工技术细则:JTG/T F304—2014[S].北京:人民交通出版社股份有限公司,2014.

[9] 交通部公路科学研究所.公路沥青路面施工技术规范:JTG F40—2004[S].北京:人民交通出版社,2004.

[10] 交通运输部公路科学研究院.公路路面基层施工技术细则:JTG/T F20—2015[S].北京:人民交通出版社股份有限公司,2015.

[11] 交通运输部公路科学研究所.公路工程无机结合料稳定材料试验规程:JTG E51—2010[S].北京:人民交通出版社,2010.

[12] 中国工程建设标准化协会公路工程委员会.公路沥青玛蹄脂碎石施工技术指南:SHCF40-01—2002[S].北京:人民交通出版社,2002.

[13] 交通运输部公路科学研究院.公路工程沥青及沥青混合料试验规程:JTG E20—2011[S].北京:人民交通出版社,2011.

[14] 交通运输部公路科学研究院.公路路基路面现场测试规程:JTG 3450—2019[S].北京:人

民交通出版社股份有限公司,2019.

[15] 交通运输部公路科学研究院.公路工程质量检验评定标准:JTG F80/1—2019[S].北京:人民交通出版社股份有限公司,2019.

[16] 中交一公局集团有限公司.公路桥涵施工技术规范:JTG/T 3650—2020[S].北京:人民交通出版社股份有限公司,2020.

[17] 中交公路规划设计院有限公司.公路桥涵设计通用规范:JTG D60—2015[S].北京:人民交通出版社股份有限公司,2015.

[18] 中交公路规划设计院有限公司.公路钢结构桥梁设计规范:JTG D64—2015[S].北京:人民交通出版社股份有限公司,2015.

[19] 交通运输部路网监测与应急处置中心.公路工程建设项目概预算编制办法:JTG 3830—2018[S].北京:人民交通出版社股份有限公司,2018.

[20] 邓超.公路工程施工技术[M].郑州:黄河水利出版社,2013.

[21] 刘培文,邢凤岐,王振清.公路路基路面施工技术[M].北京:清华大学出版社,2012.

[22] 刘士忠.桥隧施工[M].北京:中国铁道出版社,2010.

[23] 罗建华,付润生.桥梁施工技术[M].成都:西南交通大学出版社,2009.

[24] 崔艳梅.道桥施工组织与概预算[M].北京:人民交通出版社股份有限公司,2016.

[25] 公路工程系列丛书编写委员会.公路工程施工组织设计实例应用手册[M].北京:中国建筑工业出版社,2011.

[26] 中国建设监理协会.建设工程进度控制[M].北京:中国建筑工业出版社,2014.

[27] 曹吉鸣,徐伟.工程网络计划技术与施工组织设计[M].上海:同济大学出版社,2000.

[28] 徐权.高速公路路基施工工艺与质量控制分析[J].黑龙江交通科技,2020,43(11):63+67.

[29] 陈海威,张映星,杨柳文.公路路基施工质量控制要点[J].交通世界,2020(26):47-48.

[30] 贺佳.路基施工技术及特殊路基处理研究[J].黑龙江交通科技,2020,43(09):56-57.

[31] 赵浩.公路工程路基施工质量控制技术[J].四川建材,2020,46(06):150+154.

[32] 黄华山.道路路基施工技术研究[J].工程建设与设计,2019(24):166-167.

[33] 毕辉.高速公路路面施工存在的问题及预防措施[J].公路交通科技(应用技术版),2020,16(04):75-76.

[34] 李月松.道路桥梁沉降段路面施工工艺[J].中国公路,2020(07):100-101.

[35] 王东.大跨径连续桥梁施工技术在桥梁施工中的应用[J].江西建材,2021(04):123-124.

[36] 赵永伟,赵玉.预应力技术在道路桥梁施工中的有效运用[J].建筑科学,2021,37(03):162.

[37] 文榕宁.桥梁施工中大跨径连续桥梁技术的应用探讨[J].企业科技与发展,2021(03):103-104,107.

[38] 尹乾坤.公路桥梁施工中裂缝的成因及防治对策[J]中国高新科技,2020(23):91-92.

[39] 李峰.公路桥梁施工技术及其安全评价[J].交通世界,2020(31):107-108.

[40] 张美锋.基于桥梁施工中大跨径连续桥梁施工技术的探讨[J].建材与装饰,2020(21):284-285.

[41] 翟大卫.预制节段拼装桥梁施工关键技术分析[J].黑龙江交通科技,2020,43(07):147-148.